21世纪法学系列教材

刑事法系列

刑法分论

主　编　黄明儒
副主编　蒋兰香　高　巍　张永江
撰稿人　（按撰写章节先后为序）
　　　　黄明儒　付立庆　王昭武
　　　　蒋兰香　刘期湘　彭辅顺
　　　　高　巍　张永江　冷必元
　　　　王　奎

北京大学出版社
PEKING UNIVERSITY PRESS

图书在版编目(CIP)数据

刑法分论/黄明儒主编. —北京:北京大学出版社,2014.7
(21 世纪法学系列教材)
ISBN 978-7-301-23831-8

Ⅰ.①刑… Ⅱ.①黄… Ⅲ.①刑法-中国-高等学校-教材 Ⅳ.①D924

中国版本图书馆 CIP 数据核字(2014)第 018957 号

书　　　　名:	刑法分论
著作责任者:	黄明儒　主编　蒋兰香　高巍　张永江　副主编
责　任　编　辑:	毕苗苗
标　准　书　号:	ISBN 978-7-301-23831-8/D·3523
出　版　发　行:	北京大学出版社
地　　　　址:	北京市海淀区成府路 205 号　100871
网　　　　址:	http://www.pup.cn
新　浪　微　博:	@北京大学出版社
电　子　信　箱:	law@pup.pku.edu.cn
电　　　　话:	邮购部 62752015　发行部 62750672　编辑部 62752027
	出版部 62754962
印　刷　者:	北京宏伟双华印刷有限公司
经　销　者:	新华书店
	730 毫米×980 毫米　16 开本　31 印张　590 千字
	2014 年 7 月第 1 版　2014 年 7 月第 1 次印刷
定　　　价:	55.00 元

未经许可,不得以任何方式复制或抄袭本书之部分或全部内容。
版权所有,侵权必究
举报电话:010-62752024　电子信箱:fd@pup.pku.edu.cn

序

呈现在诸君面前的这套刑法学教材,是用于法学院本科生或者其他没有学习过刑法学的学生的入门教材,也是供刑法学同仁批评指导的对象。现在市场上的刑法学教科书已经非常丰富,种类繁多,甚至可以用汗牛充栋来形容。我们作为刑法学的后学原本没有必要为此添乱,因而有必要在此交代本书的写作缘起。

一

本人从事刑法学教学十余年,时间不长不短,如果加上从本科阶段开始关注并随堂学习刑法课程,接触刑法的时间就更长了,因而积累了较多的教学经验。特别是在教学过程中面对学生提出的各种问题,为了保持对这些问题的解答的一致性,必须依赖自己的阅读、经验与思考,而慢慢形成自己的专业体系。因此,就会出现这样的问题:面对丰富多样的教材,如何选择也是一种难事,每本教科书都有自己的特点与长处,让人难以取舍。特别是目前刑法学中争议最多的犯罪论体系问题在不同的教科书中有不同的选择与表达,如何选择对学生学习最有益的教科书,确实是每次课程开始时的难题。

另外,作为老师,在本科阶段要给学生讲述的主要是刑法学中通识性的观点与知识,但有时一本教材选用后存在与自己观点大相径庭的情形,这时对任课老师而言,就是一种煎熬,只能简单给学生解释自己的观点与所使用教科书之间的差别以及理由。于是,为了将自己这些年来研究刑法的心得与教学结合起来,本人欣然接受了北京大学出版社编辑的邀请,着手编写这本教材。

二

在编写大纲的过程中,尽管本人自以为已经形成系统性的刑法观点,但着眼于教科书的编写,还是首先面临一个体系的选择问题。对于刑法总则性问题,我个人认为,以四要件的犯罪论为基础的刑法体系并非一无是处,尽管有这样那样的欠缺,但也并非如批评者认为的那样就仅仅是一个平面的、耦合式的犯罪论体系,处于通说地位的"犯罪客体——犯罪客观方面——犯罪主体——犯罪主观方面"这一四要件犯罪论体系其实是一种以司法认知的过程为基础的体系:在发现某一法益遭受侵害时,司法体系才会开始运作起来,首先需要查明是否是人的行为(客观要件);如果是人的行为,再继续关注是谁的行为(主体要件);如果是具有责任能力的人的行为,则还需继续查明行为人为什么行为(主观要件),层层递进,从而达到证明犯罪成立的效果。在这一意义上,这一犯罪论体系与大陆法系刑法学中三阶层犯罪论体系的通说不仅并非水火不容,而且相融之处还很多。如果我们多考虑其融通之处,通过对三阶层犯罪论体系合理内容的有益借鉴,科学完善现有的四要件犯罪论体系,而不是全盘否定现有理论,于情于理则更有益于现有刑法体系的发展,也更有益于司法实务界的接受。因为经过几十年的教育与培训,四要件犯罪论体系在司法实务界已经深入人心,在办理相关刑事案件时都会不自觉地运用到这一体系理论。

同时,考虑到刑法学的本科教学,还是应当注重通识性的知识传授。因而,尽管我自认为在内心有确认的刑法学体系,但本书还是以在中国取得共识的犯罪论体系作为编写基础,只是在此基础上深化有关内容,并注重观点的说理性。当然,本书在体系上也对通说的观点作了适当修正,重要的修改有如下几点值得说明。一是本书认为"法益"这一概念比"犯罪客体"更合适体现刑法所保护的某种利益或者社会关系,因而,不再使用"犯罪客体",而是使用"法益"作为犯罪的成立要件;二是在刑事责任部分,增加了有关"定罪"的内容,尽管篇幅不大,但"定罪"却是整个司法过程中最重要的一个环节,且又容易被刑法学界忽视,导致学习完刑法学的人去具体办案时不知道定罪的重要性,因而感觉有必要在刑法学教科书中予以交代;三是对刑法分论的体系作了适当调整,在没有大动刑法分则章节的前提下,将分则的排列顺序调整为从侵犯个人法益的犯罪开始、到侵犯国家法益的犯罪结束,而不是按照刑法分则条文的顺序排列。这种分论体系在之前的刑法学教材也出现过,而且被越来越多的教材所采用。本书认为,既然中国传统的观念与体制更多地关注社会本位与国家本位的保障与维护,对个人本位与个人权利关注过少,甚至原有的法律体系对私人权利更多的是压制与侵害,而目前的法治进程需要并且应当更多地注重对个人权力与权利的保护,那么就应当主张将人的权利回归本位,优先考虑尊重生命、敬畏生命。在刑法领域,则应主张中国刑法观从政治刑法走向市民刑法,这种理论主张与研究趋势将会使刑法学的研究趋于理性。而且在国外,很多国家的刑法教科书按照从侵犯个人法益的犯罪开始,到侵犯社会法益、国家法益的犯罪排列的分则体系,也并非是完全依据该国刑法典分则的排列顺序。因而,本书也将采用这种按照市民刑法的基本思路调整刑法分则结构的主张。当然,本书的分论结构的选择也并非是对刑法分则体系的排序大动干戈的调整,并没有将各章节的有关侵犯个人法益与社会法益或者国家法益的犯罪分割开来重新排序,而只是对章节重新排序,尽管这种分论体系并不彻底,但这种体系不影响刑法分则条文的整体性,也不影响刑法学习者对刑法分则罪名及其地位的理解。因此,作为教科书的编写,也完全可以以同样的思路来展开。

三

尽管一直想有一本个人独立编写的刑法学教材,按理说自己现在也到了具备独立编写教材的知识储备与积累的年龄,但准备好大纲后,还是意识到自己还不够强大到针对所有问题都能写出独到见解,而且担心即使写出来也容易变成与刑法通识性理论相去甚远的东西,因而在向出版社提交编写大纲与写作样稿后,经与出版社负责本书编务的编辑协商,同时为了扩大教材编写的影响力,我邀请了一些刑法学界颇有见地也颇有建树的青年才俊作为支撑参与进来共同编写本书。当然本书的编写大纲也自然提交给大家讨论,并一一征求各位才俊的建议,完善了大纲要目,而使本书体系更加完善合理。通过大家的通力合作与一年多的编写,本书于 2012 年 6 月初全部完稿。但当时由于经验不足,本意想书稿能够彰显每个作者的学术观点与特点,而没有预先约定一些统一的格式、注释与表达之类的东西,结果交来的书稿在这方面并不统一,我也不能因为自己的工作失误而把工作任务退回给各位作者,只能自咽这一苦果。一个人完成这些因为体例与表述上不统一的修改,修改的过程自然漫长,而在这一过程中出现了很多司法解释,需要补充到书稿的相关部分,这样也适当增加了一些工作量,加上刚回国后所有事件都堆积在一起,直到 2013 年 6 月初,我才把整个书稿通读完,并在相应的书稿部分加入了之后所有增添实施的司法解释。同时,也同编辑沟通好,在正式出版前保证适时增加需要增添的司法解释部分内容,以保持教材的适时性,而避免其一出来就面临较大幅度修改的窘境。当然在整个书稿的整理过程中得到了各位作者特别是几位副主编的大力支持,书稿的顺利完成是与各位作者的通力合作以及北大出版社相关编辑的努力完全分不开的,在此也需要特别感谢诸位对我的信任。

四

由我主编的这套《刑法总论》《刑法分论》尽管有各位刑法学才俊的加盟,也有些自己独到的见地,但肯定也存在这样那样的问题,希望读者诸君或者刑法大家将对本书的批评建议反馈给我或者出版社,以便我们更好地完善本书的观点与体系,而为刑法学的教育与发展作出更有意义的贡献。

以上絮絮数语,是为序。

黄明儒
2014 年新年伊始之日

目 录

第一篇 绪篇

第一章 刑法分论概说 (1)
  第一节 刑法分论的概念与研究意义 (1)
  第二节 刑法分论的体系 (3)
  第三节 刑法分论的条文结构 (9)
  第四节 刑法分则条文的解释与适用 (17)

第二篇 侵犯个人法益的犯罪

第二章 侵犯公民人身权利、民主权利罪 (26)
  第一节 侵犯公民人身权利、民主权利罪概说 (26)
  第二节 侵犯公民生命、健康权利的犯罪 (27)
  第三节 侵犯妇女、儿童身心健康的犯罪 (38)
  第四节 侵犯公民人身自由的犯罪 (45)
  第五节 侵犯公民名誉、人格的犯罪 (66)
  第六节 侵犯公民民主权利的犯罪 (72)
  第七节 妨害婚姻家庭权利的犯罪 (76)

第三章 侵犯财产罪 (85)
  第一节 侵犯财产罪概说 (85)
  第二节 暴力、胁迫型财产犯罪 (93)
  第三节 窃取、骗取型财产犯罪 (108)
  第四节 侵占、挪用型财产犯罪 (120)
  第五节 毁坏、破坏型财产犯罪 (128)

第三篇 侵犯社会法益的犯罪

第四章 危害公共安全罪 (130)
  第一节 危害公共安全罪概说 (130)

第二节　以危险方法危害公共安全的犯罪 ……………………（132）
　　第三节　破坏特殊对象的危害公共安全的犯罪 ………………（139）
　　第四节　以恐怖危险活动为内容的危害公共安全的犯罪 ……（146）
　　第五节　以枪支、弹药、爆炸物、危险物质为对象的
　　　　　　危害公共安全的犯罪 …………………………………（151）
　　第六节　遭致重大事故的危害公共安全的犯罪 ………………（161）

第五章　破坏社会主义市场经济秩序罪 ………………………………（177）
　　第一节　破坏社会主义市场经济秩序罪概说 …………………（177）
　　第二节　生产、销售伪劣商品罪 ………………………………（179）
　　第三节　走私罪 …………………………………………………（191）
　　第四节　妨害对公司、企业的管理秩序罪 ……………………（201）
　　第五节　破坏金融管理秩序罪 …………………………………（216）
　　第六节　金融诈骗罪 ……………………………………………（240）
　　第七节　危害税收征管罪 ………………………………………（251）
　　第八节　侵犯知识产权罪 ………………………………………（259）
　　第九节　扰乱市场秩序罪 ………………………………………（269）

第六章　妨害社会管理秩序罪 …………………………………………（288）
　　第一节　妨害社会管理秩序罪概说 ……………………………（288）
　　第二节　扰乱公共秩序罪 ………………………………………（289）
　　第三节　妨害司法罪 ……………………………………………（322）
　　第四节　妨害国（边）境管理罪 ………………………………（333）
　　第五节　妨害文物管理罪 ………………………………………（337）
　　第六节　危害公共卫生罪 ………………………………………（342）
　　第七节　破坏环境资源保护罪 …………………………………（350）
　　第八节　走私、贩卖、运输、制造毒品罪 ……………………（363）
　　第九节　组织、强迫、引诱、容留、介绍卖淫罪 ……………（377）
　　第十节　制作、贩卖、传播淫秽物品罪 ………………………（382）

第四篇　侵犯国家法益的犯罪

第七章　危害国家安全罪 ………………………………………………（388）
　　第一节　危害国家安全罪概说 …………………………………（388）

第二节　背叛、叛乱、叛变、叛逃的犯罪 …………………… (389)
　　第三节　颠覆、分裂国家的犯罪 ………………………………… (392)
　　第三节　间谍、资敌的犯罪 ……………………………………… (395)

第八章　危害国防利益罪 …………………………………………… (400)
　　第一节　危害国防利益罪概说 …………………………………… (400)
　　第二节　平时危害国防利益的犯罪 ……………………………… (401)
　　第三节　战时危害国防利益的犯罪 ……………………………… (411)

第九章　贪污贿赂罪 ………………………………………………… (416)
　　第一节　贪污贿赂罪概说 ………………………………………… (416)
　　第二节　贪污犯罪 ………………………………………………… (417)
　　第三节　贿赂犯罪 ………………………………………………… (429)

第十章　渎职罪 ……………………………………………………… (438)
　　第一节　渎职罪概说 ……………………………………………… (438)
　　第二节　一般国家机关工作人员的渎职犯罪 …………………… (442)
　　第三节　司法工作人员的渎职犯罪 ……………………………… (452)
　　第四节　特定机关工作人员的渎职犯罪 ………………………… (458)

第十一章　军人违反职责罪 ………………………………………… (467)
　　第一节　军人违反职责罪概说 …………………………………… (467)
　　第二节　危害作战利益的犯罪 …………………………………… (469)
　　第三节　违反部队管理秩序的犯罪 ……………………………… (474)
　　第四节　危害军事秘密的犯罪 …………………………………… (477)
　　第五节　危害部队物资保障的犯罪 ……………………………… (479)
　　第六节　侵犯他人人身、财产权利的犯罪 ……………………… (482)

后记 …………………………………………………………………… (484)

第一篇 绪篇

第一章 刑法分论概说

第一节 刑法分论的概念与研究意义

一、刑法分论的概念与研究对象

刑法分论,也称罪刑分论、刑法各论,是以研究刑事法律所规定的具体犯罪及其刑事责任为内容的刑法学领域。该概念的产生与刑法典的结构有着密切的关系。纵观世界各国刑法典,通常都是由总则与分则两部分组成,总则对犯罪、刑事责任和刑罚作出概括性的共通规定,分则对各类、各种犯罪的定义、构成及其刑事责任作出具体规定。与此相对应,将研究刑法典总则部分的理论称为刑法总论,而将研究刑法典分则部分的理论称为刑法分论。但是随着社会的发展,规定具体犯罪及其刑事责任的法律形式不再局限于刑法典分则,而是在一些单行刑法与附属刑法等特别刑法中也规定了一些具体犯罪及其刑事责任,具体犯罪及其刑事责任的渊源也随之扩大。当然这些规定同样也必须适用刑法典总则规定的共同原则规范。不过在我国,具体犯罪及其刑事责任主要规定在刑法典中,在1997年刑法典修订后,仅仅颁布、施行了一个规定具体犯罪及其刑事责任的单行刑法——《关于惩治骗购外汇、逃汇和非法买卖外汇的决定》。而其他如经济法律、行政法律等非刑法法律中有关具体犯罪及其刑事责任的规定仅仅是一个指引性的规定,并没有涉及具体的犯罪构成内容与具体的刑事责任后果。

刑法分论的研究对象有广义与狭义两种,广义的研究对象除了刑法典分则编的全部内容之外,还包括单行刑法与附属刑法中有关个罪的规范;狭义的研究对象仅指刑法典分则,本书取其广义。

我国刑法典分则是指《中华人民共和国刑法》的第二编,该编系统规定了十大类犯罪,各类犯罪中又规定了具体的个罪及其刑事责任。刑法典分则必须要以总则为依托,对具体犯罪的构成要件、责任要件以及法定刑的理解与确定,应以总则规定为指导;当分则条文没有完整地规定犯罪构成的全部要素时,应以总则规定予以补充。而单行刑法一般仅仅规定了具体犯罪及其刑事责任,较少有总则性规定,但一般认为单行刑法与刑法典分则基本上处于平行并列地位,均应以刑法典总则为指导和补充。《刑法》第101条规定:"本法总则适用于其他有刑罚规定的法律,但是其他法律有特别规定的除外。"由此可见,单行刑法原则上要以刑法典总则为指导和补充。需要注意的是,单行刑法是特别法,而刑法典属普通法,根据特别法优于普通法的原则,行为同时触犯单行刑法与刑法典分则时,或者单行刑法有总则性的特别规定时,应当适用单行刑法。附属刑法存在不同的立法模式,而我国附属刑法规范主要采用的是依附性的概括式与比照式。依附性是指附属刑法规范不直接规定关于犯罪和刑罚的完整内容,而是对刑法典或单行刑法有一定依附关系的立法方式。概括式是指在附属刑法规范中仅概括地规定对某一种或某几种犯罪行为"依法处罚"或"依法追究刑事责任",至于如何追究刑事责任,要依附刑法典或单行刑法的有关规定。这种立法方式在我国附属刑法规范中最为常见。比照式是指附属刑法规范对其规定的新的犯罪行为,只规定罪名与罪状,而其法定刑则比照刑法典或单行刑法某一条款处罚的立法方式,这种立法方式也多见于我国附属刑法规范中。

二、刑法分论研究的意义和方法

研究刑法分论对于刑事司法、刑事立法与刑法理论,都具有十分重要的意义。

首先,研究刑法分论有助于对刑法总论的准确理解与把握。研究刑法分论首先要以刑法总论的原理为指导,通过对具体犯罪的构成特征与刑事责任的认识,能够加深对总论的理解;其次,研究刑法分论有助于掌握各种具体犯罪的定罪量刑标准,有助于正确区分罪与非罪、此罪与彼罪的界限;再次,研究刑法分论有助于对各种具体的犯罪适用刑罚;最后,研究刑法分论可以发现刑事立法关于具体犯罪规定中的缺陷和不足,并提出修改和完善建议,从而有助于刑事立法的改革与健全。

研究刑法分论应当注重研究方法,除了必须以刑法总论的原理、原则为指导外,还应注意以下几点:第一,要及时了解刑事立法和司法实践的动态。刑法分论研究的是具体犯罪问题,具有很强的实践性,因此,在研究刑法分论时,必须密切关注刑法立法和司法的动态,根据刑法立法的发展和司法实践的新情况来探讨各种问题。第二,要有针对性地抓住重点和难点。刑法分论的重点是各种具体犯罪,尤其是司法实践中的常见罪、多发罪的构成、罪与非罪的界限以及此罪与彼罪的界限。难点问题在各罪中可能不尽相同,有的罪的难点可能是主体特征,有的罪的难点可能是主观方面,有的罪的难点可能是客观行为方式,有的罪的难点可能是该罪与其他相关罪的界限,这就要求在研究刑法分论时善于捕捉难点问题,进行认真的钻研和探讨。第三,要贯彻理论联系实际的研究方法。理论联系实际,就是将具体的罪刑理论运用于具体的案例分析之中,从而理解和掌握相关理论,并培养分析问题和解决问题的能力。

第二节 刑法分论的体系

各国刑法一般都由总则和分则两大部分组成,刑法总则对犯罪、刑事责任和刑罚作出一般性的共通规定,刑法分则对各类、各种犯罪的刑事责任和刑罚作出具体规定。因此刑法的体系也基本上是由总则与分则组成,我国刑法也不例外。我国刑法总则规定刑法的任务、基本原则、刑法的适用范围,以及关于认定犯罪、适用刑罚的一般原理、原则和具体制度等内容;《刑法》分则规定各种具体犯罪的罪状及对每一种犯罪应当判处的刑罚种类和刑罚幅度。相对应地,刑法学体系由刑法总论与刑法分论两大部分组成。这两部分密切联系、相互依存,相互作用,缺一不可。刑法分论是刑法总论的基础与依托,同时又受到刑法总论的指导与补充。正因为存在刑法总则的共通性规定,刑法分论对各种具体犯罪的适用与解释才存在比较一致性的标准,而避免个别不同的法官对于同样案情的具体个案,作出定罪量刑结论迥异的判决。

一、刑法分论体系的概念

刑法分论的体系,是指按照一定的分类结构和顺序所构建的研究具体犯罪及其刑事责任的理论整体。刑法分论的体系与刑法分则的结构有着密切的联系,不同国家的刑法分则的结构不尽相同,相应地其刑法分论的体系也就存在差异。这里所说的刑法分则的结构,是指刑法分则对具体犯罪的分类及其排列顺序。

二、刑法分论体系建立的依据

刑法分论通常是按照刑法分则对具体犯罪规定的分类及其排列顺序来构建其体系的,换言之,刑法分论体系的建立依据是具体犯罪的分类及其排列顺序。

犯罪分类是罪刑法定原则的要求。罪刑法定原则的基本要求在于法定化、实定化与确定化,也就是说必须以成文刑法明确规定犯罪的构成要件与刑事责任;只有对现实生活中发生的各种具体犯罪进行合理分类,进而规定各种犯罪的构成要件,才能最大程度实现罪刑法定原则的要求。具体犯罪从不同的角度可以作多种划分,一般而言,刑法分则都是以行为所侵害的法益作为标准来对犯罪进行分类。从大陆法系国家来看,其刑法及刑法理论以法益作为分类标准尚存在"两分法"与"三分法"的区别。

两分法是指将犯罪分为"侵害公法益的犯罪"与"侵害私法益的犯罪"两大类;"三分法"是将犯罪分为"侵害个人法益的犯罪""侵害社会法益的犯罪""侵

害国家法益的犯罪"三大类。

　　刑法理论自16世纪以来,普遍认为国家与社会法益是公法益,而个人法益是私法益,因此犯罪可以分为对公法益的犯罪和对私法益的犯罪两种。国家是社会的一种特殊形态,侵害国家法益的犯罪被侵害社会法益的犯罪所包容,这一观点在18世纪以后被广泛采用。但是在刑法学领域中,个人法益并非是纯粹的私法益,尤其是在社会文明与科学技术高度发达的当代,有些个人法益已经与社会法益交织,将两者完全以"公""私"划分的界限已经不够明显;同时,随着社会学与政治学的发展,都强调国家与社会的明确界分,国家与社会纠结在一起不利于限制国家公权力、扶植市民社会,不利于社会的发展;针对国家与社会的犯罪从特点上来看,也具有明显的区别,前者直接威胁统治政权,而后者并非针对国家体制本身。因此,学者们普遍认为"三分法"较为妥当,即将法益分为个人法益、社会法益、国家法益。相对应的,犯罪也分为侵害个人法益的犯罪、侵害社会法益的犯罪与侵害国家法益的犯罪。

　　尽管"三分法"受到各国刑法及刑法理论的认可,但是三类保护法益在各国刑法典中的顺序排列并不相同。从排列顺序看,有的国家是先国家法益、社会法益,后个人法益,如德国、日本、印度;有的国家是先个人法益、社会法益,后国家法益,近些年修订刑法典的法国、瑞士、俄罗斯等国均采取了这种模式,这种立法方式反映了刑法立法价值取向的新动向。自20世纪90年代以来,西方国家在调整刑事立法时,这种将侵犯个人法益的犯罪放在刑法分则首位,将侵犯国家法益的犯罪放在最后的做法被越来越多的国家采用。由此体现了当今世界各国日益重视保护公民人权,保护个人法益的趋势。

　　需要注意的是,尽管将犯罪分为三大类,但是各国在刑事立法中并非先将犯罪区分为侵犯三种法益的犯罪或直接只规定三类犯罪,而是规定了十几类甚至数十类犯罪,只是这些犯罪在归类上大致分别属于侵犯上述三类法益的犯罪。我国刑法典分则大致上是按"国家法益、社会法益、个人法益"的顺序编排的,然而,在1997年修订《刑法》时,为了将24个单行刑法所规定的具体犯罪整合到刑法典中,很多类罪仅仅是简单地作为章节整合到刑法典中,而造成最终形成的刑法典并非完成按照这种法益保护的顺序来排列,从而导致了我国《刑法》分则类罪的排列缺乏逻辑上的一致性,显得过于混乱。

三、我国《刑法》分则规定的刑法分论体系

　　我国《刑法》分则规定的刑法分论体系,基本上是以国家利益、社会秩序保护优先的原则来排列的,而类罪中各种具体犯罪的排列则基本上是按照侵害法益的程度大小由高到低排列。

（一）犯罪的分类排列

我国《刑法》分则对犯罪采用的是简明的分类方法，共分为10类，依次是危害国家安全罪、危害公共安全罪、破坏社会主义市场经济秩序罪、侵犯公民人身权利、民主权利罪、侵犯财产罪、妨害社会管理秩序罪、危害国防利益罪、贪污贿赂罪、渎职罪、军人违反职责罪。

（二）犯罪分类排列的依据

我国《刑法》分则对犯罪的分类基本上是按照犯罪行为所侵犯的同类法益的标准，对各类犯罪以及各种具体犯罪的排列则大体上是根据各类、各种犯罪的侵害法益的程度。

1. 以同类法益为标准对犯罪进行分类

犯罪的同类法益，是指某一类犯罪所共同侵犯而为我国刑法保护的整体法益的某一部分或某一方面。我国《刑法》分则所规定的10类犯罪，正是根据同类保护法益划分的结果。具体而言，分裂国家罪、叛逃罪、间谍罪等具体犯罪，共同侵犯的是国家安全这方面的法益，因而将它们归为危害国家安全罪；放火罪、爆炸罪、交通肇事罪等具体犯罪，共同侵犯的是社会的公共安全，因而将它们归为危害公共安全罪；生产、销售伪劣产品罪、走私罪、金融票证诈骗罪、侵犯著作权罪等具体犯罪，共同侵犯的是市场经济秩序这方面的法益，因而将它们归为破坏社会主义市场经济秩序罪；故意杀人罪、故意伤害罪、强奸罪、绑架罪等具体犯罪，共同侵犯的是公民人身权利、民主权利这一方面的法益，因而将它们归为侵犯公民的人身权利、民主权利罪；抢劫罪、盗窃罪、诈骗罪、侵占罪等具体犯罪，共同侵犯的是公私财产所有权这方面的法益，因而将它们归为侵犯财产罪；妨害公务罪、招摇撞骗罪、寻衅滋事罪等具体犯罪，共同侵犯的是社会管理秩序这方面的法益，因而将它们归为妨害社会管理秩序罪；阻碍军人执行职务罪、阻碍军事行动罪等具体犯罪，共同侵犯的是我国国防利益这方面的法益，因而将它们归于危害国防利益罪；贪污罪、受贿罪、私分国有资产罪等具体犯罪，共同侵犯的是国家工作人员职务廉洁性这方面的法益，因而将它们归为贪污贿赂罪；滥用职权罪、玩忽职守罪等具体犯罪，共同侵犯的是国家机关的正常管理活动这方面的法益，因而将它们归为渎职罪；投降罪、军人叛逃罪等具体犯罪，共同侵犯的是军人职责这方面的法益，因而将它们归为军人违反职责罪。

2. 以行为侵害法益的程度为标准对各类、各种犯罪进行排列

我国《刑法》分则在上述各类犯罪排列的基础上，还根据各种具体犯罪行为侵害法益的程度对这十类犯罪中的各类、各种犯罪进行排列，应该说，这种排列有其一定的合理性，与上述犯罪分类法相结合所构成的刑法分则体系，应该说还是具有一定的科学性的分则体系。

刑法分则中每一类犯罪都包括一定数目的侵害基本相同法益的具体犯罪，

而这些具体犯罪的排列不能随心所欲,这就需要按照一定的标准或者规律进行顺序排列。我国《刑法》分则每类犯罪基本上是按照具体犯罪侵害法益的大小,由重到轻依次编排的。例如,在危害公共安全这一类犯罪中,放火罪、决水罪、爆炸罪、投放危险物质罪等犯罪,均属于故意以危险方法危害公共安全的犯罪,其侵害法益最为严重,因此,将它们排在该类犯罪的前面。而工程重大安全事故罪、教育设施重大安全事故罪、消防责任事故罪等犯罪,属于过失危害公共安全的犯罪,侵害法益相对较轻,因而将它们排在该类犯罪的后面。当然,各类犯罪中每一种具体犯罪,并非绝对按照侵害法益的大小由重到轻进行排列的,有时还必须照顾到犯罪性质和个罪相互间的逻辑联系。如故意杀人罪作为最严重的侵犯人身权利的犯罪排在侵犯公民人身权利、民主权利罪章之首,为了保持剥夺他人生命权的犯罪行为间的逻辑联系,则将过失致人死亡罪排在前面,而将社会危害性更大的强奸罪、绑架罪等排在后面,这是因为故意杀人罪和过失致人死亡罪都是侵犯他人生命权利的犯罪而排在一起。这样既照顾到犯罪的性质,也与逻辑相符。

此外,在设有节的类罪中,刑法分则也基本上是按照各节罪侵犯法益的程度大小依次排列的。

四、本书采用的刑法分论体系

由于刑法分论是对刑法分则的研究,因而刑法分论体系是建立在具体犯罪分类及其排列顺序的基础之上的。受刑法分则各罪分类的影响,我国早期通行教科书的刑法分论体系几乎无一例外地都按照《刑法》规定的10类犯罪依次排列建构刑法分论体系的。这种以法为本的体系建构,本身并不存在问题,但是由于我国刑事立法受原苏联刑法的影响深远,刑法理论长期不能得到有效的突破和进一步的发展,而且罪刑法定原则的确立使我国刑法开始进入市民刑法时代,因而越来越注重对公民个人法益的保护。现在有少量教科书①开始按照"个人法益、社会法益、国家法益"的顺序来排列其刑法分论体系。目前通说的理论体系已经普遍遭到了学者的质疑。

其一,人权保护已经成为世界发展的趋势,一个国家必须要充分保护这一根本价值,我国更应该顺应这种趋势,把保障公民的个人法益放在首位。而目前的这种体系没有严格按照个人、社会、国家法益的逻辑结构进行建构,甚至章节之间的逻辑存在一定的混乱性,如危害国家安全罪与危害国防利益罪、渎职罪、军人违反职责罪都属于侵害国家法益的犯罪,但这几种类罪却没有规定

---

① 参见刘艳红主编:《刑法各论》,北京大学出版社2006年版,目录;陈兴良主编:《刑法学》,复旦大学出版社2009年版,目录及序第2页;周光权:《刑法各论》(第2版),中国人民大学出版社2011年版,目录及第5—7页;等等。

在一起,而是被侵害社会公共法益、个人法益的类罪分割开来。在现代社会,特别是市民刑法中,个人法益的保护应当置于优先地位,因而,按照对个人法益的犯罪、对社会法益的犯罪与对国家法益的犯罪安排刑法分论体系,是一种合理的价值取向。

其二,目前的这种排列方式不能反映出各类犯罪在司法实践中受到关注的重要性程度。刑法分则中的10章400多个罪名,最重要的是侵犯公民人身权利、民主权利罪和侵犯财产罪两类犯罪,它们都属于侵犯个人法益的犯罪,与每一个人的生存状态、生存条件都直接相关,也是实践中发案率最高的犯罪,司法实务中处理的案件,绝大多数的常见罪、多发罪都是集中在侵犯人身权利、民主权利罪和侵犯财产罪两章。如果将侵害个人法益的类罪排在刑法分论体系的最优先的位置,有利于凸显这种司法现实状况。

其三,目前这种体系不利于刑法教学,无法突出教学重点,尤其是一些常见、多发与复杂的犯罪。刑法分则400多个罪名在知识上的重要性并不相同。当前的刑法教学中,基本上都采取跳跃式讲授的情形,即刑法分论的中间几章必须忽略不计,只讲重点章节的罪名。无论是刑法理论界还是司法实务界都认为,对重点、高发的犯罪进行深入研究才是刑法分论教学的根本。因为这些犯罪常态化,更为社会所熟知与常见,与个人的关系最为密切,将其置于刑法分论的前部有利于学生理解、掌握以及司法上的适用。

因此,本书在刑法分论部分对刑法分则的章节顺序进行了适当的调整,基本上按照对个人法益的犯罪、对社会法益的犯罪、对国家法益的犯罪的顺序构造刑法分论体系,但对刑法分则规定的类罪中不合理部分并没有作进一步调整,如妨害社会管理秩序罪中的妨害司法罪本质上是对国家作用这种法益侵害的犯罪,为了保持刑法分则体系的稳定性,而保留了刑法分则中大类罪的完整性,不再将其分离出作为侵害国家法益的犯罪安排其体系位置。

五、刑法分论的注意规定与拟制规定

刑法典中有两种立法现象需要予以重视,一是注意规定,二是拟制规定。这两种规定因为与刑法分则的基本规定存在不同,而在近年来开始受到关注。又由于对各种犯罪的刑法适用首先关注的是对应罪名的相应条款,因而,注意规定与拟制规定在刑法分论中进行讨论更有意义。

所谓注意规定,是为了防止司法人员遗漏适用刑法中某一已有的规定,而再次加以特别规定以提示符合该规定的情形应当适用该规定的一种立法现象。注意规定的特点主要有三点:一是该条款并没有创设新的刑法规范,即使没有注意规定,对符合某种规定的情形当然也要适用该规定;二是该条款的规定也并未改变原有规范,其设置目的在于提醒司法人员注意,不要在某种情形下,遗漏还有些在其他地方规定的规范应予以适用。例如,《刑法》第285条规定了非法侵入计算机信息系统罪、非法获取计算机信息系统数据、非法控制计算机信息系统罪、提供侵入、非法控制计算机信息系统的程序、工具罪,第286条规定了破坏计算机信息系统罪,第287条规定:"利用计算机实施金融诈骗、盗窃、贪污、挪用公款、窃取国家秘密或者其他犯罪的,依照本法的有关规定定罪处罚。"此条即属于注意规定。即使没有该条规定,这类行为也应定具体实施的犯罪,而不能定《刑法》第285、286条规定的相关罪名。再如第382条规定的是贪污罪,该条第3款规定:"与前两款所列人员勾结,伙同贪污的,以共犯论处。"该款也是注意规定,因为即使没有该款规定,这种情形作为共同犯罪的一种表现形式,对此也应以贪污罪共犯论处。不过,注意规定虽然具有提示功能,但是这种立法,一是浪费立法资源,加大立法成本,二是容易助长司法人员的懒惰思想,而不太考虑刑法规定的体系性,最终导致他们在某些没有作出提示性规定的情形下,忘记或者忽略本该适用的刑法规范,其负面影响不言而喻。在这种意义上,刑法立法中完全没有设置注意规定的必要。

所谓拟制规定,是指将原本不完全符合某一刑法规范的某种行为规定基于某种特定情形按照该规范做相同处理的立法现象。拟制规定的特点在于,立法者基于某种目的或者特殊情形,将原本在事实上并不完全相同的两种行为按照相同的行为处理,赋予相同的法律效果,从而指示司法人员即使某种行为原本不符合刑法的相关规定,但在刑法明文规定的特殊条件下,也必须按相关规定论处。如《刑法》第267条第2款规定:"携带凶器抢夺的,依照本法第263条的规定定罪处罚。"携带凶器抢夺的行为与《刑法》第263条规定的抢劫罪在犯罪成立条件上并不完全相同,但立法者将该行为赋予与抢劫罪相同的法律效果。如果没有刑法的这一拟制规定,对于携带凶器抢夺却没有使用该凶器的行为,就只能认定为抢夺罪,而不能认定为抢劫罪。《刑法》设置拟制规定旨在认定,尽管两种行为在构成要件上不尽相同,但在侵害法益的程度与性质上相近或相同,为了保持处理上的一致性,而赋予这两者相近行为同样的法律后果,同时也为了节省立法成本,避免重复,将其中一构成要件所作的规定,适用于另一构成要件,而无需重复规定相同的构成要件部分及其刑罚。但这种拟制规定也存在如下负面影响:忽略两个行为在构成要件事实上的不同之处,在法律上等同视之,并赋予相同法律后果,极有可能导致将这种拟制扩张及于人们观念上可以接受的范围之外。因此,在理解《刑法》中的拟制规定时,应该作出相应的限制或说明。至于"该当的指示参照及限制之意义及范围如何",则"必须由各该意义脉络及法律的目的来探求,并加以限制"[①]。更不能在没有法律拟制规定的情形下,类比

[①] 〔德〕卡尔·拉伦茨:《法学方法论》,陈爱娥译,商务印书馆2003年版,第143—144页。

拟制规定进行处理。

另外需要注意的是，《刑法》中还存在一些既包括注意规定又包括拟制规定的条款，如《刑法》第289条的规定："聚众'打砸抢'，致人伤残、死亡的，依照故意伤害罪、故意杀人罪论处；毁坏或者抢走公私财物的，除判令退赔外，对首要分子，依照抢劫罪论处。"其中"致人伤残、死亡"既包括故意所为，也包括过失所为。就故意所为而言，该规定就是注意规定；就过失所为而言，该规定就是法律拟制。而将毁坏财物按照抢劫罪论处，属于法律拟制；将抢走财物定抢劫罪，则属于注意规定。因此，该条既包含注意规定的情形，也包含法律拟制的情形。对于这种混合规定，基于上述注意规定与拟制规定设置，目的与特点的不同，需要在理论上予以正确区分，以便正确司法。

在此还必须弄清注意规定、拟制规定与转化犯的关系。所谓转化犯，是指"行为人在实施某一较轻的故意犯罪过程中，由于行为人的行为变化，使其性质转化为更为严重的犯罪"[①]。也就是说，转化犯的规定并非是创设新的刑法规范，而是提示司法人员对于性质发生变化的行为，应当按照事实上所符合的更为严重的犯罪定罪。理论上一般认为《刑法》第247条与第269条的规定属于典型的转化犯。《刑法》第247条规定："司法工作人员对犯罪嫌疑人、被告人实行刑讯逼供或者使用暴力逼取证人证言的，处3年以下有期徒刑或者拘役。致人伤残、死亡的，依照本法第234条、第232条的规定定罪从重处罚。"该条后段规定既包含注意规定又不包括拟制规定。如果刑讯逼供或者暴力取证行为致人伤残、死亡是故意为之，则属于注意规定，实质上也符合转化犯的内涵；如果致人伤残、死亡是过失所为，则属于拟制规定，与转化犯无关。再如《刑法》第269条规定："犯盗窃、诈骗、抢夺罪，为窝藏赃物、抗拒抓捕或者毁灭罪证而当场使用暴力或者以暴力相威胁的，依照本法第263条的规定定罪处罚。"该条规定也是因为行为性质发生变化而不能被盗窃罪、诈骗罪、抢夺罪所包容，更符合抢劫罪这一更为严重的犯罪的构成要件，而提示司法人员对这种行为按照抢劫罪进行处理。该条规定符合转化犯的特征，而并非新创设刑法规范。综上所述，转化犯是因为行为性质发生变化导致不再为该条所规定的罪名所包容，而符合另一个罪名，《刑法》所作出的处理规定。《刑法》在此所作出的规定实质上是一个提示性规定，而并非一个创设性规定。即转化犯属于注意规定，而与拟制规定无关。

第三节　刑法分论的条文结构

刑法分则条文的基本表现形式是规定具体犯罪及其刑罚的条文，而具体犯

[①] 王彦等：《试论转化犯的概念与基本特征》，载《国家检察官学院学报》1999年第1期。

罪条文通常由罪状和法定刑两部分组成。不过刑法分则对罪状与法定刑的规定有时并不完整,一般只是规定了成立具体犯罪所特有的构成要件或者构成要件要素,有些具体犯罪的法定刑规定也并不完整或者明确,还需要与刑法总则的共通性规定结合在一起,才能构成更完整的某一刑法规范。

一、罪状

罪状,是指刑法分则罪刑式条文所描述的具体犯罪的基本构成要件。刑法理论上通常将罪状分为简单罪状、叙明罪状、引证罪状和空白罪状四种,但基于不同的标准还可以有不同的分类。本书认为,对罪状可以根据两个不同的标准进行分类:一是根据罪状描述方式的不同,将罪状分为叙明罪状、简单罪状、引证罪状和空白罪状;二是根据罪状描述方式的多寡,将罪状分为单一罪状和混合罪状。

(一)简单罪状、叙明罪状、引证罪状和空白罪状

(1)简单罪状,即罪刑式条文只简单地描述了具体犯罪的基本构成要件,而没有详细说明。在简单罪状中,有的只简单地描述具体犯罪的主观和客观要件,如《刑法》第232条规定:"故意杀人的……"这里就只描述了故意杀人罪的主观和客观要件,因而该罪状是简单罪状。有的甚至只简单地描述具体犯罪的客观要件,如《刑法》第114条规定:"放火、决水、爆炸以及投放毒害性、放射性、传染病病原体等物质或者以其他危险方法危害公共安全,尚未造成严重后果的,处……"这里就只简单地描述了放火罪、决水罪、爆炸罪、投放危险物质罪、以危险方法危害公共安全罪的客观要件,因而也是简单罪状。使用简单罪状,一般是因为立法者认为这些犯罪的要件易于被人理解和把握,无须在法律上作具体的描述。

(2)叙明罪状,即罪刑式条文详细地描述了具体犯罪的基本构成要件。例如,《刑法》第190条规定:"国有公司、企业或者其他国有单位,违反国家规定,擅自将外汇存放境外,或者将境内的外汇非法转移到境外,情节严重的……"本条对逃汇罪的主体、主观和客观方面的构成要件作了详细的描述,其罪状为叙明罪状。

(3)引证罪状,即引用同一法律中的其他条款来说明和确定某一犯罪构成的要件。例如,《刑法》第119条第1款规定了破坏交通工具罪、破坏交通设施罪、破坏电力设备罪、破坏易燃易爆设备罪的罪状和法定刑,其第2款接下来规定:"过失犯前款罪的……"该款就是引用第1款规定的罪状,来说明和确定过失损坏交通工具罪、过失损坏交通设施罪、过失损坏电力设备罪、过失损坏易燃易爆设备罪的罪状。我国《刑法》中既规定单位犯罪又规定自然人犯罪的罪名,一般对单位犯罪的规定都是采用引证罪状的方式。采用引证罪状的方式,是为

了避免条款之间文字上的重复。但过失犯罪引证故意犯罪的条款,因其主观罪过的不同并且在所引证的条款中有明确规定而不够科学。

（4）空白罪状,即罪刑式条文没有直接地具体说明某一犯罪构成的要件,而是仅仅明确该罪构成需要参照的法律、法规的规定。例如,《刑法》第133条规定:"违反交通运输管理法规,因而发生重大事故,致人重伤、死亡或者使公私财产遭受重大损失的……"这里仅指明在确定交通肇事罪的构成要件时必须参照交通运输管理法规的规定,而没有直接具体地描述该罪的要件,因而是空白罪状。采用空白罪状的方式,是为了节省立法成本,而且有关法律、法规的规定相关内容往往较多,一一写在刑法条文中会使条文繁琐冗长。同时,采用参照有关法律、法规的规定这种方式,不会因为所参照的法律、法规的修改、补充,而使《刑法》关于具体犯罪的规定随之发生相应变化,有利于使刑法保持应有的稳定性。

（二）单一罪状和混合罪状

（1）单一罪状,即某一罪刑式条文仅采用简单、叙明、空白、引证四种方式其中的一种方式对某一犯罪的基本构成要件进行描述。分则条文中的绝大多数罪状,属于单一罪状。

（2）混合罪状,即某一罪刑式条文同时采用两种或者两种以上的方式对某一犯罪的基本构成要件进行描述。例如,《刑法》第253条之一规定:"国家机关或者金融、电信、交通、教育、医疗等单位的工作人员,违反国家规定,将本单位在履行职责或者提供服务过程中获得的公民个人信息,出售或者非法提供给他人,情节严重……"本条中的"违反国家规定"是指确定出售、非法提供公民个人信息罪的构成要件需要参照国家规定,属于空白性的描述方式;但本条同时还较为详细地描述了该罪的行为主体、行为方式、行为后果等方面的特征,属于叙明性的描述方式。本条由于使用了两种方式来描述出售、非法提供公民个人信息罪的罪状,因而是混合罪状。采用混合罪状方式,是由某些犯罪的特殊性决定的。刑法分则条文中的混合罪状日渐增多。

二、罪名

（一）罪名的概念和功能

罪名,即犯罪的名称,是对具体犯罪本质特征的高度概括。罪名虽是具体犯罪的称谓,但其功能是多方面的。从理论上阐明罪名的功能,能够起到重视罪名的正确确定与运用的作用。

1. 概括功能

罪名是刑法体系中最具概括功能的一个范畴,罪名将形形色色纷繁复杂的犯罪现象进行概括,使人们能够明确刑法上规定了哪些具体犯罪。罪名的概括功能包括二层含义:一是将现实生活中不同形式的基于同质性规定在同一个刑法规范的犯罪行为概括为刑法上的一个罪名。如《刑法》第382条规定:"国家工作人员利用职务上的便利,侵吞、窃取、骗取或者以其他手段非法占有公共财物的,是贪污罪。"这里所谓的侵吞、窃取、骗取或者其他手段的各种行为都是国家工作人员所实施的具有利用职务之便非法占有公共财物的同质性的犯罪行为,刑法上将其用贪污罪这个罪名予以概括。二是司法实践或者理论上根据某一条文所表述的罪状将其概括成一个罪名。例如,《刑法》第331条规定"从事实验、保藏、携带、运输传染病菌种、毒种的人员,违反国务院卫生行政部门的有关规定,造成传染病菌种、毒种扩散,后果严重的……"司法解释根据该罪状所描述的"造成传染病菌种、毒种扩散"这一行为方式,将其概括为传染病菌种、毒种扩散罪。

2. 区分功能

既然罪名是对具体犯罪本质特征的概括,而不同的罪名所反映的本质特征显然不同,罪名也就相应地具有了区分功能。罪名的区分功能表现在人们通过罪名所揭示的信息,能够基本区分罪与非罪、此罪与彼罪的界限。罪名的这种区分功能能够告诫公民哪些行为属于犯罪行为而不能实施,从而起到规范广大公民行为的作用;同时,罪名作为区分罪与非罪的标志,提醒司法工作者必须认识到,没有触犯某一罪名的行为绝不是犯罪行为,从而为司法机构提供基本的裁判准则。

3. 评价与威慑功能

通过罪名的宣示,表明了国家或者立法机构在法律上对该种危害社会行为强烈的否定评价与严厉的谴责。而既然罪名体现出国家对犯罪行为的否定评价和对行为人的道义谴责,这就等于给人们提供了一个基本的行为标准,而告诫广大公民,任何触犯罪名的行为都要受到否定的评价和谴责,而使其规范自己的行为,从而起到一定的威慑和预防犯罪作用。

(二)罪名的分类

根据不同的标准,可以将罪名划分为以下一些种类:

1. 立法罪名、司法罪名和学理罪名

这是以罪名的效力的有无与程度为依据划分出的种类。

所谓立法罪名,是指立法机关在刑法条文中明确规定的罪名。如贪污罪、受贿罪、挪用公款罪、行贿罪等即是由《刑法》有关罪责式条文明确规定的罪名。在我国刑法典中,立法罪名并不多见。立法罪名不仅具有法律效力,而且其效力程度最高,司法实践与刑法理论所使用的罪名与立法罪名不能有所不同。

司法罪名,是指司法机关通过司法解释或者刑事判决所确定的罪名。在1997年《刑法》修订前,司法实践中并未统一罪名的使用,司法罪名一般都是司法机关依据法条及相应的法理在判决书中所确定的适用罪名。但 1997 年《刑法》颁行后,为了统一司法,在司法实践中所适用的罪名一般都是采用最高司法机关统一发布的司法解释所确定的罪名。因而现在有著作直接认为司法罪名是指"最高司法机关通过司法解释所确定的罪名"①。但从解释论上看,司法罪名并非仅仅限于这一范围,不能因为我们目前司法实践中的这种状况就否定了其他司法罪名存在的可能性与意义。一般而言,司法罪名对司法机关办理刑事案件具有法律约束力。

学理罪名,是指刑法理论上根据刑法分则的有关规定对具体犯罪所概括出的罪名。学理罪名没有法律效力,但对司法实践确定罪名具有指导和参考作用。但自最高司法机关颁行统一罪名的司法解释后,学理罪名似乎就失去了生命力,几乎所有的教材与专著都采用司法罪名。

2. 单一罪名和选择性罪名

这是以罪名所包含的犯罪构成内容的单复为依据划分出的罪名种类。

单一罪名,是指所包含的犯罪构成的具体内容单一并且只体现一种犯罪行为的罪名,如故意杀人罪、放火罪、交通肇事罪等。这类罪名没有拆分适用的余地。

选择性罪名,是指所包含的犯罪构成的具体内容复杂并且能够体现几种犯罪行为的罪名。如生产、销售假药罪,强制猥亵、侮辱妇女罪,走私、贩卖、运输、制造毒品罪等。这类罪名可以概括使用,也可以分解使用。其拆分方式主要是通过不同的行为或者行为对象来进行,如组织、领导、参加恐怖组织罪即是以不同的行为方式形成选择性罪名的;而劫持船只、汽车罪则是根据不同的行为对象形成选择性罪名的。当然也有既包括不同的行为方式也包含不同的行为对象的选择性罪名,如非法持有、私藏枪支、弹药罪这一罪名即既包含有非法持有与私藏两种行为方式,又包含有枪支与弹药两种不同的行为对象。

(三) 罪名的确定

罪名的确定有广义与狭义之分。狭义上的罪名确定是根据刑法分则罪刑式条文规定的具体犯罪构成而确定的具体罪名;广义上的罪名确定除了狭义上的含义外,还包括司法机关对具体发生的犯罪行为如何定罪而确定罪名这一含义。本节只讨论狭义上的罪名确定。一般而言,立法罪名已经在刑法条文中已经确定,无需讨论,但刑法条文中没有确定罪名的条文都存在一个对具体犯罪构成如何确定罪名的问题。而且只有正确确定罪名,才能保证司法机关的正确定罪。

对于罪名的确定,首先要具有科学性,即罪名必须反映出具体犯罪的本质属

---

① 李希慧主编:《刑法各论》,武汉大学出版社 2009 年版,第 9 页。

性,否则就难以通过罪名区别此罪与彼罪。如司法解释将《刑法》第279条的罪名确定为"招摇撞骗罪",将《刑法》第372条的罪名确定为"冒充军人招摇撞骗罪",但《刑法》第279条描述的罪状是"冒充国家机关工作人员招摇撞骗",《刑法》第372条描述的罪状是"冒充军人招摇撞骗",两者的本质区别在于冒充的身份不同,"冒充国家机关工作人员"构成前罪,"冒充军人"构成后罪,因而用招摇撞骗罪概括前罪显然不够准确,也不能区分出二者的本质属性。其次,要具有简洁性,即是指罪名的确定,一定力求简明,避免冗长繁琐,必须是对具体犯罪罪状的高度概括。例如,《刑法》第344条描述的罪状是:"违反国家规定,非法采伐、毁坏珍贵树木或者国家重点保护的其他植物的,或者非法收购、运输、加工、出售珍贵树木或者国家重点保护的其他植物及其制品的",现行司法解释将前半段的规定概括为"非法采伐、毁坏国家重点保护植物罪",还算具有一定的简洁性;而将后半段规定的犯罪称为"非法收购、运输、加工、出售国家重点保护植物、国家重点保护植物制品罪",这一罪名就很难说是对罪状的概括,而不符合简洁性要求。简洁概括的罪名应该是"非法收购、运输、加工、出售国家重点保护植物及其制品罪"。需要指出的是,罪名的简括性并不是一味地概括,而无视科学性要求。如《刑法》第114条规定:"放火、决水、爆炸、投放毒害性、放射性、传染病病原体等物质或者以其他危险方法危害公共安全……"现行司法解释将条文中所规定的"以其他危险方法危害公共安全"的犯罪称之为"以危险方法危害公共安全罪",这一罪名删除了罪状中的"其他"二字,似乎简括化,但实际上是简而不当,因为条文中的"其他"二字,是为了使之与放火、决水、爆炸、投放危险物质这些危险方法成为一种并列关系,而司法罪名中所使用的"危险方法",与放火、决水、爆炸、投放危险物质等并不是并列关系,而是属种关系,危险方法是属概念,放火、决水、爆炸、投放危险物质则是种概念。减掉二字的结果是使罪名丧失了科学性,丧失了区分功能,实属因简害义。最后,要具有合法性,即确定罪名必须以刑法分则罪刑式条文所描述的具体罪状为根据,而不能超越或者缩小罪状所能涵括的应有范围。如《刑法》第360条第1款的罪状是"明知自己患有梅毒、淋病等严重性病卖淫、嫖娼的",而这一条款的司法罪名"传播性病罪"就存在不具合法性之嫌。从该罪名的字面意义上讲,一方面有可能将并不是通过卖淫、嫖娼传播性病的行为包括在犯罪之中,另一方面又可能要求构成本罪需要有传播性病的结果,而导致适用上的误差。对于这一条款,具有合法性的罪名应该是"性病患者卖淫、嫖娼罪"。

由此可以看出,尽管目前已经由司法解释统一了罪名的适用,司法罪名被广泛运用,学理罪名基本不存在,但事实上司法罪名并非没有问题,而需要通过学理讨论,才能保证罪名的正确确定。

三、法定刑

（一）法定刑的概念

法定刑，是指刑法分则罪刑式条文对各种具体犯罪规定的刑罚种类和幅度。法定刑体现具体犯罪与刑罚之间的对应，一般具有量的适应性，因而是审判机关对犯罪人适用刑罚的依据。对犯罪人判处刑罚时，除其具备法定的减轻情节外，必须在法定刑的范围内进行。

法定刑是相对于具体犯罪而言的，一种具体犯罪只有一个法定刑。但一个法定刑可以只有一个刑种，也可以有几个刑种；可以只有一个量刑幅度，也可以有几个量刑幅度。如《刑法》第215条规定的非法制造、销售非法制造的注册商标标识罪有两个量刑幅度，第一个量刑幅度的法定刑为"三年以下有期徒刑、拘役或者管制，并处或者单处罚金"，第二个量刑幅度的法定刑为"三年以上七年以下有期徒刑，并处罚金"，其基本法定刑中包括了四个刑种，但只能认为是一个法定刑，而不是四个法定刑；加重法定刑也包括了两个刑种，但同样只能认为是一个法定刑。因此，当适用其中某一法定刑时，如果存在减轻处罚的情形，就只能在该法定刑幅度之下予以裁量。又如《刑法》第222条规定："广告主、广告经营者、广告发布者违反国家规定，利用广告对商品或者服务作虚假宣传，情节严重的，处二年以下有期徒刑或者拘役，并处或者单处罚金。"这里就只对虚假广告罪规定了一个量刑幅度，三个刑种。

法定刑不同于宣告刑，法定刑是立法机关针对某种犯罪的性质及其危害程度所确定的量刑基准，它着眼于该罪的共性，是立法活动的结果，也是量刑的基本法律依据；而宣告刑是审判机关针对具体犯罪案件，结合犯罪人的各种情节，对犯罪人依法判处并宣告的应当执行的刑罚，它着眼于具体犯罪案件及犯罪人的特殊性，是法定刑的实际运用，也是司法审判活动的结果。

（二）法定刑的种类

法定刑根据是否确定量刑幅度，可分为绝对确定的法定刑、绝对不确定的法定刑和相对确定的法定刑。

所谓绝对确定的法定刑，是指在刑法条文中对某种犯罪或某种犯罪的某种情节只规定单一而固定的刑种和刑度。这种法定刑缺乏灵活性，法官缺乏自由裁量权，而使法官不能根据犯罪的具体情形对犯罪人判处轻重适当的刑罚，不利于宽严相济、刑罚个别化刑罚政策的实现，也很难取得良好的刑罚效果。我国《刑法》中规定有少量的绝对确定的法定刑，不过这种法定刑一般都是针对某种犯罪的特殊情形规定的，而并非针对某种犯罪的所有情况。如《刑法》第121条规定，劫持航空器，致人重伤、死亡或者使航空器遭受严重破坏的，处死刑。又如《刑法》第239条规定，致使被绑架人死亡或者杀害被绑架人的，处死刑，并处没收财产。前者是针对劫持航空器罪中致人重伤、死亡或者使航空器遭受严重破坏这种情形所规定的绝对确定的法定刑,后者则是针对绑架罪中致使被绑架人死亡或者杀害被绑架人这种情形所规定的绝对确定的法定刑。

所谓绝对不确定的法定刑,是指在刑法条文中对某种犯罪不规定具体的刑种和刑度,只规定对该种犯罪"处以刑罚"或者"依法追究刑事责任",具体如何处罚完全由法官掌握。这种法定刑违背了罪刑法定原则的基本精神,由于没有统一的量刑标准,容易导致法官裁量刑罚的不平衡,因而现代社会基本没有国家再采用这种法定刑的规定形式了。我国刑法分则中也没有严格意义上的绝对不确定的法定刑,不过在单位犯罪的刑罚规定中,由于其处罚一般都是规定"判处罚金",因而这种只规定刑种而没规定刑度的罚金刑也属于一种绝对不确定的法定刑。在司法适用过程中,应对此予以重视,尽量针对不同的单位犯罪性质与危害程度制定一个相应的配刑标准,如果缺乏统一的标准,容易导致司法不公。

所谓相对确定的法定刑,是指在刑法条文中对某种犯罪规定一定的刑种和刑度,明确规定其最高刑或者最低刑。这种具有刑罚限度的法定刑,留有一定的自由裁量余地,便于法官在保证司法统一的基础上,根据具体案情和犯罪人的具体情况,在法定刑的幅度内选择适当的刑种和刑期,而有利于刑罚目的的实现。在现代社会,这种法定刑被世界各国刑法采用的最为广泛。我国刑法分则中规定的绝大多数为相对确定的法定刑。其具体做法有以下几种:

(1)分则条文仅规定法定刑的最高限度,其最低限度则根据刑法总则对该刑种下限的规定而定。如《刑法》第234条之一规定的组织出卖人体器官罪的基本法定刑是5年以下有期徒刑,并处罚金。结合刑法总则第45条关于有期徒刑的最低期限为6个月的规定,该罪的基本法定刑实为6个月以上5年以下有期徒刑。

(2)分则条文仅规定法定刑的最低限度,其最高限度则根据刑法总则对该刑种上限的规定而定。如《刑法》第237条第2款规定的聚众或者在公共场所当众犯强制猥亵、侮辱妇女罪、猥亵儿童罪的法定刑是5年以上有期徒刑。这一法定刑没有最高限度,但结合总则第45条关于有期徒刑的最高期限为15年的规定,该罪法定刑就是5年以上15年以下有期徒刑。

(3)分则条文同时规定法定刑的最高限度与最低限度。如根据《刑法》第279条的规定,情节严重的招摇撞骗罪,处3年以上10年以下有期徒刑。这一法定刑就同时规定了最高限度与最低限度。

(4)分则条文规定两种以上的主刑或者规定两种以上主刑并规定附加刑。如《刑法》第160条规定的欺诈发行股票、债券罪的法定刑是"5年以下有期徒刑或者拘役,并处或者单处非法募集资金金额1%以上5%以下罚金"。这一法定刑规定了两种主刑与一种可以单独或者附加适用的罚金刑,其中又对有期徒刑规定了5年的上限,对罚金刑规定了倍比类的上下限,法院可以根据案件的具体情况,在两种主刑与一种附加刑中选择一种,或者选择一种主刑并处罚金刑这种附加刑,然后再按照有关规定确定具体刑期。

(5) 分则条文规定援引性的法定刑。如《刑法》第386条规定:"对犯受贿罪的,根据受贿所得数额及情节,依照本法第383条的规定处罚。索贿的,从重处罚。"这种法定刑需要查询所援引的法条才能确定,在刑法分则中一般都是具有相同法益侵害性的罪名才能如此规定,因而这种情形的并不多见。

第四节 刑法分则条文的解释与适用

刑法的适用过程在某种程度上是刑法的解释过程,但刑法的解释却是一个系统工程,存在诸多问题需要解决。例如,这个解释权限是应该集中于最高司法机关,还是由审理案件的法官在解决具体问题时予以行使? 刑法的解释是否需要遵循相应的基本原则? 有权解释的主体是否在司法机关之外还存在? 刑法解释是否应该控制在一个合理的限度内? 以及刑法解释的基本理论与方法等,这些都是在适用刑法分则条文时需要考虑的问题。

一、刑法分则条文适用的解释必要性

刑法制定的功能就在于其规范性条文的有效适用。"作为针对特定犯罪行为的刑事制裁依据的刑法条款,乃是就具体的犯罪事实,经过类型化、抽象化与条文化而成者。"[1]只有通过对刑法条文的有效适用,才能将类型化的犯罪与具体实际中发生的犯罪事实对应起来使其成为"活"的法,罪刑法定原则才能真正得以贯彻。刑法总则条文的适用往往也是通过刑法分则条文而展开的,因而刑法条文的适用,最重要的是刑法分则条文的理解与适用。作为刑法规范的刑法分则条文,其适用当然必须通过解释来实现。

在古典刑法学时代,一般都主张严格的三权分立,恪守严格的罪刑法定主义,法官根本没有解释刑事法律的权利。如贝卡里亚指出:"'法律的精神需要探询',再没有比这更危险的公理了。"[2]但立法机关制定刑法的最终目的在于对将来发生的实际案件予以规范,并期以用人们可以理解且能接受的方式,将正义实现到人类的生活关系中去。在这种对向交流的刑法适用过程中,必

---

[1] 林山田:《刑法通论》(上册),北京大学出版社2012年版,第82页。
[2] 〔意〕贝卡里亚:《论犯罪与刑罚》,黄风译,中国大百科全书出版社1993年版,第12页。

须将在考虑可能适用的法条之下,由"未经加工的案件事实"形成作为陈述之终局的案件事实,同时也必须在考虑终局的案件事实之下,将可能适用的刑法规范尽可能精确化。之所以会对法律文字的精确意义一再产生怀疑,首要原因在于"法律经常利用的日常用语与数理逻辑及科学性语言不同,它并不是外延明确的概念,毋宁是多少具有弹性的表达方式,后者的可能意义在一定的波段宽度之间摇摆不定,端视该当的情况、指涉的事物、言说的脉络,在句中的位置以及用语的强调,而可能有不同的意涵。即使是较为明确的概念,仍然经常包含一些本身欠缺明确界限的要素"①。而且,立法者无论何时"试图用不给官员留下特殊情况下的自由裁量权的一般标准,去清晰地、预先地调解某些行为领域,都会遇到两种不利条件,这是人类、也是立法所不能摆脱的困境。其一是我们对事实的相对无知;其二是我们对目的的相对模糊"②。在这个意义上,无论如何审慎从事的法律,仍然不能对所有案件解决提供明确答案,甚至还有可能针对同一案件事实,有两个法条赋予彼此相互排斥的法效果。任何选择用来传递行为标准的工具——立法或判例,无论它们怎样顺利地适用于大多数的普通案件,都会在某一点上发生适用上的问题,将表现出某种空缺结构特征的不确定性。绝对具体、明确的法律规定是没有的,也是不可能存在的。因此,"把注意力集中在法实务的法学,其首要任务在从事法律解释"③。

作为制定法存在的刑法规定,同样也因成文法的局限性与抽象性面临规范具有一定程度的抽象性与模糊性问题,而需要使抽象的刑法规范适用于具体实际,并不仅是单纯事实的陈述,还要考量法律上的重要性,对事实所做的某些选择、解释及联结的结果。法律解释在司法实践中的作用日显重要,正如我国台湾学者蔡墩铭所言:"刑法之解释不啻刑法以生命,无解释刑法等于死文,毫不发生作用。"④

除了刑法规范本身具有一定程度的抽象性与模糊性而需要解释外,还存在规范之间如何协调的问题。因为刑法作为其他法律的保障与救济,犯罪圈的划定及刑事责任的追究,均需要考察其他法律部门的相关规定以协调、确立刑法的调整内容。也就是说,刑法关于犯罪的规定必须以行政法、民商法等其他法律的规定为基础,但现实中,却存在刑法与其他法律规定的内容基本一致但处罚却不

---

① 〔德〕卡尔·拉伦茨:《法学方法论》,陈爱娥译,商务印书馆2004年版,第193页。
② 〔英〕哈特:《法律的概念》,张文显等译,中国大百科全书出版社1996年版,第128页。
③ 〔德〕卡尔·拉伦茨:《法学方法论》,陈爱娥译,商务印书馆2004年版,第246页。
④ 蔡墩铭:《刑法总论》,台湾三民书局2000年版,第29页。

同的情况。① 类似的情形还有很多,这就存在如何协调刑法规范与其他法律规范之间关系的问题,即存在对规范本身进行解释的必要性,否则就可能导致刑法与其他法规的边界不清,而混淆犯罪与一般违法的范畴。

二、刑法解释的路径与分则条文的适用

无论刑法典制定得多么详尽,也仅仅是由文字表达出来并由概念和规则组成的规范系统,而很难与纷繁复杂的社会事实一一对应,司法者不可能通过简单机械的相互对照即可按图索骥地予以适用。更何况刑法规范本身也存在相应的模棱两可之处而容易引起歧义或者含义模糊,甚至存在漏洞。在针对这些所谓疑难问题时,司法者必须借助于某种技术特别是解释技术来处理刑法规范与客观事实之间不能契合对应之处,从而达到刑法规范的合理科学适用。对于这种技术处理,通常会涉及对法律条文含义的重新界定或者认定,因而可以说刑事司法适用活动即是一种刑法解释工作。

在对刑法规范进行解释之时,就本质来说,存在形式解释②与实质解释③两种不同的路径之争。本书认为,从维护罪刑法定原则的精神出发,形式解释的路径更值得提倡。当然,这里所主张的形式解释并不反对将单纯符合刑法分则条文含义但实质上不具有刑罚处罚性的行为排除在犯罪圈之外,这并不会导致处罚范围的扩大。同时,这种形式解释论亦并非一味地反对实质解释,只是主张实质解释应该在罪刑法定原则的指导下受到形式解释的限制,对行为的入罪解释不应仅仅考察其社会危害性,还要考察其是否在刑法条文的规范本质含义之中,

---

① 如我国《治安管理处罚法》第40条对违反该条规定的行为一般是处10日以上15日以下拘留,并处500元以上1000元以下罚款;情节较轻的,处5日以上10日以下拘留,并处200元以上500元以下罚款。但其中第2项规定的"以暴力、威胁或者其他手段强迫他人劳动的"与我国《刑法》第244条强迫劳动罪中的"以暴力、威胁或者限制人身自由的方法强迫他人劳动的"行为类似,后者则处3年以下有期徒刑或者拘役,并处罚金;情节严重的,处3年以上10年以下有期徒刑,并处罚金。第3项"非法限制他人人身自由、非法侵入他人住宅或者非法搜查他人身体的"行为则与我国《刑法》第238条非法拘禁罪的"非法拘禁他人或者以其他方法非法剥夺他人人身自由的"行为,以及第245条非法搜查罪、非法侵入住宅罪中"非法搜查他人身体、住宅,或者非法侵入他人住宅的"行为文字表述相同,但处罚却完全不同,前罪的处罚是3年以下有期徒刑、拘役、管制或者剥夺政治权利,后两罪的处罚则是3年以下有期徒刑或者拘役。

② 所谓形式解释,是以刑法规范的字面含义为核心,强调尊重字面含义、注重从概念推导出结论的一种解释,形式的刑法解释主张对刑法规范进行字面的、形式的、逻辑的解释;形式解释论主张在对刑法进行解释的时候,只有当行为包含在法律文本当中,这种刑法解释才是符合罪刑法定原则的;形式解释论者反对通过实质判断将实质上值得科处刑罚但又缺乏形式规定的行为入罪。参见陈兴良:《形式解释论的再宣示》,载《中国法学》2010年第4期。

③ 实质解释则是以重视社会情势的变化与刑法适用为目的,主张根据变化了的情势与目的的考量来发现刑法规范的意义、目的的一种解释,实质的刑法解释主张对刑罚法规进行实质的、价值的、合目的的解释。实质解释论主张对构成要件的解释必须以保护法益为指导,而不能仅仅停留在法条的字面含义上,并且不反对不利于被告的扩大解释。参见张明楷:《实质解释论的再提倡》,载《中国法学》2010年第4期。

只有肯定刑法分则条文的行为指导意义,才能使得社会一般人能够预测自己的行为后果,不至于因为罪刑不可测而限缩自己的行为;相反,如若不考虑刑法分则条文的规范本质含义,片面强调罪刑法定原则的实质层面,仅对行为作法益侵害性或社会危害性的实质考察,就有可能陷入类推解释的泥潭,使得罪刑法定原则的限制任意入罪功能丧失殆尽;同时,这在某种程度上也是对社会一般人的过度期许,毕竟并非每个人都是刑法专家,在行为之前还会作刑法上的法益侵害性的实质考察。因此,坚持形式解释论所主张的刑法条文的行为指导意义是防止有罪类推,保障国民自由的"防火墙"。另外,考虑到我国当前司法整体水平还有待提高的现状,形式解释论也更有利于提高司法效率和维护司法公正。

因此,本书是主张基于罪刑法定原则,通过对具体问题运用各种刑法解释方法从而到达符合构成要件效果的形式解释观。具体而言,这种形式解释观肯定法益在犯罪构成中的作用。在当前我国四要件犯罪构成体系之中,除了符合刑法条文所规定的构成要件外,还必须在实质上具有严重的法益侵害性,才能认定构成相应的罪名,如果不具备严重的法益侵害性,即使符合刑法条文所规定的构成要件,也完全应当排除在犯罪之外,也就是说,这种形式的解释路径肯定了法益的限制任意入罪功能,可谓一种实质观基础上的形式解释论。其与实质解释论的根本分歧不在于是否抛弃实质解释,而在于是否肯定刑法条文的限制入罪功能。实质观基础上的形式解释论主张对任何行为或规范进行解释时,应该分两步进行考量:首先是实质违法性,即法益侵害性的考量;其次是形式违法性,即刑法规范本质含义的考量。行为欲入罪,则两者缺一不可;行为欲出罪,则无任意一者即可。例如,将军警人员抢劫解释为冒充军警人员抢劫,就不属于这种形式解释论的立场,而属于实质解释论,而这种实质解释论显然不符合罪刑法定原则,因为无论如何,军警人员本身抢劫无论如何都不能解释出冒充之意。

三、刑法解释的主体与分则条文的适用

刑法解释往往涉及有权解释与无权解释,有权解释与无权解释的基本内容与界限在总论部分已经予以说明。就有权解释而言,一般有立法解释、司法解释与个案适用解释三种,但在刑法分则条文适用的过程中谁有权解释刑法,应当由谁来解释刑法适用刑法,在刑事司法实践中则不无问题。

针对法律需要解释的现象,我国《立法法》第42条明确规定了法律解释权

的归属(仅仅属于全国人大常委会)与两种需要做出解释的情形。① 但全国人大常委会作为立法权主体而非法律的实践者,不可能遭遇所有司法实践中可能出现的规范矛盾、规范竞合及其适用效力范围界限等情形,刑法适用于实际案件仍然依赖司法机关的具体运作。因而有学者主张废弃刑法立法解释,认为立法解释与法律本身事实上没有实质区别,但立法解释的程序比制定法律的程序简单得多,显然,"用一种比制定法律更为简便的程序制作与法律具有相同效力的立法解释,必然不利于实现良法之治"。而且,刑法条文含义的解释应当属于司法权的内容,而不能由立法者做出,否则就是立法介入了司法,而并不妥当。② 但这种批评并不完全妥当。本书认为,不可完全否定立法解释的地位与作用,一是立法机构的法律解释权是由法律明确赋予的,二是尽管有些解释内容由司法机构可以同样做出,但在具有司法解释权的不同机构就相同问题所做出的解释相互发生冲突时,由立法机构出面做出相应的统一立法解释,可以做到定分止争,从而避免实践中司法权威的丧失。

目前,我国刑事司法解释占有举足轻重的地位③,甚至有学者认为,"在我国的实际司法活动中,刑事司法解释已成为刑事法律的渊源之一,并指导着刑事司法活动"④,或者说司法解释权是一种介于立法与法律适用之间的准立法权⑤。学者们一般是从1981年全国人民代表大会常务委员会《关于加强法律解释工作的决议》的授权与《人民法院组织法》来论证最高人民法院和最高人民检察院的司法解释权。⑥ 由此可见,刑法司法解释在我国刑法适用中起到了举足轻重的作用,为我国统一刑事司法做出了非常巨大的贡献。然而,目前我国刑法适用处于刑法司法解释非常发达并且经常越权立法,刑法立法解释则相对比较薄弱,法官在具体司法过程中所寻之法往往是刑法司法解释的现状。这种现状显然不是刑法适用的理想状态,而且也不应当成为刑法适用的常态。有学者由此提出了"以罪刑法定原则为界限,以立法解释为主导,以自由裁量为主体,以司法解释

---

① 我国《立法法》第42条规定:"法律解释权属于全国人民代表大会常务委员会。法律有以下情况之一的,由全国人民代表大会常务委员会解释:(一)法律的规定需要进一步明确具体含义的;(二)法律制定后出现新的情况,需要明确适用法律依据的。"
② 参见张明楷:《刑法分则的解释原理》(上),中国人民大学出版社2011年版,第1—6页。
③ 这一点从我国1997年修订的《刑法》至今最高人民法院与最高人民检察院相继颁行的近三百个刑事司法解释,并且法官判案首先想到的依据就是有无相应的司法解释可以作为依据而不是刑法本身,就可以得出相关结论。
④ 刘宪权:《我国刑事司法解释时间效力的再思考》,载《法学》2002年第2期。
⑤ 参见叶巍:《新刑法溯及力原则新探》,载《中国刑事法杂志》2001年第2期。
⑥ 参见刘宪权、阮传胜:《略论我国刑法司法解释的溯及力》,载《浙江政法管理干部学院学报》2000年第2期;周振晓:《狭义刑法解释若干问题探析》,载《甘肃政法学院学报》2005年第1期;蔡祺艳:《司法解释效力论》,载《中南民族大学学报》(人文社会科学版)第23卷第4期。蔡文还针对我国《人民检察院组织法》中并没有规定最高人民检察院有司法解释权的现象,通过1996年12月9日《最高人民检察院司法解释工作暂行规定》来论证了最高人民检察院的司法解释权。问题在于是否可以自我授权?

为补充"①的新的刑法解释体制。还有学者提出规范性解释与个案性解释并立、最高和高级两级司法系统同时有权解释法律的两级二元的新的刑法司法解释权配置机制。②但这些观点并不能解决实际问题,只能是在一定程度上改善我国的刑法解释工作。因为刑法条文要适用于在事实上发生的案件事实上,判断者必须首先考虑个别事实在法律上的重要性。

因此,从应然的角度来,立法机构应尽量减少立法解释,同时,应当取消任何司法机关的刑法解释权,以克服刑法解释形式上与实质上可能存在的问题。首先,立法解释尽管可以解决司法适用的争议问题,但在一定程度上侵害罪刑法定原则。目前我国的立法解释存在以形式的扩张解释而实质的类推解释来僭越立法权的现象,如 2004 年 12 月 29 日全国人大常委会《关于〈中华人民共和国刑法〉有关信用卡规定的解释》,将刑法规定的"信用卡"解释为是指由商业银行或者其他金融机构发行的具有消费支付、信用贷款、转账结算、存取现金等全部功能或者部分功能的电子支付卡,将不具有信用支付功能的银行借记卡也解释为信用卡,同时还将商业银行之外的金融机构发行的电子支付卡也解释为信用卡,就属于典型的类推立法解释,违背了信用卡本来的含义③。尽管根据《立法法》的规定,刑法立法解释具有等同于刑法的效力,但是,作为立法解释本身依然仅仅是一种解释,而不能创设法律规范,否则就会导致比最高立法机关的立法程序相对简单的立法解释来替代《刑法》修改。而且,刑法司法解释从表面上看,可以统一司法,从而实现公平正义,但目前大量的司法解释存在不少背离法律原则的现象:既有存在僭越立法权的现象④,也存在大量的由最高司法机关联合一些无权解释刑法的行政机关参与刑法司法解释的现象⑤,同时还存在解释过于随

---

① 杨焕宁、李国如:《刑法解释体制的重构——兼论罪刑法定原则的贯彻执行》,载《犯罪与改造研究》2001 年第 4 期。
② 参见苗生明:《关于刑法司法解释权合理配置的构想》,载《人民检察》1999 年第 2 期。
③ 所谓信用卡,又叫贷记卡,有贷记卡和准贷记卡两种。贷记卡是指银行发行的、并给予持卡人一定信用额度、持卡人可在信用额度内先消费后还款的信用卡;准贷记卡是指银行发行的,持卡人按要求交存一定金额的备用金,当备用金账户余额不足支付时,可在规定的信用额度内透支的准贷记卡。也就是说,只是具有转账结算、存取现金、消费信用等功能的信用支付工具才能视为信用卡,而缺乏信用支付功能的银行卡就不能视为信用卡。根据《信用卡业务管理办法》,信用卡只限于我国境内各商业银行(含外资银行、中外合资银行,以下简称商业银行)向个人和单位发行的信用支付工具。
④ 如最高人民法院《关于审理交通肇事刑事案件具体应用法律若干问题的解释》将交通肇事后指使肇事人逃逸,致使被害人因得不到救助而死亡的单位主管人员、机动车辆所有人、承包人或者乘车人解释为交通肇事罪的共犯,显然违反了《刑法》第 25 条规定的共同过失犯罪行为不能视为共同犯罪的原理,而僭越了立法权。
⑤ 这一现象不用列举,随便翻开几个司法解释,就发现除了最高人民法院与最高人民检察院之外还有诸如公安部、司法部这样的行政机关作为刑法司法解释主体的现象。

意甚至存在前后矛盾的现象①,此外,还存在类推解释的现象②。

无论是刑法立法解释还是刑法司法解释,都只能注重刑法适用和解释的单一性和形式性,尽管能够统一司法,形式上公平适用了刑法,但问题是,具体案件事实即使相同,其社会危害性程度也不会完全一样,而会影响到其刑事可罚性及其程度。如同样是盗窃2000元,对穷人与富人、发达地区与贫困地区的影响就会完全不一样,是基于贫困、疾病或者其他急需用钱救命的动机与基于赌博、吸毒等动机也应当影响到其可罚性,如果统一了司法解释就无法考虑个案具体实际情况,而会使有些案件不能得到妥善处理。因此,只有面对具体案件事实的法官,才能够比较准确的适用刑法条文,如果倡导刑法条文在具体适用中由法官进行个案解释,情形就可能大不一样。刑法规范只有在不同的案件中被具体适用解释,才能使刑法规范与客观案件事实之间对应起来而有效适用刑法,真正实现公平正义。"法律是一种阐释性的概念。"③法律的生命通过司法者特别是法官在司法过程中对其进行阐释而予以适用而彰显出丰富绚丽。

当然,如果对刑法规范的适用依赖于法官个人的具体解释,就必须重视法律共同体的塑造,强调法律人人格及司法能动性的养成,尊重法官自由心证,同时建立案件质量法官终身负责制与有效的案件质量法律监督制度。否则,就可能导致法官违法解释刑法,甚至枉法裁判,而与本书所倡导的法官个案解释刑法的宗旨相背离。在我国目前的司法体制下,很难消除刑法司法解释的影响,也难以马上废除所有的刑法司法解释,另外,因各地司法水平参差不齐,司法人员的司法能动性与独立性有所不足,所以很难准确把握现行刑法规定的罪与刑的范围、幅度,特别是对存在"模糊界域"的罪与刑更难把握。因此,在某种意义上,统一司法适用对保持刑法适用的相对公平性之意义仍然不能否定。

四、刑法解释的限度与分则条文的适用

在刑事司法的适用过程中,刑法解释是一种必不可少的方式与手段,它是连接刑法文本与刑事案件裁决的桥梁。只有刑法解释,才能使刑法文本具体适用到个案当中,进而发挥刑法的作用。刑法从观念的纸面上的罪与刑演变为现实

---

① 如2013年7月15日《关于办理寻衅滋事刑事案件适用法律若干问题的解释》公布后不久,2013年9月5日《关于办理利用信息网络实施诽谤等刑事案件适用法律若干问题的解释》也予以颁行,对寻衅滋事罪的适用进行了补充解释,这显然并非理性的做法。如果可以将利用信息网络的相关行为解释为该罪行为,应当在前一个司法解释中予以阐释,以体现司法解释的严肃性。

② 如最高人民法院、最高人民检察院2001年4月10日《关于办理生产、销售伪劣商品刑事案件具体应用法律若干问题的解释》规定:"医疗机构或者个人,知道或者应当知道是不符合保障人体健康的国家标准、行业标准的医疗器械、医用卫生材料而购买、使用,对人体健康造成严重危害的,以销售不符合标准的医用器材罪定罪处罚。"这里将"购买"评价为"销售",实际上属于类推解释。

③ 〔美〕德沃金:《法律帝国》,李常青、徐宗英译,中国大百科全书出版社1996年版,第364页。

的活生生的罪与刑,刑法解释的功效不可谓不大,刑法解释的价值也日益彰显。但无论是法官解释,还是立法解释、司法解释,都必须严格遵循罪刑法定原则,按照科学的解释原则与方法,合理运用解释技巧,从而有机地将现实中实践发生的案件事实与刑法规范有机结合起来,准确适用刑法规范。

"法律解释的任务在探求法律意旨,而这个意旨即在追求正义在人类共同生活上的体现。"①刑法解释必须体系性的考察刑法规定,而不是仅仅看到刑法条文中的某一词语。"当解释者面对一组特定语词序列时,他本人必须看到,'语言规范'并不是只对那些限制、要求和期待模式的组合,而是指各不相同的一系列基本原则,这些原则,在不同的语言表达中是彼此明显地不相同的。"②而且,"基于精神作品'必须被整体地了解'这一要求,在法律规范,它的每一个用语、条文或规定都必须考虑到整个法体系"③。有的刑法解释就存在这种缺乏整体性考虑的情形,如 2013 年最高人民法院《关于审理拒不支付劳动报酬刑事案件适用法律若干问题的解释》第 8 条对用人单位实际控制人的规定,就缺乏对刑法条文整体的考量。对该罪单位犯罪主体与自然人主体的界定必须基于刑法总则有关单位犯罪的规定。其实,用人单位的实际控制人实施拒不支付劳动报酬行为,是构成单位犯罪抑或个人犯罪,应该综合考量单位犯本罪的成立条件来认定,而并非直接认定为个人犯罪,这种解释显然违背了刑法的总体性考量要求,而没有遵循体系性解释刑法规范的原则。

同时,作为刑法解释,只应该解释法律规范在司法适用过程中所必须要解释的内容,而不需要没有任何新意地简单重复刑法条文以保持整个司法解释的完整性。这种类似于重复刑法条文本身的解释,纯属一种不必要的司法成本的浪费,需要在今后的司法解释工作中引起重视。如上述司法解释第 9 条即属于这种简单重复《刑法》第 276 条之一第 2 款条文本身的现象,不符合司法解释的目的,司法解释从来不应该在意解释本身条文的体系性,而是注重对法律旨意的探究。

另外,刑法解释与适用必须保持协调一致,使各种犯罪的构成要件之间的关系保持协调,否则就容易导致同案不同判的实质不公平。如上述司法解释第 9 条对单位犯罪处罚的规定,与 1998 年 12 月 23 日颁行的《关于审理非法出版物刑事案件具体应用法律若干问题的解释》第 12、13 条有关单位犯罪与个人犯罪认定标准的司法解释缺乏一致性:前者对单位犯罪的认定标准是参照个人犯罪的规定,后者对单位犯罪定罪的起刑点却要高于自然人犯罪。当然,协调性解释

---

① 黄茂荣:《法学方法与现代民法》,中国政法大学出版社 2001 年版,第 250 页。
② 〔美〕E.D.赫施:《解释的有效性》,王才勇译,生活·读书·新知三联书店 1991 年版,第 40 页。
③ 黄茂荣:《法学方法与现代民法》,中国政法大学出版社 2001 年版,第 260 页。

与适用刑法,不仅包括刑法范围内的协调一致,也包括解释适用刑法规范时必须合宪并且与其他法律规范协调一致,违反宪法解释刑法并予以适用,显然无效,而若解释刑法导致与其他法律规范相冲突或者矛盾,显然也是不妥当的,毕竟刑法仅仅是其他法律的制裁手段。因此,刑法划定的犯罪边界必须小于或者充其量等于行政法、经济法、民商法等所规定的违法圈、侵权圈或者违约圈,否则,犯罪的立法规定就成了无源之水、无本之木。另外,刑事司法也要富有谦抑精神,也就是司法实际处置的犯罪圈必须小于或者充其量等于刑事立法所规定的犯罪圈。

刑法分则条文的适用与解释必须符合刑法总则的原则,刑法总则规定尽管是通过刑法分则条文的适用而成为鲜活的法律规范的,但不是简单的依附,而是刑法分则的解释必须以刑法总则的规定为指导,刑法总则规定对刑法分则适用的指导主要体现在犯罪的构成要件以及不同犯罪形态下对刑法分则条文的理解。[①]

在刑法解释理论上,存在主张过度诠释刑法条文的问题,如有的学者秉承"法律不是嘲笑的对象,而是法学研究的对象",主张尽可能通过解释完善刑法的适用。只是尽管刑法学的一大任务就是刑法典的诠释,由此理论上也有成立刑法解释学或者刑法信条学这样的分支学科的需要或可能,基于不同的学者有不同的诠释,基于方法论的不同、解释的立场不同,对刑法解释的功能实现的态度也会随之有所不同。但无论怎么解释,必须尊重立法旨意以及刑法条文本身,如果不能从法律解释中得到答案,则需要通过修改刑法规范本身来达到刑法的目的。

因此,刑法解释必须在罪刑法定原则的框架下遵循一个合理的标准或者准则,并在这种刑法修改与解释的限度关系论机制下将司法解释与刑法的理论诠释控制在一个科学的限度范围内,从而有效遏制并纠正这种过度诠释而无视罪刑法定原则的危险。即使是刑法司法解释,作为一种为了解脱因成文法的不合目的性、不周延性、模糊性与滞后性出现的局限性与法律漏洞等尴尬局面,而由司法机关以法律条文为对象做出的以实现其立法意图的统一司法工具,也必须基于刑法规范本身所应有的内涵而展开,而不能超出规范所承载的刑法条文之外,必须围绕刑法规范所存在的需要阐释的问题而展开。

[①] 如我国《刑法》第15条第2款规定:"过失犯罪,法律有规定的才负刑事责任。"那么就不能对刑法分则中故意犯罪的条文解释为基于过失心态的行为也可以构成该罪。再如我国《刑法》第25条规定,共同犯罪只能是二人以上共同故意犯罪,那么就不能将现实生活中发生两人以上共同过失行为构成犯罪的视为共同犯罪来处理,而只能按照行为人各自应当承担的责任分别定罪处理。

第二篇 侵犯个人法益的犯罪

第二章 侵犯公民人身权利、民主权利罪

第一节 侵犯公民人身权利、民主权利罪概说

一、侵犯公民人身权利、民主权利罪的概念和构成

侵犯公民人身权利、民主权利罪,是指故意或者过失地侵犯公民个人的人身权利以及与人身权利有关的权利,以及故意地非法剥夺、妨害公民自由行使管理国家事务和参加社会政治活动等各项民主权利的行为。

本章所侵害的法益是公民的人身权利和民主权利,是个人法益中非常重要的组成部分。对此,本书特别强调如下两点:(1)在市民刑法(而非政治刑法)的语境下,个人法益,特别是公民的人身权利和民主权利具有非常重要的地位,国家应该优先提供刑罚资源保护公民的个人权利。(2)既然是专属于公民个人的法益,在不涉及公共利益的场合,法益主体是可以放弃该法益的。所以,被害人的同意对于本章很多犯罪的认定具有特别重要的意义,除了故意杀人罪和故意伤害罪(在致人重伤、死亡的场合)之外,绝大多数的犯罪可能因被害人的同意而阻却违法性,从而不构成犯罪。(3)本罪中的公民,以存在生命为限,但并不要求具有中国国籍。本章的犯罪主体虽多为一般主体,但也有特殊主体的范围,这种特殊主体既可能是由犯罪本身的性质而要求的(自然身份犯,比如强奸罪),更可能是由于法律的明文规定(法定身份犯,比如刑讯逼供罪、私自开拆、隐匿、毁弃邮件、电报罪),还可能由单位构成(如强迫劳动罪)。本章的犯罪之中,大多数为故意犯罪,有的还要求特定的目的(如绑架罪),其中侵犯公民民主权利的犯罪全部为故意犯罪。但是侵犯公民人身权利的犯罪之中,随着法益重要性的升高,一些犯罪可能由过失构成(比如过失致人死亡罪,过失致人重伤罪)。

二、侵犯公民人身权利、民主权利罪的种类

本章的犯罪多为常见多发的典型犯罪,根据所侵犯的法益,本章的犯罪具体可分为侵犯公民生命、健康权利的犯罪(如故意杀人罪,故意伤害罪),侵犯妇

女、儿童身心健康的犯罪（如强奸罪，强制猥亵罪），侵犯公民人身自由的犯罪（如非法拘禁罪，绑架罪，非法侵入住宅罪），侵犯公民名誉、人格的犯罪（如侮辱罪，诽谤罪），侵犯公民民主权利的犯罪（如侵犯通信自由罪，破坏选举罪），妨害婚姻家庭权利的犯罪（如重婚罪，虐待罪）等。

第二节 侵犯公民生命、健康权利的犯罪

一、故意杀人罪

（一）故意杀人罪的概念和构成

故意杀人罪，可谓侵犯个人法益中最为严重的一个犯罪，是指故意非法剥夺他人生命的行为。

（1）本罪的法益。本罪所侵害的法益是他人的生命权，所侵犯的对象为具有生命的自然人，并不区分人的其他特征，即不区分人的性别、年龄（不管男女老幼），不区分人的地位（不管贫富贵贱），不区分人健康状况（即便是垂死的病人），不区分人的合法、违法（即便是死刑犯人也可能成为本罪的对象，实践中也常有打死小偷等违法者的现象发生），不区分与行为人有无亲属关系（杀害尊亲属等的行为，也充其量是个量刑情节），等等。① 并且，本罪的对象是行为人之外的"他人"，自杀行为不成立本罪。

不属于"人"的，不能成为本罪的犯罪对象，对于尚未成为人的胎儿的"杀害"即堕胎，对于尸体的"杀害"等，都不能成立本罪。因此，关于人的始期与终期，即生命开始与结束的具体标准，是理解本罪犯罪对象时的重要问题。关于人的始期，即生命开始的标准，理论上有分娩阵痛说、一部露出说、全部露出说、独立呼吸说、断带说等不同的主张，其中独立呼吸说是我国的通说。生命开始的标准既不宜过于提前，也不宜过于推后，因此，独立呼吸说的标准总体上值得支持。因此，溺婴（以婴儿能独立呼吸为限）应以故意杀人罪论处。关于人的终期即生命结束的标准，也有心死说和脑死说②（脑干死亡、脑波停止）等两种主要主张。脑死说出现较晚，认定标准也不明确，被国民接受要有一个过程，同时也要有一套防止恶意利用脑死亡概念非法剥夺他人生命的措施。一般认为，在我国还不

---

① 但是，因侵害对象的不同，其行为的法益侵害性会存在一定差异。杀害老、弱、病、残、孕、幼等特殊弱势群体，或者杀害直系血亲、尊亲属以及外国政要、知名社会活动家、科学家等行为的法益侵害性会因之增加，从而影响到具体的量刑。

② 值得注意的是，脑死亡与通常意义上的植物人不属于同一概念。所谓脑死亡，在临床医学上是指包括脑干在内的全脑功能丧失的不可逆转的状态，而"植物人"是指脑干功能存在，只是由于大脑皮层受到严重损害或处于突然抑制状态而昏迷的病人。作为"植物人"的病人可以有自主呼吸、心跳和脑干反应，而脑死亡则无自主呼吸，是永久、不可逆性的。

具备采取脑死说概念的条件,而采取以心死说为基础的综合说(即除了心脏停止跳动之外,还需要考察自发呼吸是否停止、瞳孔反射机能是否消失等,不能仅根据心脏停止跳动而认定死亡),易于为一般国民所接受,较为稳妥。出于对事实的认识错误,误将尸体当作活人进行杀害的,属于对象不能犯,只有具有导致活人死亡的可能性时(如尸体附近有其他人),才能按本罪未遂处理,否则不应认定为本罪。

(2)本罪的客观要件。本罪的客观要件表现为行为人实施非法剥夺他人生命的行为。

第一,非法的,即剥夺他人的生命缺乏法律依据。合法地结束一个人的生命,如依法执行死刑,正当防卫将侵害人杀死等,不构成本罪。但是"大义灭亲"的行为仍具有非法性;同时,由于我国刑法对于生命采取绝对保护的原则,所以经被害人同意而将其杀死(如安乐死)的,仍不阻却行为的违法性。

第二,实施了杀害他人的行为。杀人的手段,既可以是暴力的,也可以是非暴力的,还可能不是行为人亲自实施,而是借助动物或者第三人的行为等。行为的方式,既可以是作为,也可以是不作为(但要以具备作为义务为前提,单纯的见危不救不可能构成本罪)。

第三,本罪是结果犯,是否发生导致他人死亡的结果,是区分本罪既遂与否的标志。

(3)本罪的主体要件。本罪的犯罪主体为一般主体,已满14周岁的自然人,具有辨认和控制自己行为的能力,都可以构成本罪。

(4)本罪的主观要件。本罪为故意犯罪,即明知自己的行为会发生导致他人(不要求认识到具体是哪个人)死亡的结果,并且希望或放任这种结果发生。不论是直接故意还是间接故意,都可以构成本罪。杀人的动机多种多样,但具体的动机对定罪无影响,而只对量刑有意义。

(二)故意杀人罪的界限划分

1. 注意我国刑法相关条文对故意杀人罪的规定

在正确认定本罪时,首先需要特别注意相关条文对故意杀人罪的规定。

在非法拘禁使用暴力致人死亡(第238条)、刑讯逼供或暴力取证致人死亡(第247条)、虐待被监管人致人死亡(第248条)、聚众斗殴致人死亡(第292条)的,都以故意杀人罪论处。以上场合,不论行为人对造成他人的死亡是否具有故意,都直接按照故意杀人罪处理。与以上专门规定相对的,比如在绑架的过程中故意杀害被害人,或者是在抢劫的过程中故意或过失致使被害人死亡,都直接按照绑架罪或者抢劫罪处理,而不转化为故意杀人罪或者与故意杀人罪并罚。

2. 故意杀人罪与一些危害公共安全犯罪的竞合

以放火、爆炸等危害公共安全的方法故意杀人时,可谓想象竞合犯,此时一般应定故意杀人罪。如果行为不足以危及公共安全的,直接定故意杀人罪,将人杀死后又实施危害公共安全犯罪的,则实行数罪并罚。

3. 与自杀有关的案件

（1）引起他人自杀。正当行为引起他人自杀的（如正常批评学生导致学生自杀）或者是错误行为、轻微违法行为（如教师体罚学生）引起他人自杀的,都不需要承担刑事责任,更不可能构成本罪。如果是严重违法行为引起他人自杀,综合评价达到了犯罪的社会危害程度时,可以按照相应的犯罪追究责任,但不构成本罪。如诽谤他人,行为本身的情节并不严重但造成被害人自杀的,可能构成诽谤罪。如果是犯罪行为客观上引起他人自杀身亡,如强奸行为导致被害人自杀身亡,除非能够明确预见到被害人会自杀可以按照相应犯罪的结果加重犯（如果存在）处理外,只能按照之前的犯罪行为定罪并从重处罚。

（2）逼迫他人自杀。在他人毫无自杀之意,但逼迫他人自杀并且致使对方除了自杀毫无选择,最终被迫自杀的,由于自杀行为已经不能说是他人基于自救决定而为,所以可以类比利用被害人行为的间接正犯,从而可以按照故意杀人罪处理。

（3）教唆或帮助自杀。如果是用引诱、怂恿、欺骗等方法,使本无自杀意思的他人产生自杀意图的,属于教唆自杀。其中,以相约自杀为名诱骗他人自杀的,也是教唆自杀。对于教唆自杀,可以类比利用被害人行为的间接正犯,从而可以按照故意杀人罪处理。与此相对,对于帮助自杀的,能否按照故意杀人罪处理,则需要讨论。如果只是为他人的自杀提供工具（物理上的帮助）,或者是在他人已有自杀的意思而帮助他人坚定自杀决意（心理上的帮助）,而完全由他人自身完成自杀行为的,由于我国刑法未将帮助自杀行为规定为单独的犯罪①,认定为故意杀人罪存在困难。

（4）受嘱托杀人。接受他人的嘱托,而故意将其杀死的,由于行为人存在杀人的实行行为,并且被害人的承诺并不阻却故意杀人行为的违法性（被害人承诺的范围不应包括自己的生命）,所以按照故意杀人罪处理不存在障碍。实践中安乐死问题的处理并不一致（陕西的王明成、薄连升案被认定为"情节显著轻微,危害不大,不属于犯罪",而上海的梁万山案则按照"情节较轻"的故意杀人罪处理）,但是,我国现在尚不具备安乐死非犯罪化的条件,所以,所有的安乐死行为,不管是由医生实施还是由患者家属自行实施,都应该按照故意杀人罪处理,其他的因素只应在量刑时予以考虑。

（5）相约自杀。在2人以上相互真诚约定、自愿共同自杀②时（比如殉情自

---

① 日本《刑法》中存在自杀参与罪。
② 即不存在诱骗,否则属于教唆自杀。

杀),若双方均死亡,自然不存在刑法责任问题;若各自实施自杀行为,其中一方死亡,一方未死亡,未死亡者由于欠缺故意杀人罪的实行行为、对方的死亡系基于自身的真实意愿并且自主完成,所以未死亡者不承担故意杀人罪的刑事责任;若一方杀死对方继而自杀未成的,由于其具备故意杀人罪的实行行为,应该论以故意杀人罪,但量刑可从轻。

(三) 故意杀人罪的刑事责任

我国《刑法》第232条规定:"故意杀人的,处死刑、无期徒刑或者10年以上有期徒刑;情节较轻的,处3年以上10年以下有期徒刑。"正确理解本条的规定,需要注意以下几点:

(1) 要区分情节严重的杀人与情节较轻的杀人。情节较轻的杀人情形主要包括:当场基于义愤的杀人,因受被害人长期迫害而杀人,基于被害人请求而杀人,"大义灭亲",因防卫过当而故意杀人等。在情节较轻的场合,《刑法》规定了较轻的法定刑(3年以上10年以下有期徒刑),最低甚至可以判处缓刑。而不属于"情节较轻"的杀人,并不等于"情节严重"的杀人,情节严重的杀人包括手段极其残忍、后果极其严重(如杀害2人以上)等。

(2) 注意本罪的立法模式与死刑适用。与绝大多数犯罪的法定刑配置按照由低到高的顺序不同,故意杀人罪的基本法定刑配置(即不属于"情节较轻"的场合)采取了从高到低的顺序(死刑、无期徒刑或者10年以上有期徒刑),这意味着,在立法者看来,但凡故意杀人又不属于"情节较轻"的,就应该首先考虑死刑,只有存在其他的法定或者酌定从轻处罚情节,才应该不判处死刑。可以认为,这样的立法模式中仍旧体现着较为明显的"杀人偿命"的观念。[①] 但在实践中对故意杀人罪判处死刑应该特别慎重,特别是对于婚姻家庭、邻里纠纷等民间矛盾激化引发的杀人行为,应当有所区别,适用死刑要十分慎重;对于被害人一方有明显过错或对矛盾激化有直接责任,或被害人有法定从轻处罚情节的,一般不应判处死刑。

(四) 故意杀人罪的立法检讨

作为最为严重的侵犯个人法益的犯罪,我国《刑法》对于故意杀人罪的规定却极其简单。对于一个常见多发并且很容易判处死刑的犯罪,立法规定却如此之粗疏,令人遗憾。中国古代的刑事立法和当今世界各国的刑法都为我们提供了很好的参照,需要借鉴古今中外的经验完善本罪的立法。在本书看来,至少应明确界定"情节较轻"和"情节严重"的范围,明确规定和自杀有关的犯罪(比如帮助自杀行为)等,都很有必要。将过大的自由裁量权交给法官,在中国当下的

---

① 日本《刑法》和我国台湾地区"刑法"等,对于杀人罪的基本法定性也都采取了这种从高到低的顺序。

司法语境之下,令人担忧。

二、过失致人死亡罪

因过失而致人死亡的行为,构成本罪。本罪所侵害的法益也是他人的生命权,只是由于因过失而导致法益侵害,因此较之故意杀人罪是更轻的犯罪类型。成立本罪要求行为与死亡结果之间有因果关系,即由于行为人的过失行为导致被害人死亡。本罪的主体是已满16周岁、具有辨认和控制自己行为能力的人。

正确认定本罪要区分本罪与故意杀人罪,特别是因过于自信的过失而导致被害人死亡与间接故意杀人之间,有时难以准确区分,其关键还是行为人对死亡结果所持的态度不同。同时也要区分本罪与意外事件,特别是因疏忽大意的过失而导致被害人死亡的场合,其与意外事件之间的区分也是一个问题,区分的关键在于行为人对于死亡结果的发生是否具有预见可能性?如有,则是过失致人死亡,否则属于意外事件。至于是否具有预见可能性,则需要根据行为人的知能水平、行为本身的危险程度以及客观环境等,综合加以判断。

《刑法》第233条规定:"过失致人死亡的,处3年以上7年以下有期徒刑;情节较轻的,处3年以下有期徒刑。"本书初步认为,凡是因过于自信的过失而致人死亡的,原则上不属于情节较轻;而因疏忽大意的过失而致人死亡的,原则上可认定为"情节较轻"。

《刑法》第233条规定:"本法另有规定的,依照规定。"这里所说的"另有规定",主要是指因交通肇事、失火、重大责任事故等而致人死亡的场合。此时,过失行为危害了公共安全或者属于业务过失,另外构成单独的犯罪,与过失致人死亡罪之间是特别法条和普通法条之间的关系,刑法明文规定此时按照特别法的规定处理。

三、故意伤害罪

(一) 故意伤害罪的概念和构成

故意伤害罪,是指故意非法损害他人身体健康的行为。本罪所侵害的法益是他人的健康权利。如果是自残(自己伤害自己)的行为,不涉及他人、社会利益且不触犯法律,则不构成犯罪。只有伤害自己的身体是为了损害社会利益而施行的,才可能构成犯罪(参见《刑法》第434条的战时自伤罪、《刑法》第243条的诬告陷害罪)。

(1) 本罪的客观要件。本罪在客观上表现为非法损害他人身体健康的行为。

第一,行为必须是非法的。如果是合法行为,比如正当防卫、紧急避险行为,或者是医疗行为等,不构成本罪。基于他人承诺而伤害他人身体的行为,是否会因被害人承诺而阻却伤害行为的违法性,有不同理解。这涉及对被害人自由意思的尊重和对被害人身体健康的保护之间,何者应该更为上位的问题。本书初步认为,造成被害人重伤的,即便是得到了被害人的同意,也宜认定为故意伤害罪;基于被害人同意而仅造成其轻伤的,则可以认为阻却了故意伤害行为的违法性。

第二,必须使他人的身体健康受到损害。对于身体健康的损害可以有两种不同的理解:人身组织的损害(身体的完整性),或者是身体器官正常机能的损害(生理机能的损害)。通常情况下,破坏身体完整性的行为也会损坏生理机能,但也存在着例外情况:外形的完整性没有受到损害,但生理机能受到损害(如使人视力、听力减退),或是身体外形的完整性虽受到损害,但未妨害生理机能(除去他人头发、指甲)。在以上例外的情况下,对身体健康的损害如何加以理解,会影响具体案件的认定。本书认为,故意伤害罪属于较为严重的犯罪,对其成立要件应该予以一定的限制,所以,在以上例外情况中,前者的场合应认定为伤害行为,而后者则没有必要认定为伤害(在国外存在暴行罪的场合,则可能认定为暴行罪)。对于身体健康的损害应该理解为损害他人生理机能。

第三,成立本罪对伤害的程度存在要求,只有造成了被害人轻伤以上结果(包括轻伤、重伤、致人死亡),才构成犯罪;只造成轻微伤结果的,尚不足以动用刑法加以规制。

(2) 本罪的主体要件。根据《刑法》第17条第2款的规定,已满14周岁的人,能够对故意伤害致人重伤或死亡的行为承担刑事责任。而对于故意伤害致人轻伤的,只有已满16周岁的人,才能够承担刑事责任。因此,不能笼统地界定故意伤害罪的刑事责任年龄,而必须结合具体的伤害程度加以确定。

(3) 本罪的主观要件。本罪为故意犯罪,直接故意和间接故意都可以构成本罪。仅具有殴打的故意而无伤害故意的情况下,造成伤害的,不宜定本罪。如果造成了重伤的结果,且对该结果具有过失,宜认定为过失致人重伤罪。

(二) 故意伤害罪的界限划分

1. 伤害程度判断的标准

由于本罪的成立对伤害程度有要求,所以,仅达到轻微伤的,可根据《治安管理处罚法》的规定处罚;达到轻伤、重伤或死亡程度的,可构成本罪。所谓轻伤,是各种外界原因作用于人体,造成组织器官一定程度的损害或者部分功能障碍。根据最高人民法院、最高人民检察院、公安部、国家安全部、司法部《人体损伤程度鉴定标准》(2014年1月1日实施)第3.2的规定,所谓轻伤,是指使人肢体或者容貌损害,听觉、视觉或者其他器官功能部分障碍或者其他对于人身健康有中度伤害的损伤,包括轻伤一级和轻伤二级。《刑法》第95条则对"重伤"的含义予以了明确:"所谓重伤,是指有下列情形之一的伤害:(1) 使人肢体残废或者毁人容貌的;(2) 使人丧失听觉、视觉或者其他器官机能的;(3) 其他对于人身健康有重大伤害的。"至于轻伤、重伤的具体认定标准,可参照有关司法解释的规定处理。

2. 本罪与一般殴打的界限

后者只是给他人造成暂时性的肉体疼痛或使他人神经受到轻微刺激,但没有破坏他人人体组织的完整性和人体器官的正常机能。

3. 故意伤害罪与故意杀人罪的区分

从理论上讲,两罪所侵害的法益不同,主观方面也明显有别,在行为样式上也可能有所不同。实践中,两罪的区分主要发生在以下两种情况:(1)在被害人死亡的情况下,要区分故意杀人既遂与故意伤害致人死亡;(2)在被害人未死亡的情况下,要区分故意杀人未遂与故意伤害。有一种"目的说"认为,两罪的区分要看行为人是否有杀人的目的,但这可能忽略了间接故意杀人的情况。区分故意伤害罪和故意杀人罪还是应从客观上的行为类型和主观上的故意内容两方面入手,坚持主客观相统一原则。查明行为人的故意内容,除了需要考虑加害人与被害人的关系、事发原因等因素外,还应考虑行为人使用的手段、工具、打击部位、打击强度等。此外,还需要判断,行为人对被害人是否抢救?对死亡结果表现出何种态度?在综合判断之后,最终确定行为人是希望或者放任被害人的死亡,还是只希望或放任被害人的伤害,而反对被害人的死亡。

4. 故意伤害致死与过失致人死亡罪的界限

两者客观上都造成了被害人的死亡,主观上对死亡结果均出于过失而无故意。两者的区分在于是否存在伤害被害人身体健康的故意。特别要注意,不能将实践中所有的故意殴打致人死亡的案件一律认定为故意伤害致死,因为故意殴打并不一定具有故意导致他人身体器官正常机能损害的意思,所以,完全可能仅构成过失致人死亡。

5. 本罪与其他暴力性犯罪的关系

很多的暴力性犯罪中也可能包含着故意伤害他人的手段,究竟如何定性,主要看其他暴力性犯罪的构成要件或处罚情节中是否包含了本罪的内容以及包含到何种程度。凡其他暴力性犯罪中只包含轻伤,而不包含重伤情节的(如强制猥亵妇女、儿童罪),故意致人重伤的,则应以本罪处罚。如相应暴力犯罪包括重伤的(比如强奸罪、抢劫罪),则直接以本罪处罚。

《刑法》第234条第2款规定:"本法另有规定的,依照规定。"即凡是故意伤害同时构成刑法分则中其他犯罪的,直接按照该罪处断,不以本罪论处。此外,与故意杀人罪相对应,对非法拘禁等使用暴力致人伤残的,由于《刑法》的拟制规定,以本罪论处。

(三)故意伤害罪的刑事责任

本罪的法定刑分三档。故意伤害他人身体(致人轻伤)的,处3年以下有期徒刑、拘役或者管制;致人重伤的,处3年以上10年以下有期徒刑;致人死亡或者以特别残忍手段致人重伤造成严重残疾的,处10年以上有期徒刑、无期徒刑或者死刑。这里所讲的"以特别残忍手段致人重伤造成严重残疾",属于三个必须同时具备的条件。参照1996年国家技术监督局颁布的《职工工伤与职业病致残程度鉴定标准》的规定,前述的"严重残疾",是指下列情形之一:被害人身体器官大部缺损、器官明显畸形、身体器官有中等功能障碍、造成严重并发症等。①

四、组织出卖人体器官罪

（一）组织出卖人体器官罪的概念和构成

组织出卖人体器官罪,是指组织他人出卖人体器官的行为。

（1）本罪的保护法益是人的身体健康与生命权以及人体器官不得买卖的社会秩序。本罪为2011年2月通过的《刑法修正案（八）》所增设的罪名,列为《刑法》第234条之一。此前司法机关对此行为常以非法经营罪论处,刑法修正案专门增设此罪,着眼于对被害人身体健康的特殊保护。由于移植人体器官的行为甚至可能危及生命,因此本罪还侵犯被害人的生命权。此外,本罪的保护法益还包括人体器官不得买卖的社会秩序。②

（2）本罪在客观上表现为组织他人出卖人体器官的行为,即本罪处罚的是组织行为,具体表现为寻找器官供体、联系受体的行为。

（3）本罪的犯罪主体为组织他人出卖人体器官的行为人,即出卖人体器官行为的组织犯。提供器官的自然人（供体）和接受器官的自然人（受体）,都不构成本罪。实践中,直接从事非法摘取他人器官业务的医生以及与其合谋从事上述行为者构成共同犯罪。

（4）本罪在主观方面上表现为明知自己实施的是组织他人出卖人体器官的行为,明知自己的行为会侵害他人的生命、健康且也明知人体器官不得买卖,但仍然决意为之。

（二）组织出卖人体器官罪的界限划分

（1）要成立组织出卖人体器官罪,必须是供体（被组织的他人）同意出卖其器官。但是,对得到承诺后的轻伤害行为不处罚,并不意味着对组织多人出卖人体器官并且可能造成重伤以上后果的行为也不处罚。由于在组织出卖人体器官的场合,被组织者肯定不止一人,死亡、重伤结果的出现是高概率事件。③ 所以,

---

① 残疾程度可以分为三级:一般残疾（10至7级）,严重残疾（6至3级）,特别严重残疾（2至1级）,6级以上视为"严重残疾"。

② 国务院2007年颁布的《人体器官移植条例》第3条明确规定:任何组织和个人不得以任何形式买卖人体器官,不得从事与买卖人体器官有关的任何活动。

③ 参见周光权:《刑法各论》（第2版）,中国人民大学出版社2011年版,第22页。

立法机关通过对组织者的处罚,通过威慑的一般预防,以期达到预防类似可能侵害他人生命、健康的行为。根据《刑法》第234条之一第2款规定,未经本人同意摘取其器官,或者摘取不满18周岁的人的器官,或者强迫、欺骗他人捐献器官的,依照本法第234条、第232条的规定定罪处罚,即分别认定为故意伤害罪或者故意杀人罪。

(2)根据《刑法》第234条之一第3款规定,违背本人生前意愿摘取其尸体器官,或者本人生前未表示同意,违反国家规定,违背其近亲属意愿摘取其尸体器官的,依照本法第302条的规定定罪处罚,即按照侮辱尸体罪处罚。对于公民生前明确表示不同意捐献其人体器官而摘取其器官的行为,或者对没有在生前留下捐献器官意愿的死者,在没有其近亲属以书面形式共同表示同意摘取其器官的情况下①,摘取死者的器官,就违反了死者的意愿或者其近亲属的意愿,对死者尸体的完整性造成了破坏,按照侮辱尸体罪定罪处罚是恰当的。

(三)组织出卖人体器官罪的刑事责任

根据《刑法》第234条之一的规定,组织他人出卖人体器官的,处5年以下有期徒刑,并处罚金;情节严重的,处5年以上有期徒刑,并处罚金或者没收财产。

五、过失致人重伤罪

过失致人重伤罪,是指由于过失而导致他人重伤的行为。本罪所侵害的法益同样是他人的身体健康,并且,只有在客观上造成他人重伤、主观上又具有过失时,方可构成本罪。因此,过失造成他人轻伤,即便是过失造成多人轻伤的,也不构成本罪。如果行为人主观上明显具有轻伤的故意,但由于过失造成他人重伤的,不应该按照本罪处理,而应该直接按照故意伤害罪定罪。行为人由于过失当场致人重伤,但被害人因抢救无效而死亡的,应直接定为过失致人死亡罪。

根据《刑法》第235条的规定,过失伤害他人致人重伤的,处3年以下有期徒刑或者拘役。本法另有规定的,依照规定。

六、遗弃罪

(一)遗弃罪的概念和构成

《刑法》第261条规定,遗弃罪,是指对于年老、年幼、患病或者其他没有独立生活能力的人,负有扶养义务而拒绝扶养,情节恶劣的行为。

---

① 国务院2007年颁布的《人体器官移植条例》第8条第2款明确规定:公民生前表示不同意捐献其人体器官的,任何组织或者个人不得捐献、摘取该公民的人体器官;公民生前未表示不同意捐献其人体器官的,该公民死亡后,其配偶、成年子女、父母可以书面形式共同表示同意捐献该公民人体器官的意愿。

（1）本罪的法益。由于本罪在1979年《刑法》中属于妨碍婚姻家庭的犯罪（第7章第183条），当时的通说认为，本罪所侵害的法益是在婚姻家庭关系中被害人受扶养的权利。1997年修订的《刑法》取消了妨碍婚姻家庭罪的类罪名，因此遗弃罪的保护法益究竟为何，就值得讨论。一种观点认为，本罪是从1979年刑法的妨害婚姻家庭罪中移入1997年修订的刑法的侵犯公民人身权利、民主权利罪的，根据沿革解释，本罪的主体应限于负有扶养义务的家庭成员。① 还有观点认为，"从我国目前的刑法规定来看，法条明确将本罪的主体限定为具有扶养义务的人，而扶养义务是具有特定内容和含义的，非家庭成员之间可能产生救助的义务，但是不可能产生扶养义务。因此，非家庭成员仍然不能成为本罪的主体。"②但是，沿革解释（历史解释）应该服从于目的解释，"扶养义务"也不应该仅按照《婚姻法》的范围来确定；既然《刑法》已经将本罪归入了侵犯公民人身权利、民主权利罪，这就为本罪的保护范围不限于婚姻家庭成员之间扫除了障碍，带来了便利。本书初步认为，遗弃罪所保护的法益不是婚姻家庭关系中被扶养人受扶养的权利，而是生命安全和身体健康（遗弃行为导致被害人的生命、健康处在一般性的危险之中），如不这样解释，就会导致法益保护的空隙。③

（2）本罪的客观要件。本罪的行为方式体现为对年老、年幼、患病或其他没有独立生活能力的人，应当扶养而拒绝扶养的行为。

第一，本罪的犯罪对象为年老、年幼、患病或其他没有独立生活能力的人。结合前述关于本罪的法益的理解，上述成员不限于行为人的家庭成员，但上述人员必须是已经丧失了独立生活能力或不能独立生活。具有独立生活能力的家庭成员，不能成为本罪的对象。

第二，遗弃行为的实质是"应当扶养而拒绝扶养"。其中，"应当扶养"是前提，是指对于被害人具有扶养义务；而"拒绝扶养"是关键，是拒不履行扶养义务。这里的扶养义务，除了包括法律所规定的家庭成员之间的长辈对晚辈的抚养（如父母对子女的抚育、教养）以及晚辈对长辈的赡养和平辈（如夫妻）之间的扶养之外，还应该包括由于职责或者先前行为所产生的扶养照顾的义务。这里的"拒绝扶养"，是遗弃行为的实质，既可以是积极地将需要扶养者转移至危险场所，也可以是消极地将需要扶养者遗留在危险场所。简而言之，遗弃行为包括转移和遗留两种类型。

第三，本罪的成立要求情节恶劣。轻微的遗弃行为，或者遗弃未造成比较严重的结果，不构成本罪。是否情节恶劣，要依据行为的手段、后果、行为人的动机

---

① 参见陈兴良：《规范刑法学》（第2版）（下册），中国人民大学出版社2008年版，第734页。
② 王作富主编：《刑法学》（第5版），中国人民大学出版社2011年版，第396页。
③ 采纳此种理解的，可见张明楷：《刑法学》（第4版），法律出版社2011年版，第774—775页；周光权：《刑法各论》（第2版），中国人民大学出版社2011年版，第24页。

等进行综合评价。

（3）本罪的主体要件是对被遗弃人负有扶养义务并且具有扶养能力的人。不但家庭成员（通常表现为家庭中经济上占有优越地位的一方）可以构成，而且具有特定职责的人（如幼儿园、孤儿院、养老院的负责人等），也可能成为本罪的主体。

（4）本罪的主观要件体现为故意，即明知自己的遗弃行为会导致他人的生命、健康处在危险之中而仍然决意为之。

（二）遗弃罪的界限划分

界定遗弃罪，要准确区分本罪与故意杀人罪。本罪是给被害人的生命、身体造成危险的犯罪，而故意杀人罪则是剥夺被害人生命的犯罪。二者在性质和危害程度上差别较大，但与故意杀害家庭成员之间的犯罪有时也难以区分。例如，行为人将婴儿或没有任何独立生活能力的老人，不予任何扶养甚至移置于室外而导致被害人死亡的案件，究竟是遗弃致死还是故意杀人？就主观方面来说，遗弃罪的行为人并不希望或放任被害人死亡，只是对被害人生命、身体的危险持希望或放任态度。而判断行为人的主观心态，又必须结合行为的客观方面。比如将婴儿、老人等置于行人较多的场所或者国家机关门外的，则可以认为只是放任被害人生命、健康之危险的发生，而如果将婴儿、老人置于没有行人的场所，或者弃置荒山野岭的，或者诸如将行动艰难的老人带往悬崖边上扔下不管的，都属于放任被害人的死亡（此时若被害人侥幸被偶然路过的行人救起的，也属于故意杀人未遂）。也就是说，要重点考察生命所面临的危险是否紧迫，生命对作为义务的依赖程度，行为人履行义务的难易程度以及行为是否会立即导致他人死亡等因素，综合加以判断。①

（三）遗弃罪的刑事责任

《刑法》第261条规定，犯本罪的，处5年以下有期徒刑、拘役或者管制。值得注意的是，我国《刑法》关于虐待罪规定了结果加重犯而对遗弃罪却并未规定，这是因为，遗弃罪本身是导致被害人生命、健康具有一般性危险的相对较轻的犯罪②，这种一般性的危险现实化为被害人的死亡或者重伤的，可以通过本罪的法定刑（最高5年有期徒刑）予以评价；而如果是遗弃行为导致被害人的生命、健康处在具体的、紧迫的危险之中，并且这样的危险现实化为被害人的重伤、死亡的，可完全可以通过故意杀人罪或者故意伤害罪加以评价，以做到罪责刑相适应。

---

① 张明楷：《刑法学》（第4版），法律出版社2011年版，第776页。
② 正因为如此，遗弃罪被认为是一种对于生命、身体安全的抽象危险犯。参见周光权：《刑法各论》（第2版），中国人民大学出版社2011年版，第24页。

第三节 侵犯妇女、儿童身心健康的犯罪

一、强奸罪

(一) 强奸罪的概念和构成

强奸罪,是指违背女性的意志,使用暴力、胁迫或其他手段,强行与女性发生性关系以及奸淫幼女的行为。

(1) 本罪的法益。本罪所侵犯的法益是女性的性自主权及其身心健康。所谓强奸,即无视女性的性自主权(性决定权),强行与妇女发生性关系。

对于不满14周岁的幼女和患有精神病的妇女,由于其不具备自主决定与谁发生性关系的能力,与其发生性行为的,实际上是对其身心健康的摧残。

本罪的犯罪对象为所有女性,而不论女性的年龄(包括幼女)与职业(包括妓女)。男子不能成为本罪的对象,以为是女子而实际上是男子而强行与之发生性关系的,属于本罪的对象不能犯,一般按照本罪的未遂处理。本书认为,一方面男性的性自主权同样值得保护,另一方面实践之中也确实存在着男同性恋者强奸男子或者女性(包括多名女性)强行和男子发生性关系的事例,所以,从立法论的角度讲,将强奸罪的行为对象从"妇女"改变为"他人",应该是更为适宜的。

(2) 本罪的客观要件。本罪在客观上表现为违背女性意志,强行与其发生性关系的行为。

第一,违背女性意志,是本罪的基本特征。虽然使用了暴力或其他手段强行和女性发生了性关系,但实际上该性行为并不违背女性意志的,只能成立本罪的未遂(因为已经开始实行行为,故而无法按照无罪处理)。① 是否违背女性意志只能是考察是否违背女性当时的意志,而不能以事后是否违背其意志为标准判断。② 此外,对于不同的女性来说,违背女性意志的表现不同。对于健康的成年女性而言,强行与其发生性行为的手段表现为暴力、胁迫或者其他手段。而对于幼女或者完全属于精神病人的女性而言,法律推定其不具有性问题上的自我决定权,所以只要是和这些女性发生性关系,不论是否采取暴力、胁迫等手段,也不论是否表示同意,均认为其违背了女性的意志。

---

① 例如,甲男一直垂涎乙女的美色,某晚见乙女独自一人在宿舍睡觉,便偷偷溜进宿舍并向床上的乙猛扑过去,使用强力解脱乙的衣裤。此时乙醒来,发现行为人甲正是自己的意中人,于是假装羞愧而象征性略加反抗,但甲并不知情,而继续"奸淫"。

② 实践中,在强行和妇女发生性关系之后,行为人又通过种种手段(比如给其钱财、为其找工作、与其结婚)怂恿妇女向公安机关或者法院等谎称发生性行为当时系出于自愿,这种情况仍然具备强奸罪所要求的"违背妇女意志"的特征。

第二,在犯罪对象为健康的成年女性的场合,强奸罪具有明显的复行为犯的特征,其目的行为为奸淫行为,而其手段行为则表现为暴力、胁迫或者其他手段。

暴力手段,是指直接对被害女性采用殴打、捆绑、卡脖子、按倒等危害人身安全或者人身自由,使女性不能抗拒的手段。与暴力手段是对女性予以身体上的强制不同,胁迫手段则体现为对女性予以精神上的强制,使女性不敢抗拒。具体来说,作为强奸罪手段行为的胁迫手段,是指对被害女性进行威胁、恐吓,如以扬言行凶报复、揭发隐私、加害亲属等相威胁,利用迷信进行恐吓、欺骗,利用教养关系、从属关系、职权以及孤立无援的环境条件,进行挟制、迫害等,从而迫使妇女忍辱屈从,不敢抗拒。但需要注意的是,有教养关系、从属关系和利用职权与妇女发生性关系的,不能一律视为强奸。关键在于行为人是否利用了这种特定关系进行胁迫而使妇女不敢反抗,即特定关系只是认定行为人是否胁迫的线索,而不是认定胁迫的依据。行为人利用其与被害妇女之间的特定关系,迫使就范,如养(生)父以虐待、克扣生活费迫使养(生)女容忍其奸淫的,或者行为人利用职权,乘人之危,奸淫妇女的,都构成强奸罪。行为人利用职权引诱妇女,女性基于互相利用与之发生性关系的,可谓各取所需,不定为强奸罪。其他手段,是指用暴力、胁迫以外的手段,使被害妇女无法反抗或者不知反抗。例如,利用妇女患重病、熟睡之机,进行奸淫,或者以醉酒、药物麻醉等方法对妇女进行奸淫。

第三,强奸罪的目的行为,即奸淫行为,是指和女性发生性行为。强行和女性发生性关系以外的其他有辱女性性的羞耻心的行为,只能构成强制猥亵妇女、儿童罪,而不构成强奸罪。

(3)本罪的主体要件。本罪的犯罪主体为已满14周岁、具有辨认和控制能力的自然人。其中,只有男子能构成本罪的单独正犯,女子则可以成为本罪的共同正犯(参加了本罪的手段行为)、教唆犯、帮助犯。此外,女子还能成为本罪的间接正犯。

丈夫能否成为强奸罪的主体?此即所谓的"婚内强奸"是否入罪的问题。对此理论上有肯定说、否定说、区别定性说等不同主张,而司法实务上则总体上认可了区别定性说的主张,对于在离婚诉讼期间所实施的强制性交行为构成强奸罪(处罚较轻)而在夫妻关系正常存续期间(也包括分居情况)的同样行为,则不作为犯罪处理。应该说,将离婚诉讼期间丈夫强行与妻子发生性关系的行为认定为强奸,"不失为限制处罚范围的一种办法,但仍缺乏合理依据。因为离婚诉讼期间仍然存在婚姻关系,在法律上与非离婚诉讼期间的婚姻性质完全相同"①。而且,承认"婚内强奸"还可能带来诸如肯定了可以对丈夫实行特殊防卫等诸多不利后果。更进一步说,尽管肯定丈夫可能成为强奸罪的主体在理论上更有利于保护妻子的性自主权,但是,这可能带来破坏夫妻之间的性秩序、建立在婚姻关系之上的家庭秩序、以家庭为基础的社会秩序等后果,而这些后果比单纯的侵犯妻子的性自主权所可能带来的不利后果更为可怕,"无秩序胜于不公正",在我国的现阶段与现行《刑法》规定之下,承认"婚内强奸"为时尚早。② 不过,丈夫强行和妻子发生性关系的暴力手段如果造成妻子轻伤以上伤害的,则完全可以按照故意伤害罪处理;丈夫如果伙同他人轮奸自己的妻子,或者是教唆、帮助他人强行和自己的妻子发生性关系的,则完全可以按照强奸罪处理。

(4)本罪的主观要件。本罪为直接故意犯罪,并具有奸淫的目的,即意图与被害女性性交的目的。这是从主观要件区分强奸和强制猥亵行为的关键。在犯罪对象为幼女或者完全的精神病人的场合,还要求行为人明知对方是幼女或者是精神病人。

(二)奸淫幼女的犯罪构成

《刑法》第236条第2款规定,奸淫不满14周岁的幼女的,以强奸论,从重处罚。奸淫幼女的行为曾被单独设为奸淫幼女罪,后来司法解释依据《刑法》的规定,统一将奸淫幼女的行为纳入强奸罪,取消了奸淫幼女罪的罪名。

奸淫幼女型的强奸罪客观上表现为与不满14周岁的幼女发生性行为。不满14周岁为幼女,这是《刑法》规定的绝对标准,不能撇开年龄以是否发育成熟为标准来判断是否幼女。由于幼女身心发育不成熟,缺乏是非辨别的能力,不理解性行为的含义与后果,也缺乏抗拒能力,因此,不论行为人是否采用了暴力、胁迫或者其他任何手段,也不问幼女是否愿意,只要与幼女发生性交,即构成强奸罪。在这个意义上,《刑法》可谓是对幼女实施了特殊的保护。奸淫幼女型的强奸罪在犯罪主体上和普通的强奸罪并无区别,已满14周岁且具有辨别控制能力的自然人,均可构成本罪。不过,司法解释规定,已满14周岁不满16周岁的男少年与不满14周岁的幼女发生性行为,情节显著轻微危害不大的,依《刑法》第13条但书可以不认为是犯罪。本罪在主观上是故意,且必须认识到奸淫对象是不满14周岁的幼女,认识到行为结果是损害幼女的身心健康等等。尽管有观点基于对幼女的特殊保护、绝对保护,认为只要是具有奸淫的故意,客观上和不满14周岁的幼女发生了性关系,就一律按照强奸罪处理,但这样的主张可能会不

---

① 张明楷:《刑法学》(第4版),法律出版社2011年版,第777页。
② 基于"无秩序胜于不公正"的立场而否定婚内强制性行为成立强奸罪的,可参见付立庆:《婚内强奸犯罪化应该缓行》,载陈兴良主编:《刑事法判解》(第4卷),法律出版社2001年版,第416—435页。

当地侵犯行为人的基本权利,且和通行的刑法理论有别。幼女属于犯罪对象,是犯罪构成的客观要素,行为人对此一定要有认识(明知对方是幼女,或明知女方可能是幼女)。①

(三) 强奸罪的界限划分

(1) 正确处理奸淫女精神病患者的行为。行为人明知妇女是精神病患者或痴呆者(程度严重)而与其发生性行为的,不论采取什么手段,也不问该妇女表面上是否同意,均以强奸罪论处。如确实不知,也未采用暴力、胁迫等手段,经本人同意与之发生性交的,则不构成本罪。此外,与间歇性的精神病妇女,在其未发病期间发生性行为,妇女本人同意的,不构成本罪。

(2) 正确区分强奸与未婚男女恋爱过程中发生的不正当行为。在恋爱过程中,男方采取不明显的强制手段与女方性交,后来感情破裂,女方告发男方强奸的案件,一般不宜认定为强奸罪。

(3) 严格区分强奸与通奸的界限。通奸,是指双方或一方有配偶的男女,自愿发生的不正当性交行为。区分二者时要注意,有的妇女与人通奸,后来一旦关系恶化或者事情暴露后,怕丢面子,或者为推卸责任、嫁祸于人等情况,把通奸说成强奸的,不能认定为强奸。对于所谓的半推半就②问题,要对双方平时的关系如何,性行为是在什么环境和情况下发生的,事情发生后女方的态度怎样,又在什么情况下告发等等事实和情节,认真审查清楚,作全面的分析。不是违背妇女意志的,一般不宜按照强奸罪论处;如果确系违背妇女意志的,以强奸罪论处。第一次性行为违背妇女意志,但事后女方并未告发,而后又多次自愿与该男子性

---

① 根据最高人民法院、最高人民检察院、公安部、司法部《关于依法惩治性侵害未成年人犯罪的意见》(2013年10月23日)第19、20、21条的规定,知道或者应当知道对方是不满14周岁的幼女,而实施奸淫等性侵害行为的,应当认定行为人"明知"对方是幼女。对于不满12周岁的被害人实施奸淫等性侵害行为的,应当认定行为人"明知"对方是幼女。对于已满12周岁不满14周岁的被害人,从其身体发育状况、言谈举止、衣着特征、生活作息规律等观察可能是幼女,而实施奸淫等性侵害行为的,应当认定行为人"明知"对方是幼女,以金钱财物等方式引诱幼女与自己发生性关系的;知道或者应当知道幼女被他人强迫卖淫而仍与其发生性关系的,均以强奸罪论处。对幼女负有特殊职责的人员与幼女发生性关系的,以强奸罪论处。对已满14周岁的未成年女性负有特殊职责的人员,利用其优势地位或者被害人孤立无援的境地,迫使未成年被害人就范,而与其发生性关系的,以强奸罪定罪处罚。根据该《意见》第23条、24条的规定,在校园、游泳馆、儿童游乐场等公共场所对未成年人实施强奸犯罪,只要有其他多人在场,不论在场人员是否实际看到,均可以依照《刑法》第236条第3款的规定,认定为在公共场所"当众"强奸妇女。介绍、帮助他人奸淫幼女的,以强奸罪的共犯论处。在不论对方是否幼女而径直与其发生性关系的,实际上是对自己的行为可能侵害幼女的身心健康持放任的心态,在事实上对方为幼女时而行为人又具有这种认识的可能时,属于间接故意,也可构成本罪。

② "半推半就"是就妇女的意志而言,即妇女对男方要求性交的行为,既有不同意的表示(推),也有同意的表示(就),是一种犹豫不决的心理,也可以表现为违心的承诺、委屈的许可、无奈的顺从、被迫的同意等矛盾心理。

交的,一般不宜以强奸罪论处。① 如果第一次性交违背妇女意志,事后行为人对被害妇女实施精神上的威胁,迫使其继续忍辱屈从的,应以强奸罪论处。男女双方先是通奸,后来女方不愿继续通奸,而男方纠缠不休,并以暴力或以毁坏名誉等进行胁迫,强行与女方发生性行为的,应以强奸罪论处。

(4) 要正确区分轮奸与聚众淫乱行为的界限。轮奸是强奸罪的一种特殊形式,是指二男以上出于共同强奸的故意,在同一段时间内,对同一妇女(幼女)连续地轮流强奸(奸淫)。如女性系自愿的,则构成《刑法》第301条的聚众淫乱罪。

(5) 强奸罪的既遂与未遂。刑法理论通说一般对普通的强奸罪和奸淫幼女型的强奸罪采取了不同的既遂标准:在犯罪对象为成年女性时,以插入说(男性性器官插入女性性器官)为本罪既遂的标准;而在犯罪对象为幼女时,则以男女双方生殖器官的接触为本罪既遂的标准。但是,本书认为,接触说使奸淫幼女的既遂标准过于提前,导致较轻犯罪(猥亵儿童罪)的基本行为成为较重犯罪的既遂标准,也不利于区分奸淫幼女罪与猥亵儿童罪的界限。采取插入说,也不会降低对幼女的特殊保护②,因为我国《刑法》对犯罪未遂采取的是得减主义处罚方式,具有奸淫意图但又确实未能插入的,作为奸淫幼女型强奸罪的未遂处罚,必要时也可以不从轻、减轻处罚。

(四) 强奸罪的刑事责任

《刑法》第236条规定,犯强奸罪的,处3年以上10年以下有期徒刑。奸淫不满14周岁的幼女的,以强奸论,从重处罚。有下列情形之一的,处10年以上有期徒刑、无期徒刑或者死刑:(1) 强奸妇女、奸淫幼女情节恶劣的;(2) 强奸妇女、奸淫幼女多人的;(3) 在公共场所当众强奸妇女的;(4) 2人以上轮奸的;(5) 致使被害人重伤、死亡或者造成其他严重后果的。上述第1项加重情节中所说的"情节恶劣",是指本条列举之外的恶劣情节,如在公共场所劫持妇女并强奸(强奸行为不是当众实施,否则直接构成第3项加重构成)、多次利用淫秽物品引诱女青年进行强奸、强奸行为在社会上造成恶劣影响等;第3项中的"妇女",当然包括幼女;第5项所说的"致使被害人重伤、死亡或造成其他严重后果",是指因为强奸行为本身(强奸罪的手段行为)过失地导致被害人重伤、死亡或造成其他相当于重伤、死亡的严重后果(如精神严重失常等),而不包括被害妇女因受强奸而自杀等情形。对于强奸犯出于报复、灭口等动机,在实施强奸的

---

① 严格说来,事后妇女自愿的行为并不能抵消第一次性行为系出于强迫这样的事实及其违法性,司法解释之所以认为此种情况不宜以犯罪处理,还是从刑事政策的角度出发并考虑妇女的实际感受和切身利益而作出的选择。不过,既然强奸罪是公诉罪而非亲告罪,则上述的处理方式是否合适,尚有进一步讨论的余地。

② 张明楷:《刑法学》(第4版),法律出版社2011年版,第783页。

过程中或强奸后,杀死或者伤害被害人的,则应分别按照故意杀人罪或者故意伤害罪定罪,并且与强奸罪并罚。①

二、强制猥亵、侮辱妇女罪

(一)强制猥亵、侮辱妇女罪的概念和构成

强制猥亵、侮辱妇女罪,是指以暴力、胁迫或者其他方法强制猥亵、侮辱妇女的行为。本罪的构成特征如下:

(1)本罪所侵犯的法益是妇女的性的自由及羞耻心。侵犯对象为14周岁以上的女性;强制猥亵男子以及猥亵儿童的,不成立本罪;故意杀害被害妇女后,针对尸体实施猥亵、侮辱行为的,与侮辱尸体罪并罚。

(2)本罪在客观上表现为采用暴力、胁迫或者其他方法,对妇女实施猥亵行为。对本罪中的暴力、胁迫或其他方法,应与强奸罪中的暴力、胁迫或其他手段,做相同的解释。猥亵,是指性交以外的淫秽性的下流行为,通常表现为,追求性的刺激满足其变态性欲,对妇女的身体进行抚摸、搂抱等。侮辱,与猥亵类似令妇女难堪的性骚扰行为,如用淫秽语言调戏妇女,偷剪妇女衣裤使其出丑,向妇女暴露性器官,强行让妇女抚摸男性性器官等。理论上可以认为,猥亵行为与侮辱行为具有同一性,否则,猥亵儿童是犯罪行为,侮辱儿童不是犯罪行为,或侮辱儿童仅成立第246条的侮辱罪,不够协调和均衡。② 所以,完全可以认为,侮辱不过是对猥亵含义的一个重复或者强调、补充,本罪的行为方式完全可以一体化地理解为猥亵行为,甚至将本罪直接理解为强制猥亵罪,都无问题。

猥亵行为可以是直接对妇女实施,或迫使妇女容忍行为人或第三人对其实施,也可以是迫使妇女对行为人或第三人实施,还可以是强迫妇女自行实施。

(3)本罪的犯罪主体为已满16周岁、具有辨认控制能力的自然人。由于对象为妇女,则本罪的主体通常表现为男子。但是,和强奸罪中的性交行为只能由男女之间完成(从而女子不能成为强奸罪的单独实行犯)不同,妇女完全可能针对妇女实施特定的伤害妇女的性的羞耻心、侵犯妇女的性的自己决定权的行为。所以,女子完全可能成为本罪的单独实行犯。不过,由普通人的性的羞耻感所决

---

① 根据2013年《关于依法惩治性侵害未成年人犯罪的意见》第25条的规定,针对未成年人实施强奸犯罪的,应当从重处罚,具有下列情形之一的,更要依法从严惩处:(1)对未成年人负有特殊职责的人员、与未成年人有共同家庭生活关系的人员、国家工作人员或者冒充国家工作人员,实施强奸犯罪的;(2)进入未成年人住所、学生集体宿舍实施强奸犯罪的;(3)采取暴力、胁迫、麻醉等强制手段实施奸淫幼女罪的;(4)对不满12周岁的儿童、农村留守儿童、严重残疾或者精神智力发育迟滞的未成年人,实施强奸犯罪的;(5)多次实施强奸犯罪的;(6)造成未成年被害人轻伤、怀孕、感染性病等后果的;(7)有强奸犯罪前科劣迹的。根据前引《关于依法惩治性侵害未成年人犯罪的意见》第28条的规定,对于强奸未成年人的成年犯罪分子判处刑罚时,一般不适用缓刑。

② 张明楷:《刑法学》(第4版),法律出版社2011年版,第785页。

定,妇女构成强制猥亵、侮辱妇女罪时,其行为的范围会明显窄于男子构成本罪的情形。

比较有争议的是,丈夫能否成为强制猥亵妻子的主体?在强调就连婚姻之内的强制性交行为尚且不能按照强奸罪处理的前提之下,一般情况之下,丈夫强制猥亵自己的妻子,自然不能按照本罪处理。不过,如果丈夫在公众场合公然以可以使不特定或多数人目睹的方式强制猥亵自己的妻子(如丈夫在公共场所强行扒光妻子衣裤或公然强奸妻子的),可谓是侵害了本罪所保护的法益,按照本罪来处理是恰当的。①

(4)本罪为故意犯罪,有无奸淫目的,是强奸罪与本罪区别的一个重要标志。至于本罪的成立是否要求主观上具有性刺激或者满足性欲的内心倾向?理论上的多数说似乎持肯定回答,而实践之中,大多数强制猥亵妇女的行为也确实是出于性刺激、满足自己的性欲的目的。但是,作为"强制猥亵罪之保护法益的性的自由所受到的侵害与行为人的'性的意图'没有关系,因此,将这样的意图作为强制猥亵罪的成立要件也就是不妥当的"②。换言之,即便行为人出于其他的动机(比如单纯为了报复该妇女)对妇女实施了强制行为(如强制其裸体站在公众场合)时,也完全可能侵害其性的自我决定权和性的羞耻心,此时认定为侮辱罪并不合适(侵犯的不是他人的名誉),所以,本罪并非是倾向犯,是否具有满足自身的变态性欲的内心倾向并不影响本罪的认定。

(二)强制猥亵、侮辱妇女罪的界限划分

(1)本罪的成立不要求"公然性"要件。强制猥亵行为不以公然实施为前提,即使在非公开的场所,只有行为人与被害人在场而没有第三人在场,行为人强制实施猥亵行为的,也同样成立本罪。

(2)本罪与强奸罪的区别与联系。两罪都是侵犯妇女的性的自主权的行为,在犯罪类型、犯罪手段上具有相似性。而且,两罪的成立都要求相应行为违背妇女意志,在犯罪手段上也都要求采用暴力、胁迫或者其他方法。两罪的主要区别在于,在主观上,强奸罪具有奸淫的目的而强制猥亵、侮辱妇女罪不具有此种目的;在客观上,强制猥亵的行为方式只能表现为性交之外的其他侵犯妇女的性的羞耻心(致使妇女产生性的羞耻心)的行为。

(三)强制猥亵、侮辱妇女罪的刑事责任

《刑法》第237条规定,犯本罪,处5年以下有期徒刑或者拘役。聚众或者

---

① 将丈夫强制猥亵妻子的行为区分为是否公然实施来认定是否构成本罪,是因为在具有夫妻关系这种特殊的情况,丈夫的行为是否伤害了妻子的性的羞耻心,主要取决于是否公然实施这一因素,而不是认为成立本罪以公然为前提。换言之,"公然"并不是本罪的构成要件,但是为了限制处罚范围,在丈夫强制猥亵、强奸妻子的情况下,不得不将公然实施作为限制条件。参见张明楷:《刑法学》(第4版),法律出版社2011年版,第784页。

② 参见〔日〕山口厚:《刑法总论》(第2版),付立庆译,中国人民大学出版社2011年版,第98页。

在公共场所当众犯本罪的,处 5 年以上有期徒刑。

三、猥亵儿童罪

猥亵儿童罪,是指对不满 14 周岁的儿童(男童和女童)实施猥亵的行为,具体的行为方式包括玩弄儿童的性器官、让儿童玩弄性器官或者直接和儿童发生其他色情行为。特别需要强调的是,在不同的猥亵罪中,猥亵行为的范围并不相同。强制猥亵妇女与猥亵幼女的行为,只能是性交以外的行为(否则构成强奸罪),但是,猥亵幼男的行为则包括性交行为,即已满 16 周岁的妇女与幼男性交的,构成猥亵儿童罪。本罪的主体为一般主体,已满 16 周岁、具有辨认控制能力的自然人都可构成本罪。本罪为故意犯罪,而且要求行为人必须明知被害人是或者可能是儿童。根据前引《关于依法惩治性侵害未成年人犯罪的意见》第 23、24 条的规定,在校园、游泳馆、儿童游乐场等公共场所对未成年人实施猥亵犯罪,只要有其他多人在场,不论在场人员是否实际看到,均可以依照《刑法》第 237 条的规定,认定为在公共场所"当众"猥亵儿童。介绍、帮助他人猥亵儿童的,以猥亵儿童罪的共犯论处。

猥亵儿童的,依照强制猥亵、侮辱妇女罪的法定刑从重处罚。[①]

第四节 侵犯公民人身自由的犯罪

一、非法拘禁罪

(一)非法拘禁罪的概念和构成

非法拘禁罪,是指故意非法拘禁他人或者以其他方法非法剥夺他人人身自由的行为。

(1)本罪的法益是人的身体活动的自由。但是,对于该自由的具体内容该如何理解,理论上的认识并不一致。比如,将已经入睡的人反锁在房间,待其醒来前又将锁打开,是否构成非法拘禁?这涉及非法拘禁罪所保护的法益,究竟是

[①] 根据 2013 年《关于依法惩治性侵害未成年人犯罪的意见》第 22 条的规定,实施猥亵儿童犯罪,造成儿童轻伤以上后果,同时符合《刑法》第 234 条或者第 232 条的规定,构成故意伤害罪、故意杀人罪的,依照处罚较重的规定定罪处罚。对已满 14 周岁的未成年男性实施猥亵,造成被害人轻伤以上后果,符合《刑法》第 234 条或者第 232 条规定的,以故意伤害罪或者故意杀人罪定罪处罚。第 25 条规定,针对未成年人实施猥亵犯罪的,应当从重处罚,具有下列情形之一的,更要依法从严惩处:(1)对未成年人负有特殊职责的人员、与未成年人有共同家庭生活关系的人员、国家工作人员或者冒充国家工作人员,实施猥亵犯罪的;(2)进入未成年人住所、学生集体宿舍内实施猥亵犯罪的;(3)采取暴力、胁迫、麻醉等强制手段实施猥亵儿童犯罪的;(4)对不满 12 周岁的儿童、农村留守儿童、严重残疾或者精神智力发育迟滞的未成年人,实施猥亵犯罪的;(5)猥亵多名未成年人,或者多次实施猥亵犯罪的;(6)造成未成年人被害人轻伤、怀孕、感染性病等后果的;(7)有猥亵犯罪前科劣迹的。

人的现实的身体活动的自由,还是可能的身体活动自由?采前一立场的属于限定说,据此前例的行为则不构成非法拘禁;采后一立场的属于无限定说,据此前例的行为则可以构成非法拘禁。若采纳限定说,如果某人没有认识到自己被剥夺自由,就表明行为没有妨害其意思活动因而没有侵犯其人身自由,因此本罪的对象必须认识到自己被剥夺自由的事实。但是,这样会造成能行走的幼儿、完全的精神病患者均因不能认识到自己被侵犯自由的事实而不能成为非法拘禁罪的对象,由此会导致对这些特殊群体的保护不力。所以,本书初步采纳无限定说,即可能的自由说,只要行为在客观上侵犯了他人的可能的人身自由,即便行为人并未认识到自己的人身自由受到剥夺的事实,仍可构成非法拘禁罪。

(2)本罪的客观要件表现为非法拘禁他人或者以其他方法非法剥夺他人的人身自由。本罪在行为性质上体现为拘禁他人或者是剥夺他人的人身自由。根据同类解释规则,"拘禁"他人的实质也是剥夺他人的人身自由,其不过是剥夺他人人身自由的最常见手段而已。单纯的限制他人人身自由(严重性未达到剥夺他人人身自由程度)的,尚不构成本罪。

本罪的行为对象为他人,既可以是守法公民,也可以是犯有错误或有一般违法行为的人,甚至可以是犯罪嫌疑人、被告人等。只要是具有身体活动自由的自然人,都可以成为本罪的行为对象。本罪的行为具体可表现为,直接拘束他人的身体、剥夺其身体活动自由,如捆绑他人四肢、铐住他人双手;也可表现为间接拘束他人的身体,如将他人监禁于一定场所,使其不能或难以离开。非法拘禁还可以由不作为成立,负有使被害人脱离一定场所的义务的人,故意不履行义务的,也可能成立本罪。非法拘禁罪是典型的持续犯,在非法拘禁他人之后,非法拘禁的行为和不法侵害他人人身自由的状态都在持续之中。时间持续的长短原则上不影响本罪的成立而只影响量刑,但时间过短的剥夺人身自由的行为,属于"情节显著轻微,危害不大",难以认定为本罪。此外,本罪的成立还要求拘禁他人的行为在客观上具有非法性(如后所述)。

(3)本罪的主体要件为一般主体,已满16周岁且具有辨认、控制能力的自然人都可成立本罪。

(4)本罪在主观要件上系出于故意,即明知自己的行为会发生侵犯他人人身自由的后果,并希望或者放任这种结果发生。

(二)非法拘禁罪的界限划分

1. 合法的"拘禁"与非法拘禁

本罪既然名为"非法拘禁罪",就要求剥夺人身自由的行为必须具有非法性。换言之,如果剥夺他人人身自由的行为具有正当理由,则不构成本罪。如司法机关根据法律规定对有犯罪事实和重大嫌疑的人,依法采取拘留、逮捕等限制人身自由的强制措施的行为,不成立本罪(但发现不应拘捕时,借故不予释放而继续羁押的,应认定为不作为性质的非法拘禁)。又如,公民将正在实行犯罪或犯罪后及时被发觉的或者是通缉在案的、正在被追捕的人,依法扭送至司法机关的行为,是合法行为。当前,出于迫使他人偿还债务的动机而扣押、拘禁他人的案件突出,但是,双方存在债权债务关系(即便是合法的债权债务关系)本身并不能为剥夺债务人的人身自由行为带来合法性,所以,根据《刑法》第238条第3款的规定,为索取债务非法扣押、拘禁他人的,以本罪处理根据最高人民法院《关于对为索取法律不予保护的债务非法拘禁他人行为如何定罪问题的解释》(2000年7月19日施行),行为人为索取高利贷、赌债等法律不予保护的债务非法扣押、拘禁他人,亦按照本罪处理。当然,如果双方之间确实存在着合法的债权债务关系,债权人扣押、拘禁他人的时间又比较短,则不宜按照犯罪处理。总之,在双方存在债权债务关系的场合,应该结合债务的性质以及剥夺人身自由的时间长短等,综合加以判断。

2. 罪与非罪的界限

2006年7月26日公布并实施的最高人民检察院《关于渎职侵权犯罪案件立案标准的规定》规定,国家机关工作人员利用职权非法拘禁,涉嫌下列情形之一的,应予立案:(1)非法剥夺他人人身自由24小时以上的;(2)非法剥夺他人人身自由,并使用械具或者捆绑等恶劣手段,或者实施殴打、侮辱、虐待行为的;(3)非法拘禁,造成被拘禁人轻伤、重伤、死亡的;(4)非法拘禁,情节严重,导致被拘禁人自杀、自残造成重伤、死亡,或者精神失常的;(5)非法拘禁3人次以上的;(6)司法工作人员对明知是没有违法犯罪事实的人而非法拘禁的;(7)其他非法拘禁应予追究刑事责任的情形。据此,如果国家机关工作人员非法拘禁他人,达不到上述标准的,不会立案。不过,有批评认为,"这些立案标准过高,不利于保护公民的人身自由"[①]。

3. 本罪与他罪的界限

非法拘禁行为与结果又触犯其他罪名的,应根据有关规定处理。例如,以非法绑架、扣留他人的方法勒索财物的,成立绑架罪;以出卖为目的,非法绑架妇女、儿童的,构成拐卖妇女、儿童罪。

(三)非法拘禁罪的刑事责任

根据《刑法》第238条的规定:

(1)本罪的基本刑为3年以下有期徒刑、拘役、管制或者剥夺政治权利。在拘禁过程中有殴打、侮辱情节的,从重处罚。

(2)如果犯非法拘禁罪,致人重伤的,处3年以上10年以下有期徒刑;致人死亡的,处10年以上有期徒刑。所谓非法拘禁致人重伤、死亡,是指非法拘禁行

---

① 张明楷:《刑法学》(第4版),法律出版社2011年版,第791页。

为本身致被害人重伤、死亡(而不宜包括在非法拘禁期间被害人自杀身亡)。行为人对重伤、死亡结果,只能出于过失,而不能出于故意。

(3)非法拘禁他人,使用暴力致人伤残、死亡的,分别依照《刑法》第234条和第232认定为故意伤害罪或故意杀人罪。这里的"暴力",显然是指超出了非法拘禁范围的暴力。《刑法》这一规定,属于法律拟制,而非注意规定,即只要是在非法拘禁的过程中使用了超出非法拘禁手段本身的暴力,客观上又导致了被害人伤残、死亡的严重结果,不管行为人对于该伤残或死亡结果持何种心态,一律按照故意伤害罪、故意杀人罪论处。《刑法》之所以作如此规定,是为了通过重刑的威慑来警示行为人,以试图保证被害人的生命、健康权利。

(4)国家机关工作人员利用职权犯本罪,从重处罚。

二、绑架罪

(一)绑架罪的概念与构成

绑架罪,是指以为了勒索财物而绑架他人,或者是绑架他人作为人质的行为。

(1)本罪的法益。我国《刑法》与外国多数国家不同,没有将本罪列入侵财犯罪当中而是规定于侵犯公民人身权利的犯罪之中,所以本罪就本质而言是侵犯被绑架人身权利的犯罪。绑架行为使用了暴力、胁迫等强制手段,因而不但严重侵犯被绑架人在本来生活场所的安全与行动自由,还可能侵害到被绑架者的生命、健康。与此同时,行为人还可能向被绑架者的亲属或其他人勒索财物或提出其他不法要求,故可能同时侵犯他人的财产权利及其他权利。

(2)本罪的客观要件。绑架罪在客观上表现为使用暴力、胁迫或者麻醉方法等劫持或以实力控制他人。

第一,绑架的对象是任何人,包括妇女、儿童、婴幼儿,乃至行为人的子女或者父母,且被绑架者与被勒索、被要挟者并非同一人。但"绑架自己"的,不可能成立本罪。即便是伙同他人绑架自己的,也不能称为绑架;如果借绑架自己而向自己的家属勒索财物的,可构成敲诈勒索罪的共同犯罪。

第二,绑架的实质在于使被害人处于行为人或第三者的实力支配下,并不要求使被害人离开原来的生活场所。事实上存在着使未成年的父母离开生活场所,而将未成年人控制在行为人实力范围内的情况,也存在使被害人滞留在本来的生活场所,但使其丧失行动自由的绑架案件。

第三,绑架行为应具有强制性,即使用暴力、胁迫或者麻醉等方法控制他人。对于缺乏或者丧失行动能力的被害人,行为人采取偷盗、引诱等方法使其处于行为人或第三者实力支配下的,如以勒索财物为目的偷盗婴幼儿的,也成立本罪。

(3)本罪的主体要件。本罪的主体是已满16周岁、具有辨认控制能力的自然人。立法者明知绑架罪是个重罪①,但却未规定已满14周岁不满16周岁的行为人可以构成本罪,是因为《刑法》在规定相对刑事责任年龄人承担刑事责任的范围时,"除考虑犯罪的严重性外,还考虑了犯罪的常发性,即已满14周岁不满16周岁的人通常实施的严重行为的范围。事实上还有许多犯罪的严重性并不轻于上述几种犯罪,但由于已满14周岁不满16周岁的人往往难以甚至不能实施,故刑法未作规定。"②但是,在1997年修订的《刑法》实施不久,实践之中却屡屡发生已满14但未满16周岁的行为人绑架的案件。所以说,尽管在《刑法》修订当时第17条第2款未规定绑架罪具有实践基础,但是时至今日,将绑架罪"增补"进该款也是实践的要求。

(4)本罪的主观要件。绑架罪是故意犯罪,要求行为人明知自己的行为会造成威胁他人生命、健康等侵犯人身权利的后果,并希望或放任此结果发生。除此之外,本罪的主观要件,特别需要强调如下内容:

第一,本罪的成立在主观上要求行为人利用被绑架人的近亲属或其他人对被绑架人安危的忧虑。德国《刑法》第239a条掳人勒赎罪之规定、日本《刑法》第225条之二对此都做了明确的要求③,因此,德日两国的《刑法》上要求这一主观要件没有问题,而我国《刑法》之中对此并无明确要求。但从区分本罪与抢劫罪、敲诈勒索罪的角度考虑,这种利益担忧之情状要件不可或缺。对此,应认为"利用被绑架人的近亲属或者其他利害关系人对被绑架人安危的担忧"是本罪成立的一个非明文的构成要件要素(并且是主观的超过要素,不要求其现实化)。

第二,本罪的成立要求行为人主观上具有勒索财物或满足其他不法要求的目的。只是这里勒索财物的目的或者是其他不法要求属于本罪的主观超过要素,只要主观上具有此种目的,本罪即告既遂,而不需要相应目的得以实现,这是由本罪并非财产犯罪而是侵犯公民人权权利之犯罪的类型所决定的。也就是说,只要行为人具有这种目的,即使客观上没有对被绑架人的近亲属或其他人勒索财物或提出其他不法要求,也成立本罪既遂;客观上向被绑架人的近亲属或其他人勒索财物或提出其他不法要求,也不另成立其他犯罪。

(二)绑架罪的界限划分

1. 本罪的既遂与未遂

只要是客观上完成了绑架行为(以实力控制他人的行为)并且业已对他人

---

① 1997年修订的《刑法》为绑架罪配置的起刑点为10年有期徒刑;对于绑架犯罪可以适用特殊防卫权(《刑法》第20条第3款);另外,根据《刑法》第81条第2款,只要是绑架又不属于"情节较轻"的,不能假释。

② 张明楷:《刑法学》(第4版),法律出版社2011年版,第290页。

③ 日本《刑法》第225条之二第1项规定:利用近亲者或者其他对被略取者或者被诱拐者安危的忧虑者的忧虑,以使之交付财物为目的,略取或者诱拐他人的,处无期或者3年以下惩役。

的生命、健康等造成了侵害或者威胁,即构成本罪的既遂,而不需要将勒索财物或者满足其他不法要求的愿望通告给第三人,更不需要实现相应目的(参照前面的论述)。

2. 已满 14 周岁不满 16 周岁的人实施绑架行为的处理

如果此种行为人仅仅实施了绑架行为,则根据罪刑法定原则的要求,不能按照犯罪处理。但行为人在绑架过程中故意杀害被绑架人或者故意伤害被绑架人致其死亡的,应如何处理?应该认为,此时虽然对行为人的绑架行为不予评价,但对其故意杀人(撕票)或者故意伤害致人死亡的行为,应进行独立评价,进而直接以故意杀人罪或者故意伤害罪定罪处罚。

3. 本罪与抢劫罪的区别

两罪所侵犯的都是复杂客体,但两罪的主要客体(即其类型性特征)不同,绑架罪主要是侵犯公民的人身权利,而抢劫罪主要是侵犯财产权利,这对于区分两罪具有重要意义。此外,如果行为人绑架他人是为了直接向被绑架人索取财物,则不构成本罪,而应认定为抢劫罪。

4. 本罪与非法拘禁罪的区别

《刑法》第 238 条第 3 款规定,行为人为索取债务非法扣押、拘禁他人的,只构成非法拘禁罪,不成立绑架罪。根据相关司法解释的规定,行为人索取高利贷、赌债等法律不予保护的债务的,同样构成非法拘禁罪。但是需要注意的是,不能仅以行为人与被害人之间是否存在债权债务关系为标准来区分两罪,更应考虑行为本身对人身自由的剥夺程度、对人身安全的威胁程度。如果超出"扣押、拘禁"程度的行为,就不能以非法拘禁罪论处。因此,如果行为人为了索取法律不予保护的债务或者单方面主张的债务,以实力支配、控制被害人后,以杀害、伤害被害人相威胁的,宜认定为绑架罪。此外,客观上虽存在债权债务关系,行为人将债务人实力控制后对其近亲属提出无法用财产数额衡量的某种利益上的要求,或提出其他与债务无关的不法要求等(如与被害人之妻发生性关系为要求)的,可以认定为绑架他人作为人质,成立绑架罪。

(三)绑架罪的刑事责任

《刑法》第 239 条规定:"以勒索财物为目的绑架他人的,或者绑架他人作为人质的,处 10 年以上有期徒刑或者无期徒刑,并处罚金或者没收财产;情节较轻的,处 5 年以上 10 年以下有期徒刑,并处罚金。犯前款罪,致使被绑架人死亡或者杀害被绑架人的,处死刑,并处没收财产。以勒索财物为目的偷盗婴幼儿的,依照前两款的规定处罚。"

1. 本罪的基本构成

本罪基本构成的法定刑起点为 10 年有期徒刑,重于抢劫罪与强奸罪,这表明立法者认为绑架罪是极为严重的侵犯公民人身权利的犯罪。为了和如此严重的法定刑起点相适应,就要求本罪的客观方面不但是"以实力控制他人",而且需要以杀害或伤害相要挟;在绑架他人作为人质的场合,还需要是为了满足不法的要求。如此,才能保证落入到绑架罪法网范围的行为具有严重的危害性,以配得上10年有期徒刑的起点刑。

2. 本罪的减轻构成

在《刑法修正案(七)》规定了绑架罪的减轻构成之后,其具体含义需要厘定。什么情况属于绑架罪中的"情节较轻"?结合司法实践之中的绑架案情况,这里所谓的"情节较轻",可能包括:(1)绑架之后,主动释放被绑架人的;(2)绑架之后实力控制被绑架人时间较短就被查获的;(3)绑架之后没有对被绑架人进行严重殴打、虐待,甚至对被绑架人较为优待的;(4)绑架之后勒索的财物数额不大的;(5)其他的表明行为人人身危险性不大、对于被害人的人身安全的侵害也不严重的情节。特别应该注意,绑架罪作为一个重罪,对于犯罪成立的条件应该严格限制,即便是"情节较轻"的绑架罪,也必须是较为严重地危害了被害人的人身、生命安全的犯罪;即便是行为人同时具有勒索财物的目的或者其他不法目的,如果实力控制他人的手段显然应该属于"情节显著轻微,危害不大的",也应该结合《刑法》第13条"但书"的规定不按照犯罪处理。不能因为有了绑架罪"情节较轻"的规定,就将原本不该作为绑架罪处理的案件也以该罪的减轻构成处理。同样,在有了绑架罪的"情节较轻"的规定之后,也不应该将原本应该按照非法拘禁罪处理的案件以"情节较轻"的绑架罪处理。如果行为人对于被害人的侵害仅止于对于人身自由的侵犯,不涉及对被害人人身安全乃至生命安全的威胁,就应该按照非法拘禁罪来处理,而不能按照"情节较轻"的绑架罪处理。

3. 本罪的加重构成

本条中的"致使被绑架人死亡"应该限制解释为故意伤害被绑架人致其死亡(而不应该包括绑架行为过失造成被害人死亡的场合,更不应该包括被绑架人自杀的场合);"杀害被绑架人"应该限制解释为故意杀死被绑架人。之所以如此理解都是因为绑架罪加重构成之下的刑罚后果("处死刑,并处没收财产")极其严厉,所以必须对其适用条件严格加以限定。[①]

(四)绑架罪的立法完善

我国《刑法》关于绑架罪的加重构成的立法可谓是一个"恶劣"的立法。之所以这样说,是因为这一立法在被绑架人死亡的情况下不区分故意和过失的做法无从实现罪刑均衡,更因为在这种"一视同仁"之下居然非常高压地配置了绝

---

① 对此问题的具体展开,参见付立庆:《论绑架罪的修正构成的解释与适用——简评修正案对绑架罪的修改》,载《法学家》2009年第3期。

对确定的死刑。这样的做法不但令罪刑均衡和刑罚个别化的原则双双受损,而且绝对确定的死刑也和刑法典中的其他几处类似规定一样,成为中国死刑立法之中非常恶劣和可怕的先例。尽管在"死刑"之中还可以有"缓期两年执行"和"立即执行"两种选择供司法机关具体挑选,由此也可以区分出在"致使被绑架人死亡"和"故意杀害被绑架人"两种情况之下可能会被判处不同的后果,但是这样的区别功能仍然是非常有限并且是总体偏重的。如果真要限制中国的死刑适用,那么,就要在立法上删除绝对确定的死刑。仅就这一点而言,1996年8月8日全国人大法工委《刑法分则修改草案》第4章第8条"致使被绑架人死亡或者杀害被绑架人的,处无期徒刑或者死刑,并处没收财产"的规定,较之现行的规定而言,可能更具有弹性,也更为合理。

除此之外,从应然的立法论角度而言,诸如多次绑架或者绑架多人、绑架集团首要分子、绑架勒索财物数额特别巨大、持枪绑架等,究竟应该在绑架罪的基本法定刑(10年以上有期徒刑或者无期徒刑)之中作为其从重处罚情节予以评价,还是应该上升到其加重处罚情节予以评价,也是值得讨论的。本书认为,从遏制绑架罪这种严重侵犯公民人身权利的恶性犯罪的角度,将以上几种情形规定在绑架罪的加重构成之中似乎更为适宜(当然,这与前文所主张的本罪的加重法定刑应该是"无期徒刑或者死刑"的观点相关)。

三、拐卖妇女、儿童罪

(一)拐卖妇女、儿童罪的概念与构成

拐卖妇女、儿童罪,是指以出卖为目的,拐骗、绑架、收买、贩卖、接送、中转妇女、儿童的行为。本罪为选择性罪名,按照犯罪对象的不同,可分解为拐卖妇女罪与拐卖儿童罪。

(1)本罪的法益。本罪所侵犯的法益是被拐卖妇女、儿童的人身自由及人格尊严。

(2)本罪的客观要件。拐卖妇女、儿童罪在客观要件上是以出卖为目的,实施了拐骗、绑架、收买、贩卖、接送、中转妇女、儿童的行为。

作为本罪之犯罪对象的妇女,是指已满14周岁的女性;儿童,是指不满14周岁的男女。无论是中国公民还是外国公民,或者是无国籍人,只要是符合妇女、儿童的条件,都可以成为本罪的对象。① 拐卖已满14周岁的男性公民的行为,不成立本罪,符合其他的犯罪构成的,可按其他犯罪(如非法拘禁罪)处

---

① 据《中国日报》2011年12月3日报道:公安部打拐办主任陈士渠在接受《中国日报》独家专访时表示跨国拐卖妇女犯罪呈上升趋势。据其介绍,近年来中国警方从全国各地解救了一批被拐外籍妇女,她们大多来自于东南亚国家,如越南、缅甸和老挝等。以河北省为例,2009年以来河北警方已经解救了106名被拐的外籍新娘,她们来自越南、缅甸、老挝等国。

理。实践之中出卖亲生子女或者所收养的子女的,只要是将子女作为商品出卖,换取的是子女身价的,均可成立本罪。以为对方是女性但实际上却拐卖了已满14周岁的男子或者是实际上拐卖了两性人的,属于对象不能犯,通常按照未遂处理。

在本罪的具体行为方式中,拐骗、绑架、收买、贩卖几种行为不难理解,而所谓接送,是指为拐卖妇女、儿童的罪犯接收、送运妇女、儿童;中转则是指为拐卖妇女、儿童的罪犯提供中途场所或机会。此外,以出卖为目的,偷盗婴幼儿的,或者是以贩卖牟利为目的"收养"未成年子女的,应以拐卖儿童罪处理。

同时实施上述几种行为的,或者既拐卖妇女,又拐卖儿童的,只构成一罪,而并非构成数罪。

(3) 本罪的主体要件。本罪的主体是已满16周岁、具有辨认和控制能力的自然人。已满14周岁、不满16周岁的人拐卖妇女、儿童的,不成立本罪,但如果在拐卖的过程中强奸妇女或者奸淫幼女的,则以强奸罪论处。

(4) 本罪的主观要件。本罪为故意犯罪,并且属于目的犯,要求以出卖为目的,即,行为人明知自己的拐卖行为侵犯了妇女、儿童的人身权利,但为了出卖获利而仍决意实施该行为。本罪中的出卖目的和绑架罪中的勒索财物目的一样,属于主观的超过要素,出卖目的是否实现,不影响本罪的成立;即便实现了出卖的目的,也不另定他罪。但是如无出卖目的,而是出于其他目的实施相应行为的,不构成本罪;在共同犯罪中,没有出卖目的的人,认识到他人具有出卖目的,并为拐卖妇女、儿童行为提供服务的,成立本罪的共犯,单纯的运送、中转行为人即是如此。

(二) 拐卖妇女、儿童罪的界限划分

1. 被害人同意与本罪的成立

在被害人为儿童的场合,由于可以认为儿童不具有同意的能力,所以,即便表面上得到了儿童的同意而将其拐卖的,仍可成立拐卖儿童罪,对此并无争议。问题在于被害人为妇女的场合,得到了精神正常的妇女的同意而将其"拐卖"的,由于一方面已然不能说其人身自由受到了侵犯(即便认为其人身自由或人格尊严受到了侵犯,也应该认为其自由意志高于人身自由或者人格尊严),另一方面妇女也难以说成是被"拐",所以,本书初步认为此时不构成拐卖妇女罪。

2. 要划清拐卖妇女罪与介绍婚姻索取财物行为的界限

行为人通过为男女做婚姻介绍人的机会,向其中一方或双方索取财物,属于一般违法行为,不构成本罪。其与拐卖妇女罪的区别在于,有无拐骗的行为,有无出卖的目的,所获取的是一般的好处费还是妇女的"身价"。此外,还需要综合考察是否侵犯了妇女的人身权利和人格尊严、是否违背妇女的意志等来加以判断。

同样,也要划清拐卖儿童罪与介绍收养索取财物的界限。这需要综合考察是否征得了儿童家长的同意、所获取的是单纯的介绍收养的介绍费还是儿童的"身价"等情况。

3. 拐卖妇女罪与诈骗罪的界限

拐卖妇女的过程中也可能存在着虚构事实、隐瞒真相的情形,也可能借此而取得对方的财物,但拐卖妇女罪与诈骗罪侵犯的法益类型不同,一般情况下也不难区分。实践中出现的行为人和"被拐"妇女合谋,借结婚之名骗取了收买者的钱财之后溜之大吉的行为(俗称"放鸽子"),当然构成诈骗罪而非本罪,其中妇女并非被害人而是诈骗罪的共犯。

4. 本罪与绑架罪的界限

两罪虽然都是侵犯公民人身权利的犯罪,绑架罪也会体现为以实力控制他人,但两罪的目的不同(本罪是为了出卖,而绑架罪是为了勒索财物或者实现其他的非法目的),绑架罪对人身的侵害性程度通常也重于拐卖妇女、儿童罪;两罪的犯罪对象也不完全相同,本罪的对象限于妇女、儿童,而绑架罪的对象则无限制。

5. 拐卖儿童罪与拐骗儿童罪的界限

两罪的犯罪对象虽都为儿童,但在主观上,拐卖儿童罪是为了出卖,而拐骗儿童罪则是为了收养。在侵犯的对象均为婴幼儿时,同样的偷盗婴幼儿的行为,根据犯罪目的的不同,可分别构成绑架罪(以勒索财物为目的)、拐卖儿童罪(以出卖为目的)、拐骗儿童罪(以收养为目的)。

6. 本罪的既遂标准

本罪为行为犯而非结果犯,即不要求出卖的目的实现、不要求"被拐卖"的结果发生,只要是相应的客观行为完成且主观上具有出卖的目的,本罪即告既遂。在单独犯罪或简单的共同犯罪中,行为人实施手段行为,拐骗、绑架、收买的应以行为人实际控制受害人为既遂标准;如行为人只实施出卖等结果行为(出卖亲生子女)的,应以贩卖出手为既遂。

(三) 拐卖妇女、儿童罪的刑事责任

根据《刑法》第240条的规定,拐卖妇女、儿童的,处5年以上10年以下有期徒刑,并处罚金;有下列情形之一的,处10年以上有期徒刑或者无期徒刑,并处罚金或没收财产;情节特别严重的,处死刑,并处没收财产。

本条所规定的几种加重情形包括:(1) 拐卖妇女、儿童集团的首要分子。此处的首要分子未必是一人,也未必亲自参与了具体的实行行为。(2) 拐卖妇女、儿童3人以上的。此处的3人以上,当然包括妇女和儿童加在一起3人以上。(3) 奸淫被拐卖的妇女的。此处立法使用的是"奸淫"而非强奸,两者的含义并不完全相同。此处的奸淫除了包含强奸之外,还包括被拐妇女忍辱负重、不情愿地和行为人发生性关系的其他情形(行为人此时并未使用暴力、胁迫或者与此相当的其他手段),但不应该包括被拐卖妇女对行为人产生好感,自愿与行为人发生性关系的情形。奸淫被拐卖的幼女的,如何定性?应该认为此处的"妇女"也包括"幼女",即拐卖幼女并将其奸淫的,也定拐卖妇女罪并按照本项的规定加重处罚,如此解释方能避免罪刑不均衡。① (4) 诱骗、强迫被拐卖的妇女卖淫或者将被拐卖的妇女卖给他人迫使其卖淫的。同样的道理,此处的"妇女"也应该包括幼女。(5) 以出卖为目的,使用暴力、胁迫或者麻醉方法绑架妇女、儿童的。此处的"以出卖为目的"虽属于立法上的过剩(因为所有类型的拐卖妇女、儿童罪都需要出卖目的),但却是为了特别提醒司法人员注意,不要将此种情形错误地按照绑架罪处理。(6) 以出卖为目的,偷盗婴幼儿的。(7) 造成被拐卖的妇女、儿童或者其亲属重伤、死亡或者其他严重后果的。这是指为了控制受害人而使用暴力,造成被拐卖的妇女、儿童或其亲属重伤、死亡或其他严重后果,而不应该包括被拐卖的妇女、儿童自残、自杀等情形。(8) 将妇女、儿童卖往境外的。

(四) 本罪的立法检讨

1979年《刑法》第141条规定:"拐卖人口的,处5年以下有期徒刑;情节严重的,处5年以上有期徒刑。"这一规定虽然显得简单粗糙,但在将本罪的犯罪对象规定为"人口"(包括所有男、女以及两性人)的意义上,是值得肯定的。现行《刑法》为了实现对于妇女、儿童的特殊保护,而专门规定了拐卖妇女、儿童罪,这原本也值得肯定,但为此却取消了拐卖人口罪的基本规定,是值得批评的。这会造成以妇女、儿童之外的其他人作为拐卖对象时只能成立犯罪未遂或者只能成立其他犯罪的现象,会造成法益保护的不均衡。所以,在立法论的层面上,应该恢复拐卖人口罪的基本规定。如果需要强调对于妇女、儿童的特殊保护,可将其作为拐卖人口罪的加重情形之一即可。

四、收买被拐卖的妇女、儿童罪

收买被拐卖的妇女、儿童罪,是指不以出卖为目的,明知是被拐卖的妇女、儿童而予以收买的行为。之所以将此种收买行为规定为犯罪,是因为其不但严重侵犯了被害妇女、儿童的人身权利,也在客观上助长了拐卖妇女、儿童的行为("有买才有卖")。本罪侵害的法益同样是妇女、儿童的人身自由和人格尊严;本罪在客观上表现为收买被拐卖的妇女、儿童的行为,犯罪对象是被拐卖的妇女、儿童。这里所说的收买行为,是指用金钱或其他具有经济价值的财物作为对

---

① 参见付立庆:《拐卖幼女并奸淫行为之定罪量刑》,载《法学》2007年第10期。

价,将被拐卖的妇女、儿童归自己占有或支配。一般认为,由于公民的人身具有不可买卖性,所以即便是被收买人表示同意被买卖,也不影响本罪的成立。但这样的理解会和前文主张的在被拐卖妇女明确表示同意时则不成立拐卖妇女罪产生不协调,而一旦此时拐卖者不成立拐卖妇女罪,收买者当然也不成立收买被拐卖的妇女罪。所以,本书初步认为,在妇女真实地同意其被买卖时,不但贩卖者不成立拐卖妇女罪,而且收买者也不成立收买被拐卖的妇女罪。本罪在主观上只能是故意,即明知自己所收买的对象是被他人拐卖的妇女、儿童,也明知自己的收买行为侵犯了妇女、儿童的人身权利与人格尊严,但仍决意收买。成立本罪,要求行为人收买妇女、儿童不能是为了出卖,即不能具有出卖的目的,否则会成立拐卖妇女、儿童罪。如果收买时尚无出卖的意图,但收买之后又产生了出卖的意图并出卖妇女、儿童的,根据《刑法》第241条第5款的规定,直接以拐卖妇女、儿童罪论处。此外,只要不具有出卖的目的,行为人究竟出于何种动机,都不影响本罪的成立。

本罪与拐卖妇女、儿童罪属于对向犯,一方为了出卖,一方想要收买,同样都侵犯了妇女、儿童的人身权利和人格尊严。但两罪在行为方式和主观方面上有明显区别,并不容易区分。

根据《刑法》第241条第4款的规定,收买被拐卖的妇女、儿童,并强行与所收买的妇女发生性关系的,或者非法剥夺、限制所收买的妇女、儿童的人身自由或者有伤害、侮辱等犯罪行为的,按照本罪和相应的强奸罪、非法拘禁罪、故意伤害罪、侮辱罪等数罪并罚。之所以这样规定,是因为收买被拐卖的妇女、儿童罪本身是一个比较轻的犯罪,收买之后的犯罪行为无法包含在对收买行为的概括评价之中。

《刑法》第241条第1款规定,收买被拐卖的妇女、儿童的,处3年以下有期徒刑、拘役或者管制。该条第6款还特别规定,收买被拐卖的妇女、儿童,按照被买妇女的意愿,不阻碍其返回原居住地的,对被买儿童没有虐待行为,不阻碍对其进行解救的,可以不追究刑事责任。首先,这里规定的是"可以"而非"应当",将是否追究刑事责任的裁量权交由法官行使。其次,这里所谓的"不追究刑事责任",是指不按照犯罪处理,还是虽认定为犯罪但却免除刑罚?本书初步认同第一种理解,这需要结合《刑法》之所以如此规定的理由加以理解。收买被拐卖的妇女、儿童,按照被买妇女的意愿,不阻碍其返回原居住地的,对被买儿童没有虐待行为,不阻碍对其进行解救的,事实上使被害妇女或儿童的人身权利得以恢复,同时说明行为人的非难可能性减小;而且从刑事政策的角度而言,也有利于鼓励行为人悔过自新。所以,此规定充分彰显宽严相济刑事政策的张力,此处并无"先定罪后免刑"的必要,可以直接不以犯罪论处。不过需要强调的是,此时只是可以不追究收买被拐卖的妇女、儿童罪的刑事责任,若收买者存在强奸、非法拘禁等犯罪行为,当然应依法追究责任。

五、聚众阻碍解救被收买的妇女、儿童罪

聚众阻碍解救被收买的妇女、儿童罪,是指首要分子聚众阻碍国家机关工作人员解救被收买的妇女、儿童的行为。本罪的犯罪对象是已经被收买的妇女、儿童。如果妇女、儿童尚未被收买(即尚未卖出,但已经被拐骗、绑架)而聚众阻碍对其进行解救的,不构成本罪,而构成拐卖妇女、儿童罪的共犯。本罪只处罚首要分子,对于首要分子之外的积极参加者和一般参加者使用暴力、威胁方法阻碍国家机关工作人员解救被收买的妇女、儿童的,依照妨害公务罪处罚。问题在于,首要分子聚众并以暴力、威胁方法阻碍解救被收买的妇女、儿童的,该如何论处?本书认为,此时该行为属于本罪与妨害公务罪的想象竞合犯,应该按照较重的犯罪(即本罪)处理。根据《刑法》第242条第2款的规定,对聚众阻碍国家机关工作人员解救被收买的妇女、儿童的首要分子,处5年以下有期徒刑或者拘役。

六、诬告陷害罪

(一)诬告陷害罪的概念和构成

诬告陷害罪,是指故意捏造犯罪事实并向国家机关或有关单位告发,意图使他人受刑事追究,情节严重的行为。

(1)本罪的法益。对于诬告陷害罪的法益,国外刑法学中存在着人身权利说(个人法益说)、司法(审判)作用说(国家利益说)和择一说(既是为了保护公民的人身权利,也是为了保护司法作用,只要诬告陷害行为具有其中一种性质,就成立本罪)等不同的观点。我国《刑法》明确将本罪规定在"侵犯公民人身权利、民主权利罪"一章中,所以本罪的法益不可能是单一的司法作用。但是,我国刑法理论通说认为本罪所侵害的法益除了包括公民的人身权利之外,还包括司法机关的正常活动。但问题在于,得到了被害人承诺的诬告陷害,虽然也同样侵害了司法机关的正常活动,却因被害人的同意而没有侵害其人身权利,如根据通说的理解,此时也会因侵犯次要法益而构成本罪,这是不妥当的。所以,本书认为,诬告陷害罪所侵害的法益是被害人的人身权利(单一的个人法益说),具体来说,是被害公民不受不实刑事追究的人身权利。

(2)本罪的客观要件。本罪的客观要件表现为捏造他人犯罪的事实,向国家机关或有关单位告发,足以引起司法机关的刑事追究。第一,必须捏造犯罪事实。捏造是指无中生有,歪曲事实,栽赃陷害。捏造的事实,只要足以引起司法机关追究被害人的刑事责任即可,并不要求捏造详细情节与证据。捏造他人的一般违法事实,或者捏造没有任何可信性的犯罪事实,他人没有任何被刑事追究的可能性的,由于欠缺本罪的法益侵害的危险性,就不可能成立本罪。第二,向

国家机关或有关单位告发。告发的方式多种多样,口头、书面、署名、匿名等,在所不论。第三,诬告的是特定的"他人"。自我诬告(诬告自己犯罪的),不成立本罪。至于被诬告者是遵纪守法的公民,还是正在服刑的犯人,不影响本罪的成立。诬告没有达到法定年龄或没有辨认、控制能力的人犯罪,仍可能使他们作为侦查的对象,使他们卷入刑事诉讼之中,也就同样会侵犯其人身权利,因此,同样能够成立本罪。同时,前文已述,得到被害人同意而诬告他人犯罪,不成立本罪(若将本罪规定在妨害司法活动罪之中,则不然)。第四,本罪为情节犯,要求"情节严重"。本书认为,凡是可能引起司法机关刑事追究的(足以引起司法机关的追究活动),就侵犯了公民相应的人身权利,就应该属于情节严重,不应该在此之外附加另外的要求。

(3)本罪的主体要件。本罪的犯罪主体为一般主体,已满16周岁、具有辨认和控制能力的自然人均可构成。《刑法》第243条特别规定,国家机关工作人员犯本罪的,从重处罚。

(4)本罪的主观要件。本罪的主观要件表现为故意,表现为明知自己所告发的是虚假的犯罪事实,明知自己的行为会发生侵犯他人人身权利的危害结果,并希望或放任这种结果的发生。行为人在主观上并且还具有使他人受刑事追究的意图。《刑法》第243条还特别规定,不是有意诬陷,而是错告,或者检举失实的,不构成诬告陷害罪。

(二)诬告陷害罪的界限划分

正确认定诬告陷害,要准确把握诬告陷害罪与相关行为的界限。

1. 诬告陷害与错告或检举失实的界限

两者区分的关键在于行为人是否具有陷害他人的故意。这需要查明行为人告发的背景、原因,告发的事实来源,告发人与被告人之间的关系等情况,综合加以判断。需要强调的是,行为人认识到所告发的可能是虚假的犯罪事实时,能否认定其具有陷害他人的故意?本书认为,检举、告发他人的事实既可能是虚假的,也可能是真实的,如果一旦告发所依据的事实是虚假的且行为人对此具有认识可能性,就将不利的后果交由告发者承担,会极大程度地限制公民的告发权,使得公民不敢去告发、揭露犯罪,这是不合适的,应该认为此时属于错告、检举失实,而不能追究告发者、检举者的刑事责任。成立诬告陷害罪,要求行为人明知自己所告发的确实是虚假的犯罪,因为该告发事实原本即为行为人无中生有地杜撰、捏造而成,故上述要求也不会增加诉讼证明上的额外负担。与此同时,行为人具有诬告陷害的故意,但所告发的事实偶然符合客观真实的,因为不会侵害公民不受不实刑事追究的人身权利,所以不成立本罪。

2. 本罪的既遂标准

本罪的既遂并不要求被害人确实受到刑事追究("使他人受刑事追究的意

图",可以理解为主观的超过要素),只要诬告陷害的行为使得他人具有遭受刑事追究的可能性,本罪即告既遂。与此同时,若完全不具有此种可能性的,即不构成本罪(也不成立本罪的未遂)。

3. 本罪与诽谤罪的界限

本罪是侵犯人身权利的犯罪,具体来说是侵犯了公民不受不实刑事追究的权利;而诽谤罪则是侵犯他人名誉的犯罪,具体来说是因为诽谤行为而贬低了社会对他人的价值判断。本罪在主观上具有使他人受刑事追究的意图;而诽谤罪在主观上追求的是社会对他人评价的降低。本罪在客观上要求捏造他人的犯罪事实,并向国家机关或有关单位告发;而诽谤罪要求捏造他人的违法事实或者其他事实,并私下散布。捏造他人的犯罪事实,私下散布,意在损害他人名誉的,应该以诽谤罪论处;如果捏造他人的犯罪事实,虽然只是私下散布,但足以引起司法机关刑事追究的,可以说明行为人实质上具有使他人受刑事追究的意图而非仅仅是毁坏他人名誉的意图,此时应该按照诬告陷害罪处理。

4. 本罪与报复陷害罪的界限

本罪是侵犯他人人身权利的犯罪,报复陷害罪则是侵犯他人民主权利(控告、申诉、批评、举报的权利)的犯罪。两罪在具体构成上存在以下差异:本罪的犯罪对象为一切公民,而报复陷害罪的对象为特定的四类人(控告人、申诉人、批评人、举报人);本罪的主体为一般主体,报复陷害罪的主体为国家机关工作人员;本罪表现为捏造他人的犯罪事实并向司法机关或有关单位告发,报复陷害罪则表现为对犯罪对象予以打击报复;本罪是意图使他人受刑事追究,报复陷害罪则出于一般报复的目的。

(三)诬告陷害罪的刑事责任

《刑法》第 243 条规定,捏造事实诬告陷害他人,意图使他人受刑事追究,情节严重的,处 3 年以下有期徒刑、拘役或者管制;造成严重后果的,处 3 年以上 10 年以下有期徒刑;国家机关工作人员犯本罪的,从重处罚。对于所谓的"造成严重后果",有人认为是"诬告陷害行为已经引起了司法机关的刑事追究活动"[1],有人则进一步认为"是指因为诬陷而使他人受到刑事追究并且受到刑事处罚"[2],两者的区别主要在于在被诬陷人卷入了刑事追究程序但最终被宣告无罪等场合(实际上就是未受到刑事处罚,逮捕等属于刑事强制措施而非刑事处罚),能否适用本罪的加重法定刑。本书初步认为,被诬陷者陷入刑事追究活动,实际上是侵害他人人身权利这一危险的现实化,对此应该可以为本罪基本构成之中的定量因素"情节严重"所评价,不需要适用加重刑罚;只有他人确实因

---

[1] 张明楷:《刑法学》(第 4 版),法律出版社 2011 年版,第 807 页。
[2] 陈兴良:《规范刑法学》(第 2 版)(下册),中国人民大学出版社 2008 年版,第 708 页。

为诬告陷害受到刑事处罚了,才应该属于本罪之中的"造成严重后果",才与"3年以上10年以下有期徒刑"相适应。

七、强迫劳动罪

强迫劳动罪,是指以暴力、威胁或者限制人身自由的方法强迫他人劳动的行为。本罪的客观方要件表现为使用暴力、威胁或者限制人身自由的方法强迫他人劳动。本罪中的"暴力",并不要求达到压制对方反抗的程度;威胁,是指以恶害相通告而致使对方恐惧;限制人身自由的方法,通常体现为将劳动者限制在一定的场所,设专人把守,不准劳动者外出而只能在限定的范围内劳动。如果行为人使用暴力导致他人重伤、死亡的,直接以故意杀人罪或者故意伤害罪处罚。《刑法》第244条第2款特别规定,明知他人实施强迫劳动的行为,而为其招募、运送人员或者有其他协助强迫他人劳动的行为的,也按照本罪处罚。这是立法者为了遏制强迫劳动的行为,为避免司法者将类似的行为按照帮助犯处理导致量刑畸轻而做出的拟制规定,据此,相应的帮助行为应直接按照实行犯处理。本罪的犯罪主体包括自然人和单位。本罪的主观要件为故意。

根据《刑法》第244条的规定,犯本罪的,处3年以下有期徒刑或者拘役,并处罚金;情节严重的,处3年以上10年以下有期徒刑,并处罚金。单位犯本罪的,对单位判处罚金,并对直接负责的主管人员和其他责任人员依照前述对自然人的处罚规定处罚。

八、雇用童工从事危重劳动罪

雇用童工从事危重劳动罪,是指违反劳动管理法规,雇用未满16周岁的未成年人从事超强度体力劳动的,或者从事高空、井下作业的,或者在爆炸性、易燃性、放射性、毒害性等危险环境下从事劳动,情节严重的行为。

本罪为2002年《刑法修正案(四)》所增加,所侵犯的法益为未满16周岁的未成年人的身体健康。我国的《劳动法》以及劳动条例等劳动法规允许雇用16周岁以上、未满18周岁的未成年人,但是禁止雇用、使用童工。任何雇用童工的行为都是违法行为,但要成立犯罪,必须是雇用童工从事危重的劳动,具体来说,包括:(1)雇用未满16周岁的未成年人从事超强度体力劳动的;(2)雇用未满16周岁的未成年人从事高空、井下作业的;(3)雇用未满16周岁的未成年人在爆炸性、易燃性、放射性、毒害性等危险环境下从事劳动,情节严重的,此种情形下要求情节严重的才能构成,一般来说,包括雇用童工多人或者长期从事危重劳动,多次雇用童工从事危重劳动,或者雇用童工长期从事危重劳动,严重损害未成年人的身心健康,甚至造成职业病的,等等。① 需要说明的是,由于本罪的犯罪对象为不满16周岁的未成年人,被害人的承诺无效,所以,即便存在着被害人的承诺,并不妨碍本罪的认定。本罪的主体为雇用单位的直接责任人员。本罪的主观方面是故意,过失不构成本罪。

根据《刑法》第244条之一的规定,犯本罪的,对直接责任人员,处3年以下有期徒刑或者拘役,并处罚金;情节特别严重的,处3年以上7年以下有期徒刑,并处罚金。该条第2款还特别规定,雇用童工从事危重劳动,造成事故,又构成其他犯罪的,数罪并罚。

九、非法搜查罪

非法侵入住宅罪,是指非法搜查他人身体或者非法搜查他人住宅的行为。搜查行为必须具有非法性,具体而言,既包括根本不具有搜查权的人擅自对他人的人身或住宅进行搜查,也包括具有搜查权的人不经批准擅自对他人的人身或者住宅进行搜查(由此可见,本罪的主体不限于国家司法工作人员,实践中也常有诸如超市保安非法搜查顾客的现象发生)。如果是警察依法搜查的,则因欠缺"非法"性要件而不成立本罪。根据2006年7月26日最高人民检察院《关于渎职侵权犯罪案件立案标准的规定》的规定,国家机关工作人员利用职权非法搜查,涉嫌下列情形之一的,应予立案:(1)非法搜查他人身体、住宅,并实施殴打、侮辱等行为的;(2)非法搜查,情节严重,导致被搜查人或者其近亲属自杀、自残造成重伤、死亡,或者精神失常的;(3)非法搜查,造成财物严重损坏的;(4)非法搜查3人(户)以上的;(5)司法工作人员对明知是与涉嫌犯罪无关的人身、住宅而非法搜查的;(6)其他非法搜查应予追究刑事责任的情形。

根据《刑法》第245条的规定,犯非法搜查罪的,处3年以下有期徒刑或者拘役;司法工作人员滥用职权犯本罪的,从重处罚。

十、非法侵入住宅罪

(一)非法侵入住宅罪的概念和构成

非法侵入住宅罪,是指非法强行闯入他人住宅,影响他人正常生活和居住安宁的行为。本罪的法益是个人法益中的住宅平稳或住宅安宁。非法侵入住宅虽不直接对公民的人身自由权利造成侵害,但住宅居住安全直接关系到公民的人身安全和生活安宁,因而保障公民住宅不受侵犯,是保护公民人身自由权利的一个重要方面。

本罪的客观要件表现为实施了非法侵入他人住宅的行为。

---

① 参见曲新久:《刑法学》,中国政法大学出版社2009年版,第398—399页。

（1）本罪的成立要求"非法"。所谓非法，是不经住宅主人同意，又没有法律根据，或不依法定程序强行侵入。行为人基于适当理由（如紧急避险），以适当方式进入他人住宅，虽未得到被害人的同意，也不宜认定为本罪；司法工作人员依法进入他人住宅的，不具有"非法性"，但即便是司法者执行公务的行为，如果不依照法定程序，仍有可能具备"非法性"。此外，在居住权人为多人的场合，得到其中部分居住权人的同意而进入的（比如，奸夫经过女主人同意而进入其住宅的），不宜认定为"非法"。

（2）行为在客观上表现为"侵入"。一般认为，侵入包括两种情形：第一，未经住宅主人允许或不顾主人的反对、阻挡而强行进入他人住宅；第二，进入住宅时主人并不反对，但要求其退出时其拒绝不退出。本书认为，尽管第二种情形（经要求退出而不退出）的行为同样具有侵犯他人住宅安宁的危害性，但将其解释为"侵入"可能超出了罪刑法定原则所允许的范围，可能构成类推解释。在我国《刑法》未像日本《刑法》第130条那样在条文中明确将"经要求退出但仍不退出"作为处罚对象时，只能将"侵入"行为解释为上述第1种情形而不包括第2种情形。

（3）本罪中的"他人"，为在行为发生之时住宅的正当居住权人，其既可能是住宅的所有权人，也可能是对住宅有居住权的所有权人之外的其他人。在本书看来，即便是住宅的所有权人，无正当理由侵入正当居住权人（如承租人）的住处的，同样可能构成本罪。只不过，此种情形下的定罪要件，较之其他场合，应该更加严格把握。

（4）"住宅"的含义。这里的"住宅"，和《刑法》第263条抢劫罪的加重构成"入户抢劫"中的"户"应作同一概念理解。参照有关的司法解释[①]，这里的"住宅"，即指住所，其特征表现为供他人家庭生活和与外界相对隔离两个方面，前者为功能特征，后者为场所特征。据此，凡供人起居寝食之用的相对封闭的场所均为住宅，至于其结构、形式如何，并非关键。所以，供人居住（但并不要求居住者身处其中）的山洞、地窖、渔船，供人起居的帐篷，供人住宿的宾馆房间、学生宿舍等，都可认定为住宅；而不供起居、寝食之用的店铺、库房、研究室等，则不属于住宅。而且，住宅的房顶、周围相对封闭的围绕地等，同样可以成为本罪的对象。

本罪的主观要件表现为故意，即明知是他人居住的封闭处所而强行进入。误入他人住宅，但误入后经要求退出而拒不退出的，在《刑法》未将"不退出"单独规定的情况下，认定为犯罪可能有违罪刑法定原则。

[①] 2005年6月8日最高人民法院《关于审理抢劫、抢夺刑事案件适用法律若干问题的意见》。

（二）非法侵入住宅罪的界限划分

在认定本罪时需要明确，非法侵入住宅罪的行为常常是行为人实现其他犯罪（如入户盗窃、强奸、杀人）的手段，此时不需要数罪并罚，直接按照牵连犯的处断原则，按照主要罪行定罪即可。这样看来，最终认定为非法侵入住宅罪的，通常只是那些非法侵入他人住宅，严重妨碍了他人的居住与安宁而又不构成其他犯罪的情形。

在认定本罪时，需要将其与同条所规定的非法搜查罪加以区分。非法搜查罪的对象也包括他人的住宅，当行为人非法搜查他人住宅时，也侵犯了他人的居住安全。两罪的主要区别在于，非法搜查罪是出于搜查、搜寻的目的，在非法搜查他人住宅时，非法侵入住宅的行为是非法搜查行为的方法行为，而搜查行为则是目的行为，而非法侵入住宅罪对住宅的强行侵入则是出于其他目的；非法搜查罪的对象还包括人身。此外，如果认为经要求退出拒不退出的行为亦可构成非法侵入住宅罪，则本罪可以是作为，也可以是不作为；但非法搜查罪则只能由作为构成。

（三）非法侵入住宅罪的刑事责任

根据《刑法》第245条的规定，犯本罪的，处3年以下有期徒刑或者拘役；司法工作人员滥用职权犯本罪的，从重处罚。

十一、刑讯逼供罪

（一）刑讯逼供罪的概念和构成

刑讯逼供罪，是指司法工作人员对犯罪嫌疑人、被告人使用肉刑或者变相肉刑，逼取口供的行为。

本罪所侵害的主要法益是公民的人身权利，同时也侵害了司法机关的正常活动。本罪在客观上表现为对犯罪嫌疑人、被告人使用肉刑或者变相肉刑而逼取口供的行为。被害人实际上是否构成犯罪，对本罪的成立没有影响。肉刑，是致使被害人肉体遭受剧烈痛苦，如吊打、殴打、捆绑等；变相肉刑，是指对被害人使用非暴力的摧残和折磨，如冻、饿、烤、晒等。使用肉刑或变相肉刑的目的是为了逼取口供。未使用肉刑、变相肉刑的单纯诱供，是错误的审讯方法，不构成本罪。本罪的主体是司法工作人员，包括侦查、检察、审判、监管等，未受公安机关正式录用，受委托履行侦查、监管职责的人或合同制民警，也能成为本罪的主体。本罪的主观要件为故意，且有逼取口供的目的。至于是否得到供述，供述是否符合事实，不影响本罪的成立。

（二）刑讯逼供罪的界限划分

（1）正确认定罪与非罪的界限。我国《刑法》关于本罪的成立虽并未要求"情节严重"，但并不意味着成立本罪不需要考虑具体情节。根据最高人民检察院《关于渎职侵权犯罪案件立案标准的规定》的规定,司法人员涉嫌下列情形之一的,应予立案:第一,以殴打、捆绑、违法使用械具等恶劣手段逼取口供的;第二,以较长时间冻、饿、晒、烤等手段逼取口供,严重损害犯罪嫌疑人、被告人身体健康的;第三,刑讯逼供造成犯罪嫌疑人、被告人轻伤、重伤、死亡的;第四,刑讯逼供,情节严重,导致犯罪嫌疑人、被告人自杀、自残造成重伤、死亡,或者精神失常的;第五,刑讯逼供,造成错案的;第六,刑讯逼供3人次以上的;第七,纵容、授意、指使、强迫他人刑讯逼供,具有上述情形之一的;第八,其他刑讯逼供应予追究刑事责任的情形。

(2)正确认定本罪要特别注意区分本罪与故意伤害罪、故意杀人罪的界限。《刑法》第247条规定,刑讯逼供致人伤残、死亡的,依照故意伤害罪、故意杀人罪的规定定罪处罚。如果将这一规定理解为法律拟制,则"只要刑讯逼供致人伤残或者死亡,不管行为人对伤残或死亡具有何种心理状态(以具有预见可能性为前提),均应认定为故意伤害罪或故意杀人罪,并从重处罚"①。本书不赞同此种理解,并且认为:第一,刑法此处的规定宜理解为注意规定而非法律拟制。第二,就刑讯逼供罪与故意伤害罪的界限来说,由于刑讯逼供罪是以肉刑或变相肉刑为手段,往往会造成被害人身体的伤害,从而与故意伤害罪发生交叉。刑讯逼供致人轻伤的,形成故意伤害罪与刑讯逼供罪的竞合(从法定刑的角度看,应该认为刑讯逼供罪的手段行为包括致人轻伤),以刑讯逼供罪处理;如果是致人重伤、残疾的,则应超出了刑讯逼供的法定刑所能评价的范围,根据《刑法》第247条规定,直接以故意伤害罪论处。第三,就刑讯逼供罪与故意杀人罪的界限来说,由于从构成要件上来说,刑讯逼供罪与故意杀人罪并无交叉,因此,行为人在刑讯过程中故意致人死亡的,依照《刑法》第247条的规定以故意杀人罪处理;如果对被害人的死亡结果缺乏故意的,就只能按照故意伤害罪(致人死亡)处理。②

(三)刑讯逼供罪的刑事责任

《刑法》第247条规定,犯本罪的,处3年以下有期徒刑或者拘役。致人重伤、死亡的,依照《刑法》第234条、第232条的规定定罪从重处罚。

十二、暴力取证罪

暴力取证罪,是指司法工作人员使用暴力逼取证人证言的行为。本罪所侵害的法益是证人的人身权利,同时也可能侵害司法机关的正常活动。本罪的犯

---

① 张明楷《刑法学》(第4版),法律出版社2011年版,第814页。
② 参见王作富主编:《刑法学》(第5版),中国人民大学出版社2011年版,第387—388页;周光权:《刑法各论》(第2版),中国人民大学出版社2011年版,第55页。

罪对象是证人。所谓证人,并不限于刑事诉讼法上的证人,还包括被害人、鉴定人以及民事诉讼中的证人。使用暴力逼迫不知道案件事实的人(即无证人资格)或者是知道案件事实但拒绝作证的人作证的,也可以构成本罪。① 因此,此处的证人与刑事诉讼法上证人的概念并不一致。证言,包括口头和书面证言;至于证言内容是否合乎事实,在所不问。最高人民检察院《关于渎职侵权犯罪案件立案标准的规定》规定,涉嫌下列情形之一的,应予立案:(1)以殴打、捆绑、违法使用械具等恶劣手段逼取证人证言的;(2)暴力取证造成证人轻伤、重伤、死亡的;(3)暴力取证,情节严重,导致证人自杀、自残造成重伤、死亡,或者精神失常的;(4)暴力取证,造成错案的;(5)暴力取证3人次以上的;(6)纵容、授意、指使、强迫他人暴力取证,具有上述情形之一的;(7)其他暴力取证应予追究刑事责任的情形。本罪的主体为司法工作人员,本罪的主观要件为故意,并以逼取证人证言为目的。如果在调查取证的过程中使用暴力并非是为了取得证言,而是其他目的(如挟嫌报复),不构成本罪。

《刑法》第247条规定,犯本罪的,处3年以下有期徒刑或者拘役。致人伤残、死亡的,以故意伤害罪、故意杀人罪从重处罚。《刑法》还特别规定,暴力取证致人伤残、死亡的,按照故意伤害罪、故意杀人罪处理。对于这里的"致人伤残、死亡",应该持和刑讯逼供罪处同样的理解,即认为其属于注意规定。

十三、虐待被监管人罪

虐待被监管人罪,是指监狱、拘留所、看守所等监管机构的监管人员对被监管人进行殴打或者体罚虐待,情节严重的行为。

本罪所侵害的法益是被监管人员的身体健康等人身权利,行为对象是被监管人,即依法被限制人身自由的人,包括正在服刑的已决犯、被羁押的未决犯、被行政拘留、司法拘留以及劳动教养等依法监管的人。本罪中的虐待行为包括两种情形,既包括暴力殴打行为,也包括其他具体的虐待行为(如罚跪、罚超强体力劳动、拒绝提供饮食等)。监管人员指使被监管人殴打或者体罚虐待其他被监管人的,亦属于体罚虐待被监管人的行为,情节严重的,以本罪论。② 成立本罪要求情节严重。最高人民检察院《关于渎职侵权犯罪案件立案标准的规定》规定,涉嫌下列情形之一的,应予立案:(1)以殴打、捆绑、违法使用械具等恶劣

---

① 参见曲新久:《刑法学》,中国政法大学出版社2009年版,第401页;陈兴良:《规范刑法学》(第2版)(下册),中国人民大学出版社2008年版,第717页。

② 监管人员致使、纵容被监管人殴打或者体罚虐待其他被监管人的,监管人和被监管人是共同实施犯罪,对被监管人能否以本罪的共同犯罪论处?答案应该是否定的,由于被监管人员在实施犯罪过程中并未利用监管人的职务便利,所以,其并不构成本罪的共犯,而应该另外认定为《刑法》第315条的破坏监管秩序罪。

手段虐待被监管人的;(2)以较长时间冻、饿、晒、烤等手段虐待被监管人,严重损害其身体健康的;(3)虐待造成被监管人轻伤、重伤、死亡的;(4)虐待被监管人,情节严重,导致被监管人自杀、自残造成重伤、死亡,或者精神失常的;(5)殴打或者体罚虐待3人次以上的;(6)指使被监管人殴打、体罚虐待其他被监管人,具有上述情形之一的;(7)其他情节严重的情形。本罪的犯罪主体是监管人员,包括监狱、拘留所、看守所中的监管人员,也包括劳教工作干警等。本罪的主观要件为故意,虐待的动机不影响本罪认定。

《刑法》第248条规定,犯本罪的,处3年以下有期徒刑或者拘役;情节特别严重的,处3年以上10年以下有期徒刑。致人伤残、死亡的,以故意伤害罪、故意杀人罪定罪从重处罚。这里的"致人伤残、死亡",同样应该理解为注意规定。

第五节 侵犯公民名誉、人格的犯罪

一、侮辱罪

(一)侮辱罪的概念和构成

侮辱罪,是指使用暴力或者其他方法,公然败坏他人名誉,情节严重的行为。

(1)本罪的法益。本罪所侵犯的法益是他人的名誉。作为本罪所侵害之法益的名誉,存在着不同的理解:既可以将之理解为社会对人的价值判断(这称为外部的名誉或社会的名誉),也可以将之理解为客观存在的人的内部价值(这称为内部的名誉),还可以理解为本人对自己所具有的价值意识和感情(这称为主观的名誉或者名誉感情)。由于外部的力量不可能对内部的名誉产生影响(一个人客观存在的价值不以任何外部评价为转移),所以,不应该认为侮辱罪所保护的名誉是内部的名誉;又由于精神病人、年幼无知之人也是侮辱罪(及诽谤罪)保护的对象,而这些人又很难说对自己有什么名誉感情,所以认为本罪的法益是主观的名誉也不妥当。侮辱行为会影响和贬低社会外界对于行为人的外部评价,因而,应该认为本罪所侵害的法益是社会对人的价值判断,即外部的名誉。

(2)本罪的客观要件。本罪的客观要件表现为,使用暴力或者其他方法,公然败坏他人名誉。

第一,存在败坏他人名誉的侮辱行为。结合本罪的保护法益,应该认为侮辱的本质在于对他人予以轻蔑的价值判断。侮辱的方法,法律规定为暴力或其他方法。其中的暴力侮辱,是指使用轻伤以下的强制力败坏他人的名誉,比如扒光男性的衣裤,当众羞辱。其他方法,则比如言词侮辱(使用言词对被害人进行戏弄、诋毁、谩骂),文字侮辱(如书写、张贴有损他人名誉的大字报、漫画标语)等。

第二,侮辱行为人必须公然进行。何谓"公然",可能存在着不同的理解。

但正是"公然"要件的要求担保着社会对个人的价值判断这一法益受到侵犯的可能性。如果认为"公然"就要求是"当着被害人的面"①，会导致并非当着被害人之面的败坏他人名誉的行为难以认定为侮辱罪（社会对某人的价值评价的降低也并不以该人在场为前提），这是不妥当的。应该认为，"公然"的实质在于使不特定或者多数人可能知悉，被害人本身是否在场不影响公然性的认定。② 因此，仅面对被害人进行侮辱，不但没有第三人在场，也不可能为第三人所知悉，则行为人因为欠缺"公然"性而不构成侮辱罪。

第三，本罪的行为对象为公民个人。侮辱对象必须是特定的人，可以是一人，也可以是数人，但必须是具体的、可确定的。在大庭广众之中进行无特定对象的谩骂，不构成侮辱罪。死者不是本罪的侮辱对象，但表面上侮辱死者实际上却侮辱死者家属的（所谓"指桑骂槐"），仍可能构成本罪。由于本罪为侵犯公民人身权利的犯罪，故法人也不可能成为本罪的对象（《刑法》另外有第221条的损害商业信誉、商品声誉罪之规定）。侮辱的对象不限于本国公民，也包括居住在我国境内的外国人、无国籍人（"公民"并不限于我国公民）。同时，即便是幼儿、儿童或者是完全的精神病人，也可能成为本罪的对象。

第四，本罪为情节犯，法条明文要求成立本罪需要情节严重。情节严重既可以是手段恶劣，也可以是侮辱行为造成了严重的后果（被害人自杀、精神失常等），也可能是多次侮辱或者侮辱多人等。

(3) 本罪的主体要件。本罪的犯罪主体是已满16周岁，具有辨认、控制能力的自然人。

(4) 本罪的主观要件。本罪的主观要件为故意。如行为人无意识地实施了有损他人名誉的行为，不成立本罪。

(二) 侮辱罪的界限划分

1. 侮辱罪与强制猥亵、侮辱妇女罪的区别

侮辱罪与强制猥亵、侮辱妇女罪虽都属于侵犯公民人身权利的犯罪，强制侮辱妇女罪也带有一定的侮辱罪的特征，有适用竞合的情形。但两罪所侵害的具体法益并不相同，前罪侵犯的是他人的名誉，后罪侵犯的则是妇女的性的自我决定权和性的羞耻心。在具体的犯罪成立条件上，两罪也多有不同：前罪的犯罪对象无限制（任何公民均可），后罪的对象则限定为已满14周岁的妇女；前罪的成立不要求强制方法，而后罪的成立则要求暴力、胁迫等强制方法（这就要求被害妇女必须处在行为人的控制之下）；前罪的成立要求公然实施，后罪则不要求

---

① 王作富主编：《刑法》（第5版），中国人民大学出版社2011年版，第386页。
② 张明楷：《刑法学》（第4版），法律出版社2011年版，第823页；曲新久：《刑法学》，中国政法大学出版社2009年版，第403页。

（聚众或在公共场所公然强制猥亵的,是本罪的法定刑升格条件）；前罪的成立要求情节严重,后罪则不要求；前罪为亲告罪（严重危害社会秩序和国家利益的除外）,后罪则为公诉罪。特别需要说明,不管出于什么动机与目的,不管在什么场所,强行剥光妇女衣裤的行为,都侵犯了妇女的性的自我决定权和性的羞耻心,构成强制猥亵、侮辱妇女罪。

2. 侮辱罪的罪数

行为人使用暴力方法侮辱他人,如果过失致人重伤、死亡的,属于一行为触犯数法的想象竞合犯,应以一重罪定罪处罚；如果是故意伤害他人的,则直接按照故意伤害罪处理。

（三）侮辱罪的刑事责任

根据《刑法》第246条的规定,犯本罪的,处3年以下有期徒刑、拘役、管制或者剥夺政治权利。本罪属于告诉才处理的亲告罪,但是严重危害社会秩序和国家利益的除外。

二、诽谤罪

（一）诽谤罪的概念和构成

诽谤罪是指捏造事实并散布以败坏他人名誉,情节严重的行为。

（1）本罪的保护法益。和侮辱罪一样,应该认为诽谤罪所保护的法益是社会对人的价值判断即外部的名誉。

（2）本罪的客观要件。本罪客观上表现为捏造并散布某种事实,足以败坏他人名誉的行为。所谓捏造事实,是指无中生有、凭空制造虚假事实。所捏造的事实,是有损对他人的社会评价并且具有某种程度具体内容的事实。散布有损他人名誉的真实事实,有可能成立侮辱罪,但不可能构成诽谤罪。捏造事实除了可以是亲自捏造之外,还可以是请人代为捏造。所捏造的事实能否严重败坏他人名誉,是刑法上的诽谤与民法上的诽谤的区别所在。[①] 诽谤罪的成立除了要求捏造事实之外,还要求将所捏造的事实予以散布、传播。所谓散布、传播,是指向他人公开,使他人知悉。只捏造事实但并未散布、传播的,不可能对他人的社会评价造成影响,自然不构成本罪（包括不构成未遂）。诽谤行为必须针对特定的一人或数人,未具体指明被害人的姓名,但能推知出具体被害人的,仍可构成

---

① 最高人民法院、最高人民检察院《关于办理利用信息网络实施诽谤等刑事案件适用法律若干问题的解释》(2013年9月10日实施)第1条规定,具有下列情形之一的,应当认定为"捏造事实诽谤他人"：(1)捏造损害他人名誉的事实,在信息网络上散布,或者组织、指使人员在信息网络上散布的；(2)将信息网络上涉及他人的原始信息内容篡改为损害他人名誉的事实,在信息网络上散布,或者组织、指使人员在信息网络上散布的；(3)明知是捏造的损害他人名誉的事实,在信息网络上散布,情节恶劣的,以"捏造事实诽谤他人"论。

诽谤罪。本罪为情节犯,要求"情节严重",诽谤的手段恶劣、内容恶毒、后果严重等,都属于情节严重的情形。①

(3)本罪的主体是已满16周岁,具有辨认、控制能力的自然人。明知他人利用信息网络实施诽谤犯罪,为其提供资金、场所、技术支持等帮助的,以共同犯罪论处。

(4)本罪的主观要件表现为故意,即行为人明知自己所散布的是足以损害他人名誉的虚假事实,明知自己的行为可能会损坏他人的名誉,并希望或者放任这种结果发生。如果行为人将某种真实事实误认为是虚假事实加以扩散,或者行为人将某种虚假事实误认为真实事实加以扩散的,均欠缺本罪的故意。

(二)诽谤罪的界限划分

1. 诽谤罪与侮辱罪的区别

诽谤罪与侮辱罪规定在同一刑法条文之中,两罪的设置都旨在保护社会对公民的外部评价(社会名誉)不受侵犯,两罪在犯罪主体、对象、主观方面等方面有相同或相似之处。两罪的主要区别在于:在犯罪方法上,诽谤罪可以口头、文字等方式实施,而侮辱罪除了口头、文字的方式之外,还可能使用暴力方法,还可能通过动作等方式实施;诽谤罪的成立要求捏造事实并加以散布,是否有捏造虚假事实的行为是两罪区分的重要标准(诽谤罪必须要捏造虚假的事实,而侮辱罪既可以不用具体的事实,也可以通过真实的事实)。

2. 单纯传播虚假事实败坏他人名誉的行为定性

明知是他人所捏造的事实,通过网络等方式将其予以广泛传播、情节严重的,如何定性?对此一般的反应是应该定性为诽谤罪。但问题在于,传播者本身并无捏造行为,其只是单纯利用了他人所捏造的事实。本书认为,刑法关于诽谤罪的构成要件规定"捏造事实诽谤他人"是对于本罪的单独实行犯的要求②,则单纯的恶意传播者不具备"捏造事实"的要件,难以构成单独实行犯;同时,在单纯传播者和捏造者之间并无犯意联络的情况之下,认为其属于诽谤罪的共同犯罪(即便是承认承继的帮助犯概念)也有问题。更不能为了实质处罚的合理性,而将此种行为按照侮辱罪处理,这会混淆两罪的区别,丧失侮辱罪的定型性。所

---

① 根据2013年《关于办理利用信息网络实施诽谤等刑事案件适用法律若干问题的解释》第2条规定,利用信息网络诽谤他人,具有下列情形之一的,应当认定为"情节严重":(1)同一诽谤信息实际被点击、浏览次数达到5000次以上,或者被转发次数达到500次以上的;(2)造成被害人或者其近亲属精神失常、自残、自杀等严重后果的;(3)2年内曾因诽谤受过行政处罚,又诽谤他人的;(4)其他情节严重的情形。

② 与此相反,有观点认为,"单纯的捏造并非本罪的实行行为,将捏造的事实予以散布,才是诽谤的实行行为。换言之,明知是损害他人名誉的虚假事实而散布的,也属于诽谤。"张明楷:《刑法学》(第4版),法律出版社2011年版,第823页;张明楷:《刑法分则的解释原理》(第2版)(上册),中国人民大学出版社2011年版,第503页。

以,在司法论的意义上,此种并无捏造行为的单纯恶意传播者只能按照无罪处理,这是坚守罪刑法定原则所理应得出的结论。

(三)诽谤罪的刑事责任

根据《刑法》第246条的规定,犯本罪的,处3年以下有期徒刑、拘役、管制或者剥夺政治权利。本罪属于告诉才处理的亲告罪,但是严重危害社会秩序和国家利益的除外。《刑法》之所以将诽谤罪以及侮辱罪规定为亲告罪,是因为诽谤或者侮辱的行为,一般都发生在同事、邻居等熟人之间,通常都可以调解,一概作为犯罪处理可能适得其反,不利于被害人的名誉维护。但是,立法也设置了除外性规定,即在"严重危害社会秩序和国家利益的"情况之下,为公诉罪。这里的"严重危害社会秩序和国家利益",通常包括情节特别严重、被害人失去自诉能力,或者是侮辱、诽谤特定对象,既损害他人名誉,又危害国家利益的情况。①

(四)诽谤罪的立法检讨

在世界范围内,特别是在英美国家,一直以来存在着侮辱罪与诽谤罪(特别是后者)的除罪化倾向,认为其不应该被规定为刑事犯罪,而应该通过民事侵权的方式加以调整。诽谤罪的认定涉及和言论自由、新闻自由等其他权利之间的界限问题,确实并不容易把握,但这并不能成为诽谤罪等除罪化的理由。在中国这样一个乡土社会、熟人社会甚至是"面子社会"的现实之下,取消诽谤罪的设置实不可取。

与此相对,本书认为应该严密诽谤罪的构成要件,将现有的"捏造事实诽谤他人"完善为"捏造并散布事实诽谤他人,或者明知是他人所捏造的事实而予以传播",即可解决欠缺捏造行为的单纯恶意传播者难以入罪的问题,更有利于公民名誉权的保护。②

三、煽动民族仇恨、民族歧视罪

煽动民族仇恨、民族歧视罪,是指故意煽动不同民族之间相互仇恨、歧视,破坏民族团结,情节严重的行为。

国内当下出版的刑法学教科书中多数都未论及本罪所侵害的法益。本书认

---

① 根据2013年《关于办理利用信息网络实施诽谤等刑事案件适用法律若干问题的解释》第3、4条的规定,利用信息网络诽谤他人,具有下列情形之一的,应当认定为"严重危害社会秩序和国家利益":(1)引发群体性事件的;(2)引发公共秩序混乱的;(3)引发民族、宗教冲突的;(4)诽谤多人,造成恶劣社会影响的;(5)损害国家形象,严重危害国家利益的;(6)造成恶劣国际影响的;(7)其他严重危害社会秩序和国家利益的情形。1年内多次实施利用信息网络诽谤他人行为未经处理,诽谤信息实际被点击、浏览、转发次数累计计算构成犯罪的,应当依法定罪处罚。第9条规定,利用信息网络实施诽谤犯罪,同时又构成《刑法》第221条规定的损害商业信誉、商品声誉罪,第278条规定的煽动暴力抗拒法律实施罪、第291条之一规定的编造、故意传播虚假恐怖信息罪等犯罪的,依照处罚较重的规定定罪处罚。

② 此外,借鉴国外的立法例,刑法设置保护死者名誉权的相关规定,亦有必要。

为,本罪和《刑法》第 250 条所规定的出版歧视、侮辱少数民族作品罪被规定在刑法分则第四章侵犯公民人身权利、民主权利罪(而非第六章妨碍社会管理秩序罪或者其他章)之中,因而,应该认为本罪的法益是所涉及的民族地区(包括但不限于少数民族地区)公民的民族感情、民族尊严和民族荣誉。本罪的客观要件表现为煽动不同民族之间相互仇恨、歧视,破坏民族团结,并且情节严重的行为。其中的"煽动",是指采用语言、文字、图像等方式,向不特定的人或者多数人散布破坏民族团结,引起民族仇恨、民族歧视内容的言论的行为。不同民族之间,既包括汉族与少数民族之间,也包括不同的少数民族之间。成立本罪要求"情节严重",包括引起民族之间的冲突、械斗,产生严重的社会影响等。本罪的主体为一般主体,凡已满 16 周岁、具有辨认、控制能力的自然人均可构成。本罪的主观要件表现为故意。

《刑法》第 249 条规定,煽动民族仇恨、民族歧视,情节严重的,处 3 年以下有期徒刑、拘役、管制或者剥夺政治权利;情节特别严重的,处 3 年以上 10 年以下有期徒刑。

四、出版歧视、侮辱少数民族作品罪

出版歧视、侮辱少数民族作品罪,是指在出版物中刊载歧视、侮辱少数民族的内容,并且情节恶劣,造成严重后果的行为。出版物包括印刷品、音像制品、电子出版物等。"歧视、侮辱少数民族的内容,是指利用少数民族的历史、习惯等,对少数民族进行嘲讽、丑化、贬低,损害其民族形象和尊严。"[①]即便某一出版物还包括其他的正当内容,但只要其中包含歧视、侮辱少数民族的内容,并且情节恶劣,造成严重后果,即可构成本罪。情节恶劣,包括在多种出版物中或者多次、连续刊载侮辱、歧视少数民族的内容等;造成严重后果,包括因刊载歧视、侮辱少数民族的内容而在民族地区引起愤慨乃至骚动的,大规模刊载歧视、侮辱少数民族的内容,在国际上或者国内普通民众中引起强烈反响的,等等。本罪的犯罪主体为一般主体,具体体现为在出版物中刊载歧视、侮辱少数民族内容的编辑、审稿人员、作者等直接责任人员。主观要件为故意,至于出于何种动机而实施该行为,不影响定罪。

《刑法》第 250 条规定,在出版物中刊载歧视、侮辱少数民族的内容,情节恶劣,造成严重后果的,对直接责任人员,处 3 年以下有期徒刑、拘役或者管制。

---

① 谢望原、赫兴旺主编:《刑法分论》(第 2 版),中国人民大学出版社 2011 年版,第 207 页。

第六节 侵犯公民民主权利的犯罪

一、非法剥夺公民宗教信仰自由罪

非法剥夺公民的宗教信仰自由罪,是指国家机关工作人员非法剥夺公民的宗教信仰自由且情节严重的行为。本罪所侵害的法益是公民正当的宗教信仰自由这一民主权利。非法剥夺公民宗教信仰自由,是指没有任何法律根据和正当理由而剥夺公民信仰与不信仰宗教、信仰何种宗教(或者同一宗教中的何种教派)以及进行正当宗教活动的自由等。结合我国《宪法》的规定,公民享有信仰宗教的自由,但这只限于现有的宗教(佛教、道教、天主教、伊斯兰教、基督教等传统的、合法的宗教及其分支教派),而没有创立新宗教的自由,所以,传统宗教以外的宗教及其流派、新宗教等,不属于我国法律保护的对象。相反,国家机关工作人员依法取缔反动会道门、新宗教、邪教等,制止封建迷信活动的,是合法行为。本罪的主体为特殊主体,即只有国家机关工作人员才能构成本罪。主观要件表现为故意,即明知自己的行为会非法剥夺公民的宗教信仰自由而希望或者放任这种结果发生。

《刑法》第251条规定,国家机关工作人员非法剥夺公民的宗教信仰自由,情节严重的,处2年以下有期徒刑或者拘役。

二、侵犯少数民族风俗习惯罪

侵犯少数民族风俗习惯罪,是指国家机关工作人员以强制手段非法干涉、破坏少数民族的风俗习惯且情节严重的行为。本罪所侵害的法益是少数民族公民保持或者改革自己的风俗习惯的民主权利。并且,"本罪的行为对象是少数民族的风俗习惯。民族风俗习惯,是指各民族人民群众在衣着、饮食、居住、生产、婚姻、丧葬、节庆、礼仪等物质生活和文化生活方面广泛流传的喜好、风气、习俗、禁忌等。"[①]侵犯少数民族风俗习惯必须情节严重才能构成本罪,这里的情节严重,包括引起民族冲突和民族纠纷的,引起械斗造成伤亡事故的,导致少数民族家庭破裂的,产生恶劣的国际影响的,多人多次或者采用暴力手段侵犯少数民族风俗习惯的。本罪的主体为特殊主体,即只有国家机关工作人员才能构成本罪。主观要件表现为故意,即明知自己的行为会侵犯少数民族的风俗习惯而希望或者放任这种结果发生。如果行为人因为工作失误、行为不慎而侵犯少数民族风俗习惯的,不构成本罪。侵犯少数民族的风俗习惯可能出于不同的动机(有的

---

① 周光权:《刑法各论》(第2版),中国人民大学出版社2011年版,第64页。

出于民族歧视,有的是为了挟嫌报复,还有的是为了挑拨离间,等等),动机如何不影响本罪的认定。

《刑法》第251条规定,国家机关工作人员侵犯少数民族风俗习惯,情节严重的,处2年以下有期徒刑或者拘役。

三、侵犯通信自由罪

侵犯通信自由罪,是指隐匿、毁弃或者非法开拆他人信件,侵犯公民通信自由权利,情节严重的行为。本罪所侵犯的是公民的通信自由权利。公民,既包括本国公民,也包括外国公民和无国籍的人,但不包括单位。信件,是指公民之间通过邮政局或者其他人传递的用于沟通信息的私文书。根据有关规定,非法截获、篡改、删除他人电子邮件或者其他数据资料,侵犯公民通信自由和通信秘密构成犯罪的,依照本罪追究刑事责任。只要是行为人隐匿、毁弃或者是非法开拆了他人的邮件,不论是否已经偷看了他人邮件的内容,都可能构成本罪。成立本罪要求情节严重,包括隐匿、毁弃、非法开拆他人信件,次数较多或数量较大的,因隐匿、毁弃或者非法开拆他人邮件,致使他人工作、生活受到严重妨害或身体、精神受到严重损害的,等等。本罪的主体为一般主体,并不限于邮电工作人员。本罪在主观上是出于故意,过失实施上述行为(如误认他人信件为自己信件而开拆)不构成本罪。行为人出于非法占有他人财物的目的而非法开拆他人邮件并窃取数额较大财物的,应以盗窃罪从重处罚。

《刑法》第252条规定,犯本罪的,处1年以下有期徒刑或者拘役。

四、私自开拆、隐匿、毁弃邮件、电报罪

私自开拆、隐匿、毁弃邮件、电报罪,是指邮政工作人员私自开拆、隐匿、毁弃邮件、电报的行为。

本罪所侵犯的是公民的通信自由权利。私自开拆,是指未经合法批准,擅自开拆邮件、电报的行为;隐匿,是指非法截留邮件、电报,不交付邮政部门或者收件人的行为;毁弃,是指非法销毁、丢弃邮件、电报的行为。这里的邮件,是指通过邮政部门、企业寄递的信件、邮包、印刷品、汇款通知等,不应该包括电子邮件。《刑法》虽未明文要求本罪的成立需要"情节严重",但结合《刑法》第13条"但书"的规定,显然情节显著轻微的行为,不应以本罪论处。本罪的主体是特殊主体,只有邮政工作人员才能构成本罪。主观上要求是故意。《刑法》第253条第2款规定,行为人以非法占有他人财物为目的犯本罪或者犯本罪而窃取财物的,应以盗窃罪从重处罚。

《刑法》第253条规定,犯本罪的,处2年以下有期徒刑或者拘役。

五、出售、非法提供公民个人信息罪

出售、非法提供公民个人信息罪,是指国家机关或者金融、电信、交通、教育、医疗等单位的工作人员,违反国家规定,将本单位在履行职责或者提供服务过程中获得的公民个人信息,出售或者非法提供给他人,情节严重的行为。

本罪为 2009 年的《刑法修正案(七)》所增设,其所侵犯的法益是公民个人的信息安全和私生活的安宁。本罪客观上表现为违反国家规定,将本单位在履行职责或者提供服务过程中获得的公民个人信息,出售或者非法提供给他人,情节严重的行为。其中的"公民个人信息",主要包括姓名、职业、年龄、婚姻状况、家庭住址、电话号码等。"出售",是指将自己掌握的公民个人信息出卖给他人并从中牟利的行为;"非法提供",是指虽非出于牟利目的,但将自己所掌握的本不应提供给他人的信息提供给他人的行为。"出售"实际上是"非法提供"的一种典型情形,立法将此种情形单独列出,是因为一般的非法提供他人信息的行为通常伴有牟利的目的。本罪的成立要求情节严重,主要包括出售公民个人信息获利较大,多次出售或非法提供多人信息,公民个人信息被出售、非法提供后用于违法犯罪活动,给公民财产造成重大损失,或者严重影响其个人家庭生活等情形。[①] 本罪的主体为特殊主体,即具有社会管理职权,或者为公众提供公共服务,易于接触大量公民个人信息的国家机关、金融、电信、交通、教育、医疗等单位的工作人员,相应的单位也可成为本罪的主体。本罪在主观要件上表现为故意,并且通常具有牟利或者其他不法目的。

《刑法》第 253 条之一第 1 款规定,犯本罪的,处 3 年以下有期徒刑或者拘役,并处或者单处罚金。单位犯本罪的,对单位判处罚金,并对其直接负责的主管人员和其他直接责任人员,依照上述的规定处罚。

六、非法获取公民个人信息罪

非法获取公民个人信息罪,是指窃取或者以其他方法非法获取公民个人信息,情节严重的行为。本罪为 2009 年《刑法修正案(七)》所增设的犯罪,其所侵犯的法益为公民个人的信息安全和私生活的安宁。窃取,即采用自己以为不为人知的手段获取他人个人信息的行为,其他方法,主要有欺骗、收买等。本罪的主体为一般主体,单位和个人都可构成。

《刑法》第 253 条之一第 2 款规定,犯本罪的,处 3 年以下有期徒刑或者拘役,并处或者单处罚金。单位犯本罪的,对单位判处罚金,并对其直接负责的主管人员和其他直接责任人员,依照上述的规定处罚。

---

① 周光权:《刑法各论》(第 2 版),中国人民大学出版社 2011 年版,第 67 页。

七、报复陷害罪

报复陷害罪,是指国家机关工作人员滥用职权、假公济私,对控告人、申诉人、批评人、举报人实行报复陷害的行为。

本罪所侵犯的法益是公民的控告权、申诉权、批评权、举报权等民主权利,犯罪对象限于控告人、申诉人、批评人、举报人。国家工作人员利用职权打击报复上诉人员以外的其他人的,不构成本罪。本罪在客观要件上表现为滥用职权、假公济私对特定人员报复陷害。滥用职权、假公济私,是指明显地违背职责要求作为或者不作为,假借公益(国家机关的名义、公共利益、集体利益等)满足私欲(个人泄愤报复的欲望、个人私利等)。① 报复陷害,一般指给控告人、申诉人、批评人、举报人造成不利或者损害,比如非法克扣工资、奖金,非法开除,无故调离工作岗位,随意给予行政纪律处分等。报复陷害的行为需要与滥用职权密切相联,与行为人的职权无关的随意殴打、伤害、辱骂等,不属于报复陷害行为。依据最高人民检察院《关于渎职侵权犯罪案件立案标准的规定》,涉嫌下列情形之一的,应予立案:(1)报复陷害,情节严重,导致控告人、申诉人、批评人、举报人或者其近亲属自杀、自残造成重伤、死亡,或者精神失常的;(2)致使控告人、申诉人、批评人、举报人或者其近亲属的其他合法权利受到严重损害的;(3)其他报复陷害应予追究刑事责任的情形。本罪的主体为特殊主体,要求是国家机关工作人员。主观要件表现为故意,即明知自己是在对特定人员打击报复而决意为之。

《刑法》第254条规定,犯本罪的,处2年以下有期徒刑;情节严重的,处2年以上7年以下有期徒刑。

八、打击报复会计、统计人员罪

打击报复会计、统计人员罪,是指公司、企业、事业单位、机关、团体的领导人,对依法履行职责、抵制违反会计法、统计法行为的会计、统计人员实行打击报复,情节恶劣的行为。这里的情节恶劣,包括打击、报复行为使会计、统计无法正常工作,给单位造成重大损失的;因打击、报复致使会计、统计人员精神失常,家庭破裂或者自杀的;因打击、报复而引起较大范围社会影响等。本罪的主体是公司、企业、事业单位、机关、团体的领导人。主观方面是故意,即明知会计、统计人员的行为是在依法履行职责、抵制违反会计法、统计法行为,而对其实施打击、报复。

《刑法》第255条规定,犯本罪的,处3年以下有期徒刑或者拘役。

---

① 参见曲新久:《刑法学》,中国政法大学出版社2009年版,第406页。

九、破坏选举罪

破坏选举罪,是指在选举各级人民代表大会和国家机关领导人员时,以暴力、威胁、欺骗、贿赂、伪造选举文件、虚报选举票数等手段破坏选举或者妨碍选民和代表自由行使选举权和被选举权,情节严重的行为。

本罪所侵犯的法益是公民的选举权与被选举权。本罪中的选举是指各级人民代表大会和国家机关领导人员的选举,公司、企业、事业单位、社会团体的选举不包括在内。破坏选举的行为必须是情节严重的,才构成犯罪。最高人民检察院《关于渎职侵权犯罪案件立案标准的规定》规定,涉嫌下列情形之一的,应予立案:(1)以暴力、威胁、欺骗、贿赂等手段,妨害选民、各级人民代表大会代表自由行使选举权和被选举权,致使选举无法正常进行,或者选举无效,或者选举结果不真实的;(2)以暴力破坏选举场所或者选举设备,致使选举无法正常进行的;(3)伪造选民证、选票等选举文件,虚报选举票数,产生不真实的选举结果或者强行宣布合法选举无效、非法选举有效的;(4)聚众冲击选举场所或者故意扰乱选举场所秩序,使选举工作无法进行的;(5)其他情节严重的情形。本罪的主观方面为故意,对于行为发生在选举各级人大代表和国家机关领导人员时有明确认识,并且希望破坏选举的结果发生。并不具有上述故意,而是由于粗心大意等原因,在制作选举文件、统计选票过程中出现重大错误的,不构成本罪。

《刑法》第 256 条规定,犯本罪的,处 3 年以下有期徒刑、拘役或者剥夺政治权利。

第七节 妨害婚姻家庭权利的犯罪

一、暴力干涉婚姻自由罪

(一)暴力干涉婚姻自由罪的概念和构成

暴力干涉婚姻自由罪,是指以暴力干涉他人结婚或离婚自由的行为。

(1)本罪所侵犯的法益是他人的婚姻自由权利。① 婚姻自由,包括结婚自由与离婚自由。恋爱自由并不必然等同于结婚自由(恋爱与婚姻并没有必然联系,故干涉他人恋爱自由的,一般不构成本罪),只有恋爱的双方明确以婚姻的意思而恋爱的,此时的恋爱自由已成为婚姻自由不可分割的部分,干涉恋爱自由才属于干涉结婚自由。

(2)本罪在客观要件上表现为以暴力干涉他人婚姻自由的行为。本罪中的

---

① 正因如此,有的教科书将本罪归入"侵犯公民人身自由的犯罪"一节中。

暴力行为,是指捆绑、殴打、禁闭等对人行使有形力的行为。采用暴力以外的其他方法,如以断绝家庭关系相威胁或采取哭闹等手段,以上吊自杀相威胁,属于仅有干涉行为而未实施暴力,属于欠缺本罪的手段行为。仅以暴力相威胁进行干涉的,只要暴力没有实施,就不能认为存在暴力行为。干涉他人婚姻自由,主要表现为强制他人与某人(行为人或第三人)结婚或离婚,或者是禁止他人与某人(行为人或第三者)结婚或离婚。如果干涉的不是婚姻自由而是其他内容(如干涉子女与他人同居)的,自然不构成本罪。

(3) 本罪的主体要件为一般主体。尽管实践中较多表现为父母干涉子女或者子女干涉父母等,但行为人与被害人是否具有某种特殊关系,并不影响本罪的成立。

(4) 本罪的主观要件为故意。动机如何不影响定罪。

(二) 暴力干涉婚姻自由罪的界限划分

(1) 本罪与故意杀人罪或故意伤害罪的界限。本罪虽然以暴力行为为手段,但应属于程度较轻的暴力,而不应该包括致人轻伤及以上的暴力,否则会和故意伤害罪等之间出现罪刑不均衡的结果。因此,如果在干涉他人婚姻自由的过程中使用了程度较高的暴力,就可能被评价为故意伤害罪;如果在此过程中追求或放任被害人的死亡,则应该直接按照故意杀人罪处理。

(2) 实践中出现的丈夫因不同意妻子离婚而实施暴力的,亦可构成本罪,但考虑到毕竟存在夫妻关系的现实(因而有别于其他情形),因此认定本罪应该特别慎重。①

(3) 因遭女方拒绝,而使用暴力将女方劫持于家中,强迫女方与自己结婚的,构成本罪;向女方求婚遭拒绝,为既成事实而使用暴力将女方劫持到家中强行与之发生性关系的,构成强奸罪。

(4) 本罪的既遂。由于本罪并非是侵犯公民人身健康的犯罪,所以只要是暴力干涉行为一旦着手并对他人的婚姻自由具有抽象危险的,即使其暴力行为没有对被害人的身体健康和行动自由造成实际损害,亦构成本罪既遂②。

(三) 暴力干涉婚姻自由罪的刑事责任

《刑法》第257条规定,以暴力干涉他人婚姻自由的,处2年以下有期徒刑或者拘役。此时,只有被害人告诉的,才处理。由于本罪通常发生在熟人甚至是家人之间,将是否发动刑事诉讼的权利交给被害人,有利于问题的真正解决和维

---

① 张明楷教授在其《刑法学》(第4版)(法律出版社2011年版,第816页)中亦持此种观点,从而改变了其先前的观点。其在《刑法学》(第3版)(第684页)中,认为此种情况一般不以本罪处理;如果符合虐待罪的构成要件,可按照虐待罪处理。本书认为,在离婚诉讼期间等特殊场合,夫妻关系名存实亡,一概否认暴力干涉婚姻自由的成立,并不妥当。

② 参见周光权:《刑法各论》(第2版),中国人民大学出版社2011年版,第70页。

护人民内部的安定团结。但第 257 条第 2 款规定,如果是暴力干涉婚姻自由而致被害人死亡的,处 2 年以上 7 年以下有期徒刑。并且,此时属于公诉罪。此时的"致使被害人死亡",是指因暴力手段而过失导致被害人死亡,如极度气愤用木棒打人,结果不慎打中脾脏,致其脾脏破裂死亡;又如,在实施捆绑、吊打、毛巾堵嘴等行为过程中过失导致被害人死亡。暴力干涉婚姻自由直接引起被害人自杀(而行为人有对被害人自杀具有预见可能性的),应该认定为"致使被害人死亡"。

二、重婚罪

(一)重婚罪的概念与构成

重婚罪,是指有配偶又与他人结婚,或者明知他人有配偶而与之结婚的行为。

(1)本罪的法益。本罪所侵害的主要法益是合法配偶的婚姻权利和人身权利,同时也侵犯了婚姻法中的一夫一妻秩序。本罪规定在侵犯公民人身权利、民主权利罪一章,故应该认为其是侵犯个人法益的犯罪,且本罪所侵犯的主要是合法配偶的婚姻权利和人身权利。不过,如果认为本罪仅仅是一个侵犯个人法益的犯罪,就会面临着这样的问题:在存在被害人承诺的场合(实践中二女共侍一夫且和平共处的现象并不罕见),是否会阻却重婚行为的违法性?得出肯定结论似乎并不合理,而得出否定结论似乎在逻辑上又有困难。认为本罪同时侵犯了一夫一妻制度这一社会秩序、社会制度,问题即可解决:即使存在所谓的被害人承诺,但因重婚行为仍然侵犯了一夫一妻制度这一社会法益,而任何个人都无权对社会法益做出处分,所以,应该认为被害人的承诺不能成为阻却重婚行为违法的理由。

(2)本罪的客观要件。重婚行为在客观上分为两种情形:一是有配偶者(重婚者)又和第三者登记结婚或者建立事实婚姻,二是自己本身没有合法配偶但明知他人有配偶者(相婚者)而与之结婚。特别需要指出,我国《婚姻登记管理条例》第 24 条规定,事实婚姻无效,不受法律保护,未办婚姻登记即以夫妻名义同居生活的,都按非法同居关系处理。但是,不能因为事实婚姻未得到《婚姻法》的承认,而否认事实婚姻作为婚姻的实质;与此同时,为了保护合法的婚姻关系,也有必要将事实重婚认定为重婚罪。

(3)本罪的主体要件。本罪的犯罪主体分为两类:一是重婚者,即已有配偶并且没有解除婚姻关系又与他人结婚的人。有配偶,既包括法律婚,也包括事实上形成的夫妻关系(事实婚);二是相婚者,即明知对方有配偶而与之建立法律婚或者事实婚的人。尽管未达到法定婚龄的人因为可以成立事实婚从而仍可构成重婚罪,不过,结合《刑法》第 17 条关于刑事责任年龄的规定,本罪的成立要求行为人必须已满16周岁并且具备辨认和控制能力。

(4) 本罪的主观要件。本罪在主观上表现为故意,并且对于重婚者和相婚者而言,其故意表现形式各有不同。对重婚者而言,是明知自己存在合法的配偶而又与他人建立婚姻关系;如果认为自己的配偶已死亡或者认为自己与他人没有配偶关系而再结婚的,不构成重婚罪。对相婚者而言,要求其明知对方存在法律上的或者事实上的配偶而仍然与之结婚;如果由于受到欺骗等原因,确实不知对方有配偶而与之结婚的,不构成本罪。

(二) 重婚罪的界限划分

1. 欠缺期待可能性因而不应按照犯罪处理的情形

因遭受自然灾害外出谋生而重婚的;因配偶长期外出下落不明,造成家庭生活严重困难,又与他人结婚的;因强迫、包办婚姻或因婚后受虐待外逃重婚的;被拐卖后再婚的。以上都是由于受客观条件所迫,难以期待行为人不实施重婚行为。所以,以上情形不应该按照本罪处理。

2. 几种特殊情形的处理

已登记结婚但未同居,或者是提出离婚,在提起离婚诉讼期间,由于双方都存在着合法的夫妻关系,此时双方或一方与第三者登记结婚或形成事实婚姻的,构成重婚罪。但是,在法院判决离婚以后,离婚判决书尚未生效期间,持未生效的判决与他人登记结婚的,如果有证据证明行为人明知判决尚未生效的,可以认定为重婚罪(如因缺乏法律常识,以为法院判决离婚以后,就可以建立新的婚姻关系,对于判决书是否生效没有予以注意的,实际上是对重婚行为有过失,不能认定为重婚罪)。

如果出于生孩子、分房子等考虑而"假离婚"(离婚并非出于本意)但办理了离婚手续的,此后又与其他人结婚的,由于前一婚姻关系在法律评价上已经结束,故不应认定为重婚罪。

3. "包二奶"行为的处理

"包二奶"("包二爷")的情况比较复杂,不能一概认为其构成或者不构成重婚罪,而要具体分析。如果是有配偶的人与他人登记结婚或公开举行婚礼后同居,或者是有配偶的人与他人虽未举行结婚仪式,但以夫妻相称,在固定住所共同生活,或者是有配偶的人与他人虽未以夫妻相称,但有稳定的同居关系,在固定场所长期共同生活的,宜认定为重婚行为。如果是有配偶的人与他人对外以秘书、兄妹、保姆等名义相称而同居,或者只是体现为比较稳定的性关系而不同居的,周围的人也都不认为双方之间存在婚姻关系的,属于有配偶而与他人通奸或临时姘居,认定为重婚罪则存在困难。本书认为,在我国当下社会风气腐化堕落、"包二奶"等现象猖獗的现实之下,对于重婚罪的认定总体上宜从严掌握,不能借口"法不责众"、难以认定等原因而放任类似现象的蔓延。

4. 重婚罪与对合犯

一般情况下,重婚行为呈现对合犯形态(主体一般限于 2 人之间,行为上相互对应,或者完全一致),属于一种必要的共同犯罪。但不排除特殊条件下,相婚者对他人有配偶不具备明知要件而与之结婚,此时,重婚者一方单独构成犯罪,相婚者则不构成犯罪。由于不可想象在相婚者明知他人有配偶的情况下重婚者自身却不知自己存在合法配偶,所以就不存在相婚者构成犯罪而重婚者不构成犯罪的情况。

(三) 重婚罪的刑事责任

《刑法》第 258 条规定,有配偶而重婚的,或者明知他人有配偶而与之结婚的,处 2 年以下有期徒刑或者拘役。法院在依法追究刑事责任的同时,应宣告解除已形成的非法婚姻关系。重婚罪并非告诉才处理,这一点应该特别强调。

三、破坏军婚罪

(一) 破坏军婚罪的概念和构成

破坏军婚罪,是指明知是现役军人的配偶,而与之结婚或者同居的行为。

(1) 本罪的法益。本罪所侵犯的法益是现役军人在其婚姻家庭关系中的正当权利。正是为了解除现役军人的后顾之忧,使其能够安心在部队工作,更好地担负起军人职责,《刑法》在重婚罪之外,专门规定了本罪。

(2) 本罪在客观要件上表现为与现役军人的配偶结婚或者同居。现役军人,是指具有军籍并在中国人民解放军或者人民武警察部队服役的军人(包括军官、文职干部、战士和有军籍的学员),不包括复员、退伍、转业军人,人民警察及在部队、武警部队工作但没有军籍的工作人员。现役军人的配偶,是指与前述的现役军人建立了合法婚姻关系(包括登记结婚或事实婚)的人。这里所说的"同居",是指在一定期间内与现役军人的配偶姘居且共同生活。同居既可以是公开的,也可以是秘密的,其不同于单纯的通奸之处在于,除了以两性关系为基础之外,还有经济上或其他生活方面的特殊关系。所以,同居关系虽未达到事实婚姻的程度,但较之通奸要更为固定。

(3) 本罪的犯罪主体为已满 16 周岁的一般主体。未达到法定婚龄的未成年人亦可构成本罪。现役军人与其他现役军人的配偶结婚或同居的,也构成本罪;双方都是现役军人,但双方的配偶都不是现役军人的,不构成本罪(可能构成重婚罪)。问题是,现役军人的配偶是否也可以构成本罪的主体?对此存在着肯定说和否定说的不同主张。本书持否定说,因为按照《刑法》第 259 条的规定,现役军人的配偶属于本罪的行为对象而非行为主体;本罪的主旨在于保护军人的婚姻关系,如一概认为现役军人的配偶构成犯罪可能反而会不利于现役军人的家庭稳定;必要时,现役军人的配偶可以按照重婚罪追究责任,不会导致对其的放纵。

（4）本罪的主观要件为故意，且要求必须明知与自己结婚或者同居的相对方是现役军人的配偶。如果不知道对方已经结婚，或者虽知道对方已婚但并不知道其配偶是现役军人，则属于欠缺本罪的故意，不成立本罪。

（二）破坏军婚罪的界限划分

1. 本罪与重婚罪的界限

破坏军婚罪的行为基本上都是重婚行为，规定为不同的犯罪，是为了实现对现役军人的婚姻关系的特殊保护。正确界定两罪需要把握：(1) 破坏军婚罪中与行为人相对的另一方必须是现役军人的配偶，而重婚罪则无此要求；(2) 破坏军婚的行为包括与现役军人的配偶同居或者结婚，而重婚的行为（无论是重婚者还是相婚者）则是与他人结婚，可见破坏军婚罪的行为方式更为宽泛；(3) 破坏军婚罪中的现役军人的配偶一般不构成本罪，而重婚罪中的对方只要符合构成要件，则构成重婚罪。

2. 本罪与强奸罪的界限

《刑法》第259条第2款规定，利用职权、从属关系，以胁迫手段奸淫现役军人妻子的，依照《刑法》第236条的强奸罪定罪处罚。事实上，上述奸淫行为完全违反现役军人妻子的意志，完全符合强奸罪的犯罪构成，即便没有此规定，相应的行为也应该按照强奸罪追究责任。《刑法》之所以如此规定，实质上是设置了一个注意规定，提醒司法人员避免错误地将类似行为按照破坏军婚罪处理。

（三）破坏军婚罪的刑事责任

《刑法》第259条规定，明知是现役军人的配偶而与之同居或者结婚的，处3年以下有期徒刑或者拘役。本罪同样没有规定为亲告罪，并且法定最高刑（3年有期徒刑）高于重婚罪（2年有期徒刑）。

四、虐待罪

（一）虐待罪的概念和构成

虐待罪，是指对共同生活的家庭成员，进行肉体上的摧残或者精神上的折磨，情节恶劣的行为。

（1）本罪所侵犯的法益是共同生活的家庭成员在家庭生活中的平等权利与被害人的身心健康。家庭成员是指具有家庭关系的成员，家庭关系的来源包括三种：因婚姻关系而形成的家庭关系、因血缘关系而形成的家庭关系和因收养关系而形成的家庭关系。

（2）本罪在客观要件上表现为经常性地对被害人进行肉体上的摧残与精神上的折磨。前者比如殴打、冻饿、禁闭、捆绑、强迫过度劳动、有病不给治疗等，后者比如侮辱、咒骂、讽刺、不让参加社会活动等。实践中常常表现为肉体摧残方法与精神折磨方法交替使用,而非单纯一种折磨方法。虐待的方式可能是作为,也可能是不作为。但如果仅是有病不给治疗、不提供饮食等单纯的不作为,只能构成后述的遗弃罪。虐待行为必须具有经常性、一贯性,偶尔的打骂、冻饿等行为,不属于本罪中的虐待。虐待行为所造成的结果是使被害人身心遭受摧残,甚至重伤、死亡,但这种结果是持续、经常性的虐待行为日积月累逐渐造成的,而不是某一次行为暴力升级所直接导致的。成立本罪要求情节恶劣,是否情节恶劣要结合虐待的手段、持续的时间、危害结果等方面,进行综合评价。手段轻微,持续时间短,并且没有造成严重后果的虐待行为,不以犯罪论处。

(3) 本罪的犯罪主体必须是共同生活的同一家庭成员,即虐待行为人与被害人之间存在特殊的家庭关系。虐待家庭雇员(如雇主虐待保姆)的,或者家庭雇员(如保姆)虐待雇主的孩子的,情节恶劣而又不构成伤害罪的案件,是否可以按照本罪处理,取决于对于"家庭成员"一词的理解;而在双方关系长期、稳定的前提之下,保姆和雇主的关系能否被评价为"家庭关系"(保姆等家庭雇员能否被评价为家庭成员),就取决于对"家庭成员"的概念是作形式解释还是实质解释。如果作实质解释,则上述情况下可能被评价为"家庭成员"从而相应的行为可能构成虐待罪;与此相对,本书本章的作者采取形式解释论,认为无论如何,将"家庭雇员"解释为"家庭成员"都超出了"家庭成员"一词的可能含义,因此属于类推解释,为罪刑法定原则所不容。所以,以上雇主虐待保姆或者保姆虐待雇主孩子的案例,不能按照虐待罪处理。在其无法认定为故意伤害罪等其他犯罪的前提下,只能承认其无罪。

(4) 本罪的主观要件是故意,具体体现为有意识地对被害人进行肉体上与精神上的摧残、折磨。虐待的动机多种多样,有的是重男轻女,有的是喜新厌旧、企图用虐待手段逼迫对方离婚,也有的因家庭成员丧失劳动能力而视为累赘,等等。动机只影响本罪的量刑。

(二) 虐待罪的界限划分

认定虐待罪,要区分一般家庭纠纷与虐待的界限,由于教育方法简单粗暴或因为家庭纠纷而辄打骂的行为,不宜以虐待罪论处;要区分一般虐待行为与虐待罪的界限(严格把握"情节恶劣"的标准);要正确把握本罪与故意杀人、故意伤害等高度犯罪的界限(虐待罪可谓是杀人罪、伤害罪等的低度犯罪,在情节恶劣的经常性虐待中,其中某次产生伤害或杀人故意,进而实施相应行为的,应该认定为数罪且并罚。)

(三) 虐待罪的刑事责任

《刑法》第260条规定,虐待家庭成员,情节恶劣的,处2年以下有期徒刑、拘役或者管制。此种情形下的虐待罪,告诉才处理。之所以如此规定,是因为对于家庭成员之间的严重虐待行为,通过其他方法致使行为人停止虐待行为,可能较之追究刑事责任而言会收到较好的效果。《刑法》第260条第2款规定,虐待家庭成员,致使被害人重伤、死亡的,处2年以上7年以下有期徒刑。(此时的虐待罪为公诉罪)这里所说的"致使被害人重伤、死亡",是指由于经常虐待累积造成被害人身体的严重损伤或导致被害人死亡。被害人因不堪忍受长期虐待而自杀、自伤的,在行为人对于被害人的自杀或自伤行为具有预见可能性时,应该属于此处的"致使被害人重伤、死亡"。

五、拐骗儿童罪

拐骗儿童罪,是指拐骗不满14周岁的未成年人,致使其脱离家庭或者监护人的行为。本罪所侵害的法益是儿童的行动自由以及家长对未成年子女的监护权。因此,儿童及其监护者都是本罪的犯罪对象。拐骗行为表现为针对儿童或者其父母等采用挟持、欺骗、利诱等方法,致使被害人脱离家庭或者监护者。儿童已经置于行为人自己的控制之下时,本罪既遂。本罪在主观要件上表现为故意,即认识到自己的行为可能致使儿童脱离家长的保护监管,仍追求这种结果发生。此外,行为人的目的在于收养或者奴役等,如果以出卖为目的,则构成拐卖儿童罪;如果以勒索财物为目的,而可能构成绑架罪。

《刑法》第262条规定,犯本罪的,处5年以下有期徒刑或者拘役。

六、组织残疾人、儿童乞讨罪

组织残疾人、儿童乞讨罪,是指以暴力、胁迫手段组织残疾人或者不满14周岁的未成年人乞讨的行为。本罪为2006年通过的《刑法修正案(六)》所增设。本罪所侵害的法益是残疾人、儿童的人身自由权利,以及残疾人、儿童的家属等对其的监护权、保护权。本罪在客观上表现为以暴力、胁迫手段组织残疾人或者不满14周岁的未成年人乞讨。残疾人、儿童自愿乞讨而对之单纯加以利用的,或者是使用暴力、胁迫手段组织已满14周岁且没有生理缺陷的正常人乞讨的,都属于违反《治安管理处罚法》的行为,不构成本罪。本罪的主体为已满16周岁、具有辨认、控制能力的人,并且是残疾人、未成年人乞讨行为的组织者。主观要件表现为故意,且要求组织者认识到被组织者为残疾人或者是不满14周岁的未成年人。组织乞讨的动机如何,是否具有牟利的目的等,均不影响本罪的成立。

《刑法》第262条之一规定,犯本罪的,处3年以下有期徒刑或者拘役,并处罚金;情节严重的,处3年以上7年以下有期徒刑,并处罚金。

七、组织未成年人进行违反治安管理活动罪

组织未成年人进行违反治安管理活动罪,是指组织未成年人进行盗窃、诈

骗、抢夺、敲诈勒索等违反治安管理活动的行为。本罪为2009年《刑法修正案（七）》所增设的罪名。本罪所侵犯的法益是未成年人的健康成长权以及监护人对未成年人的教育权利。这里的组织,是指通过包吃包住、发给一定报酬等名义,采取各种手段将未成年人笼络、控制在自己手下,指令或要求其实施盗窃、诈骗、抢夺、敲诈勒索等违法行为。本罪容易和相应犯罪的共同犯罪混淆,需要特别注意的是:(1)未成年人的行为不构成相应犯罪,否则对行为人应以共同犯罪认定。(2)如果未成年人的行为本身已经达到了相应犯罪的情节(数额)标准而只是由于未达到刑事责任年龄而不构成犯罪的话,同时未成年人又不具有基本的规范意识的,成立本罪与相应犯罪的间接正犯的竞合,一般应以相应犯罪的间接正犯论处。(3)如果未成年人的行为本身已经达到了相应犯罪的情节(数额)标准而只是由于未达到刑事责任年龄而不构成犯罪的话,同时未成年人又具有基本的规范意识的,在对于共同犯罪的成立条件重新予以界定的前提下,可能肯定此时组织者与相应未成年人成立共同犯罪(未成年人只是因欠缺责任而不处罚而已),此时组织者成立本罪和相应犯罪的共同犯罪的竞合。① 本罪的主体要件为一般主体,并且为相应行为的组织者。犯罪的主观要件为故意,动机如何不影响本罪的认定。

《刑法》第262条之二规定,犯本罪的,处3年以下有期徒刑或者拘役,并处罚金;情节严重的,处3年以上7年以下有期徒刑,并处罚金。

---

① 参见周光权:《刑法各论》(第2版),中国人民大学出版社2011年版,第75页;王作富主编:《刑法学》(第5版),中国人民大学出版社2011年版,第397页。

第三章　侵犯财产罪

第一节　侵犯财产罪概说

一、侵犯财产罪的概念和构成要件

侵犯财产罪,是指以非法占有为目的,取得公私财物,或者挪用单位财物、故意毁坏公私财物、破坏生产经营、拒不支付劳动报酬的行为。

（一）侵犯财产罪的保护法益

侵犯财产罪的法益①,直接影响各种行为的性质与认定,也是当下有关财产犯罪的最大争议。

我国传统刑法理论认为,本类罪的保护法益是公私财产所有权。根据我国《民法通则》第71条的规定,财产所有权是指所有人依法对自己的财产所享有的占有、使用、收益和处分的权利。多数情况下,侵犯财产犯罪是对这四项权能的全部侵犯,即意味着使得他人永久、完全丧失对财产的占有、使用、收益和处分的权利。但由于财产所有权包括的内容比较复杂,且各项权能之间既紧密联系又相互独立,在某些情况下,侵犯的可能仅仅是所有权中的部分权能。②

目前,学说争议围绕"本权说"与"占有说"之间的对立而展开。本权说认为,本罪仅以受到民事法律保护的占有（所有权等其他本权）为保护法益,我国传统刑法理论采取"本权说";占有说则认为,所有的占有均应受到保护。这实际上是有关犯罪成立要件的争议,采取本权说,也没有必要否定占有本身属于保护法益（的一部分）;采取占有说,亦可认为保护对象还包括本权（毋宁说,本权才是最终的保护对象）。争议的焦点在于:第一,可在何种限度之内适用禁止私力救济这种法律原则？第二,判断是否成立财产犯罪,究竟应从属于民事法律关系,抑或可独立于民事法律关系？③

本权说主张,应仅以基于民事上的合法权限的占有作为保护对象,且在刑事审判中,作为解决刑事责任的先决问题,仍应该首先就民事上的权利关系作出明确判断。但这种观点不无牵强,因为若被害人一方存在诸如清算利益、同时履行

---

① 主要是就盗窃、诈骗等将他人占有的财物转移为自己占有或者使第三者占有的犯罪而言,一般不涉及破坏生产经营、拒不支付劳动报酬等罪。
② 李希慧主编:《刑法各论》,武汉大学出版社2009年版,第255页。
③ 〔日〕山口厚:《刑法各论》,王昭武译,中国人民大学出版社2011年版,第215页以下。

抗辩权等值得保护的利益,其占有当然应当受到保护;即便是在无法确认是否确实存在这种利益的情况下,如果能认定其占有似乎存在合理理由,就仍应留待民事诉讼来解决,在此意义上,也应肯定存在值得刑法保护的利益。① 此外,刑法具有谦抑性,其功能不在于创造一种经济秩序,而在于尽力维持现有秩序,以保持社会经济秩序的平稳,至于某种占有本身在民事法律上是否合法且值得保护,这本不属于刑法的判断内容。

占有说的主要论据是,由于现代法治社会禁止私力救济,因而在构成要件该当性阶段没有必要考察法律根据问题,一切占有均应成为保护对象;对于行为人的权利内容,不是作为对构成要件该当性的判断,而可以作为对违法性阻却的判断来考虑。诚然,禁止私力救济是近代法的重要原则,但问题在于,仅凭这一点便将一切占有,甚至是并不具有值得保护的利益的占有,都作为财产犯罪的保护对象,就超出了保护个人财产这一刑法的本来任务,助长禁止私力救济、强制民事诉讼这种极度法治国家思想之虞。②

不同于本权说、占有说这两种极端观点,现在,"中间说"在学界更有影响力,力图在本权说与占有说之间划出中间线,认为即便是没有民事上的权原根据的占有仍然可以通过财产罪来加以保护。虽同是中间说,但具体保护范围因学者而异。例如,"似乎有理由的占有""平稳的占有""一眼看上去,不能认为是非法占有的财物的占有""呈现出似乎有本权根据之外观的占有"等。"平稳的占有"说,试图仅将诸如所有人从盗窃犯等非法占有者手中夺回财物那样的行为排除在处罚范围之外,除此之外,该说在其他方面与纯粹占有说并无不同,是最接近于占有说的中间说。相反,"合理的占有"说将"姑且具有合理理由"的占有也纳入财产罪的保护范围,因而较"平稳的占有说"而言,"合理的占有"说试图在更大程度上限定财产罪的处罚范围,相对更接近于本权说。但问题在于,出于何种考虑、在什么范围之内,可认定存在值得保护的占有呢?

研究财产犯罪的保护法益之时,首先明确哪些情况下会出现争议,并逐一进行具体探讨,无疑大有助益。问题主要体现于以下三种类型③:(1)无权限者从属于所有人的占有人处夺取;(2)无权限者从并非所有人的占有人处夺取,这又具体分为占有人基于权原而占有的场合与占有人非基于权原而占有的场合这两种情形;(3)所有人从占有人处夺取,同样可具体分为占有人基于权原而占有的场合与占有人非基于权原而占有的场合这两种情形。

对于第(1)种类型,可直接认定成立财产犯罪,因为,这种情形既侵犯了(基

---

① 〔日〕西田典之:《日本刑法各论》,王昭武、刘明祥译,法律出版社2013年版,第156—157页。
② 同上书,第154页。
③ 〔日〕山口厚:《刑法各论》,王昭武译,中国人民大学出版社2011年版,第222页。

于权原的)占有,也侵犯了所有权。

对于第(2)种类型中的第一种情形,例如,某人基于租赁合同而持有某物,毫无关系的第三人从该租赁人手中盗取了该物。在此情形下,既侵犯了占有人的占有,又侵犯了所有人的所有权,无疑成立盗窃罪。① 对于第(2)种类型中的第二种情形,例如,毫无关系的第三者,从盗窃犯手中盗取了盗赃。此时,相对于所有人而言,盗窃犯的占有是非法占有;但是,盗窃犯负有按照权利人的要求返还盗赃的义务,既然盗窃犯有履行此义务的必要,那么,相对于毫无关系的第三者而言,盗窃犯对盗赃的占有,就仍应予以保护。与上述第(2)种类型第一种情形一样,这里也是综合考虑对占有人的占有的侵犯以及对所有人的所有权的侵犯这两种法益侵害,而肯定成立盗窃罪。②

对于第(3)种类型中的第一种情形,如某人基于租赁合同而持有某物,该物的所有人从该租赁人手中盗取了该物。在此情形下,尽管没有侵犯所有权,但仅凭侵犯了基于权原(本权)的占有这一点,就应该成立盗窃罪。问题在于,如何处理第(3)种类型中的第二种情形?例如,租赁合同期满之后,租赁人并没有返还该物,于是,所有人凭借自己的力量盗回了该物。本书认为,为了维持社会经济秩序的稳定,单纯的占有本身就是一种利益,即便是相对于所有权人,原则上都值得保护。但是,不具有任何权原的非法占有者(例如,盗得他人财物之后藏于家中的)毕竟不能对抗所有权人,因而只有在这种特殊情形下,才不具有构成要件该当性,不构成财产犯罪(但手段行为有可能构成他罪)。

总之,侵犯财产罪的法益首先是他人对财物的所有权等本权,其次是他人对财物事实上的占有本身(并不一定要求这种占有是合法的)。但是,当所有权人的所有权与占有人的非法占有相对抗时,此时的占有就不是侵犯财产罪的保护法益。

(二) 侵犯财产罪的行为对象

财产犯罪的对象是财物。要准确把握财物概念,需要探讨以下问题。

1. 财物是否仅限于有体物

关于财物的含义,存在有体性说(有体物说)与管理可能性说之间的对立。有体性说认为,财物只限于有体物,包括固体物、液体物与气体物。无体物不是刑法上的财物,不能成为财产罪的对象。因而,液化气、蒸汽等是财物,但光、热、电等不是财物。物理管理可能性说认为,财物不限于有体物,还包括其他具有物理管理可能性的财物,即在物理上属于物的,就是刑法上的财物。因而,有体物

---

① 值得注意的是,对此情形,仅以侵犯了占有人基于权原的占有,即肯定成立盗窃罪,并不妥当。因为,如此一来,所有权人就不再是被害人,被排除在告诉权人之外。
② 〔日〕山口厚:《刑法各论》,王昭武译,中国人民大学出版社 2011 年版,第 222 页。

以及光、热、水力、冷气等是财物,但债权、人的劳动力、牛马的牵引力等不是财物。事务管理可能性说认为,凡是可以作为事务进行管理的物,都是刑法上的财物。因而,有体物、无体物以及债权、人的劳动力、牛马的牵引力等都是财物。本书认为,刑法上的财物应包括有体物与无体物。因为,随着社会的发展,许多无体物的经济价值越来越明显,无体物虽然无体,但可以对之进行管理,也可以成为所有权的对象,故应成为财产罪的对象。不过,由于侵犯商标权、专利权、商业秘密等无形财产的行为,被刑法规定为不正当竞争犯罪,故商标权等一般不属于财产罪的对象。①

问题是,财产性利益能否成为财产罪的对象?财产性利益,大体是指狭义(普通)财物以外的财产上的利益,包括积极财产的增加与消极财产的减少。例如,使他人负担某种债务(使自己或第三者取得某种债权),使他人免除自己的债务(不限于民法意义上的债务)。对此,刑法并无明文规定,但是,财产性利益必须得到刑法的保护,这是毫无疑问的,所以,侵犯财产性利益的行为,也可以成立相应犯罪。例如,为免除债务而欺骗债权人的,可以成立诈骗罪。② 司法实践中,一般也将骗取财产性利益的行为认定为诈骗罪。例如,根据最高人民法院2002年4月10日《关于审理非法生产、买卖武装部队车辆号牌等刑事案件具体应用法律若干问题的解释》第3条第2款的规定,"使用伪造、变造、盗窃的武装部队车辆号牌,骗免养路费、通行费等各种规费,数额较大的,依照诈骗罪的规定定罪处罚。"所谓骗免养路费、通行费等各种规费,实际上是指使用欺骗方法,使他人免除自己的债务;债务的免除意味着行为人取得了财产性利益。

2. 财物是否仅限于有价值之物

作为财产犯罪的行为对象,财物当然应具有财产性价值,这不可或缺。问题在于如何理解其内容。对于如何判断财产的价值,理论上存在争议,主要有客观价值说和主观价值说之争。客观价值说认为,财产价值指的就是经济价值,如果客观上难以衡量其经济效用,则不属于财物。主观价值说认为,作为侵犯财产罪对象的财物,不一定要求其具有客观的、经济上的价值,只要所有人、占有人主观上认为该物具有价值,即使它客观上没有经济价值,也不失为财产罪的行为对象。例如,某些纪念品(例如,夫妻间初次见面的信物等)本身不一定具有客观的经济价值,但对所有人来说具有重要价值,而社会观念也认为这种物品值得刑法保护,盗窃这些物品的,就可以构成侵犯财产罪。③ 本书认为,财产性价值可分为(客观上的)交换价值与(主观上的)使用价值,即便没有客观交换价值,只

---

① 张明楷:《刑法学》(第4版),法律出版社2011年版,第841页。
② 周光权:《刑法各论》(第2版),中国人民大学出版社2011年版,第78页。
③ 李希慧主编:《刑法各论》,武汉大学出版社2009年版,第256页。

要能认定具有主观使用价值亦可,主观价值说更为合理。这是因为,只要对所有者、持有者具有效用,即便对他人并无效用而不能成为交换的对象,仍值得保护。

主观使用价值,还可进一步分为积极价值(持有财物本身就能认定具有积极的价值或效用)、消极价值(为了不被恶意使用,有必要放在身边的价值)。本书认为,应将消极价值也包括在财产性价值之内。这是因为,例如,银行回收准备销毁的破损货币、残币等,对于银行而言,没有经济价值,但只要具有使用的可能性,就不能落入他人之手;窃取这种破损货币、残币的,也成立盗窃罪。如果既缺少客观性价值又缺少主观性价值,就应否定其财物性。另外,"若其价值非常低廉,可认为其并未达到类型地用刑罚予以保护的程度,则并非财产罪的客体。"①

3. 财物是否包括不动产

动产与不动产都是财产,均能成为财产罪对象。但由于财产罪的具体表现形式不同,不动产只能成为某些犯罪的对象。例如,诈骗罪、侵占罪、敲诈勒索罪、故意毁坏财物罪、破坏生产经营罪的对象既可以是动产,也可以是不动产;抢夺罪、聚众哄抢罪、挪用资金罪的对象只能是动产。有争议的是盗窃罪与抢劫罪。本书认为,我国《刑法》没有规定盗窃罪、抢劫罪的侵犯对象仅限为动产,因此,对于盗窃、抢劫不动产的,可以构成盗窃罪、抢劫罪。"但按理说,这并非不动产能否成为财产罪对象的问题,而是对非法取得不动产的行为,能否被评价为'盗窃'、'抢劫'的问题。"②

4. 特殊物品的财产性

这里讨论的特殊物品包括违禁品、非法取得的财产和人的身体及其代用品。

(1) 违禁品

违禁品是指按照国家法律规定,禁止公民个人持有的物品,如枪支弹药、伪造的货币、毒品、淫秽物品等。在我国,违禁品属于刑法上的财物,这一点不存争议。原因在于对违禁品的没收需要通过一定的法律程序,在没有通过法律程序还不能没收时,他人就完全有可能占有,故对于没有通过法律程序的夺取行为,应当处罚。③ 例如,2005年6月8日最高人民法院《关于审理抢劫、抢夺刑事案件适用法律若干问题的意见》(以下简称《审理抢劫、抢夺刑事案件意见》)规定:以毒品、假币、淫秽物品等违禁品为对象,实施抢劫的,以抢劫罪定罪;抢劫的违禁品数量作为量刑情节予以考虑。抢劫违禁品后又以违禁品实施其他犯罪的,应以抢劫罪与具体实施的其他犯罪实行数罪并罚。

---

① 〔日〕大谷实:《刑法讲义各论(新版第3版)》,日本成文堂2009年版,第181页。
② 张明楷:《刑法学》(第4版),法律出版社2011年版,第844页。
③ 李希慧主编:《刑法各论》,武汉大学出版社2009年版,第257页。

(2) 非法财产

一般情况下,侵犯财产罪的对象是合法所有的财物,即本类罪侵犯的是处于合法状态的财产,但是非法取得的财产,也可以成为本罪侵犯的对象。例如,抢劫赌场的赌资①、盗窃他人贪污、受贿的赃物的行为同样可以构成抢劫罪、盗窃罪。原因在于,虽然这些财物处于非法状态,但从法律意义上讲,这些财物并非无主物,要么是属于他人合法所有或占有,要么属于国家、集体所有,被非法占有后,应由国家主管机关依法追缴,然后返还原主或者没收,而不允许他人非法侵占。② 例如,甲为谋取不正当利益送给国家工作人员刘某 10 万元。获取不正当利益后,甲以告发相要挟,要求刘某返还 10 万元。刘某担心被告发,便还给甲 10 万元。在该案中,贿赂款虽由甲给付刘某,但甲只要将此款作为犯罪组成之物,就丧失了对此款的所有权和合法占有权,从刘某手中敲诈回来,侵犯了刘某对此款的非法占有利益,仍然是侵犯财产权的犯罪,因此,甲以告发刘某受贿罪相威胁,迫使刘某返还贿赂款的行为,成立敲诈勒索罪(与行贿罪实行并罚)。

(3) 人的身体

人的身体是人格权的客体,不是所有权的客体,不是财物,不能成为财产罪的对象。但是,从人的身体上分离出来的部分,可能属于财物。例如,从人体内抽出的血液、剪下的头发等。人体代用品,如安装在人体内作为人体一部分而使用的假肢、假牙等,应当属于财物。

(三) 侵犯财产罪中的占有

侵犯财产罪一般会侵犯他人对财物的占有(除侵占、挪用型财产犯罪之外)。占有是指事实上的支配,不仅包括物理支配范围内的支配,而且包括社会观念上可以推知财物的支配人的状态。刑法上的占有重在事实上的支配,占有意思往往只是对认定是否占有起补充作用。

1. 占有的状态

作为财产犯罪对象的他人财物,存在以下三种占有状况:(1) 他人占有的财物。行为人要想非法取得这种财物,必须实施转移占有的行为(这种情形中"取得"就是"转移占有"的意思)。转移占有的行为方式不同,成立的具体罪名也不同。(2) 行为人合法占有他人所有的财物,即代为保管物。行为人要想取得这种财物,不需要实施转移占有的行为(因为行为人已经合法占有该财物),而是实施变占有为所有的行为(这种情形中的"取得"是"变占有为所有"的意思)。实施变占有为所有行为的,成立侵占罪(普通侵占)。(3) 虽脱离他人占有,但

---

① 《审理抢劫、抢夺刑事案件意见》规定:抢劫赌资、犯罪所得的赃款赃物的,以抢劫罪定罪,但行为人仅以其所输赌资或所赢赌债为抢劫对象,一般不以抢劫罪定罪处罚。构成其他犯罪的,依照刑法的相关规定处罚。

② 李希慧主编:《刑法各论》,武汉大学出版社 2009 年版,第 257 页。

仍为他人所有的财物,即遗忘物和埋藏物。对于这种财物,行为人单纯建立占有关系(例如捡拾遗忘物)并不成立犯罪,但行为人随后实施变占有为所有行为,则侵犯了被害人的财产,可以成立犯罪(这种情形的"取得"是"变占有为所有"的意思)。实施变占有为所有行为的,成立侵占罪(包括脱离占有物的侵占)。

2. 占有的认定

我国刑法不承认死者的占有。《审理抢劫、抢夺刑事案件意见》第8条指出:"行为人实施伤害、强奸等犯罪行为,在被害人未失去知觉,利用被害人不能反抗、不敢反抗的处境,临时起意劫取他人财物的,应以此前所实施的具体犯罪与抢劫罪实行数罪并罚;在被害人失去知觉或者没有发觉的情形下,以及实施故意杀人犯罪行为之后,临时起意拿走他人财物的,应以此前所实施的具体犯罪与盗窃罪实行数罪并罚。"

要认定占有人是否具有财产犯罪意义上的占有,可从客观与主观二个方面来考察。(1)客观上,某财物应当事实上或者从社会一般观念上看处于某人的支配与控制之下。占有是指对财物事实上的支配状态,或者从外表上看,一般人多会认为该财物处于某人的平稳支配之下。这里强调的是占有的事实状态本身,这种占有是否合法并非问题的关键。(2)从主观上看,占有人应当对财物具有支配、控制的意思。就这一问题,有两点值得注意:第一,他人的主观上的支配、控制意思是指对财物进行事实上的支配的意思,而不是指法律上的效果,与行为人是否具有行为能力无关。因此,年幼者、精神病人也具有占有意思,窃取、抢夺、抢劫、诈骗这些人的财物,仍构成相应财产犯罪。第二、占有意思的存在并不需要占有人做特别声明,只要能推定其具有概括的占有意思即可。也就是,主观上的支配、控制意思是一种抽象的、概括的意思,而不一定是对财物的个别的、具体的支配意思。例如,虽知道自己的劳力士手表在家中,但无法记起究竟放在何处,装修工人偶然发现后据为己有的,这种行为仍然构成盗窃罪而非侵占罪。

(四)侵犯财产罪的构成

(1)本类犯罪侵犯的法益,首先是他人对财物的本权,其次是他人对财物事实上的占有本身。

(2)本类罪在客观上表现为行为人实施了各种法定的侵犯公私财产的行为。

侵犯财产罪的保护法益、主体要件、主观要件大致相同或相似,因此,正确理解和辨别侵犯财产罪的客观要件具有重要的意义。根据侵犯财产罪具体行为的表现形式,可以将其分为三种情况:非法占有公私财物的行为,非法挪用公私财物的行为以及非法毁坏公私财物的行为。非法占有的特点是"行为人非法地改变所有权的属性"①,是指将他人财物非法据为己有或转归他人所有,侵犯的是财产所有权的全部权能。非法挪用是指非法改变财产的正常使用范围,如私自使用单位款项,挪用并不改变财产所有关系。"非法挪用"的本质特征在于它主要侵犯了所有权的占有、使用、收益权,而没有在根本上侵犯其处分权。就行为人主观要件来看,对财物的侵犯只是暂时的,具有日后归还的打算。这是它与侵犯所有权的全部职能且并不准备归还的"非法占有"型财产犯罪的重要区别(成立侵占罪,虽然不要求侵犯占有权,但变合法占有为非法所有的行为,最终仍然侵犯了所有权的全部职能)。非法毁灭或损坏是指改变财产的自然形态,使公私财物全部或部分地失去价值或效用。它包括两种行为:一是直接使财产丧失或者减少使用价值的行为;二是通过使生产资料的使用价值丧失或者减少来破坏生产经营。②

(3) 本类罪的犯罪主体只能是自然人,不能是单位。其中,多数犯罪的主体为一般主体,少数犯罪的主体为特殊主体(如职务侵占罪、挪用资金罪、挪用特定款物罪)。另外,根据《刑法》第17条第2款的规定,抢劫罪的主体可以是已满14周岁、具有辨认与控制能力的自然人。

(4) 本类罪的主观要件均为故意,不能是过失。毁坏财物的犯罪,要求行为人明知自己的行为会发生使他人财物丧失或者减少使用价值的结果,并且希望或者放任这种结果的发生。挪用型犯罪以外的取得财物的犯罪除要求具有故意外,还要求存在非法占有的目的。由于非法占有的目的是盗窃故意、诈骗故意等之外的主观构成要件要素,所以,其内容不能包含在盗窃故意、诈骗故意等之内。非法占有的目的,是指排除权利人,将他人的财物作为自己的所有物进行支配,并遵从财物的用途进行利用、处分的意思。非法占有的目的由"排除意思"与"利用意思"构成,前者重视的是法的侧面,后者重视的是经济的侧面,二者的机能不同。有时候,有无非法占有的目的,对罪与非罪以及此罪与彼罪起决定作用。例如,甲急于去某地办事,看到地铁口有自行车没有上锁,骑上就走,20分钟后归还原地。这种行为就属于"使用盗窃",一般不认定为盗窃罪。③ 又如,甲进入位于六楼的被害人乙家,搬出彩色电视机后,从五楼与六楼之间的过道窗户将电视机扔至楼下毁坏。行为人是构成故意毁坏财物罪,还是构成盗窃罪?倘

---

① 王作富主编:《刑法》(第4版),中国人民大学出版社2009年版,第440页。
② 李希慧主编:《刑法各论》,武汉大学出版社2009年版,第258页。
③ 所谓"使用盗窃",是指短时间擅自使用他人财物的行为。之所以认为该行为不可罚而将其从盗窃罪中排除出去,是因为这种情况下的损害相对轻微,没有必要动用刑罚,也就是,因为没有达到可罚性的违法性的程度。在作具体判断之时,不能仅以有无返还的意思、使用时间的长短为标准,还应考虑该擅自使用行为给权利人所造成的损害以及损害的可能性。也就是,考虑财物的利用价值的重要性,看该利用意思是否达到了在一般情况下可能不为权利人所允许的程度与形态。〔日〕西田典之:《日本刑法各论》,王昭武、刘明祥译,法律出版社2013年版,第162页。

若甲是因为乙家的窗户小,无法从窗户扔至楼下,特意搬至过道扔至楼下的,当然成立故意毁坏财物罪;若甲因发现乙正在上楼,为避免乙发现自己的盗窃行为而将电视机扔至楼下的,则应认定为盗窃罪。如果没有非法占有的目的要素,就难以区分该行为是盗窃还是故意毁坏财物。①

二、侵犯财产罪的种类

我国《刑法》分则第五章规定的财产罪,可以根据对财物的处理形式分为三大类:取得罪、毁弃罪与不履行债务的犯罪。② 取得罪,以取得财产的效用而造成的财产侵害为要件,以存在按照财物的经济性用途予以利用的意思(利用意思),即非法取得的意思为必要;毁弃罪仅以财产侵害为要件,属于消灭财产价值,从而妨害他人利用财物或者使得他人不可能再利用该财物的犯罪;不履行债务是指拒不支付劳动报酬。取得罪是财产罪的中心,根据是否伴有占有的转移,取得罪还可分为转移罪与非转移罪(如侵占罪)。其中,根据占有的转移是否违背占有者的意思,转移罪还可进一步分为违反占有者意思的夺取罪(如盗窃罪、抢夺罪、抢劫罪)和基于占有者意思的交付罪(如诈骗罪、敲诈勒索罪)。

考虑到相关犯罪的联系以及论述的方便,可将《刑法》所规定的13种财产犯罪,根据其行为特征,分为以下四类:(1)暴力、胁迫型财产犯罪,包括抢劫罪、抢夺罪、聚众哄抢罪、敲诈勒索罪;(2)窃取、骗取型财产犯罪,包括盗窃罪、诈骗罪;(3)侵占、挪用型财产犯罪,包括侵占罪、职务侵占罪、挪用资金罪、挪用特定款物罪以及拒不支付劳动报酬罪;(4)毁坏、破坏型财产犯罪,包括故意毁坏财物罪、破坏生产经营罪。

第二节 暴力、胁迫型财产犯罪

一、抢劫罪

(一)抢劫罪的概念和构成要件

抢劫罪,是指以非法占有为目的,以暴力、胁迫或者其他方法,强取公私财物的行为。本罪的构成要件如下:

(1)本罪侵犯的是双重法益,既侵犯公私财产的所有权等本权及其占有,也侵犯了他人的人身权利,这是抢劫罪区别于其他财产犯罪的重要标志,也是抢劫罪成为财产罪中最严重的犯罪的原因。犯罪人的目的是为了将公私财产据为己

---

① 张明楷:《刑法学》(第4版),法律出版社2011年版,第846页。
② 同上书,第849页。

有,暴力、胁迫或其他手段都只是实现这一目的的手段,因此抢劫罪侵犯的主要法益是公私财产的所有权等本权及其占有,这也是决定抢劫罪属于侵犯财产罪而非侵犯人身权利罪的关键。

本罪的行为对象为公私财物。公私财物可以是被害人合法占有的财物,也可以是被害人非法取得的财物,另外,违禁品可以成为抢劫罪的对象。[①]

(2)本罪的客观要件表现为行为人对财物的所有人、占有人、保管人当场使用暴力、胁迫或者其他强制方法,强行劫取公私财物。暴力、胁迫或者其他强制方法,是抢劫罪的手段行为;强行劫取公私财物,是抢劫罪的目的行为。

第一,手段行为。作为手段行为的暴力、胁迫或者其他强制方法,需达到使被害人不敢、不能或不知反抗的程度。根据是否达到此程度,可区别于敲诈勒索罪。至于是否达到此程度,取决于按照社会一般观念是否达到了该程度这一客观标准,在进行这种客观判断之际,必须同时考虑被害人的情况、行为状况、行为人的情况(行为人以及被害人的性别、年龄、犯罪行为状况、有无凶器)等因素,综合判断。[②] 而且,只要足以抑制对方的反抗即可,不要求事实上抑制了对方的反抗,更不要求必须具有危害人身安全的性质(例如,使之醉酒)。

暴力方法,是指对被害人非法行使有形力,使其不能反抗的行为,如拳打、脚踢、捆绑、伤害、禁闭甚至杀害等。暴力行为只能针对人实施,不包括对物施加暴力,并要求足以抑制对方的反抗。暴力的对象并不限于财物的直接持有者,对有权处分财物的人以及其他妨碍劫取财物的人使用暴力的,也不影响抢劫罪的成立。[③]

所谓"胁迫",是指以当场立即实施暴力相威胁,对被害人实行精神强制,使被害人产生恐惧心理因而不敢反抗的行为,这种胁迫应达到足以抑制对方反抗的程度。这种胁迫是以暴力为后盾;胁迫方式既可以是语言,也可以是动作、手势;胁迫的内容是当场立即对被害人实施暴力,其特点是如果被害人不交付财物

[①] 2005年最高人民法院《关于审理抢劫、抢夺刑事案件适用法律若干问题的意见》(以下简称为《关于审理抢劫、抢夺刑事案件适用法律若干问题的意见》)规定,以毒品、假币、淫秽物品等违禁品为对象,实施抢劫的,以抢劫罪定罪;抢劫的违禁品数量作为量刑情节予以考虑。抢劫违禁品后又以违禁品实施其他犯罪的,应以抢劫罪与具体实施的其他犯罪实行数罪并罚。抢劫赌资、犯罪所得的赃款赃物的,以抢劫罪定罪,但行为人仅以其所输赌资或所赢赌债为抢劫对象,一般不以抢劫罪定罪处罚。构成其他犯罪的,依照刑法的相关规定处罚。至于是否构成其他犯罪,主要取决于手段行为本身。以非法占有为目的,以借贷为名采用暴力、胁迫手段获取他人财物符合本罪规定的,应当以本罪追究刑事责任。

[②] 〔日〕山口厚:《刑法各论》,王昭武译,中国人民大学出版社2011年版,第253页。

[③] 作为抢劫手段的暴力或者胁迫的对象,只要是能成为强取财物之障碍的人即可,不必是财物的所有人或者占有人(抢劫罪中人身权的受害者和财产权的受害者可以不是同一人),因此,即便是对抢劫罪的被害人以外的其他人实施了暴行或者胁迫,在一定限度之内,也可成立抢劫罪。例如,甲持西瓜刀冲入某银行储蓄所,将刀架在储蓄所保安乙的脖子上,喝令储蓄所职员丙交出现金1万元。见丙故意拖延时间,甲便在乙的脖子上划了一刀。刚取出5万元现金的储户丁看见乙血流不止,于心不忍,就拿出1万元扔给甲,甲得款后迅速逃离,甲构成抢劫罪既遂。

或进行反抗,则立即实现胁迫内容(暴力)。以将来实施暴力相威胁的,一般不认定为抢劫罪;如果以揭发被害人隐私或其他损毁名誉等非暴力内容进行威胁的,不成立抢劫罪。①

所谓"其他方法",是指除了暴力、胁迫方法以外的造成被害人不能反抗的其他各种手段。最典型的是采用药物麻醉、用酒灌醉等手段使被害人暂时丧失自由意志,不能反抗或不知反抗,然后劫走财物。

被害人的不敢、不能、不知反抗的状态,必须是由行为人的强制行为所造成,二者之间须具有因果关系。如果行为人没有施加强制性行为,而只是利用了被害人因其他原因处于不敢、不能、不知反抗的处境的,不能以抢劫罪论处。如行为人利用他人熟睡或醉酒状态,将财物拿走的,则只能构成盗窃罪。② 虽实施了(按照社会一般观念达到了一般足以抑制被害人反抗的)上述暴行或者胁迫,且实际取得了财物,但对于具体的被害人而言,并未实际抑制该被害人的反抗的,属于抢劫未遂。因为,本罪预定的因果关系是通过抑制被害人的反抗而夺取财物。③

另外,实施的是一般情况下尚不足以抑制对方反抗的暴行或者胁迫,但由于被害人特别胆小等原因,而实际抑制了被害人的反抗的,对此如何处理?如果行为人知道被害人生性胆小的,就成立抢劫罪;反之,如果行为人对这种特殊情况并无认识的,就不具有抢劫的故意,至多具有敲诈勒索的故意(在此意义上,不成立抢劫罪,而至多可成立敲诈勒索罪)。因为,暴力或者胁迫能否抑制被害人的反抗,虽采取客观标准,判断时也必须考虑到被害人的情况;行为人对这种情况的认识,与暴力或者胁迫本身是否具有抑制反抗的性质这种判断无关,而是关系到行为人有无该认识(抢劫罪的故意)。④

第二,目的行为。作为目的行为的强取财物,是指违反被害人的意志将财物转移给自己或者第三者占有。亦即,要成立抢劫罪,必须是通过(出于夺取财物这一意思的)暴力、胁迫,抑制被害人等的反抗,并夺取了财物或者使被害人交付出财物,暴力、胁迫行为与夺取财物、财产性利益之间,必须存在因抑制被害人等的反抗而夺取了财物这种因果关系。这种情形之下的夺取,始称之为强取。如果暴行、胁迫不是指向抑制反抗,不成立抢劫罪;即便采取了指向抑制反抗的暴行、胁迫,如果并未抑制反抗却又转移了财物的,止于成立抢劫罪未遂。

从被抑制了反抗的被害人手中,违反被害人的意思,夺取财物的,这属于典型的抢劫。另外,下述情形也属于抢劫:被害人的反抗被抑制之后,行为人收受

---

① 张明楷:《刑法学》(第4版),法律出版社2011年版,第851页。
② 王作富主编:《刑法》(第4版),中国人民大学出版社2009年版,第442页。
③ 〔日〕西田典之:《日本刑法各论》,王昭武、刘明祥译,法律出版社2013年版,第173页。
④ 〔日〕山口厚:《刑法各论》,王昭武译,中国人民大学出版社2011年版,第255页。

了被害人自己拿出的财物的;在已被抑制住反抗的被害人逃走之后,拿走了被害人拉在现场的财物的;乘已被抑制住反抗的被害人不注意,拿走财物的。① 然而,对于取走被害人在逃跑过程中掉下的财物的情形,行为人取得财物,这并非是"强取"行为的结果,不能认定存在强取,成立抢劫罪未遂与侵占罪。

由于抢劫罪的对象包含财产性利益,所以在抢劫财产性利益时,由于压制他人的反抗,而使财产性利益在法律上或者事实上发生了转移时,应认定为强取财产性利益。例如,债务人杀害没有继承人的债权人的(与故意杀人罪竞合),乘坐出租车后使用暴力迫使司机放弃出租车费的,成立抢劫罪。②

第三,对"当场性"的理解。我国传统刑法理论认为,抢劫罪必须同时具备两个"当场性":当场使用暴力、胁迫以及当场取得财物。然而,对于"当场"的理解不能过于狭窄,暴力、胁迫或者其他方法与取得财物之间有时会持续一定时间,甚至手段行为和取得财物行为不属于同一场所,但如果从整体上看行为无间断的,也应认定为当场取得财物。例如,甲对乙实施暴力,迫使其交付财物,但乙身无分文,甲令乙立即从家中取来财物或者一道前往乙家中取得财物的,应认定为抢劫罪。又如,甲、乙2人于某日晚将私营业主丙从工厂绑架至市郊的一空房内,将丙的双手铐在窗户铁栏杆上,强迫丙答应交付3万元的要求,约2小时后,甲、乙强行将丙带回工厂,丙从保险柜取出仅有的1.7万元交给甲、乙的,甲、乙也应构成抢劫罪。

(3) 本罪的主观要件只能是故意,并且具有非法占有的目的。③ 抢劫的故意,是指行为人明知自己的抢劫行为会发生侵犯他人人身与财产的犯罪结果,并且希望或者放任这种结果的发生。行为人对他人造成财产上的损害虽然一般出于希望心理(不排除例外情况下存在放任心理),但对侵害他人人身权利的结果,则可能持放任态度。

出于其他目的,例如,出于强奸目的实施了暴力、胁迫,抑制住被害人的反抗之后再产生非法取得的意思并夺走了财物,这种行为是否构成抢劫罪?作为抢劫罪之要件的暴力、胁迫,是指向夺取财物的一系列因果进程(构成要件该当事实)的起点,并且,暴力、胁迫作为夺取财物的手段,属于构成要件要素,必须是基于夺取财物的意思而实施,因此,只要没有另外实施暴力、胁迫等行为,这种情形就不应构成抢劫罪。然而,在出于其他目的实施暴力、胁迫的过程中(暴力、

---

① 〔日〕山口厚:《刑法各论》,王昭武译,中国人民大学出版社2011年版,第257页。
② 张明楷:《刑法学》(第4版),法律出版社2011年版,第852页。
③ 《关于审理抢劫、抢夺刑事案件适用法律若干问题的意见》规定,行为人为索取债务,使用暴力、暴力威胁等手段的,一般不以抢劫罪定罪处罚,视情形成立故意伤害罪、非法拘禁罪、非法侵入住宅罪等。

胁迫尚未结束之时)产生夺取财物的意思,并夺取了财物的,应成立抢劫罪。①例外情况是,根据《刑法》第289条的规定,在实行聚众"打砸抢"行为过程中,毁坏公私财物的,即便没有非法占有的目的,对首要分子也应认定为抢劫罪。

(4)事后抢劫的认定。值得注意的是,《刑法》第269条还规定了"事后抢劫",即犯盗窃、诈骗、抢夺罪,为窝藏赃物、抗拒抓捕或者毁灭罪证而当场使用暴力或者以暴力相威胁的,依照《刑法》第263条关于抢劫罪的规定定罪处罚。

"事后抢劫"的成立条件如下:

第一,行为人实施了盗窃、诈骗、抢夺罪。由于盗窃罪等存在数额较大的要求以及行为人年龄限制(16周岁以上),因而如何理解"犯盗窃、诈骗、抢夺罪"便成为问题;究竟是要求先行行为构成盗窃罪等还是只要实施盗窃等行为即可?本书认为,鉴于《刑法》第17条第2款中的"犯故意杀人、故意伤害致人重伤或者死亡、强奸、抢劫、贩卖毒品、放火、爆炸、投毒罪的"一般被理解为实施故意杀人等行为而非构成故意杀人罪等,因而宜理解为实施盗窃等行为即可。具体而言,行为人以犯罪故意实施盗窃、诈骗、抢夺行为,只要已经着手实行,不管是既遂还是未遂,不管所取得的财物数额大小,都符合"犯盗窃、诈骗、抢夺罪"的条件,因而本罪并非身份犯,并非只有"盗窃犯、诈骗犯、抢夺犯"才能成为本罪的主体。这样,已满14周岁、不满16周岁的人也能成为事后抢劫的行为主体。②

第二,当场使用暴力或者以暴力相威胁。所谓"当场",是指盗窃等行为与暴力等行为之间,存在时间上、场所上的接续性,必须是在盗窃等犯罪现场或者盗窃等机会的持续过程中。例如,甲某晚潜入胡某家中盗窃贵重物品时,被主人发现。甲夺门而逃,胡某也没有再追赶。甲就躲在胡某家墙根处的草垛里睡了一晚,第二天早上村长高某路过时,发现甲行踪诡秘,就对其盘问。甲以为高某发现了自己昨晚的盗窃行为,就对高某进行打击,致其重伤。该案中,甲某伤害村长高某的行为在时间上与盗窃罪相隔断,在空间上也不属于直接侵害财产的现场(盗窃的现场在胡某的家里),因而不属于在盗窃罪转化为抢劫罪过程中所必须要求的当场使用暴力的情节。所以甲某的行为不能转化为抢劫罪,而应单

---

① 《关于审理抢劫、抢夺刑事案件适用法律若干问题的意见》指出,"行为人实施伤害、强奸等犯罪行为,在被害人未失去知觉,利用被害人不能反抗、不敢反抗的处境,临时起意劫取他人财物的,应以此前所实施的具体犯罪与抢劫罪实行数罪并罚;在被害人失去知觉或者没有发觉的情形下,以及实施故意杀人犯罪行为之后,临时起意拿走他人财物的,应以此前所实施的具体犯罪与盗窃罪实行数罪并罚。"

② 值得注意的是,根据2006年最高人民法院《关于审理未成年人刑事案件具体应用法律若干问题的解释》第10条的规定,已满14周岁不满16周岁的人盗窃、诈骗、抢夺他人财物,为窝藏赃物、抗拒抓捕或者毁灭罪证,当场使用暴力,故意伤害致人重伤或者死亡,或者故意杀人的,应当分别以故意伤害罪或者故意杀人罪定罪处罚。而2003年最高人民检察院法律政策研究室《关于相对刑事责任年龄的人承担刑事责任范围有关问题的答复》则规定:相对刑事责任年龄的人实施了《刑法》第269条规定的行为的,应当依照《刑法》第263条的规定,以抢劫罪追究刑事责任。但对情节显著轻微,危害不大的,可根据《刑法》第13条的规定,不予追究刑事责任。两个规定意见并不统一,本书赞同后一种观点。

独定故意伤害罪(与盗窃罪实行并罚)。实施所谓的暴力或者以暴力相威胁,是指对抓捕他的人或者阻止其窝藏赃物、毁灭罪证的人使用暴力或暴力相威胁,其对象没有特别限定。例如,甲在丙家盗窃了财物,刚出门时遇到乙,甲以为乙是失主,为抗拒抓捕对乙实施暴力。即使乙不是失主,既没有认识到甲的盗窃行为,也没有抓捕甲的想法与行为,对甲的行为也应认定为抢劫。这里的暴力等行为必须与抢劫罪中的暴力、胁迫等处于同等程度(达到足以抑制对方的反抗的程度)。例如,甲深夜入室盗窃,被主人李某发现后追赶。当甲跨上李某家院墙,正准备往外跳时,李某抓住甲的脚,试图拉住他。但甲顺势踹了李某一脚,然后逃离现场。该案中,甲踹李某一脚的行为可以认为是一种暴力,但并不是足以转化为抢劫罪的暴力。

第三,目的是为了窝藏赃物、抗拒抓捕或者毁灭罪证。窝藏赃物,是指为保护已经取得的赃物不被追回;抗拒抓捕,是指抗拒公安机关的拘留、逮捕和公民的扭送;毁灭罪证,是指湮灭本人的犯罪证据。如果行为人出于其他目的,不能构成本罪。而且,只要实施了暴力等行为即可,不问是否实际达到了上述目的;也不问被害人是否实际实施了追回财物或者逮捕的行为。① 另外,如果行为人在实施盗窃、诈骗、抢夺行为的过程中,尚未取得财物时被他人发现,为了非法取得财物,而使用暴力或者以暴力相威胁的,应直接认定为抢劫罪,不适用《刑法》第269条。②

(二) 抢劫罪的界限划分

1. 本罪与非罪的界限

要注意以下两点:(1) 抢劫情节显著轻微、危害不大的,不以犯罪论处。例如,强索少量财物,抢吃少量食品等属于一般违法行为;小偷小摸被人发现,对他人使用轻微暴力,没有造成后果的;等等。(2) 应区别于一般民事纠纷。本罪具有非法占有的目的,而民事纠纷一般无此目的。例如,只是为了抵债或者索还款物,而采取了强制扣留对方财物或者因婚姻纠纷抢回彩礼、陪嫁物或者强行分割家庭共有财产等不当行为,不构成犯罪。③

2. 本罪既遂与未遂的界限

由于抢劫罪既侵犯财产权利又侵犯人身权利,具备劫取财物或者造成他人轻伤以上后果两者之一的,均属抢劫既遂;既未劫取财物,又未造成他人人身伤害后果的,属抢劫未遂。多次抢劫但均未遂的,应认定为抢劫未遂;多次抢劫中,一次既遂的,就不能再适用未遂的规定;全部未遂,或者一次未遂,其他均为中止

---

① 〔日〕山口厚:《刑法各论》,王昭武译,中国人民大学出版社2011年版,第267页。
② 张明楷:《刑法学》(第4版),法律出版社2011年版,第857页。
③ 王作富主编:《刑法》(第4版),中国人民大学出版社2009年版,第442页。

与预备的,应当适用未遂犯的处罚规定。①

3. 本罪与其他犯罪的界限

（1）本罪与故意杀人罪的界限。根据2001年最高人民法院《关于抢劫过程中故意杀人案件如何定罪问题的批复》,行为人为劫取财物而预谋故意杀人,或者在劫取财物过程中,为制服被害人反抗而故意杀人的,以抢劫罪定罪处罚。行为人实施抢劫后,为灭口而故意杀人的,以抢劫罪和故意杀人罪定罪,实行数罪并罚。由于其他原因故意实施杀人行为致人死亡,然后产生非法占有财物的意图,进而取得财物的,应认定为故意杀人罪与侵占罪。另外,由于杀人是压制被害人反抗、使被害人丧失财产的终极手段,只要是出于非法占有目的而实施杀人行为,且其后取得财物与杀人之间具有意思关联,即可认定为抢劫罪。例如,甲按照计划在杀害乙后赶往乙的住宅取走财物的,应认定为抢劫罪。上述意思关联还包括杀人时取得财物的意思的连续性。例如,甲为了取得乙的戒指而杀害乙,在摘取戒指后发现了钱包,一并将钱包取走的,仅成立抢劫罪一罪。但是,如果张三为了取得李四的戒指而杀害李四,在取得戒指一周后,为了湮灭尸体来到杀人现场,发现钱包而将钱包取走的,对取得钱包的行为,应另外认定为侵占罪。②

（2）本罪与绑架罪的界限。根据《关于审理抢劫、抢夺刑事案件适用法律若干问题的意见》的规定,绑架过程中又当场劫取被害人随身携带的财物的,例如,张某为勒索财物,将某富商吴某绑架。在向吴某妻子发出勒索财物要求后,发现吴某随身携带现金5000元,又将其据为己有的,就同时触犯绑架罪和抢劫罪两罪名,应择一重罪定罪处罚。二者区别的关键在于,前者只能是向被绑架人的近亲属或者其他有关人勒索财物;后者是直接迫使被绑架人交付财物,而不是向第三者勒索财物。行为人使用暴力、胁迫手段非法扣押被害人或者迫使被害人离开日常生活处所后,仍然向该被害人勒索财物的,只能认定为抢劫罪。另外,抢劫罪的主体为年满14周岁的人;绑架罪的主体则为年满16周岁的人。

（三）抢劫罪的刑事责任

《刑法》第263条除规定"以暴力、胁迫或者其他方法抢劫公私财物的,处3年以上10年以下有期徒刑,并处罚金"之外,还规定对下述八种加重处罚情节,"处10年以上有期徒刑、无期徒刑或者死刑,并处罚金或者没收财产"。

（1）入户抢劫的。这里的"户"具有两个特征:第一,物理特征是指与外界相对隔离;第二,社会属性是指具有家庭生活内容的家庭住所,因而抢劫大学生

---

① 张明楷:《刑法学》(第4版),法律出版社2011年版,第860页。
② 同上书,第858页。

宿舍、旅馆、临时工棚的行为是普通抢劫。"入户"要求具有目的的非法性(主观上有犯罪的故意),是指为了抢劫或者盗窃、诈骗、抢夺等而进入,反之,不具有犯罪目的而在正当进入之后再起犯意的,属于一般抢劫。要求暴力或者暴力胁迫行为发生在"户"内。例如,入户实施盗窃被发现,当场实施暴力或者以暴力相威胁的,可以认定为"入户抢劫";但因受到追赶,在出户之后使用暴力或者以暴力相威胁的,就属于转化型抢劫,而不属于"入户抢劫"。

(2)在公共交通工具上抢劫的。这里的"公共交通工具"强调公共性与运营性,不包括小型出租车、私人轿车、工厂和学校班车等。因而,"在公共交通工具上抢劫"主要是指在从事旅客运输的各种公共汽车、大、中型出租车、火车、船只、飞机等正在运营中的机动公共交通工具上对旅客、司售、乘务人员实施的抢劫。核心在于,暴力作用在公共交通工具上,与行为本身是否危及公共安全无关,至于行为人本人是否在公共交通工具上并不重要。

(3)抢劫银行或者其他金融机构的。"抢劫银行或者其他金融机构",是指抢劫银行或者其他金融机构的经营资金、有价证券和客户的资金等。这里强调的是对象的特殊性,而不是场所的特殊性,因而,不包括抢劫银行等的办公用品。明知是运钞车而抢劫正在使用中的银行或者其他金融机构的运钞车的,视为"抢劫银行或者其他金融机构"。

(4)多次抢劫或者抢劫数额巨大的。《关于审理抢劫、抢夺刑事案件适用法律若干问题的意见》规定,"多次抢劫"是指抢劫3次以上。对于"多次"的认定,应以行为人实施的每一次抢劫行为均已构成犯罪为前提,综合考虑犯罪故意的产生、犯罪行为实施的时间、地点等因素,进行客观分析、认定。对于行为人基于一个犯意实施犯罪的,如在同一地点同时对在场的多人实施抢劫的;或基于同一犯意在同一地点连续实施抢劫犯罪的,如在同一地点连续地对途经此地的多人进行抢劫的;或在一次犯罪中对一栋居民楼房中的几户居民连续实施入户抢劫的,一般应认定为一次犯罪。"数额巨大"是指3万元至10万元以上(不满30万元),抢劫博物馆、重要文物的,属于抢劫数额巨大。

(5)抢劫致人重伤、死亡的。"抢劫致人重伤、死亡",是指为抢劫财物使用暴力或其他强制方法或者以故意杀人为手段而造成他人重伤、死亡的行为,属于抢劫罪的结果加重犯;对死亡或重伤结果既可以是过失,也可以是故意,而且,即使未抢劫到财物,也应以所规定的法定刑处罚。抢劫行为(暴力等手段行为或者强取财物等目的的行为)与死亡或重伤结果之间必须存在直接的因果关系;重伤、死亡的对象并无特别限制,可以是财物的占有者、所有者、阻止行为人取得财物的人或者行为人自认为会阻止自己取得财物的人。例如,甲抢劫妇女高某财物,路人曾某上前制止,甲用自制火药枪将曾某打死的,就属于抢劫致人死亡。

(6)冒充军警人员抢劫的。"冒充军警人员抢劫",是指冒充现役军人、武装警察或警察进行抢劫的行为。"冒充"包括没有军警身份而冒充军警身份的、军人和警察相互冒充的、此种警察或者军人冒充彼种警察或者军人的情形。

(7)持枪抢劫的。"持枪抢劫",是指行为人使用枪支或者向被害人显示持有、佩带的枪支进行抢劫的行为。枪支必须对被害人至少起到了威慑作用,如果行为人既不使用枪支,也不向被害人显示枪支,换言之,如果被害人根本无从知道、实际上也并不知道行为人携带了枪支的,就不是这里的"持"枪抢劫。"枪"是指能发射子弹的真枪,不包括仿真手枪与其他假枪,但不要求实际装有子弹。

(8)抢劫军用物资或者抢险、救灾、救济物资的。"抢劫军用物资或者抢险、救灾、救济物资",是指抢劫除军用枪支、弹药、爆炸物以外其他军用物资以及正在用于或将要用于抢险、救灾、救济物资的行为。"军用物资"是指武装部队(包括武警部队)使用的物资,不包括公安警察使用的物资;"抢险、救灾、救济物资"是指已确定用于或者正在用于抢险、救灾、救济的物资。以行为人明知是"军用物资或者抢险、救灾、救济物资"为前提,如果行为人以为抢劫的是普通财物,抢得之后才发现是军用物资的,只能按照普通抢劫罪来处理。

二、抢夺罪

抢夺罪,是指以非法占有为目的,公然对物实施暴力,夺走被害人紧密控制下的财物的行为。

构成要件的内容为,当场直接夺取他人紧密占有的数额较大的财物。[①]本罪的保护法益是公私财物的所有权等本权,其对象为公私财物,但仅限于动产,不动产不能成为本罪的对象。[②]

本罪并非"不采取暴力、胁迫等强制方法",而是指行为人在夺取财物时使用的暴力所针对的对象是物,而且采用暴力手段不是为了压制被害人的反抗,因

[①] 张明楷:《刑法学》(第4版),法律出版社2011年版,第865页。
[②] 根据2013年最高人民法院、最高人民检察院《关于办理抢夺刑事案件适用法律若干问题的解释》的规定,抢夺公私财物"数额较大"是指抢夺公私财物价值人民币1000元至3000元以上。第1、2条规定,抢夺公私财物价值1000元至3000元以上,应当分别认定为"数额较大"。具有下列情形之一的,"数额较大"的标准按照前述标准的50%确定:(1)曾因抢劫、抢夺或者聚众哄抢受过刑事处罚的;(2)1年内曾因抢夺或者哄抢受过行政处罚的;(3)1年内抢夺3次以上的;(4)驾驶机动车、非机动车抢夺的;(5)组织、控制未成年人抢夺的;(6)抢夺老年人、未成年人、孕妇、携带婴幼儿的人、残疾人、丧失劳动能力人的财物的;(7)在医院抢夺病人或者其亲友财物的;(8)抢夺救灾、抢险、防汛、优抚、扶贫、移民、救济款物的;(9)自然灾害、事故灾害、社会安全事件等突发事件期间,在事件发生地抢夺的;(10)导致他人轻伤或者精神失常等严重后果的。如果抢夺行为未能夺取财物,但可能夺取的财物数额较大,具有严重情节的,应按抢夺未遂论处。

而抢夺罪是"对物暴力"而非"对人暴力",这也是本罪区别于抢劫罪的关键。①而且,只有当对物暴力行为可能导致被害人伤亡时,才认定为抢夺罪。反之,虽属于公然取得财物的行为,但并不具有致人伤亡的危险的,宜认定为盗窃罪。是否乘人不备,并不影响本罪的成立,强调的是被害人虽然当场可以得知财物被夺取,但往往来不及抗拒。例如,甲见乙迎面走来,担心自己的手提包被乙夺走,便紧抓手提包。乙见甲紧抓手提包,猜想包中有贵重物品,在与甲擦肩而过时,当面用力夺走甲的手提包的,仍应构成抢夺罪。抢夺行为必须公然进行,但这里的公然并不是指必须在不特定的人或多数人面前实施,而是指当着财物保管人或所有人的面或者采取可以使其立即发觉的方式夺取财物。

关于驾驶机动车、非机动车夺取他人财物行为的定性,根据前引司法解释第6条的规定,驾驶机动车、非机动车夺取他人财物,具有下列情形之一的,应当以抢劫罪定罪处罚:(1)夺取他人财物时因被害人不放手而强行夺取的;(2)驾驶车辆逼挤、撞击或者强行逼倒他人夺取财物的;(3)明知会致人伤亡仍然强行夺取并放任造成财物持有人轻伤以上后果的。例如,甲驾驶摩托车至某广场,乘途经该广场的乙不备,猛拽其携带的手提包,乙紧紧抓住手提包不放,甲即猛踩油门,将乙拖行数米并甩开,夺其手提包后扬长而去。经查,手提包共有钱物价值人民币5000元,乙亦因被甲强拉硬拽而致手腕脱臼。对甲的行为,就应认定为抢劫罪。

《刑法》第267条第2款规定,"携带凶器抢夺的,依照本法第263条的规定定罪处罚。"本条是有关抢劫的法律拟制规定,是指只要行为人携带凶器抢夺的,就以抢劫罪论处,不要求行为人使用暴力、胁迫或者其他方法,更不要求行为人显示或者使用所携带的凶器。如果行为人有意显示随身携带的凶器,并能为被害人察觉到的,直接适用《刑法》第263条。适用本条,必须满足以下三个条件:(1)行为人必须是实施了抢夺犯罪行为。实施其他犯罪的,如盗窃、诈骗等,不能适用本条。(2)行为人必须携带有凶器。"携带凶器抢夺",是指行为人随身携带枪支、爆炸物、管制刀具等国家禁止个人携带的器械进行抢夺或者为了实施犯罪而携带其他器械进行抢夺的行为。所谓凶器,是指在性质上或者用法上,足以杀伤他人的器物。携带凶器,应具有随时可能使用或当场能够及时使用的特点,即具有随时使用的可能性。(3)行为人携带凶器是为了实施犯罪。行为人随身携带国家禁止个人携带的器械以外的其他器械抢夺,但有证据证明该器械确实不是为了实施犯罪准备的,不以抢劫罪定罪。携带凶器是一种客观事实,由于性质上的凶器(性质上本身属于凶器的东西)属于违禁品,法律本身便禁止

---

① 由于抢夺罪也不排除行为人使用轻微对人暴力抢夺财物,故在对人暴力情况下,区分的关键在于,暴力是否达到足以压制他人反抗的程度。

携带,因而携带者通常具有使用的意识,不会产生认定上的困难;而对用法上的凶器(如菜刀、铁棒、石块等)而言,由于这里是行为人并未使用所携带的这种物品,要认定属于凶器,就不能脱离行为人的主观心态,应要求行为人具有准备使用的意识。

另外,《刑法》第267条第2款与《刑法》第269条都属于"准抢劫",有时会发生竞合。根据《关于审理抢劫、抢夺刑事案件适用法律若干问题的意见》的规定,"行为人携带凶器抢夺后,在逃跑过程中为窝藏赃物、抗拒抓捕或者毁灭罪证而当场使用暴力或者以暴力相威胁的,适用《刑法》第267条第2款的规定定罪处罚。"因为,携带凶器抢夺就已经转化为抢劫罪,不属于事后抢劫的前提犯罪,而且,前行为已经属于抢劫罪,不可能再转化为抢劫罪。

根据《刑法》第267条的规定,犯抢夺罪的,处3年以下有期徒刑、拘役或者管制,并处或者单处罚金;数额巨大或者有其他严重情节的,处3年以上10年以下有期徒刑,并处罚金;数额特别巨大或者有其他特别严重情节的,处10年以上有期徒刑或者无期徒刑,并处罚金或者没收财产。[①]

三、聚众哄抢罪

聚众哄抢罪,是指以非法占有为目的,聚集多人,实施哄抢公私财物,数额较大或者有其他严重情节的行为。犯罪对象是他人占有的财物,限于动产和不动产中可以拆卸的部分。聚众哄抢罪一般不针对人身使用暴力或者使用的暴力比较轻微,这是本罪区别于抢劫罪和抢夺罪的关键。[②] 聚众哄抢的特点是,哄抢人不使用暴力、胁迫手段,依靠人多势众取得财物,如果使用了暴力、胁迫或其他人身强制方法,应按抢劫罪论处。本罪是一种聚众性的必要共同犯罪,仅处罚首要分子和积极参加者,其他一般参与人的行为不以犯罪论处。本罪的主观要件为故意,并且具有非法占有公私财物的目的。根据《刑法》第268条的规定,犯本罪的,对首要分子和积极参加的,处3年以下有期徒刑、拘役或者管制,并处罚金;数额巨大或者有其他特别严重情节的,处3年以上10年以下有期徒刑,并处罚金。

[①] 根据2013年最高人民法院、最高人民检察院《关于办理抢夺刑事案件适用法律若干问题的解释》第1、3、4、5条的规定,抢夺公私财物价值3万元至8万元以上、20万元至40万元以上的,应当分别认定为"数额巨大""数额特别巨大"。抢夺公私财物,具有下列情形之一的,应当认定为"其他严重情节":(1)导致他人重伤的;(2)导致他人自杀的;(3)具有本解释第2条第3项至第10项规定的情形之一,数额达到"数额巨大"50%的。抢夺公私财物,具有下列情形之一的,应当认定为"其他特别严重情节":(1)导致他人死亡的;(2)具有本解释第2条第3项至第10项规定的情形之一,数额达到"数额特别巨大"50%的。抢夺公私财物数额较大,但未造成他人轻伤以上伤害,行为人系初犯,认罪、悔罪、退赃、退赔,且具有下列情形之一的,可以认定为犯罪情节轻微,不起诉或者免予刑事处罚;必要时,由有关部门依法予以行政处罚:(1)具有法定从宽处罚情节的;(2)没有参与分赃或者获赃较少,且不是主犯的;(3)被害人谅解的;(4)其他情节轻微、危害不大的。

[②] 李希慧主编:《刑法各论》,武汉大学出版社2009年版,第266页。

四、敲诈勒索罪

（一）敲诈勒索罪的概念和构成要件

敲诈勒索罪，是指以非法占有为目的，对他人实施恐吓，索取公私财物数额较大或者多次敲诈勒索的行为。本罪的基本结构是：对他人实行恐吓→对方产生恐惧心理→对方基于恐惧心理处分财产→行为人或第三者取得财产→被害人遭受财产损失。[①]

（1）本罪侵害的法益是双重法益，既侵犯了公私财产的所有权等本权及其占有，也侵犯了他人的人身权利与其他合法权益。犯罪对象为公私财物，可以是动产，也可以是不动产，还可以是财产性利益。

（2）本罪的客观要件表现为，采用暴力、胁迫等恐吓方法，迫使被害人基于恐惧心理交付财产或者提供财产性利益，进而取得财产或财产性利益。如果暴力或者以暴力相威胁的行为达到了压制他人反抗的程度，则构成抢劫罪。可以从以下三个方面来理解：

第一，恐吓行为。敲诈勒索以恐吓为手段行为。所谓恐吓，是指为了使他人交付财物或者财产性利益而作为手段所实施的尚未达到抑制被害人反抗程度的暴力、胁迫。[②] 暴力，也可成为恐吓的手段，但可以认为，一旦遭受暴力之后，也许还会遭受暴力这种胁迫因素，才是让被害人感到畏惧的实质，在此意义上，可以将暴力理解为"以态度进行的胁迫"。[③] 而且，暴力，仅限于针对被害人，至于针对第三者的暴力，可以认为是一种胁迫。胁迫，是指通告足以使对方感到畏惧的恶害。不过是让对方感到困惑、为难的，不属于胁迫。不问具体告知方法。所通告的恶害的实施对象，不限于被害人本人及其亲属，还包括其友人等其他相关第三人。[④] 例如，向某男子声称如不交付财物就加害其恋人的，属于敲诈勒索。

恐吓内容没有限制，只要足以使他人产生恐惧心理即可。可以是暴力威胁，也可以是非暴力威胁，如可以对被害人及其亲属等人的生命、身体、自由、名誉等进行威胁，一般是以侵害他人或者以宣扬不利于被害人的事项相威胁，可能涉及被害人的生命、身体和名誉，也可能涉及被害人的财物或财产性利益。[⑤] 恐吓内容的实现本身不必具有违法性。例如，甲得知乙犯了抢劫罪后，为了不法取得乙所抢劫的财物，以向警察告发相胁迫，乙产生恐惧心理，将所抢劫的财物一部或者全部交付给甲的，对甲应认定为敲诈勒索罪。

---

① 张明楷：《刑法学》（第4版），法律出版社2011年版，第869页。
② 〔日〕西田典之：《日本刑法各论》，王昭武、刘明祥译，法律出版社2013年版，第234页。
③ 〔日〕山口厚：《刑法各论》，王昭武译，中国人民大学出版社2011年版，第329页。
④ 同上书，第329页以下。
⑤ 李希慧主编：《刑法各论》，武汉大学出版社2009年版，第267页。

不要求实现敲诈勒索罪中的恶害,也不要求行为人具有实现恶害的真实意思。通告虚假事实使对方产生恐惧心理进而交付财物的,也成立本罪。威胁内容是由行为人自己亲自实现,还是将由他人来实现,在所不问。不过,通过第三者的行为通告威胁内容的,必须是以通告者可以对该第三者的加害行为施加影响这种形式来通告。即行为人必须使对方知道行为人能够影响第三者,或者让对方推测到行为人能影响第三者。在这种情况下,不要求行为人与第三者有共谋关系。

第二,恐惧认识。恐吓的结果,是使被害人产生恐惧心理,然后为了保护自己更大的利益而处分其数额较大的财产,进而使行为人取得财产。恐吓行为与陷入恐惧进而交付财产之间需存在因果关系。恐吓行为使对方陷入恐惧并由此处分财产的,成立敲诈勒索罪既遂;恐吓行为没有使对方产生恐惧,对方出于怜悯或者为抓捕罪犯而在警方安排下交付财物的,构成敲诈勒索罪未遂。①

第三,处分财产。这里强调的是,财产转移这一最终事实。要成立本罪,必须是基于因畏惧而产生的"有瑕疵的意思",交付物或者财产性利益。也就是,基于畏惧者的"有瑕疵的意思"的交付行为(也称为"处分行为"),转移了物或者财产性利益。由交付行为所形成的"基于意思的转移",使本罪成为交付罪,区别于物或者财产性利益的转移有违占有人意思之时所成立的取得罪(夺取罪)。

被害人处分财产,并不限于被害人直接交付财产,也可以是因为恐惧而默许行为人取得财产,还可以是与被害人有特别关系的第三者基于被害人的财产处分意思交付财产。交付的对方,多是恐吓行为的行为人本人,但也可以是非恐吓人本人的第三人。不过,在此类情形下,尤其必须探讨恐吓行为的行为人有无非法占有的目的,要肯定这一点,作为交付对象的第三人,必须与恐吓行为的行为人实际上存在某种特别关系,而不包括双方毫无关系的情形。亦即,敲诈勒索是使用暴力、胁迫使对方产生恐惧心理,然后处分财产,进而使得行为人取得财产。一般情况下,处分财产的人必须是被胁迫人,但与诈骗罪一样,也存在"三角恐吓",即被胁迫者与财产的被害人不是同一人。在这种情况下,被胁迫者必须具有处分被害人财产的权能或地位。

另外,《关于审理抢劫、抢夺刑事案件适用法律若干问题的意见》规定,行为人冒充治安联防队员"抓赌""抓嫖"、没收赌资或者罚款的行为,构成犯罪的,以敲诈勒索罪定罪处罚;在实施上述行为中使用暴力或者以暴力相威胁的,以抢劫罪定罪处罚。

---

① 本罪的着手时期为开始实施胁迫行为之时;行为人排除被害人对财产的占有,将财产设定为自己或第三者占有时,即本罪既遂之时。

构成敲诈勒索罪,在客观上还要求达到数额较大①或者多次实施敲诈勒索行为。

(3) 本罪的主观要件只能为故意,且具有非法占有的目的。根据上述司法解释,明知他人实施敲诈勒索犯罪,为其提供信用卡、手机卡、通讯工具、通讯传输通道、网络技术支持等帮助的,以共犯论处。

(二) 敲诈勒索罪的界限划分

1. 本罪与非罪的界限

难点在于如何区分权利行使与敲诈勒索的界限。在不少情况下,行为人是为了行使自己的权利而使用胁迫手段。首先,行使取得财产的正当权利,只是方式不当的,原则上不构成本罪②,但如果权利本身不正当或者根本不存在的,则构成本罪。例如,甲到乙的餐馆吃饭,在食物中发现一只苍蝇,遂以向消费者协会投诉为由进行威胁,索要精神损失费3000元,乙迫于无奈付给甲3000元,甲就不构成本罪;反之,甲到乙的餐馆吃饭,偷偷在食物中投放一只事先准备好的苍蝇,然后以砸烂桌椅进行威胁,索要精神损失费3000元,乙迫于无奈付给甲3000元,甲就应构成本罪。其次,以胁迫手段取得对方非法占有的自己所有的财物的,不应认定为敲诈勒索罪。例如,如果乙盗窃了甲的A财物,甲采取胁迫手段取回A财物的,不宜认定为本罪;但如果甲采取胁迫手段取得乙的B财物的,就应认定为本罪。再次,如果债权人为了实现自己的到期债权,对债务人实行胁迫的,是否构成本罪,存在争议。但在债权人行使的权利没有超出其本身应享有的权利的范围,且具有行使实力的必要,而且其手段行为本身并不构成刑法规定的其他犯罪的,原则上不宜认定为本罪。③ 但这绝不是说,只要是事出有因,就不成立本罪。如果债权本身的内容并不确定,则有可能成立本罪;以揭发对方与自己无关的犯罪为由索要钱财的,也成立本罪。例如,甲为少缴税款,让妻子乙勾引税务局副局长丙。丙在和乙发生性关系后,仍然照常向甲征收税款。甲很气愤,找到丙说:"你要让我缴税也可以。你补贴我2万块钱,否则我就去告你强奸我老婆。"甲的行为就应构成本罪。

---

① 根据2013年最高人民法院、最高人民检察院《关于办理敲诈勒索刑事案件适用法律若干问题的解释》(以下简称《敲诈勒索刑事案件解释》)的规定,所谓数额较大,一般是指敲诈勒索公私财物价值2000元至5000元以上;具有下列情形之一的,"数额较大"的标准则可以减半确定:(1) 曾因敲诈勒索受过刑事处罚的;(2) 一年内曾因敲诈勒索受过行政处罚的;(3) 对未成年人、残疾人、老年人或者丧失劳动能力人敲诈勒索的;(4) 以将要实施放火、爆炸等危害公共安全犯罪或者故意杀人、绑架等严重侵犯公民人身权利犯罪相威胁敲诈勒索的;(5) 以黑恶势力名义敲诈勒索的;(6) 利用或者冒充国家机关工作人员、军人、新闻工作者等特殊身份敲诈勒索的;(7) 造成其他严重后果的。所谓多次敲诈勒索,是指2年内敲诈勒索3次以上的行为。

② 如果方式本身成立其他犯罪的,按照其他犯罪(如非法拘禁罪、故意伤害罪等)定罪处罚。

③ 张明楷:《刑法学》(第4版),法律出版社2011年版,第871页;陈兴良:《论财产犯罪的司法认定》,载《东方法学》2008年第3期。

2. 本罪与抢劫罪的界限

二罪都以非法占有为目的,不仅都可以使用威胁方法,而且都可能使用暴力方法,关键区别在于手段行为的程度不同。抢劫罪的手段包括暴力、胁迫或者其他方法,要求达到足以抑制他人反抗的程度;敲诈勒索罪的手段限于轻微暴力或者胁迫手段,其手段不得达到足以抑制他人反抗的程度。而且,抢劫罪只能是当场以暴力侵害相威胁,如果不满足行为人的要求,威胁内容(暴力)便当场实现;敲诈勒索罪的威胁方法基本上没有限制,如果不满足行为人的要求,暴力威胁的内容只能在将来的某个时间实现。至于是否当场交付财物,并不足以区分二者:胁迫被害人当场交付财物,否则日后将加害被害人,或者行为人对被害人实施了没有达到抢劫程度的暴力,胁迫被害人当场交付财物的,认定为敲诈勒索罪;行为人对被害人实施了足以抑制其反抗的暴力后,迫使其日后交付财物的,认定为抢劫罪。

3. 本罪与绑架罪的界限

绑架罪中包括了向被绑架人的近亲属及其他人勒索财物的情况,它与敲诈勒索罪的关键区别在于是否实际上绑架了他人。例如,甲、乙合谋勒索丙的钱财,甲与丙及丙的儿子丁(17岁)相识。某日下午,甲将丁邀到一家游乐场游玩,然后由乙向丙打电话。乙称丁被绑架,令丙赶快送3万元现金到约定地点,不许报警,否则杀害丁。丙担心儿子的生命而没有报警,下午7点左右准备了3万元送往约定地点。乙取得钱后通知甲,甲随后与丁分手回家。甲、乙二人虽声称绑架了丁,但事实上并未实施绑架行为,也没打算绑架丁,所以不符合绑架罪的犯罪构成,不成立绑架罪。甲、乙的行为性质就属于敲诈勒索。①

(三)敲诈勒索罪的刑事责任

根据《刑法》第274条的规定,犯本罪的,处3年以下有期徒刑、拘役或者管制;数额巨大或者有其他严重情节的,处3年以上10年以下有期徒刑;数额特别巨大或者有其他特别严重情节的,处10年以上有期徒刑,并处罚金。②

---

① 有观点认为,此类行为属于敲诈勒索与诈骗的想象竞合。但本书认为,甲、乙的敲诈行为虽然也使得受害人产生了认识错误,但被害人交付财物的举动是基于行为人的威胁、行为而产生的错误认识,而并非所谓的自愿交付财物,因而行为的性质是敲诈,不宜定诈骗罪。

② 《敲诈勒索刑事案件解释》第1条、第8条的规定,3万元至10万元以上、30万元至50万元以上的,应当分别认定为"数额巨大"、"数额特别巨大"。敲诈勒索公私财物,具有第2条第3项至第7项规定的情形之一,数额达到前述"数额巨大""数额特别巨大"80%的,可以分别认定为"其他严重情节""其他特别严重情节"。对犯敲诈勒索罪的被告人,应当在2000元以上、敲诈勒索数额的2倍以下判处罚金;被告人没有获得财物的,应当在2000元以上10万元以下判处罚金。

《敲诈勒索刑事案件解释》第5、6条规定,敲诈勒索数额较大,如果行为人认罪、悔罪、退赃、退赔,并具有下列情形之一的,可以认定为犯罪情节轻微,不起诉或者免于刑事处罚,由有关部门依法予以行政处罚:(1)具有法定从宽处罚情节的;(2)没有参与分赃或者获赃较少且不是主犯的;(3)被害人谅解的;(4)其他情节轻微、危害不大的。敲诈勒索近亲属的财物,如果获得谅解的,一般不认为是犯罪;认定为犯罪的,应当酌情从宽处理。被害人对敲诈勒索的发生存在过错的,根据被害人过错程度和案件其他情况,可以对行为人酌情从宽处理;情节显著轻微危害不大的,不认为是犯罪。

第三节 窃取、骗取型财产犯罪

一、盗窃罪

（一）盗窃罪的概念和构成要件

1. 盗窃罪的概念

盗窃罪，是指以非法占有为目的，窃取他人占有的数额较大的财物，或者多次盗窃、入户盗窃、携带凶器盗窃、扒窃的行为。

从客观方面来划分，盗窃罪有两种类型①：

（1）窃取他人财物数额较大，才构成犯罪。2013年最高人民法院、最高人民检察院《关于办理盗窃刑事案件适用法律若干问题的解释》规定：个人盗窃公私财物"数额较大"，以1000元至3000元为起点。"数额较大"是一个相对的概念，首先是相对于地区而言，由于我国地域辽阔，各地经济发展不平衡，故各省、自治区、直辖市高级人民法院、人民检察院可以根据本地区经济发展状况，并考虑社会治安状况，在上述数额幅度内，分别确定本地区执行的具体数额标准。其次是相对于情节而言，如果其他方面情节严重，数额要求则应相对低一些。② 如果其他方面的情节轻微，数额要求则应相对高一些。③ 此外，盗窃国有馆藏一般文物的，应当认定为"数额较大"。

（2）不要求数额。具体包括以下四种情形：

一是多次盗窃。在数额未达较大时，强调次数，要求2年内盗窃3次以上。

二是入户盗窃。"入户"并不是盗窃行为本身的组成部分，而是限制处罚范围的要素。④ 非法进入供他人家庭生活、与外界相对隔离的住所盗窃，应当认定为"入户盗窃"。是否属于"入户"盗窃，不能机械解释，应从客观、主观两方面进行认定：首先，客观上，非通过撬门撬窗等手段而不能进入的。例如，在一般不太锁门的农村，看见主人不在而趁机进入的，就不宜认定为"入户"盗窃。因为，之

---

① 另外，我国《刑法》第265条规定，"以牟利为目的，盗接他人通信线路、复制他人电信码号或者明知是盗接、复制的电信设备、设施而使用的，依照本法第264条的规定定罪处罚。"
② 根据最高人民法院、最高人民检察院《关于办理盗窃刑事案件适用法律若干问题的解释》的规定，如果具有以下几种情形：① 曾因盗窃受过刑事处罚的；② 一年内曾因盗窃受过行政处罚的；③ 组织、控制未成年人盗窃的；④ 自然灾害、事故灾害、社会安全事件等突发事件期间，在事件发生地盗窃的；⑤ 盗窃残疾人、孤寡老人、丧失劳动能力人的财物的；⑥ 在医院盗窃病人或者其亲友财物的；⑦ 盗窃救灾、抢险、防汛、优抚、扶贫、移民、救济款物的；⑧ 因盗窃造成严重后果的，"数额较大"的标准则可以按照上述数额标准的50％确定。
③ 具体情形可参见2006年最高人民法院《关于审理未成年人刑事案件具体应用法律若干问题的解释》第9条。
④ 张明楷：《刑法学》（第4版），法律出版社2011年版，第877页。

所以将入户盗窃纳入处罚范围,显然首要目的不在于保护公民的财产权,而更多地是考虑到此类行为不仅侵犯了公民的财产,更会对公民的人身安全形成严重威胁。其次,主观上,虽然《刑法》第264条没有明文表述为"非法入户盗窃",但应限于"非法进入他人住宅进行盗窃的"情形(包括出于诈骗等目的进入住宅后临时起意实施盗窃的情形)。由于并无数额要求,将合法进入他人住宅后盗窃的,认定为入户盗窃,就可能将邻里、亲属之间的小偷小摸行为也认定为犯罪,从而不当地扩大处罚范围。最后,虽然不要求数额较大,但盗窃罪毕竟是财产犯罪,所侵犯的对象仍然必须具有值得刑法保护的价值,因此,入户盗窃价值低廉的财物的,不宜认定为犯罪。

三是携带凶器盗窃。携带凶器盗窃具有一定客观价值或者使用价值的财物的,即可认定为盗窃罪。所谓"携带凶器盗窃",是指携带枪支、爆炸物、管制刀具等国家禁止个人携带的器械盗窃,或者为了实施违法犯罪携带其他足以危害他人人身安全的器械盗窃的行为。"携带凶器盗窃"不要求行为人显示或者暗示凶器,更不要求使用凶器,否则,即成立抢劫罪;若"携带凶器"与"取得财物"之间存在直接因果关系,即构成抢劫既遂。不同于"携带凶器抢夺"的情形,这里的凶器不宜限于"枪支、爆炸物、管制刀具等国家禁止个人携带的器械";为了实施违法犯罪携带其他足以危害他人人身安全的器械盗窃的,也应当认定为"携带凶器盗窃"。因为"入户"盗窃具有明显的目的性,故意携带具有威慑力的器械入户,就足以危及被害人的人身安全,进而相对容易实现犯罪目的。"携带凶器"盗窃既决定了行为的违法性,也一定程度上加重了行为人的有责性。

四是扒窃。所谓"扒窃",是指在公共场所或者公共交通工具上盗窃他人随身携带的财物的行为扒窃的特点包括:在公共场所或者公共交通工具上近身盗窃、窃取对方紧密控制的财物。之所以将扒窃直接入罪,立法理由在于,"'扒窃'是指在公共场所或者公共交通工具上窃取他人随身携带的财物。扒窃行为往往采取掏兜、割包等手法,严重侵犯公民财产和人身安全,扰乱公共场所秩序。且技术性强,多为屡抓屡放的惯犯,应当予以严厉打击。"① 有鉴于此,"扒窃"构成盗窃罪不可或缺的条件就在于,必须发生在"公共场所或者公共交通工具上",只有这样,才不会混淆一般违法行为与犯罪行为的界限,防止随意扩大处罚范围,同时也符合刑法的谦抑性。

2. 盗窃罪的构成

(1)我国刑法理论通说认为,盗窃罪的保护法益是公私财产所有权。但本书认为,盗窃罪的法益是公私财产所有权等本权以及他人对财物事实上的占有

---

① 王尚新主编:《中华人民共和国刑法解读》(第3版),中国法制出版社2011年版,第529页。

或者平稳的占有。值得注意的是,将入室盗窃、携带凶器盗窃、扒窃直接入罪,势必改变长期以来对盗窃罪的保护法益的理解,不能再简单地认定为财产权。至少就这三种行为而言,还应包括人身安全、社会管理秩序,只有已经现实地危及人身安全、社会管理秩序的才可能入罪。

(2) 本罪的客观要件表现为违背占有人的意思,以平和手段将财物转移给自己或者第三者占有的行为。

本罪的行为对象是他人占有的财物。首先,财物应当是具有物理管理可能性同时又有财产价值的物体,无任何价值或者价值过于轻微的财物,不是财产罪的保护对象。这里的财物既包括有体物,也包括无体物,还包括违禁品。一般而言,本罪的对象是动产,不动产不能成为本罪的对象,但从不动产拆卸中分离出来的部分,如房屋门窗可以成为本罪对象。本罪对象也可以是无体物,如电信号码、电力、煤气、天然气、自来水,还有信用卡、增值税专用发票、科技成果、长途电话账号等。其次,作为本罪对象的财物必须处于他人的占有之下。因为行为人不可能盗窃自己所占有的财物,即便该财物为他人所有。这样解释可以使得盗窃罪区别于侵占罪。

窃取是本罪的手段行为。窃取,是指违反占有人的意思,采取平和手段(非暴力胁迫手段)排除占有人的占有,转由自己或者第三者(包括单位)对财物实施占有的行为。换言之,窃取行为是使用非暴力、胁迫手段排除他人对财物的支配,建立新的支配关系的过程。如甲将乙的鱼塘挖开口子,把鱼放走了,甲的行为不是盗窃罪,而是故意毁坏财物罪,因为虽然排除了占用,但并未建立新的支配关系,没有"利用、处分的意思"。窃取的手段与方法没有限制,可以是扒窃,也可以是入室盗窃,还可以是携带凶器盗窃。以欺骗手段造成占有者的财物支配力松弛,违反其意思取得财物,而不是由占有者自愿交付的(也就是行为人的欺骗行为并没有使对方基于错误认识处分财产的),不是诈骗而是窃取行为。例如,行为人将他人从室内骗至室外,然后入室窃取财物的("调虎离山"类型),或者,到珠宝店试戴首饰,趁机用假首饰偷换真首饰的("掉包"类型),就是窃取行为。

问题在于,要构成盗窃罪,行为人是否必须以秘密方法实施,从而将本罪中的窃取概念限定于"秘密窃取"。通说认为,盗窃罪中的窃取应当是"秘密窃取",是指行为人采取主观上自认为不被财物所有者、保管者或经手者发觉的方法,暗中窃取财物的行为,而不是通常所理解的"不为人知"。然而,秘密性是盗窃罪的必要要件吗?秘密性是刑法本身的所规定的,还是解释者人为附加的要件?本书认为,一般而言,通说的解释无疑是正确的,但在一些极端的例子下,行为并非秘密窃取,仍然应成立盗窃罪,而按照通说观点,可能出现对公然盗窃的处罚真空。例如,甲不小心把价值1.5万元的戒指掉到楼下,正准备下去捡,此时乙刚好经过,捡起了戒指,虽然甲大声告诉乙戒指是他的,乙还是把戒指拿走了。对乙的行为如何定性?又如,醉汉醉卧街头,甲见醉汉的钱包掉在口袋外,于是捡起了钱包,醉汉因浑身无力,呼叫不得,只能眼睁睁地看着甲扬长而去。甲构成何罪?因此,有必要弱化盗窃的秘密性,只要是以平和而非暴力的手段,违反占有人的意思而取得财物,就是盗窃罪中的窃取,而不应以秘密实施为必要条件。①

(3) 单位不能构成本罪。根据《关于办理盗窃刑事案件适用法律若干问题的解释》第13条的规定,单位组织、指使盗窃,符合盗窃罪有关规定的,以盗窃罪追究组织者、指使者、直接实施者的刑事责任。另外,根据《刑法》第253条第2款的规定,邮政工作人员私自开拆或者隐匿、毁弃邮件、电报而窃取财物的,依照盗窃罪定罪从重处罚。

(4) 本罪的主观要件表现为故意,并具有非法占有的目的。行为人必须认识到自己所盗窃的是他人占有或者所有的财物,如误认为是自己占有、所有的财物而取回的,或者因为疏忽大意把他人财物当成无主物、抛弃物拿走的,因欠缺故意不成立盗窃罪。即使是自己所有的财产,倘若处于他人合法占有的状态,行为人窃取该财物的,也成立盗窃罪。② 例如,行为人通过铁路运营部门将自己的财物从甲处托运至乙处,交付托运后行为人窃取该财物的,应认定为盗窃罪。要认定行为人存在故意,需要存在对犯罪对象属性的认识、对他人占有状态的认识,以及明知犯罪对象的价值为较大或巨大以上。

要成立盗窃罪,除了有故意之外,还要求行为人具有非法占有的目的。以非法占有为目的,是主观的超过要素,是一种不成文的构成要件要素,要构成盗窃罪等大多数财产罪,必须存在非法占有的目的。例如,商店营业员、仓库保管员负有保管商店内商品、仓库内货物的义务,却出于报复财物所有人的目的,对他人偷走商品或货物的行为视而不见,虽然客观上起到了帮助盗窃的作用,但由于并不具有非法占有的目的,就不能构成盗窃罪。而且,这里的非法占有的目的,还应该是指"非法占有数额较大财物的目的"。即便是不要求数额的入室盗窃、多次盗窃、扒窃等,也不例外。因为,盗窃罪毕竟是财产犯罪,不能简单地将此类行为视为行为犯,这无疑会有扩大犯罪成立范围之虞。首先,以盗窃价值轻微的财物为目的的盗窃行为,在司法实践中非常罕见,刑法没有必要将此类不具有普遍性的情形纳入犯罪,而且,这样解释也与刑法的谦抑性原则相悖;其次,即便认为此类行为有侵犯人身、社会秩序之危险,确有规制的必要,但财产犯罪的保护法益根本上还是财产,不可能期待更不应该通过盗窃罪来规制此类行为;再

---

① 具体解释参见张明楷:《刑法学》(第4版),法律出版社2011年版,第877页。
② 李希慧主编:《刑法各论》,武汉大学出版社2009年版,第270页。

次,也不符合现实生活中有关盗窃罪的一般人的正常观念。因此,基于财产犯罪的本质特征,还是应以行为人具有侵犯值得刑法保护的财产性价值的目的为成立要件。

(二) 盗窃罪的界限划分

1. 本罪既遂与未遂的界限

我国一般不处罚盗窃罪未遂,然而,根据前述《关于办理盗窃刑事案件适用法律若干问题的解释》第12条的规定,"盗窃未遂,具有下列情形之一的,应当依法追究刑事责任:(一)以数额巨大的财物为盗窃目标的;(二)以珍贵文物为盗窃目标的;(三)其他情节严重的情形"。因此,仍有必要研究盗窃罪的犯罪停止形态。值得注意的是,对于多次盗窃、入户盗窃、携带凶器盗窃、扒窃的,也应以行为人取得了值得刑法保护的财物作为既遂标准[1],若未窃得分文或者窃得的是不值得刑法保护的物品,一般宜作为"情节显著轻微危害不大的"情形,不认为是犯罪,至多也只能认定为盗窃未遂。本罪的着手,应考虑财物的性质、形状以及行为的样态、实施行为的时间、场所等因素,只要在没有特别的障碍,按照一般经验行为人即可将他人的财物转移到自己的占有之下时,即可认定为实行行为的着手。换言之,以能认定出现了发生盗窃结果的现实性、具体性危险之时为着手时点。例如,对于入室盗窃的案件,应以开始实施具体的物色财物的行为时为着手;对于扒窃案件,应以行为人的手接触到被害人实际上装有钱包或者现金的口袋外侧为着手;对于侵入无人看守的仓库的盗窃案件,以开始侵入仓库时为着手。

有关本罪的既遂标准,理论上主要存在(被害人)失控说与(行为人)控制说(又称"取得说")之间的对立。失控说认为,只要被害人丧失了对自己财物的控制,不管行为人是否控制了该财物,都应当认定为盗窃既遂。其理由在于,盗窃行为是否侵害了他人财产,不是绝对取决于行为人是否控制了财产,而是取决于被害人是否丧失了对自己财产的控制,行为人是否控制了财产,不能改变被害人的财产实际上受侵害的事实。[2] 然而,问题在于,这与"窃取他人财物"这一概念是否符合? 控制说认为,侵害他人的占有而将财物移转至自己的占有之下时构成既遂。[3] 2003年最高人民法院《全国法院审理经济犯罪案件工作座谈会纪要》指出,"贪污罪是一种以非法占有为目的的财产性职务犯罪,与盗窃、诈骗、抢夺等侵犯财产罪一样,应当以行为人是否实际控制财物作为区分贪污罪既遂与未遂的标准。"由此可见,我国司法实务理应采取的是控制说。一般情况下,

---

[1] 张明楷:《刑法学》(第4版),法律出版社2011年版,第888页。
[2] 李希慧主编:《刑法各论》,武汉大学出版社2009年版,第271页。
[3] 周光权:《刑法各论》(第2版),中国人民大学出版社2011年版,第100页。

二者在结论上是一致的,例如,张三盗窃超市的项链,放入口袋,监控探头一直看着,在将要出超市门口时,被保安抓获,无论采取失控说还是控制说,张三均为既遂。但在被害人的失控与行为人的控制不统一的情况下,即财物的所有人或保管人失去了对财物的控制,而行为人也没有控制财物的情况下,则出现结论上的对立。最为典型的案例就是,行为人以非法占有为目的,从火车上将他人财物扔到偏僻的轨道旁,打算下车后再捡回该财物,但被恰好路过的他人所捡走。按照失控说的观点,不管行为人事后是否拾回了该财物,仍属于既遂;而按照控制说的观点,则属于未遂。本书认为,二者之间的差别表面上体现的是认定既遂的时点存在先后之分,但实际上反映的是刑罚理念的不同:同样是强调保护,控制说强调的是对行为人的保护,只要行为人尚未取得、占有财物,就不能谓之已经窃取了财物;而失控说更强调对被害人的保护,只要被害人失去了对自己财物的控制,不论行为人是否已经控制财物,均为既遂。一般情况下控制说是妥当的,只要行为人实际控制了财物,当然应成立既遂。但既然盗窃罪的保护法益强调的是他人对财物的事实上的占有,反过来就可以说,只要他人丧失了该占有,就已经侵犯了盗窃罪的保护法益。因此,失控说更为可行。

值得注意的是,除了上述极端例子(被害人的失控与行为人的控制不统一)之外,在具体判断是否已经失控,或者是否已经控制之时,二者之间的标准并无太大差别,结论基本上也是一致的。都应该通过综合考察财物的性质、形状、体积大小、运出的难易程度、是否处于他人的支配领域之内等因素之后再作判断。例如,在公共浴室内发现金戒指,出于非法占有的意思而藏匿于室内他人不易发现的地方,可以说该行为已经确保了占有,因而构成既遂;钟点工将雇主的手表、戒指等体积很小的财物藏在雇主家的隐蔽场所的,也成立既遂。又如,一般认为,在商店行窃,就体积很小的财物(如戒指)而言,行为人将该财物夹在腋下、放入口袋、藏入怀中时就是既遂。①

2. 本罪的罪数

盗窃既遂之后,行为人所实施的处分等行为可能构成其他犯罪的,这就涉及罪数问题。具体而言:(1)盗窃既遂后,行为人使用、毁坏该财物的行为属于不可罚的事后行为(没有侵犯新的法益),不另外构成他罪;(2)盗窃既遂后,行为人掩饰、隐瞒犯罪所得以及犯罪所得收益的行为属于不可罚的事后行为(不具有期待可能性),不另外构成他罪;(3)既遂后,行为人以此财物作担保骗取他人财物的,成立盗窃罪和诈骗罪,数罪并罚;(4)明知是假币而盗窃,再持有或者

---

① 张明楷:《刑法学》(第4版),法律出版社2011年版,第887页。一般情况下的确如此,但疑问在于,在装有严格的防盗设备的超市、商场等,则未必如此。因为,若商品未付款,在出口会发出蜂鸣声,或者,行为人的举止引起了店方的注意,其行为一直处于保安监控视频之下,对于此类情形,就不能说超市、商场已经丧失了对财物的控制,更不能说行为人已经取得了财物。

使用的,属于吸收犯,成立盗窃罪;误将假币作为真币盗窃,知道真相后继续持有、使用的,成立盗窃罪与持有、使用假币罪,数罪并罚;(5)盗窃公私财物未构成盗窃罪,但因采用破坏性手段造成公私财物损毁数额较大的,以故意毁坏财物罪定罪处罚;(6)盗窃后,为掩盖盗窃罪行或者报复等,故意破坏公私财物构成犯罪的,应当以盗窃罪和构成的其他罪实行数罪并罚;(7)采用破坏性手段盗窃公私财物,造成其他财物损毁的,以盗窃罪从重处罚;同时构成盗窃罪和其他犯罪的,择一重罪从重处罚;(8)根据《刑法》第196条(信用卡诈骗罪)第3款的规定,盗窃信用卡并使用的,以盗窃罪定罪处罚,其盗窃数额应当根据行为人盗窃信用卡后使用的数额认定。

3. 本罪与抢夺罪的界限

行为是否具有秘密性,行为人取得财物后,是否迅速逃离现场以及行为是否乘人不备,都不是区分二者的关键。根本性区别在于,抢夺行为是具有致人伤亡的可能性的行为,而盗窃行为不使用暴力,没有致人伤亡的可能性。只要夺取他人财物的行为有可能致人伤亡,即使可能性较小,也不妨碍抢夺罪的成立。行为同时具备以下两个条件,即可认为具有致人死亡的可能性:(1)所夺取的财物是被害人紧密占有的财物,即被害人提在手上、背在肩上、装在口袋等与人的身体紧密连接在一起的财物;(2)对财物使用了非平和的手段,即可以评价为对物暴力的强夺行为。例如,突然使用强力夺取他人手提或身背的皮包的,使用强力夺取他人佩戴的耳环、项链等首饰的,在被害人将财物安放在自行车后架或者前面的篮筐中骑车行走时,行为人突然使用强力夺取财物的,都有可能造成伤亡,宜认定为抢夺罪。①

(三)盗窃罪的刑事责任

根据《刑法》第264条的规定,犯盗窃罪,处3年以下有期徒刑、拘役或者管制,并处或者单处罚金;数额巨大或者有其他严重情节的,处3年以上10年以下有期徒刑,并处罚金;数额特别巨大或者有其他特别严重情节的,处10年以上有期徒刑或者无期徒刑,并处罚金或者没收财产。②

另外,根据《刑法》第253条第2款的规定,邮政工作人员私自开拆或者隐匿、毁弃邮件、电报而窃取财物的,依照盗窃罪定罪从重处罚。

二、诈骗罪

(一)诈骗罪的概念和构成要件

诈骗罪,是指以非法占有为目的,用虚构事实或者隐瞒真相的方法,骗取数

---

① 张明楷:《刑法学》(第4版),法律出版社2011年版,第883页。
② 关于具体量刑标准,参见2013年最高人民法院、最高人民检察院《关于办理盗窃刑事案件适用法律若干问题的解释》。

额较大的公私财物的行为。诈骗罪的基本构造为:行为人实施诈骗行为→对方(受骗者)产生错误认识→对方基于错误认识处分财产→行为人或第三者取得财产→被害人遭受财产损害。如果不是基于认识错误而处分财产,就不能认定为既遂,只能是未遂。

诈骗罪的对象既包括财物,也包括财产性利益。作为诈骗罪对象的财产性利益,其内容必须是财产权本身,劳务本身不是财产性利益,但基于劳务或服务而产生的财产权是财产性利益。例如,诈称自己急病,让邻居开车将自己送往医院的行为,不成立诈骗罪;但乘坐交通工具之后,使用欺骗手段使提供运输的人免除交通费用的,就属于骗取了财产性利益。财产性利益应限于具有管理可能性、转移可能性的情形,例如存款债权[1]。

诈骗罪的构成要件如下:

(1) 行为人实施了欺骗行为。对此可从以下几个方面来理解:第一,行为类型。欺骗行为,包括虚构事实与隐瞒真相这两种行为类型。其中,虚构事实,是指捏造客观上并不存在的事实,骗取被害人的信任;隐瞒真相,是指对受害人掩盖客观存在的某种事实。第二,行为本质。从实质上说,这两种都是使对方陷入处分财产的认识错误的行为。欺骗行为的内容是,在具体状况下,使对方产生错误认识,并做出行为人所希望的财产处分。如果欺骗内容不是使他人做出财产处分,则不属于诈骗罪的欺骗行为。例如,甲与乙一起乘火车旅行。火车在某车站仅停2分钟,但甲欺骗乙说:"本站停车12分钟",乙信以为真,下车购物。乙刚下车,火车便发车了。甲立即将乙的财物转移至另一车厢,然后在下一站下车后携物潜逃。本案中,甲虽然使用了欺骗手段,但该手段是为了让乙受骗下车,而不是为了让乙基于错误认识处分财物,因而甲的行为不属于诈骗罪中的欺骗行为。不管是虚构、隐瞒过去的事实,还是现在的事实以及将来的事实(包括心理事实,如以借为名的欺骗行为隐瞒了不归还财物的心理事实),只要具有上述内容的,就是欺骗行为。[2] 欺骗行为既可以是在他人没有任何认识错误的情况下使之产生处分财产的认识错误,也可以是在他人已经由于某种原因陷入认识错误的情况下,使他人继续维持或者强化其处分财产的认识错误。第三,行为方式。具体行为方式可以是作为或者不作为。不作为,是指有告知某种事实的义务,但不履行这种义务,使对方陷入错误认识或者继续陷入错误认识,进而利用这种认识错误取得财产的行为。如投保人身险时,故意隐瞒自己的疾病等情况,即为不作为的诈骗。又如,甲在某银行的存折上有4万元存款。某日,甲将存款

---

[1] 根据全国人大常委会《关于〈中华人民共和国刑法〉第266条的解释》(2014年4月24日公布)的规定,以欺诈、伪造证明材料或者其他手段骗取养老、医疗、工伤、失业、生育等社会保险金或者其他社会保障待遇的,属于《刑法》第266条规定的诈骗公私财物的行为。

[2] 张明楷:《刑法学》(第4版),法律出版社2011年版,第890页。

全部取出,但由于银行职员乙工作失误,未将存折底卡销毁。半年后,甲又去该银行办理存储业务,乙对甲说:"你的4万元存款已到期。"甲听后,灵机一动,对乙谎称存折丢失。乙为甲办理了挂失手续,甲取走4万元。本案就属于不作为方式的诈骗罪,即被骗人已经陷入处分财产的错误认识,行为人通过自己的欺骗行为维持甚至强化了对方的错误认识,对方基于该错误认识处分了财产。第四,欺骗方法。欺骗行为的手段、方法并无限制,既可是语言欺骗,也可是文字欺骗。欺骗行为还可以是举动的虚假表示,包括明示的举动欺骗与默示的举动欺骗(默示的表示)。前者如无业人员穿着工商人员制服的行为,就可能成为诈骗罪中的欺骗行为;后者如行为人在外币兑换处拿出一张作废的外国纸币交给负责兑换的职员时,就默示了这张纸币在该外国是法定的流通货币;如果默示的内容与事实相反,就属于默示的举动欺骗。① 第五,欺骗程度。必须达到足以使一般人能够产生错误认识的程度。对自己出卖的商品进行夸张宣传的,如果处于一般商业惯例许可或者社会容忍范围内,而交易本身还有讨价还价余地的,就不具有使他人处分财产的具体危险,不是本罪的欺骗行为。第六,欺骗行为的着手。开始实施(足以使一般人能够产生错误认识的程度的)欺骗行为,即为欺骗行为的着手。

(2)欺骗行为使对方产生错误认识。对此可从以下几个方面进行理解:第一,因果关系。对方产生错误认识是行为人的欺诈行为所致;即使对方在判断上有一定的错误,也不妨碍欺骗行为的成立。反之,欺骗行为没有使对方产生错误认识,对方出于怜悯、不堪烦扰等原因交付财物的,或者为抓住诈骗者的把柄在警方安排下交付财物的,欺骗行为和财物转移之间欠缺因果关系,构成诈骗罪未遂。第二,错误认识的程度。受骗者对行为人所诈称的事项有所怀疑仍然处分财产的,也不影响诈骗罪的成立。值得注意的是,对于文物、古董、书画的交易,只要行为人没有实施积极的欺骗行为,即使没有告诉对方真相的,也不成立诈骗。因为该领域需要从事交易的人自身具备相应的专业知识,对方没有提醒并告知真相的义务。第三,受骗者。首先,受骗者与财产处分者必须是同一人。在诈骗的场合,如果受骗者也是被害人,则是二者间的诈骗;如果受骗者与被害人不是同一人,则是"三角诈骗"。其次,欺诈行为的对方只要求是具有处分财产的权限或者处于可以处分财产地位的人,不要求一定是财物的所有人或占有人。受骗者只能是具有一定行为能力的自然人,不可以是单位,但单位可以是被害人。例如,由于机器不可能存在认识错误,机器不可能成为诈骗罪的受骗者,因此,向自动售货机中投入类似硬币的金属片,从而取得售货机内的商品的行为,不构成诈骗罪,只能成立盗窃罪。又如,行为人从没有处分能力的幼儿、高度精神病患者那里取得财产的,因为根本不可能存在受骗者的处分行为,故不成立诈

---

① 张明楷:《刑法学》(第4版),法律出版社2011年版,第890页。

骗罪,只成立盗窃罪。最后,受骗者不限于特定的人。

(3) 行为人基于错误认识"自愿"交付财物。这里的自愿并非被害人的本意,不是建立在真正了解客观事实的基础之上,而是为行为人制造的假象所迷惑,陷入错误认识之后处分财产。处分财产表现为直接交付财产,或者承诺行为人取得财产,或者承诺转移财产性利益,或者承诺免除行为人的债务。① 要认定存在处分行为,必须同时具备以下两点(意识性处分行为说):第一,处分事实(占有转移)。处分行为,是将物、财产性利益完全转移至对方的行为(不仅是作为形式的占有转移,还包括不作为形式的占有转移,即不阻止对方转移占有)。必须是通过处分行为,直接转移物或者财产性利益(这称为"直接性要件")。如果为了取得占有,对方还必须再实施占有转移行为的,就不足以称之为处分行为。在此情形下,不是"占有的转移",而不过是出现了"占有的弛缓",如果占有转移行为有违受骗者的意思的,就成立盗窃罪(例如,欺骗对方,转移其注意力,乘机取得对物的占有的,就不是诈骗罪,而是成立盗窃罪)。② 值得注意的是,处分事实要达到足以认定为处分行为的程度,财物的占有必须发生了终局性的移转(占有的完全转移)。例如,被允许试衣者乘店员不注意而携衣逃走的行为,由于没有发生基于受骗者意思的占有的终局性移转,因而仅构成盗窃罪。③ 第二,处分意思。有无处分行为,还取决于有无"基于意思的"占有转移。物或财产性利益的转移并非是基于受骗者的意思的场合,不成立诈骗罪。④

(4) 欺骗行为使对方处分财产后,行为人或第三者获得财产。物或者财产性利益的交付对方,多数情况下是诈骗行为人本人,也包括第三者在内。⑤ 不过,在使第三者获得财产的情形下,有必要探讨是否具有非法占有的意思,且必须能认定具有此意思。因此,交付对方不是任何第三者都可以,实际上仍限于具有特别关系的第三者。交付给第三者,即可等视为诈骗行为人本人接受了交付的,或者行为人实施该诈骗行为的目的就在于使得该第三者取得利益的,就能认定具有这种特别关系。获得财产包括两种情况:一是积极财产的增加,如将被害人的财物转移为行为人或第三者占有;二是消极财产的减少,如使对方免除或者减少行为人或第三者的债务。例如,根据《刑法》第 210 条的规定,使用欺骗手段骗取增值税专用发票或者可以用于骗取出口退税、抵扣税款的其他发票的,成立诈骗罪;2011 年最高人民法院、最高人民检察院《关于办理妨害武装部队制式

---

① 李希慧主编:《刑法各论》,武汉大学出版社 2009 年版,第 275 页。
② 〔日〕山口厚:《刑法各论》,王昭武译,中国人民大学出版社 2011 年版,第 297 页。
③ 〔日〕西田典之:《日本刑法各论》,王昭武、刘明祥译,法律出版社 2013 年版,第 204 页。
④ 如果是物,可成立盗窃罪。若认为盗窃财产性利益的行为不具有可罚性,那么,有无"基于意思的"占有转移,不仅对物而言,具有划定诈骗罪与盗窃罪的界限,对财产性利益而言,还具有划定诈骗罪与不可罚的利益盗窃的界限的意义。
⑤ 〔日〕山口厚:《刑法各论》,王昭武译,中国人民大学出版社 2011 年版,第 298 页。

服装、车辆号牌管理秩序等刑事案件具体应用法律若干问题的解释》第6条规定,实施《刑法》第375条规定的伪造、变造、买卖武装部队公文、证件、印章罪,盗窃、抢夺武装部队公文、证件、印章罪,非法生产、买卖武装部队制式服装罪,伪造、盗窃、买卖、非法提供、非法使用武装部队专用标志罪行为,同时又构成诈骗犯罪的,依照处罚较重的规定定罪处罚。

(5)欺骗行为必须导致被害人遭受财产上的损害(在未遂的情况下,有导致财产损害的紧迫、现实的危险)。以欺骗方法取得对方非法占有的自己所有的财物的,不成立诈骗罪;以欺骗方法取得对方合法占有的自己所有的财物的,应认定为诈骗罪。行为人实施欺骗行为,导致受骗者就所交付财产的用途或者财产的接受者存在法益关系的认识错误时,即使受骗者没有期待相当给付,也应认为存在财产损失,行为人的行为成立诈骗罪。例如,声称将募捐的钱款交给灾民,但事实上交给自己父母的,成立诈骗罪。① 另外,行为人虽然交付了价格相当的商品,但在告知了事实真相后对方将不支付金钱的场合,故意就商品的效能等作虚假陈述,使对方误信商品的效能,而接受对方交付的金钱的,例如,欺骗他人得了肝炎,进而将药品卖给他人的,构成诈骗罪。

(6)骗取的财物数额较大。根据我国《刑法》的规定,诈骗公私财物数额较大的(个人诈骗公私财物数额较大的起点是3000元),才构成犯罪。但这并不意味着诈骗未遂不构成犯罪。诈骗未遂,以数额巨大的财物为诈骗目标或具有其他严重情节的,也应当定罪并依法处罚。

(二)诈骗罪的界限划分

1. 本罪与其他特殊诈骗罪的界限

《刑法》除规定了本罪之外,还规定了其他一些特殊诈骗罪,如第192条至第200条规定的各种金融诈骗罪,以及第224条规定的合同诈骗,等等。这些特殊诈骗罪同本罪的主要区别在于诈骗对象和诈骗手段。规定这些特殊诈骗罪的法条与第266条是特别法条与普通法条的关系,根据特别法条优于普通法条的原则,对符合特殊诈骗罪构成要件的行为,应认定为特殊诈骗罪。因此,《刑法》第266条在规定了诈骗罪的罪状与法定刑之后规定:"本法另有规定的,依照规定。"②但是,如果行为人实施特殊诈骗行为,但又不符合特殊诈骗罪的构成要件,而符合本罪的构成要件的,则以本罪论处。例如,行为人实施信用卡诈骗行为,但银行未催收的,不符合信用卡诈骗罪的构成要件;如果符合诈骗罪的构成要件,则应按照《刑法》第266条的规定定罪处罚。又如,行为人骗取4000元

---

① 2011年最高人民法院、最高人民检察院《关于办理诈骗刑事案件具体应用法律若干问题的解释》第2条指出,诈骗公私财物达到本《解释》第1条规定的数额标准,以赈灾募捐名义实施诈骗的,可以依照《刑法》第266条的规定酌情从严惩处。

② 李希慧主编:《刑法各论》,武汉大学出版社2009年版,第275页以下。

保险金,没有达到保险诈骗罪所要求的数额较大标准(1万元),对此应认定为普通诈骗罪。①

2. 本罪与盗窃罪的界限

在司法实务中,本罪与盗窃罪的界限最难确定。必须强调的是,决不能因为二者难以区分,就以二者的法定刑相同为由,而忽视对二者的界定。因为,刑法研究的核心首先在于定性,其次才是量刑,量刑只能以准确定性为前提。二者的关键区别在于处分行为的有无,即受骗人是否基于认识错误而处分(交付)了财产。认定是否存在处分行为,相对有效的标准是确定财物的占有的归属。例如,甲将被害人约至餐厅吃饭,声称需要借打被害人手机,被害人将手机递给甲后,甲假装拨打电话,谎称信号不好,一边"通话",一边往餐厅外面走,然后趁机逃走的,由于该手机仍然处于被害人的占有之下,被害人并没有将自己手机的占有完全转移给甲,因而甲构成盗窃罪。反之,甲将被害人约至餐厅吃饭,声称需要借打被害人手机。打了一通电话之后,对被害人说:"我有一个朋友要来,他马上从上海坐火车到苏州,要我去接他,为了便于与他保持联系,麻烦借你手机一用。"被害人说:"好的,你拿去吧,我在这里等你。"但甲趁机溜走。在该案中,该手机的所有权虽然仍然属于被害人,但被害人同意甲将手机带出餐厅去火车站,就应该说,已经将占有权完全转移给了甲,甲应构成诈骗罪。

(三)诈骗罪的刑事责任

根据《刑法》第266条的规定,犯本罪的,处3年以下有期徒刑、拘役或者管制,并处或者单处罚金;数额巨大或者有其他严重情节的,处3年以上10年以下有期徒刑,并处罚金;数额特别巨大或者有其他特别严重情节的,处10年以上有期徒刑或者无期徒刑,并处罚金或者没收财产。②

---

① 张明楷:《刑法学》(第4版),法律出版社2011年版,第898页。
② 根据2011年最高人民法院、最高人民检察院《关于办理诈骗刑事案件具体应用法律若干问题的解释》,诈骗公私财物价值3000元至1万元以上、3万元至10万元以上、50万元以上的,应当分别认定为《刑法》第266条规定的"数额较大""数额巨大""数额特别巨大"。利用发送短信、拨打电话、互联网等电信技术手段对不特定多数人实施诈骗,诈骗数额难以查证,但具有下列情形之一的,应当认定为"其他严重情节",以诈骗罪(未遂)定罪处罚:(1)发送诈骗信息5000条以上的;(2)拨打诈骗电话500人次以上的;(3)诈骗手段恶劣、危害严重。实施前款规定行为,数量达到前款第(1)、(2)项规定标准10倍以上的,或者诈骗手段特别恶劣、危害特别严重的,应当认定为"其他特别严重情节",以诈骗罪(未遂)定罪处罚。如果诈骗公私财物达到上述数额标准,具有下列情形之一的,可以依法酌情从严惩处:(1)通过发送短信、拨打电话或者利用互联网、广播电视、报刊杂志等发布虚假信息,对不特定多数人实施诈骗的;(2)诈骗救灾、抢险、防汛、优抚、扶贫、移民、救济、医疗款物的;(3)以赈灾募捐名义实施诈骗的;(4)诈骗残疾人、老年人或者丧失劳动能力人的财物的;(5)造成被害人自杀、精神失常或者其他严重后果的。诈骗数额接近"数额巨大""数额特别巨大"的标准,并具有前款规定的情形之一或者属于诈骗集团首要分子的,应当分别认定为"其他严重情节""其他特别严重情节"。如果诈骗公私财物虽已达到"数额较大"的标准,但具有下列情形之一,且行为人认罪、悔罪,可以不起诉或者免予刑事处罚:(1)具有法定从宽处罚情节的;(2)一审宣判前全部退赃、退赔的;(3)没有参与分赃或者获赃较少且不是主犯的;(4)被害人谅解的;(5)其他情节轻微、危害不大的。

诈骗近亲属的财物,近亲属谅解的,一般可不按犯罪处理。诈骗近亲属的财物,确有追究刑事责任必要的,具体处理也应酌情从宽。

第四节 侵占、挪用型财产犯罪

一、侵占罪

(一)侵占罪的概念和构成要件

侵占罪,是指以非法占有为目的,将代为保管的他人财物非法占为己有,数额较大,拒不退还的行为,或者将他人的遗忘物或者埋藏物非法占为己有,数额较大,拒不交出的行为。本罪的特点是,将自己占有或者无人占有的财产非法地转变为自己所有,没有侵犯财产的占有权。

本罪包括两种类型:一是委托物侵占(普通侵占),二是脱离占有物侵占。就委托物侵占而言,财物的所有权是首要法益,委托(信任)关系是次要法益。由于委托物侵占的对象是"代为保管的他人财物",因而财物的所有权是首要的保护法益;如果没有侵害委托关系,则属于侵占脱离占有物。侵占脱离占有物以侵占所有权为要件,是侵占罪(乃至整个财产犯罪)的基本类型。

1. 委托物侵占

委托物侵占是变合法占有为非法所有。其构成要件如下:

(1)行为对象是自己代为保管的他人财物。财物可以是有形物,也可以是无形物;财物可以是动产,也可以是不动产,如通过伪造契约占有代管的他人房屋可以构成侵占罪。既可以是其他个人所有的财物,也可以是(国有性质、集体所有性质、私营性质的)单位所有的财物。[①]"代为保管"是指受委托而占有,包括事实上的占有与法律上的占有(均要求以委托关系作为前提)。事实上的占有,与盗窃罪对象——他人占有的财产中的占有含义相同。一方面,只要行为人对财物具有事实上的支配即可,不要求事实上持有该财物。因此,事实上的支配(或占有)不同于民法上的占有,只要根据社会一般观念可以评价为行为人占有,即使民法上不认为是占有,也可能成为本罪的对象。另一方面,并不是当他人说了一声"帮我看管一下"时,行为人就"代为保管"了他人财物。如果行为人只是占有的辅助者,而没有事实上占有他人财物,也不属于"代为保管"。例如,在车站、码头帮乘客搬运随身行李的人,并没有事实上占有乘客的财物,只是占有的辅助者。法律上的占有,是指行为人虽然没有事实上占有财物,但在法律上对财物具有支配力。例如,不动产的名义登记人,占有不动产;提单等有价证券

---

① 李希慧主编:《刑法各论》,武汉大学出版社2009年版,第277页。

的持有人,占有提单等有价证券所记载的财物。①

对他人之物的占有,必须是基于委托(委托关系)。这属于没有明文规定的"不成文的构成要件要素",要将侵占委托物罪区别于不存在委托关系的、侵犯了所有权的脱离占有物侵占,委托关系就属于必要要件。因此,即便是自己所占有的他人之物,例如,被错投的邮件等,凡该占有不是基于委托的,止于成立脱离占有物侵占。②

问题在于,基于不法原因而委托给付的财物,能否成为本罪的对象?例如,甲欲向国家工作人员行贿,而将财物委托给乙转交,但乙将该财物全部或部分据为己有,乙的行为是否构成侵占罪?有观点以肯定说有损法秩序的统一性为由持否定态度。③然而,占有事实本身客观存在,虽然基于不法原因的委托与接受在法律性质上都是非法的,但是行为人侵占财物的事实是存在的;虽然甲在民法上没有返还请求权,但并没有因此丧失财物的所有权,相对于乙而言,该财物仍然属于"自己占有的他人财物";刑法与民法的目的不同,民法并非刑法的前置法,即使上述委托关系在民法上不受保护,也不影响侵占罪的成立;在不法委托的情况中,仍然存在委托信任关系,对不法给付物进行侵占,同样破坏了这种关系,这是就事实本身的认定,并不必然意味着刑法保护这种"不法原因"本身。因此,本书持肯定说。同样,窝藏或者代为销售的赃物也能成为委托物侵占的对象。例如,甲为盗窃犯,将其盗窃的财物委托乙窝藏或者代为销售,但乙知道真相却将该财物据为己有或者将销售后所得现金据为己有的,仍可构成侵占罪。

(2)客观上表现为非法占有代为保管的他人财物,数额较大,拒不归还或拒不交出的行为。首先,行为人客观上必须实施了非法侵占行为。这里所说的非法占有,是指行为人将其以合法形式持有的他人财物,非法占为己有,侵犯了他人财物的所有权。侵占行为既可以是作为,也可以是不作为,具体表现为将自己代为保管的财物出卖、赠与、消费、抵偿债务等。委托管理现金的情形,侵占行为只能以不作为方式实施(明确表示不予归还)。其次,行为人所侵占的财物必须数额较大。再次,必须是行为人拒不归还或拒不交出所侵占的财物。即当物主或有关部门要求退还或交出财物时,行为人予以拒绝。本书认为,本罪原本处罚的是"将合法占有非法转为自己所有的行为",因而只要是已经非法转为自己所有,即可认定为本罪行为。在司法实践中,尤其是现金,往往难以认定是否已经非法转为自己所有,因而需要以"拒不退还"来佐证。因此,这里的"拒不退还"

---

① 张明楷:《刑法学》(第4版),法律出版社2011年版,第901页。
② 〔日〕山口厚:《刑法各论》,王昭武译,中国人民大学出版社2011年版,第341页。
③ 张明楷:《刑法学》(第4版),法律出版社2011年版,第902页。

不应要求是"客观上行为人有能力归还而主观上坚持不予归还",无论行为人有无退还的能力,只要事实上"拒不退还",就已经属于"侵占"行为。而且,一般应该是"原物退还"。当然,若行为人能够以相应方式补救,如非特殊情况,被害人往往也不会向司法机关告诉。是否告诉,取决于被害人,但不可否认的是,被害人之所以有选择的权利,正是因为这种行为已经严重侵害了其财产,已经具有了科处相应刑罚的法益侵害性。认定是否属于拒不归还或拒不交出的行为,还应当注意:当行为人同意交出或未明确拒绝,但事后擅自处分了财物导致无法归还的,应当认定为拒不交出或拒不退还。

(3) 行为主体须是代为保管他人财物的人,或者是他人财物的占有者,因而本罪是身份犯。[①]

(4) 行为人主观上须持有故意,即明知是代为保管的他人财物,而非法据为己有。同时,还必须具有非法所有的目的。这里的非法所有的目的,是指遵从财物的用法,将自己作为财物的所有人进行利用、处分的意思。因此,不具有非法所有之目的的行为,不可能成立侵占罪。例如,单纯毁坏代为保管的他人财物的行为,仅成立故意毁坏财物罪。

2. 脱离占有物侵占

侵占脱离占有物中的侵占行为,也是取得行为,即据为己有的行为。行为对象是他人的遗忘物或者埋藏物。所谓"遗忘物",是指财物的所有人或者持有人将所持财物放在某处,因疏忽或遗忘而失去占有、控制的财物。亦即,非基于他人本意而脱离他人占有(所有人没有放弃所有权),偶然(即不是基于委托关系)由行为人占有或者占有人不明的财物。尽管对是否应区分遗忘物与遗失物,理论上尚存争议,但由于事实上不可能明确区分二者,近来多倾向于否定说,"只要他人没有放弃所有权的,均属于遗忘物"[②]。所谓埋藏物,是指埋于地下或者藏于他物之中的,他人(包括国家、单位)所有但并未占有,偶然由行为人发现的财物。他人有意埋藏于特定地下,且具有占有意思的财物,属于他人占有的财物,而非埋藏物,行为人非法取得该财物的(行为人明知是他人有意埋藏的物品而窃取的),成立盗窃罪。

主观上要求行为人明知是他人的遗忘物或者埋藏物而不法据为己有。本来是他人占有的财物,但行为人误认为是遗忘物或者埋藏物而取得该财物的,属于抽象的事实认识错误,只能认定为侵占罪。例如,甲在八楼阳台上浇花时,不慎将金镯子(价值3万元)甩到了楼下。甲立即让儿子在楼上盯着,自己跑下楼去拣镯子。路过此处的乙看见地面上有一只金镯子,以为是谁不慎遗失的,在甲到

[①] 张明楷:《刑法学》(第4版),法律出版社2011年版,第901页。
[②] 同上书,第904页。

来之前捡起镯子迅速逃离现场。甲经多方询问后找到乙,但乙否认捡到金镯子。该案中,金镯子掉到楼下,尽管甲在物理意义上没有控制该财物,但其儿子一直在楼上盯着,表明其具有强烈的支配和控制意识,按照社会观念,甲仍然占有该财物,因而乙实施的是拿走他人占有之物的行为,客观上属于盗窃行为。但是,像金镯子之类的财物,如果掉在路边等公共场所,通常会被认为属于脱离他人占有的遗忘物,因而乙认为是他人的遗忘物也是完全合理的,其主观上误以为是遗忘物而非法占为己有,不具有盗窃的故意,属于抽象的事实认识错误,按照主客观相统一的原则,应构成侵占罪而非盗窃罪。

(二)侵占罪的界限划分

本罪的界限划分,主要涉及如何区分本罪与盗窃、诈骗、抢夺罪。区别在于:(1)犯罪对象不同。侵占罪的对象是行为人事先代为保管的他人财物或者他人的遗忘物或埋藏物;其他三罪的对象,则可以是任何公私财物。(2)客观要件不同。侵占罪的行为人在实施侵占行为时,被侵害之物已在其实际控制之下,其以种种借口或采取各种手段拒不归还或拒不交还物主;其他三罪的行为人在实施非法占有公私财物的行为时,并未控制财物,只是通过窃取、骗取、抢夺等方法才将他人财物非法转归己有。(3)犯罪故意形成的时间不同。侵占罪非法占有的故意产生于持有他人财物之后;其他三罪非法占有的故意则发生于持有他人财物之前。

具体就本罪与盗窃罪的区分而言,关键在于判断作为犯罪对象的财物是否脱离占有以及由谁占有。行为人不可能盗窃自己事实上占有的财物,对自己事实上已经占有的财物只能成立侵占罪。概言之,财物为他人所占有,则不可能构成侵占罪,但有可能构成盗窃罪;反之,如果财物为自己所占有,则不可能构成盗窃罪,而有可能构成侵占罪。例如,甲路过某自行车修理店,见有一辆名牌电动自行车(价值1万元)停在门口,欲据为己有。甲见店内货架上无自行车锁便谎称要购买,催促店主去50米之外的库房拿货。店主临走时对甲说:"我去拿锁,你帮我看一下店。"店主离店后,甲骑走电动自行车。本案属于典型的"调虎离山"类型的盗窃行为。甲以非法占有为目的,将被害人骗离现场,使得被害人与其财物之间的占有关系出现弛缓状态,甲在完全违背对方意志的情况下,采取了平和的方式转移了财物的占有,所以成立盗窃罪。至于被害人说"帮我看一下店"并不意味着被害人将该店内财物转移至行为人占有(此时沈某充其量只是修理店财物的占有辅助者),店内财物始终属于被害人即店主占有,所以甲的行为不成立侵占罪。① 另外,有关盗窃罪和侵占罪的认识错误,可以采取以下解决方

---

① 此外,甲的行为并非欺骗对方使其处分财物,而且店主也并无转移财物占有的处分行为,所以甲的行为也不成立诈骗罪。

式:(1)行为人以为被害人占有财物,实际上被害人不占有财物的,属于盗窃罪未遂;(2)行为人以为被害人未占有财物,实际上被害人占有财物的,构成侵占罪。

本罪与诈骗罪的区分,关键在于被害人是否实施了处分行为,而将财物的所有权转移至对方。因而行为人出于非法占有的目的,欺骗被害人,使其将财物交付给行为人"代为保管",进而非法占为己有的,应认定为诈骗罪。行为人接受委托而代为保管他人财物,非法将财物占为己有后,在被害人请求返还时,虚构财物被盗等理由,使被害人免除行为人的返还义务的,因为仅侵害了被害人的同一法益,事后的欺骗行为属于为了确保针对同一被害人的侵占物而实施的不可罚的事后行为,故不能认定为诈骗罪,仅成立侵占罪。

(三)侵占罪的刑事责任

根据《刑法》第270条第1款的规定,犯侵占罪的,处2年以下有期徒刑、拘役或者罚金;数额巨大或者有其他严重情节的,处2年以上5年以下有期徒刑,并处罚金。本罪属于告诉才处理的犯罪。如果侵占的是国家所有的财物,则应由检察院提起公诉。

二、职务侵占罪

职务侵占罪,是指公司、企业或者其他单位的人员,利用职务上的便利,将本单位财物非法占有己有,数额较大的行为。

(1)行为主体是公司、企业或者其他单位的人员。我国就主体身份的界定相对复杂,究竟是构成贪污罪还是职务侵占罪,主要取决于单位本身的性质以及行为人所实际从事的业务的性质。结合《刑法》以及相关司法解释的规定,可大致归纳为如下几类:第一,国有公司、企业或者其他国有单位中从事公务的人员和国有公司、企业或者其他国有单位委派到非国有公司、企业以及其他单位从事公务的人员,利用职务上的便利侵占公共财物的,应认定为贪污罪。第二,国家机关、国有公司、企业、事业单位中并未从事公务的非国家工作人员,可以成为职务侵占罪的行为主体。第三,在国有资本控股、参股的股份有限公司中从事管理工作的人员,除受国家机关、国有公司、企业、事业单位委派从事公务的以外,不属于国家工作人员。对其利用职务上的便利,将本单位财物非法占为己有,数额较大的,应认定为职务侵占罪。第四,村民委员会等村基层组织人员,利用职务便利侵吞集体财产的,以职务侵占罪论处;但是如果在协助人民政府从事行政管理工作时,利用职务上的便利侵占公共财物的,则成立贪污罪。第五,对村民小组组长利用职务上的便利,将村民小组集体财产非法占为己有,数额较大的行为,以职务侵占罪定罪处罚。

(2)行为内容是利用职务上的便利,将数额较大的单位财物非法占为己有的行为。第一,利用职务上的便利,是指利用自己主管、管理、经营、经手单位财物的便利条件。第二,将单位财物非法占为己有,是指将基于职务管理的单位财物非法占为己有(侵占)以及利用职务之便的窃取、骗取等行为。"非法占为己有",不限于行为人所有,还包括使第三者所有。第三,根据2010年最高人民检察院、公安部《关于公安机关管辖的刑事案件立案追诉标准的规定(二)》,数额较大以5000元至1万元为起点。

根据《刑法》第271条的规定,犯本罪的,处5年以下有期徒刑或者拘役;数额巨大的,处5年以上有期徒刑,可以并处没收财产。

三、挪用资金罪

(一) 挪用资金罪的概念和构成要件

挪用资金罪,是指公司、企业或者其他单位的工作人员,利用职务上的便利,挪用本单位资金归个人使用或者借贷给他人使用,数额较大、超过3个月未还的,或者虽未超过3个月,但数额较大、进行营利活动的,或者进行非法活动的行为。本罪的构成要件如下:

(1) 本罪的保护法益是(公司、企业或者其他单位的)财产使用权。本罪的对象是单位资金,因此,挪用单位资金以外的财物的,不成立本罪。根据2000年最高人民检察院《关于挪用尚未注册成立公司资金的行为适用法律问题的批复》,筹建公司的工作人员在公司登记注册前,利用职务上的便利挪用准备设立的公司在银行开设的临时账户上的资金,归个人使用或者借贷给他人,构成犯罪的,应当以挪用资金罪论处。

(2) 本罪的客观要件表现为利用职务上的便利,挪用本单位资金归个人使用或者借贷给他人的行为。具体包括以下内容:

第一,行为人利用了职务上的便利,即利用了自己主管、管理、经手单位资金的便利条件。

第二,必须是挪用本单位资金归个人使用或者借贷给他人使用。挪用,是指未经合法批准,擅自动用主管、管理、经手的单位资金,但并非要永久占有,而是暂时使用并准备日后归还。挪用包括挪用单位资金归个人使用或者借贷给他人使用两种情形。①

---

① 根据2010年最高人民检察院、公安部《关于公安机关管辖的刑事案件立案追诉标准的规定(二)》第85条的规定,"归个人使用"包括以下三种情形:一是将本单位资金供本人、亲友或者其他自然人使用的;二是以个人名义将本单位资金供其他单位使用的;三是个人决定以单位名义将本单位资金供其他单位使用,谋取个人利益的。挪用可以是借贷给其他自然人,也可以借贷给其他单位。根据2000年最高人民法院《关于如何理解刑法第272条规定的"挪用本单位资金归个人使用或者借贷给他人"问题的批复》,公司、企业或者其他单位的非国家工作人员,利用职务上的便利,挪用本单位资金归本人或者其他自然人使用,或者挪用人以个人名义将所挪用的资金借给其他自然人和单位,构成犯罪的,应当以挪用资金罪定罪处罚。

第三,必须是挪用的数额较大、超过3个月未还,或者虽未超过3个月,但数额较大、进行营利活动的,或者进行非法活动的行为。具体分为三种情况:一是数额较大、超过3个月未还的;二是虽未超过3个月,但数额较大、进行营利活动的;三是进行非法活动的。首先,挪用单位资金用于营利活动与非法活动以外的活动的,如旅游、购买物品等,必须数额较大,并且超过3个月未还。这里的数额较大,以1万元至3万元为起点。如果挪用资金数额较大,未超过3个月,或挪用资金数额较小,超过3个月没有归还,均不构成本罪。其次,挪用单位资金进行营利活动的,只要求数额较大,不要求超过3个月。这里的营利活动,是合法的营利活动,如将单位资金存入银行、用于集资、购买股票等,数额较大也以1万至3万元为起点。再次,挪用单位资金进行非法活动,是指用于走私、非法经营、赌博等。对于此类情形,凡数额在5000元至2万元以上的,应追究刑事责任;尽管对挪用单位资金的时间没有特别要求,但特别短暂的,不宜认定为犯罪。①

(3) 本罪的主体是特殊主体,即必须是公司、企业或者其他单位的工作人员,但不包括国有公司、企业或者其他国有单位中从事公务的人员和国有公司、企业或者其他国有单位委派到非国有公司、企业以及其他单位从事公务的人员。根据《刑法》第185条的规定,银行或者其他金融机构的工作人员(国有金融机构工作人员和国有金融机构委派到非国有金融机构从事公务的人员除外),利用职务上的便利,挪用本单位或者客户资金的,依照挪用资金罪定罪处罚。根据2000年最高人民法院《关于对受委托管理、经营国有财产人员挪用国有资金行为如何定罪问题的批复》,对于受国家机关、国有公司、企业、事业单位、人民团体委托,管理、经营国有财产的非国家工作人员,利用职务上的便利挪用国有资金归个人使用构成犯罪的,应当以挪用资金罪定罪处罚。

(4) 本罪的主观要件为故意。具体是指暂时占有、使用单位资金的故意,而没有不法所有的目的。如果行为人以非法占有(即非法据为己有)为目的,则构成职务侵占罪。

(二) 挪用资金罪的界限划分

在认定挪用资金罪时,主要应注意将其与职务侵占罪区别开来。二者的根本区别在于故意内容不同:挪用资金罪的行为人只是暂时占有、使用本单位资金,行为人主观上没有非法占有(据为己有)的目的;职务侵占罪的行为人是出于非法占有的故意,不具有归还的意图。

(三) 挪用资金罪的刑事责任

根据《刑法》第272条的规定,犯本罪的,处3年以下有期徒刑或者拘役;挪

---

① 李希慧主编:《刑法各论》,武汉大学出版社2009年版,第281页以下。

用本单位资金数额巨大的,或者数额较大不退还的,处3年以上10年以下有期徒刑。这里的"不退还",是指挪用人由于某种原因不能归还所挪用的资金,即仅限于客观上不能归还。如果行为人挪用单位资金后,由于某种原因转化为主观上不愿意归还,则行为性质转化为职务侵占罪。此外,对于挪用单位资金进行非法活动构成其他犯罪的,应当实行数罪并罚。

四、挪用特定款物罪

挪用特定款物罪,是指将专用于救灾、抢险、防汛、优抚、扶贫、移民、救济款物挪作他用,情节严重,致使国家和人民群众遭受重大损害的行为。本罪的挪用,只限于由有关单位改变专用款物用途,不包括挪作个人使用。根据2003年最高人民检察院《关于挪用失业保险基金和下岗职工基本生活保障资金的行为适用法律问题的批复》,挪用失业保险基金和下岗职工基本生活保障资金属于挪用救济款物。挪用行为情节严重,致使国家和人民群众利益遭受重大损害的,才成立犯罪。2010年最高人民检察院、公安部《关于公安机关管辖的刑事案件立案追诉标准的规定(二)》第86条规定,挪用用于救灾、抢险、防汛、优抚、扶贫、移民、救济款物,涉嫌下列情形之一的,应予立案追诉:(1)挪用特定款物数额在5000元以上的;(2)造成国家和人民群众直接经济损失数额在5万元以上的;(3)虽未达到上述数额标准,但多次挪用特定款物的,或者造成人民群众的生产、生活严重困难的;(4)严重损害国家声誉,或者造成恶劣社会影响的;(5)其他致使国家和人民群众利益遭受重大损害的情形。

根据《刑法》第273条的规定,犯本罪的,对直接责任人员,处3年以下有期徒刑或者拘役;情节特别严重的,处3年以上7年以下有期徒刑。

五、拒不支付劳动报酬罪

拒不支付劳动报酬罪,是以转移财产、逃匿等方法逃避支付劳动者的劳动报酬或者有能力支付而不支付劳动者的劳动报酬,数额较大,经政府有关部门责令支付仍不支付的行为。本罪是《刑法修正案(八)》所增设的罪名。

行为主体是负有向他人支付劳动报酬义务的自然人与单位。行为内容是拒不支付劳动报酬,行为方式表现为采取转移财产、逃匿等方法逃避支付劳动者的劳动报酬,或者有能力支付而不支付劳动者的劳动报酬这两种类型。根据最高人民法院《关于审理拒不支付劳动报酬刑事案件适用法律若干问题的解释》的规定,所谓劳动者的劳动报酬,是指劳动者依照《劳动法》和《劳动合同法》等法律的规定应得的劳动报酬,包括工资、奖金、津贴、补贴、延长工作时间的工资报酬及特殊情况下支付的工资等。所谓"以转移财产、逃匿等方法逃避支付劳动者的劳动报酬",包括:(1)隐匿财产、恶意清偿、虚构债务、虚假破产、虚假倒闭或者以其他方法转移、处分财产的;(2) 逃跑、藏匿的;(3) 隐匿、销毁或者篡改账目、职工名册、工资支付记录、考勤记录等与劳动报酬相关的材料的;(4) 以其他方法逃避支付劳动报酬的。所谓"数额较大":是指拒不支付1名劳动者3个月以上的劳动报酬且数额在5000元至2万元以上的;或者拒不支付10名以上劳动者的劳动报酬且数额累计在3万元至10万元以上的情形。所谓"经政府有关部门责令支付仍不支付",是指经人力资源社会保障部门或者政府其他有关部门依法以限期整改指令书、行政处理决定书等文书责令支付劳动者的劳动报酬后,在指定的期限内仍不支付的,但有证据证明行为人有正当理由未知悉责令支付或者未及时支付劳动报酬的除外。行为人逃匿,无法将责令支付文书送交其本人、同住成年家属或者所在单位负责收件的人的,如果有关部门已通过在行为人的住所地、生产经营场所等地张贴责令支付文书等方式责令支付,并采用拍照、录像等方式记录的,应当视为"经政府有关部门责令支付"。

根据《刑法》第276条之一的规定,犯本罪的,处3年以下有期徒刑或者拘役,并处或者单处罚金;造成严重后果的,处3年以上7年以下有期徒刑,并处罚金。单位犯本罪的,对单位判处罚金,并对其直接负责的主管人员和其他直接责任人员,依照自然人的处罚的规定处罚。有本罪行为,尚未造成严重后果,在提起公诉前支付劳动者的劳动报酬,并依法承担相应赔偿责任的,可以减轻或者免除处罚。如果是经政府有关部门责令支付而及时支付欠薪的,不成立犯罪。所谓"造成严重后果",根据前引司法解释的规定,是指:(1) 造成劳动者或者其被赡养人、被扶养人、被抚养人的基本生活受到严重影响、重大疾病无法及时医治或者失学的;(2) 对要求支付劳动报酬的劳动者使用暴力或者进行暴力威胁的;(3) 造成其他严重后果的。

第五节 毁坏、破坏型财产犯罪

一、故意毁坏财物罪

故意毁坏财物罪,是指故意毁坏公私财物,数额较大或者有其他严重情节的行为。

行为对象是国家、单位或者他人所有的财物,包括动产与不动产,行为人是否占有该财物,不影响本罪的成立。毁坏耕地或者进行破坏性采矿的,应认定为非法占用农用地罪、破坏性采矿罪;毁坏交通工具、交通设施、易燃易爆等设备,危害公共安全的,成立危害公共安全犯罪。

客观行为表现为毁坏财物。有关毁坏的含义,存在"物理性损坏说"(要求物理性地损坏了财物)与"侵犯效用说"(包括有损财物之效用的一切行为,单纯使对方丧失对物之占有的,也包括在毁弃之内)之间的对立,现在一般采取侵犯效用说。因此,"毁坏",包括从物理上变更或者消灭财物的形体,以及丧失或者减少财物之效用的一切行为。行为具体表现为毁弃、损坏或者使财物丧失本来效用的行为。如将他人的一幅名画撕毁后抛弃的,就属于毁弃。如将手机放在水里使其短路那样,破坏财物的使用机能的就属于损坏。"导致财物丧失本来的效用"的范围很广,一切使财物丧失本来效用的行为都包含在内,并不限于财物本身受到物理损伤。例如,甲将乙价值2万元的戒指扔入海中,虽然戒指本身没有被毁坏,但甲的行为仍属于故意毁坏财物。本罪行为的具体表现为:(1)由于物理上、客观上的损害而导致财物的效用丧失或减少(使他人鱼池的鱼游失、将他人的戒指扔入海中);(2)由于心理上、感情上的缘故而导致财物的效用丧失或者减少(如将秽物投入他人餐具,使他人不再使用餐具);(3)包括财物本身的丧失以及被害人对财物占有的丧失(如将他人财物单纯予以隐藏)。

在认定本罪行为时,以下几种情形值得注意:(1)甲意图将乙的电视机抱到院子里摔坏,但刚将电视机抱起,电视机即滑落在地被摔坏,成立故意毁坏财物罪既遂;(2)甲意图将乙的电视机抱到院子里摔坏,刚出乙的家门,甲发现乙回家,赶紧将电视机抱到自己家单纯予以放置,其后案发的,成立故意毁坏财物罪既遂;(3)甲意图将乙的电视机抱到院子里摔坏,刚出乙的家门,甲发现乙回家,赶紧将电视机抱到自己家,其后予以积极利用的,只成立侵占罪。

根据《刑法》第275条的规定,犯本罪的,处3年以下有期徒刑、拘役或者罚金;数额巨大或者有其他特别严重情节的,处3年以上7年以下有期徒刑。

二、破坏生产经营罪

破坏生产经营罪,是指由于泄愤报复或者其他个人目的,毁坏机器设备、残害耕畜或者以其他方法破坏生产经营的行为。只要没有正当理由,即可直接认定为"出于个人目的"。这里的"其他方法"应是与毁坏机器设备、残害耕畜相类似的方法,要求在是否破坏生产经营这一点上,在法律上能够做等价值评价,而不是泛指任何方法。由于本罪实质上是通过毁坏财物来达到破坏生产经营的效果,而不是单纯地毁坏财物,因而成立本罪不以数额较大、情节严重为前提。这里的"生产经营",包括一切经济形式的生产经营,不问所有制的性质。① 根据《刑法》第276条的规定,犯本罪的,处3年以下有期徒刑、拘役或者管制;情节严重的,处3年以上7年以下有期徒刑。

---

① 张明楷:《刑法学》(第4版),法律出版社2011年版,第912页。

第三篇 侵犯社会法益的犯罪

第四章 危害公共安全罪

第一节 危害公共安全罪概说

一、危害公共安全罪的概念与构成

危害公共安全罪,是指故意或者过失以危险方法或其他方法危害公共安全的行为。

本章罪侵犯的法益是公共安全。所谓公共安全,是指不特定或者多数人的生命、健康、重大公私财产安全以及公共生产、生活的安全。公共安全具有如下几个特征:一是侵犯利益的公共性。危害公共安全罪中利益的公共性,是指行为人对生命、健康、财产、生产、生活安全的侵犯,不是针对特定的某个人、某个较小的财产或者某个人的生产、生活安全,而是针对不特定或者多数人的生命、健康和重大公私财产的安全以及群体性、社会性的生产、生活。这里的多数人是指人数较多的人,具体的数字则不好确定。因为公共安全的评价因素不仅仅是人数上的多少,还涉及对其他利益、生产、生活秩序等多方面因素的考量。因而,被侵犯的利益主体既可能是大众,也可能是小众,不能用一个具体的数字作为标准来进行衡量。二是犯罪对象或者犯罪结果的不特定性。即行为人不是针对某一特定的对象将危害结果控制在特定范围实施犯罪行为,而是指犯罪行为侵犯的对象或者造成的结果事先无法确定、无法预测,也难以控制,行为本身的危险性有时甚至可能大大超出行为人本身的能力控制范围。另外,即便行为人针对特定对象实施犯罪如只想放火烧死某个人,结果是不仅烧死了该人,还烧死、烧伤了其他人,烧毁了财物的,也应按危害公共安全罪中的放火罪而非故意杀人罪论处。三是侵犯利益的复杂性。表现为危害公共安全行为侵犯的法益不仅重大,而且数量较多。有些情况下侵犯的法益可能是一种,但涉及侵害这种法益的量比较多,如行为人扔手榴弹实施爆炸虽然只炸死了人,但炸死的人可能很多,行为人放火虽然只烧毁了公私财物,但烧毁的公私财物可能数量众多。有些情况下侵犯的法益有多种,即不仅侵犯他人的生命权法益,还可能同时侵犯健康权、财产权以及社会正常生产、生活秩序等法益。总之,行为人实施的行为危害了公

共安全,意味着这种犯罪行为侵犯利益的公共性、不特定性和复杂性。如果行为人的行为只侵犯单一的某个人的某种利益,或者虽然侵犯了可以控制范围的几个人的某种利益,则只能构成侵犯人身权利、财产权利、妨害社会管理秩序的其他罪,不能按危害公共安全罪进行处理。本章罪的客观要件为行为人实施了危害或者足以危害公共安全的行为。危害公共安全的犯罪行为大多数表现为作为,如非法出租、出借枪支,也可能表现为不作为,如丢失枪支不报罪等。危害公共安全的方式多种多样,有危险方法、破坏性方法、恐怖手段,还有违反生活义务、业务义务的方法等。本章罪的犯罪主体大多为一般主体,也有少数为特殊主体,如重大飞行事故罪、铁路运营安全事故罪、危险物品肇事罪等等。本章罪的主观要件有些为故意,还有一些为过失,如事故性犯罪、肇事型犯罪等。

二、危害公共安全罪的种类

我国现行《刑法》分则第二章对危害公共安全罪规定了26个条文(第114条至第139条),共42个罪名。2001年12月29日全国人大常委会通过的《刑法修正案(三)》增加了资助恐怖活动罪;2006年6月29日全国人大常委会通过的《刑法修正案(六)》增加了强令违章冒险作业罪、大型群众性活动重大安全事故罪和不报、谎报安全事故罪等3个罪名;2011年2月25日全国人大常委会通过的《刑法修正案(八)》增加了危险驾驶罪。因此,本章罪共有47个罪名,具体分类如下:

(1) 以危险方法危害公共安全的犯罪。具体包括:放火罪、失火罪、决水罪、过失决水罪、爆炸罪、过失爆炸罪、投放危险物质罪、过失投放危险物质罪、以危险方法危害公共安全罪、过失以危险方法危害公共安全罪。

(2) 破坏特殊对象的危害公共安全的犯罪。具体包括:破坏交通工具罪,过失损坏交通工具罪、破坏交通设施罪、过失损坏交通工具罪、破坏电力设备罪、过失损坏电力设备罪、破坏易燃易爆设备罪、过失损坏易燃易爆设备罪、破坏广播电视设施、公共电信设施罪、过失损坏广播电视、公共电信设施罪。

(3) 以恐怖危险活动为内容的危害公共安全的犯罪。具体包括:组织、领导、参加恐怖活动组织罪,资助恐怖活动罪(第120条之一),劫持航空器罪、劫持船只、汽车罪,暴力危及飞行安全罪。

(4) 以枪支、弹药、爆炸物、危险物质为对象的危害公共安全的犯罪。具体包括:非法制造、买卖、运输、邮寄、储存枪支、弹药、爆炸物罪,非法制造、买卖、运输、储存危险物质罪、违规制造、销售枪支罪、盗窃、抢夺枪支、弹药、爆炸物、危险物质罪、抢劫枪支、弹药、爆炸物、危险物质罪,非法持有、私藏枪支、弹药罪,非法出租、出借枪支罪、丢失枪支不报罪,非法携带枪支、弹药、管制刀具、危险物品危及公共安全罪。

（5）遭致重大事故的危害公共安全的犯罪。具体包括：重大飞行事故罪，铁路运营安全事故罪，交通肇事罪、危险驾驶罪（第 133 条之一），重大责任事故罪，强令违章冒险作业罪，重大劳动安全事故罪，大型群众性活动重大责任事故罪（第 135 条之一），危险物品肇事罪，工程重大安全事故罪，教育设施重大安全事故罪，消防责任事故罪，不报、谎报安全事故罪（第 139 条之一）。

第二节　以危险方法危害公共安全的犯罪

一、放火罪

（一）放火罪的概念和构成

放火罪是指故意放火，危害公共安全的行为。本罪侵犯的法益是公共安全。具体构成特征如下：

（1）本罪的客观要件表现为行为人实施了危害公共安全的放火行为。"放火"是指故意使公私财物燃烧，引起火灾的行为。理解时应注意：第一，放火行为既可以表现为作为，也可以表现为不作为。实践中作为方式较为常见，不作为只有在行为人有义务阻止火灾的发生而故意不去阻止时才可能构成犯罪。如加油站防火员就负有消除火灾隐患，防止火灾发生的义务；再如行为人随手把烟头丢在窗帘上，引起窗帘着火，行为人就负有扑灭窗帘着火燃烧的义务。如果行为人没有履行这种义务而导致火灾发生，就属于典型的不作为的放火罪。根据实际情况，不作为放火的行为人主观上大多为间接故意，直接故意相对较少。第二，放火焚烧的对象一般是公私财物，也可能是其他物质或者人。如果行为人主观上基于杀人的故意放火焚烧某个人或者某几个人，但客观上危害公共安全的，也应当以放火罪定罪处罚。第三，放火行为必须足以或者已经危害公共安全。由于放火行为的危险性特别大，故立法者将放火罪规定为具体危险犯，即行为人实施放火行为，只要足以危害公共安全就可以构成犯罪。如何判断行为足以危害公共安全，应当在以客观事实作为判断资料的基础上，根据客观的因果法则判断对象物燃烧的行为在时间上或空间上是否足以形成失去控制的燃烧状态。①行为人放火焚烧自己的财物，不危害公共安全的不构成犯罪，属自己处置财产的合法行为；如果危害公共安全，且行为人能够阻止危害公共安全的结果发生但放任不管的，应当构成放火罪。

（2）本罪的主体要件为一般主体。根据《刑法》第 17 条第 2 款的规定，已满 14 周岁能够辨认和控制自己行为能力的人应当对放火行为承担刑事责任。

---

① 参见张明楷：《刑法学》（第 4 版），法律出版社 2011 年版，第 605 页。

(3) 本罪的主观要件是故意,即行为人明知自己的放火行为会导致不特定或者多数人的生命、健康、重大公私财产以及公共生产、生活安全遭受危害,仍然希望或者放任这种结果发生。

(二) 放火罪的界限划分

1. 本罪与非罪的界限

由于放火罪是危害公共安全的犯罪,所以区分放火罪与非罪的标准是放火行为是否危害公共安全。放火行为实施后足以危害公共安全或者已经危害公共安全的,构成放火罪;行为人虽然实施了放火行为,但没有危害公共安全,也不构成其他犯罪的,就是无罪,可以根据《治安管理处罚法》对行为人进行处罚。

2. 本罪既遂与未遂的界限

放火罪既遂与未遂的标准,学界有不同的理解。第一种观点认为放火罪有危险犯和结果犯(或曰实害犯)两种既遂形态,放火罪既遂与未遂的标准只要认定危险犯的危险状态即可,因为已经造成实际损害的是当然的既遂。但对于如何判断放火行为的危险标准,日本刑法理论则有独立燃烧说、效用丧失说、燃烧说和毁弃说四种观点。独立燃烧说认为,只有将点火物点燃并开始独立燃烧,才是放火罪的既遂;效用丧失说认为,放火行为仅仅是被燃烧物独立燃烧还不能构成既遂,只有在此基础上还使被燃烧物的重要部分烧毁并失去了其原有的用途才能构成既遂;燃烧说认为,只要被燃烧目的物的主要部分达到开始燃烧的程度就是既遂;毁弃说认为只有火力对目的物的破坏达到故意毁坏财物罪中的毁坏程度才能成立既遂。① 我国刑法理论中,传统观点主张独立燃烧说,即只要放火行为将目的物点燃后,已经达到脱离引燃物媒介也能够独立燃烧的程度,即使没有造成实际的危害结果,也应视为放火罪既遂。反之,为未遂。② 第二种观点认为放火罪只有结果犯一种既遂形态,即《刑法》第115条是对放火罪既遂的规定,《刑法》第114条是对放火罪未遂的规定,尚未造成严重后果时,不再适用刑法总则关于未遂犯的处罚规定。③ 这种观点对独立燃烧说进行了否定,认为如果将独立燃烧说作为放火罪既遂的标准,则意味着在实施完放火行为之后还未发生第115条规定的结果之前,行为人出于自己的真实意思自动放弃犯罪或者自动有效地防止犯罪结果发生的不能成立犯罪中止,显然与犯罪中止的概念相矛盾;独立燃烧说违背罪责刑相适应的刑法基本原则,将罪责不同的行为作为相同的行为处理显然不妥;在刑事政策上不利于为犯罪分子架设后退的"黄金桥"。④

---

① 参见〔日〕大谷实:《刑法各论讲义》,黎宏译,中国人民大学出版社2008年版,第345页。
② 参见高铭暄、马克昌主编:《刑法学》,北京大学出版社、高等教育出版社2011年版,第341页。
③ 参见张明楷:《刑法学》(第4版),法律出版社2011年版,第606页。
④ 参见李希慧:《刑法各论》,武汉大学出版社2009年版,第37—38页。

对于放火罪(包括爆炸罪、投放危险物质罪、决水罪、以危险方法危害公共安全罪)的既遂与未遂标准,传统观点虽然有其可取之处,但其不能解决放火行为过程中符合中止犯条件的行为的定性问题。行为人在放火行为实施后,基于真诚的悔悟自动中止犯罪或者自动有效地防止犯罪结果发生的情况如果不认定为中止犯,所导致的刑事责任的差异会非常大,显然有失公平。如果认定为中止犯,造成轻微的危害结果的应当减轻处罚,没有造成危害结果的则应当免除处罚。以某人实施放火行为自动放弃犯罪没有造成危害结果为例,认定为中止犯应当免除处罚,认定为既遂犯虽然可以作为犯罪后的态度从轻处罚,但还是应当在法定刑3年以上10年以下有期徒刑的幅度内从轻处罚,这显然对被告人不公平。基于独立燃烧说存在的弊端,我们认为,将放火罪既遂与未遂的认定标准确定为是否达到《刑法》第115条规定的结果比较科学合理,可以解决刑法系统内部的相关问题。

3. 本罪与其他犯罪的界限

(1) 本罪与使用放火的方法故意杀人或者故意伤害他人行为的界限

行为人使用放火的方法故意杀人或者故意伤害他人,应当如何定罪需要探讨。本书认为可以通过如下途径解决:

第一,如果行为人以故意杀害或者伤害特定的个人为目的而实施了放火的方法,不危害公共安全的,构成故意杀人罪或故意伤害罪。如A想烧死受害人B,于是在B的身上浇上汽油,将B活活烧死,A的行为构成故意杀人罪。A如果想放火烧死B和C,得知B和C正好住在一间单独的工棚内,于是在这间单独的工棚上浇上汽油将B和C烧死的,也应当认定为故意杀人罪。因为此时放火行为造成的特定危害结果在行为人的控制范围内,且没有也不会危害公共安全,所以不能因为烧死了两个人就按放火罪定罪处罚。

第二,行为人以故意杀害或者伤害特定的个人为目的的实施了放火行为,但危害公共安全的,构成故意杀人罪或故意伤害罪与放火罪的想象竞合犯,应按想象竞合犯的处理原则择一重罪处断,即应按放火罪定罪量刑。因为故意杀人罪与故意伤害罪只侵犯特定的个人的生命、健康权,而放火罪侵犯的法益是不特定或者多数人的生命、健康以及重大公私财产的安全,从侵犯的法益进行衡量,放火罪侵犯的法益显然更加重大。另外,从《刑法》的规定来看,危害公共安全罪的社会危害性整体上要大于侵犯公民人身权利、民主权利罪,放火罪规定在危害公共安全罪这类犯罪之首,且没有造成危害结果也要处3年以上10年以下的有期徒刑;而故意杀人罪规定在侵犯公民人身权利、民主权利之首,故意伤害罪排列在之后。从立法体例、法定刑上考察,在造成相同危害结果的情况下,放火罪应当重于故意杀人罪和故意伤害罪。

第三,以杀害或者伤害不特定或者多数人为目的而实施放火行为,危害公共安全的,直接定为放火罪。

(2) 放火罪与使用放火方法实施的其他危害公共安全犯罪的界限

实践中,行为人可能使用放火的方法破坏交通工具、交通设施、易燃易爆等设备,如果危害公共安全,应当定破坏交通工具罪、破坏交通设施罪、破坏易燃易爆设备罪等犯罪。这样定罪的理论依据是特别法优于普通法,放火罪与使用放火方法实施的其他危害公共安全犯罪相比较,放火罪是普通法条,以放火方法实施的其他危害公共安全犯罪是特别法条,故应按特别法条规定的犯罪进行处罚。当然,如果行为人不是针对特定的交通工具实施放火行为,如在大街上放火,烧毁了交通工具还烧死了人、烧毁了大量其他财物的,应当按放火罪定罪量刑。

(3) 本罪与故意毁坏财物罪的界限

放火罪放火焚烧的对象就是公私财物,因而可能会与故意毁坏财物罪发生纠缠。区分的标准也是看放火烧毁公私财物的行为是否危害公共安全。如果焚烧公私财物的行为危害了公共安全的,应当定放火罪;而烧毁的财物为数量不多的特定物或者特定人的财物而没有危害公共安全,且这种行为不会造成不特定或者多数人生命、健康损害的,应当按故意毁坏财物罪定罪量刑。

(三) 放火罪的刑事责任

根据《刑法》第114条、第115条的规定,犯本罪,尚未造成严重后果的,处3年以上10年以下有期徒刑;致人重伤、死亡或者使公私财产遭受重大损失的,处10年以上有期徒刑、无期徒刑或者死刑。

二、失火罪

失火罪是指过失地引起火灾,致人重伤、死亡或者使公私财产遭受重大损失,危害公共安全的行为。本罪侵犯的法益是公共安全。失火罪要求客观上引起了致人重伤、死亡或者使公私财产遭受重大财产损失,危害公共安全的严重后果。如果过失地引起火灾的行为没有达到这个法定的后果,不能构成犯罪;失火行为虽然造成了人员伤亡的后果,但如果是特定个人的伤亡后果的,也不能构成失火罪,应当构成诸如过失致人死亡罪、过失致人重伤罪等犯罪。本罪在主观要件上表现为过失。

认定失火罪,首先应当将其与放火罪、失火构成的其他犯罪区分开来。如果故意引起火灾,危害公共安全的是放火罪;如果过失地引起火灾,但烧毁的是特定的交通工具、交通设施、易燃易爆等设施,危害公共安全的,应当构成过失损坏交通工具罪、过失损坏交通设施罪、过失损坏易燃易爆设备罪等。其次,如果失火行为烧毁的只有财物,且不是重大公私财物的,应当按无罪处理,可以通过民事责任予以解决。

根据《刑法》第 115 条第 2 款的规定,犯本罪的,处 3 年以上 7 年以下有期徒刑;情节较轻的,处 3 年以下有期徒刑或者拘役。

三、决水罪

决水罪是指故意破坏水利设施,制造水患,危害公共安全的行为。本罪侵犯的法益是公共安全。客观要件要求行为人实施破坏水利设施、制造水患等危害公共安全的决水行为。这种行为既有作为,也有不作为。具体方法表现为破坏、侵占、毁损堤防、水闸、渠道、护岸、抽水站、排水渠系等水利工程和水文设施等。决水罪认定罪与非罪、既遂与未遂的标准、与其他犯罪的区别于放火罪大体相同,可以参照放火罪的界限划分进行把握。根据《刑法》第 114 条、第 115 条的规定,犯本罪尚未造成严重后果的,处 3 年以上 10 年以下有期徒刑;致人重伤、死亡或者使公私财产遭受重大损失的,处 10 年以上有期徒刑、无期徒刑或者死刑。

四、过失决水罪

过失决水罪是指过失地损坏水利设施,引起水患,致人重伤、死亡或者使公私财产遭受重大损失的行为。没有造成法定的结果的,不构成犯罪。根据《刑法》第 115 条第 2 款的规定,犯本罪的,处 3 年以上 7 年以下有期徒刑;情节较轻的,处 3 年以下有期徒刑或者拘役。

五、爆炸罪

爆炸罪是指故意引起爆炸物或其他设备、装置爆炸,危害公共安全的行为。本罪侵犯的法益是公共安全。客观要件为行为人实施引起爆炸物或其他设备、装置爆炸,危害公共安全的行为。这种行为既有作为,也有不作为。引起爆炸物爆炸多指使用炸弹、手榴弹、地雷、炸药、雷管、导火索等爆炸物品和爆炸装置实施爆炸。成立本罪不要求发生实际的损害结果,只要实施爆炸行为,足以危害公共安全就可以构成犯罪。认定爆炸罪的罪与非罪、既遂与未遂的标准、爆炸罪与其他犯罪的区别,与放火罪的认定大体相同,可以参照放火罪的界限划分进行把握。根据《刑法》第 114 条、第 115 条的规定,犯本罪尚未造成严重后果的,处 3 年以上 10 年以下有期徒刑;致人重伤、死亡或者使公私财产遭受重大损失的,处 10 年以上有期徒刑、无期徒刑或者死刑。

六、过失爆炸罪

过失地引起爆炸,致人重伤、死亡或者使公私财产遭受重大损失的行为是过失爆炸罪。没有造成法定的结果的,不构成犯罪。根据《刑法》第 115 条第 2 款的规定,犯本罪的,处 3 年以上 7 年以下有期徒刑;情节较轻的,处 3 年以下有期徒刑或者拘役。

七、投放危险物质罪①

（一）投放危险物质罪的概念和构成

投放危险物质罪是指故意投放毒害性、放射性、传染病病原体等危险物质，危害公共安全的行为。本罪侵犯的法益是公共安全。具体构成特征如下：

（1）本罪的犯罪对象为毒害性、放射性、传染病病原体等危险物质②。"毒害性物质"是指能对肌体发生化学或物理化学作用，因而损害肌体、引起功能障碍、疾病甚至死亡的物质，包括化学性有毒物质，如砒霜、鼠药、氰化物等；生物性有毒物质，如野蘑菇等植物性有毒物质、河豚鱼等动物性有毒物质；以及微生物类有毒物质，如肉毒杆菌等。"放射性物质"是指含有自动进行发生原子核裂变，把原子核中的物质放射出来而衰变的元素，能够对人、动物及环境产生严重辐射危害的物质，如铀、镭、钴等放射性元素及其制品，放射性同位素（碳14、铁55、钴60、镭226、镅241）及其制品等。另外，与上述三类物质的危害性相当的其他物质，也属于本罪中危险物质的范畴。

（2）本罪的客观要件为行为人实施了投放毒害性、放射性、传染病病原体等危险物质，危害公共安全的行为。"投放"是指向公共饮用的水源，出售的食品、饮料，牲畜、禽类的饮水池、饲料等物品中或者公众场所等投入、搁置毒害性、放射性、传染病病原体等物质。投放危险物质的行为必须危害公共安全，即造成不特定或者多数人生命、健康、重大公私财产的损害。如果行为人实施投放危险物质的行为，但是将毒害性、放射性、传染病病原体等物质投入于某个特定人食用的食品、饮料或者其他物品中，只造成特定的个人重伤、死亡的，不构成本罪，可能构成故意杀人罪或故意伤害罪。

（3）本罪的主体要件为一般主体。根据《刑法》第17条第2款的规定，已满14周岁能够辨认和控制自己行为能力的人应当对投放危险物质的危害行为承担刑事责任。

（4）本罪的主观要件为故意，可以出于直接故意，也可以出于间接故意。过失投放危险物质致人重伤、死亡或者使公私财产遭受重大损失的按过失投放危险物质罪定罪量刑。

---

① 本罪系全国人大常委会2001年12月29日通过的《刑法修正案（三）》第1条在1997年修订的《刑法》第114、115条的基础上修改而成，原罪名为投毒罪。

② 根据我国《放射性污染防治法》的规定，放射源、射线装置、伴生放射性矿、放射性废物等都属于放射性物质。"传染病病原体"是指能够通过在人体或者动物体内适当的环境中繁殖，从而使人类或者动物感染传染病，甚至造成传染病扩散的细菌、霉菌、毒种、病毒，如霍乱弧菌、炭疽菌、结核杆菌、天花病毒、艾滋病毒、肝炎病毒、SARS病毒等。

（二）投放危险物质罪的界限划分

1．投放危险物质罪既遂与未遂的界限

行为人实施的投放危险物质行为危害了公共安全，尚未造成严重后果应为未遂，已经造成他人重伤、死亡或者公私财产的重大损失的严重后果即为既遂。

2．本罪与以投放危险物质的方法实施故意杀人、故意伤害、故意毁坏公私财物行为的界限

区分的关键是投放危险物质的行为所侵犯的法益是否为公共安全。根据行为人使用的投放危险物质物的性能、实施投放危险物质的具体时间、地点、环境等客观因素进行判断，如果行为人实施的意在毒害特定的他人或者毁损特定财物的投放危险物质行为具有足以造成不特定或者多数人伤亡、重大公私财产毁损等的危险，就不仅具备了故意杀人罪、故意毁坏财物罪的客观要件，同时也满足了投放危险物质罪的客观要件，属于想象竞合犯，应按投放危险物质罪定罪量刑。反之则应当认定为故意杀人罪、故意伤害罪或故意毁坏公私财物罪。

（三）投放危险物质罪的刑事责任

根据《刑法》第114条、第115条的规定，犯本罪尚未造成严重后果的，处3年以上10年以下有期徒刑；致人重伤、死亡或者使公私财产遭受重大损失的，处10年以上有期徒刑、无期徒刑或者死刑。

八、过失投放危险物质罪

过失投放危险物质罪是指过失投放害性、放射性、传染病病原体等危险物质，致人重伤、死亡或者使公私财产遭受重大损失的行为。过失投放危险物质没有达到法定结果的，不构成犯罪。根据《刑法》第115条第2款的规定，犯本罪的，处3年以上7年以下有期徒刑；情节较轻的，处3年以下有期徒刑或者拘役。

九、以危险方法危害公共安全罪

以危险方法危害公共安全罪是指故意使用除放火、决水、爆炸、投放危险物质以外的危险方法危害公共安全的行为。本罪是侵犯公共安全法益的兜底式罪名。因而本罪客观上所要求的除放火、决水、爆炸、投放危险物质以外的危险方法比较模糊，不能直接进行界定。而罪刑法定原则又要求刑法条文应当明确具体，以利于操作。因此，对本罪的其他危险方法应做限制性的解释，具体而言，本罪的认定需要注意以下几点：(1)"其他危险方法"只限于与放火、决水、爆炸、投放危险物质的危害性相当的方法，而不能随意扩大至所有具有危害公共安全性质的方法，否则会背离刑事立法的精神。(2)其他危险方法如果已经在刑法上规定为其他罪，只能按其他犯罪进行处理，不能再以本罪论处，如破坏易燃易爆设备之类的犯罪方法也非常危险，但《刑法》已经设置了破坏易燃易爆设备

罪,就不能再以本罪处理。(3)实践中常见的危险方法主要有:私设电网、驾车冲撞人群[①]、使用放射性物质、扩散病毒等危险方法。[②]

根据《刑法》第114条、第115条的规定,犯本罪尚未造成危害后果的,处3年以上10年以下有期徒刑;致人重伤、死亡或者使公私财产遭受重大损失的,处10年以上有期徒刑、无期徒刑或者死刑。

十、过失以危险方法危害公共安全罪

过失以危险方法危害公共安全罪是指过失以引起火灾、水灾、爆炸、投放危险物质以外的其他危险方法危害公共安全,致人重伤、死亡或者使公私财产遭受重大损失的行为。根据《传染病司法解释》第1条第2款的规定,患有突发传染病或者疑似突发传染病而拒绝接受检疫、强制隔离或者治疗,过失造成传染病传播,情节严重,危害公共安全的,按照本罪定罪处罚。根据《刑法》第115条第2款的规定,犯本罪的,处3年以上7年以下有期徒刑;情节较轻的,处3年以下有期徒刑或者拘役。

第三节　破坏特殊对象的危害公共安全的犯罪

一、破坏交通工具罪

(一)破坏交通工具罪的概念和构成

破坏交通工具罪是指破坏火车、汽车、电车、船只、航空器,足以使火车、汽车、电车、船只、航空器发生倾覆、毁坏危险,危害公共安全的行为。本罪侵犯的法益是公共安全中的交通运输安全。具体构成特征如下:

(1)本罪的犯罪对象为火车、汽车、电车、船只、航空器。认定时应注意:第一,按照罪刑法定的刑法基本原则,破坏交通工具罪的犯罪对象应当只限于火

[①] 如姚锦云驾车撞人案当时确定的罪名就是以驾车撞人的危险方法危害公共安全罪。1982年1月10日,北京市出租汽车公司第一车场驾驶员姚锦云因未完成任务而受到处分,驾驶一辆"华沙"牌轿车从天安门西侧故意高速撞过密集人群,撞在金水桥上,致使在场群众5人死亡,19人受伤。有学者主张将这类在公共场所驾车撞人的行为确定为故意杀人罪(参见张明楷:《刑法学》(第4版),法律出版社2011年版,第610页)。本书认为,在公共场所驾车撞人的行为侵犯的法益不是特定个人的生命健康权,而是不特定或者多数人的生命健康权,故按本罪处理比较合适。

[②] 最高人民法院、最高人民检察院2001年6月11日施行的《关于办理组织和利用邪教组织犯罪案件具体应用法律若干问题的解释(二)》第10条规定:"邪教组织人员以自焚、自爆或者其他危险方法危害公共安全的,分别依照刑法第114条、第115条第1款以危险方法危害公共安全罪等规定定罪处罚。"2003年5月14日施行的《关于办理妨害预防、控制突发传染病疫情等灾害的刑事案件具体应用法律若干问题的解释》第1条规定:"故意传播突发传染病病原体,危害公共安全的,依照刑法第114条、第115条第1款的规定,按照以危险方法危害公共安全罪定罪处罚。"

车、汽车、电车、船只、航空器这五种涉及不特定或者多数人的生命、健康和重大公私财产安全的交通工具。但是,从实践中的情况看,我国农村还有大型的拖拉机,城市和景区有地铁、城市轻轨、电瓶车、过山车、缆车等关乎不特定或者多数人生命健康的交通工具。对这些交通工具进行破坏应如何定罪有不同的观点:主流观点主张定破坏交通工具罪,另一种观点主张应当定以危险方法危害公共安全罪。[①] 我们赞同主流观点,因为火车、汽车、电车、船只、航空器是最为常见的、使用最多的交通工具,拖拉机、缆车等车辆也是我国非常重要的交通工具,对之进行破坏同样足以危害交通运输安全。根据破坏交通工具罪的立法意图,对交通工具可以进行论理上的解释即扩张解释,将拖拉机等交通工具直接扩张至本罪的对象范围即可,无需再拐弯抹角地确定为以危险方法危害公共安全罪。第二,所破坏的交通工具的状态必须是正在使用中。所谓正在使用中,是指交通工具正在行驶中,或者已经处于交付随时可能使用状态,或者不需要再检修即可投入使用的状态。行为人破坏尚未交付使用的交通工具,或者破坏已经停止使用的交通工具的,因为不会危及公共安全,因而不构成本罪,最多只能构成故意毁坏财物罪。第三,自行车、三轮车、摩托车等小型交通工具遭到破坏因为不会危及公共安全,因而不能成为本罪的对象。

(2) 本罪的客观要件为行为人实施了各种破坏交通工具,危害公共安全的行为。破坏即指对交通工具进行全部或部分的物理性或者功能性的损坏。破坏交通工具的行为表现方式多种多样,如以放火、爆炸等方法直接毁损,直接敲打、拆毁等。由于破坏交通工具的行为必须足以危害公共安全才可构成本罪,因而行为人必须对交通工具的关键零部件(能够影响行车安全的零部件)进行破坏才可成立本罪的客观行为。如果破坏无关交通工具行驶安全的部分,如座椅、汽车上的玻璃窗户等就不能按本罪处理。但如果破坏高速铁路、航空器上的玻璃则可能危及公共安全,也应当构成本罪。行为人若对正在使用中(主要是指对已经处于交付随时可能使用状态或者不需要再检修即可投入使用的状态)的交通工具中的关键零部件进行盗窃,危及公共安全的,也应构成本罪。另外,行为人若对船只、汽车、航空器之外的其他火车、电车、缆车等交通工具进行劫持,足以造成火车、电车、缆车等交通工具发生倾覆、毁坏危险从而危及公共安全,也应当以本罪论处。破坏交通工具足以危害公共安全的"足以"的判断,应当根据交通工具是否正在使用中,破坏的零部件、打击的位置是否可以影响交通工具安全运行等为标准。如行为人采取向正在行驶中的汽车前挡风玻璃扔石头的方法对正在驾驶机动车的司机进行抢劫,意图使司机停车,伺机行抢,肯定会危害该汽车的行车安全,此种情况下构成破坏交通工具罪与抢劫罪的想象竞合,如果抢劫

---

① 参见李希慧主编:《刑法各论》,武汉大学出版社2009年版,第45页。

没有得逞，按破坏交通工具罪定罪处罚；如果抢劫得逞，且抢走财物数额巨大，但破坏车辆的行为侥幸没有造成倾覆、毁坏的，则应当按抢劫罪定罪处罚。

（3）主观要件是故意，即行为人明知自己破坏火车、汽车、电车、船只、航空器的行为足以使火车、汽车、电车、船只、航空器发生倾覆、毁坏危险，危害公共安全，仍然希望、放任这种结果出现。

（二）破坏交通工具罪的界限划分

1. 注意区分本罪的既遂与未遂

对于破坏交通工具罪既遂与未遂的认定，学界有不同的理解。一种观点认为，破坏交通工具罪有危险犯和结果犯两种既遂形态。基于这种观点，对于破坏交通工具罪的危险犯是否还存在既遂与未遂之分，则存在肯定说和否定说。肯定说认为，行为人已经着手实行破坏交通工具的行为，但尚不足以造成倾覆、毁坏危险的，成立破坏交通工具罪的未遂犯。否定说认为，只要发生足以使交通工具倾覆、毁坏的危险就成立本罪的既遂，没有发生这种危险就不构成本罪。所以本罪没有成立未遂的余地。① 另一种观点认为，破坏交通工具罪只有一种既遂形态即结果犯。《刑法》第116条与第119条按照是否造成严重危害结果规定了不同的法定刑。《刑法》第119条第1款是对破坏交通工具等罪既遂的规定，第116条是对破坏交通工具罪未遂的规定。尚未造成严重后果时，不再适用刑法总则关于未遂犯的处罚规定。在行为人实施了破坏交通工具足以危害公共安全的行为后，如果第119条第1款的法定危害结果尚未出现，行为人自动中止犯罪的，应当认定为犯罪中止。② 我们赞同第二种观点，理由与放火罪既遂与未遂区分的标准相同。

2. 本罪与盗窃罪、抢劫罪、故意毁坏财物罪的界限

一般情况下本罪与盗窃罪、抢劫罪、故意毁坏财物罪的区别比较容易。需要注意的是行为人以盗窃、抢劫、故意毁坏财物等方法破坏交通工具安全运行的应如何定罪的问题。如行为人盗窃航空器上的导航仪、偷走汽车上的刹车装置等足以危及公共安全的设施时，就应当认为这些盗窃、抢劫、故意毁坏财物破坏交通工具的行为触犯了数个不同的罪名，属于想象竞合犯，应按择一重罪的处罚原则进行处罚。

（三）破坏交通工具罪的刑事责任

根据《刑法》第116条、第119条第1款的规定，犯本罪尚未造成严重后果的，处3年以上10年以下有期徒刑；造成严重后果的，处10年以上有期徒刑、无期徒刑或者死刑。

---

① 参见林亚刚：《危害公共安全罪新论》，武汉大学出版社2001年版，第153页以下。
② 参见张明楷：《刑法学》（第4版），法律出版社2011年版，第612页。

二、过失损坏交通工具罪

过失破坏交通工具罪是指过失地破坏火车、汽车、电车、船只、航空器,危害交通运输安全,造成严重后果的行为。如果没有造成严重后果,不能构成本罪。根据《刑法》第119条第2款的规定,犯本罪的,处3年以上7年以下有期徒刑;情节较轻的,处3年以下有期徒刑或者拘役。

三、破坏交通设施罪

破坏交通设施罪是指故意破坏轨道、桥梁、隧道、公路、机场、航道、灯塔、标志或者进行其他破坏活动,足以使火车、汽车、电车、船只、航空器发生倾覆、毁坏的危险,危害公共安全的行为。本罪侵犯的法益是公共安全中的交通运输安全。本罪的犯罪对象是轨道、桥梁、隧道、公路、机场、航道、灯塔、标志等正在使用中的交通设施。所谓正在使用中的交通设施,是指交通设施已经交付使用或者处于正在使用之中,如果是正在建设或正在修理且未交付使用的交通设施或已废弃不用的交通设施就不是正在使用中的交通设施。如果破坏的是正在建设、修理而未交付使用的或废弃不用的交通设施,则不构成本罪。行为人所破坏的交通设施必须直接关系到交通运输安全,即直接关系到火车、汽车、电车、船只、航空器的行车、行船、飞行安全。如果破坏与交通运输安全无关的交通设施,如破坏火车站的候车室、长途汽车站的货仓、机场的候机室等,则不构成破坏交通设施罪。铁路专用电话线虽然也是电信设施,但在铁路上却是作为交通设施存在的,故行为人盗窃正在使用中的铁路专用电话线的,应当构成破坏交通设施罪而非破坏公用电信设施罪。本罪的客观要件为使用各种方法破坏轨道、桥梁、隧道、公路、机场、航道、灯塔、标志,或者进行其他破坏活动,足以使火车、汽车、电车、船只、航空器发生倾覆、毁坏危险的行为。破坏交通设施的方法多种多样,如炸毁铁轨、桥梁、隧道,拔除铁轨道钉,抽掉枕木,拧松或拆卸夹板螺丝,破坏公路路基,堵塞航道,在公路、机场路道上挖掘坑穴,拆毁或挪动灯塔、航标等安全标志。其他破坏活动是指诸如在铁轨上放置石块、涂抹机油等可以造成交通工具倾覆、毁坏危险的破坏活动。

根据《刑法》第117条、第119条的规定,犯本罪尚未造成严重后果的,处3年以上10年以下有期徒刑;造成严重后果的,处10年以上有期徒刑、无期徒刑或者死刑。

四、过失损坏交通工具罪

过失损坏交通设施罪是指过失破坏轨道、桥梁、隧道、公路、机场、航道、灯塔、标志等交通设施,危害交通运输安全,致使火车、汽车、电车、船只、航空器倾覆或毁坏,造成严重后果的行为。根据《刑法》第 119 条第 2 款的规定,犯本罪的,处 3 年以上 7 年以下有期徒刑;情节较轻的,处 3 年以下有期徒刑或者拘役。

五、破坏电力设备罪

破坏电力设备罪是指故意破坏电力设备,危害公共安全的行为。本罪所侵犯的法益为公共安全中的公共电力安全。犯罪对象是正在处于运行、应急等使用中的电力设备,也包括已经通电使用,只是由于枯水季节或电力不足等原因暂停使用的电力设备;已经交付使用但尚未通电的电力设备。但不包括尚未安装完毕,或者已经安装完毕但尚未交付使用的电力设备①。根据最高人民法院《关于审理破坏电力设备刑事案件具体应用法律若干问题的解释》第 3 条的规定,盗窃电力设备,危害公共安全,但不构成盗窃罪的,以破坏电力设备罪定罪处罚;同时构成盗窃罪和破坏电力设备罪的,依照刑法处罚较重的规定定罪处罚。盗窃电力设备,没有危及公共安全,但应当追究刑事责任的,可以根据案件的不同情况,按照盗窃罪等犯罪处理。

根据《刑法》第 118 条、第 119 条第 1 款的规定,犯本罪尚未造成严重后果的,处 3 年以上 10 年以下有期徒刑;造成严重后果的,处 10 年以上有期徒刑、无期徒刑或者死刑。

六、过失损坏电力设备罪

过失损坏电力设备罪是指过失地损坏电力设备,造成严重后果,危害公共安全的行为。根据《刑法》第 119 条第 2 款的规定,犯本罪的,处 3 年以上 7 年以下有期徒刑;情节较轻的,处 3 年以下有期徒刑或者拘役。

七、破坏易燃易爆设备罪

破坏易燃易爆设备罪,是指故意破坏燃气设备和其他易燃易爆设备,危害公共安全的行为。本罪侵犯的法益为公共安全。本罪的对象为燃气设备和其他易

---

① 所谓电力设备,是指用于发电、供电、输电、变电的各种设备,包括:(1) 火力发电厂的热力设备,如锅炉、汽轮机、燃气机等,水力发电厂的水轮机和水力建筑物,如水坝、闸门、水渠、隧道、调压井、蓄电池、压力水管等,供电系统的供电设备,如发电机包括励磁系统、调相机、变波机、变压器、高压线路、拉线、接地装置、导线、避雷线、金具、绝缘子、登杆塔的抓梯和脚钉,导线跨越航道的保护设施,巡(保)线站,巡视检修专用道路、船舶和桥梁、标志牌及附属设施;(2) 电力电缆线路,架空、地下、水底电力电缆和电缆联结装置,电缆管道、电缆隧道、电缆沟、电缆桥、电缆井、盖板、人孔、标石、水线标志牌及附属设施;(3) 电力线路上的变压器、断路器、刀闸、避雷器、互感器、熔断器、计量仪表装置、配电室、箱式变电站及附属设施等。电力设备必须正在使用中而遭到破坏才能成为本罪的对象,尚未投入使用或者已经废弃使用的电力设备不能成为本罪的对象。本罪的客观要件为行为人实施破坏正在使用中的电力设备,危害公共电力安全的行为。破坏电力设备罪的方法多种多样,如毁坏、拆卸、割断等。破坏电力设备的行为必须足以危及公共安全才能构成本罪,否则按其他犯罪处理。

燃易爆设备。所谓燃气设备,是指生产、储存、输送诸如煤气、液化气、石油气、天然气等燃气的各种机器或设施,包括制造系统的燃器发生装置,如煤气发生炉、净化系统的燃气净化装置,输送系统的输送设备如排送机器、输送管道以及贮存设备如储气罐等。其他易燃易爆设备是指除燃气设备以外的生产、贮存和输送易燃易爆物品的其他设备,如石油管道、汽车加油站、火药及易燃易爆化学物品的生产、贮存、运输设备等。本罪的客观要件为实施了破坏易燃易爆设备,足以危害公共安全的行为。破坏行为的方式多种多样,但必须足以危害公共安全方可以本罪定罪量刑,否则按无罪或者其他犯罪处理。本罪的主体为一般主体。主观要件为故意。

根据《刑法》第118条、第119条第1款的规定,犯本罪尚未造成严重后果的,处3年以上10年以下有期徒刑;造成严重后果的,处10年以上有期徒刑、无期徒刑或者死刑。①

八、过失损坏易燃易爆设备罪

过失损坏燃气或者其他易燃易爆设备,危害公共安全,造成严重后果的行为是过失损坏易燃易爆设备罪。根据《刑法》第119条第2款的规定,犯本罪的,处3年以上7年以下有期徒刑;情节较轻的,处3年以下有期徒刑或者拘役。

九、破坏广播电视设施、公共电信设施罪

(一)破坏广播电视设施、公用电信设施罪的概念和构成

破坏广播电视设施、公用电信设施罪,是指故意破坏广播电视设施、公用电信设施,危害公共安全的行为。本罪侵犯的法益为公共安全中的广播电视设施、公用电信设施的运行安全。本罪的具体构成要件如下:

(1)犯罪对象是正在使用中的广播、电视、公用电信等通讯设施。具体包括广播电台的发受电波的设施如铁塔发射台、发射机房、电源室等;电视台的发射与接受电视图像的设备以及有线广播电视传播覆盖设施;邮电部门的收发电报的机器设施;公用电话的交换设施、通讯线路如架空线路、埋设线路、无线线路等;卫星通讯的发射与接受电讯号的设施;微波、监测、传真通讯设施;国家重要部门如铁路、军队、航空中的电话交换台、无线电通信网络;在航空、

---

① 根据最高人民法院、最高人民检察院《关于办理盗窃油气、破坏油气设备等刑事案件具体应用法律若干问题的解释》第1条与第3条的规定,在实施盗窃油气等行为过程中,采用切割、打孔、撬砸、拆卸、开关等手段破坏正在使用中的油气设备的,属于破坏燃气或者其他易燃易爆设备的行为;危害公共安全,尚未造成严重后果的,依照本罪规定定罪处罚。盗窃油气或者正在使用的油气设备,构成犯罪,但未危害公共安全的,依照盗窃罪定罪处罚。盗窃油气,数额巨大但尚未运离现场的,以盗窃未遂定罪处罚。为他人盗窃油气而偷开气井、油气管道等油气设备阀门排放油气或者提供其他帮助的,以盗窃罪的共犯定罪处罚。

航海交通工具以及交通设施中的无线电通信、导航设施等。如果行为人破坏的是广播、电视、电信部门的非直接用于通讯的设施如行政办公设施、日常生活设施或者虽属广播、电视、电信设施，仅属于一般性的服务设施，如宾馆、单位内部的闭路电视网络，城市中的公用电话亭以及一般的民用家庭电话等，都不属于本罪对象。对之进行破坏的，不能构成本罪，构成犯罪的，应以他罪如故意毁坏财物罪等论处。另外，必须是正在使用中的通讯设施才能成为本罪对象。倘若不是正在使用之中，如正在制造或虽已制造完毕但未安装交付使用的，对之进行破坏，亦不构成本罪。这是因为，只有对正在使用中的通讯设施进行破坏才能给公共安全带来危害，而危害公共安全，则是构成本罪的一个重要条件。

（2）本罪的客观要件为破坏广播电视设施、公用电信设施，足以危害公共安全的行为。破坏方法多种多样，如拆卸或毁坏广播电视设施、公用电信设施重要机件，砸毁机器设备，偷割电线，截断电缆，挖走电线杆，故意违反操作规程，使机器设备损坏，使广播、电视、电信通讯无法进行等。实施破坏广播电视设施、公用电信设施的行为必须足以危害广播电视设施、公用电信设施的正常运行安全才可成立本罪。广播电视设施、公用电信设施的正常运行安全一般是指通讯设备因遭受破坏丧失原有功能，以致造成公共广播、电视、通讯不能正常进行，使不特定多数的单位和个人无法正常收听、收看广播、电视，或者进行其他通信联络活动，并且由此可能引起其他严重后果。① 如果行为人破坏通讯设备并不影响正常通讯的部件，或者仅将一户或几户人家的电话机盗走，并不危害公共通讯设施运行安全的，不能以本罪认定。视情节可作故意毁坏财物罪或盗窃罪处理。

（3）本罪的主观要件为故意，即行为人明知其破坏广播电视、电信设施的行为会危害公共通讯运行安全，仍然希望或者放任这种危害结果的发生。

（二）破坏广播电视设施、公用电信设施罪的界限划分

认定本罪，主要注意区分本罪与其他犯罪的界限。

（1）本罪与放火、爆炸等危害公共安全罪的界限。如果行为人用放火、爆炸等危险方法破坏广播电视设施、公用电信设施，危害公共安全，则同时触犯本罪

---

① 根据最高人民法院《关于审理破坏公用电信设施刑事案件具体应用法律若干问题的解释》第1条的规定，采用截断通信线路、损毁通信设备或者删除、修改、增加电信网计算机信息系统中存储、处理或者传输的数据和应用程序等手段，故意破坏正在使用的公用电信设施，具有下列情形之一的，属于这里的危害公共安全：(1) 造成火警、匪警、医疗急救、交通事故报警、救灾、抢险、防汛等通信中断或者严重障碍，并因此贻误救助、救治、救灾、抢险等，致使人员死亡1人、重伤3人以上或者造成财产损失30万元以上的；(2) 造成2000以上不满1万用户通信中断1小时以上，或者1万以上用户通信中断不满1小时的；(3) 在一个本地网范围内，网间通信全阻、关口局至某一局向全部中断或网间某一业务全部中断不满2小时或者直接影响范围不满5万(用户×小时)的；(4) 造成网间通信严重障碍，一日内累计2小时以上不满12小时的；(5) 其他危害公共安全的情形。

和放火罪(或爆炸罪)两个罪名,属于想象竞合犯。根据对想象竞合犯"从一重罪处断"的处理原则,应以放火罪或爆炸罪论处。

(2)本罪与盗窃、故意毁坏财物等犯罪的界限。根据最高人民法院《关于审理破坏公用电信设施刑事案件具体应用法律若干问题的解释》第3条的规定,故意破坏正在使用的公用电信设施尚未危害公共安全,或者故意毁坏尚未投入使用的公用电信设施,造成财物损失,构成犯罪的,《刑法》第275条规定,以故意毁坏财物罪定罪处罚。盗窃公用电信设施价值数额不大,但是构成危害公共安全犯罪的,依照本罪规定定罪处罚;盗窃公用电信设施同时构成盗窃罪和破坏公用电信设施罪的,依照处罚较重的规定定罪处罚。

(三)破坏广播电视设施、公用电信设施罪的刑事责任

根据《刑法》第124条的规定,犯本罪的,处3年以上10年以下有期徒刑;造成严重后果的,处7年以上有期徒刑。

十、过失损坏广播电视、公共电信设施罪

过失损坏广播电视、公用电信设施,危害公共安全,造成严重后果的是过失损坏广播电视设施、公用电信设施罪。根据《刑法》第124条第2款的规定,犯本罪的,处3年以上7年以下有期徒刑;情节较轻的,处3年以下有期徒刑或者拘役。

第四节 以恐怖危险活动为内容的危害公共安全的犯罪

一、组织、领导、参加恐怖活动组织罪

(一)组织、领导、参加恐怖活动组织罪的概念和构成

组织、领导、参加恐怖活动组织罪是指是指组织、领导、积极参加和参加恐怖组织活动的行为。本罪侵犯的法益是社会公共安全。具体构成要件如下:

(1)本罪的犯罪对象为恐怖活动组织。恐怖活动组织是犯罪集团的一种,是指以实施恐怖活动为目的而建立起来的严重危害社会安全的犯罪组织。所谓恐怖活动,通常是指为了达到一定的政治目的或者其他目的,对不特定的多数人的生命、身体、自由、财产等使用暴力或者胁迫等强制手段,以达到造成社会恐慌的犯罪行为的总称。恐怖活动组织通常实施的犯罪有故意杀人(暗杀)、故意伤害、投放危险物质、爆炸、绑架、劫持航空器等。

(2)本罪的客观要件为组织、领导、积极参加和参加恐怖组织活动的行为。组织是指行为人倡导、鼓动、发起、召集有实行恐怖活动目的的人结合成一个恐怖活动组织的行为;领导是指恐怖组织成立以后,恐怖组织的领导者所实施的策

划、指挥、布置、协调恐怖组织活动的行为;积极参加是指自愿加入恐怖组织,并且积极参与谋划、实施恐怖活动;其他参加是指行为人虽然不是恐怖组织的组织者、领导者或积极参加者,却经过一定方式,加入了恐怖组织,成为了恐怖组织的一名成员。本罪是选择性罪名,行为人只要实施了组织、领导、积极参加或者参加恐怖组织行为之一者,便成立本罪。行为人实施两个或两个以上的行为,比如既组织又领导恐怖组织的,也只成立一罪,不实行数罪并罚。恐怖组织是否开始实施恐怖活动如杀人、爆炸、绑架等,不影响本罪的成立。

(3) 本罪的主观要件为直接故意,间接故意不构成本罪,行为人主观上一般都具有从事恐怖活动的目的。

(二) 组织、领导、参加恐怖活动组织罪的界限划分

认定本罪,主要注意把握该罪的罪数。根据《刑法》第120条第2款的规定,行为人实施组织、领导、参加恐怖活动组织的行为,又实施杀人、爆炸、绑架等犯罪的,应当进行数罪并罚。

(三) 组织、领导、参加恐怖活动组织罪的刑事责任①

根据《刑法》第120条的规定,犯本罪,组织、领导恐怖活动组织的,处10年以上有期徒刑或者无期徒刑;积极参加的,处3年以上10年以下有期徒刑;其他参加的,处3年以下有期徒刑、拘役、管制或者剥夺政治权利。

二、资助恐怖活动罪②

资助恐怖活动罪是指以提供资金、财物等方式资助恐怖活动组织或者实施恐怖活动的个人的行为。本罪侵犯的法益为社会公共安全。本罪资助的对象必须是恐怖活动组织或者实施恐怖活动的个人。这里所说的"恐怖活动组织",既包括在我国境内的恐怖活动组织,也包括在境外其他国家或者地区的恐怖活动组织。"实施恐怖活动的个人"是指已经实施了恐怖活动或者将要实施恐怖活动的个人,包括我国公民、外国人和无国籍人。客观要件为必须实施了提供资金、财物等资助行为。提供资助的犯罪动机是多种多样的,有的是出于同情,有的是出于政治或者宗教目的,但不同的动机不影响本罪的构成。本罪的主体为一般主体,包括自然人和单位。本罪的主观要件必须表现为故意,即行为人明知对方是恐怖活动组织或者实施恐怖活动的个人而予以资助。如果不知对方是恐怖活动组织或者实施恐怖活动的个人或者是由于受其欺骗而为其提供资助的不构成本罪。应当注意的是,如果行为人与恐怖活动组织或者实施恐怖活动的个

---

① 《刑法修正案(三)》第3条对本罪的刑事责任进行了修改。《刑法》第120条原来规定的刑事责任为:"组织、领导和积极参加恐怖活动组织的,处3年以上10年以下有期徒刑;其他参加的,处3年以下有期徒刑、拘役或者管制。"

② 本罪是《刑法修正案(三)》通过增设《刑法》第120条之一后增加的罪名。

人通谋，为其提供物资、资金、账号、证明，或者为其提供运输、保管或者其他方便的，属于共同犯罪，应当按照刑法总则关于共同犯罪的有关规定进行处罚。

根据《刑法》第120条之一的规定，犯本罪的，处5年以下有期徒刑、拘役、管制或者剥夺政治权利，并处罚金；情节严重的，处5年以上有期徒刑，并处罚金或者没收财产。单位犯本罪的，对单位判处罚金，并对其直接负责的主管人员和其他直接责任人员，依照前述规定处罚。

三、劫持航空器罪

（一）劫持航空器罪的概念和构成

劫持航空器罪是指以暴力、胁迫或者其他方法劫持航空器，危害公共安全的行为。本罪侵犯的法益为航空运输的公共安全。本罪的具体构成如下：

（1）犯罪对象是正在使用中或正在飞行中的航空器。航空器是指在空间飞行的各种交通工具，包括人造卫星、航天飞机、宇宙飞船、运载火箭、飞机等。实践中发生的案件基本为劫持飞机，劫持其他航空器的情况极为少见。对于航空器的性质和用途，立法并未明确区分是否为民用与国家航空器。有学者认为只有劫持民用航空器才能构成本罪[1]，我们认为这种观点有失偏颇。虽然《东京公约》《海牙公约》和《蒙特利尔公约》有不适用于供军事、海关或警用航空器的规定，只能指正在飞行中的民用航空器，但这是《公约》为解决一国普遍管辖权而进行的规定。从犯罪构成对象上理解，犯罪对象应当包括民用航空器，行为人若劫持非民用航空器，同样应按照《刑法》第121条定罪处罚。

行为人劫持的航空器必须是正在使用或飞行中。因为航空器惟有在此状态下被劫持才可能危害公共安全。所谓"正在飞行中"的航空器，根据《海牙公约》第3条第1款的规定，"正常情况下"是指航空器装载完毕、机舱外部各门均已关闭时开始，直至打开任何一个机舱门以便卸载时为止的任何时间；如果航空器是被迫降落时，在主管当局接管对该航空器及其所载人员和财产责任以前的任何时间。《蒙特利尔公约》第2条已将"正在飞行中"的航空器扩张至"正在使用中"的航空器。该条规定，"正在使用中"的航空器是指从地面人员或机组为某一特定飞行而对航空器进行飞行前的准备时起，直到降落后24小时止，该航空器应被认为是在使用中。在任何情况下，使用的期间应包括航空器在飞行中的整个时间。我国是《海牙公约》《蒙特利尔公约》的缔约国，对正在飞行或使用中的航空器的理解应当参照上述《公约》的标准认定。如果行为人劫持的航空器不是正在使用或飞行中，就不会危及航空运输安全，不能以本罪论处，例如正在装配中的或正在维修中的航空器就不能成为本罪的对象，行为人若强行控制对

---

[1] 参见王作富主编：《刑法分则实务研究》（上），中国方正出版社2007年版，第129页。

之进行毁坏的,可以构成故意毁坏财物罪。行为人偷走无人在内的航空器的,只能构成盗窃罪或其他罪,不能构成本罪。

(2) 本罪的客观要件为以暴力、胁迫或者其他方法劫持航空器的行为。行为人劫持航空器使用的手段为暴力、胁迫或者其他方法。暴力是指直接对航空器实施暴力袭击或者对被害人采用危害人身安全和人身自由,使其丧失反抗能力或者不能反抗的身体强制方法。胁迫是指以暴力为内容进行精神胁迫使被害人不敢反抗的精神强制方法。其他方法是指除暴力、胁迫以外的其他使被害人不能反抗或不敢反抗的强制方法。本罪的行为是劫持。所谓劫持,是指行为人通过暴力、胁迫或者其他方法强迫航空器上驾驶、操作人员按照自己的意志操控航空器,或者自己亲自驾驶、操控航空器的行为。由于航空运输安全是一个系统工程,不是驾驶员一人的驾驶行为所能保证,所以,如果行为人自己是航空器驾驶人员或操作人员,强行改变航行线路或者目的地的也应当构成本罪。

本罪是行为犯,《刑法》没有规定"情节""后果",只要行为人实施了暴力、胁迫或者其他方法劫持航空器的行为,无论航空器是否已经被劫持到目的地,是否造成了人员伤亡或者航空器被破坏的严重后果,均构成犯罪,应当立案追究。

(3) 本罪的主观要件为故意,且是直接故意,但对犯罪目的没有具体要求。实践中看,行为人劫持航空器的目的主要是为了改变航空器的飞行路线或着陆地点等。

(二) 劫持航空器罪的界限划分

1. 本罪与非罪的界限

如果行为人没有使用暴力等强制手段,出于玩笑或者娱乐的目的假称要劫持航空器,没有实施其他任何危及飞行安全的行为,情节严重者应按《治安管理处罚法》追究行为人的治安责任,不构成犯罪。

2. 本罪既遂与未遂的界限

区分本罪的既遂与未遂,关键是合理确定区分标准。对于劫持航空器罪既遂与未遂的区分标准,学界主要存在以下四种不同的观点[①]:(1) 着手说。该说认为劫持航空器的犯罪属于行为犯,只要行为人一开始着手实施劫持行为,无论该行为持续时间长短,无论把航空器劫持到哪里,均构成劫持航空器罪的既遂。只有在特殊情况下,如行为人已将犯罪工具带入航空器内,在准备开始着手实施劫持行为就被抓获,因而未能实施劫持行为的,才构成该罪的未遂。[②] (2) 目的说。该说认为行为人劫持航空器的目的一般是要外逃,因此,行为人在着手实施劫持行为后,把航空器劫持到了他指定的地点,劫机外逃取得了成功,才算该罪

---

① 参见李恩慈主编:《特别刑法论》,中国人民公安大学出版社1993年版,第55—56页。
② 参见高铭暄、马克昌主编:《刑法学》(下),中国法制出版社1999年版,第636—637页。

的既遂;如果未能使航空器劫持到预定的降落地,就是该罪的未遂。(3)离境说。该说认为行为人着手实施劫持行为后,被劫持的航空器飞出了本国的领域以外,即飞出了国境线的,构成该罪的犯罪既遂,否则就是未遂。(4)控制说。该说认为行为人着手实施劫持行为后,已经实际控制了该航空器或者控制了航空器的航行的,为本罪的既遂,反之为未遂。① 本书认为控制说较为合理,理由如下:其一,控制说的主张符合国际和国内立法的精神。《海牙公约》第1条明确规定,在飞行中的航空器内的任何人,如果用暴力或用暴力威胁,或采用任何其他恐吓方式,非法劫持或控制该航空器,或企图采取任何这种行为,或是犯有或企图犯有任何这种行为的人的从犯,都是触犯了作为《公约》的对象的犯罪。国际法是将劫持航空器的犯罪划分为罪犯和嫌疑犯两种的。而嫌疑犯是一种犯罪性质不确定的人犯,其中包括劫持航空器的预备犯和未遂犯,也包含在航空器内构成其他犯罪的罪犯,且不论是罪犯或嫌疑犯都存在着共同犯罪形式。显然,国际公约是以犯罪分子是否劫持或控制该航空器作为既遂与未遂标准的,而不是以犯罪分子的犯罪目的是否达到或被劫持的航空器是否飞出国境线作为标准的。我国刑法对本罪规定的行为也是劫持,即控制、支配航空器。其二,采用控制说为划分既遂与未遂的标准,更能反映劫持航空器罪的本质特征。行为人只有实施了劫持行为并实际控制了被劫持的航空器,才能对该航空器以及旅客生命、财产安全以及公共安全造成实际的威胁或破坏。而危害航空器安全运行正是劫持航空器罪的本质所在。因此,将行为人实际控制该航空器作为本罪既遂的标准比较科学。

3. 注意本罪的罪数

劫持航空器罪是非常严重的刑事犯罪,《刑法》对其规定了最低刑为10年有期徒刑的刑罚。应当注意的是,如果行为人在劫持航空器的过程中使用暴力,故意或过失造成航空器上的人员重伤、死亡的,应当只定劫持航空器罪,不再另定故意杀人、故意伤害等罪。

4. 本罪与其他犯罪的界限

(1)本罪与暴力危及飞行安全罪的界限。实践中对于不是出于劫持航空器的目的而在航空器上实施了暴力行为,危及飞行安全的应构成暴力危及飞行安全罪。

(2)本罪与破坏交通工具罪的界限。破坏交通工具罪的犯罪对象也包括了正在使用中的航空器。如果行为人不是出于劫持航空器的目的实施劫持行为,而是出于破坏航空器的目的实施破坏行为,应当构成破坏交通工具罪。劫持和破坏属于完全不同的行为。劫持是行为人控制、支配航空器,使航空器按照自己

---

① 参见张明楷:《刑法学》(第4版),法律出版社2011年版,第619页。

的意志航行,破坏是行为人使航空器本身或者航空器的航行功能遭到破坏。如果行为人故意坠毁自己驾驶的航空器的,应当构成破坏交通工具罪。当然,如果航空器已经坠毁,行为人自己已经死亡的,其刑事责任应当消灭。

(三) 劫持航空器罪的刑事责任

根据《刑法》第121条的规定,犯本罪的,处10年以上有期徒刑或者无期徒刑;致人重伤、死亡或者使航空器遭受严重破坏的,处死刑。

四、劫持船只、汽车罪

劫持船只、汽车罪是指以暴力、胁迫或者其他方法劫持船只、汽车的行为。本罪侵犯的法益是公共安全。本罪的犯罪对象只能是船只、汽车。劫持火车、电车或者除航空器、船只、汽车之外的其他交通工具的,不构成本罪,可以视情况按破坏类危害公共安全的犯罪论处。本罪的客观行为是劫持,本罪劫持的含义是控制、支配船只、汽车。本罪的主观要件为故意,目的是控制、支配船只、汽车。如果行为人出于非法占有的目的抢劫船只、汽车的,应按抢劫罪论处。根据《刑法》第122条的规定,犯本罪的,处5年以上10年以下有期徒刑;造成严重后果的,处10年以上有期徒刑或者无期徒刑。

五、暴力危及飞行安全罪

暴力危及飞行安全罪是指对正在飞行中的航空器上的人员使用暴力,危及飞行安全的行为。本罪侵犯的法益是航空运输安全。本罪的客观要件为行为人必须使用暴力手段危及飞行安全,暴力手段如使用凶器行凶或者殴斗等。行为人使用暴力的范围较劫持航空器罪要宽,包括乘客之间、乘客与机组人员之间使用暴力。行为人实施的暴力必须危及飞行安全方可构成本罪。一般情况下在飞行中的航空器上使用暴力都会危及飞行安全。本罪的主观要件是故意,即行为人明知自己使用暴力的行为会危及飞行安全仍然实施。根据《刑法》第123条的规定,犯本罪的,处5年以下有期徒刑或者拘役;造成严重后果的,处5年以上有期徒刑。

第五节 以枪支、弹药、爆炸物、危险物质为对象的危害公共安全的犯罪

一、非法制造、买卖、运输、邮寄、储存枪支、弹药、爆炸物罪

(一) 非法制造、买卖、运输、邮寄、储存枪支、弹药、爆炸物罪的概念和构成

非法制造、买卖、运输、邮寄、储存枪支、弹药、爆炸物罪,是指违反国家有关

枪支、弹药、爆炸物管理法规,故意非法制造、买卖、运输、邮寄、储存枪支、弹药、爆炸物,危害公共安全的行为。本罪侵犯的法益为公共安全。具体构成要件如下:

(1) 本罪的对象是枪支、弹药、爆炸物①。枪支、弹药、爆炸物系杀伤力非常大的危险物品,我国的国情决定了国家不可能允许公民个人或单位随便制造、买卖、运输、邮寄、储存枪支、弹药、爆炸物,只有确有需要的单位和个人才被允许制造、买卖、运输、邮寄、储存。《刑法》将合法制造、买卖、运输、邮寄、储存枪支、弹药、爆炸物的人员和单位之外的所有人制造、买卖、运输、邮寄、储存的行为均规定为犯罪,以确保公共安全。

根据最高人民检察院《关于非法制造、买卖、运输、储存以火药为动力发射弹药的大口径武器的行为如何适用法律问题的答复》,对于非法制造、买卖、运输、储存以火药为动力发射弹药的大口径武器的行为,应当以非法制造、买卖、运输、储存枪支罪追究刑事责任。如果行为人非法制造、买卖、运输、邮寄、储存的不是上述枪支、弹药或爆炸物,而是其他诸如游艺运动气枪、制作影视戏剧用的道具枪以及烟花爆竹等娱乐性物品,则不宜以本罪论处。

(2) 本罪的客观要件为实施了非法制造、买卖、运输、邮寄、储存枪支、弹药、爆炸物的行为。我国对枪支、弹药、爆炸物的管理十分严格,有关的法律、法规有《枪支管理法》《民用爆炸物品安全管理条例》《人民警察法》《治安管理处罚法》等。行为人实施的非法制造、买卖、运输、邮寄、储存②枪支、弹药、爆炸物的行为就是违反了上述法律法规的规定。

(3) 本罪的主观要件是故意,即明知是枪支、弹药、爆炸物而故意非法制造、买卖、运输、邮寄或者储存。如果行为人不知是枪支、弹药、爆炸物而实施上述行为的,不构成本罪。

---

① 所谓枪支,是指以火药、压缩气体等为动力,利用管状器具发射子弹、金属弹丸或者其他物质,足以致人伤亡、丧失知觉的各种枪支。其不仅指整枪,而且也指枪支的主要零部件。具体包括各种军用枪支、公务用枪与民用枪支,如手枪、步枪、冲锋枪、机枪等;民用狩猎用枪,如有膛线猎枪、散弹枪、火药枪等;体育射击运动用枪,如小口径步枪、手枪、气步枪、气手枪等;麻醉动物用的注射枪以及其他各种对人身具有较大杀伤力的土枪、砂枪、钢珠枪、电击枪、特种防暴枪等。所谓弹药,是指能为上述各种枪支使用的子弹、金属弹丸、催泪弹或其他物质。所谓爆炸物,是指具有爆破性,一旦爆燃即对人身财产能造成较大杀伤力或破坏力的物品,包括军用的地雷、手雷、炸弹、爆破筒以及民用各类炸药,如硝基化合物类炸药、硝基胺类炸药、高能混合炸药等。

② 非法制造是指非经国家许可擅自制造(包括改装、配装)枪支、弹药、爆炸物;非法买卖是指违反有关法规,购买或者出售枪支、弹药、爆炸物,行为人介绍他人买卖枪支、弹药、爆炸物的,以买卖枪支、弹药、爆炸物罪的共犯论处;非法运输是指违反有关法规,转移枪支、弹药、爆炸物存在地的行为;非法邮寄是指违反有关法规,通过邮政部门寄递枪支、弹药、爆炸物。根据最高人民法院《关于审理非法制造、买卖、运输枪支、弹药、爆炸物等刑事案件具体应用法律若干问题的解释》(以下称《枪支、弹药、爆炸物司法解释》)的规定,非法储存是指明知是他人非法制造、买卖、运输、邮寄的枪支、弹药、爆炸物而为其存放的行为。

（二）非法制造、买卖、运输、邮寄、储存枪支、弹药、爆炸物罪的界限划分

1. 本罪与非罪的界限划分

本罪虽然属于重罪，但日常生活中也存在情节显著轻微不需要定罪的情形。① 如果行为人确因生产、生活所需而非法制造、买卖、运输枪支、弹药、爆炸物，数量较小，没有造成危害后果的，不宜轻易认定为本罪。

2. 本罪一罪与数罪的界限

非法制造、买卖、运输、邮寄、储存枪支、弹药、爆炸物罪是选择性罪名，行为人实施其中一个行为构成一罪，在行为对象相同的情况下实施几个行为也不进行数罪并罚，如行为人先制造了一批枪支，然后又将这批枪支进行买卖、运输、邮寄或者储存的，只定一个非法制造枪支罪即可，不能进行并罚。因为非法制造枪支的行为是核心的犯罪行为，后面的买卖、运输、邮寄、储存行为都是为了实现非法制造的枪支的价值的行为，属于一个犯罪行为过程的不同阶段。但是，如果基于不同的犯罪对象而实施不同的犯罪行为，如行为人非法制造了甲批枪支，又帮助他人运输了乙批枪支，还帮助他人储存了丙批枪支的，就应当按照非法制造枪支罪、非法运输枪支罪、非法储存枪支罪进行数罪并罚。

3. 本罪与违规制造、销售枪支罪的界限

本罪与违规制造、销售枪支罪在犯罪对象、客观行为、主观要件上均有相同或类似之处。其主要区别在于：(1) 犯罪主体不同。本罪是一般主体，包括自然人和单位；后罪是特殊单位主体，即只能是依法被指定、确定的枪支制造企业、销售企业。(2) 犯罪客观要件的表现不同。本罪是没有制造、销售枪支权限的个人和单位非法制造枪支，后罪则是依法被确定、指定的枪支制造、销售企业违规制造、销售枪支，即只能是超过限额或者不按照规定的品种制造、配售枪支，制造无号、重号、假号的枪支或非法销售枪支或者在境内销售为出口制造的枪支。

（三）非法制造、买卖、运输、邮寄、储存枪支、弹药、爆炸物罪的刑事责任

根据《刑法》第125条的规定，犯本罪的，处3年以上10年以下有期徒刑；情

---

① 最高人民法院《枪支、弹药、爆炸物司法解释》第1条界定了罪与非罪的界限，规定有下列情形之一的，以本罪论处：(1) 非法制造、买卖、运输、邮寄、储存军用枪支1支以上的；(2) 非法制造、买卖、运输、邮寄、储存以火药为动力发射枪弹的非军用枪支1支以上或者以压缩气体等为动力的其他非军用枪支2支以上的；(3) 非法制造、买卖、运输、邮寄、储存军用子弹10发以上、气枪铅弹500发以上或者其他非军用子弹100发以上的；(4) 非法制造、买卖、运输、邮寄、储存手榴弹1枚以上的；(5) 非法制造、买卖、运输、邮寄、储存爆炸装置的；(6) 非法制造、买卖、运输、邮寄、储存炸药、发射药、黑火药1000克以上或者烟火药3000克以上，雷管30枚以上或者导火索、导爆索30米以上的；(7) 具有生产爆炸物品资格的单位不按照规定的品种制造，或者具有销售、使用爆炸物品资格的单位超过限额买卖炸药、发射药、黑火药10千克以上或者烟火药30千克以上，雷管300枚以上或者导火索、导爆索300米以上的；(8) 多次非法制造、买卖、运输、邮寄、储存弹药、爆炸物的；(9) 虽未达到上述最低数量标准，但具有造成严重后果等其他恶劣情节的。

节严重①的,处 10 年以上有期徒刑、无期徒刑或者死刑。单位犯本罪的,对单位判处罚金,并对其直接负责的主管人员和其他直接责任人员,依照上述法定刑处罚。根据《枪支、弹药、爆炸物司法解释》第 9 条的规定,因筑路、建房、打井、整修宅基地和土地等正常生产、生活需要,以及因从事合法的生产经营活动而非法制造、买卖、运输、邮寄、储存爆炸物,数量达到本《解释》第 1 条规定标准,没有造成严重社会危害,并确有悔改表现的,可依法从轻处罚;情节轻微的,可以免除处罚。

二、非法制造、买卖、运输、储存危险物质罪②

非法制造、买卖、运输、储存危险物质罪,是指未经国家有关部门批准,非法制造、买卖、运输、储存毒害性、放射性、传染病病原体等物质,危害公共安全的行为。本罪侵犯的法益为公共安全。本罪的犯罪对象是毒害性、放射性、传染病病原体等物质。所谓毒害性物质,主要是指能对人或者动物产生毒害的有毒物质。所谓放射性物质,主要是指铀、镭、钴等能对人或动物产生严重辐射危害的物质,包括可以产生裂变反应或聚合反应的核材料。所谓传染病病原体等物质,主要是指可能导致《传染病防治法》规定的各种传染病传播的传染病菌种和毒种。本罪的客观要件实施了非法制造、买卖、运输、储存危险物质,危害公共安全的行为。危害公共安全标准的把握,可参照最高人民法院、最高人民检察院《关于办理非法制造、买卖、运输、储存毒鼠强等禁用剧毒化学品刑事案件具体应用法律若干问题的解释》第 1 条的规定把握。本罪的主体为自然人和单位。本罪的主观要件是故意,过失不构成本罪。

根据《刑法》第 125 条第 2 款的规定,犯本罪的,处 3 年以上 10 年以下有期徒刑;情节严重③的,处 10 年以上有期徒刑、无期徒刑或者死刑。单位犯本罪的,对单位判处罚金,并对其直接负责的主管人员和其他直接责任人员,依照上述规定处罚。

三、违规制造、销售枪支罪

违规制造、销售枪支罪,是指依法被指定、确定的枪支制造企业、销售企业,违反枪支管理规定,违反枪支制造、销售规定而擅自制造或销售枪支的行为。本罪侵犯的法益为公共安全和枪支管理秩序。犯罪对象是枪支,包括公务用枪如军用手枪、步枪、冲锋机枪等,民用用枪如有膛线猎枪、散弹枪、火药枪等狩猎用

---

① 情节严重的标准,可参照最高人民法院《枪支、弹药、爆炸物司法解释》第 2 条的规定。
② 本罪系《刑法修正案(三)》第 5 条在修订《刑法》第 125 条第 2 款的基础上确定的罪名。《刑法》第 125 条第 2 款原来的规定是"非法买卖、运输核材料的,依照前款的规定处罚"。
③ 情节严重的认定,可参照《关于办理非法制造、买卖、运输、储存毒鼠强等禁用剧毒化学品刑事案件具体应用法律若干问题的解释》第 2 条的规定把握。

枪、小口径步枪、手枪、气步枪、气手枪等体育射击运动用枪支,麻醉动物用的注射枪等;其不仅指整枪,而且还包括枪支的主要零部件及用于枪支的弹药。本罪的客观要件为违反国家枪支管理规定,违规制造、销售枪支的行为。① 本罪的主体为特殊单位主体,只能是依法被指定、确定的枪支制造企业、销售企业。其他单位、个人不能构成本罪。本罪的主观要件是故意,且要求具有非法销售的目的。

根据《刑法》第126条的规定,犯本罪的,对单位判处罚金,并对其直接负责的主管人员和其他直接责任人员,处5年以下有期徒刑;情节严重的,处5年以上10年以下有期徒刑;情节特别严重的,处10年以上有期徒刑或者无期徒刑。

四、盗窃、抢夺枪支、弹药、爆炸物、危险物质罪②

盗窃、抢夺枪支、弹药、爆炸物、危险物质罪是指以非法占有为目的,秘密窃取或者公然夺取枪支、弹药、爆炸物、危险物质的行为。本罪侵犯的法益是公共安全。本罪的犯罪对象为枪支、弹药、爆炸物和危险物质。枪支、弹药、爆炸物、危险物质的界定与前述犯罪相同。本罪的客观要件为盗窃、抢夺枪支、弹药、爆炸物和危险物质的行为。盗窃是指秘密窃取枪支、弹药、爆炸物、危险物质,抢夺是指公然夺取枪支、弹药、爆炸物、危险物质。本罪的定罪标准,应参照《枪支、弹药、爆炸物司法解释》第4条第1款的规定执行。本罪的主观要件为故意,即明知是枪支、弹药、爆炸物、危险物质而故意盗窃、抢夺。如果不知是枪支、弹药、爆炸物、危险物质而盗窃、抢夺的,如出于非法占有财物的目的行窃,盗窃了枪支、弹药、爆炸物、危险物质的,则不构成本罪。行为人如果将无意中盗窃、抢夺的枪支、弹药隐匿不交,则构成私藏枪支、弹药罪。实践中存在这样的案例,行为人在盗窃财物时无意中偷到了一支公务用枪,若将该枪支隐匿不交,司法机关不能将偷到枪支的行为定为盗窃枪支罪,而只能以行为人意图实施的盗窃行为定

---

① 具体体现为下列几种:(1)以非法销售为目的,超过限额或者不按照规定的品种制造、配售枪支的。所谓超过限额,是指超过国家有关主管部门下达的制造或销售枪支的年数量指标或任务。不按照规定的品种制造、配售枪支,即不按国家规定的技术标准,擅自改变枪支的性能、结构进行制造、销售,如只能制造、销售步枪的企业而去制造、销售机枪等。(2)以非法销售为目的,制造无号、重号、假号的枪支的。枪支应当一枪一号,不得制造无号、重号或者假号的枪支。行为人制造了无号、重号、假号的枪支显然违规。(3)非法销售枪支或者在境内销售为出口制造的枪支的。即无枪支销售许可而擅自销售枪支,或者有销售许可但违反枪支配购证件规定的型号或数量的要求而擅自销售枪支,或者违反规定在中国境内销售专门为出口而制造的枪支。违规制造、销售枪支行为的定罪标准,可参照《枪支、弹药、爆炸物司法解释》第3条的规定执行。

② 本罪和抢劫枪支、弹药、爆炸物、危险物质罪是2001年12月29日通过的《刑法修正案(三)》第6条在《刑法》第127条原来规定的基础上修改而成的。第127条原来的规定是:"盗窃、抢夺枪支、弹药、爆炸物的,处3年以上10年以下有期徒刑;情节严重的,处10年以上有期徒刑、无期徒刑或者死刑。抢劫枪支、弹药、爆炸物或者盗窃、抢夺国家机关、军警人员、民兵的枪支、弹药、爆炸物的,处10年以上有期徒刑、无期徒刑或者死刑。"

盗窃罪,但其后将枪支隐匿不交的行为却构成了非法持有枪支罪,本案应以盗窃罪和非法持有枪支罪数罪并罚。

依照《刑法》第127条第1款的规定,犯本罪的,处3年以上10年以下有期徒刑;情节严重的,处10年以上有期徒刑、无期徒刑或者死刑。依照127条第2款的规定,行为人盗窃、抢夺国家机关、军警人员、民兵的枪支、弹药、爆炸物、危险物质罪的,处10年以上有期徒刑、无期徒刑或者死刑。情节严重的标准,应参照《枪支、弹药、爆炸物司法解释》第4条第2款确定。

五、抢劫枪支、弹药、爆炸物、危险物质罪

抢劫枪支、弹药、爆炸物、危险物质罪,是指以非法占有为目的,使用暴力、胁迫或其他方法强行劫取枪支、弹药、爆炸物的行为,或者使用暴力、胁迫、其他方法强行劫取毒害性、放射性、传染病病原体等物质,危害公共安全的行为。本罪侵犯的法益是公共安全。本罪的犯罪对象是枪支、弹药、爆炸物、危险物质。本罪的客观要件表现两种不同的行为:一是使用暴力、胁迫或其他方法强行劫取枪支、弹药、爆炸物的行为;二是使用暴力、胁迫、其他方法强行劫取毒害性、放射性、传染病病原体等物质,危害公共安全的行为。第一种抢劫行为即抢劫枪支、弹药、爆炸物的行为不要求危害公共安全,第二种抢劫行为即抢劫危险物质的行为要求危害公共安全。应该说前者为抽象危险犯,后者为具体危险犯,前者的要求比后者要低。本罪的主体为一般主体,已满14周岁未满16周岁的人也可以构成本罪的主体。本罪的主观要件为故意,且要求行为人明知犯罪对象是枪支、弹药、爆炸物、危险物质,否则不能构成本罪。

根据《刑法》第127条第2款的规定,犯本罪的,处10年以上有期徒刑、无期徒刑或者死刑。

六、非法持有、私藏枪支、弹药罪

(一)非法持有枪支、弹药罪的概念和构成

非法持有、私藏枪支、弹药罪是指违反枪支、弹药管理规定,非法持有、私藏枪支、弹药的行为。本罪侵犯的法益是公共安全和国家对枪支、弹药的管理秩序。具体的构成要件主要是:

(1)本罪的犯罪对象只能是枪支、弹药。

(2)本罪的客观要件为违反法律规定,持有、私藏枪支、弹药的行为。非法持有是指没有合法根据而占有、控制枪支、弹药,私藏应当也是持有的一种形式。如果从字面上理解持有与私藏,只能说非法持有属公开控制、拥有,私藏属秘密控制、支配枪支、弹药。但根据《枪支、弹药、爆炸物司法解释》第8条第2款、第3款的解释,"持有"是指不符合配备、配置枪支、弹药条件的人员,违反枪支管理法律、法规,擅自持有枪支、弹药的行为;"私藏"是指依法配备、配置枪支、弹药的人员,在配备、配置枪支、弹药的条件消除后,违反枪支管理法律、法规的规定,私自藏匿配备、配置枪支、弹药,且拒不交出的行为。这样解释有助于界定非法持有枪支、弹药罪与私藏枪支、弹药罪的界限。但从逻辑上和法理上来说,立法只需规定非法持有枪支、弹药罪即可,规定私藏枪支、弹药罪似有画蛇添足之嫌,而且人为地增加了司法认定上的困难。行为人非法持有、私藏的枪支、弹药可以不问来源,可能是合法持枪者所借,也可能是行为人自己所拾、所租,还可能是行为人在盗窃、抢夺、抢劫过程中所得。只要持有、私藏者没有合法的根据持有、私藏,都应当构成本罪。

(3) 本罪的主观要件是故意,即明知不能私自持有、藏匿枪支、弹药而持有、私藏。

(二) 非法持有、私藏枪支、弹药罪的界限划分

1. 本罪与非罪的界限

根据《枪支、弹药、爆炸物司法解释》第 5 条第 1 款,下列情形应按非法持有、私藏枪支、弹药罪论处:(1) 非法持有、私藏军用枪支 1 支的;(2) 非法持有、私藏以火药为动力发射枪弹的非军用枪支 1 支或者以压缩气体等为动力的其他非军用枪支 2 支以上的;(3) 非法持有、私藏军用子弹 20 发以上,气枪铅弹 1000 发以上或者其他非军用子弹 200 发以上的;(4) 非法持有、私藏手榴弹 1 枚以上的;(5) 非法持有、私藏的弹药造成人员伤亡、财产损失的。没有达到上述标准的按无罪处理,但应当按照《治安管理处罚法》处罚。

2. 本罪一罪与数罪界限的划分

其他涉及枪支、弹药犯罪中,行为人手中也可能拥有、控制、藏匿枪支、弹药,如非法制造枪支、弹药者将枪支、弹药制造出来后就会处于非法持有、私藏的状态,买卖枪支者也会非法持有、私藏枪支、弹药等。认定时应注意,如果行为人非法持有、私藏枪支、弹药是其他枪支、弹药犯罪的当然过程,就不能再定本罪,直接定其他枪支、弹药犯罪即可,如非法制造枪支后私藏的,只定非法制造枪支罪。这也意味着,只有其他枪支、弹药犯罪非法持有、私藏枪支、弹药行为之外的、与其他枪支、弹药犯罪没有关联的非法持有、私藏枪支的行为才能认定为本罪。

3. 本罪与非法储存枪支、弹药罪的界限

对于这两罪的界限,《枪支、弹药、爆炸物司法解释》实际已将二者基本区分开来。非法储存的枪支、弹药应为他人非法制造、买卖、运输、邮寄的枪支、弹药、爆炸物;非法持有枪支、弹药的对象应为他人非法制造、买卖、运输、邮寄的枪支、弹药之外的其他枪支、弹药,行为人由于没有持枪证而不能持有。私藏枪支、弹药的对象已经非常明确,是藏匿之前合法配备、配置的枪支、

弹药。

(三) 非法持有、私藏枪支、弹药罪的刑事责任

根据《刑法》第 128 条的规定,犯本罪的,处 3 年以下有期徒刑、拘役或者管制;情节严重的,处 3 年以上 7 年以下有期徒刑。情节严重的标准,可参见《枪支、弹药、爆炸物司法解释》第 5 条第 2 款。

七、非法出租、出借枪支罪

非法出租、出借枪支罪是指依法配备公务用枪的人员或单位出租、出借枪支,依法配置枪支的人员与单位,非法出租、出借枪支,造成严重后果的行为。本罪侵犯的法益为公共安全和国家枪支管理秩序。本罪的构成要件为:

(1) 本罪的对象只能是枪支。

(2) 本罪的客观要件为实施了非法出租、出借枪支造成严重后果的行为。具体有两种不同的情况:一是依法配备公务用枪的人员或单位非法出租、出借枪支。立法上看,这种出租、出借枪支的行为不需要造成严重后果即可构成犯罪。二是依法配置民用枪支的人员或单位非法出租、出借枪支,造成严重后果。这种情况必须造成严重后果才构成犯罪。如果没有造成严重后果,或者虽然造成一定的后果但不严重的,不构成本罪。这里的"严重后果",从司法实践来看,主要是指造成了民用枪支丢失,持有人利用出租、出借的民用枪支进行违法犯罪活动或者造成人员伤亡等情形。所谓"非法出租枪支",是指违反国家枪支管理规定,擅自收取租金,将公务用枪或民用枪支在一段时间内有偿租给他人使用的行为。所谓"非法出借枪支",是指违反国家枪支管理规定,擅自将公务用枪或民用枪支在一段时间内无偿借给他人或单位使用的行为。如果非法将枪支赠予他人的,可以解释为行为人永久性地将枪支无偿提供给他人使用,应认定为非法出借枪支罪。

(3) 本罪的主体为特殊的自然人主体和单位主体,只能是合法配备公务用枪或者配置民用枪支的人员和单位,非法持有枪支的人员出租、出借枪支的行为不构成本罪。①

(4) 本罪的主观要件为故意,即明知是禁止出租、出借的枪支而故意出租、

---

① 根据我国《枪支管理法》的规定,公安机关、国家安全机关、监狱、劳动教养机关的人民警察,人民法院的司法警察,人民检察院的司法警察和担负案件侦查任务的检察人员,海关缉私人员,在依法履行职责时确有必要使用枪支的,可以配备公务用枪。国家重要的军工、金融、仓储、科研等单位的专职守护、押运人员在执行守护押运任务时确有必要使用枪支的,可以配备公务用枪。下列单位可以配置民用枪支:(1) 经省级人民政府体育行政主管部门批准专门从事射击竞技体育运动的单位,经省级人民政府公安机关批准的营业性射击场,可以配置射击运动枪支;(2) 经省级以上人民政府林业行政主管部门批准的狩猎场,可以配置猎枪;(3) 野生动物保护、饲养、科研单位因业务需要,可以配置猎枪、麻醉注射枪。猎民在猎区、牧民在牧区,可以申请配置猎枪。猎区和牧区的区域由省级人民政府划定。

出借给他人。

本罪与非法持有、私藏枪支罪是对向性犯罪。出租、出借枪支的构成本罪,没有合法证件而租枪、借枪的人构成非法持有、私藏枪支罪。本罪是选择性罪名,行为人只要实施非法出租或非法出借行为之一的,即可构成本罪。但是,如果行为人既实施了非法出租枪支的行为,又实施了非法出借枪支的行为,也只构成一罪,不实行数罪并罚。

根据《刑法》第128条第2款的规定,犯本罪的,处3年以下有期徒刑、拘役或者管制;情节严重的,处3年以上7年以下有期徒刑。单位犯本罪的,对单位判处罚金,并对其直接负责的主管人员和其他直接责任人员依照上述规定处罚。

八、丢失枪支不报罪

丢失枪支不报罪是指依法配备公务用枪的人员违反枪支管理规定,丢失枪支不及时报告,造成严重后果的行为。本罪侵犯的法益是公共安全和枪支管理制度。具体的构成要件是:

(1) 犯罪对象只能是依法配备的公务用枪。

(2) 本罪的客观要件为丢失枪支后不及时报告,造成严重后果的行为。第一,发生丢失枪支的行为,这是构成丢失枪支不报罪的前置性行为。何谓丢失枪支,学界有狭义说和广义说不同的理解。狭义说认为,"如果枪支被盗、被抢,不是依法配备公务用枪人员的过失引起的,或者说主观上没有过错,只是由于某种原因不履行及时报告义务,引起严重后果的,似由公安机关给予行政处分为宜。"[1]这种观点认为,如果依法配备公务用枪的人员对枪支履行了妥善的保管义务,即使造成枪支被盗、被抢或者其他丧失对枪支控制的情形,不能认定为本罪的丢失枪支行为。广义说认为,丢失枪支除了疏忽遗失外,还包括被盗、被抢、被骗等[2],或者认为:"丢失枪支的人,在主观上出于过失,如保管不严,或者违反规定携带枪支造成枪支丢失,甚至也可能连过失责任都没有,如完全按照规定保管枪支,但被犯罪分子盗走或抢去。"[3]广义说主张丢失是一种状态,不需要问丢失者主观过错的有无和具体原因。本书认为,广义说更加符合立法的精神,原因在于:首先,我国《枪支管理法》第23条规定:"配备、配置给个人使用的枪支,必须采取有效措施,严防被盗、被抢、丢失或者发生其他事故。"这里明确规定了配

---

[1] 欧阳涛、魏克家、刘仁文:《中华人民共和国新刑法注释与适用》,人民法院出版社1997年版,第237页。

[2] 参见王作富主编:《刑法分则实务研究》(上),中国方正出版社2007年版,第176页;高铭暄、马克昌主编:《刑法学》,北京大学出版社、高等教育出版社2011年版,第357页;张明楷:《刑法学》(第4版),法律出版社2011年版,第627页等。

[3] 曹子丹、储槐植等:《最新中国刑法实务全书》,中国法制出版社1997年版,第747页。

枪人的保管义务,发生枪支被抢、被盗也属行为人没有履行好保管义务所致;其次,丢失枪支只是构成本罪的前置性行为,并非唯一行为,要认定行为构成丢失枪支不报罪,行为人还要具备"不报"的行为;从某种程度上说,刑法之所以将丢失枪支不报的行为规定为犯罪,不仅是行为人没有履行好妥善保管枪支的义务,更重要的还是行为人在枪支丢失后没有履行好及时报告的义务。所以对丢失枪支的行为不宜限制过严,广义说比较符合立法原意。第二,必须还有丢失枪支后不及时报告的行为。根据我国《枪支管理法》第 25 条第 3 款规定,配备枪支的人员,如果枪支被盗、被抢或者丢失的,必须立即报告公安机关。行为人若不及时报告公安机关,持枪人可能会利用枪支进行违法犯罪活动,造成严重后果。"不及时报告"应当是指行为人发现丢失枪支后没有立即报告,包括两种情况:一是丢失枪支后根本不报告,这个比较好认定;二是丢失枪支后拖延一段时间才报告。至于拖延多长时间不报告才认定为不及时,应该没有一个具体的时间段。本书认为应当综合丢失枪支没有报告的各种情况来判定,如果行为人丢失枪支后还不能找到报告给公安机关的方式,则不能认为是"不及时报告"。第三,行为人丢失枪支不及时报告,客观上造成了严重的后果,即造成他人重伤、死亡或者公私财产重大损失等后果。

(3) 本罪的主体为依法配备公务用枪的人员。

(4) 本罪的主观要件应为故意。对本罪的主观要件,学界有过失说、故意说、故意与过失并存说三种不同的观点。过失说认为,"虽然行为人对自己丢枪不及时报告的行为往往是故意的,但对其所导致的严重后果,却只能是过失的,包括疏忽大意的过失和过于自信的过失。"[①] 故意说认为本罪的责任形式是故意,就丢失枪支而言,通常表现为过失,也包括没有过失的情况。但丢失枪支本身只是成立本罪的前提,丢失枪支的心态不能决定本罪的主观要件;只有依法配备公务用枪的人员在意识到枪支丢失后故意不及时报告,才能决定本罪的罪过;虽然行为人对"造成严重后果"主观上是过失,但"造成严重后果"是超出故意内容的客观要素,即"客观的超过要素",不能作为主观要素的评价内容。另外,丢失枪支不报罪完全有成立共同犯罪的可能性,因而应当认为本罪的主观要件为故意。[②] 故意与过失并存说认为,"本罪主观方面多数为间接故意,但不排除在个别情况下,行为人的主观方面存在过失。"[③] 我们赞同故意说。刑法要惩罚的主要不是丢失枪支的行为,而是丢枪后不及时报告的行为。认定犯罪的主观方面,应当以实施主要的、核心的犯罪行为时的心态来确定犯罪的主观罪过。行为

[①] 王作富主编:《中国刑法的修改与补充》,中国检察出版社 1997 年版,第 78 页。
[②] 参见张明楷:《刑法学》(第 4 版),法律出版社 2011 年版,第 628 页。
[③] 宣炳昭主编:《刑法各罪的法理与适用》,中国政法大学出版社 1999 年版,第 42 页。

人对造成的"严重后果"的态度不影响本罪的主观要件的内容,因为"严重后果"只是犯罪的定量因素,与罪质无关。

根据《刑法》第 129 条的规定,犯本罪的,处 3 年以下有期徒刑或者拘役。

九、非法携带枪支、弹药、管制刀具、危险物品危及公共安全罪

非法携带枪支、弹药、管制刀具、危险物品危及公共安全罪是指违反国家有关管理规定,非法携带枪支、弹药、管制刀具或者爆炸性、易燃性、放射性、毒害性、腐蚀性物品进入公共场所或者公共交通工具,情节严重,危及公共安全的行为。本罪侵犯的法益为公共安全和国家对枪支、弹药、管制刀具、危险物品的管理制度。本罪的对象为枪支、弹药、管制刀具或者其他危险物品。本罪的客观要件为违反国家有关管理规定,非法携带枪支、弹药、管制刀具或者其他危险物品进入公共场所或者公共交通工具,情节严重的行为。携带是指在进入公共场所或者公共交通工具时,将枪支、弹药、管制刀具及其他危险物品带在身上或者置于身边,使其置于现实的控制、支配之下的行为。危及公共安全应当根据携带物品的种类、杀伤力的强弱、数量,公共场所与公共交通工具的特点,携带的方式、方法、次数、已经形成的危险状态等情况进行判断。另外,成立本罪还要求"情节严重"①。本罪的主观要件为故意,即明知是枪支、弹药、管制刀具或者其他危险物品而仍然携带进入公共场所或者公共交通工具。

根据《刑法》第 130 条的规定,犯本罪的,处 3 年以下有期徒刑、拘役或管制。

第六节 遭致重大事故的危害公共安全的犯罪

一、重大飞行事故罪

重大飞行事故罪是指航空人员违反规章制度,因而发生重大飞行事故,造成严重后果的行为。本罪侵犯的法益为航空运输安全。本罪的客观要件为违反规章制度,发生重大飞行事故,造成严重后果的行为。首先,行为人必须实施了违反规章制度的行为,如航空维修人员不认真检查、维修航空器,未及时发现航空器的故障;领航员领航不正确,飞机起飞前,机长不对航空器进行全面检查,飞机

---

① 根据《枪支、弹药、爆炸物司法解释》第 6 条,具有下列情形之一的属于"情节严重":(1)携带枪支或者手榴弹的;(2)携带爆炸装置的;(3)携带炸药、发射药、黑火药 500 克以上或者烟火药 1000 克以上,雷管 20 枚以上或者导火索、导爆索 20 米以上的;(4)携带的弹药、爆炸物在公共场所或者公共交通工具上发生爆炸或者燃烧,尚未造成严重后果的;(5)具有其他严重情节的。行为人非法携带上述第(3)项爆炸物进入公共场所或者公共交通工具,虽未达到上述数量标准,但拒不交出的,依照本罪处罚;携带的数量达到最低数量标准,能够主动、全部交出的,可不以犯罪论处。

遇险时机长未采取必要的挽救措施；机组人员未经机长批准擅自离开航空器等。其次，必须发生了重大飞行事故，造成了严重后果，即致人重伤、死亡或者使公私财产遭受重大损失。再次，违反规章制度的行为与重大飞行事故之间必须具有因果关系。行为人只对自己行为所造成的后果承担刑事责任，如果虽然有违反规章制度的行为，也发生了重大飞行事故，但二者间没有因果关系的，违规者就不能承担刑事责任。本罪的主体为航空人员。根据《民用航空法》的规定，航空人员是指从事民用航空活动的空勤人员和地勤人员。空勤人员包括驾驶员、领航员、飞行通信员、机械员、乘务员，地勤人员包括民用航空维护人员、空中交通管制员、飞行签派员、航空台通信员。因为他们担负的职责直接关系到航空运输安全，一旦不正确履行自己的职责，都可能造成重大事故。本罪的主观要件为过失，故意造成飞行事故的，按故意破坏交通工具罪、故意破坏交通设施罪等罪定罪处罚。

根据《刑法》第131条的规定，犯本罪的，处3年以下有期徒刑或者拘役；造成特别严重后果的，处3年以上7年以下有期徒刑。

二、铁路运营安全事故罪

铁路运营安全事故罪是指铁路职工违反规章制度，致使发生铁路运营安全事故，造成严重后果的行为。本罪侵犯的法益是铁路运输的安全。本罪的客观要件为在铁路运输活动中违反规章制度，因而发生运营事故，情节严重的行为。首先，行为人必须实施了违反与保障铁路运输安全有关的各种规章制度的行为；其次，发生了铁路运营安全事故，造成了严重后果，即致人重伤、死亡或者使公私财产遭受重大损失；再次，违章行为与铁路运营安全事故之间具有因果关系，即正是由于违反规章制度的行为才导致了铁路运营事故的发生。本罪的主体为特殊主体即铁路职工，即具体从事铁路运营业务，与保证列车运营安全有直接关系的人员，包括具体操纵机车的司机，铁路运营设备的其他操纵人员，如扳道员、挂钩员，列车运营活动的直接领导和指挥人员，如调度员、列车安全的管理人员、信号员等。铁路部门非运营的第一线职工不能成为本罪的主体。本罪的主观要件为过失，这种过失主要是行为人对危害后果的态度而言的，行为人在违反规章制度上则是明知故犯。

根据《刑法》第132条的规定，犯本罪的，处3年以下有期徒刑或者拘役；造成特别严重后果的，处3年以上7年以下有期徒刑。

三、交通肇事罪

（一）交通肇事罪的概念和构成

交通肇事罪是指违反交通运输管理法规，因而发生重大交通事故，致人重伤、死亡或者使公私财产遭受重大损失的行为。本罪侵犯的法益是航空、铁路运营领域之外的公路、水路、城市等领域的交通运输公共安全。本罪的构成要件如下：

（1）客观要件为行为人实施了违反交通运输管理法规，因而发生重大交通事故，致人重伤、死亡或者使公私财产遭受重大损失的行为。理解时把握如下几点：

第一，前提条件是行为人在交通运输过程中实施了违反交通运输管理法规的行为。首先，交通肇事罪必须发生在交通运输过程中。本罪的交通运输仅包括路上和水上交通运输，因为《刑法》已将航空运输、铁路运输过程中发生的重大责任事故分别规定为重大飞行事故罪和铁路运营安全事故罪。交通运输过程可以从空间和时间两个方面来把握。从空间上说，必须发生在公路、城镇道路、通航水域等公共交通管理范围内；从时间上说，必须发生在交通工具正在行驶的过程中，即从始发车站、码头准备载人装货至终点车站、码头旅客离去、货物卸完的整个活动过程中。因此，如果发生在工厂、矿山、林场、建筑工地、企业事业单位、院落内作业或者进行其他非交通运输活动的场所如检修、冲洗车辆等过程中，就需要讨论这些场所是否属于公共交通管理的范围内。在公共交通管理范围内，因违反交通运输规章制度，发生重大事故，应按交通肇事罪定罪处理；而如果在公共交通管理范围外发生的，应当分别依照情况按重大责任事故罪、强令违章冒险作业罪或者重大劳动安全事故罪或者过失致人死亡罪定罪处理。另外，随着私家车辆的不断增多，社区居民在居住小区内行车也可能由于操作不当发生重大伤亡事故。对于这种事故，按交通肇事罪处理应当比较妥当，因为根据《道路交通安全法》第119条的规定，公共交通道路是指公路、城市道路和虽在单位管辖范围但允许社会机动车通行的地方，包括广场、公共停车场等用于公众通行的场所。其次，必须实施了违反交通运输管理法规的行为。交通运输管理法规是指保证交通运输正常进行和交通运输安全的法律法规、操作规程、劳动纪律等。本罪中，交通运输管理法规主要是指水上、公路等交通运输系统的安全规则、章程以及从事交通运输工作必须遵守的纪律、制度。如《道路交通安全法》《道路交通安全法实施条例》《城市交通规则》《机动车管理办法》《内河避碰规则》《航海避碰规则》《渡口守则》《海上交通安全法》等。行为人违反上述管理法律、法规从事交通运输，就会危及交通运输安全，可能造成重大交通事故。在实践中，违反交通运输管理法规的行为主要表现为违反劳动纪律或操作规程，玩忽职守或擅离职守、违章指挥、违章作业的或者违章行驶等，如公路运输中无证驾驶、强行超车、超速行驶、酒后开车；水上运输中船只强行横越，不按避让规章避让、超速抢档，在有碍航行处锚泊或停靠等。交通违章行为的表现形式多种多样，可以将其归纳为作为与不作为两种基本形式。

第二，必须发生了重大交通事故，否则只能进行行政处罚。重大交通事故①即致人重伤、死亡或者致使公私财产遭受重大损失。

第三，重大交通事故必须是行为人实施的违反交通运输管理法规的行为所致，即违章行为与重大交通事故之间存在直接的联系。如果行为人在交通运输过程中虽然实施了违反交通运输管理法规的行为，如酒后驾车或者无证驾驶车辆等，也发生了重大交通事故，但重大交通事故的发生与行为人酒后驾车、无证驾车的违章行为无关，如行为人酒后驾车虽然违章，但其酒后仍然有足够的辨认能力和控制能力驾驶车辆；或者无证驾车，但行为人已经拥有娴熟的驾驶技能，事故原因是其他不可抗力的因素或者对方车辆违章所致的，行为人不能对重大交通事故承担交通肇事罪的刑事责任，除醉酒后进行危险驾驶的外，只能对其违章行为进行行政处罚。也就是说，在发生重大交通事故的情况下，行为人只对自己的违章行为是事故发生的原因力的行为承担刑事责任。

（2）本罪的主体为一般主体，从事交通运输的人员和非交通运输人员都可以构成本罪。从事交通运输的人员如驾驶员、车辆调度员、交通警察等；对非交通运输人员，学界有不同的解释，一种观点认为是指没有合法手续却从事正常交通运输的人员②；另一种观点认为是指交通运输人员以外的一切人员③。我们赞同第二种观点。应该说，一切与交通运输安全有关的人员都可以成为本罪的主体，包括未取得驾驶证件的人员、行人、乘车人等。《交通肇事司法解释》第5条规定："交通肇事后，单位主管人员、机动车辆所有人、承包人或者乘车人指使肇事人逃逸，致使被害人因得不到救助而死亡的，以交通肇事罪的共犯论处。"第7条规定："单位主管人员、机动车辆所有人或者机动车辆承包人指使、强令他人违章驾驶造成重大交通事故，具有本解释第2条规定情形之一的，以交通肇事罪定罪处罚。"航空人员、铁路职工违反航空、铁路运输管理规定，发生重大事故的，按重大飞行事故罪、铁路运营安全事故罪论处。航空人员、铁路职工在从事其他交通运输过程中违章发生重大事故的，按本罪处理。

（3）本罪的主观要件为过失，即应当预见自己违反交通运输管理法规的行

---

① 根据2000年11月10日最高人民法院《关于审理交通肇事刑事案件具体应用法律若干问题的解释》（以下称《交通肇事司法解释》）第2条的规定，下列情况属于重大事故：① 死亡1人或者重伤3人以上，负事故全部或者主要责任的；② 死亡3人以上，负事故同等责任的；③ 造成公共财产或者他人财产直接损失，负事故全部或者主要责任，无能力赔偿数额在30万元以上的；④ 交通肇事致1人以上重伤，负事故全部或者主要责任，并具有下列情形之一的，以交通肇事罪定罪处罚：酒后、吸食毒品后驾驶机动车辆的；无驾驶资格驾驶机动车辆的；明知是安全装置不全或者安全机件失灵的机动车辆而驾驶的；明知是无牌证或者已报废的机动车辆而驾驶的；严重超载驾驶的；为逃避法律追究逃离事故现场的。

② 参见王作富主编：《刑法分则实务研究》（上），中国方正出版社2007年版，第194页。

③ 参见高铭暄、马克昌主编：《刑法学》，北京大学出版社、高等教育出版社2011年版，第360页。该书认为，无论是否交通运输人员，只要在交通运输过程中违反交通运输管理法规，造成重大事故，导致重伤、死亡或者公私财产重大损失严重后果的，均可构成本罪。

为可能会发生交通事故的严重后果,但疏忽大意没有预见,或者虽然已经预见但轻信能够避免,以致发生重大交通事故的心理态度。对于本罪来说,行为人违反交通运输管理法规的行为可能是故意或者明知故犯,但这种故意不能成为交通肇事罪的故意。对于肇事后果来说,行为人主观上应当是过失而非故意,交通肇事罪的主观方面应当整体上被评价为过失。

(二)交通肇事罪的界限划分

1. 罪与非罪的界限

根据《刑法》第133条的规定,交通肇事只有发生了重大事故才能构成犯罪,重大事故的标准,参照《交通肇事司法解释》第2条进行认定。

2. 非机动车辆肇事的定性问题

根据《道路交通安全法》第119条的规定,"非机动车"是指以人力或者畜力驱动,在道路上行驶的交通工具,以及虽有动力装置驱动但设计最高时速、空车质量、外形尺寸符合有关国家标准的残疾人机动轮椅车、电动自行车等交通工具,如自行车、三轮车、马车等。利用非机动车从事交通运输活动,违章肇事致人重伤、死亡或者使公私财产遭受重大损失,是否构成交通肇事罪存在肯定说、否定说、折衷说三种不同的意见。肯定说认为,虽然非机动车辆肇事的危害范围及危害程度一般不如大型机动交通工具那样大,但不能因此而否认其具有危害公共安全的性质,因此,交通肇事罪的主体应包括非机动车俩的驾(骑)驶人员[1];否定说认为,交通肇事罪属于危害公共安全的犯罪,而驾驶非机动车违反交通规则,发生交通事故的,由于这种行为本身危险性不大,不具有危害公共安全的性质,因此不应定交通肇事罪,而应根据具体情况,造成他人死亡的定过失致人死亡罪,造成重伤的定过失重伤罪[2];折衷说认为不能一概而论,认为应取决于非机动车是否被用于从事交通运输活动[3],或者肇事行为是否具有危害道路交通运输安全的性质[4]。本书认为,折衷说比较合理。行为人如果是在公共交通管理的范围内驾驶非机动车辆违章导致发生重大交通事故的,应当构成交通肇事罪,反之则定其他犯罪。

3. 本罪与其他犯罪的界限

(1)本罪与过失损坏交通工具罪、过失损坏交通设施罪的界限。交通肇事罪与过失破坏交通工具罪、过失损坏交通设施罪在主观要件上都出于过失;在客观上都造成了致人重伤、死亡或者使公私财产遭受重大损失的严重后果,危害了公共安全。它们之间的主要区别是:从犯罪主体上看本罪的主体主要是从事交

---

[1] 参见高铭暄主编:《中国刑法学》,中国人民大学出版社1989年版,第391页。
[2] 参见周振想:《中国新刑法释论与罪案》(上),中国方正出版社1997年版,第666页。
[3] 参见王作富:《刑法论衡》,法律出版社2004年版,第177页。
[4] 参见张莉:《刑法重大疑难问题研究》,中国人民公安大学出版社2004年版,第137页。

通运输的人员,虽然非交通运输人员也可构成该罪主体,但他们也必须是在操纵交通工具、交通设备,后两罪的主体为一般主体;从犯罪行为上看,本罪是交通运输过程中违章发生事故,后两罪与交通运输活动无关,后者系行为人在日常生活中马虎草率、粗枝大叶,不小心谨慎损坏交通工具、交通设施。

(2) 本罪与利用交通工具故意杀人、故意伤害的界限。两者都会出现致人重伤、死亡的危害后果,但交通肇事罪中行为人对于致人重伤、死亡的危害结果的发生表现为过失的心理态度,而利用交通工具故意杀人或者故意伤害则表现为故意的心理态度,这是区分两者的关键所在。

(3) 本罪与因驾驶交通工具过失致人重伤罪、过失致人死亡罪的界限。如果行为人在从事交通运输的过程中发生重大事故,致人重伤、死亡的,应构成交通肇事罪。如果行为人驾驶交通工具在公共交通管制以外的地方如自家别墅、私人会所或在这些地方停靠时发生人员伤亡,主观上为过失的,构成过失致人重伤罪或者过失致人死亡罪。

(三) 交通肇事罪的刑事责任

《刑法》第 133 条规定,犯本罪的,处 3 年以下有期徒刑或者拘役;交通运输肇事后逃逸或者有其他特别恶劣情节的,处 3 年以上 7 年以下有期徒刑;因逃逸致人死亡的,处 7 年以上有期徒刑。①

值得注意的是,《交通肇事司法解释》发布实施后,理论界和实务界对一些问题提出了质疑,如有学者认为,对交通运输肇事后逃逸的解释没有必要解释为"为逃避法律追究而逃跑",因为犯罪后为逃避法律追究而逃跑是人之常情,是不具有期待可能性的行为,故应解释为"交通肇事后不救助被害人的"即可②;另外,该《解释》第 5 条第 2 款规定的"交通肇事后,单位主管人员、机动车辆所有人、承包人或者乘车人指使肇事人逃逸,致使被害人因得不到救助而死亡的,以交通肇事罪的共犯论处"的内容似有司法权侵越立法权之嫌,因为《刑法》第 25

---

① 《交通肇事司法解释》第 3 条规定:"交通运输肇事后逃逸"是指行为人具有本解释第 2 条第 1 款规定和第 2 款第(1)至(5)项规定的情形之一,在发生交通事故后,为逃避法律追究而逃跑的行为。《交通肇事司法解释》第 4 条规定,交通肇事具有下列情形之一的,属于"有其他特别恶劣情节":死亡 2 人以上或者重伤 5 人以上,负事故全部或者主要责任的;死亡 6 人以上,负事故同等责任的;造成公共财产或者他人财产直接损失,负事故全部或者主要责任,无能力赔偿数额在 60 万元以上的。《交通肇事司法解释》第 5 条规定,"因逃逸致人死亡"是指行为人在交通肇事后为逃避法律追究而逃跑,致使被害人因得不到救助而死亡的情形。交通肇事后,单位主管人员、机动车辆所有人、承包人或者乘车人指使肇事人逃逸,致使被害人因得不到救助而死亡的,以交通肇事罪的共犯论处。《交通肇事司法解释》第 6 条规定,行为人在交通肇事后为逃避法律追究,将被害人带离事故现场后隐藏或者遗弃,致使被害人无法得到救助而死亡或者严重残疾的,应当分别依照《刑法》第 232 条、第 234 条第 2 款的规定,以故意杀人罪或者故意伤害罪定罪处罚。

② 参见张明楷:《刑法学》(第 4 版),法律出版社 2011 年版,第 634 页。

条明确规定共同犯罪是指两人以上共同故意犯罪,明确将共同过失犯罪排除在共同犯罪之外。而交通肇事罪是过失犯罪,该司法解释规定"交通肇事罪的共犯",显然打破了《刑法》第 25 条的立法框架,超越了立法权。我们认为,《交通肇事司法解释》是为了从严惩治交通肇事罪而出台的司法文件,从实施的情况看尚有值得商榷之处,需要进一步完善有关问题。

四、危险驾驶罪[①]

(一) 危险驾驶罪的概念和构成

危险驾驶罪是指在道路上驾驶机动车追逐竞驶,情节恶劣,或者在道路上醉酒驾驶机动车的行为。本罪侵犯的法益为交通运输公共安全。具体的构成要件是:

(1) 本罪的客观要件为行为人在道路上实施了危险驾驶行为。根据《刑法》第 133 条之一的规定,危险驾驶行为分为两类:第一,追逐竞驶,情节恶劣的。追逐竞驶即通常所说的"飙车",是指行为人在道路上以同行的其他车辆为竞争目标,追逐行驶,如高速、超速行驶,随意追逐、超越其他车辆,频繁、突然并线,近距离驶入其他车辆之前的危险驾驶行为。追逐竞驶行为需情节恶劣才构成犯罪。判断"情节恶劣"应从追逐竞驶行为的危险性以及所造成的危害后果等方面把握。第二,醉酒驾驶。醉酒驾驶是指在醉酒状态下在道路上驾驶机动车的行为。《道路交通安全法》第 22 条规定饮酒后不得驾驶机动车辆,第 91 条分别规定了饮酒和醉酒驾驶机动车辆的责任。根据国家质量监督检验检疫总局 2004 年 5 月 31 日发布的《车辆驾驶人员血液、呼吸酒精含量阈值与检验》的规定,饮酒驾车是指车辆驾驶人员血液中的酒精含量大于或者等于 20mg/100ml,小于 80mg/100ml 的驾驶行为;醉酒驾车是指车辆驾驶人员血液中的酒精含量大于或者等于 80mg/100ml 的驾驶行为。本罪是抽象危险犯,只要在醉酒状态下驾驶机动车辆即符合本罪的构成,应按危险驾驶罪论处。目前立法机关正在探讨将吸毒驾驶行为纳入危险驾驶罪的行为范畴,但在新的刑事立法出台之前,吸毒驾驶行为尚不是危险驾驶罪的行为方式。

(2) 本罪的主体为一般主体,凡属年满 16 周岁、具有辨认和控制能力的人均可构成本罪的主体。

(3) 本罪的主观要件为故意。本罪惩罚的是危险驾驶行为,行为人在实施危险驾驶行为时主观方面肯定是故意而非过失。

[①] 本罪系 2011 年 2 月 25 日第十一届全国人民代表大会常务委员会第十九次会议通过的《刑法修正案(八)》第 22 条增加的罪名。

(二) 危险驾驶罪界限的划分

1. 本罪与交通肇事罪的关系

《刑法修正案(八)》增加了危险驾驶罪后,原来的交通肇事就分成了两种类型:一是作为单纯过失犯的交通肇事罪,即不以危险驾驶罪为前提的交通肇事罪。如未取得驾驶资格而驾驶机动车发生重大交通事故的,驾车闯红灯发生重大交通事故等。二是作为危险驾驶罪结果加重犯的交通肇事罪。危险驾驶是故意犯罪,但危险驾驶行为如果造成重大交通事故,且危险驾驶者对重大交通事故主观上为过失,则符合交通肇事罪的构成要件,应以交通肇事罪论处。《刑法》虽然将醉酒驾驶行为规定为危险驾驶罪,但在发生重大交通事故的情况下并不影响这种行为应确定为交通肇事罪。具体进行刑罚裁量时,可以将醉酒驾驶作为从重处罚的酌定情节予以考虑,不宜进行数罪并罚。交通肇事后逃逸是交通肇事罪的法定刑加重的条件。如果行为人醉酒驾驶过失造成重大交通事故后驾车逃逸的,其逃逸行为就会发生危险驾驶罪与交通肇事罪法定刑加重处罚的竞合,即醉酒驾车发生交通事故逃逸的行为既符合危险驾驶罪的犯罪构成,又是交通肇事罪法定刑加重的条件。由于交通肇事罪加重的法定刑重于危险驾驶罪,因而对该行为不应认定为危险驾驶罪,只能按交通肇事后逃逸处理。以追逐竞驶的方式肇事后逃逸,原则上也应当认定为交通肇事罪,适用交通肇事后逃逸的法定刑。《刑法》第133条之一第2款规定的"有前款行为,同时构成其他犯罪的,依照处罚较重的规定定罪处罚"就是解决这类问题的原则。

2. 危险驾驶罪与以危险方法危害公共安全罪的关系

《刑法修正案(八)》危险驾驶罪出台前,危险驾驶行为足以危及公共安全的可以按照《刑法》第114条与第115条规定的以危险方法危害公共安全罪追究刑事责任。危险驾驶罪的增设无疑扩大了刑法的入罪面,但危险驾驶行为仍然可以认定为以危险方法危害公共安全罪。有学者认为下列三种危险驾驶行为可以以危险方法危害公共安全罪定罪处罚:(1)危险驾驶行为不仅具有与放火、爆炸等行为相当的具体的公共危险,而且造成了致人伤亡的实害结果,行为人对伤亡结果具有故意(此时属于故意的基本犯);(2)危险驾驶行为具有与放火、爆炸等相当的具体的公共危险,行为人对该具体的公共危险具有故意。例如,在高速公路上逆向追逐竞驶的,即使没有造成严重后果的,也应当适用《刑法》第114条(此时属于故意的危险犯);(3)危险驾驶行为具有与放火、爆炸等相当的具体的公共危险,行为人对该具体的公共危险具有故意,客观上造成致人伤亡的实害结果,行为人对实害结果具有过失(此时属于结果加重犯)。如因醉酒而丧失驾驶机动车的能力,却在大雾天驾驶机动车高速行驶,导致他人伤亡的,即使对伤亡结果仅有过失,也不能仅认定为交通肇事罪,而应认定为以危险方法危害公共安全罪(当然,量刑应与对伤亡结果有故意的情形相区别)。① 我们认为这种观点比较符合实际情况,能够做到罪刑相适应,符合《刑法》第133条之一第2款"有前款行为,同时构成其他犯罪的,依照处罚较重的规定定罪处罚"的规定。

(三) 危险驾驶罪的刑事责任

根据《刑法》第133条之一的规定,犯本罪的,处拘役,并处罚金。有前款行为,同时构成其他犯罪的,依照处罚较重的规定定罪处罚。②

五、重大责任事故罪③

(一) 重大责任事故罪的概念和构成

重大责任事故罪,是指在生产、作业中违反安全管理的规定,因而发生重大伤亡事故或者造成其他严重后果的行为。本罪侵犯的法益是公共安全中的生产安全。具体构成特征是:

(1) 本罪的客观要件为在生产、作业中实施了违反安全管理规定的行为,发生了重大伤亡事故或者造成了其他严重后果。第一,行为人必须实施了违反安全管理规定的行为。"安全管理规定"是指与保障安全生产、作业有关的相关规定,既包括国家制定的法律法规如《安全生产法》的明文规定,也包括行业或者管理部门制定的关于安全生产、作业的规章制度、操作章程等,还包括企业、事业单位中通行的行之有效的操作习惯与惯例。行为人违反上述安全管理规定进行生产、作业会危害生产安全,造成重大责任事故。第二,行为人违反安全管理规定的行为只能发生在生产、作业过程中并与生产、作业有直接关系。如果事故的发生与生产、作业没有关系,不能构成本罪。第三,行为人在生产、作业中违反安

---

① 参见张明楷:《危险驾驶罪及其与相关犯罪的关系》,载《人民法院报》2011年5月11日。
② 最高人民法院、最高人民检察院、公安部《关于办理醉酒驾驶机动车刑事案件适用法律若干问题的意见》(2013年12月18日公布)第2、4条规定,醉酒驾驶机动车,具有下列情形之一的,依照本罪规定从重处罚:(1) 造成交通事故且负事故全部或者主要责任,或者造成交通事故后逃逸,尚未构成其他犯罪的;(2) 血液酒精含量达到200mg/100ml以上的;(3) 在高速公路、城市快速路上驾驶的;(4) 驾驶载有乘客的营运机动车的;(5) 有严重超员、超载或者超速驾驶,无驾驶资格驾驶机动车,使用伪造或者变造的机动车牌证等严重违反道路交通安全法的行为的;(6) 逃避公安机关依法检查,或者拒绝、阻碍公安机关依法检查尚未构成其他犯罪的;(7) 曾因酒后驾驶机动车受过行政处罚或者刑事追究的;(8) 其他可以从重处罚的情形。对醉酒驾驶机动车的被告人判处罚金,应当根据被告人的醉酒程度、是否造成实际损害、认罪悔罪态度等情况,确定与主刑相适应的罚金数额。
③ 本罪是2006年6月29日第十届全国人大常委会第二十二次会议通过的《刑法修正案(六)》在1997年修订的《刑法》原第134条规定的基础上修改而成的罪名。刑法第134条原来的规定是:"工厂、矿山、林场、建筑企业或者其他企业、事业单位的职工,由于不服管理、违反规章制度,或者强令工人违章冒险作业,因而发生重大伤亡事故或者造成其他严重后果的,处3年以下有期徒刑或者拘役;情节特别恶劣的,处3年以上7年以下有期徒刑。"

全管理规定的行为必须造成了重大伤亡事故或者其他严重后果才能构成犯罪。①

(2) 本罪的主体是自然人,既包括直接从事生产、作业的人员,也包括对生产、作业负有组织、指挥或者管理职责的负责人、管理人员、实际控制人、投资人等。根据有关司法解释,劳改企业中直接从事生产、作业的在押犯、无照施工经营者、群众合作经营组织或个体经营户的从业人员、无证开采的小煤矿从业人员等均可成为本罪的主体。

(3) 本罪的主观要件是过失,包括疏忽大意的过失和过于自信的过失。这里的过失是行为人对其行为所引起的重大责任事故的心理态度而言的,至于行为人对其违反安全管理规定的行为则可能是明知故犯。

(二) 重大责任事故罪的界限划分

1. 本罪与非罪的界限

正确区分本罪与非罪的界限,应注意从以下两个方面进行:(1) 要将本罪与自然事故、技术事故以及技术革新和科学实验失败的界限区分开来。自然事故、技术事故以及技术革新、科学实验失败虽然也可能造成了严重的危害结果,但不是行为人违反安全管理规定的行为所造成,而是不能预见或者不能抗拒的原因所导致,主观上没有罪过,因而不应负刑事责任。本罪是行为人具有违反安全管理规定的行为,造成了重大伤亡事故或者造成其他严重后果,主观上具有过失。(2) 重大责任事故罪与一般责任事故的界限。两者区别的关键在于行为人违反安全管理规定的行为是否造成了重大伤亡事故或者其他严重后果。

2. 本罪与失火、过失爆炸、过失决水、过失致人死亡等罪的界限

这些犯罪在主观上都是过失,客观上都可能产生致人伤亡的后果。主要区别在于主体与发生的领域不同。本罪发生在单位的生产、作业过程中,重大伤亡事故或者其他严重后果系行为人违反安全管理规定所造成,属业务过失犯罪;后面几个犯罪都是发生在日常生活或者社会交往过程中,致人伤亡的后果系行为人违反日常生活或社会交往的一般注意义务所造成,属普通过失犯罪。

(三) 重大责任事故罪的刑事责任

根据《刑法》第134条第1款的规定,犯本罪的,处3年以下有期徒刑或者拘

---

① 根据最高人民法院、最高人民检察院2007年2月28日《关于办理危害矿山生产安全刑事案件具体应用法律若干问题的解释》(以下称《危害矿山安全司法解释》)第4条的规定,发生矿山生产安全事故,具有下列情形之一的,应当认定为《刑法》第134条、第135条规定的"重大伤亡事故或者其他严重后果":造成死亡1人以上,或者重伤3人以上的;造成直接经济损失100万元以上的;造成其他严重后果的情形。其他领域的重大伤亡事故或者其他严重后果的标准也可以参照该司法解释的规定把握。

役;情节特别恶劣的,处3年以上7年以下有期徒刑。根据《危害矿山安全司法解释》第4条的规定,下列情形应当认定为"情节特别恶劣":(1)造成死亡3人以上,或者重伤10人以上的;(2)造成直接经济损失300万元以上的;(3)其他特别恶劣的情节。

六、强令违章冒险作业罪[①]

强令违章冒险作业罪,是指强令违章冒险作业,因而发生重大伤亡事故或者造成其他严重后果的行为。本罪侵犯的法益是公共安全。本罪的客观要件为实施了强令违章冒险作业,发生重大伤亡事故或者造成其他严重后果的行为。"强令"是指明知违章会存在很大的危险而仍然强迫他人进行作业。强令的对象可以是有作业资格的人,也可以是没有作业资格的人。所谓"重大伤亡事故或者其他严重后果",根据《危害矿山安全司法解释》第4条的规定,即指造成死亡1人以上,或者重伤3人以上的;造成直接经济损失100万元以上的;造成其他严重后果的情形。本罪的主体是一般主体。根据《危害矿山安全司法解释》第2条的规定,本罪的主体在矿山生产、作业领域包括对矿山生产、作业负有组织、指挥或者管理职责的负责人、管理人员、实际控制人、投资人等人员。本罪的主观要件是过失。这里的过失是指行为人对所发生的后果而言的,对于强令违章冒险作业来说则是明知故犯。

根据《刑法》第134条第2款的规定,犯本罪的,处5年以下有期徒刑或者拘役;情节特别恶劣的,处5年以上有期徒刑。根据《危害矿山安全司法解释》第4条第2款,"情节特别恶劣"是指:(1)造成死亡3人以上,或者重伤10人以上的;(2)造成直接经济损失300万元以上的;(3)其他特别恶劣的情节。

七、重大劳动安全事故罪[②]

重大劳动安全事故罪,是指安全生产设施或者安全生产条件不符合国家规定,因而发生重大伤亡事故或者造成其他严重后果的行为。本罪侵犯的法益是公共安全中的工矿企事业单位的生产安全。本罪的客观要件为在安全生产设施或者安全生产条件不符合国家规定的情况下仍然从事生产活动,以致发生了重

[①] 本罪系2006年6月29日第十届全国人大常委会第二十二次会议通过的《刑法修正案(六)》在1997年修订的《刑法》原第134条规定的基础上修改而成。《刑法》第134条原来是将强令违章冒险作业罪作为重大责任事故罪的行为方式之一。

[②] 本罪名系《刑法修正案(六)》在1997年修订的《刑法》原第134条规定的基础上修改而成的罪名。《刑法》原来的规定是:"工厂、矿山、林场、建筑企业或者其他企业、事业单位的劳动安全设施不符合国家规定,经有关部门或者单位职工提出后,对事故隐患仍不采取措施,因而发生重大伤亡事故或者造成其他严重后果的,对直接责任人员,处3年以下有期徒刑或者拘役;情节特别恶劣的,处3年以上7年以下有期徒刑。"

大伤亡事故或者造成了其他严重后果。"安全生产设施"是指为了防止和消除生产过程中的伤亡事故,防止生产设备遭到破坏,用以保障劳动者安全的技术设备、设施和各种用品。"安全生产条件"是指生产者在进行生产时所处的环境条件及用于保护劳动者安全生产作业必不可少的安全防护用品和措施。"不符合国家规定"是指用于劳动生产的安全生产设施或者安全生产条件不符合国家有关安全标准或者有关安全要求的规定。所谓"重大伤亡事故或者其他严重后果",根据《危害矿山安全司法解释》第4条的规定,即指造成死亡1人以上,或者重伤3人以上的;造成直接经济损失100万元以上的;造成其他严重后果的情形。本罪的主体是直接负责的主管人员和其他直接责任人员。根据《危害矿山安全司法解释》第3条的规定,在矿山生产领域,直接负责的主管人员和其他直接责任人员是指对矿山安全生产设施或者安全生产条件不符合国家规定负有直接责任的矿山生产经营单位负责人、管理人员、实际控制人、投资人,以及对安全生产设施或者安全生产条件负有管理、维护职责的电工、瓦斯检查工等人员。本罪的主观要件为过失。实践中,如果安全生产设施或者安全生产条件的主管人员或者管理人员在安全生产设施或者安全生产条件不符合国家规定的情况下不采取措施消除隐患,直接领导、指挥生产、作业或者强令他人违章冒险作业,因而发生重大伤亡事故或者造成其他严重后果的,前者应定重大劳动安全事故罪,后者应定强令违章冒险作业罪。如果不消除隐患和强令违章冒险作业系相同人员,在同一起案件中不能进行数罪并罚,只能择一重罪处罚。重大劳动安全事故罪和强令违章冒险作业罪相比,强令违章冒险作业罪的法定刑要重,故应按强令违章冒险作业罪定罪量刑。

根据《刑法》第135条的规定,犯本罪的,处3年以下有期徒刑或者拘役,情节特别恶劣的,处3年以上7年以下有期徒刑。根据《危害矿山安全司法解释》第4条第2款,"情节特别恶劣"是指:(1)造成死亡3人以上,或者重伤10人以上的;(2)造成直接经济损失300万元以上的;(3)其他特别恶劣的情节。

八、大型群众性活动重大安全事故罪[①]

大型群众性活动重大安全事故罪,是指举办大型群众性活动时违反安全管理规定,因而发生重大伤亡事故或者造成其他严重后果的行为。本罪侵犯的法益是公共安全。本罪的客观要件为举办大型群众性活动违反安全管理规定,因而发生重大伤亡事故或者造成其他严重后果。"大型群众性活动"的范围主要包括在公园、风景游览区、游乐园、广场、体育场(馆)、展览馆、俱乐部、公共道路、居民生活区等公共场所举办的演唱会、音乐会等文艺活动;游园、灯会、花会、

---

① 本罪系《刑法修正案(六)》在1997年修订的《刑法》原第135条规定的基础上增设的罪名。

龙舟会等民间传统活动;体育比赛、民间竞技、健身气功等群众性体育活动;在影剧场(院)举办其经营范围之外的活动;其他群众性文化体育活动。"违反安全管理规定"是指国家有关部门为保障举办大型群众性活动而制定的有关安全管理法规、规章等。"重大伤亡事故或者其他严重后果"的标准可以参照《危害矿山安全司法解释》第4条的规定执行,即造成死亡1人以上,或者重伤3人以上的;造成直接经济损失100万元以上的;造成其他严重后果的情形。本罪的主体为举办大型群众性活动而造成重大责任事故的直接负责的主管人员和其他直接责任人员。需要注意的是,本罪所称"直接负责的主管人员"和"其他直接责任人员"既可以是非国家机关工作人员,也可以是国家机关工作人员。本罪的主观要件为过失。

根据《刑法》第135条之一的规定,犯本罪的,处3年以下有期徒刑或者拘役;情节特别恶劣的,处3年以上7年以下有期徒刑。"情节特别恶劣"的标准,也可以参照《危害矿山安全司法解释》第4条第2款的规定执行。

九、危险物品肇事罪

危险物品肇事罪是指违反爆炸性、易燃性、放射性、毒害性、腐蚀性物品的管理规定,在生产、储存、运输、使用中发生重大事故,造成严重后果的行为。本罪侵犯的法益是公共安全。本罪的客观要件为违反爆炸性、易燃性、放射性、毒害性、腐蚀性物品的管理规定,在生产、储存、运输、使用中发生重大事故,造成严重后果的行为。首先,要有违反危险物品管理规定的行为。由于危险物品本身所固有的高度危险性,在生产、储存、运输、使用过程中,一旦使用、管理不当,就可能发生重大事故,造成严重后果,危害公共安全。其次,危险物品肇事必须发生在生产、储存、运输、使用过程中。再次,违反危险物品管理规定的行为必须发生重大事故,造成了严重的后果。本罪的主体为负责危险物品生产、储存、运输、使用的人员。一般公民在日常生活中违规使用危险物品造成事故的,应按相关的普通过失犯罪定罪量刑。本罪的主观要件为过失。如果行为人故意将危险物品投放于能够引起不特定或者多数人伤亡、重大财产损失的场所,危害公共安全的,则应当构成投放危险物质罪。本罪与重大责任事故罪属法规竞合的关系,重大责任事故罪系普通法条,本罪系特别法条,适用时在法律没有特别规定时按照特别法优于普通法的原则定罪量刑即可。

根据《刑法》第136条的规定,犯本罪的,处3年以下有期徒刑或者拘役;后果特别严重的,处3年以上7年以下有期徒刑。

十、工程重大安全事故罪

工程重大安全事故罪,是指建设单位、设计单位、施工单位、工程监理单位违反国家规定,降低工程质量标准,造成重大安全事故的行为。本罪侵犯的法益是公共安全。本罪的客观要件为违反国家规定,降低工程质量标准,造成重大安全事故的行为。违反国家规定是指违反国家有关建筑工程质量监督管理方面的法律、法规。① 重大安全事故是指因工程质量下降导致建筑工程断裂、坍塌,致人重伤、死亡或造成重大经济损失的情况。本罪的主体为特殊单位犯罪主体,即只能是建设单位、设计单位或者是施工单位及工程监理单位。建设单位是指以营利为目的,从事房地产开发和经营的企业或者是经国家有关部门审批,具有工程建设者的资格,能支付工程价款的其他单位;设计单位是指专门承担勘察设计任务的勘察设计单位以及其他承担勘察设计任务的勘察设计单位;施工单位是指从事土木建筑、线路管道、设备安装和建筑装饰装修等工程扩建、改建活动的建筑业企业,其中包括工程施工总承包企业、施工承包企业;工程监理单位是指对建筑工程专门进行监督管理,以保证质量、安全的单位。本罪的主观要件为过失。

根据《刑法》第137条的规定,犯本罪的,对直接责任人员,处5年以下有期徒刑或者拘役,并处罚金;后果特别严重的,处5年以上10年以下有期徒刑,并处罚金。

十一、教育设施重大安全事故罪

教育设施重大安全事故罪是指明知校舍或者其他教育设施有危险,而不采取措施或者不及时报告,致使发生重大伤亡安全事故的行为。本罪侵犯的法益是公共安全。本罪的客观要件为明知校舍或其他教育设施有危险而不采取积极的预防措施消除隐患而造成伤亡和财产损失。从"明知校舍、教育教学设施有危险,不采取措施或者不及时报告"的规定来看,本罪的行为方式只能是不作为。本罪的主体为特殊主体,由于要认定不作为行为构成犯罪必须以行为人负有某种法律要求履行作为的义务为前提,而担负对校舍、教育教学设施存在的危险采取措施或者及时报告义务的不能是一般公民,因此,只有具有某种特定身份且担负着该种义务的人员才可以成为本罪的主体。本罪的主观要件是过失。虽然《刑法》第138条要求行为人"明知校舍或者其他教育设施有危险",但不能依据这种明知认为教育设施重大安全事故罪的主观罪过是故意。因为《刑法》规定必须发生重大伤亡安全事故才构成犯罪,而对于重大伤亡安全事故来说,行为人的主观方面只能是过失,若为故意,则应构成以危险方法危害公共安全的犯罪

---

① 从具体违规的表现看,建设单位的违规行为主要有两种情况:一是要求建筑设计单位或者施工企业压缩工程造价或增加建房的层数,从而降低工程质量;二是提供不合格的建筑材料、构配件和设备,强迫施工单位使用,从而造成工程质量下降。建筑设计单位的违规行为主要是不按质量标准进行设计。建筑施工单位的违规行为主要有三种情况:一是在施工中偷工减料,故意使用不合格的建筑材料、构配件和设备;二是不按设计图纸施工;三是不按施工技术标准施工。工程监理单位的违规表现为不按照规定对施工单位的施工情况进行质量上的监督管理。上述违规行为是造成工程重大安全事故的根本原因。

而非本罪。立法规定的"明知"应该是过失有责性的前提判断因素,因为行为人若不知教育教学设施有危险,也不知道要去采取措施或者去履行报告义务,即使发生了重大伤亡的安全事故,也可能是意外事件或者不可抗力。

根据《刑法》第 138 条的规定,犯本罪的,对直接责任人员,处 3 年以下有期徒刑或者拘役;后果特别严重的,处 3 年以上 7 年以下有期徒刑。

十二、消防责任事故罪

消防责任事故罪是指违反消防管理法规,经消防监督机构通知采取改正措施而拒绝执行,造成严重后果的行为。本罪侵犯的法益是公共安全。本罪的客观要件为违反消防管理法规,经消防监督机构通知采取改正措施而拒绝执行,造成了严重后果。违反消防管理法规是指是指违反了我国《消防法》及其《实施细则》《仓库防火安全管理规则》《高层建筑消防管理规则》等相关法律、法规。本罪行为方式为不作为,即经消防监督机构通知采取改正措施而拒绝执行。"拒绝执行"包括完全不执行和不按照消防监督机构的要求执行。如果行为人违反了消防管理法规,但没有接到过消防监督机构采取改正措施的通知,即使造成了严重后果,也不构成本罪,发生火灾的可以定失火罪,发生爆炸的可以定过失爆炸罪。本罪的主体为对消防安全负有责任的人员。本罪的主观要件为过失。

根据《刑法》第 139 条的规定,犯本罪的,对直接责任人员,处 3 年以下有期徒刑或者拘役;后果特别严重的,处 3 年以上 7 年以下有期徒刑。

十三、不报、谎报安全事故罪[①]

不报、谎报安全事故罪是指在安全事故发生后,负有报告职责的人员不报或者谎报事故情况,贻误事故抢救,情节严重的行为。本罪侵犯的法益为公共安全。本罪的客观要件为在安全事故发生后不报或者谎报事故情况,贻误事故抢救,情节严重的行为。构成本罪的前提是发生了安全事故。"安全事故"包括《刑法》第 131 条至第 139 条规定的所有重大事故。"不报事故"是行为人该报告而没有报告,属于不作为的行为方式;"谎报事故"是该如实报告而弄虚作假进行报告,属于作为的行为方式。"不报"或者"谎报"只要实施其一即可构成犯罪。实施不报或者谎报安全事故的后果是贻误事故抢救,即在安全事故发生后还可以对事故进行抢救,可以避免事故后果进一步扩大,但因不报或者谎报事故情况,使得事故失去了有效抢救的时机,导致了事故后果进一步扩大。不报、谎

---

① 本罪系《刑法修正案(六)》在 1997 年修订的《刑法》原第 139 条规定的基础上增设的罪名。

报安全事故必须情节严重①才能构成犯罪。本罪的主体为负有报告职责的人员。根据《危害矿山安全司法解释》第 6 条的规定,"负有报告职责的人员"是指是指矿山生产经营单位的负责人、实际控制人、负责生产经营管理的投资人以及其他负有报告职责的人员。对安全事故本身负有责任的人员不能构成本罪的主体。学界对本罪的主观方面有争议,有学者认为是过失②,也有学者认为是故意③。本书认为,刑法惩治的是不报、谎报事故的行为,对于不报、谎报事故的行为人来说,其不报、谎报事故的行为显然是故意,对不报、谎报的后果也是明知的,故本罪的主观要件应是故意。

根据《刑法》第 139 条之一的规定,犯本罪的,处 3 年以下有期徒刑或者拘役;情节特别严重的,处 3 年以上 7 年以下有期徒刑。

根据最高人民法院《关于进一步加强危害生产安全刑事案件审判工作的意见》第 11 条的规定,安全事故发生后,负有报告职责的国家工作人员不报或者谎报事故情况,贻误事故抢救,情节严重,构成不报、谎报安全事故罪,同时构成职务犯罪或其他危害生产安全犯罪的,依照数罪并罚的规定处罚。

---

① 根据《危害矿山安全司法解释》第 6 条的规定,下列情形应当认定为情节严重:(1) 导致事故后果扩大,增加死亡 1 人以上,或者增加重伤 3 人以上,或者增加直接经济损失 100 万元以上的;(2) 实施下列行为之一,致使不能及时有效开展事故抢救的:决定不报、谎报事故情况或者指使、串通有关人员不报、谎报事故情况的;在事故抢救期间擅离职守或者逃匿的;伪造、破坏事故现场,或者转移、藏匿、毁灭遇难人员尸体,或者转移、藏匿受伤人员的;毁灭、伪造、隐匿与事故有关的图纸、记录、计算机数据等资料以及其他证据的;(3) 其他严重的情节。
② 参见李希慧主编:《刑法各论》,武汉大学出版社 2009 年版,第 87 页。
③ 参见张明楷:《刑法学》(第 4 版),法律出版社 2011 年版,第 643 页。

第五章 破坏社会主义市场经济秩序罪

第一节 破坏社会主义市场经济秩序罪概说

一、破坏社会主义市场经济秩序罪的概念和构成

破坏社会主义市场经济秩序罪,是指违反国家市场经济管理制度,妨害国家市场经济管理活动,严重破坏社会主义市场经济秩序的行为。

改革开放以来,我国的经济体制发生了重大转变,逐渐实现了从计划经济到社会主义市场经济的转变。伴随着市场经济的发展,破坏经济秩序的经济犯罪也随之产生且已取代了传统的经济犯罪。因而,打击经济犯罪,维护我国社会主义市场经济秩序,成为我国刑法的重要任务。一般认为,经济犯罪,或经济领域中的犯罪,有广义和狭义之分。狭义的经济犯罪,即《刑法》分则第三章规定的破坏社会主义市场经济秩序罪,是指直接破坏生产、交换、分配、消费等经济活动基本环节的一类犯罪。而广义的经济犯罪,除狭义经济犯罪外,还包括侵犯财产罪、贪利型渎职罪及妨害社会管理秩序罪中与经济有关的所有涉及金钱或财产的犯罪。本章所讲的仅指狭义的经济犯罪,即破坏社会主义市场经济秩序罪。具体构成特征如下:

(1)本章犯罪所侵犯的法益,是我国社会主义市场经济秩序。社会主义市场经济秩序是指社会主义国家以市场调节为基础,运用经济、法律、行政手段等宏观调控为补充,对生产、交换、分配、消费等经济活动基本环节以及市场资源配置的经济运行过程进行调节,从而所形成的正常、和谐和有序的状态。从目前我国的刑法规定来看,我国刑法所保护的经济秩序包括正当的市场竞争,国家对进出口的管理,国家对公司、企业的管理,国家对金融的监督和管理,税收征管,国家对知识产权的保护以及国家对市场的管理等方面的秩序。

(2)本章犯罪的客观要件,表现为违反国家市场经济管理制度,妨害国家市场经济管理活动,严重破坏社会主义市场经济秩序的行为,主要包括以下三个方面的内容:

第一,违反国家市场经济管理制度。这是破坏社会主义市场经济秩序罪的前提条件,也是其区别于他种犯罪的一项重要特征。因为对这类犯罪行为,一般都有相应的经济管理法规加以规范,从而这类犯罪都具有违反经济管理法规的违法性。如生产、销售伪劣产品罪违反《食品安全法》《产品质量法》或《药品管理法》,走私罪违反《海关法》等。而诸如杀人罪、抢劫罪、盗窃罪等一类犯罪,则没有相应的法律规范这类行为,而由刑法直接加以规定。

第二,妨害国家市场经济管理活动。破坏社会主义市场经济秩序罪都是在市场经济运行或经济管理活动中所进行的非法经济活动。例如,生产、销售伪劣商品罪表现为非法生产、销售伪劣商品,妨害了国家对产品质量的管理活动;合同诈骗罪则表现为非法进行经济合同的签订,扰乱了国家对市场秩序的管理活动。

第三,严重破坏社会主义市场经济秩序。违反国家经济管理法规的违法行为,只有严重破坏社会主义市场经济秩序,才可能构成犯罪。这是划分破坏社会主义市场经济秩序的违法行为和犯罪的标准。本章明文规定的情况有:"数额较大的""数额巨大的""造成严重后果的""情节严重的"以及其他情况,据此用以划分这类犯罪的罪与非罪的界限。

(3) 本类罪的主体,可以分为自然人与单位两大类。在计划经济时代,经济主体只有一个,即国家,因此经济关系简单,经济秩序更简单,于是经济犯罪就只有一个,即为禁止经济行为而设立的投机倒把罪。伴随着计划经济逐渐向社会主义市场经济的转变,经济主体与经济行为也在发生变化。因而刑法也不得不随之调整经济犯罪的犯罪主体,以适应刑法任务的需要。就目前《刑法》的规定来看,此类罪的主体既可以是自然人,也可以是单位。

(4) 犯罪的主观要件,绝大多数具体犯罪表现为故意。经济行为遵循利益最大化原则,所以经济主体在追求利益最大化过程中,通常会做出损害社会公共利益或他人合法利益的行为。这就决定了经济行为只能是故意行为,所以经济犯罪通常是故意犯罪。但也有极个别犯罪的主观要件为过失。

二、破坏社会主义市场经济秩序罪的种类

截至《刑法修正案(八)》,《刑法》分则第3章"破坏社会主义市场经济秩序罪"共有108个罪名,并分为八类,其中,生产、销售伪劣商品罪(如生产、销售伪劣产品罪,生产、销售假药罪)有9个罪名;走私罪(如走私淫秽物品罪,走私普通货物、物品罪)有10个罪名;妨害对公司、企业的管理秩序罪(如虚报注册资本罪,非国家工作人员受贿罪)有17个罪名;破坏金融管理秩序罪(如伪造货币罪,非法吸收公众存款罪)有30个罪名;金融诈骗罪(如集资诈骗罪,贷款诈骗罪)有8个罪名;危害税收征管罪(如偷税罪,抗税罪)有14个罪名;侵犯知识产权罪(如假冒注册商标罪,侵犯商业秘密罪)有7个罪名;扰乱市场秩序罪(如合同诈骗罪,非法经营罪)有13个罪名。

第二节　生产、销售伪劣商品罪

一、生产、销售伪劣产品罪

（一）生产、销售伪劣产品罪的概念和构成

生产、销售伪劣产品罪，是指生产者、销售者违反产品质量管理法律法规，在产品中掺杂掺假、以假充真、以次充好或者以不合格产品冒充合格产品，销售金额5万元以上的行为。具体构成特征如下：

（1）本罪所侵害的法益是国家对产品质量的监督管理秩序、市场管理秩序和广大用户、消费者的合法权益，是个复杂的法益综合体。本罪的犯罪对象是伪劣产品，即：掺杂、掺假的产品；以假充真的产品；以次充好的产品；以不合格产品冒充合格的产品。根据我国《产品质量法》第2条的规定，"产品"是指经过加工、制作，用于销售的产品，但不包括建筑工程（建筑物）这种特殊的产品，因为对此已经有《刑法》第137条规定的工程重大安全事故罪的规范。此外，建设工程使用的建筑材料、建筑构配件和建筑设备，也都属于产品范围。因而除了建筑工程以外的一切经过加工、制作，用于销售的伪劣产品，都可能包括在本罪的犯罪对象之中。

（2）本罪的客观要件为违反产品质量管理法律法规，在产品中掺杂掺假、以假充真、以次充好或者以不合格产品冒充合格产品，销售金额5万元以上的行为。

首先，本罪的行为方式具体表现为四种，第一种是在产品中掺杂、掺假。所谓"在产品中掺杂、掺假"，是指在产品中掺入杂质或者异物，致使产品质量不符合国家法律、法规或者产品明示质量标准规定的质量要求，降低、失去应有的使用性能的产品的行为。第二种是以假充真。所谓"以假充真"，是指以不具有某种使用性能的产品冒充具有该种使用性能的产品的行为。第三种是以次充好。"以次充好"，是指以低等级、低档次产品冒充高等级、高档次产品，或者以残次、废旧零配件组合、拼装后冒充正品或新产品的行为。第四种是以不合格产品冒充合格产品。"不合格产品"，是指不符合《产品质量法》第26条第2款规定的质量要求的产品。该法第26条第2款规定："产品质量应符合下列要求：（一）不存在危及人身、财产安全的不合理的危险，有保障人体健康和人身、财产安全的国家标准、行业标准的，应当符合该标准；（二）具备产品应当具备的使用性能，但是，对产品存在使用性能的瑕疵作出说明的除外；（三）符合在产品或者其包装上注明采用的产品标准，符合以产品说明、实物样品等方式表明的质量状况。"不符合上述要求的产品，即属不合格产品。① 另外，这四种行为方式是选

---

① 参见赵秉志主编：《当代刑法学》，中国政法大学出版社2009年版，第483页。

择性的,无须同时具备。其中任何一种行为方式,只要具备法定情节就足以构成犯罪。

其次,本罪在客观要件还要求达到销售金额在5万元以上。①

(3) 本罪的主体属于一般主体,自然人和单位都可以构成。本罪的主体既可以是产品的生产者,也可以是产品的销售者。此外,非生产者、非销售者也可以与生产者、销售者构成共同犯罪,如《伪劣商品案件的解释》第9条规定,知道或者应当知道他人实施生产、销售伪劣商品犯罪,而为其提供贷款、资金、账号、发票、证明、许可证件,或者提供生产、经营场所或者运输、仓储、保管、邮寄等便利条件,或者提供制假生产技术的,以生产、销售伪劣商品犯罪的共犯论处。如果国家机关工作人员参与生产、销售伪劣商品犯罪的,应当从重处罚。

(4) 本罪的主观要件只能由故意构成,即明知自己的行为会导致伪劣产品流入市场的结果,并且希望或者放任伪劣产品流入市场的结果发生②。行为人通常具有非法牟利的目的,但行为人是否具有这一非法牟利的目的,不影响本罪的成立。这里需要指出的是,如果按照前引《伪劣商品案件的解释》第9条的规定,作为本罪共犯,似乎可以由过失构成,因为"应当知道他人实施生产、销售伪劣商品犯罪,而为其提供贷款……的"这种情形下,行为人主观上即可能是一种过失心态。但本书认为这种司法解释并不妥当,必须对共犯人的心态也要加以限制,限定为故意。

(二) 生产、销售伪劣产品罪的界限划分

1. 生产、销售伪劣产品罪与本节所规定的其他犯罪的界限

《刑法》第141条至第148条规定了生产、销售假药、劣药、不符合卫生标准的食品等特殊种类的伪劣产品的犯罪,可以说本罪的犯罪对象中包含了本节其他犯罪的犯罪对象,构成本节其他生产、销售犯罪的行为,也有可能构成

---

① 根据最高人民法院、最高人民检察院《关于办理生产、销售伪劣商品刑事案件具体应用法律若干问题的解释》(以下简称《伪劣商品案件的解释》)之规定,所谓"销售金额",是指生产者、销售者出售伪劣产品后所得和应得的全部违法收入。其中值得注意的是:(1) 伪劣产品尚未销售,货值金额达到15万元以上的,以生产、销售伪劣产品罪(未遂)定罪处罚。(2) 货值金额以违法生产、销售的伪劣产品的标价计算;没有标价的,按照同类合格产品的市场中间价格计算。货值金额难以确定的,则委托指定的估价机构确定。(3) 对于多次实施生产、销售伪劣产品行为,未经处理的,伪劣产品的销售金额或者货值金额累计计算。(4) 行为人将合格产品与伪劣产品混杂在一起进行销售,如果不能区分,应当全部计入,即视销售金额为销售伪劣产品的金额。(5) 行为人销售多种伪劣产品,应把各销售金额的总和作为定罪量刑的标准。(6) 生产、销售伪劣产品的行为已经行政处罚的,不能再计入销售金额。

② 直接故意的意志因素的实现,是犯罪得逞与否的分水岭。《伪劣商品案件的解释》第2条规定,"伪劣产品尚未销售,货值金额达到刑法第141条规定的销售金额3倍以上的,以生产、销售伪劣产品罪(未遂)定罪处罚"。因此,本罪中直接故意的意志因素就是希望伪劣产品流入市场。如果这个目的得逞了,即伪劣产品销售了,则属于犯罪既遂,但若销售金额不满5万元,则属于情节显著轻微,不构成犯罪。如果这个目的未得逞,即"伪劣产品尚未销售",则属于犯罪未遂状态,但若货值金额不够15万元,亦属于情节显著轻微,也不构成犯罪。

本罪。根据《刑法》第 149 条的规定,生产、销售本节第 141 条至第 148 条所列产品,不构成各该条规定的犯罪,但是销售金额在 5 万元以上的,依照本罪的规定定罪处罚。如果生产、销售本节第 141 条至第 148 条所列产品,构成各该条规定的犯罪,同时又构成本罪的,依照处罚较重的规定定罪处罚。从这点看,本罪与本节其他犯罪的这种交叉竞合关系是普通法条与特殊法条的关系,属于法条竞合犯。

2. 生产、销售伪劣产品罪与销售假冒注册商标的商品罪的界限

生产、销售伪劣产品罪客观行为的中心环节是流通环节,客观行为的本质特征是假冒具备应有的使用性能的产品,这两点与销售假冒注册商标的商品罪颇有相似之处。但二者之间存在着明显的区别:(1) 犯罪行为侵犯的法益不同。前者侵犯的法益是国家对产品质量的监督管理秩序、市场管理秩序和消费者的合法权益,后者所侵犯的法益是他人的注册商标专用权和国家的商标管理秩序。(2) 犯罪对象的性质不同。前者的犯罪对象是伪劣产品,即以假充真、质量低劣不合格的产品,后者的犯罪对象是假冒他人已注册商标的商品,从该商品的性质看,可能其质量是合格的。① 假冒他人的产品,如果产品质量合格,则不构成生产、销售伪劣产品罪,如果他人产品是注册商标的产品,则可能构成销售假冒注册商标的商品罪,否则不构成犯罪。如果行为人生产、销售伪劣产品并假冒他人注册商标时,属于想象竞合犯,根据《伪劣商品案件的解释》第 10 条的规定,实施生产、销售伪劣商品犯罪,同时构成侵犯知识产权犯罪的,依照处罚较重的规定定罪处罚。

3. 生产、销售伪劣产品罪与诈骗罪的界限

生产、销售伪劣产品罪与诈骗罪在很多方面具有相似性,二者在客观行为上都是以欺诈的手段欺骗他人,在主观上都是故意。但是二者有着明显的区别:(1) 行为的性质不同。本罪的行为是发生在商品生产、销售过程中,并且严格来讲也不属于经济行为。(2) 主体不同。本罪的主体既可以是自然人,也可以是单位;而诈骗罪的主体只能是自然人。(3) 主观目的不同。本罪不以非法占有为目的,在通常情况下本罪具有非法牟利的目的,但并不要求行为人必须具有非法牟利的目的;而诈骗罪要求行为人主观上具有非法占有的目的。②

(三) 生产、销售伪劣产品罪的刑事责任

根据《刑法》第 140 条和第 150 条的规定,构成本罪的,处 2 年以下有期徒刑或者拘役,并处或者单处销售金额 50% 以上 2 倍以下罚金;销售金额 20 万元以

---

① 参见高铭暄、马克昌主编:《刑法学》,北京大学出版社、高等教育出版社 2011 年版,第 376—377 页。
② 李希慧主编:《刑法各论》,武汉大学出版社 2009 年版,第 96 页。

上不满50万元的,处2年以上7年以下有期徒刑,并处销售金额50%以上2倍以下罚金;销售金额50万元以上不满200万元的,处7年以上有期徒刑,并处销售金额50%以上2倍以下罚金;销售金额200万元以上的,处15年有期徒刑或者无期徒刑,并处销售金额50%以上2倍以下罚金或者没收财产。实施本罪,又以暴力、威胁方法抗拒查处,构成其他犯罪的,依照数罪并罚的规定处罚。

单位犯本罪的,根据《刑法》第150条的规定,应对单位判处罚金,并对其直接负责的主管人员和其他直接责任人员,依照上述规定处罚。

二、生产、销售假药罪

(一)生产、销售假药罪的概念和构成

生产、销售假药罪,是指违反国家药品监督管理法律、法规,生产、销售假药的行为,足以严重危害人体健康的行为。

(1)本罪所侵害的法益是国家药品生产、销售管理秩序和不特定多数人的身体健康权利。因为药品是一种特殊的商品,其产品质量状况如何,直接关系到人民群众特别是疾病患者的身体健康甚至生命安全,为了保障人民用药安全,维护人民身体健康,国家制定了一系列有关的法律法规,规定了对药品的生产、经营的管理,从而建立起一套严格的药品管理制度。

本罪的犯罪对象是假药。所谓"假药",是指依照我国《药品管理法》的规定属于假药和按假药处理的药品与非药品。该法第48条第2、3款明确规定了属于假药的药品,以及按假药论处的药品,在此无须赘述。需要指出的是,作为本罪的犯罪对象的假药专指人用药,不包括兽用药或其他动植物用药。

(2)本罪的客观要件为违反国家药品监督管理法律法规,生产、销售假药的行为。生产假药,是指制造、合成、加工、配制、采集假药的行为;销售假药,是指将自己或他人生产的假药予以出售的行为。生产与销售假药这两种行为方式可以选择适用,无须同时具备。本罪属于行为犯,只要实施了生产、销售假药的行为,无论是否引起实害结果,也无论是否引起足以严重危害人体健康的危险状态,都构成本罪。

(3)本罪的主体为一般主体,年满16周岁具有辨认和控制能力的自然人和任何单位实施了本罪行为都可以成为本罪的主体。

(4)本罪的主观要件只能为故意,即明知是假药而生产、销售的心理状态。行为人实施本罪的目的是为了非法牟利,但非法牟利不是本罪的必备构成要件。关于共犯主观罪过问题具体参见本节的生产、销售伪劣产品罪。

(二)生产、销售假药罪的界限划分

1. 生产、销售假药罪与非罪的界限

生产、销售假药是否构成犯罪,关键在于判断行为人在主观方面是否出于故意。生产、销售假药出于故意的,则构成生产、销售假药罪;如果出于过失,则犯罪不能成立。所以,判断按民间土方、偏方制作和销售药品是否构成生产、销售假药罪,关键在于确认行为人主观上是否具有制作和销售假药的故意。如果药品确为按民间土方、偏方制作和销售的药品,行为人不存在故意,即便造成了实害结果,也不能构成本罪,如果其行为构成其他犯罪的,依其他犯罪处理。如果行为人故意虚构传统民间土方、偏方而制作假药的,则构成本罪。

2. 生产、销售假药罪与以危险方法危害公共安全罪的界限

生产、销售假药罪所侵犯的法益之一是不特定多数人的身体健康、生命安全,也属于"以危险方法危害公共安全罪"的范畴,那么两者应如何区别?行为人生产、销售假药,如果出于故意,但对严重危及人体健康持放任或过失的心理态度,是生产、销售假药罪;如果对严重危害人体健康出于直接故意,则构成以危险方法危害公共安全罪;如果生产、销售假药和对严重危害人体健康均处于过失,并且对人体健康实际造成了严重危害,则构成过失以危险方法危害公共安全罪。①

(三)生产、销售假药罪的刑事责任

根据《刑法》第141条和第150条的规定,犯本罪的,处3年以下有期徒刑或者拘役,并处罚金;对人体健康造成严重危害或者有其他严重情节的,处3年以上10年以下有期徒刑,并处罚金;致人死亡或者有其他特别严重情节的,处10年以上有期徒刑、无期徒刑或者死刑,并处罚金或者没收财产。② 单位犯本罪的,对单位判处罚金,并对其直接负责的主管人员和其他直接负责人员,依照上述规定处罚。

三、生产、销售劣药罪

生产、销售劣药罪,是指违反国家药品监督管理法律、法规,生产、销售劣药对人体健康造成严重危害的行为。本罪侵害的法益是国家药品生产、销售管理秩序和不特定多数人的身体健康权利。本罪的客观要件为违反国家药品监督管理法律、法规,生产、销售劣药对人体健康造成严重危害的行为。与生产、销售假药一样,劣药的生产也包括制造、合成、加工、配制、采集。生产与销售行为也是

---

① 参见高铭暄、马克昌主编:《刑法学》,北京大学出版社、高等教育出版社2011年版,第379页。
② 根据《伪劣商品案件的解释》第2条的规定,所谓"对人体健康造成严重危害",是指生产、销售的假药被使用后,造成轻伤以上伤害,或者轻度残疾、中度残疾,或者器官组织损伤导致一般功能障碍或者严重功能障碍,或者有其他严重危害人体健康情形的;所谓"对人体健康造成特别严重危害",是指销售的假药被使用后,造成重度残疾、3人以上重伤、3人以上中度残疾或者器官组织损伤导致严重功能障碍、10人以上轻伤、5人以上轻度残疾或者器官组织损伤导致一般功能障碍或者有其他特别严重危害人体健康情形的。

可以选择适用的,无须同时具备。本罪的犯罪对象是劣药①。所谓"对人体健康造成严重危害",主要表现为人体器官、组织功能的丧失、减弱或者生命的终结,既包括患者因服用劣药而直接引起诸如人身伤亡等严重后果,也包括患者因服用劣药而延误治疗导致病情加重甚至难以治愈的严重后果。本罪的主体为一般主体,自然人和单位都可以构成。本罪的主观方面是故意,即明知自己的行为会导致产生劣药的结果,并且希望或放任产生劣药的结果发生。

生产、销售劣药罪与生产、销售假药罪的关键在于犯罪对象的不同。此外,生产、销售假药罪属于举动犯,只要实施了生产、销售假药的行为,就构成该罪;而生产、销售劣药罪是结果犯,要求对人体健康实际上造成严重危害的,才构成该罪。因为劣药相对于假药,其危害性要轻一些。而生产、销售劣药罪与生产、销售伪劣产品罪的界限可以具体参见生产、销售假药罪与生产、销售伪劣产品罪的界限。

根据《刑法》第142条第1款、第150条的规定,犯本罪的,处3年以上10年以下有期徒刑,并处销售金额50%以上2倍以下罚金;后果特别严重的,处20年以上有期徒刑或者无期徒刑,并处销售金额50%以上2倍以下罚金或者没收财产。所谓"后果特别严重的",通常指致人死亡或者致多人重伤等后果发生。单位犯本罪的,对单位判处罚金,并对其直接负责的主管人员和其他直接责任人员,依照上述规定处罚。

四、生产、销售不符合安全标准的食品罪

(一) 生产、销售不符合安全标准的食品罪的概念和构成

生产、销售不符合安全标准的食品罪,是指违反国家食品安全监督管理法律、法规,生产、销售不符合食品安全标准的食品,足以造成严重食物中毒事故或者其他严重食源性疾病的行为。本罪是危险犯,行为人生产、销售不符合安全标准的食品,只要足以造成上述事故或疾患,即构成本罪。

(1) 本罪的法益,包括国家食品卫生监督管理秩序和不特定多数人的身体健康权与生命权。本罪的犯罪对象是"不符合食品安全标准的食品"。根据我国《食品安全法》第99条的规定,"食品"指各种供人食用或者饮用的成品和原料以及按照传统既是食品又是药品的物品,但是不包括以治疗为目的的物品。

---

① 所谓"劣药",根据我国《药品管理法》第49条第2款的规定,是指药品成份的含量不符合国家药品标准的药品,主要包括:(1) 药品成分的含量与国家药品标准或者省、自治区、直辖市药品标准规定不符合的;(2) 超过有效期的;(3) 其他不符合药品标准规定的。此外,该条第3款还规定了6种按劣药论处的药品:(1) 未标明有效期或者更改有效期的;(2) 不注明或者更改生产批号的;(3) 超过有效期的;(4) 直接接触药品的包装和容器未经批准的;(5) 擅自添加着色剂、防腐剂、香料、矫味剂及辅料的;(6) 其他不符合药品标准规定的。

"食品"应包括我国《农产品质量安全法》调整的食用农业初级产品和《食品安全法》调整的深加工产品。

（2）本罪的客观要件为违反国家食品安全监督管理法律、法规，生产、销售不符合食品安全标准的食品，足以造成严重食物中毒事故或者其他严重食源性疾病的行为。[①]

（3）本罪的主体，属于一般主体，任何年满16周岁具有辨认和控制的自然人和单位都可以构成。根据《食品安全刑事司法解释》第14条的规定，明知他人生产、销售不符合安全标准的食品，提供资金、贷款、账号、发票、证明、许可证件的，提供生产、经营场所或者运输、贮存、保管、邮寄、网络销售渠道等便利条件的，提供生产技术或者食品原料、食品添加剂、食品相关产品的，以及提供广告等宣传的，以本罪的共犯论处。

（4）本罪的主观要件为故意。即明知生产、销售不符合安全标准的食品会造成严重食物中毒事故或者其他严重食源性疾患的结果，并且希望或者放任这种结果的发生。行为人实施本罪往往具有非法牟利的目的，但《刑法》并没有规定非法牟利的目的为本罪的构成要件。

（二）生产、销售不符合安全标准的食品罪的界限划分

1. 罪与非罪的界限

生产、销售不符合安全标准的食品行为是否构成本罪，主要从两个方面来区分，一是生产、销售不符合食品安全标准的食品，是否足以造成严重食物中毒事故或者其他严重食源性疾病；二是行为人是否出于故意，如果出于过失或者意外事件，则不能构成本罪。

2. 本罪与生产、销售假药罪、生产、销售劣药罪的界限

本罪的犯罪对象包含按照传统既是食品又是药品的物品，所以本罪容易与生产、销售假药罪和生产、销售劣药罪产生混淆：本罪的犯罪对象是食品，而生产、销售假药罪和生产、销售劣药罪的犯罪对象则都是药品，至于"按照传统既是食品又是药品的物品"如何界定，根据《食品安全法》第99条的规定，关键看

---

① 根据最高人民法院、最高人民检察院《关于办理危害食品安全刑事案件适用法律若干问题的解释》（以下简称《食品安全刑事司法解释》）第8条的规定，在食品加工、销售、运输、贮存等过程中，违反食品安全标准，超限量或者超范围滥用食品添加剂；在食用农产品种植、养殖、销售、运输、贮存等过程中，违反食品安全标准，超限量或者超范围滥用添加剂、农药、兽药等，足以造成严重食物中毒事故或者其他严重食源性疾病的，按照本罪定罪处罚。所谓"足以造成严重食物中毒事故或者其他严重食源性疾病"，根据《食品安全刑事案件司法解释》第1条的规定，是指（1）含有严重超出标准限量的致病性微生物、农药残留、兽药残留、重金属、污染物质以及其他危害人体健康的物质的；（2）属于病死、死因不明或者检验检疫不合格的畜、禽、兽、水产动物及其肉类、肉类制品的；（3）属于国家为防控疾病等特殊需要明令禁止生产、销售的；（4）婴幼儿食品中生长发育所需营养成分严重不符合食品安全标准的；（5）其他足以造成严重食物中毒事故或者严重食源性疾病的情形。

是不是以治疗为目的。以治疗为目的的物品应划归药品,只要不是以治疗为目的的物品,包括养生的、美容的、壮阳的等,都应纳入食品范畴。另外,本罪为危险犯,而生产、销售劣药罪是实害犯,生产、销售假药罪是行为犯。

(三)生产、销售不符合安全标准的食品罪的刑事责任

根据《刑法》第143条的规定,构成本罪的,处3年以下有期徒刑或者拘役,并处罚金;对人体健康造成严重危害或者有其他严重情节的,处3年以上7年以下有期徒刑,并处罚金;后果特别严重的,处7年以上有期徒刑或者无期徒刑,并处罚金或者没收财产。① 根据《刑法》第150条的规定,单位犯本罪的,对单位判处罚金,并对其直接负责的主管人员和其他直接责任人员,依照上述规定处罚。

五、生产、销售有毒、有害食品罪

(一)生产、销售有毒、有害食品罪的概念和构成

生产、销售有毒、有害食品罪,是指违反国家食品安全监督管理法律、法规,在生产、销售的食品中掺入有毒、有害的非食品原料的,或者销售明知掺有有毒、有害的非食品原料的食品的行为。

(1)本罪的法益为国家食品卫生监督管理秩序和不特定多数人的身体健康权与生命权。本罪的犯罪对象是有毒、有害食品。

(2)本罪的客观要件为违反国家食品卫生管理法律、法规,在生产、销售的食品中掺入有毒、有害的非食品原料,或者明知是掺有有毒、有害的非食品原料的食品而予以销售的行为。所谓"有毒、有害的非食品原料",根据《食品安全刑事司法解释》第20条规定,是指:法律、法规禁止在食品生产经营活动中添加、使用的物质;国务院有关部门公布的《食品中可能违法添加的非食用物质名单》《保健食品中可能非法添加的物质名单》上的物质;国务院有关部门公告禁止使用的农药、兽药以及其他有毒、有害物质;其他危害人体健康的物质。本罪是行为犯,即只要实施在生产、销售的食品中掺入有毒、有害的非食品原料,或者销售明知掺有有毒、有害的非食品原料的食品的行为,就足以构成犯罪,无需任何损

---

① 根据《食品安全刑事司法解释》的规定,所谓"对人体健康造成严重危害",是指:(1)造成轻伤以上伤害的;(2)造成轻度残疾或者中度残疾的;(3)造成器官组织损伤导致一般功能障碍或者严重功能障碍的;(4)造成十人以上严重食物中毒或者其他严重食源性疾病的;(5)其他对人体健康造成严重危害的情形。而所谓"其他严重情节",是指:(1)生产、销售金额20万元以上的;(2)生产、销售金额10万元以上不满20万元,不符合食品安全标准的食品数量较大或者生产、销售持续时间较长的;(3)生产、销售金额10万元以上不满20万元,属于婴幼儿食品的;(4)生产、销售金额10万元以上不满20万元,1年内曾因危害食品安全违法犯罪活动受过行政处罚或者刑事处罚的;(5)其他情节严重的情形。而所谓"后果特别严重",是指生产、销售不符合安全标准的食品被食用后,致人死亡、严重残疾;3人以上重伤、中度残疾或者器官组织损伤导致严重功能障碍的;10人以上轻伤、5人以上轻度残疾或者器官组织损伤导致一般功能障碍的;造成30人以上严重食物中毒或者其他严重食源性疾病的;或者造成其他特别严重后果的情形。

害结果发生,亦无需任何危险状态发生。

根据《食品安全刑事司法解释》第 9 条规定,在食品加工、销售、运输、贮存等过程中,掺入有毒、有害的非食品原料,或者使用有毒、有害的非食品原料加工食品的;在食用农产品种植、养殖、销售、运输、贮存等过程中,使用禁用农药、兽药等禁用物质或者其他有毒、有害物质的;在保健食品或者其他食品中非法添加国家禁用药物等有毒、有害物质的,均应成立本罪。另外,最高人民法院、最高人民检察院《关于办理非法生产、销售、使用禁止在饲料和动物饮用水中使用的药品等刑事案件具体应用法律若干问题的解释》第 3 条规定,使用盐酸克仑特罗等禁止在饲料和动物饮用水中使用的药品或者含有该类药品的饲料养殖供人食用的动物,或者销售明知是使用该类药品或者含有该类药品的饲料养殖的供人食用的动物的,以本罪论处。明知是使用盐酸克仑特罗等禁止在饲料和动物饮用水中使用的药品或者含有该类药品的饲料养殖供人食用的动物,而提供屠宰等加工服务,或者销售其制品的,成立本罪。

(3) 本罪的主体为一般主体,包括自然人和单位。根据《食品安全刑事司法解释》第 14 条的规定,明知他人生产、销售有毒、有害食品,提供资金、贷款、账号、发票、证明、许可证件的,提供生产、经营场所或者运输、贮存、保管、邮寄、网络销售渠道等便利条件的,提供生产技术或者食品原料、食品添加剂、食品相关产品的,以及提供广告等宣传的,以本罪的共犯论处。

(4) 本罪的主观要件只能为故意。即明知自己的行为会导致有毒、有害食品的产出结果,并且希望或放任有毒、有害食品的产出结果发生,或者明知自己的行为会导致有毒、有害食品流入市场的结果,并且希望或者放任有毒、有害食品流入市场的结果发生。而明知自己的行为会导致有毒、有害食品的产出结果,具体又包含认识到食品中掺入的是非食品原料,和认识到食品中掺入的是有毒、有害的原料两个方面。

(二) 生产、销售有毒、有害食品罪的界限划分

1. 本罪与生产、销售不符合安全标准的食品罪的界限

两罪都包括生产和销售这两种行为方式,且犯罪对象都是食品。因此,这两个罪在认定上容易混淆。正确认定这两个罪需要注意以下几个方面:

(1) 前者强调在食品中掺入有毒、有害的非食品原料,属于非常规食品生产行为,所以行为危险性更大,而后者则属于常规食品生产行为,其中可能有有毒有害原料,但仍是食品原料。

(2) 前者的犯罪对象是有毒、有害食品,即掺入有毒、有害的非食品原料的食品,而后者的犯罪对象则是不符合安全标准的食品。有毒、有害食品肯定是不符合安全标准的食品,但不符合安全标准的食品则不一定是有毒、有害食品,两者是包含于被包含的关系。

(3) 前者是行为犯,只要实施《刑法》规定的生产、销售有毒、有害食品的行为,无需具备任何结果或情节就可以构成犯罪,而后者则是危险犯,仅有生产、销售不符合安全标准的食品的行为还不足以构成犯罪,还必须具备"足以造成严重食物中毒事故或者其他严重食源性疾病的"危险状态才能构成犯罪。

(4) 前者故意的认识范围比后者故意的认识范围要更加具体明确。后者的行为人只需明知自己的行为会导致产生不符合安全标准的食品的结果,而前者的行为人既要认识到食品中掺入的是非食品原料,还要认识到食品中掺入的是有毒、有害的原料。

2. 本罪与投放危险物质罪的界限

两罪都与危害人体健康的物质有关,所以在认定时容易混淆。两者的区别主要表现在以下几个方面:

(1) 两罪的行为方式不同。前者表现为生产、销售了掺入有毒、有害的非食品原料的食品,其行为局限在食品的生产和销售中,属于经济主体的商品经营行为;后者表现为在食品、河流、水井乃至公众场所等地投放毒害性、放射性等危险物质,不属于经济行为。如食品加工企业的特定员工,为了报复社会,在食品生产过程在食品中投放或掺入有毒的非食品原料的行为,不构成本罪,而构成投放危险物质罪,原因在于行为人的行为不属于经济主体的商品经营行为。如果该行为是该企业要求员工实施的,则构成本罪。所以是否为经营性行为是区分这两罪的关键之一。

(2) 行为发生的条件不同。前者是在客观的生产、经营活动中实施某行为,后者一般与生产、经营活动没有关系。

(3) 两罪的主体条件不同。本罪的自然人主体必须是已满16周岁的具有刑事责任能力的自然人,另外,单位可以成为本罪的主体;但后者的自然人主体,根据《刑法》第17条的规定,为已满14周岁的具有刑事责任能力的自然人,且单位不能成为后罪的主体。

(4) 两罪的主观目的或动机不同。前者往往是通过掺入有害、有毒的非食品原料,以增加食品数量或降低食品成本等措施,而谋取非法的经济利益;后者则通常是出于其他原因,如报复、陷害、杀人等,而实施投放危险物质,其目的是造成不特定多数人的伤亡。如果一个经营食品的自然人经济主体,既出于营利目的,也出于报复社会的目的,在生产或销售的食品中掺入有毒、有害的非食品原料,这种情况实际上同时触犯本罪和投放危险物质罪两个罪名,属于想象竞合犯,按从一重罪的处断原则,应以投放危险物质罪定罪量刑。

(三) 生产、销售有毒、有害食品罪的刑事责任

根据《刑法》第144条的规定,构成本罪的,处5年以下有期徒刑,并处罚金;对人体健康造成严重危害或者有其他严重情节的,处5年以上10年以下有

期徒刑,并处罚金;致人死亡或者有其他特别严重情节的,依照本法第141条的规定处罚,即处10年以上有期徒刑、无期徒刑或者死刑,并处销售金额50%以上2倍以下罚金或者没收财产。所谓"对人体健康造成严重危害""对人体健康造成特别严重危害",参照生产、销售不符合安全标准的食品罪相关部分。根据《刑法》第150条的规定,单位犯本罪的,对单位判处罚金,并对其直接负责的主管人员和其他直接责任人员,依照上述规定处罚。

六、生产、销售不符合标准的医用器材罪

生产、销售不符合标准的医用器材罪,是指违反产品质量管理法律、法规,生产不符合保障人体健康的国家标准、行业标准的医疗器械、医用卫生材料,或者销售明知是不符合保障人体健康的国家标准、行业标准的医疗器械、医用卫生材料,足以严重危害人体健康的行为。

本罪所侵害的法益为国家有关医用器材的质量监督管理秩序和不特定多数人的身体健康权利。本罪的客观要件上表现为生产不符合保障人体健康的国家标准、行业标准的医疗器械、医用卫生材料;或者销售明知是不符合保障人体健康的国家标准、行业标准的医疗器械、医用卫生材料。所谓"医疗器械",指用于诊断、治疗、预防疾病、调节人的生理机能的仪器、设备等物品。"医用卫生材料",指用于治病、防病的辅助材料,如医用包扎纱布、消毒棉等。"国家标准"和"行业标准"是有关部门制定的在全国范围或全国某个行业范围内的统一技术要求。本罪属于选择犯,只需要实施其中一种就可构成本罪。本罪属于危险犯,必须具备"足以严重危害人体健康的"的危险状态才能构成犯罪。本罪的主体是一般主体,包括自然人和单位。本罪的主观要件只能由故意构成。根据《伪劣商品案件的解释》规定,医疗机构或者个人,知道或者应当知道是不符合保障人体健康的国家标准、行业标准的医疗机械、医药卫生材料而购买、使用,对人体健康造成严重危害的,以销售不符合标准的医用器材罪处罚。但这一规定存在疑问,本罪只能由故意构成,但"应当知道"并不意味着"明知",易言之,"应当知道"不成立故意。[①]

根据《刑法》第145条、第150条的规定,犯本罪的,处3年以下有期徒刑或者拘役,并处销售金额50%以上2倍以下罚金;对人体健康造成严重危害的,处3年以上10年以下有期徒刑,并处销售金额50%以上2倍以下罚金;后果特别严重的,处10年以上有期徒刑或者无期徒刑,并处销售金额50%以上2倍以下罚金或者没收财产。依照《伪劣商品案件的解释》第6条规定,所谓"对人体健康造成严重危害",指生产、销售不符合标准的医疗器械、医用卫生材料,致人轻

---

① 参见张明楷:《刑法学》(第4版),法律出版社2011年版,第558页。

伤或者其他严重后果；所谓"后果特别严重"，是指造成感染病毒性肝炎等难以治愈的疾病、1人以上重伤、3人以上轻伤或者其他严重后果。单位犯本罪的，对单位判处罚金，并对其直接负责的主管人员和其他直接责任人员，依照上述规定处罚。

七、生产、销售不符合安全标准的产品罪

生产、销售不符合安全标准的产品罪，是指违反产品质量管理法律、法规，生产不符合保障人身、财产安全的国家标准、行业标准的电器、压力容器、易燃易爆产品或者其他不符合保障人身、财产安全的国家标准、行业标准的产品，或者销售明知是以上不符合保障人身、财产安全的国家标准、行业标准的产品，造成严重后果的行为。

本罪所侵害的法益为国家有关生产、销售电器、压力容器、易燃易爆产品等方面的生产、监督管理秩序以及不特定多数人的身体健康权利。本罪的客观要件为生产不符合保障人身、财产安全的国家标准、行业标准的电器、压力容器、易燃易爆产品或者其他不符合保障人身、财产安全的国家标准、行业标准的产品，或者销售明知是以上不符合保障人身、财产安全的国家标准、行业标准的产品。本罪属于实害犯，必须造成严重后果才能构成犯罪。本罪的主体是一般主体，包括自然人和单位。本罪的主观要件只能为故意。

根据《刑法》第146条、第150条的规定，犯本罪的，处5年以下有期徒刑，并处销售金额50%以上2倍以下罚金；后果特别严重的，处5年以上有期徒刑，并处销售金额50%以上2倍以下罚金或者没收财产。单位犯本罪的，对单位判处罚金，并对其直接负责的主管人员和其他直接责任人员，依照上述规定处罚。

八、生产、销售伪劣农药、兽药、化肥、种子罪

生产、销售伪劣农药、兽药、化肥、种子罪，是指违反国家产品质量管理法律、法规，生产假农药、假兽药、假化肥，销售明知是假的或者失去使用效能的农药、兽药、化肥、种子，或者生产者、销售者以不合格的农药、兽药、化肥、种子冒充合格的农药、兽药、化肥、种子，使生产遭受较大损失的行为。

本罪所侵害的法益为国家有关农业生产资料市场的管理秩序和消费者的合法权益。本罪的客观要件表现为生产假农药、假兽药、假化肥，或者销售明知是假的或者失去使用效能的农药、兽药、化肥、种子，或者生产者、销售者以不合格的农药、兽药、化肥、种子冒充合格的农药、兽药、化肥、种子，使生产遭受较大损失的行为。本罪的主体是一般主体，包括自然人和单位。本罪的主观要件只能为故意。

根据《刑法》第147条、第150条的规定，犯本罪的，处3年以下有期徒刑或

者拘役,并处或者单处销售金额50%以上2倍以下罚金;使生产遭受重大损失的,处3年以上7年以下有期徒刑,并处销售金额50%以上2倍以下罚金;是生产遭受特别重大损失的,处7年以上有期徒刑或者无期徒刑,并处销售金额50%以上2倍以下罚金或者没收财产。根据《关于伪劣商品案件的解释》第7条的规定,"使生产遭受较大损失",一般以2万元为起点;"重大损失",一般以10万元为起点;"特别重大损失",一般以50万元为起点。单位犯本罪的,对单位判处罚金,并对其直接负责的主管人员和其他直接责任人员,依照上述规定处罚。

九、生产、销售不符合卫生标准的化妆品罪

生产、销售不符合卫生标准的化妆品罪,是指违反国家产品质量管理法律、法规,生产不符合卫生标准的化妆品,或者销售明知是不符合卫生标准的化妆品,造成严重后果的行为。

本罪所侵害的法益为国家有关化妆品市场的管理制度和消费者的合法权益。本罪的客观要件为生产不符合卫生标准的化妆品或者销售明知是不符合卫生标准的化妆品,造成严重后果的行为。所谓"化妆品",指以涂擦、喷洒或者类似的方法,散布于人体表面任何部位(皮肤、毛发、指甲、口唇等),以达到清洗、消除不良气味、护肤、美容和修饰目的的日用化学工业品。所谓"不符合卫生标准",是指违反了《化妆品卫生标准》和《化妆品卫生监督条例》等法规规定的化妆品卫生标准。所谓"造成严重后果",通常是指对人身造成严重伤害如烧伤、毁容等。本罪的犯罪对象是不符合卫生标准的化妆品。本罪的主体是一般主体,自然人和单位都可以构成。本罪的主观要件只能为故意。

根据《刑法》第148条、第150条的规定,犯本罪的,处3年以下有期徒刑或者拘役,并处或者单处销售金额50%以上2倍以下罚金。单位犯本罪的,对单位判处罚金,并对其直接负责的主管人员和其他直接责任人员,依照上述规定处罚。

第三节 走 私 罪

一、走私武器、弹药罪

(一) 走私武器、弹药罪的概念和构成

走私武器、弹药罪,是指违反海关法律、法规,逃避海关监管,运输、携带、邮寄武器、弹药进出国(边)境的行为。

(1) 本罪所侵害的法益是国家有关武器、弹药的监管秩序。本罪的犯罪对

象,是武器、弹药。所谓武器、弹药,是指具有直接杀伤力或破坏力的机械、装置或物品。对于武器、弹药的种类和范围,根据最高人民法院《关于审理走私刑事案件具体应用法律若干问题的解释》(以下简称《走私案件的解释》)第1条第7款的规定,参照我国《海关进口税则》及《禁止进出境物品表》的有关规定确定。民用枪支、弹药、枪支散件以及各种弹药的弹头、弹壳也属于本罪的犯罪对象。只不过根据最高人民法院《关于审理走私刑事案件具体应用法律若干问题的解释(二)》(以下简称《走私案件的解释(二)》)第2条的规定,弹头、弹壳的定罪量刑数量标准,按照完整弹药的定罪量刑数量标准的五倍执行。但禁止进出境的爆炸物品、管制刀具以及仿真武器,不是本罪的犯罪对象。走私管制刀具、仿真枪支构成犯罪的,按走私普通货物、物品罪定罪处罚。

(2) 本罪的客观要件为违反海关法律法规,逃避海关监管,运输、携带、邮寄武器、弹药进出国(边)境的行为。①

另外,直接向走私人非法收购走私进口的货物、物品的,在内海、领海、界河、界湖、船舶及所载人员运输、收购、贩卖国家禁止或者限制进出境的货物、物品,或者运输、收购、贩卖依法应当缴纳税款的货物,没有合法证明的,也按走私行为论处,也属于所谓的"准走私"行为。

(3) 本罪的主体属于一般主体,包括自然人和单位。具备下列特征的,可以认定为单位实施走私犯罪:第一,以单位的名义实施走私犯罪,即由单位集体研究决定,或者由单位的负责人或者被授权的其他人员决定、同意;第二,为单位谋取不正当利益或者违法所得大部分归单位所有。

(4) 本罪的主观要件只能为故意,过失不能构成本罪。根据最高人民法院、最高人民检察院、海关总署《关于办理走私刑事案件适用法律若干问题的意见》(以下简称《走私案件的意见》)的规定,行为人明知自己的行为违反国家法律法规,逃避海关监管,偷逃进出境货物、物品的应缴税额,或者逃避国家有关进出境的禁止性管理,并且希望或者放任危害结果发生的,应认定为具有走私的主观故意。走私犯罪嫌疑人主观上具有走私犯罪故意,但对其走私的具体对象不明确的,不影响走私犯罪构成,应该根据实际的走私对象定罪处罚。但是,确有证据证明行为人因受蒙骗而对走私对象发生认识错误的,可以从轻处罚。

---

① 根据我国《海关法》以及《海关法行政处罚实施细则》的规定,走私行为可以包括以下几种:(1) 未经国务院或者国务院授权的机关批准,从未设立海关的地点运输、携带国家禁止进出境的物品、国家限制进出口或者依法应当缴纳关税的货物、物品进出境的,俗称"绕关走私";(2) 经过设立海关的地点,以藏匿、伪装、瞒报、伪报或者其他手法逃避海关监管,运输、携带、邮寄国家禁止进出境的物品、国家限制进出口或者依法应当缴纳关税的货物、物品进出境的,又称"通关走私";(3) 伪报、瞒报进出口货物价格偷逃关税的;(4) 未经海关许可并补缴关税,擅自出售特准进口的保税货物、其他海关监管货物或者进境的境外运输工具的;(5) 未经海关许可并补缴关税,擅自出售特定减税或者免税进口用于特定企业、特定用途的货物,或者将特定减免税进口用于特定地区的货物擅自运往境内其他地区的。

(二) 走私武器、弹药罪的界限划分

1. 走私武器、弹药罪与非罪的界限

对于本罪与非罪的认定需要注意以下几个方面：

(1) 本罪的主观要件中的认识因素"明知"。根据《走私案件的意见》第 5 条的规定，本罪的"明知"是指行为人知道或者应当知道所从事的行为是走私武器、弹药的行为。如果逃避海关监管，运输、携带、邮寄国家禁止进出境的武器、弹药；或者用特制的设备或者运输工具走私武器、弹药的；或者未经海关同意，在非设关的码头、海(河)岸、陆路边境等地点，运输(驳载)、收购或者贩卖非法进出境武器、弹药的；或者以明显低于货物正常进(出)口的应缴税额委托他人代理进(出)口业务的；或者提供虚假的合同、发票、证明等商业单证委托他人办理通关手续的；或者曾因同一种走私行为受过刑事处罚或者行政处罚的，可以认定为"明知"，但有证据证明确属被蒙骗的除外。

(2) 本罪中的概括故意问题。行为人主观上具有走私犯罪的故意，但对其走私的具体对象是否为武器、弹药并不明确的，根据《走私案件的意见》第 6 条的规定，不影响走私犯罪的构成，如果实际的走私对象确系武器、弹药，则以走私武器、弹药罪定罪处罚。

(3) 本罪犯罪对象认识错误的问题。根据《走私案件的意见》第 6 条的规定，即使确有证据证明行为人因受蒙骗而对于走私武器、弹药罪的犯罪对象产生认识上的错误，将实际走私的武器、弹药误认为是非武器、弹药的其他货物、物品，也应按本罪定罪处罚，对象的认识错误只不过是一个从轻处罚的情节而已。不过有学者对此提出了质疑，认为对作为构成要件的对象的认识错误，影响犯罪的成立，或者影响罪名的认定；而对于非构成要件对象的认识错误，则不影响定罪。本罪中武器、弹药属于构成要件的对象，因而其认识错误会阻却本罪的成立。①

2. 本罪中的共犯

根据《刑法》第 156 条的规定，与走私武器、弹药的罪犯通谋，为其提供贷款、资金、账号、发票、证明，或者为其提供运输、保管、邮寄或者其他方便的，以走私武器、弹药罪的共犯论处。所谓通谋，是指犯罪行为人之间事先或者事中形成的共同的走私故意。下列情形可以认定为通谋：对明知他人从事走私活动而同意为其提供贷款、资金、账号、发票、证明、海关单证，提供运输、保管、邮寄或者其他方便的，以及多次为同一走私犯罪分子的走私行为提供前项帮助的。

另外，还需要区分放纵走私罪与本罪的共犯行为，与海关工作人员同走私武

---

① 参见周洪波、田凯：《走私武器、弹药罪司法疑难问题探讨》，载《中国刑事法杂志》2003 年第 6 期，第 49—56 页。

器、弹药的犯罪分子通谋,放任、纵容、配合走私分子逃避海关监管的共同犯罪行为应该区分开来。两者区别的关键,在于事先有无通谋。如果负有特定监管义务的海关工作人员与走私武器、弹药的犯罪分子相互勾结,事先通谋,故意不履行特定监管义务,在放纵走私过程中以积极的行为配合走私分子逃避海关监管或者在放纵走私之后分得赃款的,应以走私武器、弹药罪的共犯追究刑事责任。海关工作人员收受贿赂又放纵走私的,应以受贿罪和放纵走私罪数罪并罚。

3. 本罪与非法买卖、运输、邮寄枪支、弹药罪的界限

两罪存在一些相同之处:两者侵犯的法益都包括社会公共安全;两者的犯罪对象都包括枪支、弹药;两者的行为形式都可能表现为运输、携带、邮寄、买卖。

两罪的差别也是明显的:在法益上,前者侵害的法益主要是国家禁止武器、弹药进出境的监督管理秩序,而后者侵害的法益主要是国家对枪支、弹药的监督管理秩序。在客观要件上,前者对枪支、弹药的运输、携带、邮寄、买卖,都是涉及过境的枪支、弹药的运输、携带、邮寄、买卖行为,因而属于违反海关法律法规,逃避海关监管的走私行为。而后者的行为通常不是违反海关法律法规和逃避海关监管的走私行为。如果违反海关法律法规,逃避海关监管,运输、邮寄枪支、弹药或在特定区域买卖走私的枪支、弹药的行为,也触犯了非法买卖、运输、邮寄枪支、弹药罪的罪名。这种情况属于法条竞合犯,根据特别法优于普通法的原则,应以本罪定罪量刑。

(三) 走私武器、弹药罪的刑事责任

根据《刑法》第151、157条的规定,犯本罪的,处7年以上有期徒刑,并处罚金或者没收财产;情节特别严重的,处无期徒刑或者死刑,并处没收财产;情节较轻的,处3年以上7年以下有期徒刑,并处罚金。武装掩护走私的,从重处罚。以暴力、威胁方法抗拒缉私的,以走私罪和本法第277条规定的阻碍国家机关工作人员依法执行职务罪,依照数罪并罚的规定处罚。对在走私的普通货物、物品或者废物中藏匿武器、弹药的,以实际走私的货物、物品定罪处罚;构成数罪的,实行数罪并罚。

单位犯本罪的,对单位判决罚金,对直接负责的主管人员和其他直接责任人员,依照自然人犯本罪的处罚规定,并根据其在单位走私犯罪活动中所发挥的不同作用,可以确定为一人或者数人。对于受单位领导指派而积极参与实施走私犯罪行为的人员,如果其行为在走私犯罪的主要环节起重要作用的,可以认定为单位犯罪的直接责任人员。

单位犯本罪后,单位发生分立、合并或者其他资产重组情形,以及被依法注销、宣告破产等情况的,应当追究单位走私犯罪的刑事责任。走私单位发生分立、合并或者其他资产重组后,原单位名称发生更改的,仍以原单位(名称)作为被告单位;承受原单位权利义务的单位法定代表人或者负责人为诉讼代表人。人民法院对原走私单位判处罚金的,应当将承受原单位权利义务的单位作为被

执行人。罚金超出新单位所承受的财产的,可在执行中予以减除。而且,无论承受该单位权利义务的单位是否存在,均应追究原单位直接负责的主管人员和其他直接责任人员的刑事责任。

二、走私核材料罪

走私核材料罪,是指违反海关法律、法规,逃避海关监管,运输、携带、邮寄核材料进出国(边)境的行为。

本罪所侵害的法益是国家禁止核材料进出境的监督管理秩序和公共安全。本罪的客观要件为违反海关法律、法规,逃避海关监管,运输、携带、邮寄核材料进出国(边)境的行为。包括直接走私、间接走私和以走私共犯论处的行为。本罪的犯罪对象是核材料。所谓"核材料",根据我国1989年1月10日加入的《核材料实物保护公约》的规定,是指除同位素含量超过80%的钚—238以外的钚,铀—233,同位素235或233中的浓缩铀,含天然的非矿石或矿渣形式的同位素混合物的铀,或者任何含有上述一种或多种成份的材料。本罪的主体为一般主体,包括自然人和单位。本罪的主观方面表现为故意。

根据《刑法》第151、157条的规定,构成本罪的,处7年以上有期徒刑,并处罚金或者没收财产;情节特别严重的,处无期徒刑或者死刑,并处没收财产;情节较轻的,处3年以上7年以下有期徒刑,并处罚金。武装掩护走私核武器的,从重处罚。以暴力、威胁方法抗拒缉私的,以本罪和妨害公务罪数罪并罚。单位犯本罪的,对单位判处罚金,并对其直接负责的主管人员和其他直接责任人员,依照上述自然人犯罪条款的规定处罚。

三、走私假币罪

(一)走私假币罪的概念与构成

走私假币罪,是指违反海关法律、法规,逃避海关监管,运输、携带、邮寄伪造的货币进出国(边)境的行为。

(1)本罪所侵害的法益,包括国家禁止伪造的货币进出境的监督管理秩序和国家金融管理秩序。

(2)本罪的客观要件为违反海关法律、法规,逃避海关监管,运输、携带、邮寄伪造的货币进出国(边)境的行为。具体的走私形式与走私武器、弹药罪相同,包括直接走私、间接走私和以走私罪论处的行为。

本罪的对象是假币,即伪造的货币。所谓"货币",是指可在国内市场流通或者兑换的人民币、境外货币。因而,如果伪造不能在国内市场流通或者兑换的货币,那么所伪造的货币则不能成为本罪的对象。所谓"伪造",是指仿照人民币或境外货币的图案、形状、色彩等,使用各种方法,非法制造用以冒充真货币的行为①。因此,对人民币或境外货币采用剪贴、挖补、揭层、涂改等方法加工处理,使其改变形态或升值的变造货币,不是本罪的犯罪对象。

(3) 本罪的主体为一般主体,包括个人和单位。

(4) 本罪的主观要件为故意,即明知是假币而仍然从事运输、携带、邮寄进出国(边)境的行为。如果行为人主观上误将伪造的货币当作真币而运输、携带或邮寄出入国(边)境的,不构成本罪。

(二) 走私假币罪的界限划分

1. 走私假币罪与非罪的界限

《走私案件的解释》规定,走私伪造的货币,总面额 2000 元以上或者币量 200 张(枚)以上的,才能作为犯罪处理。另外,本罪的主观要件为故意,只有行为人明知是假币时而仍然进行走私,才可能构成犯罪。

2. 本罪与出售、购买、运输假币罪的界限

两罪在构成要件上存在不少相同之处:如两者的法益都包括国家金融管理秩序;两者的对象都包括假币;两者的行为方式都可能表现为运输、携带、邮寄、买卖。尽管后者罪状中没有携带、邮寄行为,实际上携带、邮寄也属于运输行为的一种。因为,运输有广义与狭义之分,狭义的运输就是指用交通工具把货物、物品等从一个地方转移到另一个地方;而广义的运输,则指将货物、物品等从一个地方转移到另一个地方。前者中的运输,属于狭义的运输,不包括携带、邮寄,而后者中的运输,则属于广义的运输,包括携带、邮寄。所以,运输假币,是指以随身携带、委托他人携带或者以邮寄、借助运输工具等方法,将假币从此地运往彼地的行为。

但两罪的差别也是明显的,具体表现在:(1) 在保护法益上,前者侧重于国家禁止假币进出境的监督管理秩序,后者则侧重于国家货币监督管理秩序。(2) 在客观要件上,前者是对假币的运输、携带、邮寄、买卖,是涉及过境的假币的运输、携带、邮寄、买卖行为,因而属于违反海关法律法规,逃避海关监管的走私行为。而后者的行为则通常不是违反海关法律法规,逃避海关监管的走私行为。(3) 在犯罪主体上,前者的主体包括自然人和单位,而后者的主体只能是自然人。

走私假币行为实质上也属于出售、购买、运输假币行为的一种,因此犯走私假币罪,如果数额较大,也会同时触犯出售、购买、运输假币罪的罪名。这种情况属于法条竞合犯,根据特别法优于普通法的原则,应以本罪定罪量刑。

(三) 走私假币罪的刑事责任

根据《刑法》第 151 条的规定,犯本罪的,处 7 年以上有期徒刑,并处罚金或

---

① 参见最高人民法院《关于办理伪造国家货币、贩运伪造的国家货币、走私伪造的货币犯罪案件具体应用法律的若干问题的解释》第 1 条。

者没收财产;情节特别严重的,处无期徒刑或者死刑,并处没收财产;情节较轻的,处3年以上7年以下有期徒刑,并处罚金。① 单位犯本罪的,对单位判处罚金,并对其直接负责的主管人员和其他直接责任人员,依照上述规定处罚。

四、走私文物罪

走私文物罪,是指违反海关法律、法规,逃避海关监管,运输、携带、邮寄国家禁止出口的文物出境的行为。本罪的保护法益为国家禁止文物出口的监管秩序。本罪的对象是国家禁止出口的文物。这里的文物还包括国家禁止出口的具有科学价值的古脊椎动物化石、古人类化石。

判断走私文物罪罪与非罪的界限,需要重点注意:(1) 行为人是否存在逃避海关监管的行为。对于熟悉通过程序的人员,携带应当申报的物品而选择无申报通道出境的,就属于逃避海关监管。(2) 走私对象是否为国家禁止出口的文物。只要是国家禁止出口的文物,不论行为人通过何种途径取得,均不影响其成为本罪对象。(3) 行为人主观上是否明知为国家禁止出口的文物。只要行为人知道一定是或可能是国家禁止出口的文物而携带出境的,即使不知道该文物的具体等级,也不影响其主观故意的成立。

根据《刑法》第151条的规定,犯本罪的,处5年以上10年以下有期徒刑,并处罚金;情节特别严重的,处10年以上有期徒刑或者无期徒刑,并处没收财产;情节较轻的,处五年以下有期徒刑,并处罚金。② 单位犯本罪的,对单位判处罚金,并对其直接负责的主管人员和其他直接责任人员,依照上述规定处罚。

五、走私贵重金属罪

走私贵重金属罪,是指违反海关法律、法规,逃避海关监管,运输、携带、邮寄国家禁止出口的黄金、白银和其他贵重金属出境的行为。这里的国家禁止出口

---

① 根据《走私案件的解释》的规定,所谓"情节较轻",指走私伪造的货币,总面额2000元以上不足2万元或者币量200张(枚)以上不足2000张(枚)。所谓"情节特别严重",包括三种情形:(1) 走私伪造的货币,总面额20万元以上或者币量2万张(枚)以上的;(2) 走私伪造的货币并流入市场,走私伪造的货币达到总面额2万元以上不足20万元或者币量2000张(枚)以上不足2万张(枚)的;(3) 走私伪造的货币达到总面额2万元以上不足20万元或者币量2000张(枚)以上不足2万张(枚),并具有是犯罪集团的首要分子或者使用特种车进行走私等严重情节的。走私伪造的境外货币,其面额以案发时国家外汇管理机关公布的外汇牌价折合人民币计算。

② 根据《关于走私案件的解释》第3条的规定,所谓"情节较轻的",指走私国家禁止出口的三级文物2件以下的。所谓"情节特别严重",包括三种情形:(1) 走私国家禁止出口的一级文物1件以上或者二级文物3件以上或者三级文物9件以上的;(2) 走私国家禁止出口的文物达到本条第2款规定的数量标准(走私国家禁止出口的二级文物2件以下或者三级文物3件以上8件以下的),并造成该文物被损毁或者无法追回的;(3) 走私国家禁止出口的文物达到本条第2款规定的数量标准(同第2项规定),并具有是犯罪集团的首要分子或者使用特种车进行走私等严重情节的。

的贵重金属,包括黄金、白银或者国家禁止出口的其他贵重金属。其他贵重金属,在这里是指除黄金、白银之外的诸如铂、铱、锇、钌、铑、钛、钯等为国家禁止出口的贵重金属。

根据《刑法》第151条的规定,构成本罪的,处5年以上10年以下有期徒刑,并处罚金;情节特别严重的,处10年以上有期徒刑或者无期徒刑,并处没收财产;情节较轻的,处5年以下有期徒刑,并处罚金。单位犯本罪的,对单位判处罚金,并对其直接负责的主管人员和其他直接责任人员,依照上述自然人犯罪条款的规定处罚。

六、走私珍贵动物、珍贵动物制品罪

走私珍贵动物、珍贵动物制品罪,是指违反海关法律、法规,逃避海关监管,运输、携带、邮寄国家禁止进出口的珍贵动物及其制品进出境的行为。

根据《刑法》第151条的规定,构成本罪的,处5年以上10年以下有期徒刑,并处罚金;情节特别严重的,处10年以上有期徒刑或者无期徒刑,并处没收财产;情节较轻的,处5年以下有期徒刑,并处罚金。单位犯本罪的,对单位判处罚金,并对其直接负责的主管人员和其他直接责任人员,依照上述自然人犯罪条款的规定处罚。

七、走私国家禁止进出口的货物、物品罪

走私国家禁止进出口的货物、物品罪,是指违反海关或其他法律、法规,逃避海关监管,非法携带、运输、邮寄国家禁止进出口的珍稀植物及其制品等国家禁止进出口的其他货物、物品进出国(边)境的行为。本罪的对象则为除武器、弹药、核材料、假币、文物、贵重金属、珍贵动物、珍贵动物制品等以外的物品,包括国家禁止进出口的珍稀植物及其制品,以及其他国家禁止进出口的货物、物品,即被列入国家禁止进出口货物目录或者法律规定禁止进出口的其他货物、物品。

根据《刑法》第151条的规定,构成本罪的,处5年以下有期徒刑或者拘役,并处或者单处罚金;情节严重的,处5年以上有期徒刑,并处罚金。单位犯本罪的,对单位判处罚金,并对其直接负责的主管人员和其他直接责任人员,依照上述自然人犯罪条款的规定处罚。

八、走私淫秽物品罪

走私淫秽物品罪,是指以牟利或者传播为目的,违反海关法规,逃避海关监管,非法运输、携带、邮寄淫秽的影片、录像带、录音带、图片、书刊或者其他淫秽物品进出国(边)境的行为。本罪的对象是淫秽的影片、录像带、录音带、图片、

书刊或者其他淫秽物品。所谓"淫秽物品",是指具体描绘性行为或者露骨宣扬色情的诲淫性书刊、影片、录像带、录音带、图片及其他淫秽物品。这里的"其他淫秽物品",是指除淫秽的影片、录像带、录音带、图片、书刊以外的,通过文学、声音、形象等形式表现淫秽内容的影碟、音碟、电子出版物等物品。同时根据《刑法》第367条第2款、第3款的规定:"有关人体生理、医学知识的科学著作不是淫秽物品。包含有色情内容的有艺术价值的文学、艺术作品不视为淫秽物品。"本罪的主体是一般主体,既包括自然人,也包括单位。本罪的主观要件除了是故意之外,还要求具有牟利或者传播的目的,但其牟利或者传播的目的是否实现并不影响本罪的成立。

根据《刑法》第152条的规定,构成本罪的,处3年以上10年以下有期徒刑,并处罚金;情节严重的,处10年以上有期徒刑或者无期徒刑,并处罚金或者没收财产;情节较轻的,处3年以下有期徒刑、拘役或者管制,并处罚金。单位犯本罪的,对单位判处罚金,并对其直接负责的主管人员和其他直接责任人员,依照上述自然人犯罪条款的规定处罚。

九、走私废物罪

走私废物罪,是指违反海关法规,逃避海关监管,将境外固体废物、液态废物和气态废物运输进境,情节严重的行为。

本罪所侵害的法益为国家对禁止、限制境外废物进境的监管秩序。本罪的客观要件为将境外固体废物、液态废物和气态废物运输进境,情节严重的行为。本罪的行为方式仅限于运输,而不包括携带、邮寄。本罪的对象是废物,即国家禁止或者限制进境①的固体废物、液态废物和气态废物。本罪的主体为一般主体,自然人和单位均可构成。而本罪的主观要件则只能为故意。

对于本罪的认定,关键看犯罪对象是否属于经许可进境的,如果经许可进口国家限制进口的可用作原料的废物,则不构成本罪,偷逃应缴税额,构成犯罪的,根据最高人民法院《走私案件的解释(二)》第8条的规定,应当以走私普通货物罪定罪处罚。另外,既未经许可,又偷逃应缴税额,同时构成走私废物罪和走私普通货物罪的,应当按照处罚较重的规定定罪处罚。虽经许可,但超过许可数量进口国家限制进口的可用作原料的废物,超过部分以未经许可论。也就是说,如果经许可进口国家限制进口的可用作原料的废物时,偷逃应缴税额达到犯罪标准的,构成走私普通货物罪,而超过许可数量的部分则构成本罪,两罪按数罪并

---

① 最高人民法院《走私案件的解释(二)》第6条已明确规定,禁止和限制进境的废物都可以成为本罪的犯罪对象。

罚原则处理①。

根据《刑法》第152条的规定，构成本罪的，处5年以下有期徒刑，并处或者单处罚金；情节特别严重的，处5年以上有期徒刑，并处罚金。单位犯本罪的，对单位判处罚金，并对其直接负责的主管人员和其他直接责任人员，依照上述自然人犯罪条款的规定处罚。

十、走私普通货物、物品罪

（一）走私普通货物、物品罪的概念和构成

走私普通货物、物品罪，是指违反海关法律、法规，逃避海关监管，运输、携带、邮寄普通货物、物品进出国（边）境，偷逃应缴税额较大或者一年内曾因走私被给予二次行政处罚后又走私的行为。

（1）本罪所侵害的法益，为国家的关税管理秩序。本罪的对象是普通货物、物品。所谓普通货物、物品，是指《刑法》第151条、第152条、第347条规定以外的货物、物品，即除武器、弹药、核材料、伪造的货币、文物、黄金、白银和其他贵重金属、珍贵动物及其制品、珍稀植物及其制品、淫秽物品、毒品以外的其他货物、物品。

（2）本罪的客观要件为逃避海关监管，运输、携带、邮寄普通货物物品进出国（边）境，偷逃应缴税额较大或者一年内曾因走私被给予两次行政处罚后又走私的行为。在逃避海关监管的方式上，可以分为典型意义上的走私行为和非典型意义上的走私行为两类。典型意义上的走私行为也称为"直接走私"行为，通常可分为"绕关走私"和"通关走私"。非典型意义上的走私行为，包括：未经海关许可并且未补缴应缴税额，擅自将批准进口的来料加工、来件装配、补偿贸易的原材料、零件、制成品、设备等保税货物，在境内销售牟利的；未经海关许可并且未补缴应缴税额，擅自将特定减税、免税进口的货物、物品，在境内销售牟利的。《刑法》第155条规定的间接走私行为也可以构成本罪。

（3）本罪的主体是一般主体，包括自然人和单位。

（4）本罪的主观要件为故意，本罪还规定了主观上要求具有"销售牟利"的目的。根据《走私案件的意见》第5条的规定，行为人明知自己的行为违反国家法律法规，逃避海关监督，偷逃进出境货物、物品的应缴税额，并且希望或者放任危害结果发生的，应认定为具有走私普通货物、物品的主观故意。所谓"销售牟利"，是指行为人主观上为了谋取非法利益而擅自销售海关监管的保税货物、特定减免税货物。但实际获利与否或者获利多少并不影响其定罪。

---

① 这种情形实际上是一行为触犯两个罪名的情形，理论上属于想象竞合犯。

(二) 走私普通货物、物品罪的界限划分

1. 走私普通货物、物品罪与非罪的界限

判断本罪罪与非罪的界限，主要从客观、主观两个方面进行考虑。客观上应综合考虑应缴税额是否较大或者一年内是否曾因走私被给予二次行政处罚后又走私的。如果偷逃应缴税额不大，并且也没曾因走私一年内被给予二次行政处罚的，不构成本罪，而是一般违法行为。主观上应考虑是否出于故意。本罪的成立，要求行为人明知运输、携带、邮寄普通货物、物品进出国（边）境的行为违反了国家海关法律法规，侵犯了国家对外贸易管制，而故意实施。如何认定"明知"，可参照前述《走私案件的意见》第5条的规定。

2. 走私普通货物、物品罪与本节其他走私罪的界限

走私普通货物、物品罪与本节其他走私罪之间最大的区别表现为对象的不同。本罪的对象是普通货物、物品，即《刑法》第151条、第152条、第347条规定以外的货物、物品。而其他走私罪的犯罪对象都是特定的物品，如走私武器、弹药罪的犯罪对象是武器、弹药，走私淫秽物品罪的犯罪对象是淫秽物品。因此，判断是否构成本罪关键在于犯罪对象的认定上。

(三) 走私普通货物、物品罪的刑事责任

根据《刑法》第153条的规定，构成本罪的，处3年以下有期徒刑或者拘役，并处偷逃应缴税额1倍以上5倍以下罚金；偷逃应缴税额巨大或者有其他严重情节的，处3年以上10年以下有期徒刑，并处偷逃应缴税额1倍以上5倍以下罚金。偷逃应缴税额特别巨大或者有其他特别严重情节的，处10年以上有期徒刑或者无期徒刑，并处偷逃应缴税额1倍以上5倍以下罚金或者没收财产。

单位犯前款罪的，对单位判处罚金，并对其直接负责的主管人员和其他直接责任人员，处3年以下有期徒刑或者拘役；情节严重的，处3年以上10年以下有期徒刑；情节特别严重的，处10年以上有期徒刑。

对多次走私未经处理的，按照累计走私货物、物品的偷逃应缴税额处罚。

根据《刑法》第157条的规定，武装掩护走私的，依照《刑法》第151条第4款的规定从重处罚。以暴力、威胁方法抗拒缉私的，以走私普通货物、物品罪和妨害公务罪实行数罪并罚。

第四节 妨害对公司、企业的管理秩序罪

一、虚报注册资本罪

(一) 虚报注册资本罪的概念和构成

虚报注册资本罪，是指申请公司登记使用虚假证明文件或采用其他欺诈手

段虚报注册资本,欺骗公司登记主管部门,取得公司登记,虚报注册资本数额巨大,后果严重或者有其他严重情节的行为。本罪的构成特征如下:

(1) 本罪侵犯的法益是我国的公司登记管理秩序。公司登记秩序是通过公司登记制度而建立起来保障市场经济安全运行的秩序。我国《公司法》和《公司登记管理条例》对公司的登记作了比较详尽的规定。公司登记注册必须符合法定的条件,按照法定的程序进行,只有经过登记注册公司才能成立。注册资本是公司登记注册的一项核心内容。公司登记的注册资本必须达到法定的最低要求,不能弄虚作假虚报注册资本。行为人虚报注册资本,取得公司登记,严重地危害了国家公司登记管理秩序,妨害了社会主义市场经济的安全运行。本罪的犯罪对象是注册资本。注册资本是指公司制企业章程规定的全体股东或发起人认缴的出资额或认购的股本总额,并在公司登记机关依法登记。根据《公司注册资本登记管理规定》,有限责任公司的注册资本为在公司登记机关依法登记的全体股东认缴的出资额。股份有限公司采取发起设立方式设立的,注册资本为在公司登记机关依法登记的全体发起人认购的股本总额。股份有限公司采取募集设立方式设立的,注册资本为在公司登记机关依法登记的实收股本总额。[①] 法律、行政法规以及国务院决定规定公司注册资本实行实缴的,注册资本为股东或者发起人实缴的出资额或者实收股本总额。全国人大会常委会《关于〈中华人民共和国刑法〉第 158 条、第 159 条的解释》(2014 年 4 月 24 日通过)规定,本罪只适用于依法实行注册资本实缴登记制的公司。

(2) 本罪的客观要件为申请公司登记使用虚假证明文件或者采取其他欺诈手段虚报注册资本,欺骗公司登记主管部门,取得公司登记,虚报注册资本数额巨大、后果严重或者有其他严重情节的行为。所谓虚报注册资本,既可以表现为没有达到登记注册的资本数额,却采取欺诈手段证明达到了法定数额;也可以表现为虽然达到了法定数额却虚报具有更高数额的资本;还可以表现为变更等级时虚报注册资本。所谓取得公司登记,即已被公司登记机关批准登记注册并已发给《企业法人营业执照》。

(3) 本罪的主体是特殊主体,即申请公司登记的自然人或单位,根据《公司法》和《公司登记管理条例》的规定,公司设立登记中,向公司登记机关具体提出申请的自然人和单位包括:为设立有限责任公司而由全体股东指定的、由向公司登记机关申请设立公司登记的代表或者共同委托的代理人;在以发起设立方式设立的股份有限公司设立时,由全体发起人指定的代表或者共同委托的代理人;在以募集设立方式设立的股份有限公司设立前的董事会成员以及公司成立后因分立、合并需要申请设立登记而由各公司指派的代表或共同委托的代理人。

[①] 参见杨秀英主编:《新编经济刑法教程》,厦门大学出版社 2011 年版,第 165 页。

（4）本罪的主观要件为故意，并且是直接故意，即明知自己虚报注册资本，欺骗公司登记主管部门的行为会发生破坏公司登记秩序的结果，并且希望或者放任这种结果的发生。犯罪的目的是为了欺骗公司登记机关，非法取得公司登记。过失不构成本罪。

（二）虚报注册资本罪的界限划分

1. 虚报注册资本罪罪与非罪的界限

本罪是结果犯，一方面，必须以实际取得公司登记为要件，行为人虽然在申请公司登记过程中使用虚假证明文件或者采取其他欺诈手段虚报注册资本，但未取得公司登记，无论虚报数额有多大，也不构成本罪。另一方面，本罪以虚报注册资本数额巨大、后果严重或者有其他严重情节为犯罪成立的要件，未达到上述标准之一的，亦不构成本罪。[①]

另外，《刑法》规定，只能是在申请有限责任公司和股份有限公司登记时虚报注册资本的，才能构成本罪。《公司法》规定的公司以外的企业在登记中虚报注册资本的，不能以本罪追究刑事责任。从刑法分则关于妨害对公司、企业的管理秩序罪的法条可以看出，凡是需对公司以外的企业及其工作人员的有关行为追究刑事责任的，都明确地将"公司、企业"同时并列写上。因为相对于普通企业，法律对公司的设立条件、内部机构设置、主体资格的规定严格很多，由此引起的法律后果也更加严重。因而对虚报注册资本罪中的"公司"，不能做扩大解释，不包括公司以外的企业。

2. 虚报注册资本罪与伪造、变造国家机关公文、证件、印章罪以及伪造公司、企业、事业单位、人民团体印章罪的关系

如果行为人并未亲自伪造或指使他人伪造，而仅是使用，显然只可能构成虚报注册资本罪，但如果是自己伪造或指使他人伪造有关的公文、证件、印章，用于欺骗公司登记机关，取得公司登记，且具备虚报注册资本罪的定罪情节的，则行为人可能同时触犯虚报注册资本罪与伪造、变造国家机关公文、证件、印章罪，或同时触犯虚报注册资本罪与伪造公司、企业、事业单位、人民团体印章罪两个罪名，这属于牵连犯情形，应从一重罪处罚。

（三）虚报注册资本罪的刑事责任

根据《刑法》第 158 条的规定，犯本罪的，处 3 年以下有期徒刑或者拘役，并处或者单处虚报注册资本金额 1% 以上 5% 以下罚金。

单位犯本罪的，对单位判处罚金，并对其直接负责的主管人员和其他直接责任人员，处 3 年以下有期徒刑或者拘役。

[①] 杨秀英主编：《新编经济刑法教程》，厦门大学出版社 2011 年版，第 167 页。

二、虚假出资、抽逃出资罪

(一) 虚假出资、抽逃出资罪的概念和构成

虚假出资、抽逃出资罪,是指公司发起人、股东违反《公司法》的规定未交付货币、实物或者未转移财产权,虚假出资,或者在公司成立后又抽逃其出资,数额巨大、后果严重或者有其他严重情节的行为。

本罪具有如下构成特征:

(1) 本罪所侵害的法益是国家公司资本管理秩序以及其他发起人、股东和债权人的合法权益。我国《公司法》对公司的出资方式、额度、转移出资或抽回股本的原则作了规范性的规定,以稳定公司的注册资本及其正常运作从而实现国家对公司的监督管理,保障市场经济的安全运行。而虚假出资、抽逃出资的行为,使公司成为在事实上没有权利能力或责任能力的空壳公司,违背了"资本真实、资本维持、资本不变"的公司资本三大原则,不仅侵犯了国家公司资本的管理秩序,而且还侵犯了公司以及其他发起人、股东和债权人的合法权益。全国人大会常委会《关于〈中华人民共和国刑法〉第158条、第159条的解释》(2014年4月24日通过)规定,本罪只适用于依法实行注册资本实缴登记制的公司。

(2) 本罪的客观要件为违反《公司法》规定,未交付货币、实物或者未转移财产权,在公司成立前虚假出资,或者在公司成立后抽逃其出资,数额巨大、后果严重或者有其他严重情节的行为。所谓虚假出资行为,指公司发起人、股东违反公司法的规定,未交付应当实缴的出资额(包括实物或货币)或者为办理出资额中的财产转移手续的行为。所谓抽逃出资,是指公司发起人在公司成立时交足了应当实缴的出资额,但是在公司成立后又将出资撤回,使公司的资本实缴额减少的行为。本罪客观上还需数额巨大、后果严重或者有其他严重情节,才能构成犯罪。根据有关司法解释,所谓"数额巨大、后果严重或其他严重情节",包括下列情形:第一,超过法定出资期限,有限责任公司股东虚假出资数额在30万元以上并占其应缴出资数额60%以上的,股份有限公司发起人、股东虚假出资数额在300万元以上并占其应缴出资数额30%以上的;第二,有限责任公司股东抽逃出资数额在30万元以上并占其实缴出资数额60%以上的,股份有限公司发起人、股东抽逃出资数额在300万元以上并占其实缴出资数额30%以上的;第三,造成公司、股东、债权人的直接经济损失累计数额在10万元以上的;第四,虽未达到上述数额标准,但具有下列情形之一的:致使公司资不抵债或者无法正常经营的;公司发起人、股东合谋虚假出资、抽逃出资的;两年内因虚假出资、抽逃出资受过行政处罚2次以上,又虚假出资、抽逃出资的;利用虚假出资、抽逃出资

所得资金进行违法活动的;其他后果严重或者有其他严重情节的情形。①

(3) 本罪的主体是特殊主体,即公司发起人和股东。其中既包括自然人,也包括法人和其他非法人单位。

(4) 本罪的主观要件只能由故意构成,过失不构成本罪。

(二) 虚假出资、抽逃出资罪的认定

1. 虚假出资、抽逃出资罪与非罪的界限

(1) 抽逃出资行为与依法撤回股款行为的区别。两者在客观上都表现为收回出资的行为,但前者是发生在公司成立之后,是违反《公司法》规定的,行为手段往往表现为不公开;而后者是在公司成立之前,因发生一定的事由而做出的民事法律行为,符合《公司法》的规定,行为是公开进行的。如募集设立股份有限公司时,因未按期募足股份、发起人未按期召开创立大会或公司不能成立时,发起人、认股人可以依法撤回股款(即出资)。

(2) 虚假出资行为与出资不足额的违约行为的区别。二者在客观上都存在实际出资额与应出资额不符的事实,但前者行为人主观上明知自己出资不足,而故意以欺骗手段制造出资足的假象,具有欺骗的故意和目的;后者行为人是因各种原因而对其用以出资的实物、工业产权、非专利技术、土地使用权的实际价值高估,致使其出资额显著低于应认缴的出资额,或因不可抗力等客观原因不能出资或出资不足,行为人没有欺骗他人的主观故意和客观行为,不属于犯罪行为,而只能依照《公司法》及相关规定,令有关人员承担补足出资等民事责任。

2. 虚假出资罪与虚报注册资本罪的界限

二罪的对象都是注册资本,行为方式都含有欺诈因素,其区别在于:第一,侵犯的法益不同。虚假出资罪侵犯的法益是公司出资管理秩序,虚报注册资本罪侵犯的法益是公司登记管理秩序。第二,客观行为不同。虚假出资罪表现为未交付货币、实物或者未转移财产权,而取得公司股份,虚报注册资本罪则表现为使用虚假证明文件或者采取其他欺诈手段虚报注册资本,欺骗公司登记主管部门,取得公司登记。第三,犯罪主体不同。虚假出资罪是公司的发起人、股东,虚报注册资本罪是申请公司登记的人。

(三) 虚假出资、抽逃出资罪的刑事责任

根据《刑法》第 159 条的规定,犯本罪的,处 5 年以下有期徒刑或者拘役,并处或者单处虚假出资或抽逃出资金额 2% 以上 10% 以下罚金。

单位犯本罪的,对单位判处罚金,并对其直接负责的主管人员和其他直接责任人员,处 5 年以下有期徒刑或者拘役。

---

① 参见 2010 年 5 月 7 日最高人民检察院、公安部《关于公安机关管辖的刑事案件立案追诉标准的规定(二)》第 4 条。

三、欺诈发行股票、债券罪

(一) 欺诈发行股票、债券罪的概念与构成

欺诈发行股票、债券罪,是指在招股说明书、认股书、公司、企业债券募集办法中隐瞒重要事实或者编造重大虚假内容,发行股票或者公司、企业债券,数额巨大、后果严重或者有其他严重情节的行为。本罪是选择性罪名,司法实践中应根据具体案情,进行选择适用或并合适用。

本罪侵犯的法益是国家对公司、企业发行股票和债券发行管理秩序及资金募集的正常管理秩序。所谓股票,是指公司签发的证明股东所持股份的凭证,股东按其所持股份在公司中享有权利和承担义务。公司债券,则是指公司依照法定程序发行,约定在一定期限还本付息的有价证券。本罪的客观要件为行为违反公司法或企业法的规定,在招股说明书、认股书、公司或企业债券募集办法中,隐瞒重要事实或者编造重大虚假内容,发行股票或者公司、企业债券,数额巨大、后果严重或者有其他严重情节的行为。这里需要注意的是,并非隐瞒或编造招股说明书、认股书、公司或企业债券募集办法中应载明的任何事项都能构成本罪,只有隐瞒或编造其中重大事实,才能构成本罪。所谓数额巨大、后果严重、其他严重情节,具体是指:(1)发行数额在500万元以上的;(2)伪造、变造国家机关公文、有效证明文件或者相关凭证、单据的;(3)利用募集的资金进行违法活动的;(4)转移或者隐瞒所募集资金的;(5)其他后果严重或者有其他严重情节的情形。① 本罪的主体属于一般主体,自然人和单位都可以构成。本罪的主观要件为直接故意。因过失而造成招股说明书,认股书,公司、企业债券募集办法出现错误或者不实的,不构成本罪。

(二) 欺诈发行股票、债券罪的认定

1. 本罪与擅自发行股票或公司、企业债券罪的界限

这两罪具有一些相似之处:(1)两者的对象都是股票、公司或企业债券;(2)两者都扰乱股票债券管理秩序,都侵害股东或债权人的利益;(3)两者的犯罪情节都要求数额巨大、后果严重或有其他严重情节。

但两者的区别也很明显:(1)两罪的前提条件不同。本罪的发行行为是经国家有关主管部门批准的,而后者的发行行为则是未经主管部门批准擅自发行的。(2)行为方式不同。本罪是通过在招股说明书、认股书、公司或企业债券募集办法中隐瞒重要事实或者编造重大虚假内容,欺骗公众,而后者则不存在隐瞒重要事实或者编造重大虚假内容。

---

① 参见2010年5月7日最高人民检察院、公安部《关于公安机关管辖的刑事案件立案追诉标准的规定(二)》第5条。

2. 本罪与诈骗罪的界限

两罪的相同点在于客观行为方式都是隐瞒事实或者编造虚假内容。两者的区别表现为:(1) 在主观要件上,前者是以融通资金为目的,而后者以非法占有为目的;(2) 在客观要件上,前者在招股和发行公司、企业债券过程中隐瞒重要事实或者编造重大虚假内容,而后者不限于这一过程;(3) 在犯罪主体上,前者可以由单位构成,而后者则只能由自然人构成。

(三) 欺诈发行股票、债务罪的刑事责任

根据《刑法》第 160 条的规定,犯本罪的,处 5 年以下有期徒刑或者拘役,并处或者单处非法募集资金金额 1% 以上 5% 以下罚金。单位犯本罪的,对单位判处罚金,并对其直接负责的主管人员和其他直接责任人员,处 5 年以下有期徒刑或者拘役。

四、违规披露、不披露重要信息罪

违规披露、不披露重要信息罪①是指依法负有信息披露义务的公司和企业,向股东和社会公众提供虚假的或者隐瞒重要事实的财务会计报告,或者对依法应当披露的其他重要信息不披露或者不按规定披露,严重损害股东或者其他人的利益,或者有其他严重情节的行为。

本罪侵犯的法益是国家关于公司、企业信息披露的管理秩序和股东及其他有关人的合法权益。本罪的客观要件为依法负有信息披露义务的公司、企业向股东和社会公众提供虚假的或者隐瞒重要事实的财务会计报告,或者对依法应当披露的其他重要信息不按照规定披露,严重损害股东或者其他人利益,或者有其他严重情节的行为。《上市公司信息披露管理办法》第 5 条规定,信息披露文件主要包括招股说明书、募集说明书、上市公告书、定期报告和临时报告等。所谓"严重损害股东或者其他人利益,或者有其他严重情节",是指造成股东、债权人或者其他人直接经济损失数额累计在 50 万元以上的;或虚增或者虚减资产达到当期披露的资产总额 30% 以上的;或虚增或者虚减利润达到当期披露的利润总额 30% 以上的;或未按照规定披露的重大诉讼、仲裁、担保、关联交易或者其他重大事项所涉及的数额或者连续 12 个月的累计数额占净资产 50% 以上的;或致使公司发行的股票、公司债券或者国务院依法认定的其他证券被终止上市交易或者多次被暂停上市交易的;或致使不符合发行条件的公司、企业骗取发行核准并且上市交易的;或在公司财务会计报告中将亏损披露为盈利,或者将盈利披露为亏损的;或多次提供虚假的或者隐瞒重要事实的财务会计报告,或者多次对依法应当披露的其他重要信息不按照规定披露的;或其他严重损害股东、债权

---

① 本罪是《刑法修正案(六)》在提供虚假财会报告罪的基础上修改而成的。

人或者其他人利益,或者有其他严重情节的情形。① 本罪的主体是特殊主体,即依法负有信息披露义务的公司和企业,自然人不能构成本罪。本罪的主观要件为故意,包括直接故意和间接故意。

根据《刑法》第161条的规定,犯本罪的,对其直接负责的主管人员和其他直接责任人员,处3年以下有期徒刑或者拘役,并处或者单处2万元以上20万元以下罚金。

五、妨害清算罪

妨害清算罪,是指公司、企业进行清算时,隐匿财产,对资产负债表或者财产清单作虚伪记载,或者在未清偿债务前分配公司、企业财产,严重损害债权人或者其他人利益的行为。

本罪侵犯的法益为国家对公司、企业清算的管理秩序和债权人或者其他人的合法权益。本罪的客观要件为公司、企业进行清算时,隐匿财产,对资产负债表或者财产清单作虚伪记载,或者在未清偿债务前分配公司、企业财产,严重损害债权人或者其他人利益的行为。本罪必须发生在公司、企业进行清算时。所谓清算期间,一般认为,应从清算组依法成立时起,至剩余财产分配完毕之日止,即清算结束之日止。如果在公司企业营运期间,或者在公司企业清算合法终结后,所发生的隐匿或分配公司、企业财产不构成妨害清算罪。② 本罪的主体是特殊主体,即进行清算的公司或企业,自然人不能构成本罪。但如果清算组成员与公司、企业相勾结共同实施本罪行为,也应以按妨害清算罪的共犯追究刑事责任。③ 本罪在主观上只能由故意构成,即明知隐匿公司财产、对资产负债表或者财产清单做虚伪记载,或者清偿债务前分配公司财产会损害债权人或者其他人的利益,而故意实施。过失造成资产负债表或财产清单的记载不符合实际情况的,不构成本罪。

根据《刑法》第162条的规定,犯本罪的,对其直接负责的主管人员和其他直接责任人员,处5年以下有期徒刑或者拘役,并处或者单处2万元以上20万元以下罚金。

六、隐匿、故意销毁会计凭证、会计账簿、财务会计报告罪

隐匿、故意销毁会计凭证、会计账簿、财务会计报告罪是1999年通过的《刑法修正案》增设的犯罪,是指隐匿或者故意销毁依法应当保存的会计凭证、会计

---

① 参见2010年5月7日最高人民检察院、公安部《关于公安机关管辖的刑事案件立案追诉标准的规定(二)》第6条。
② 参见王作富主编:《刑法分则实务研究》(上),中国方正出版社2007年版,第372页。
③ 参见王尚新主编:《中华人民共和国刑法解读》(第3版),中国法制出版社2011年版,第262页。

账簿、财务会计报告,情节严重的行为。

所谓隐匿,是指有关机关要求其提供会计凭证、会计账簿、财务会计报告,以便监督检查其会计工作,查找犯罪证据时,故意转移、隐藏应当保存的这些会计信息资料的行为。所谓故意销毁,是指故意实施使会计凭证、会计账簿、财务会计报告的本来效用消除的一切行为。会计凭证,是指记录经济业务发生和完成情况,明确经济责任,作为记账依据的书面证明。会计凭证包括原始凭证和记账凭证。会计账簿,是指由一定格式、相互联系的账页组成,以会计凭证为依据,用以序时地、分类地、全面地、系统地记录、反映和监督一个单位经济业务活动情况的会计簿籍。财务会计报告,是指根据会计账簿记录和有关会计核算资料编制的反映单位财务状况和经营成果的报告文书。如果涉及金额在50万元以上的;或依法应当向司法机关、行政机关、有关主管部门等提供而隐匿、故意销毁或者拒不交出会计凭证、会计账簿、财务会计报告的;或者具有其他情节严重的,可以视为本罪的情节严重。本罪的主体属于特殊主体,即所有依《会计法》的规定有义务保存会计凭证、会计账簿、财务会计报告的国家机关、社会团体、公司、企业、事业单位等自然人和单位。本罪的主观要件只能为故意,过失不能构成本罪。

根据《刑法》第162条之一的规定,犯本罪的,处5年以下有期徒刑或者拘役,并处或者单处2万元以上20万元以下罚金。单位犯本罪的,对单位判处罚金,并对其直接负责的主管人员和其他直接责任人员,依照自然人犯本罪的规定处罚。

七、虚假破产罪

虚假破产罪是《刑法修正案(六)》新增加的一个罪名,是指公司、企业通过隐匿财产、承担虚构的债务或者以其他方法转移、处分财产,实施虚假破产,严重损害债权人或者其他人利益的行为。

本罪侵犯的法益是国家关于公司、企业的破产管理秩序和债权人等相关人员的利益。行为人实施隐匿财产、承担虚构的债务或者以其他方法转移处分财产,以上任何一种行为,达到资不抵债的表象,严重损害债权人或者其他人利益的,都属于本罪行为。本罪是纯正的单位犯罪,即只能由有法人资格的公司、企业才能构成本罪,其他单位不构成本罪,本罪实行单罚制。本罪的主观要件为故意,且为直接故意,一般都伴随有逃避债务的犯罪动机。

所谓严重损害债权人或者其他人的利益,主要指以下几种情形:(1)隐匿财产的价值在50万元以上的;(2)承担虚构的债务涉及金额在50万元以上的;(3)以其他方法转移、处分财产价值在50万元以上的;(4)造成债权人或者其他人直接经济损失数额累计在10万元以上的;(5)虽未达到上述数额标准,但应清偿的职工的工资、社会保险费用和法定补偿金得不到及时清偿,造成恶劣社会影响的;(6)其他严重损害债权人或者其他人利益的情形。

根据《刑法》第 162 条之二的规定,犯本罪的,对其直接负责的主管人员和其他直接责任人员,处 5 年以下有期徒刑或者拘役,并处或者单处 2 万元以上 20 万元以下罚金。

八、非国家工作人员受贿罪

非国家工作人员受贿罪,是指公司、企业或者其他单位的工作人员利用职务上的便利,索取他人财物或者非法收受他人财物,为他人谋取利益,数额较大的行为。本罪是《刑法修正案(六)》在公司、企业人员受贿罪的基础上修改而成的。

本罪侵犯的法益是公司、企业、其他单位的正常管理秩序和公司、企业或其他单位人员职务或业务行为的廉洁性。[①] 本罪的客观要件为利用职务上的便利,索取他人财物或者非法收受他人财物,为他人谋取利益,数额较大的行为。所谓利用职务上的便利,主要指行为人利用自己主管、经手、承办某项公司、企业事务的职权,或者利用其基于上述职权有关的条件。所谓索取财物,是指主动向有求于行为人职务行为的请托人索要财物,既包括强硬索取,也包括明示或暗示的索要;而非法收受财物,是指违反规定接受请托人主动送与的财物。索取与非法收受的对象只能是财物;非物质性利益不能成为本罪的行为对象。此外,公司、企业或者其他单位的工作人员在经济往来中,利用职务上的便利,违反国家规定,收受各种名义的回扣、手续费,归个人所有的,也属于受贿行为。本罪的客观要件还需要具有为他人谋取利益这一要素,但事实上是否已经为他人谋取到利益不影响本罪的成立。本罪的主体是特殊主体,只能由公司、企业或者其他单位的工作人员构成,但不包括国有公司、企业中从事公务的人员和国有公司、企业委派到非国有公司、企业的人员。本罪的主观要件为故意,且为直接故意,即行为人明知索取财物或收受财物与为他人谋取利益之间具有交换关系,而有意索取或收受他人财物。

本罪是数额犯,公司、企业或其他单位的工作人员索取或收受贿赂的数额是否达到"数额较大"的标准,是判断罪与非罪的关键。所谓"数额较大",根据有关司法解释的规定,是指数额在 5000 元以上的情形。数额未达到这一标准,则不构成本罪。

根据《刑法》第 163 条的规定,犯本罪的,处 5 年以下有期徒刑或者拘役;数额巨大的,处 5 年以上有期徒刑,可以并处没收财产。

[①] 参见赵秉志、鲍遂献、曾粤兴、王志祥:《刑法学》,北京师范大学出版社 2010 年版,第 500 页。

九、对非国家工作人员行贿罪

对非国家工作人员行贿罪,是指为谋取不正当利益,给予公司、企业或者其他单位的工作人员以财物,数额较大的行为。本罪是《刑法修正案(六)》在对公司、企业人员受贿罪的基础上修改而成的。

本罪侵犯的法益是公司、企业或者其他单位的管理秩序和职务行为的廉洁性。本罪的客观要件为行为人给公司、企业或者其他单位工作人员以财物,数额较大的行为。既包括行为人主动给予,也包括经公司、企业或者其他单位工作人员的明示或暗示而被动给予财物。根据有关司法解释的规定,个人行贿数额在1万元以上,单位行贿数额在20万元以上的,属于数额较大的情形。本罪的主体为一般主体,自然人和单位均可构成。本罪的主观要件为故意,而且必须具有谋取不正当利益的目的。所谓不正当利益,是指违法的利益和在公平、公正和公开的市场竞争中不能获得的利益。如果行为人为了谋取正当的利益而给予公司、企业或其他单位工作人员以财务,则不构成本罪。

根据《刑法》第164条第1款的规定,犯本罪的,处3年以下有期徒刑或者拘役;行贿数额巨大的,处3年以上10年以下有期徒刑,并处罚金。单位犯本罪的,对单位判处罚金,并对其直接负责的主管人员和其他直接责任人员,依照第1款的规定处罚。行贿人在被追诉前主动交代行贿行为的,可以减轻处罚或者免除处罚。

十、对外国公职人员、国际公共组织官员行贿罪

对外国公职人员、国际公共组织官员行贿罪,是指为谋取不正当商业利益,给予外国公职人员或者国际公共组织官员以财物,数额较大的行为。本罪是《刑法修正案(八)》第29条增设在《刑法》第164条第2款的犯罪。

本罪侵犯的法益是国际商业秩序。本罪的行为对象是外国公职人员、国家公共组织官员。所谓"外国公职人员",是指经外国任命或选举而担任立法、行政、行政管理或者司法职务的任何人员,以及为外国,包括为公共机构或者公营企业行使公共智能的任何人员。所谓"国际公共组织官员",是指国际公务员或者经此种组织授权代表该组织行事的任何人员。[①] 本罪的客观要件为给予外国公职人员、国际公共组织官员以财物,数额较大的行为。所谓"数额较大",根据有关司法解释的规定,是指个人行贿数额在1万元以上、单位行贿数额在20万元以上的情形。这里的财物不仅包括金钱和实物,还包括财产性利益。本罪的主体是一般主体,自然人和单位均可构成。本罪的主观要件为故意,而且必须具

---

① 参见杨秀英主编:《新编经济刑法教程》,厦门大学出版社2011年版,第182页。

有谋取不正当商业利益的目的。至于商业利益是否实现,不影响本罪的成立。如果行为人为了谋取正当利益,或者为了谋取不正当的非商业利益,不构成此罪。

根据《刑法》第164条第2款的规定,犯本罪的,处3年以下有期徒刑或者拘役;行贿数额巨大的,处3年以上10年以下有期徒刑,并处罚金。单位犯本罪的,对单位判处罚金,并对其直接负责的主管人员和其他直接责任人员,依照自然人犯本罪的规定处罚。行贿人在被追诉前主动交代行贿行为的,可以减轻处罚或者免除处罚。

十一、非法经营同类营业罪

非法经营同类营业罪,是指国有公司、企业的董事、经理利用职务便利,自己经营或者为他人经营与其所任职公司、企业同类的营业,获取非法利益,数额巨大的行为。

本罪侵犯的法益是国有公司、企业的正常管理秩序和竞争优势。本罪的客观要件为利用职务便利,自己经营或者为他人经营与其所任职公司、企业同类的营业,获取非法利益,数额较大的行为。所谓"为自己经营"是指自己独资或者参与了出资的公司、企业,而不论是否以本人的名义。所谓"为他人经营"是指暗中担任他人独资、出资的公司、企业的管理人员,为其业务进行策划、指挥等。所谓"数额较大",根据有关司法解释的规定,是指数额在10万元以上的情形。本罪的主体是特殊主体,即国有公司、企业的董事、经理。所谓国有公司、企业是指国有资本占主体的公司、企业。本罪的主观要件为故意,并且具有获取非法利益的目的。

根据《刑法》第165条的规定,犯本罪的,处3年以下有期徒刑或者拘役,并处或者单处罚金;数额特别巨大的,处3年以上7年以下有期徒刑,并处罚金。

十二、为亲友非法牟利罪

为亲友非法牟利罪,是指国有公司、企业、事业单位的工作人员,利用职务便利,损公肥私,将本单位的盈利业务交由自己的亲友进行经营,以明显高于市场的价格向自己的亲友经营管理的单位采购商品或者以明显低于市场的价格向自己的亲友经营的单位销售商品,或者向自己的亲友经营管理的单位采购不合格商品,使国家利益遭受重大损失的行为。[①]

本罪侵犯的法益是国有公司、企业、事业单位的正常管理秩序和国家的经济利益与国有公司、企业事业单位工作人员的职务行为的廉洁性。本罪的客观要

---

① 参见赵秉志主编:《刑法新教程》(第3版),中国人民大学出版社2009年版,第443页。

件表现为三个方面:(1)将本单位的盈利业务交由自己的亲友进行经营的;(2)以明显高于市场的价格向自己的亲友经营管理的单位采购商品或者以明显低于市场的价格向自己的亲友经营管理的单位销售商品的;(3)向自己的亲友经营管理的单位采购不合格商品的。构成本罪,必须使国家利益遭受重大损失。本罪的主体为特殊主体,即国有公司、企业、事业单位的工作人员。本罪的主观要件只能为故意,并具有非法牟利的目的。

根据《刑法》第166条的规定,犯本罪的,处3年以下有期徒刑或者拘役,并处或者单处罚金;致使国家利益遭受特别重大损失的,处3年以上7年以下有期徒刑,并处罚金。

十三、签订、履行合同失职被骗罪

所谓签订、履行合同失职被骗罪,是指国有公司、企业、事业单位直接负责的主管人员,在签订、履行合同过程中,因严重不负责任被诈骗,致使国家利益遭受重大损失的行为。1998年《关于惩治骗购外汇、逃汇和非法买卖外汇犯罪的决定》第7条的规定对该罪作了修改、补充规定,对金融机构、从事对外贸易经营活动的公司、企业的工作人员严重不负责任,造成大量外汇被骗购或者逃汇,致使国家利益遭受重大损失的,依照本罪定罪处罚。

本罪侵犯的法益是国有公司、企业、事业单位以及金融机构、从事对外贸易经营活动的公司、企业的正常管理活动和国家利益。本罪的客观要件为在签订、履行合同过程中,因严重不负责任被诈骗,或因严重不负责任,造成大量外汇被骗购或者逃汇,致使国家利益遭受重大损失的行为。所谓"严重不负责任被诈骗",是指不履行或者不正确履行职责,致使他人利用合同形式骗取其单位财物的情形。所谓"严重不负责任,造成大量外汇被骗购或者逃汇",是指不履行或者不正确履行职责,致使他人得以骗购大量外汇或者逃汇的情形。本罪的主体为特殊主体,仅限于国有公司、企业、事业单位直接负责的主管人员,或者金融机构和从事对外贸易经营活动的公司、企业的工作人员。本罪的主观要件为过失,故意不构成本罪。如果在签订、履行合同中,故意被他人诈骗,有学者认为应定为贪污罪[1],有学者认为对此不能一概而论:如行为人伙同对方诈骗,应以贪污罪论处;未伙同他人的,应以国有公司、企业、单位人员滥用职权罪处罚。[2]

根据《刑法》第167条的规定,犯本罪的,处3年以下有期徒刑或者拘役;致使国家利益遭受特别重大损失的,处3年以上7年以下有期徒刑。

---

[1] 参见张明楷:《刑法学》(第4版),法律出版社2011年版,第574页。
[2] 参见杨秀英主编:《新编经济刑法教程》,厦门大学出版社2011年版,第194页。

十四、国有公司、企业、事业单位人员失职罪

国有公司、企业、事业单位人员失职罪,是指国有公司、企业、事业单位的工作人员,由于严重不负责任,造成国有公司、企业、事业单位破产或者严重损失,致使国家利益遭受重大损失的行为。

本罪侵犯的法益是国有公司、企业、事业单位的正常管理活动和国家利益。本罪的客观要件为由于严重不负责任,造成国有公司、企业破产或者严重损失,致使国家利益遭受重大损失的行为。本罪的主体是特殊主体,即只能由国有公司、企业、事业单位的工作人员构成。本罪的主观要件为过失。①

根据《刑法》第168条的规定,犯本罪的,处3年以下有期徒刑或者拘役;致使国家利益遭受特别重大损失的,处3年以上7年以下有期徒刑。徇私舞弊犯本罪的,从重处罚。

十五、国有公司、企业、事业单位人员滥用职权罪

国有公司、企业、事业单位人员滥用职权罪,是指国有公司、企业、事业单位的工作人员,滥用职权,造成国有公司、企业破产或者严重损失,致使国家利益遭受重大损失的行为。

本罪侵犯的法益是国有公司、企业、事业单位的正常管理活动和国家利益。本罪的行为方式表现为滥用职权,造成国有公司、企业破产或者严重损失,致使国家利益遭受重大损失的行为。所谓"滥用职权",是指非法地行使自己掌握的权力。本罪的主体是特殊主体,即只能由国有公司、企业、事业单位的工作人员构成。本罪的主观要件为间接故意。

《刑法》第168条规定,犯本罪,处3年以下有期徒刑或者拘役;致使国家利益遭受特别重大损失的,处3年以上7年以下有期徒刑。徇私舞弊犯本罪的,从重处罚。

十六、徇私舞弊低价折股、低价出售国有资产罪

徇私舞弊低价折股、低价出售国有资产罪,是指国有公司、企业或者其上级主管部门直接负责的主管人员,徇私舞弊,将国有资产低价折股或者低价出售,致使国家利益遭受重大损失的行为。

本罪侵犯的法益是国有公司、企业的正常管理秩序和国家对国有资产的所有权。本罪的行为方式为徇私舞弊,将国有资产低价折股或者低价出售。所谓

---

① 也有观点认为,本罪可由间接故意构成,理由是《刑法》第168条第3款规定本罪包括"徇私舞弊"行为,"徇私舞弊"则不同于"不负责任","徇私舞弊"属于故意行为。

徇私舞弊,是指为了私人关系而采用欺瞒的方法实施违反公司法及国有资产保护法律、法规的行为;所谓"致使国家利益遭受重大损失",是指:(1)造成国家直接经济损失数额在30万元以上的;(2)造成有关单位破产、停业、停产六个月以上,或者被吊销许可证和营业执照、责令关闭、撤销、解散的;(3)其他致使国家利益遭受重大损失的情形。① 本罪的主体为特殊主体,即国有公司、企业或者其上级主管部门直接负责的主管人员。本罪的主观要件为故意,且一般出于徇私动机。

根据《刑法》第169条的规定,犯本罪的,处3年以下有期徒刑或者拘役;致使国家利益遭受特别重大损失的,处3年以上7年以下有期徒刑。

十七、背信损害上市公司利益罪

背信损害上市公司利益罪,是指上市公司的董事、监事、高级管理人员违背对公司的忠实义务,利用职务便利,操纵上市公司从事各种损害上市公司利益的行为,致使上市公司利益遭受重大损失的行为,以及上市公司的控股股东或者实际控制人,指使上市公司董事、监事、高级管理人员从事损害上市公司利益的活动,致使上市公司利益遭受重大损失的行为。②

本罪侵犯的法益是国家对上市公司的正常管理秩序和上市公司的利益。本罪的客观要件必须同时具备四个要素:一是违背对公司的忠实义务;二是利用职务便利;三是操纵上市公司实施了各种损害上市公司利益的行为③;四是致使上市公司利益遭受重大损失。本罪的主体是特殊主体,包括上市公司的董事、监事、高级管理人员,上市公司的控股股东或者实际控制人也可构成本罪的主体。本罪的主观要件为故意,即明知实施上述行为会使上市公司的利益遭受重大损失,并且希望或者放任这种危害结果的发生。

根据《刑法》第169条之一的规定,犯本罪的,处3年以下有期徒刑或者拘役,并处或者单处罚金;致使上市公司利益遭受特别重大损失的,处3年以上7年以下有期徒刑,并处罚金。上市公司的控股单位或实际控制单位犯本罪的,对单位判处罚金,并对其直接负责的主管人员和其他直接责任人员,依照上述规定处罚。

---

① 可参照2010年5月7日最高人民检察院、公安部《关于公安机关管辖的刑事案件立案追诉标准的规定(二)》第17条的规定。
② 参见张明楷:《刑法学》(第4版),法律出版社2011年版,第575页。
③ "各种损害上市公司利益的行为",是指:(1)无偿向其他单位或者个人提供资金、商品、服务或者其他资产的;(2)以明显不公平的条件,提供或者接受资金、商品、服务或者其他资产的;(3)向明显不具有清偿能力的单位或者个人提供资金、商品、服务或者其他资产的;(4)为明显不具有清偿能力的单位或者个人提供担保,或者无正当理由为其他单位或者个人提供担保的;(5)无正当理由放弃债权、承担债务的;(6)采用其他方式损害上市公司利益的。上市公司的控股股东或者实际控制人,指使上市公司董事、监事、高级管理人员实施前款行为的,依照前款的规定处罚。

第五节　破坏金融管理秩序罪

一、伪造货币罪

(一)伪造货币罪的概念和构成

伪造货币罪,是指没有货币发行权的人,仿照流通货币的式样、票面、图案、颜色、质地和防伪标记等特征,非法制造外观上足以使一般人误认为是货币的假货币,冒充真货币,妨害货币的公共信用的行为。本罪的构成特征是:

(1)本罪侵犯的法益是货币的公共信用。[①]《刑法》规定伪造货币罪,主要是为了保护作为经济交易手段的货币的公共信用。随着商品交换、经济交易的发展,货币的公共信用日益增强,刑法通过保护货币的公共信用,来保障交易安全和金融秩序。而伪造货币的行为使人们对货币的真实性产生怀疑,从而侵犯了货币的公共信用。有的观点认为,伪造货币罪侵犯的法益还包括货币发行权。[②]但本书认为,刑法保护货币的发行权,也是为了保护货币的公共信用,故将货币的公共信用作为本罪侵犯的法益即可。

(2)本罪的客观要件为行为人仿照真货币的式样、票面、图案、颜色、质地和防伪标记等特征,非法制造外观上足以使一般人误认为是货币的假货币,冒充真货币的行为。首先,行为人必须实施伪造货币、冒充真货币的行为。根据最高人民法院《关于审理伪造货币等案件具体应用法律若干问题的解释(二)》(以下简称《伪造货币案件司法解释(二)》)第1条的规定,伪造货币是指仿照真货币的图案、形状、色彩等特征非法制造假币,冒充真币的行为。伪造货币的方法大致有如下几种:一是复印,即行为人用彩色复印机复制出人民币,再进行加工可以伪造出钞票;二是影印,即以真币作"底片",用照相感光纸进行透射复印,经过显影、定影处理后,将正面和背面粘合在一起,再加上着色制作成假币;三是制版,即先制作出做钞票或硬币的版型,再进行大规模制作假币,最后进行加工而成;四是拓印,即以真币为本,通过药液的浸泡和外力的作用,将真币上的文字、图像、颜色印到其他纸面上,从而制成假币;五是描绘,即使用手工模仿、绘制而成假币;等等。行为人必须实际使用上述方法或其他方法从事伪造行为;如果行为人是采用欺骗的手法,将具有货币样式或类似图案的物品或其他货币冒充真币使用,例如用画册上剪下来的货币图案冒充真币,可以诈骗罪论处,而不构成本罪。其次,本罪的对象是货币,具体包括正在流通中的中国人民币、外国货币

---

① 参见张明楷:《刑法学》(第4版),法律出版社2011年版,第675—676页。
② 〔日〕西田典之:《刑法各论》,刘明祥、王昭武译,武汉大学出版社2005年版,第225页。

及香港、澳门、台湾地区的货币,以及中国人民银行发行的普通纪念币和贵金属纪念币。① 货币包括硬币和纸币。货币是商品价值的尺度,是商品流通的媒介物,所以伪造已经停止流通的古钱、废钞的行为,因没有侵害货币的公共信用而不构成本罪。再次,所伪造的及可能伪造出来的货币应在外观上足以使一般人误认为是货币,即对于所伪造的货币必须特别加以注意,或者具有一定检测手段、具有专业知识方能发现。行为人制造的物品完全不可能被人们误认为是货币的,不构成伪造货币罪。但是,也不要求伪造的货币与真货币完全相同,且不以与真货币所具有的特征完全一致为条件。

(3) 本罪的主体是一般主体,即达到法定刑事责任年龄、具有刑事责任能力的自然人,包括中国人和外国人。单位不构成本罪。

(4) 本罪的主观要件表现为故意,即行为人明知自己伪造货币的行为会发生侵犯货币的公共信用的结果,并且希望或者放任这种结果发生。实践中实施本罪的行为人多具有谋取非法利益的目的,有的行为人有意图使伪造的货币进入流通的目的。也有学者主张以使伪造的货币进入流通为目的。② 但我国《刑法》并没有要求本罪行为人主观上具有特定的目的。因此,行为人伪造货币,冒充真货币,只要侵犯货币的公共信用,不论其出于何种目的,不影响本罪的成立。

(二) 伪造货币罪的界限划分

1. 本罪罪与非罪的界限

《刑法》第170条对伪造货币的数额未作规定,是否意味着不论行为人伪造货币数量的多少,都构成本罪?对此,最高人民法院《关于审理伪造货币等案件具体应用法律若干问题的解释》(以下简称《伪造货币案件司法解释》)第1条规定,伪造货币的总面额在2000元以上或者币量在200张(枚)以上的,构成本罪。这意味着伪造货币尚未达到司法解释规定的犯罪数额的,不以犯罪论处。

2. 本罪一罪与数罪的界限

行为人伪造货币的目的通常是为了在社会上出售或使用,因此,伪造货币又持有、使用的,只定伪造货币罪一罪;伪造货币并出售或者运输自己伪造的货币的,根据《刑法》第171条第3款的规定,以伪造货币罪定罪从重处罚。但是,如果行为人既伪造货币,又持有、使用或运输、出售他人伪造的货币,应定伪造货币罪和持有、使用假币罪或出售、购买、运输假币罪,实行数罪并罚。

---

① 参见最高人民法院《关于审理伪造货币等案件具体应用法律若干问题的解释(二)》第4条的规定。
② 马克昌主编:《刑法》,高等教育出版社2010年版,第377页。

(三) 伪造货币罪的刑事责任

根据《刑法》第170条的规定,犯本罪的,处3年以上10年以下有期徒刑,并处5万元以上50万元以下罚金;有下列情形之一的,处10年以上有期徒刑、无期徒刑或者死刑,并处5万元以上50万元以下罚金或者没收财产:(1)伪造货币集团的首要分子;(2)伪造货币数额特别巨大的;(3)有其他特别严重情节的。根据前述司法解释第1条第2款的规定,伪造货币的总面额在3万元以上的,属于"伪造货币数额特别巨大"。

二、出售、购买、运输假币罪

出售、购买、运输假币罪,是指出售、购买伪造的货币或者明知是伪造的货币而予以运输,数额较大的行为。本罪是选择性罪名,司法实践中应根据行为人实施的具体行为确定罪名。本罪中的出售,是指有偿转让伪造的货币;购买是指有偿取得假币;运输是指转移假币的存在地点。本罪的主观要件为故意,行为人的行为要构成本罪,必须明知是假币而出售、购买或者运输。

伪造货币并出售或运输伪造的货币的,以伪造货币罪从重处罚,不另成立出售、运输假币罪,但这仅限于行为人出售、运输自己伪造的货币的情形。如果行为人不仅伪造货币,而且出售或者运输他人伪造的货币的,则以伪造货币罪和出售、运输假币罪实行数罪并罚。

根据《刑法》第171条第1款的规定,犯本罪的,处3年以下有期徒刑或者拘役,并处2万元以上20万元以下罚金;数额巨大的,处3年以上10年以下有期徒刑,并处5万元以上50万元以下罚金;数额特别巨大的,处10年以上有期徒刑或者无期徒刑,并处5万元以上50万元以下罚金或者没收财产。根据《伪造货币案件司法解释》第3条的规定,总面额在4000元以上不满5万元的,为"数额较大";总面额在5万元以上不满20万元的,属于数额巨大;总面额在20万元以上的,属于"数额特别巨大"。

三、金融机构工作人员购买假币、以假币换取货币罪

金融机构工作人员购买假币、以假币换取货币罪,是指银行或者其他金融机构的工作人员购买伪造的货币或者利用职务上的便利,以伪造的货币换取货币的行为。本罪在客观要件上表现为两种行为:一是购买假币。刑法对金融机构工作人员购买假币的行为之所以作出特别规定,是因为他们的身份决定其随时可能将假币调换成为真货币,从而对国家和公民利益造成损害,因此应提高其法定刑。二是利用职务上的便利以假币换取货币。利用职务上的便利是指金融机构工作人员利用管理金库、出纳现金、吸收或付出存款等便利条件,将假币调换成真货币。金融机构工作人员购买假币与调换假币通常具有密切联系,但《刑

法》并未要求这两种行为同时实施,只要实施其中一种行为,就可构成本罪;如果同时实施这两种行为的,也以一罪论处。本罪的主体是特殊主体,即银行或者其他金融机构的工作人员。本罪的主观方面为故意,即金融机构工作人员明知是假币而购买,或者明知是假币而将其调换成真货币。

本罪中购买假币的行为与出售、购买、运输假币罪中的购买行为在犯罪构成要件上存在区别:一是犯罪主体不同。前者的主体是金融机构的工作人员,后者的主体为一般主体。二是对犯罪数额的要求不同。前者不要求数额较大,后者要求数额较大。

根据《刑法》第171条第2款和《伪造货币案件司法解释》第4条的规定,犯本罪总面额在4000元以上不满5万元或者币量在400张(枚)以上不足5000张(枚)的,处3年以上10年以下有期徒刑,并处2万元以上20万元以下罚金;总面额在5万元以上或者币量在5000张(枚)以上或者有其他严重情节的,处10年以上有期徒刑或者无期徒刑,并处2万元以上20万元以下罚金或者没收财产;总面额不满人民币4000元或者币量不足400张(枚)或者具有其他情节较轻情形的,处3年以下有期徒刑或者拘役,并处或者单处1万元以上10万元以下罚金。

四、持有、使用假币罪

(一)持有、使用假币罪的概念和构成

持有、使用假币罪,是指明知是伪造的货币而持有、使用,数额较大的行为。本罪是选择性罪名,司法实践中应根据行为人的具体行为确定罪名。本罪的构成特征如下:

(1)本罪的客观方面表现为行为人持有、使用伪造的货币,数额较大的行为。首先,持有伪造的货币是指行为人持续地将伪造的货币置于自己实际支配、控制之下,具体表现为保存、收藏、携带伪造的货币等形式。持有假币不要求行为人实际上握有假币,如将假币放置家中、藏于某一处所或者委托不明真相的人代为保管等也属于持有假币。其次,使用伪造的货币是指将伪造的货币投入流通领域,作为一种支付手段而购买商品或者接受服务等行为。它既可以是以表面合法的方式使用假币,如存入银行、交纳罚款等,也可以是以非法的方式使用假币,如用于赌博等。使用假币的认定,是否以对方不明知是假币为前提?对此,有的学者持肯定回答。① 但本书认为,行为人使用假币时,对方明知是假币并且接受假币的情形,同样侵犯货币的公共信用,也可以构成使用假币罪。最后,成立本罪要求持有、使用假币数额较大。

---

① 张明楷:《刑法学》(第4版),法律出版社2011年版,第679页。

(2) 本罪的主体是一般主体,即达到法定刑事责任年龄、具有刑事责任能力的自然人。

(3) 本罪的主观要件为故意,即行为人明知是伪造的货币而非法持有或者使用。但是,如果有证据证明行为人持有假币已构成其他假币犯罪,则应以其他假币犯罪定罪处罚,不以持有假币罪定罪处罚。以单纯收藏为目的持有假币的行为同样可以构成持有假币罪,因为假币属于违禁品,禁止个人收藏,行为人收藏数额较大的假币也会侵犯货币的公共信用。

(二) 持有、使用假币罪的界限划分

1. 罪与非罪的界限

明知是伪造的货币而持有、使用的,即构成违法,但持有、使用伪造的货币数额不大的,不构成犯罪。行为人误收、误用伪造的货币的,主观上缺乏犯罪故意,也不构成犯罪。但是,行为人误收数额较大的假币,不向有关部门或单位报告处理,故意持有、使用的,应以本罪论处。

2. 本罪与伪造货币罪的界限

本罪与伪造货币罪在侵犯法益、犯罪主体、主观要件上都相同,区别主要是在具体的客观行为方面。本罪的行为是持有、使用,伪造货币罪的行为是伪造。需要注意的是,如果行为人既进行了伪造货币的行为,又将所伪造的货币予以持有和使用的,由于持有和使用行为属于伪造行为的后续行为,故只以伪造货币罪论处即可。

3. 使用假币罪与出售、购买、运输假币罪的界限

使用假币罪与出售假币罪通常容易区分。出售假币一般表现为以远远低于假币面值的价格出售,如将面额 100 元的假币以 50 元的价格出售,假币是交换物;而使用假币通常表现为依照假币的面额进行流通,将假币当做真币使用,假币是交换的媒介。从表面上看,使用假币的行为人获得的利益更大,但事实上由于出售假币的数量大,法益侵犯更严重。从对方的心理状态看,使用假币时,对方一般不明知是假币而接受;而出售假币时,对方却明知是假币而购买。

根据《伪造货币案件司法解释》第 2 条的规定,行为人购买假币后使用,构成犯罪的,以购买假币罪定罪,从重处罚。行为人出售、运输假币构成犯罪,同时有使用假币行为的,以出售、运输假币罪和使用假币罪实行数罪并罚。

(三) 持有、使用假币罪的刑事责任

根据《刑法》第 172 条的规定,犯本罪的,处 3 年以下有期徒刑或者拘役,并处或者单处 1 万元以上 10 万元以下罚金;数额巨大的,处 3 年以上 10 年以下有期徒刑,并处 2 万元以上 20 万元以下罚金;数额特别巨大的,处 10 年以上有期徒刑,并处 5 万元以上 50 万元以下罚金或者没收财产。根据前述司法解释的规

定,明知是假币而持有、使用,总面额在4000元以上不满5万元的,属于"数额较大";总面额在5万元以上不满20万元的,属于"数额巨大";总面额在20万元以上的,属于"数额特别巨大"。

五、变造货币罪

变造货币罪,是指没有货币制作、发行权的人,对真正的货币进行各种方式的加工,使其改变为面额、数量、含量不同的货币,数额较大的行为。根据《伪造货币案件司法解释(二)》第1条的规定,变造货币是指对真货币采用剪贴、挖补、揭层、涂改、移位、重印等方法加工处理,改变真币形态、价值的行为。中国人民银行发布的《假币收缴、鉴定管理办法》规定:"变造的货币是指在真币的基础上,利用挖补、揭层、涂改、拼接、移位、重印等多种方法制作、改变真币原形态的假币。"变造货币一般表现为增加货币的面额、数量,如将50元的真货币变造为100元的货币。但是,变造货币不以"升值"为条件。实践中变造货币的情况较为复杂,除剪贴、拼凑、揭层之外,还有挖补、涂改、移位、重印等方式,此类行为虽未必在面额上有所升值、张数上有所增加,但明显不属于毁损货币的,应当纳入变造货币范畴。变造货币与伪造货币的区别在于:伪造是仿造真币进行制作,将非货币的一些物质"无中生有"地加工成"货币";变造是在现有的货币基础上进行加工处理,从而使原货币有所改变。如果行为人同时采用伪造和变造手段,制造真伪拼凑货币的[①],应以伪造货币罪定罪处罚。[②] 变造货币数额较大的,才成立犯罪。本罪的主体是达到法定刑事责任年龄、具有刑事责任能力的自然人。本罪的主观要件为故意。

根据《刑法》第173条的规定,犯本罪的,处3年以下有期徒刑或者拘役,并处或者单处1万元以上10万元以下罚金;数额巨大的,处3年以上10年以下有期徒刑,并处2万元以上20万元以下罚金。根据《伪造货币案件司法解释》第6条规定,变造货币的总面额在2000元以上不满3万元的,属于"数额较大";总面额在3万元以上的,属于"数额巨大"。

六、擅自设立金融机构罪

擅自设立金融机构罪,是指个人或者单位未经国家有关主管机关批准,擅自

[①] 真伪拼凑货币是近年来新出现的一种假币形态,但呈迅速蔓延趋势。从发案情况看,真伪拼凑货币主要见于百元钞,制作手法则五花八门。比如,将人民币一揭为二,正面保留,背面粘贴上伪造币;将人民币约二分之一处裁切掉,粘贴上对应伪造币;将人民币局部揭开,正面保留,背面从水印部位与人民大会堂主图景结合处揭去,粘贴上伪造币;等等。真伪拼凑货币就其基本材料而言,亦真亦假,故有人称之为伪造货币、变造货币之外的第三种假币,即"伪变造货币"。

[②] 参见最高人民法院2010年10月20日公布的《关于审理伪造货币等案件具体应用法律若干问题的解释(二)》第2条的规定。

设立商业银行、证券交易所、证券公司、期货交易所、期货经纪公司、保险公司或者其他金融机构的行为。

本罪的客观要件为未经国家有关主管机关批准,擅自设立金融机构的行为。这里的金融机构包括商业银行、证券交易所、证券公司、期货交易所、期货经纪公司、保险公司和其他金融机构,也包括金融机构的分支机构与筹备组织。未经批准设立金融机构,既可能是没有依法提出设立金融机构的申请便自行设立金融机构,也可能是虽然依法提出申请但没有获得正式批准时自行设立金融机构。未经银行业监督管理部门、国务院证券管理部门、保险业管理部门等主管部门审查批准设立金融机构,就属于"擅自设立"。本罪的主体包括个人和单位。本罪的主观要件为故意,即明知设立金融机构应依法获得主管部门批准,明知擅自设立金融机构的行为会发生扰乱金融秩序的结果,并且希望或者放任这种结果发生。

根据《刑法》第174条第1款的规定,个人犯本罪的,处3年以下有期徒刑或者拘役,并处或者单处2万元以上20万元以下罚金;情节严重的,处3年以上10年以下有期徒刑,并处5万元以上50万元以下罚金。单位犯本罪的,对单位判处罚金,并对其直接负责的主管人员和其他直接责任人员,依照上述规定处罚。

七、伪造、变造、转让金融机构经营许可证、批准文件罪

伪造、变造、转让金融机构经营许可证、批准文件罪,是指个人或者单位伪造、变造、转让商业银行、证券交易所、期货交易所、证券公司、期货经纪公司、保险公司或者其他金融机构的经营许可证或者批准文件的行为。本罪是选择性罪名,司法实践中应根据行为人的具体行为确定罪名。

本罪的客观行为包括伪造、变造和转让三种。其中,伪造是指没有制作、发行权的人,擅自制造金融机构经营许可证、批准文件;变造是指对真正的金融机构经营许可证、批准文件进行加工,如更改金融机构名称、编号、注册资本数额、业务范围、有效期限等;转让是指将金融机构经营许可证、批准文件有偿或者无偿地让与他人,包括出租、出借、出卖等行为。行为人具有伪造、变造、转让三种行为之一的,即构成本罪;同时实施这三种行为的,也只构成一罪,不实行数罪并罚。本罪的行为对象是金融机构经营许可证、批准文件。金融机构经营许可证包括金融机构法人许可证、营业许可证、经营外汇业务许可证以及其正本和副本。本罪的主体包括个人和单位。本罪的主观要件为故意。

根据《刑法》第174条第2款、第3款的规定,个人犯本罪的,处3年以下有期徒刑或者拘役,并处或者单处2万元以上20万元以下罚金;情节严重的,处3年以上10年以下有期徒刑,并处5万元以上50万元以下罚金。单位犯本罪的,

对单位判处罚金,并对其直接负责的主管人员和其他直接责任人员,依照上述规定处罚。

八、高利转贷罪

(一) 高利转贷罪的概念和构成

高利转贷罪,是指以转贷牟利为目的,套取金融机构信贷资金高利转贷他人,违法所得数额较大的行为。本罪的构成特征如下:

(1) 本罪的客观要件为套取金融机构信贷资金高利转贷他人,违法所得数额较大的行为。所谓套取金融机构信贷资金,是指行为人假称自己借款使用,或者编造虚假理由,获取金融机构信贷资金的行为。而高利转贷他人,则是指把从金融机构套取的信贷资金以高于金融机构贷款利率的利率转贷给其他单位或者个人。本罪的行为对象是信贷资金。信贷资金是指金融机构用于发放贷款的资金,既包括以信用贷款方式发放的资金,也包括以担保贷款方式发放的资金。实施高利转贷行为,违法所得数额较大的,才构成本罪。根据最高人民检察院、公安部2010年5月7日《关于公安机关管辖的刑事案件立案追诉标准的规定(二)》(以下简称《公安机关管辖案件立案标准(二)》)第26条的规定,具有下列情形之一的,应予立案追诉:高利转贷,违法所得数额在10万元以上的;虽未达到上述数额标准,但两年内因高利转贷受过行政处罚2次以上,又高利转贷的。

(2) 本罪的主体是一般主体,包括个人和单位。个人是指达到法定刑事责任年龄、具有刑事责任能力的自然人。

(3) 本罪的主观要件为故意,并且具有转贷牟利目的。如果行为人套取信贷资金不具有转贷牟利目的,而具有其他目的,则可能构成其他犯罪,不以本罪论处。

(二) 高利转贷罪的界限划分

本罪是目的犯,行为人套取金融机构信贷资金转贷给他人的行为构成本罪,要以转贷牟利为目的;如果出于其他目的取得信贷资金后,产生将该信贷资金高利转贷他人的意图进而实施该行为的,不构成本罪。高利转贷违法所得数额不大的,不构成本罪。套取金融机构信贷资金后,只是略高于法定利率转贷他人的,一般也不宜以犯罪论处。行为人以转贷牟利为目的套取金融机构的信贷资金,高利转贷给名义上有合作关系但实际上并不参与经营的企业,违法所得数额较大的,应认定为本罪。

(三) 高利转贷罪的刑事责任

根据《刑法》第175条的规定,犯本罪的,处3年以下有期徒刑或者拘役,并处违法所得1倍以上5倍以下罚金;数额巨大的,处3年以上7年以下有期徒刑,并处违法所得1倍以上5倍以下罚金。单位犯本罪的,对单位判处罚金,并对其直接负责的主管人员和其他直接责任人员,处3年以下有期徒刑或者拘役。

九、骗取贷款、票据承兑、金融票证罪

骗取贷款、票据承兑、金融票证罪,是指以欺骗手段取得银行或者其他金融机构贷款、票据承兑、信用证、保函等,给银行或者其他金融机构造成重大损失或者有其他严重情节的行为。

本罪的客观要件包括两个构成要素:一是行为人以欺骗手段取得银行或者其他金融机构贷款、票据承兑、信用证、保函等金融信用票证;二是该行为给银行或者其他金融机构造成重大损失或者有其他严重情节。本罪的主体是一般主体,包括个人和单位。本罪的主观要件是故意,但不要求具有特定的目的。①

根据《刑法》第175条之一的规定,犯本罪的,处3年以下有期徒刑或者拘役,并处或者单处罚金;给银行或者其他金融机构造成特别重大损失或者有其他特别严重情节的,处3年以上7年以下有期徒刑,并处罚金。单位犯本罪的,对单位判处罚金,并对其直接负责的主管人员和其他直接责任人员,依照上述规定处罚。

十、非法吸收公众存款罪

非法吸收公众存款罪,是指违反国家金融管理法规,非法吸收公众存款或者变相吸收公众存款,扰乱金融秩序的行为。

本罪的客观行为包括两种:第一,非法吸收公众存款,即未经主管机关批准,面向社会不特定的多数人吸收资金,出具凭证,承诺在一定期限内还本付息。非法吸收公众存款又包括两种情况:一是行为人不具有吸收公众存款的法定主体资格而吸收公众存款,如个人私设银行、钱庄等,非法办理存贷款业务,吸收公众存款;二是行为人虽然具有吸收公众存款的法定主体资格,但采取非法的方法吸收公众存款,例如,银行等金融机构违反中国人民银行关于利率的规定,擅自大幅度提高利率吸收公众存款。第二,变相吸收公众存款,即未经主管机关批准,不以吸收公众存款的名义,向社会不特定对象吸收公众资金,但承诺履行的义务

---

① 但也有学者认为,本罪必须具有非法占有贷款或者票据、信用证项下资金的目的。参见齐文远主编:《刑法学》(第2版),北京大学出版社2011年版,第388页。本书不赞同该说。

与吸收公众存款相同,即都是还本付息的活动。① 例如,违反国家规定,以各种基金会、集资办项目等方式吸收公众存款等。本罪的行为对象是公众存款。所谓公众存款,是指社会上不特定的人群的储蓄。如果行为人吸收存款,其存款人是特定的少数人,不构成本罪。本罪的主体是一般主体,包括个人和单位。为他人向社会公众非法吸收资金提供帮助,从中收取代理费、好处费、返点费、佣金、提成等费用,构成非法集资共同犯罪的,应当依法追究刑事责任。能够及时退缴上述费用的,可依法从轻处罚;其中情节轻微的,可以免除处罚;情节显著轻微、危害不大的,不作为犯罪处理。本罪的主观要件是故意,但不要求行为人具有特定的目的。

非法吸收公众存款具有下列情形之一的,应当依法追究刑事责任。(1)个人非法吸收或者变相吸收公众存款,数额在20万元以上的,单位非法吸收或者变相吸收公众存款,数额在100万元以上的;(2)个人非法吸收或者变相吸收公众存款30人以上的,单位非法吸收或者变相吸收公众存款150人以上的;(3)个人非法吸收或者变相吸收公众存款,给存款人造成直接经济损失数额在10万元以上的,单位非法吸收或者变相吸收公众存款给存款人造成直接经济损失数额在50万元以上的;(4)造成恶劣社会影响或其他严重后果的。

行为人擅自设立金融机构后,又非法吸收公众存款的,或者非法吸收公众存款后,又擅自设立金融机构的,应以擅自设立金融机构罪和非法吸收公众存款罪定罪,实行数罪并罚。

根据《刑法》第176条的规定,犯本罪的,处3年以下有期徒刑或者拘役,并处或者单处2万元以上20万元以下罚金;数额巨大或者有其他严重情节的,处3年以上10年以下有期徒刑,并处5万元以上50万元以下罚金。单位犯本罪

---

① 根据2011年1月4日实施的最高人民法院《关于审理非法集资刑事案件具体应用法律若干问题的解释》(以下简称《非法集资解释》)的规定,违反国家金融管理法律规定,向社会公众(包括单位和个人)吸收资金的行为,同时具备下列四个条件的,除刑法另有规定的以外,应当认定为本罪行为:(1)未经有关部门依法批准或者借用合法经营的形式吸收资金;(2)通过媒体、推介会、传单、手机短信等途径向社会公开宣传;(3)承诺在一定期限内以货币、实物、股权等方式还本付息或者给付回报;(4)向社会公众即社会不特定对象吸收资金。未向社会公开宣传,在亲友或者单位内部针对特定对象吸收资金的,不属于非法吸收或者变相吸收公众存款。所谓"向社会公开宣传",包括以各种途径向社会公众传播吸收资金的信息,以及明知吸收资金的信息向社会公众扩散而予以放任等情形。实施下列行为之一,符合上述规定的条件的,也应当按照本罪定罪处罚:(1)不具有房产销售的真实内容或者不以房产销售为主要目的,以返本销售、售后包租、约定回购、销售房产份额等方式非法吸收资金的;(2)以转让林权并代为管护等方式非法吸收资金的;(3)以代种植(养殖)、租种植(养殖)、联合种植(养殖)等方式非法吸收资金的;(4)不具有销售商品、提供服务的真实内容或者不以销售商品、提供服务为主要目的,以商品回购、寄存代售等方式非法吸收资金的;(5)不具有发行股票、债券的真实内容,以虚假转让股权、发售虚构债券等方式非法吸收资金的;(6)不具有募集基金的真实内容,以假借境外基金、发售虚构基金等方式非法吸收资金的;(7)不具有销售保险的真实内容,以假冒保险公司、伪造保险单据等方式非法吸收资金的;(8)以投资入股的方式非法吸收资金的;(9)以委托理财的方式非法吸收资金的;(10)利用民间"会""社"等组织非法吸收资金的;(11)其他非法吸收资金的行为。

的,对单位判处罚金,并对其直接负责的主管人员和其他直接责任人员依照上述规定处罚。①

非法吸收或者变相吸收公众存款的数额,以行为人所吸收的资金全额计算。案发前后已归还的数额,可以作为量刑情节酌情考虑。

非法吸收或者变相吸收公众存款,主要用于正常的生产经营活动,能够及时清退所吸收资金,可以免予刑事处罚;情节显著轻微的,不作为犯罪处理。

十一、伪造、变造金融票证罪

伪造、变造金融票证罪,是指伪造、变造汇票、本票、支票、委托收款凭证、汇款凭证、银行存单及其他银行结算凭证、信用证或者附随的单据、文件以及伪造信用卡的行为。

本罪的客观要件为伪造、变造各种金融票证的行为。其中,伪造有两种情形:一是没有金融票证制作权的人,假冒他人的名义,擅自制造外观上足以使一般人误认为是真实金融票证的假金融票证;二是有金融票证制作权的人,超越其制作权限,违背事实制造内容虚假的金融票证。变造是指擅自对真正的金融票证进行各种形式的加工,改变数额、日期或者其他内容。伪造、变造金融票证构成犯罪的情形包括以下四种:

一是伪造、变造汇票、本票、支票。汇票,是指由出票人签发的、委托付款人在见票时或者在指定日期无条件支付确定的金额给收款人或者持票人的票据。本票,是指由出票人签发的、承诺自己在见票时无条件支付确定的金额给收款人或者持票人的票据。支票,是指由出票人签发的、委托办理支票存款业务的银行或者其他金融机构在见票时无条件支付确定的金额给收款人或者持票人的票据。

二是伪造、变造委托收款凭证、汇款凭证、银行存单等其他银行结算凭证。银行结算凭证,是指办理银行结算的凭据和证明。委托收款凭证,是指收款人在委托银行向付款人收取款项时,所填写和提供的凭据和证明。汇款凭证,是指汇款人委托银行将款项汇给外地收款人时,所填写的凭据和证明。银行存单,是指储户向银行交存款项、办理开户时,银行向储户签发的载有户名、账号、存款金额、存期、存入日、到期日、利率等内容,存款到期后,银行绝对付款的信用、结算

---

① 根据《非法集资解释》第 3 条的规定,具有下列情形之一的,属于《刑法》第 176 条规定的"数额巨大或者有其他严重情节":(1) 个人非法吸收或者变相吸收公众存款,数额在 100 万元以上的,单位非法吸收或者变相吸收公众存款,数额在 500 万元以上的;(2) 个人非法吸收或者变相吸收公众存款对象 100 人以上的,单位非法吸收或者变相吸收公众存款对象 500 人以上的;(3) 个人非法吸收或者变相吸收公众存款,给存款人造成直接经济损失数额在 50 万元以上的,单位非法吸收或者变相吸收公众存款,给存款人造成直接经济损失数额在 250 万元以上的;(4) 造成特别恶劣社会影响或者其他特别严重后果的。

凭证。

三是伪造、变造信用证或者附随的单据、文件。信用证,是指银行根据开证申请人的请求,开给受益人的一种在具备约定的条件后,即可得到开证银行或支付银行支付约定金额的一种保证付款的凭证。信用证是国际贸易结算的一种方式,大多数为跟单信用证(附随必要的单据、文件),少数为光单信用证(不需要附随必要的单据、文件)。信用证附随的单据、文件,是指使用信用证所要求附随的运输单据、商业发票、保险单据及领事发票、海关发票、出口许可证、原产地证明等单据、文件。

四是伪造信用卡。信用卡,是指由商业银行或者其他金融机构发行的具有消费支付、信用贷款、转账结算、存取现金等全部功能或者部分功能的电子支付卡。信用卡的特点决定行为人只能以伪造的方式,不可能以变造的方式实施犯罪。

本罪的主体包括自然人和单位。本罪的主观要件为故意,即明知自己伪造、变造金融票证的行为会发生破坏金融管理秩序的结果,并且希望或者放任这种结果发生。

根据《刑法》第 177 条的规定,犯本罪的,处 5 年以下有期徒刑或者拘役,并处或者单处 2 万元以上 20 万元以下罚金;情节严重的,处 5 年以上 10 年以下有期徒刑,并处 5 万元以上 50 万元以下罚金;情节特别严重的,处 10 年以上有期徒刑或者无期徒刑,并处 5 万元以上 50 万元以下罚金或者没收财产。单位犯本罪的,对单位判处罚金,并对其直接负责的主管人员和其他直接责任人员,依照上述规定处罚。

十二、妨害信用卡管理罪

妨害信用卡管理罪,是指以明知为前提持有、运输伪造的信用卡或者空白信用卡数量较大,非法持有他人的信用卡数量较大,使用虚假的身份证明骗领信用卡,以及出售、购买、为他人提供伪造的信用卡或者以虚假的身份证明骗领的信用卡的行为。本罪客观行为有以下四种:

一是明知是伪造的信用卡而持有、运输,或者明知是伪造的空白信用卡而持有、运输,数量较大。这种情况下,行为的方式是持有、运输;行为对象是伪造的信用卡和伪造的空白信用卡。伪造信用卡是伪造、变造金融票证的行为方式之一,伪造信用卡后又持有该伪造的信用卡的,属于吸收犯,只定伪造金融票证罪。

二是非法持有他人的信用卡,数量较大。此处的信用卡必须是他人的真实的信用卡;持有行为必须是非法的。

三是使用虚假的身份证明骗领信用卡。这是指行为人违背他人意愿,使用他人的居民身份证、军官证、港澳居民往来内地通行证等身份证明申领信用卡,或者使用伪造、变造的身份证明申领信用卡的行为。需要注意的是,以虚假的身份证明骗领信用卡,并不要求身份证明本身是虚假的,如果用他人真实的身份证明为自己骗领信用卡的,也属于以虚假的身份证明骗领信用卡。以虚假的身份证明骗领信用卡还包括用虚假的保证人身份证明骗领信用卡。骗领信用卡,还包括以他人的身份证明挂失他人的信用卡并骗领补办信用卡。

四是出售、购买、为他人提供伪造的信用卡或者以虚假的身份证明骗领的信用卡。在这种情况下,行为方式是出售、购买、为他人提供;行为对象是伪造的信用卡或者以虚假的身份证明骗领的信用卡。

本罪的主体是一般主体,即达到法定刑事责任年龄、具有刑事责任能力的自然人。本罪的主观要件为故意。

根据《刑法》第177条之一第1款的规定,犯本罪的,处3年以下有期徒刑或者拘役,并处或者单处1万元以上10万元以下罚金;数量巨大或者有其他严重情节的,处3年以上10年以下有期徒刑,并处2万元以上20万元以下罚金。

十三、窃取、收买、非法提供信用卡信息罪

窃取、收买、非法提供信用卡信息罪,是指故意窃取、收买或者非法提供他人信用卡信息资料的行为。本罪危害行为包括三种:窃取、收买和非法提供。本罪的行为对象是他人的信用卡信息资料。本罪的主体是一般主体,即达到法定刑事责任年龄、具有刑事责任能力的自然人。本罪的主观要件为故意。

根据《刑法》第177条之一第2款的规定,犯本罪的,处3年以下有期徒刑或者拘役,并处或者单处1万元以上10万元以下罚金;数量巨大或者有其他严重情节的,处3年以上10年以下有期徒刑,并处2万元以上20万元以下罚金。该条第3款规定,银行或者其他金融机构工作人员利用职务上的便利犯本罪的,从重处罚。

十四、伪造、变造国家有价证券罪

伪造、变造国家有价证券罪,是指伪造、变造国库券或者国家发行的其他有价证券,数额较大的行为。本罪的行为对象是国家有价证券,包括国库券和国家发行的其他证券。有价证券,是指具有一定货币票面价值,代表一定的财产所有权,并借以取得一定的收益,而且被作为金融工具的一种凭证。《公安机关管辖案件立案标准(二)》第32条规定,伪造、变造国库券或者国家发行的其他有价证券,总面额在2000元以上的,应予立案追诉。本罪的主体包括个人和单位。本罪的主观要件为故意。

根据《刑法》第178条第1款、第3款的规定,犯本罪的,处3年以下有期徒

刑或者拘役,并处或者单处2万元以上20万元以下罚金;数额巨大的,处3年以上10年以下有期徒刑,并处5万元以上50万元以下罚金;数额特别巨大的,处10年以上有期徒刑或者无期徒刑,并处5万元以上50万元以下罚金或者没收财产。单位犯本罪的,对单位判处罚金,并对其直接负责的主管人员和其他直接责任人员,依照上述规定处罚。

十五、伪造、变造股票、公司、企业债券罪

伪造、变造股票、公司、企业债券罪,是指伪造、变造股票或者公司、企业债券,数额较大的行为。本罪的危害行为是伪造、变造行为,本罪的行为对象是股票和公司、企业债券。股票是指股份有限公司发给股东的、表明其投资入股份额并据以行使股权的凭证;公司、企业债券是指公司、企业为筹集资金而依法发行的、并承诺在规定日期按照规定利率还本付息而发给债权人的凭证。作为本罪行为对象的股票、债券仅限于我国境内发行的股票、债券,不包括我国境外发行、流通的股票、债券。伪造、变造外国公司股票、债券,意图骗取他人财物的,以诈骗罪论处。伪造、变造股票或者公司、企业债券数额是否较大是罪与非罪的界限。《公安机关管辖案件立案标准(二)》第33条规定,伪造、变造股票或者公司、企业债券,总面额在5000元以上的,应予立案追诉。本罪的主体包括个人和单位。本罪的主观要件为故意。

根据《刑法》第178条第2款、第3款的规定,犯本罪的,处3年以下有期徒刑或者拘役,并处或者单处1万元以上10万元以下罚金;数额巨大的,处3年以上10年以下有期徒刑,并处2万元以上20万元以下罚金。单位犯本罪的,对单位判处罚金,并对其直接负责的主管人员和其他直接责任人员,依照上述规定处罚。

十六、擅自发行股票、公司、企业债券罪

擅自发行股票、公司、企业债券罪,是指未经国家有关主管部门批准,擅自发行股票或者公司、企业债券,数额巨大、后果严重或者有其他严重情节的行为。本罪的客观要件包括两个构成要素:一是擅自发行股票或者公司、企业债券,包括未经国家主管部门批准,不具有发行资格而发行股票或者公司、企业债券和具有合法发行的资格但违反《证券法》等法律法规发行股票或者公司、企业债券两种情形。二是擅自发行股票、公司、企业债券,数额巨大、后果严重或者有其他严重情节。根据《公安机关管辖案件立案标准(二)》第34条的规定,"数额巨大、后果严重或者有其他严重情节"是指:(1)发行数额在50万元以上的;(2)虽未达到上述数额标准,但擅自发行致使30人以上的投资者购买了股票或者公司、

企业债券的;(3)不能及时清偿或者清退的;(4)其他后果严重或者有其他严重情节的情形。本罪的主体包括个人和单位。本罪的主观要件故意。

本罪与欺诈发行股票、债券罪有相同之处,例如,犯罪的客观要件都是非法发行股票或者公司、企业债券,都要求数额巨大、后果严重或者有其他严重情节;犯罪主体都包括个人和单位;犯罪主观方面都是故意。但是,本罪是未经国家有关主管部门批准而擅自发行股票或者公司、企业债券,而欺诈发行股票、债券罪是在招股说明书、认股书、公司、企业债券募集办法中隐瞒重要事实或者编造重大虚假内容,发行股票或者公司、企业债券。如果既未经国家有关主管部门批准,又采取欺诈方法发行股票或者公司、企业债券的,属于一行为触犯数罪名,应择一重罪定罪处罚。

根据《刑法》第179条的规定,犯本罪的,处5年以下有期徒刑或者拘役,并处或者单处非法募集资金金额1%以上5%以下罚金。单位犯本罪的,对单位判处罚金,并对其直接负责的主管人员和其他直接责任人员,处5年以下有期徒刑或者拘役。"非法募集资金金额"是指通过擅自发行股票或者公司、企业债券所募集到的资金金额。

十七、内幕交易、泄露内幕信息罪

内幕交易、泄露内幕信息罪,是指证券、期货交易内幕信息的知情人员或者非法获取证券、期货交易内幕信息的人员,在涉及证券的发行,证券、期货交易或者其他对证券、期货交易的价格有重大影响的信息尚未公开前,买入或者卖出该证券,或者从事与该内幕信息有关的期货交易,或者泄露该信息,或者明示、暗示他人从事上述交易活动,情节严重的行为。

本罪的客观方面表现为三种行为:一是进行内幕交易。内幕交易是指在内幕信息尚未公开之前买入、卖出该证券或者从事与该内幕信息有关的期货交易。① 二是泄露内幕信息。泄露内幕信息是指知悉内幕信息的人员将内幕信息透露给不应知道内幕信息的人员。内幕信息是指在证券、期货交易活动中,涉及公司的经营、财务或者对该公司证券的市场价格、期货交易价格有重大影响的尚未公开的信息,其具体范围根据法律、行政法规的规定确定。三是明示、暗示他人从事上述交易活动。上述三种行为,只要具备其中之一,就可构成本罪。此

---

① 根据《内幕交易解释》第4条的规定,具有下列情形之一的,不属于《刑法》第180条第1款规定的从事与内幕信息有关的证券、期货交易:(1)持有或者通过协议、其他安排与他人共同持有上市公司5%以上股份的自然人、法人或者其他组织收购该上市公司股份的;(2)按照事先订立的书面合同、指令、计划从事相关证券、期货交易的;(3)依据已被他人披露的信息而交易的;(4)交易具有其他正当理由或者正当信息来源的。

外,构成本罪还要求内幕交易或者泄露内幕信息情节严重[①]。

本罪的主体是特殊主体,即证券、期货交易内幕信息的知情人员和单位,以及非法获取证券、期货交易内幕信息的人员和单位。根据《内幕交易解释》第1、2条的规定,下列人员应当认定为"证券、期货交易内幕信息的知情人员":(1)《证券法》第74条规定的人员;(2)《期货交易管理条例》第85条第12项规定的人员。具有下列行为的人员应当认定为"非法获取证券、期货交易内幕信息的人员":(1)利用窃取、骗取、套取、窃听、利诱、刺探或者私下交易等手段获取内幕信息的;(2)内幕信息知情人员的近亲属或者其他与内幕信息知情人员关系密切的人员,在内幕信息敏感期[②]内,从事或者明示、暗示他人从事,或者泄露内幕信息导致他人从事与该内幕信息有关的证券、期货交易,相关交易行为明显异常[③],且无正当理由或者正当信息来源的;(3)在内幕信息敏感期内,与内幕信息知情人员联络、接触,从事或者明示、暗示他人从事,或者泄露内幕信息导致他人从事与该内幕信息有关的证券、期货交易,相关交易行为明显异常,且无正当理由或者正当信息来源的。

本罪的主观要件为故意,即行为人必须明知证券、期货交易内幕信息尚未公开而买入或者卖出该证券,或者从事与该内幕有关的期货交易,或者明知是证券交易内幕信息而泄露。

根据《刑法》第180条的规定,犯本罪的,处5年以下有期徒刑或者拘役,并处或者单处违法所得1倍以上5倍以下罚金;情节特别严重的,处5年以上10

[①] 根据2012年6月1日最高人民法院、最高人民检察院《关于办理内幕交易、泄露内幕信息刑事案件具体应用法律若干问题的解释》(以下简称《内幕交易解释》)第6条的规定,在内幕信息敏感期内从事或者明示、暗示他人从事或者泄露内幕信息导致他人从事与该内幕信息有关的证券、期货交易,具有下列情形之一的,应当认定为《刑法》第180条第1款规定的"情节严重":(1)证券交易成交额在50万元以上的;(2)期货交易占用保证金数额在30万元以上的;(3)获利或者避免损失数额在15万元以上的;(4)3次以上的;(5)具有其他严重情节的。

[②] 所谓"内幕信息敏感期",根据《内幕交易解释》第5条的规定,是指内幕信息自形成至公开的期间。《证券法》第67条第2款所列"重大事件"的发生时间,第75条规定的"计划""方案"以及《期货交易管理条例》第85条第11项规定的"政策""决定"等的形成时间,应当认定为内幕信息的形成之时。影响内幕信息形成的动议、筹划、决策或者执行人员,其动议、筹划、决策或者执行初始时间,应当认定为内幕信息的形成之时。内幕信息的公开,是指内幕信息在国务院证券、期货监督管理机构指定的报刊、网站等媒体披露。

[③] 所谓"相关交易行为明显异常",《内幕交易解释》第3条规定要综合以下情形,从时间吻合程度、交易背离程度和利益关联程度等方面予以认定:(1)开户、销户、激活资金账户或者指定交易(托管)、撤销指定交易(转托管)的时间与该内幕信息形成、变化、公开时间基本一致的;(2)资金变化与该内幕信息形成、变化、公开时间基本一致的;(3)买入或者卖出与内幕信息有关的证券、期货合约时间与内幕信息的形成、变化和公开时间基本一致的;(4)买入或者卖出与内幕信息有关的证券、期货合约时间与获悉内幕信息的时间基本一致的;(5)买入或者卖出证券、期货合约行为明显与平时交易习惯不同的;(6)买入或者卖出证券、期货合约行为,或者集中持有证券、期货合约行为与该证券、期货公开信息反映的基本面明显背离的;(7)账户交易资金进出与该内幕信息知情人员或者非法获取人员有关联或者利害关系的;(8)其他交易行为明显异常情形。

年以下有期徒刑,并处违法所得1倍以上5部以下罚金。根据《内幕交易解释》第7条的规定,在内幕信息敏感期内从事或者明示、暗示他人从事或者泄露内幕信息导致他人从事与该内幕信息有关的证券、期货交易,具有下列情形之一的,应当认定为《刑法》第180条第1款规定的"情节特别严重":(1)证券交易成交额在250万元以上的;(2)期货交易占用保证金数额在150万元以上的;(3)获利或者避免损失数额在75万元以上的;(4)具有其他特别严重情节的。

单位犯本罪的,对单位判处罚金,并对其直接负责的主管人员和其他直接责任人员,依照上述规定处罚。

《内幕交易解释》第8—10条规定,应当对相关交易数额依法累计计算。同一案件中,成交额、占用保证金额、获利或者避免损失额分别构成情节严重、情节特别严重的,按照处罚较重的数额定罪处罚。构成共同犯罪的,按照共同犯罪行为人的成交总额、占用保证金总额、获利或者避免损失总额定罪处罚,但判处各被告人罚金的总额应掌握在获利或者避免损失总额的1倍以上5倍以下。本罪的"违法所得",是指通过内幕交易行为所获利益或者避免的损失。内幕信息的泄露人员或者内幕交易的明示、暗示人员未实际从事内幕交易的,其罚金数额按照因泄露而获悉内幕信息人员或者被明示、暗示人员从事内幕交易的违法所得计算。

十八、利用未公开信息交易罪

利用未公开信息交易罪,是指证券交易所、期货交易所、证券公司、期货经纪公司、基金管理公司、商业银行、保险公司等金融机构的从业人员以及有关监管部门或者行业协会的工作人员,利用因职务便利获取的内幕信息以外的其他未公开信息,违反规定,从事与该信息相关的证券、期货交易活动,或者明示、暗示他人从事相关交易活动,情节严重的行为。

本罪的客观要件为利用因职务便利获取的内幕信息以外的其他未公开信息,违反规定从事与该信息相关的证券、期货交易活动或者明示、暗示他人从事相关交易活动,情节严重的行为。本罪的行为对象是内幕信息以外的其他未公开的信息。其他未公开的信息是指对证券、期货交易价格有重要影响的未公开的、内幕信息以外的信息,主要是指上述金融机构在资产管理、投资理财业务中将用客户资金投资购买某个证券、期货等金融产品的决策信息。本罪的主体是特殊主体,即证券交易所、期货交易所、证券公司、期货经纪公司、基金管理公司、商业银行、保险公司等金融机构的从业人员以及有关监管部门或者行业协会的工作人员。本罪的主观要件为故意。

根据《刑法》第180条第4款的规定,犯本罪的,处5年以下有期徒刑或者拘役,并处或者单处违法所得1倍以上5倍以下罚金;情节特别严重的,处5年以上 10 年以下有期徒刑,并处违法所得 1 倍以上 5 倍以下罚金。

十九、编造并传播证券、期货交易虚假信息罪

编造并传播证券、期货交易虚假信息罪,是指编造并且传播影响证券、期货交易的虚假信息,扰乱证券、期货交易市场,造成严重后果的行为。编造是指捏造虚假信息,既包括虚构本不存在的信息,也包括篡改、加工、隐瞒真实的信息;传播是指使用一定的方式使虚假信息处于不特定人或者多数人知悉或者可能知悉的状态。只编造不传播或者只传播不编造的,不构成本罪。构成本罪还要求上述行为扰乱证券、期货交易市场,造成严重后果。根据《公安机关管辖案件立案标准(二)》第 37 条的规定,具备下列情形之一的,属于"造成严重后果":(1)获利或者避免损失数额累计在 5 万元以上的;(2)造成投资者直接经济损失数额在 5 万元以上的;(3)致使交易价格和交易量异常波动的;(4)虽未达到上述数额标准,但多次编造并且传播影响证券、期货交易的虚假信息的;(5)其他造成严重后果的情形。本罪的主体包括个人和单位。本罪的主观要件为故意。

根据《刑法》第 181 条第 1 款、第 3 款的规定,个人犯本罪的,处 5 年以下有期徒刑或者拘役,并处或者单处 1 万元以上 10 万元以下罚金。单位犯本罪的,对单位判处罚金,并对其直接负责的主管人员和其他直接责任人员,处 5 年以下有期徒刑或者拘役。

二十、诱骗投资者买卖证券、期货合约罪

诱骗投资者买卖证券、期货合约罪,是指证券交易所、期货交易所、证券公司、期货经纪公司的从业人员,证券业协会、期货业协会或者证券、期货监督管理部门的工作人员,故意提供虚假信息或者伪造、变造、销毁交易记录,诱骗投资者买卖证券、期货合约,造成严重后果的行为。

本罪的客观行为表现为提供虚假信息或者伪造、变造、销毁交易记录,诱骗投资者买卖证券、期货合约。构成本罪要求上述行为造成严重后果。根据《公安机关管辖案件立案标准(二)》第 38 条的规定,具备下列情形之一的,属于"造成严重后果":(1)获利或者避免损失数额累计在 5 万元以上的;(2)造成投资者直接经济损失数额在 5 万元以上的;(3)致使交易价格和交易量异常波动的;(4)其他造成严重后果的情形。本罪的主体是特殊主体,包括证券交易所、期货交易所、证券公司、期货经纪公司的从业人员,以及证券业协会、期货业协会或者证券、期货管理部门的工作人员与单位。本罪的主观要件为故意。

根据《刑法》第 181 条第 2 款、第 3 款的规定,犯本罪的,处 5 年以下有期徒刑或者拘役,并处或者单处 1 万元以上 10 万元以下罚金;情节特别恶劣的,处 5

年以上10年以下有期徒刑,并处2万元以上20万元以下罚金。单位犯本罪的,对单位判处罚金,并对其直接负责的主管人员和其他直接责任人员,处5年以下有期徒刑或者拘役。

二十一、操纵证券、期货市场罪

操纵证券、期货市场罪,是指自然人或者单位,通过各种手段故意操纵证券、期货市场,情节严重的行为。本罪的客观行为表现为以下四种类型:(1) 单独或者合谋,集中资金优势、持股或者持仓优势或者利用信息优势联合或者连续买卖、操纵证券、期货交易价格或者证券、期货交易量;(2) 与他人串通,以事先约定的时间、价格和方式相互进行证券、期货交易,影响证券、期货交易价格或者证券、期货交易量;(3) 在自己实际控制的账户之间进行证券交易,或者以自己为交易对象,自买自卖期货合约,影响证券、期货交易价格或者证券、期货交易量;(4) 以其他方法操纵证券、期货市场。构成本罪要求上述行为情节严重。本罪的主体是一般主体,包括个人和单位。本罪的主观要件为故意。

根据《刑法》第182条的规定,犯本罪的,处5年以下有期徒刑或者拘役,并处或者单处罚金;情节特别严重的,处5年以上10年以下有期徒刑,并处罚金。单位犯本罪的,对单位判处罚金,并对其直接负责的主管人员和其他直接责任人员,依照上述规定处罚。

二十二、背信运用受托财产罪

背信运用受托财产罪,是指商业银行、证券交易所、期货交易所、证券公司、期货经纪公司、保险公司或者其他金融机构,违背受托义务,擅自运用客户资金或者其他委托、信托的财产,情节严重的行为。本罪的客观行为表现为违背受托义务,擅自运用客户资金或者其他委托、信托的财产。构成本罪要求上述行为情节严重。本罪的主体是单位,即商业银行、证券交易所、期货交易所、证券公司、期货经纪公司、保险公司或者其他金融机构。本罪的主观要件为故意。

根据《刑法》第185条之一第1款的规定,犯本罪的,对单位判处罚金,并对其直接负责的主管人员和其他直接责任人员,处3年以下有期徒刑或者拘役,并处3万元以上30万元以下罚金;情节特别严重的,处3年以上10年以下有期徒刑,并处5万元以上50万元以下罚金。

二十三、违法运用资金罪

违法运用资金罪,是指社会保障基金管理机构、住房公积金管理机构等公众资金管理机构,以及保险公司、保险资产管理公司、证券投资基金管理公司,违反国家规定运用资金的行为。本罪的客观行为表现为特定机构或公司违反国家规定运用资金。但是,擅自运用资金归个人使用的,不构成本罪,可以构成挪用资金罪或挪用公款罪。本罪的主体是单位,即社会保障基金管理机构、住房公积金管理机构等公众资金管理机构,以及保险公司、保险资产管理公司、证券投资基金管理公司。本罪的主观要件为故意。

根据《刑法》第185条之一第2款的规定,犯本罪的,对其直接负责的主管人员和其他直接责任人员,处3年以下有期徒刑或者拘役,并处3万元以上30万元以下罚金;情节特别严重的,处3年以上10年以下有期徒刑,并处5万元以上50万元以下罚金。

二十四、违法发放贷款罪

违法发放贷款罪,是指银行或者其他金融机构或者其工作人员违反国家规定发放贷款,数额巨大或者造成重大损失的行为。本罪的客观要件为违反国家规定发放贷款,数额巨大或者造成重大损失的行为。此处的"违反国家规定"是指违反全国人大及其常委会制定的有关信贷管理内容的法律、决定,国务院制定的有关信贷管理的行政法规、决定和命令。本罪的主体是特殊主体,即银行或者其他金融机构及其工作人员。本罪的主观要件为行为人违规发放贷款持故意态度,但对造成重大损失持过失态度。

根据《刑法》第186条的规定,犯本罪的,处5年以下有期徒刑或者拘役,并处1万元以上10万元以下罚金;数额特别巨大或者造成特别重大损失的,处5年以上有期徒刑,并处2万元以上20万元以下罚金。银行或者其他金融机构的工作人员违反国家规定,向关系人发放贷款的,依照上述规定从重处罚。根据《商业银行法》的规定,关系人是指商业银行及其他金融机构的董事、监事、管理人员、信贷人员及其近亲属,以及上述人员投资或者担任高级管理职务的公司、企业和其他经济组织。单位犯本罪的,对单位判处罚金,并对其直接负责的主管人员和其他直接责任人员,依照上述规定处罚。

二十五、吸收客户资金不入账罪

吸收客户资金不入账罪,是指银行或者其他金融机构或者其工作人员吸收客户资金不入账,数额巨大或者造成重大损失的行为。本罪的危害行为表现为吸收客户资金不入账。吸收客户资金不入账是指不记入金融机构的法定存款账目,以逃避国家金融监管。上述行为要达到数额巨大或者造成重大损失才能构成犯罪。本罪的主体是特殊主体,即银行或者其他金融机构及其工作人员。本罪的主观要件为故意。

根据《刑法》第187条的规定,犯本罪的,处5年以下有期徒刑或者拘役,并处2万元以上20万元以下罚金;数额特别巨大或者造成特别重大损失的,处5

年以上有期徒刑,并处5万元以上50万元以下罚金。单位犯本罪的,对单位判处罚金,并对其直接负责的主管人员和其他直接责任人员,依照上述规定处罚。

二十六、违规出具金融票证罪

违规出具金融票证罪,是指银行或者其他金融机构或者其工作人员违反规定,为他人出具信用证或者其他保函、票据、存单、资信证明,情节严重的行为。本罪的客观行为表现为违反规定,为他人出具信用证或者其他保函、票据、存单、资信证明。"违反规定"是指违反有关金融法律、法规、规章及银行或者其他金融机构内部制定的规章制度和业务规则;"他人"包括为自然人和为单位;"保函"是指银行办理代客担保业务时,应申请人的要求,向受益人开出的保证函件;"资信证明"是指提供客户的财产状况、偿还能力、信用程度等情况的证明文件。构成本罪要求上述行为达到情节严重。本罪的主体是特殊主体,即银行或者其他金融机构及其工作人员。本罪的主观要件为故意。

根据《刑法》第188条的规定,犯本罪的,处5年以下有期徒刑或者拘役,情节特别严重的,处5年以上有期徒刑。单位犯本罪的,对单位判处罚金,并对其直接负责的主管人员和其他直接责任人员,依照上述规定处罚。

二十七、对违法票据承兑、付款、保证罪

对违法票据承兑、付款、保证罪,是指银行或者其他金融机构或者其工作人员,在票据业务中对违反《票据法》规定的票据予以承兑、付款或者保证,造成重大损失的行为。

本罪的客观行为表现为在票据业务中对违反《票据法》规定的票据予以承兑、付款或者保证。违反《票据法》规定的票据,是指票据记载事实不符合《票据法》规定的金融票据。承兑,是指汇票付款人承诺在汇票到期日支付汇票金额的票据行为。付款,是指票据债务人向票据债权人支付票据金额的行为;保证,是指对已经存在的票据上的债务进行担保的票据行为。构成本罪要求上述行为造成重大损失。根据《公安机关管辖案件立案标准(二)》第45条的规定,"造成重大损失",是指对违反《票据法》规定的票据予以承兑、付款或者保证,造成直接经济损失数额在20万元以上。本罪的主体包括个人和单位,即银行或者其他金融机构及其工作人员。本罪的主观要件为故意,即行为人明知是违反《票据法》规定的票据而予以承兑、付款或者保证。

根据《刑法》第189条的规定,犯本罪的,处5年以下有期徒刑或者拘役;造成特别重大损失的,处5年以上有期徒刑。单位犯本罪的,对单位判处罚金,并对其直接负责的主管人员和其他直接责任人员,依照上述规定处罚。

二十八、逃汇罪

逃汇罪,是指公司、企业或者其他单位,违反国家规定,擅自将外汇存放境外或者将境内的外汇非法转移到境外,数额较大的行为。

本罪的客观行为表现为两种:一是违反国家规定,擅自将外汇存放境外;二是将境内的外汇非法转移到境外。外汇是指以外币表示的可以用作国际清偿的外国货币、外币支付凭证、外币有价证券、特别提款权、欧洲货币单位及其他外汇资产。"违反国家规定"是指违反外汇管理法律、法规;"擅自将外汇存放境外",是指将应当调回国内的经常项目外汇收入擅自存放境外的行为;"将境内的外汇非法转移到境外",是指违反国家规定,将境内的外汇私自转移到境外的行为。构成本罪要求擅自将外汇存放境外或者将境内的外汇非法转移到境外的数额较大。根据《公安机关管辖案件立案标准(二)》第46条的规定,"数额较大"是指擅自将外汇存放境外或者将境内的外汇非法转移到境外,单笔在200万美元以上或者累计数额在500万美元以上。本罪的主体是单位,包括公司、企业或者其他单位。本罪的主观要件为故意。

根据《刑法》第190条的规定,犯本罪的,对单位判处逃汇数额5%以上30%以下的罚金,并对其直接负责的主管人员和其他直接责任人员处5年以下有期徒刑或者拘役;数额巨大或者有其他严重情节的,判处逃汇数额5%以上30%以下的罚金,并对其直接负责的主管人员和其他直接责任人员处5年以上有期徒刑。

二十九、骗购外汇罪

骗购外汇罪,是指使用伪造、变造的海关签发的报关单、进口证明、外汇管理部门核准件等凭证和单据,重复使用海关签发的报关单、进口证明、外汇管理部门核准件等凭证和单据,或者以其他方式骗购外汇,数额较大的行为。

本罪的客观行为有如下三种:一是使用伪造、变造的海关签发的报关单、进口证明、外汇管理部门核准件等凭证和单据;二是重复使用海关签发的报关单、进口证明、外汇管理部门核准件等凭证和单据;三是以其他方式骗购外汇。构成本罪要求骗购外汇数额较大。根据《公安机关管辖案件立案标准(二)》第47条的规定,"数额较大"是指骗购外汇数额在50万美元以上。本罪的主体包括个人和单位。本罪的主观方面为故意。明知用于骗购外汇而提供人民币资金的,以共犯论处。海关、外汇管理部门以及金融机构、从事对外贸易经营活动的公司、企业或者其他单位的工作人员与骗购外汇的行为人通谋,为其提供购买外汇的有关凭证或者其他便利的,或者明知是伪造、变造的凭证和单据而售汇、付汇的,以共犯论处,从重处罚。

根据1998年全国人大常委会《关于惩治骗购外汇、逃汇和非法买卖外汇犯罪的决定》第 1 条的规定,犯本罪的,处 5 年以下有期徒刑或者拘役,并处骗购外汇数额 5% 以上 30% 以下罚金;数额巨大或者有其他严重情节的,处 5 年以上 10 年以下有期徒刑,并处骗购外汇数额 5% 以上 30% 以下罚金;数额特别巨大或者有其他特别严重情节的,处 10 年以上有期徒刑或者无期徒刑,并处骗购外汇数额 5% 以上 30% 以下罚金或者没收财产。单位犯本罪的,对单位判处罚金;单位犯本罪数额较大的,对其直接负责的主管人员和其他直接责任人员处 5 年以下有期徒刑或者拘役;数额巨大或者有其他严重情节的,处 5 年以上 10 年以下有期徒刑;数额特别巨大或者有其他特别严重情节的,处 10 年以上有期徒刑或者无期徒刑。伪造、变造海关签发的报关单、进口证明、外汇管理部门核准件等凭证和单据,并用于骗购外汇的,按照本罪从重处罚。

三十、洗钱罪

(一) 洗钱罪的概念和构成

洗钱罪,是指明知是毒品犯罪、黑社会性质的组织犯罪、恐怖活动犯罪、走私犯罪、贪污贿赂犯罪、破坏金融管理秩序犯罪、金融诈骗犯罪所得及其产生的收益,通过提供资金账户、协助将财产转换为现金、金融票据或者有价证券、协助将资金汇往境外等方法,掩饰、隐瞒其来源和性质的行为。本罪的构成特征如下:

(1) 本罪的客观要件为掩饰、隐瞒毒品犯罪、黑社会性质的组织犯罪、恐怖活动犯罪、走私犯罪、贪污贿赂犯罪、破坏金融管理秩序犯罪、金融诈骗犯罪所得及其产生的收益的来源和性质的行为。

本罪的行为对象是毒品犯罪、黑社会性质的组织犯罪、恐怖活动犯罪、走私犯罪、贪污贿赂犯罪、破坏金融管理秩序犯罪、金融诈骗犯罪所得及其产生的收益。如果行为对象不是这七种犯罪的性质和来源,不构成本罪。

掩饰、隐瞒的具体行为方式包括以下五种:

第一,提供资金账户。这是指行为人将自己拥有的合法账户提供给上述七种犯罪分子,或者为其在金融机构开立账户,使其将犯罪所得及其产生的收益存入金融机构,从而取得合法形式。

第二,协助将财产转换为现金、金融票据或者有价证券。这是指行为人采取各种方式协助上述七种犯罪分子将犯罪所得的赃物变卖,使其转换为现金、金融票据或者有价证券。

第三,通过转账或者其他结算方式协助资金转移。这是指行为人协助上述七种犯罪分子将赃款混入合法收入,存入银行等金融机构,然后通过转账或者其他结算方式,掩饰、隐瞒其来源和性质,将赃款转为合法资金。

第四,协助将资金汇往境外。这是指享有国内外资金来往权的个人或单位,通过自己在银行或者其他金融机构开设的账号,协助上述七种犯罪分子将犯罪所得及其产生的收益汇往境外。

第五，以其他方法掩饰、隐瞒犯罪所得及其收益的性质和来源。① 这是指上述四种方法之外的掩饰、隐瞒犯罪所得及其收益的性质和来源的一切方法。

行为人实施上述五种行为之一的，即可构成本罪。

（2）本罪的主体是一般主体，包括个人和单位。个人通常是银行或者其他金融机构的工作人员；单位通常是银行或者其他金融机构以及中小企业。

（3）本罪的主观要件为直接故意，行为人必须明知②是上述七种犯罪所得及其收益而加以掩饰、隐瞒，具有掩饰、隐瞒上述七种犯罪所得及其收益的性质和来源的目的。如果行为人确实不知该财物是上述七种犯罪所得及其收益，也不具有掩饰、隐瞒其来源和性质的目的，则不构成本罪。

（二）洗钱罪的界限划分

1. 本罪与非罪的界限

在司法实践中判断行为人掩饰、隐瞒通过犯罪行为所获得违法所得及其产生收益的行为是否构成犯罪，主要从下面三个方面入手：(1) 掩饰、隐瞒行为的对象的性质和类型。《刑法》规定本罪的犯罪对象只能是毒品犯罪、黑社会性质的组织犯罪、走私犯罪、恐怖活动犯罪、贪污贿赂犯罪、破坏金融管理秩序犯罪以及金融诈骗犯罪这七类犯罪的违法所得及其产生的收益，除此之外的掩饰、隐瞒其他任何犯罪的违法所得及其产生的收益的行为均不构成本罪；(2) 主观要件。本罪的主观要件只能为故意，过失不构成本罪。如果行为人根本不知道或者不可能知道其掩饰、隐瞒的是上述七类犯罪的违法所得及其产生的收益，从而进行了掩饰、隐瞒行为，则行为人的此种行为不构成犯罪；(3) 情节的严重程度或者

---

① 根据2009年最高人民法院《关于审理洗钱等刑事案件具体应用法律若干问题的解释》的规定，具有下列情形之一的，可以认定为"以其他方法掩饰、隐瞒犯罪所得及其收益的性质和来源"：(1) 通过典当、租赁、买卖、投资等方式，协助转移、转换犯罪所得及其收益的；(2) 通过与商场、饭店、娱乐场所等现金密集型场所的经营收入相混合的方式，协助转移、转换犯罪所得及其收益的；(3) 通过虚构交易、虚设债权债务、虚假担保、虚报收入等方式，协助将犯罪所得及其收益转换为"合法"财物的；(4) 通过买卖彩票、奖券等方式，协助转换犯罪所得及其收益的；(5) 通过赌博方式，协助将犯罪所得及其收益转换为赌博收益的；(6) 协助将犯罪所得及其收益携带、运输或者邮寄出入境的；(7) 通过前述规定以外的方式协助转移、转换犯罪所得及其收益的。

② 根据《关于审理洗钱等刑事案件具体应用法律若干问题的解释》第1条、第2条的规定，所谓"明知"，应当结合被告人的认知能力，接触他人犯罪所得及其收益的情况，犯罪所得及其收益的种类、数额，犯罪所得及其收益的转换、转移方式以及被告人的供述等主、客观因素进行认定。具有下列情形之一的，可以认定被告人明知系犯罪所得及其收益，但有证据证明确实不知道的除外：(1) 知道他人从事犯罪活动，协助转换或者转移财物的；(2) 没有正当理由，通过非法途径协助转换或者转移财物的；(3) 没有正当理由，以明显低于市场的价格收购财物的；(4) 没有正当理由，协助转换或者转移财物，收取明显高于市场的"手续费"的；(5) 没有正当理由，协助他人将巨额现金散存于多个银行账户或者在不同银行账户之间频繁划转的；(6) 协助近亲属或者其他关系密切的人转换或者转移与其职业或者财产状况明显不符的财物的；(7) 其他可以认定行为人明知的情形。被告人将《刑法》规定的某一上游犯罪的犯罪所得及其收益误认为《刑法》规定的上游犯罪范围内的其他犯罪所得及其收益的，不影响本罪"明知"的认定。

数额的大小。尽管《刑法》并未将"情节严重"或者"数额较大"规定为本罪的构成要件,但本书还是认为,根据刑法总则第13条"但书"的规定,只有当行为人掩饰、隐瞒通过犯罪行为所获得违法所得及其产生收益达到了一定的严重情节或者一定的数额,此时才构成犯罪。

2. 本罪与窝藏、转移、收购、销售赃物罪的界限

二者在客观要件上具有很多相似之处,但二者也有很大的区别,主要表现在:(1)二者的犯罪对象不同。本罪的行为对象只包括毒品犯罪、黑社会性质的组织犯罪、走私犯罪、恐怖活动犯罪、贪污贿赂犯罪、破坏金融管理秩序犯罪以及金融诈骗犯罪这七类犯罪的违法所得及其产生的收益;而窝藏、转移、收购、销售赃物罪的行为对象则不局限于上述七类犯罪行为所得的违法所得及其产生的收益,而包括通过实施任何犯罪行为所获得的一切赃物。(2)客观行为的具体内容不同。本罪的客观行为方式是《刑法》第191条规定的五种洗钱行为;后者表现为窝藏、转移、收购、代为销售或者以其他方法掩饰、隐瞒犯罪所得及其收益的行为。(3)犯罪主体不同。本罪的主体既可以是个人也可以是单位;而窝藏、转移、收购、销售赃物罪的主体只能是自然人,而不包括单位。(4)主观上要求不完全相同。本罪在主观上不仅要求明知是前述6种犯罪的赃款赃物,并且还要具有掩饰、隐瞒其来源和性质的主观目的;而窝藏、转移、收购、销售赃物罪只要求明知是赃款、赃物即可。

(三)洗钱罪的刑事责任

根据《刑法》第191条的规定,犯本罪的,除没收实施毒品犯罪、黑社会性质的组织犯罪、恐怖活动犯罪、走私犯罪、贪污贿赂犯罪、破坏金融管理秩序犯罪、金融诈骗犯罪的所得及其产生的收益外,处5年以下有期徒刑或者拘役,并处或者单处洗钱数额5%以上20%以下罚金;情节严重的,处5年以上10年以下有期徒刑,并处洗钱数额5%以上20%以下罚金。单位犯本罪的,对单位判处罚金,并对其直接负责的主管人员和其他直接责任人员,处5年以下有期徒刑或者拘役。

第六节 金融诈骗罪

一、集资诈骗罪

(一)集资诈骗罪的概念和构成

集资诈骗罪,是指以非法占有为目的,使用诈骗方法非法集资,数额较大的行为。本罪的构成特征如下:

(1)本罪侵犯的法益是国家正常的金融管理秩序和公私财产所有权。集资

诈骗行为,一方面以"集资"的形式非法进入金融市场,以高利率、高回报的方式非法吸收社会上的资金,影响金融资金的流向,破坏正常的金融管理秩序;另一方面,以"集资"的名义诈骗他人钱财,非法占有他人资金,侵犯公私财产所有权。

(2) 本罪的客观要件为使用诈骗的方法非法集资,数额较大的行为。首先,本罪的客观行为是使用诈骗方法非法集资。诈骗方法是指行为人采用虚构资金用途,以虚假的证明文件和高回报率为诱饵,或者其他虚构事实、隐瞒真相的手段骗取集资款。集资是指为了实现某种经济目的而筹集资金的行为。在我国,集资必须依照法定的条件和程序,通过向社会公众发行股票、债券等有价证券的方式或者利用融资租赁、合资、联营等方式进行。非法集资是指违反法律、法规,向社会公众募集资金的行为。该行为必须面向多数人或者不特定的人,但不要求实际上已骗取了多数人的资金。其次,构成本罪要求非法集资数额较大。根据《公安机关管辖案件立案标准(二)》第49条的规定,"数额较大"是指下列情形之一:个人集资诈骗,数额在10万元以上的;单位集资诈骗,数额在50万元以上的。

(3) 本罪的主体包括个人和单位。个人是指达到法定刑事责任年龄、具有刑事责任能力的自然人。明知他人从事集资诈骗活动,为其提供广告等宣传的,以相关犯罪的共犯论处。

(4) 本罪的主观要件

本罪的主观要件为故意,并且以非法占有为目的。① 本罪中的非法占有目的,应当区分情形进行具体认定。行为人部分非法集资行为具有非法占有目的的,对该部分非法集资行为所涉集资款以集资诈骗罪定罪处罚;非法集资共同犯罪中部分行为人具有非法占有目的,其他行为人没有非法占有集资款的共同故意和行为的,对具有非法占有目的的行为人以集资诈骗罪定罪处罚。

(二) 集资诈骗罪的界限划分

1. 本罪的罪与非罪的界限

构成本罪要求非法集资数额较大,并且具有非法占有的目的。如果非法集资数额不大,或者集资行为人不具有非法占有该集资款的目的,则不构成犯罪。对于非法占有目的的认定,既不能单纯根据损失结果认定,也不能仅凭行

---

① 根据2010年最高人民法院《关于审理非法集资刑事案件具体应用法律若干问题的解释》第4条的规定,使用诈骗方法非法集资,具有下列情形之一的,可以认定为"以非法占有为目的":(1)集资后不用于生产经营活动或者用于生产经营活动与筹集资金规模明显不成比例,致使集资款不能返还的;(2)肆意挥霍集资款,致使集资款不能返还的;(3)携带集资款逃匿的;(4)将集资款用于违法犯罪活动的;(5)抽逃、转移资金、隐匿财产,逃避返还资金的;(6)隐匿、销毁账目,或者搞假破产、假倒闭,逃避返还资金的;(7)拒不交代资金去向,逃避返还资金的;(8)其他可以认定非法占有目的的情形。

为人的供述认定,而应根据案件的具体情况进行具体分析。实践中还应注意区分本罪与集资贷款纠纷。集资贷款纠纷是指集资方夸大集资回报率,后因客观原因无力及时按照约定返还集资款及红利引起的纠纷。这种情况下,也许集资行为有一定成分的欺诈,但因其主观上无非法占有集资款的目的而不构成犯罪。

2. 本罪与与非法吸收公众存款罪的界限

两罪在客观行为表现上都有向不特定的公众非法吸收、筹集资金的行为,在主体上均为一般主体,主观方面的罪过形式都是故意,但是,二者具有如下区别:一是侵犯的法益不同。本罪既侵犯金融管理秩序又侵犯公私财产所有权,非法吸收公众存款罪只侵犯金融管理秩序。所以,本罪的社会危害性一般大于非法吸收公众存款罪。二是客观要件不同。本罪是结果犯,要求使用诈骗的方法非法集资数额较大,非法吸收公众存款罪是行为犯,只要实施违反国家金融管理法规,非法吸收或者变相吸收公众存款、扰乱金融秩序的行为,就构成犯罪。三是主观目的不同,这是二者区分的关键。本罪行为人必须具有非法占有集资款的目的,而非法吸收公众存款罪不以特定目的为构成要件。因此,如果以诈骗的方法非法集资并且具有非法占有的目的,构成本罪;如果非法集资不具有非法占有目的,只是将筹集来的资金转贷给他人或用于生产经营,以谋取利益,日后还本付息的,可以构成非法吸收公众存款罪。

3. 本罪与擅自发行股票、公司、企业债券罪的界限

本罪有时也以未经批准擅自发行股票或者公司、企业债券的方式实施,但其与擅自发行股票、公司、企业债券罪有如下不同:一是侵犯的法益不同。本罪侵犯的法益是金融管理秩序和公司财产所有权,擅自发行股票、公司、企业债券罪侵犯的法益是股票、公司、企业债券的管理秩序。二是客观要件不同。本罪的客观方面表现为以欺骗的方法非法集资数额较大,擅自发行股票、公司、企业债券罪的客观方面表现为未经国家有关主管部门批准,擅自发行股票、公司、企业债券,数额巨大、后果严重或者有其他严重情节。三是犯罪目的不同。本罪行为人具有非法占有集资款的目的,擅自发行股票、公司、企业债券罪的行为人不具有非法占有目的,其目的一般为非法筹集生产经营资金。

(三) 集资诈骗罪的刑事责任

根据《刑法》第192条、第199条和第200条的规定,犯本罪的,处5年以下有期徒刑或者拘役,并处2万元以上20万元以下罚金;数额巨大或者有其他严重情节的,处5年以上10年以下有期徒刑,并处5万元以上50万元以下罚金;数额特别巨大或者有其他特别严重情节的,处10年以上有期徒刑或者无期徒刑,并处5万元以上50万元以下罚金或者没收财产;数额特别巨大并且给国家和人民利益造成特别重大损失的,处无期徒刑或者死刑,并处没收财产。单位犯

本罪的,对单位判处罚金,并对其直接负责的主管人员和其他直接责任人员,处5年以下有期徒刑或者拘役,可以并处罚金;数额巨大或者有其他严重情节的,处5年以上10年以下有期徒刑,并处罚金;数额特别巨大或者有其他特别严重情节的,处10年以上有期徒刑或者无期徒刑,并处罚金。对于集资诈骗数额的认定,应以行为人实际骗取的数额计算。对于行为人为实施集资诈骗活动而支付的中介费、手续费、回扣等,或者用于行贿、赠与等费用,均应计入集资诈骗的犯罪数额。

二、贷款诈骗罪

贷款诈骗罪,是指以非法占有为目的,诈骗银行或者其他金融机构的贷款,数额较大的行为。本罪的客观方面表现为采用虚构事实、隐瞒真相的方法,骗取银行或者其他金融机构的贷款,数额较大的行为。首先,行为人骗取银行或其他金融机构贷款的方法有以下几种:(1)编造引进资金、项目等虚假理由。如编造引进外资需要配套资金、编造所谓能够产生良好效益的投资项目等虚假理由,向银行或者其他金融机构骗取贷款。(2)使用虚假的经济合同。(3)使用虚假的证明文件。(4)使用虚假的产权证明作担保或者超出抵押物价值重复担保。(5)以其他方法诈骗贷款。行为人只要使用上述之一种方法骗取贷款,即可构成本罪。其次,构成本罪要求诈骗贷款数额较大。《公安机关管辖案件立案标准(二)》第50条规定,"数额较大"是指以非法占有为目的,诈骗银行或者其他金融机构的贷款,数额在2万元以上。本罪的主体是一般主体,即达到法定刑事责任年龄、具有刑事责任能力的自然人。本罪的主观要件为故意,并且具有非法占有银行或者其他金融机构的贷款的目的。

根据《刑法》第193条的规定,犯本罪的,处5年以下有期徒刑或者拘役,并处2万元以上20万元以下罚金;数额巨大或者有其他严重情节的,处5年以上10年以下有期徒刑,并处5万元以上50万元以下罚金;数额特别巨大或者有其他特别严重情节的,处10年以上有期徒刑或者无期徒刑,并处5万元以上50万元以下罚金或者没收财产。

三、票据诈骗罪

票据诈骗罪,是指以非法占有为目的,利用金融票据进行诈骗活动,数额较大的行为。本罪侵犯的法益是国家的金融票据管理秩序和票据所有人、受益人的财产所有权。本罪的客观方面表现为利用金融票据进行诈骗活动,数额较大的行为。首先,行为人具有利用金融票据进行诈骗活动的行为,具体表现为以下几种行为:

(1)明知是伪造、变造的汇票、本票、支票而使用,骗取财物。这既包括直接利用这些伪造、变造的金融票据进行诈骗,也包括利用这些票据充作抵押、保证等进行诈骗。

（2）明知是作废的汇票、本票、支票而使用,骗取财物。"作废"的票据包括过期的票据、无效的票据及依法宣布作废的票据。"过期"是指超过票据有效的兑付期限;"无效"是指票据金额的中文大写和数码记载不一致,票据的金额、日期、收款人名称有更改,票据必须记载的事项不全的票据等;"被依法宣布作废"是指银行根据国家的规定予以作废的票据,如更换票据版本后旧版本即为作废的票据。

（3）冒用他人的汇票、本票、支票。"他人"是指汇票、本票、支票的合法持有人或所有人。这种情形表现为明知是他人的金融票据,擅自以他人之名非法使用。至于是否以合法手段获取该金融票据则未作要求,所以,可以是基于合法的事实占有该票据,如拾得他人遗失的票据等,也可以是基于非法的事实占有该票据,如盗窃、诈骗而来的票据等。

（4）签发空头支票或者与其预留印鉴不符的支票,骗取财物。所谓"空头支票"是指出票人在银行没有存款或存款不足时签发的到期无法兑现的支票。签发与其预留印鉴不符的支票是指支票出票人在其签发的支票上加盖与其预先存留在金融机构中的印鉴不相一致的财务公章或者支票出票人签章,将其交给取款人,使支票在金融机构不能兑现的行为。

（5）汇票、本票的出票人签发无资金保证的汇票、本票或者在出票时作虚假记载,骗取财物。"资金保证",是指票据的出票人在承兑汇票、本票时具有按票据支付的能力。在各种票据的支付中,除了对即时兑付的票据有支付能力,还包括对远期的票据拥有到期支付的能力。"出票",是指出票人签发票据并将其交付给收款人的票据行为。签发汇票、本票时,不如实填写票据应当记载的事项,并据以进行诈骗的行为,也构成本款客观行为要件。

其次,行为人实施上述行为要构成本罪,需要达到骗取财物"数额较大"。根据《公安机关管辖案件立案标准(二)》规定,个人进行票据诈骗数额1万元以上的,属于"数额较大";单位进行票据诈骗数额在10万元以上的,属于"数额较大"。

本罪的主体是一般主体,包括自然人和单位。本罪的主观要件故意,并且具有非法占有的目的。

根据《刑法》第194条、第200条的规定,犯本罪的,处5年以下有期徒刑或者拘役,并处2万元以上20万以下罚金;数额巨大或者有其他严重情节的,处5年以上10年以下有期徒刑,并处5万元以上50万元以下罚金;数额特别巨大或者有其他特别严重情节的,处10年以上有期徒刑或者无期徒刑,并处5万元以上50万元以下罚金或者没收财产。单位犯本罪的,对单位判处罚金,并对其直接负责的主管人员和其他直接责任人员,处5年以下有期徒刑或者拘役,可以并处罚金;数额巨大或者有其他严重情节的,处5年以上10年以下有期徒刑,并处罚金;数额特别巨大或者有其他特别严重情节的,处10年以上有期徒刑或者无期徒刑,并处罚金。

四、金融凭证诈骗罪

金融凭证诈骗罪,是指以非法占有为目的,使用伪造、变造的委托收款凭证、汇款凭证、银行存单等其他银行结算凭证骗取财物,数额较大的行为。本罪的客观行为表现为使用伪造、变造的委托收款凭证、汇款凭证、银行存单等其他银行结算凭证骗取财物。委托收款凭证是指行为人在委托银行向付款人收取货款等款项时,填写和提供的凭据和证明。其他银行结算凭证是指除票据以外的银行结算凭证。构成本罪要求骗取财物数额较大。根据《公安机关管辖案件立案标准(二)》第52条的规定,"数额较大"是指下列情形之一:(1)个人进行金融凭证诈骗,数额1万元以上的;(2)单位进行金融凭证诈骗,数额在10万元以上的。本罪的主体包括自然人和单位。本罪的主观要件为故意,并且具有非法占有的目的。

根据《刑法》第194条、第200条的规定,个人犯本罪的,处5年以下有期徒刑或者拘役,并处2万元以上20万以下罚金;数额巨大或者有其他严重情节的,处5年以上10年以下有期徒刑,并处5万元以上50万元以下罚金;数额特别巨大或者有其他特别严重情节的,处10年以上有期徒刑或者无期徒刑,并处5万元以上50万元以下罚金或者没收财产。单位犯本罪的,对单位判处罚金,并对其直接负责的主管人员和其他直接责任人员,处5年以下有期徒刑或者拘役,可以并处罚金;数额巨大或者有其他严重情节的,处5年以上10年以下有期徒刑,并处罚金;数额特别巨大或者有其他特别严重情节的,处10年以上有期徒刑或者无期徒刑,并处罚金。

五、信用证诈骗罪

信用证诈骗罪,是指以非法占有为目的,进行信用证诈骗活动的行为。信用证是指开证银行根据进口商的开证申请,开给受益人(通常是出口商)在一定条件下支付约定定金的保证付款的书面凭证。它是当前国际结算的一种方式。行为人实施下列行为之一的,构成本罪:(1)使用伪造、变造的信用证或者附随的单据、文件。附随的单据、文件是指使用信用证时必须附随的运输单据、商业发票、合同、提单、保险单等。(2)使用作废的信用证。如使用过期、失效的信用证等。(3)骗取信用证。这是指采用虚构事实、隐瞒真相的方法,欺骗开证银行,使其开具信用证。(4)以其他方法进行信用证诈骗活动。如与开证银行、受益人合谋,在支付银行款项后宣布开证银行破产,使支付银行受到财产损失。本罪的主体是一般主体,包括个人和的单位。本罪的主观要件为故意,并且具有非法占有的目的。

根据《刑法》第195条、第200条的规定,个人犯本罪的,处5年以下有期徒刑或者拘役,并处2万元以上20万以下罚金;数额巨大或者有其他严重情节的,处5年以上10年以下有期徒刑,并处5万元以上50万元以下罚金;数额特别巨大或者有其他特别严重情节的,处10年以上有期徒刑或者无期徒刑,并处5万元以上50万元以下罚金或者没收财产。单位犯本罪的,对单位判处罚金,并对其直接负责的主管人员和其他直接责任人员,处5年以下有期徒刑或者拘役,可以并处罚金;数额巨大或者有其他严重情节的,处5年以上10年以下有期徒刑,并处罚金;数额特别巨大或者有其他特别严重情节的,处10年以上有期徒刑或者无期徒刑,并处罚金。

六、信用卡诈骗罪

(一)信用卡诈骗罪的概念和构成

信用卡诈骗罪,是指以非法占有为目的,进行信用卡诈骗活动,数额较大的行为。本罪的构成特征如下:

(1)本罪侵犯的法益是国家的信用卡管理秩序和公私财产所有权。

(2)本罪的客观要件为利用伪造或者作废的信用卡,或者使用以虚假的身份证明骗领的信用卡,或者冒用他人的信用卡,或者利用信用卡恶意透支,诈骗公私财物,数额较大的行为。

首先,本罪的行为对象是信用卡。信用卡是指由商业银行或其他金融机构发行的具有消费支付、信用贷款、转账结算、存取现金等功能的电子支付卡。信用卡是当前世界各国使用最为广泛的一种支付手段、消费信贷和结算工具。我国银行自20世纪70年代末80年代初开始发行信用卡,在不长的时间内发展迅速;信用卡成为一种新的结算工具,发挥着越来越重要的作用。与此同时,利用信用卡进行的犯罪活动也不断出现。

其次,本罪的客观行为包括下列几种:

一是使用伪造的信用卡或者使用以虚假的身份证明骗领的信用卡,骗取财物。使用伪造的信用卡是指按照信用卡的通常使用方法,将伪造的信用卡作为真实有效的信用卡加以利用。使用伪造的信用卡,由于没有申请发行时必须存入的起用金,一旦实际使用了该信用卡,特约商户接受该信用卡的兑付,并据此给付货物或服务,就会直接使特约商户遭受经济损失,这与传统的诈骗罪的性质是一致的,所以构成犯罪。但是,使用伪造的信用卡只限于对自然人使用,在机器上使用伪造的信用卡取得财物的,可构成盗窃罪。

二是使用作废的信用卡,骗取财物。作废的信用卡是指因法定原因失去效用的信用卡,主要包括:超过使用期限而自动失效的信用卡,信用卡一般都规定有使用期限,超过期限就自动失效,持卡人在信用卡到期日如要继续使用,应到发卡银行办理换卡;持卡人中途停止使用信用卡,并在发卡机构办理了退卡手续的。此时虽然信用卡尚在有效期限内,但由于持卡人中途退卡而归于作废;挂失的信用卡,发卡银行或其他金融机构对丢失信用卡的情形规定有挂失制度,以切实保护持卡人的利益,经挂失的信用卡就失去使用效力,成为作废的信用卡。

三是冒用他人的信用卡,骗取财物。冒用他人的信用卡是指非持卡人以持卡人的名义使用其信用卡,进行购物、消费或提取现金,从而骗取财物。这以违反持卡人的意志为前提,征得持卡人同意,使用其信用卡的,不构成犯罪。

四是恶意透支。恶意透支是指持卡人以非法占有为目的,超过规定限额、规定期限透支,并且经发卡银行催收后仍不归还的行为。根据有关司法解释的规定,仍不归还是指自收到发卡银行催收通知之日起3个月仍不归还。恶意透支是一种违法行为,与正常的透支行为,即善意透支相比,根本区别在于持卡人主观上具有非法占有所透支的资金的目的。比较常见的手法是行为人在短时间内,持信用卡在不同的特约商户、网点频繁使用、取现,每次都在银行规定的限额内,以使银行不能及时发现其真实企图,积少成多,造成巨额透支,然后携款物潜逃;等到银行发现时,巨额损失已成既成事实。

最后,构成本罪要求骗取财物数额较大。根据《公安机关管辖案件立案标准(二)》第54条的规定,"数额较大"是指下列情形之一:使用伪造的信用卡,或者使用以虚假的身份证明骗领的信用卡,或者使用作废的信用卡,或者冒用他人信用卡,进行诈骗活动,数额在5000元以上;恶意透支,数额在1万元以上。

(3) 本罪的主体是一般主体,即达到法定刑事责任年龄、具有刑事责任能力的自然人。单位不构成本罪。

(4) 本罪的主观要件为故意,并且具有非法占有的目的。使用伪造、作废的信用卡时,必须明知是伪造、作废的信用卡。透支不具有非法占有目的的,不构成信用卡诈骗罪。

(二) 信用卡诈骗罪的界限划分

1. 本罪的罪与非罪的界限

首先,本罪为目的犯,如果行为人基于过失或不知情实施了使用作废的信用卡、使用他人信用卡或是透支等行为,不具有非法占有目的的,不构成犯罪。其次,构成本罪,骗取财物需达到数额较大的程度,数额不大的,不构成犯罪。

2. 本罪与伪造金融票证罪的界限

行为人既伪造信用卡又自己使用的,既构成伪造金融票证罪,又构成本罪。这两个罪具有如下区别:第一,本罪的基本犯是结果犯,实施信用卡诈骗,构成犯罪要求数额较大;伪造金融票证罪的基本犯是行为犯,只要实施了伪造信用卡的行为,无论是否发生危害结果,都构成犯罪。第二,犯罪主体不同。本罪的主体只能是自然人,而伪造金融票证罪的主体既可以是自然人,也可以是单位。行为人使用自己伪造的信用卡进行诈骗行为的,如果诈骗的财物数额未达到本罪要求的,以伪造金融票证罪论处;如果诈骗的财物数额较大,则应当从一重罪处断。

3. 盗窃信用卡并使用的定性

盗窃信用卡并使用而骗得数额较大财物的,构成盗窃罪。如果以非法占有为目的而盗窃信用卡,但尚未使用的,构成盗窃罪未遂。

(三)信用卡诈骗罪的刑事责任

根据《刑法》第196条的规定,犯本罪的,处5年以下有期徒刑或者拘役,并处2万元以上20万元以下罚金;数额巨大或者有其他严重情节的,处5年以上10年以下有期徒刑,并处5万元以上50万元以下罚金;数额特别巨大或者有其他特别严重情节的,处10年以上有期徒刑或者无期徒刑,并处5万元以上50万元以下罚金或者没收财产。根据最高人民法院、最高人民检察院《关于办理妨害信用卡管理刑事案件具体应用法律若干问题的解释》第5条的规定,使用伪造的信用卡、以虚假的身份证明骗领的信用卡、作废的信用卡或者冒用他人信用卡,进行信用卡诈骗活动,数额在5000元以上不满5万元的,为"数额较大";数额在5万元以上不满50万元的,为"数额巨大";数额在50万元以上的,为"数额特别巨大"。

七、有价证券诈骗罪

有价证券诈骗罪,是指以非法占有为目的,使用伪造、变造的国库券或者国家发行的其他有价证券,进行诈骗活动,数额较大的行为。本罪的客观行为表现为使用伪造、变造的国库券或者国家发行的其他有价证券。"使用"是指对不知情的自然人使用,向知情的对方倒卖伪造的国家发行的有价证券的,不构成本罪。这里的"国家发行"不限于中央人民政府发行,也包括代表国家的国家职能部门发行。构成本罪要求诈骗财物数额较大。根据《公安机关管辖案件立案标准(二)》第55条的规定,"数额较大"是指诈骗财物数额在1万元以上。本罪的主体是一般主体,即达到法定刑事责任年龄、具有刑事责任能力的自然人。本罪的主观要件为故意,并且具有非法占有的目的。

根据《刑法》第197条的规定,犯本罪的,处5年以下有期徒刑或者拘役,并处2万元以上20万元以下罚金;数额巨大或者有其他严重情节的,处5年以上10年以下有期徒刑,并处5万元以上50万元以下罚金;数额特别巨大或者有其他特别严重情节的,处10年以上有期徒刑或者无期徒刑,并处5万元以上50万元以下罚金或者没收财产。

八、保险诈骗罪

（一）保险诈骗罪的概念和构成

保险诈骗罪，是指投保人、被保险人或者受益人，以非法占有为目的，违反保险法律、法规，采取故意虚构保险标的、保险事故或者制造保险事故等方法骗取保险金，数额较大的行为。本罪的构成特征如下：

（1）本罪侵犯的法益是国家的保险管理秩序和保险人的财产所有权。

（2）本罪的客观要件为违反保险法律、法规，采取虚构事实、隐瞒真相的方法骗取保险金数额较大的行为。首先，违反保险法律、法规是构成本罪的前提。其次，本罪的客观行为表现为以下五种：

一是投保人故意虚构保险标的，骗取保险金。保险标的是指作为保险对象的物质财富及其有关利益、人的生命或身体。保险标的是保险合同的核心，可以说保险法律关系当事人都是围绕保险标的开展保险活动的。故意虚构保险标的是指行为人为了骗取保险金，在订立保险合同时，故意虚构根本不存在的保险标的，企图制造保险事故，以非法获取保险金。如某甲谎称自己有一辆汽车，并拿来他人的有关的证明文件，与保险公司订立了保险合同，后谎称汽车被偷，骗取保险金。

二是投保人、被保险人或者受益人对发生的保险事故编造虚假的原因或者夸大损失的程度，骗取保险金。保险事故发生后，保险人要进行理赔，给付保险金，但并非任何原因引起的保险事故都会获得理赔，只有基于法定或约定的原因、并被排除在免责条款之外而发生的保险事故才会获得赔偿。对发生的保险事故编造虚假的原因是指投保人、被保险人或者受益人为了达到骗取保险金的目的，在发生保险事故后，对事故原因作虚假的陈述或者隐瞒事故发生的真实原因，企图把不符合赔偿责任范围的事故编造成赔偿责任范围内的事故。夸大损失的程度是指投保人、被保险人或者受益人在保险事故发生后，故意夸大保险事故造成保险标的损失的程度，企图取得超过损失程度的保险金。前者如将因为操作不当导致的机器爆炸，行为人伪装并编造为机器自身电路短路导致的，以获取产品质量保险金；后者如发生电路短路的爆炸事故后，夸大由此造成的人员伤亡、物质损失，骗取保险金。

三是投保人、被保险人、受益人编造未曾发生的保险事故，骗取保险金。如某甲在取得动产保险后，自己设法转移该动产，之后向保险公司谎称被盗，以骗取保险金。

四是保险人、被保险人故意造成财产损失的保险事故，骗取保险金。如行为人故意造成被保险的房屋被烧毁并谎称为保险事故，或是故意将某件动产遗弃，谎称被盗，要求保险人理赔，从而非法获取保险金。这种情形限定在财产保险合同中。

五是投保人、受益人故意造成被保险人死亡、伤残或者疾病,骗取保险金。这种情形限定在人身保险中。人身保险是以人的健康和生命作为保险标的的。投保人、受益人为获取保险金而故意实施致使被保险人死亡、伤残或者发生疾病的行为,如杀害、伤害、虐待、遗弃、投毒等,从而骗取保险金。

再次,构成本罪要求骗取保险金数额较大。根据《公安机关管辖案件立案标准(二)》第56条的规定,"数额较大"是指:个人进行保险诈骗,数额在1万元以上;单位进行保险诈骗,数额在5万元以上。

(3) 本罪的主体是特殊主体,即投保人、被保险人或者受益人。投保人是指对保险标的有相关的利益,向保险人申请订立保险合同,并负有交纳保险费义务的人。被保险人是指在保险事故发生或者约定的保险期间届满时,依据保险合同,有权向保险人请求补偿损失或者领取保险金的人。受益人是指投保人或者被保险人在保险合同中明确指定或者依照法律规定有权取得保险金的人。投保人、被保险人、受益人可能是一个人,也可能根据法律的规定或约定,将被保险人或受益人另外指定为他人,从而为不同的两个人或三个人。但《刑法》根据客观行为对主体范围作了具体限定。如虚构保险标的,其主体只限于投保人;虚构保险事故,其主体包括投保人、被保险人和受益人等。个人和单位都可以成为本罪的主体。

(4) 本罪的主观要件为故意,并且具有非法占有保险金的目的。

(二) 保险诈骗罪的界限划分

1. 本罪的罪与非罪的界限

首先,构成本罪需要达到数额较大的程度。个人或单位骗取保险金分别在1万元、5万元以下的,不构成犯罪。其次,行为人主观上是否具有骗取保险金的目的也是区分罪与非罪的标准之一。如果行为人因为不清楚保险的具体规定,或是由于事故本身难以认定误报的,不属于以非法占有保险金为目的行为,不构成犯罪。

2. 本罪的罪数

根据《刑法》第198条第2款的规定,行为人在实施上述第(4)、(5)种客观行为时,同时构成其他犯罪的,应当实行数罪并罚。如行为人为骗取保险金,将某处房屋焚烧,或将被保险人杀害,获取数额较大的保险金。这些行为在构成保险诈骗罪的同时,也构成放火罪和故意杀人罪,应当数罪并罚。但是,如果为骗取保险金,行为人伪造有关公文、证件、印章的,属于牵连犯,应从一重罪处断。

3. 本罪的共犯

根据《刑法》第198条第4款的规定,保险事故的鉴定人、证明人、财产评估人故意提供虚假的证明文件,为他人诈骗提供条件的,以保险诈骗罪的共犯论处,不单独构成《刑法》第 229 条规定的提供虚假证明文件罪。

(三)保险诈骗罪的刑事责任

根据《刑法》第 198 条的规定,个人犯本罪的,处 5 年以下有期徒刑或者拘役,并处 1 万元以上 10 万元以下罚金;数额巨大或者有其他严重情节的,处 5 年以上 10 年以下有期徒刑,并处 2 万元以上 20 万元以下罚金;数额特别巨大或者有其他特别严重情节的,处 10 年以上有期徒刑,并处 2 万元以上 20 万元以下罚金或者没收财产。单位犯本罪的,对单位判处罚金,并对其直接负责的主管人员和其他直接责任人员,处 5 年以下有期徒刑或者拘役;数额巨大或者有其他严重情节的,处 5 年以上 10 年以下有期徒刑;数额特别巨大或者有其他特别严重情节的,处 10 年以上有期徒刑。

第七节 危害税收征管罪

一、逃税罪

(一)逃税罪的概念和构成

逃税罪,是指纳税人采取欺骗、隐瞒手段进行虚假纳税申报或者不申报,逃避缴纳税款数额较大并且占应纳税额 10% 以上,或者扣缴义务人采取欺骗、隐瞒手段不缴或者少缴已扣、已收税款,数额较大的行为。本罪的构成特征如下:

(1)本罪侵犯的法益是国家的税收征管秩序。

(2)本罪的客观要件为采取欺骗、隐瞒手段进行虚假纳税申报或者不申报,逃避缴纳税款数额较大并且占应纳税额 10% 以上,或者扣缴义务人采取欺骗、隐瞒手段不缴或者少缴已扣、已收税款,数额较大的行为。首先,行为人采取欺骗、隐瞒手段逃避缴纳税款。欺骗、隐瞒手段是指行为人采取虚构事实、隐瞒真相的方法欺骗税务机关,意图不缴或少缴税款。例如,行为人伪造、变造、擅自销毁账簿、记账凭证,使征收税款失去依据;在账簿上多列支出、少列收入,使税额减少乃至免除等。其次,行为人进行虚假纳税申报或者不申报,不缴或少缴税款。虚假纳税申报是指纳税人、扣缴义务人以不缴或者少缴应纳税款为目的的纳税申报。再次,构成本罪要求逃避缴纳税款的数额达到刑法规定的标准。对于纳税人来说,构成本罪必须达到的数额标准是:逃避缴纳税款数额较大并且占应纳税额 10% 以上。对于扣缴义务人来说,构成本罪必须达到的标准是:不缴或者少缴已扣、已收税款数额较大。根据《公安机关管辖案件立案标准(二)》第 57 条的规定,纳税人采取欺骗、隐瞒手段进行虚假纳税申报或者不申报,逃避缴纳税款,数额在 5 万元以上并且占各税种应纳税总额 10% 以上的,为"数额较大";扣缴义务人采取欺骗、隐瞒手段,不缴或者少缴已扣、已收税款,数额在 5

万元以上的,为"数额较大"。对于多次实施逃税行为,未经处理的,按照累计数额计算。

(3) 本罪的主体是纳税人和扣缴义务人,包括个人和单位。纳税人是指法律、行政法规规定的负有纳税义务的单位和个人;扣缴义务人是指法律、行政法规规定的有代扣代缴、代收代缴税款义务的单位和个人。

(4) 本罪的主观要件为故意,并且具有逃避缴纳税款的目的。

(二) 逃税罪的界限划分

(1) 本罪与一般逃税违法行为的界限。二者区分的关键在于行为人逃税的数额和有关情节。在逃税的数额上,《刑法》规定,纳税人逃避缴纳税款数额较大并且占应纳税额10%以上的,扣缴义务人不缴或者少缴已扣、已收税款数额较大的,构成本罪。如果有逃税行为,但数额没有达到上述要求的,不构成犯罪,属于一般违反税法的行为。在逃税情节上,只要不属于在5年内因逃避缴纳税款受过刑事处罚或者被税务机关给予2次以上行政处罚的情况,纳税人或者扣缴义务人逃避缴纳的税款数额即使达到法定的标准,但如果经税务机关依法下达追缴通知后,补缴应纳税款,缴纳滞纳金,已受行政处罚的,不追究刑事责任。

(2) 本罪与漏税、欠税的界限。漏税是指纳税人因过失漏缴或者少缴应缴税款的行为;欠税是指在法定的纳税期限内,纳税人因无力缴纳税款而拖欠税款的行为。本罪与漏税和欠税的区分关键在于:逃税具有逃避缴纳税款的故意,而漏税和欠税不具有这种故意。

(3) 本罪与避税的界限。避税是指纳税人利用合法手段,如转移资金、转移利润等,躲避纳税义务,以便达到少缴甚至不缴税款的目的。逃税与避税的区分关键在于行为方式的法律性质不同,前者的行为方式是违反税收法律、法规的,后者的行为方式是合法的。

(三) 逃税罪的刑事责任

根据《刑法》第201条、第204条第2款、第211条、第212条的规定,犯本罪的,处3年以下有期徒刑或者拘役,并处罚金;数额巨大并且占应纳税额30%以上的,处3年以上7年以下有期徒刑,并处罚金。扣缴义务人犯本罪数额较大的,处3年以下有期徒刑或者拘役,并处罚金;数额巨大的,处3年以上7年以下有期徒刑,并处罚金。单位犯本罪的,对单位判处罚金,并对其直接负责的主管人员和其他直接责任人员,依照上述规定处罚。判处罚金的,执行前,应先由税务机关追缴税款。

二、抗税罪

抗税罪,是指纳税人、扣缴义务人以暴力、威胁方法拒不缴纳应缴税款的行为。本罪的客观要件为以暴力、威胁方法拒不缴纳应缴税款的行为。首先,本罪的方法行为是暴力、威胁。这里的暴力包括两种:一是对人实施暴力,即对执行税收职务的工作人员的人身不法行使有形力,使其不能正常履行职责;二是对物实施暴力,即冲击、打砸税务机关及其办公设施,使税务机关不能从事正常的税收工作。威胁是指对执行税收职务的工作人员实行恐吓,使其不敢或难以履行税收职责。威胁的内容既可以是现实的、即刻兑现的,也可以是未来的、日后兑现的;既可以是直接针对工作人员本人实施的,也可以是对其亲属实施的、间接的威胁。行为人以暴力方法抗税致人重伤、死亡的,按照故意伤害罪、故意杀人罪定罪处罚。其次,本罪的目的行为是拒不缴纳税款。本罪的主体是特殊主体,即纳税人和扣缴义务人,并且只能是自然人。单位不能成为本罪的主体。本罪的主观要件为故意,并且具有拒不缴纳税款的目的。

根据《刑法》第 202 条的规定,犯本罪的,处 3 年以下有期徒刑或者拘役,并处拒缴税款 1 倍以上 5 倍以下罚金;情节严重的,处 3 年以上 7 年以下有期徒刑,并处拒缴税款 1 倍以上 5 倍以下罚金。执行罚金前,应先由税务机关追缴税款。

根据最高人民法院《关于审理偷税抗税刑事案件具体应用法律若干问题的解释》第 5 条的规定,实施抗税行为情节严重的情形包括:(1)聚众抗税的首要分子;(2)抗税数额在 10 万元以上的;(3)多次抗税的;(4)故意伤害致人轻伤的;(5)具有其他严重情节。

三、逃避追缴欠税罪

逃避追缴欠税罪,是指纳税人欠缴应纳税款,采取转移或者隐匿财产的手段,致使税务机关无法追缴欠缴的税款,数额在 1 万元以上的行为。本罪的客观行为表现为在欠缴应纳税款的情况下,行为人采取转移或者隐匿财产的手段,致使税务机关无法追缴欠缴的税款。转移财产是指行为人将存款、商品、货物等财产转移到通常存放地点以外的地点;隐匿财产是指行为人将财产予以隐藏,使税务机关难以或不能发现。在没有欠缴税款的情况下,行为人转移或隐匿财产的,不构成本罪。构成本罪还要求行为人致使税务机关无法追缴欠缴的税款数额在 1 万元以上。本罪的主体是纳税人,包括个人和单位。本罪的主观要件为直接故意,即行为人明知转移、隐匿财产的行为会发生使税务机关无法追缴欠缴税款的结果,并且希望这种结果发生。

根据《刑法》第 203 条的规定,犯本罪数额在 1 万元以上不满 10 万元的,处 3 年以下有期徒刑或者拘役,并处或者单处欠缴税款 1 倍以上 5 倍以下罚金;数额在 10 万元以上的,处 3 年以上 7 年以下有期徒刑,并处欠缴税款 1 倍以上 5 倍以下罚金。单位犯本罪的,对单位判处罚金,并对其直接负责的主管人员和其他直接责任人员,依照上述规定处罚。执行罚金前,应先由税务机关追缴欠缴的税款。

四、骗取出口退税罪

骗取出口退税罪,是指违反税收管理法规,以假报出口或者其他欺骗手段,骗取国家出口退税款,数额较大的行为。

本罪侵犯的法益是国家对出口退税的管理秩序。出口退税制度是指除国家明确规定不予退税的产品外,国家对在国内已征产品税、增值税、营业税、特别消费税的产品在其出口时把已征税款予以退还的制度。通过退还出口商品已纳的国内税,使得我国出口商品和其他国家的商品一样以不含税的价格进入国际市场,在同等税收条件下参与竞争,从而增强竞争力,鼓励出口创汇。

本罪的客观要件为行为人对所生产或经营的商品,以假报出口或者其他欺骗手段,骗取国家出口退税款,数额较大的行为。首先,骗取出口退税的行为以存在出口货物为前提,因为只有出口货物才谈得上出口退税。出口货物要予以退税必须具备如下条件:一是必须是属于增值税、营业税和特别消费税征收范围的产品,包括所有的工业品和10类农、林、牧、水产品以及彩色电视机和小汽车;二是必须报关离境,即输出关口;三是在财务上作出口销售。其次,本罪的客观行为表现为以假报出口或者其他欺骗手段,骗取国家出口退税款。① 最后,构成本罪还要求骗取出口退税款数额较大。根据前述司法解释的规定,"数额较大"是指骗取国家出口退税款5万元以上。本罪的主体是一般主体,包括个人和单位。本罪的主观要件为直接故意,并且具有骗取国家出口退税款的目的。

根据《刑法》第204条、第211条、第212条的规定,犯本罪的,处5年以下有期徒刑或者拘役,并处骗取税款1倍以上5倍以下罚金;数额巨大或者有其他严重情节的,处5年以上10年以下有期徒刑,并处骗取税款1倍以上5倍以下罚金;数额特别巨大或者有其他特别严重情节的,处10年以上有期徒刑或者无期徒刑,并处骗取税款1倍以上5倍以下罚金或者没收财产。单位犯本罪的,对单位判处罚金,并对其直接负责的主管人员和其他直接责任人员,依照上述规定处罚。执行罚金、没收财产前,应先由税务机关追缴税款和所骗取的出口退税款。

---

① 根据最高人民法院《关于审理骗取出口退税刑事案件应用法律若干问题的解释》的规定,假报出口是指以虚构已税货物出口事实为目的,具有下列情形之一的行为:伪造或者签订虚假的买卖合同;以伪造、变造或者其他非法手段取得出口货物报关单、出口收汇核销单、出口货物专用缴款书等有关出口退税单据、凭证;虚开、伪造、非法购买增值税专用发票或者其他可以用于出口退税的发票;其他虚构货物出口事实的行为。"其他欺骗手段"是指下列情形之一:骗取出口货物退税资格;将未纳税或者免税货物作为已税货物出口;虽有货物出口,但虚构该出口货物的品名、数量、单价等要素,骗取未实际纳税部分出口退税款;以其他手段骗取出口退税款。

五、虚开增值税专用发票、用于骗取出口退税、抵扣税款发票罪

虚开增值税专用发票、用于骗取出口退税、抵扣税款发票罪,是指违反国家发票管理规定,虚开增值税专用发票或者用于骗取出口退税、抵扣税款的其他发票的行为。

本罪的行为对象是增值税专用发票、用于骗取出口退税、抵扣税款的其他发票。增值税专用发票是指国家税务部门根据增值税征收管理需要,兼记货物或者劳务所负担的增值税税额而设定的一种专用发票。用于出口退税、抵扣税款的其他发票是指除增值税专用发票以外的、具有出口退税、抵扣税款功能的收付款凭证或者完税凭证。

本罪的客观行为表现为虚开增值税专用发票或者用于骗取出口退税、抵扣税款的其他发票。"虚开"是指没有提供货物销售或者没有提供应税劳务,而为其开具能够骗取退税、抵扣税款的发票,或者虽然有货物销售或提供有应税劳务,但为其开具内容不实的能够骗取退税、抵扣税款的发票。"虚开"表现为四种情况:为他人虚开、为自己虚开、让他人为自己虚开和介绍他人虚开,只要具备其中的一种情况,即可构成本罪。本罪的主体是一般主体,包括个人和单位。本罪的主观要件为故意,即行为人明知虚开增值税专用发票或者用于骗取出口退税、抵扣税款的其他发票会造成国家税款损失,故意实施该行为。行为人一般具有骗取出口退税、抵扣税款、牟取非法经济利益的目的。实施骗取出口退税犯罪,同时构成虚开增值税专用发票等其他犯罪的,依照处罚较重的规定定罪处罚。

根据《刑法》第205条第1、2款的规定,个人犯本罪的,处3年以下有期徒刑或者拘役,并处2万元以上20万元以下罚金。虚开的税款数额较大或者有其他严重情节的,处3年以上10年以下有期徒刑,并处5万元以上50万元以下罚金或者没收财产。虚开的税款数额巨大或者有其他特别严重情节的,处10年以上有期徒刑或者无期徒刑,并处5万元以上50万元以下罚金或者没收财产。单位犯本罪的,对单位判处罚金,并对其直接负责的主管人员和其他直接责任人员,处3年以下有期徒刑或者拘役;虚开的税款数额较大或者有其他严重情节的,处3年以上10年以下有期徒刑;虚开的税款数额巨大或者有其他特别严重情节的,处10年以上有期徒刑或者无期徒刑。执行罚金、没收财产前,应先由税务机关追缴税款。

六、虚开发票罪

虚开发票罪,是指违反国家发票管理规定,虚开除增值税专用发票、用于骗取出口退税、抵扣税款的发票以外的其他发票,情节严重的行为。本罪的行为对象是除增值税专用发票、用于骗取出口退税、抵扣税款的发票以外的其他发票。本罪的客观行为表现为虚开其他发票,构成本罪要求情节严重。本罪的主体是一般主体,包括个人和单位。本罪的主观要件为故意,行为人一般具有牟取非法经济利益的目的。

根据《刑法》第 205 条之一的规定,犯本罪的,处 2 年以下有期徒刑、拘役或者管制,并处罚金;情节特别严重的,处 2 年以上 7 年以下有期徒刑,并处罚金。单位犯本罪的,对单位判处罚金,并对其直接负责的主管人员和其他直接责任人员,依照上述规定处罚。

七、伪造、出售伪造的增值税专用发票罪

伪造、出售伪造的增值税专用发票罪,是指仿照增值税专用发票的式样,非法制作假增值税专用发票或者出售非法制作的假增值税专用发票的行为。本罪的客观行为是伪造增值税专用发票和出售伪造的增值税专用发票。行为人只要实施其中的一种行为,就可构成本罪;既实施伪造行为,又实施出售行为的,也以一罪论处。本罪的主体是一般主体,包括个人和单位。本罪的主观要件为故意。根据《公安机关管辖案件立案标准(二)》第 62 条的规定,伪造或者出售伪造的增值税专用发票 25 份以上或者票面额累计在 10 万元以上的,应予立案追诉。

根据《刑法》第 206 条的规定,犯本罪的,处 3 年以下有期徒刑、拘役或者管制,并处 2 万元以上 20 万元以下罚金;数额较大或者有其他严重情节的,处 3 年以上 10 年以下有期徒刑,并处 5 万元以上 50 万元以下罚金;数额巨大或者有其他特别严重情节的,处 10 年以上有期徒刑或者无期徒刑,并处 5 万元以上 50 万元以下罚金或者没收财产。单位犯本罪的,对单位判处罚金,并对其直接负责的主管人员和其他直接责任人员,处 3 年以下有期徒刑、拘役或者管制;数量较大或者有其他严重情节的,处 3 年以上 10 年以下有期徒刑;数量巨大或者有其他特别严重情节的,处 10 年以上有期徒刑或者无期徒刑。伪造并出售同一宗增值税专用发票的,数量或者票面额不重复计算。

八、非法出售增值税专用发票罪

非法出售增值税专用发票罪,是指违反国家发票管理规定,非法出售增值税专用发票的行为。本罪的行为对象是真实的增值税专用发票。非法出售是指违反发票管理规定有偿转让发票。本罪的主体是一般主体,包括个人和单位。本罪的主观方面是故意。根据《公安机关管辖案件立案标准(二)》第 63 条规定,非法出售增值税专用发票 25 份以上或者票面额累计在 10 万元以上的,应立案追诉。

根据《刑法》第207条、第211条的规定,个人犯本罪的,处3年以下有期徒刑、拘役或者管制,并处2万元以上20万元以下罚金;数量较大的,处3年以上10年以下有期徒刑,并处5万元以上50万元以下罚金;数量巨大的,处10年以上有期徒刑或者无期徒刑,并处5万元以上50万元以下罚金或者没收财产。单位犯本罪的,对单位判处罚金,并对其直接负责的主管人员和其他直接责任人员,依照上述规定处罚。

九、非法购买增值税专用发票、购买伪造的增值税专用发票罪

非法购买增值税专用发票、购买伪造的增值税专用发票,是指违反国家发票管理规定,非法购买增值税专用发票或者购买伪造的增值税专用发票的行为。本罪的客观行为是购买,其对象包括真实的增值税专用发票和伪造的假增值税专用发票。非法购买真、伪两种增值税专用发票的,数额累计计算,以本罪论处。根据《公安机关管辖案件立案标准(二)》第64条的规定,非法购买增值税专用发票25份以上或者票面额累计在10万元以上的,应立案追诉。本罪的主体是一般主体,包括个人和单位。本罪的主观要件为故意。

行为人非法购买增值税专用发票或者购买伪造的增值税专用发票又虚开或者出售的,应从一重罪论处,即分别以虚开增值税专用发票罪、出售伪造的增值税专用发票罪和非法出售增值税专用发票罪定罪处罚。

根据《刑法》第208条、第211条的规定,犯本罪的,处5年以下有期徒刑或者拘役,并处或者单处2万元以上20万元以下罚金。单位犯本罪的,对单位判处罚金,并对其直接负责的主管人员和其他直接责任人员,依照上述规定处罚。

十、非法制造、出售非法制造的用于骗取出口退税、抵扣税款发票罪

非法制造、出售非法制造的用于骗取出口退税、抵扣税款发票罪,是指违反国家发票管理规定,伪造、擅自制造或者出售伪造、擅自制造的可以用于骗取出口退税、抵扣税款的、增值税专用发票之外的其他发票的行为。本罪的客观行为是伪造、擅自制造增值税专用发票之外的其他发票或者出售伪造、擅自制造的其他发票。其行为对象是故意伪造、擅自制造的、可以用于骗取出口退税、抵扣税款的、增值税专用发票之外的其他发票。根据《公安机关管辖案件立案标准(二)》第65条的规定,伪造、擅自制造或者出售伪造、擅自制造的可以用于骗取出口退税、抵扣税款的非增值税专用发票50份以上或者票面额累计在20万元以上的,应予立案追诉。本罪的主体包括个人和单位。本罪的主观要件为故意。

根据《刑法》第209条第1款、第211条的规定,犯本罪的,处3年以下有期

徒刑、拘役或者管制,并处2万元以上20万元以下罚金;数量巨大的,处3年以上7年以下有期徒刑,并处5万元以上50万元以下罚金;数量特别巨大的,处7年以上有期徒刑,并处5万元以上50万元以下罚金或者没收财产。单位犯本罪的,对单位判处罚金,并对其直接负责的主管人员和其他直接责任人员,依照上述规定处罚。

十一、非法制造、出售非法制造的发票罪

非法制造、出售非法制造的发票罪,是指违反发票管理规定,伪造、擅自制造或者出售伪造、擅自制造的非用于骗取出口退税、抵扣税款的其他发票的行为。本罪的行为对象是非用于骗取出口退税、抵扣税款的其他发票。根据《公安机关管辖案件立案标准(二)》第66条的规定,伪造、擅自制造或者出售伪造、擅自制造的不具有骗取出口退税、抵扣税款功能的普通发票100份以上或者票面额累计在40万元以上的,应予立案追诉。本罪的主体是一般主体,包括个人和单位。本罪的主观要件为故意。

根据《刑法》第209条第2款、第211条的规定,犯本罪的,处2年以下有期徒刑、拘役或者管制,并处1万元以上5万元以下罚金;情节严重的,处2年以上7年以下有期徒刑,并处5万元以上50万元以下罚金。单位犯本罪的,对单位判处罚金,并对其直接负责的主管人员和其他直接责任人员,依照上述规定处罚。

十二、非法出售用于骗取出口退税、抵扣税款发票罪

非法出售用于骗取出口退税、抵扣税款发票罪,是指违反发票管理规定,非法出售可以用于骗取出口退税、抵扣税款的发票的行为。本罪的客观行为是非法出售,其对象是可以用于骗取出口退税、抵扣税款的发票。根据《公安机关管辖案件立案标准(二)》第67条的规定,非法出售可以用于骗取出口退税、抵扣税款的非增值税专用发票50份以上或者票面额累计在20万元以上的,应予立案追诉。本罪的主体是一般主体,包括个人和单位。本罪的主观要件为故意。

根据《刑法》第209条第3款、第211条的规定,犯本罪的,处3年以下有期徒刑、拘役或者管制,并处2万元以上20万元以下罚金;数量巨大的,处3年以上7年以下有期徒刑,并处5万元以上50万元以下罚金;数量特别巨大的,处7年以上有期徒刑,并处5万元以上50万元以下罚金或者没收财产。单位犯本罪的,对单位判处罚金,并对其直接负责的主管人员和其他直接责任人员,依照上述规定处罚。

十三、非法出售发票罪

非法出售发票罪,是指违反国家发票管理规定,非法出售除增值税专用发票、可以用于骗取出口退税、抵扣税款的非增值税专用发票以外的普通发票的行为。本罪的客观行为是非法出售,其对象是除增值税专用发票、可以用于骗取出口退税、抵扣税款的非增值税专用发票以外的普通发票。根据《公安机关管辖案件立案标准(二)》第68条的规定,非法出售普通发票100份以上或者票面额累计在40万元以上的,应予立案追诉。本罪的主体是一般主体,包括个人和单位。本罪的主观要件为故意。

根据《刑法》第209条第4款、第211条的规定,犯本罪的,处2年以下有期徒刑、拘役或者管制,并处1万元以上5万元以下罚金;情节严重的,处2年以上7年以下有期徒刑,并处5万元以上50万元以下罚金。单位犯本罪的,对单位判处罚金,并对其直接负责的主管人员和其他直接责任人员,依照上述规定处罚。

十四、持有伪造的发票罪

持有伪造的发票罪,是指明知是伪造的发票而持有,数量较大的行为。本罪的客观行为是持有,其对象是伪造的发票。这里的发票包括增值税专用发票、可以用于骗取出口退税、抵扣税款的发票和其他普通发票。构成本罪要求行为人持有伪造的发票数量较大。本罪的主体是一般主体,包括个人和单位。本罪的主观要件为故意,并且要求行为人对自己所持有的伪造的发票是明知的。

根据《刑法》第210条之一的规定,犯本罪的,处2年以下有期徒刑、拘役或者管制并处罚金;数量巨大的,处2年以上7年以下有期徒刑,并处罚金。单位犯本罪的,对单位判处罚金,并对其直接负责的主管人员和其他直接责任人员,依照上述规定处罚。

第八节 侵犯知识产权罪

一、假冒注册商标罪

(一)假冒注册商标罪的概念和构成

假冒注册商标罪,是指违反国家商标管理法规定,未经注册商标所有人的许可,在同一种商品上使用与其注册商标相同的商标,情节严重的行为。本罪的构成特征如下:

(1) 本罪侵犯的法益是国家商标管理秩序和他人的注册商标专用权。商标是商品生产者或者经营者为了使自己销售的商品在市场上同其他商品生产者或者经营者的商品相区别的标记。商标属于一种无形财产。商标专用权是指商标注册人对核准注册的商标享有的排他的、独立的使用该商标的权利。商标专用权属于一种工业产权。商标和商标专用权对于促进生产者保证商品质量和维护商标信誉,以保护消费者的利益,促进市场经济的发展和繁荣,具有重要意义。因此,国家制定《商标法》,用以加强商标管理,保护商标专用权。而假冒他人注册商标的行为侵犯了国家商标管理秩序和他人的注册商标专用权。

(2) 本罪的客观要件为违反国家商标管理法规定,未经注册商标所有人许可,在同一种商品上使用与其注册商标相同的商标,情节严重的行为。

首先,行为人必须违反商标管理法规定,这是构成本罪的前提。根据《商标法》的规定,商标注册人可以通过签订商标使用许可合同的方式,许可他人使用其注册商标,严禁未经注册商标所有人许可而使用其注册商标的行为。

其次,本罪的行为对象是他人的注册商标,既包括商品商标,又包括服务商标。服务商标是指金融、运输、广播、建筑、旅馆等服务行业为把自己的服务业务与他人的服务业务区别开来而使用的商标。

再次,本罪的客观行为是行为人未经许可在同一种商品上使用与他人注册商标相同的商标。对于"同一种商品"的认定,应以国家有关部门颁发的商品分类为标准。"使用"是指将注册商标或者假冒的注册商标用于商品、商品包装或者容器以及产品说明书、商品交易文书,或者将注册商标或者假冒的注册商标用于广告宣传、展览以及其他商业活动的行为。"相同的商标"是指内容完全相同或基本相同并足以误导一般消费者的商标。根据2004年最高人民法院、最高人民检察院《关于办理侵犯知识产权刑事案件具体应用法律若干问题的解释》(以下简称《知识产权刑事司法解释》)第8条的规定,"相同的商标"是指与被假冒的注册商标完全相同,或者与被假冒注册商标在视觉上基本无差别、足以对公众产生误导的商标。

最后,构成本罪要求行为情节严重。根据《知识产权刑事司法解释》第1条第1款的规定,具有下列情形之一的,属于"情节严重":非法经营数额在5万元以上或者违法所得数额在3万元以上的;假冒两种以上注册商标,非法经营数额在3万元以上或者违法所得数额在2万元以上的;其他情节严重的情形。

(3) 本罪的主体是一般主体,包括个人和单位。个人是指已满16周岁、具有刑事责任能力的自然人。

(4) 本罪的主观要件为故意,行为人认识到自己使用的商标与他人已经注册的商标相同,认识到自己的行为未经注册商标所有人许可,且有意在同一种商品上使用与他人注册商标相同的商标。行为人通常具有营利或者牟取非法利益的目的,但也有的是出于破坏他人注册商标信誉的目的。行为人具有何种目的,不影响本罪的成立。

(二) 假冒注册商标罪的界限划分

1. 本罪的罪与非罪的界限

首先,商标包括注册商标和非注册商标两种。刑法只惩治假冒注册商标的行为;假冒非注册商标的行为不构成犯罪。其次,侵犯注册商标专用权的行为多种多样,但只有在同一种商品上使用与他人注册商标相同的商标的行为才可能构成本罪。其他的侵犯商标专用权的行为属于侵犯商标专用权纠纷,这包括擅自在同种商品上使用与他人注册商标相似的商标,或在类似商品上使用与他人注册商标相同或相似的商标的行为,对于这样的行为只能追究民事责任。最后,假冒注册商标的行为只有情节严重才构成犯罪;情节轻微危害不大的,不应认定为犯罪。

2. 本罪与生产、销售伪劣产品罪的界限

实践中存在着行为人既在同一种商品上假冒他人的注册商标,同时该商品又属于伪劣产品的情形。这时,如果生产、销售伪劣产品的行为不构成犯罪,而假冒注册商标的行为情节严重的,可单独以本罪论处;如果生产、销售产品的行为也构成犯罪的,应从一重罪处断。

3. 本罪与销售假冒注册商标的商品罪的界限

根据《知识产权刑事司法解释》第13条的规定,实施本罪又销售该假冒注册商标的商品构成犯罪的,应当以本罪定罪处罚;实施本罪又销售明知是他人的假冒注册商标的商品构成犯罪的,应当实行数罪并罚。

4. 本罪与非法制造、销售非法制造的注册商标标识罪的界限

如果行为人既非法制造注册商标标识,又将此商标标识用于假冒他人注册商标的商品上,此时,非法制造注册商标标识的行为是假冒注册商标犯罪的手段行为,这种情形构成牵连犯,应当从一重罪论处。两罪的主要区别为:一是对象不同。本罪的对象是他人的注册商标,非法制造、销售非法制造的注册商标标识罪的对象是商标标识。二是客观行为不同。本罪是进行以假充真的假冒行为,非法制造、销售非法制造的注册商标标识罪是进行伪造、擅自制造以及销售伪造、擅自制造注册商标标识的行为。

(三) 假冒注册商标罪的刑事责任

根据《刑法》第213条、第220条的规定,犯本罪的,处3年以下有期徒刑或者拘役,并处或者单处罚金;情节特别严重的,处3年以上7年以下有期徒刑,并处罚金。根据上述司法解释第1条第2款的规定,"情节特别严重"是指具有下列情形之一:(1) 非法经营数额在25万元以上或者违法所得数额在15万元以

上的;(2)假冒两种以上注册商标,非法经营数额在 15 万元以上或者违法所得数额在 10 万元以上的;(3)其他情节特别严重的情形。根据《知识产权刑事司法解释》第 12 条第 2 款的规定,多次实施侵犯知识产权行为,未经行政处理或者刑事处罚的,非法经营数额、违法所得数额或者销售金额累计计算。根据《知识产权刑事司法解释》第 15 条的规定,单位犯本罪的,按照个人犯本罪认定标准的 3 倍对单位认定犯罪和判处罚金,并对其直接负责的主管人员和其他直接责任人员,依照上述个人犯本罪的规定处罚。

二、销售假冒注册商标的商品罪

销售假冒注册商标的商品罪,是指违反国家商标管理法规定,销售明知是假冒注册商标的商品,销售金额数额较大的行为。本罪的客观行为是销售,其对象是假冒注册商标的商品。构成本罪要求销售金额数额较大。"销售金额"是指销售假冒注册商标的商品后所得和应得的全部违法收入。根据《知识产权刑事司法解释》第 2 条第 1 款的规定,"数额较大"是指销售金额在 5 万元以上。本罪的主体是一般主体,包括个人和单位。本罪的主观要件为故意,并且要求行为人对所销售的商品明知是假冒注册商标的商品。根据《知识产权刑事司法解释》第 9 条第 2 款的规定,具有下列情形之一的,属于本罪中的"明知":(1)知道自己销售的商品上的注册商标被涂改、调换或者覆盖的;(2)因销售假冒注册商标的商品受过行政处罚或者承担过民事责任,又销售同一种假冒注册商标的商品的;(3)伪造、涂改商标注册人授权文件或者知道该文件被伪造、涂改的;(4)其他知道或者应当知道是假冒注册商标的商品的情形。行为人明知是假冒注册商标的商品而销售的,由于没有与假冒注册商标的行为人形成共同犯罪故意,因此是一种独立的犯罪。但是,如果行为人事先与假冒注册商标的行为人通谋,并进行分工合作的,便构成共同犯罪。由于销售假冒注册商标的商品是假冒注册商标共同犯罪的组成部分,因此对销售行为人和假冒行为人应以假冒注册商标罪的共同犯罪论处。

行为人实施销售假冒注册商标的商品罪时,可能还触犯销售伪劣产品罪,因为假冒注册商标的商品通常是伪劣产品,由于行为人只实施一个销售行为,故属于想象竞合犯,应从一重罪处断。

根据《刑法》第 214 条、第 220 条的规定,犯本罪的,处 3 年以下有期徒刑或者拘役,并处或者单处罚金;销售金额数额巨大的,处 3 年以上 7 年以下有期徒刑,并处罚金。根据《知识产权刑事司法解释》第 15 条的规定,单位犯本罪的,按照个人犯本罪认定标准的 3 倍对单位认定犯罪和判处罚金,并对其直接负责的主管人员和其他直接责任人员,依照个人犯本罪的规定处罚。

三、非法制造、销售非法制造的注册商标标识罪

非法制造、销售非法制造的注册商标标识罪,是指伪造、擅自制造他人注册商标标识或者销售伪造、擅自制造的注册商标标识,情节严重的行为。本罪的客观行为包括伪造、擅自制造和销售行为,其对象是他人的注册商标标识和伪造或者擅自制造的注册商标标识。构成本罪要求行为情节严重。《知识产权刑事司法解释》第3条第1款规定,"情节严重"是指具有下列情形之一:(1)伪造、擅自制造或者销售伪造、擅自制造的注册商标标识数量在2万件以上,或者非法经营数额在5万元以上,或者违法所得数额在3万元以上的;(2)伪造、擅自制造或者销售伪造、擅自制造两种以上注册商标标识数量在1万件以上,或者非法经营数额在3万元以上,或者违法所得数额在2万元以上的;(3)其他情节严重的情形。注册商标标识的"件"是指标有完整商标图样的一份标识。本罪的主体是一般主体,包括个人和单位。本罪的主观要件为故意。

根据《刑法》第215条、第220条的规定,犯本罪的,处3年以下有期徒刑、拘役或者管制,并处或者单处罚金;情节特别严重的,处3年以上7年以下有期徒刑,并处罚金。根据《知识产权刑事司法解释》第15条的规定,单位犯本罪的,按照个人犯本罪认定标准的3倍对单位认定犯罪和判处罚金,并对其直接负责的主管人员和其他直接责任人员,依个人犯本罪的规定处罚。

四、假冒专利罪

假冒专利罪,是指违反国家专利管理法规定,未经专利权人许可,假冒他人专利,情节严重的行为。本罪的客观方面表现为违反国家专利管理法规定,在法律规定的专利有效期内未经专利权人许可,假冒他人专利,情节严重的行为。所谓"在法律规定的专利有效期内"是指专利处于法律保护的有效期限内。根据法律的规定,发明专利权的期限为20年,实用新型和外观设计专利权的期限为10年。本罪的客观行为具体表现为未经专利权人许可,制造、使用或销售其专利产品或使用其专利技术;未经专利权人许可,在自己生产的非专利产品或其包装上标注专利权人的专利标记,如专利号、专利权人姓名、专利证书号等,从而假冒为他人的专利产品等。行为人如果不是假冒他人的专利,而是把自己生产的非专利产品冒充为根本不存在的专利产品进行经营、销售,这种行为构成《专利法》规定的"冒充"行为,属于专利管理机关管辖的行政违法行为,而不是假冒专利的犯罪行为。构成本罪要求行为情节严重。根据《知识产权刑事司法解释》第4条的规定,"情节严重",是指具有下列情形之一:(1)非法经营数额在20万元以上或者违法所得数额在10万元以上的;(2)给专利权人造成直接经济损失50万元以上的;(3)假冒两项以上他人专利,非法经营数额在10万元以上或者

违法所得数额在5万元以上的;(4)其他情节严重的情形。本罪的主体是一般主体,包括个人和单位。本罪的主观方面是故意。

根据《刑法》第216条、第220条的规定,个人犯本罪的,处3年以下有期徒刑或者拘役,并处或者单处罚金。根据《知识产权刑事司法解释》第15条的规定,单位犯本罪的,按照个人犯本罪认定标准的3倍对单位认定犯罪和判处罚金,并对其直接负责的主管人员和其他直接责任人员,依照个人犯本罪的规定处罚。

五、侵犯著作权罪

(一)侵犯著作权罪的概念和构成

侵犯著作权罪,是指以营利为目的,未经著作权人或与著作权有关的权益人的许可,复制发行其作品,出版他人享有专有出版权的图书,复制发行其制作的音像制品,或者制售假冒他人署名的美术作品,违法所得数额较大或者有其他严重情节的行为。本罪的构成特征如下:

(1)本罪侵犯的法益是著作权人对其作品享有的著作权和国家对文化市场的管理秩序。著作权是指公民依法对文学、艺术和科学作品所享有的各种权利的总称。其中包括著作人身权和著作财产权。

(2)本罪的客观要件为未经著作权人或与著作权有关的权益人的许可,侵犯他人著作权,违法所得数额较大或者有其他严重情节的行为。根据我国《刑法》的有关规定,下列行为属于侵犯著作权的行为:

第一,未经著作权人许可,复制发行其文字作品、音乐、电影、电视、录像作品、计算机软件及其他作品。"未经著作权人许可"是指没有得到著作权人授权或者伪造、涂改著作权人授权许可文件或者超出授权许可范围的情形。"复制发行"包括复制、发行或者既复制又发行的行为。"复制"是指以印刷、复印、临摹、拓印、录音、录像、翻拍等方式将作品制作一份或多份的行为。"发行"是指通过出售、出租等方式向公众提供一定数量的作品复制件的行为。根据最高人民法院、最高人民检察院《关于办理侵犯知识产权刑事案件具体应用法律若干问题的解释(二)》第2条第2款的规定,侵权产品的持有人通过广告、征订等方式推销侵权产品的,也属于"发行"。

第二,出版他人享有专有出版权的图书。专有出版权是指出版者根据出版合同而享有的,由著作权人转让或许可使用的、在合同有效期和约定地区内独家享有并排除他人出版某一作品的权利,又称为独占出版权。擅自出版他人非专有出版权的图书,可以构成第一种情形。

第三,未经录音录像制作者的许可,复制发行其制作的录音录像。该款中的录音录像是录音录像制作者为传播他人作品所制作的内容,其享有的是著作邻接权。

第四,制作、出售假冒他人署名的美术作品。这种情形具体包括三种行为:一是临摹他人的画、署名为他人并假冒他人的画出售牟利;二是以自己的画署名为他人并假冒他人的画出售牟利;三是以他人的画署名为另外的人假冒后者的画出售牟利。

上述侵犯著作权的行为,必须是违法所得数额较大或者有其他严重情节,才能构成本罪。根据《知识产权刑事司法解释》第5条第1款和《关于办理侵犯知识产权刑事案件具体应用法律若干问题的解释(二)》第1条的规定,"违法所得数额较大"是指违法所得数额在3万元以上。"有其他严重情节"是指具有下列情形之一:非法经营数额在5万元以上的;以营利为目的,未经著作权人许可,复制发行其文字作品、音乐、电影、电视、录像作品、计算机软件及其他作品,复制品数量合计在500张(份)以上的;其他严重情节的。根据《知识产权刑事司法解释》第12条的规定,多次实施侵犯知识产权行为,未经行政处理或者刑事处罚的,非法经营数额、违法所得数额或者销售金额累计计算。

(3)本罪的主体是一般主体,包括个人和单位。个人是指已满16周岁、具有刑事责任能力的自然人。

(4)本罪的主观要件为故意,并且具有营利的目的。出于教学、研究等非营利目的复制他人作品的,不构成犯罪。

(二)侵犯著作权罪的界限划分

1. 本罪与一般侵权行为的界限

本罪与一般侵权行为的区分关键在于如下三个方面:一是看行为是否属于《刑法》第217条规定的四种侵权行为。[①] 二是看行为人是否具有营利目的。如果不是以营利为目的,即使实施了《刑法》第217条规定的四种行为,也不能构成本罪。三是看违法所得数额是否较大或是否有其他严重情节。

2. 本罪与销售侵权复制品罪的界限

行为人既实施了侵犯他人著作权的复制、发行、制售行为,又进行了该著作权作品的销售行为,只构成侵犯著作权罪;只有行为人又进行了他种著作权作品的销售行为,才构成两罪。二者的区别主要有:一是客观行为不同。销售侵权复制品罪在行为表现上仅仅表现为销售明知是侵犯他人著作权或著作邻接权的复

---

① 我国《著作权法》规定了下列著作权侵权行为:未经著作权人许可,发表其作品的;未经合作作者许可,将与他人合作创作的作品当做自己单独创作的作品发表的;没有参与创作,为牟取个人名利,在他人作品上署名的;歪曲、篡改他人作品的;未经著作权人许可,以营利为目的,复制发行其作品的;出版他人享有专有出版权的图书的;未经表演者许可,对其表演制作录音录像的;未经广播电台、电视台许可,复制发行其制作的广播、电视的;制作、出售假冒他人署名的美术作品的;以及其他侵犯著作权和与著作权有关的权益的行为。对于上述侵权行为,《刑法》只规定四项可以构成犯罪,其他情形的侵权行为,无论情节是否严重,违法所得数额是否较大,均不构成本罪。

制品,是一种"单纯销售型"的犯罪,而侵犯著作权罪既可以是复制发行、出版、制作,也可以是复制发行、出版、制作并销售的行为。二是行为对象不同。本罪的行为对象是各种作品、制品。销售侵权复制品罪的行为对象是各种作品、制品的复制品。三是构成销售侵权复制品罪只有在销售数额上达到法律规定的"违法所得数额巨大"的情形才能追究刑事责任,而本罪除了违法所得数额较大之外,有其他严重情节的,也可构成本罪。

(三)侵犯著作权罪的刑事责任

根据《刑法》第217条、第220条的规定,犯本罪的,处3年以下有期徒刑或者拘役,并处或者单处罚金;违法所得数额巨大或者有其他特别严重情节的,处3年以上7年以下有期徒刑,并处罚金。单位犯本罪的,按照个人犯本罪认定标准的3倍认定犯罪和判处罚金,并对其直接负责的主管人员和其他直接责任人员,依照个人犯本罪的规定处罚。

六、销售侵权复制品罪

销售侵权复制品罪,是指以营利为目的,销售明知是侵犯他人著作权的复制品,违法所得数额巨大的行为。本罪的客观行为是销售,其对象是侵权复制品。侵权复制品是指犯侵犯著作权罪而形成的复制品。行为构成本罪要求违法所得数额巨大。根据《知识产权刑事司法解释》第6条规定,"违法所得数额巨大"是指违法所得数额在15万元以上。该司法解释第12条规定,多次实施侵犯知识产权行为,未经行政处理或者刑事处罚的,非法经营数额、违法所得数额或者销售金额累计计算。本罪的主体是一般主体,包括自然人和单位。本罪的主观要件为故意,行为人明知是侵权复制品而销售,具有营利目的。

实施侵犯著作权罪,又销售该侵权复制品的,以侵犯著作权罪论处;实施侵犯著作权罪,又销售明知是他人的侵权复制品,构成本罪的,应实行数罪并罚。

根据《刑法》第218条、第220条的规定,个人犯本罪的,处3年以下有期徒刑或者拘役,并处或者单处罚金。单位犯本罪的,按照个人犯本罪认定标准的3倍认定犯罪和判处罚金,并对其直接负责的主管人员和其他直接责任人员,依照个人犯本罪的规定处罚。

七、侵犯商业秘密罪

(一)侵犯商业秘密罪的概念和构成

侵犯商业秘密罪,是指采取不正当手段,获取、披露、使用或者允许他人使用权利人的商业秘密,给商业秘密权利人造成重大损失的行为。本罪的构成特征如下:

(1)本罪侵犯的法益是国家对商业秘密的管理秩序和商业秘密权利人的合

法权益。商业秘密是指不为公众所知悉,能为权利人带来经济利益,具有实用性并经权利人采取保密措施的技术信息和经营信息。商业秘密应当具备以下四个要素:其一,秘密性,指技术信息和经营信息不为公众所知悉、尚未公开;其二,价值性,指该技术信息和经营信息具有使用价值和价值,不能带来任何经济利益的信息不构成商业秘密;其三,实用性,指该信息能够在经营中运用,能够实际操作,而这种可运用性应当包括潜在地、能够在将来的商业、经营中被使用;其四,保密性,指商业秘密权利人采取了一定的保密措施,从而使一般人不易从公开渠道直接获取。具有以上四个要件的,为商业秘密;欠缺任何一个要件的,不能被认定为商业秘密,行为人以这样的信息作为侵权的对象的,不构成本罪。

(2)本罪的客观要件为采取不正当手段,获取、披露、使用或者允许他人使用权利人的商业秘密,给商业秘密权利人造成重大损失的行为。其客观行为具体表现为下列四种:

第一,非法获取商业秘密的行为,即以盗窃、利诱、胁迫或者其他不正当手段获取权利人的商业秘密。盗窃是指以秘密窃取的方式,包括直接偷窃商业秘密的文件,采用不为他人知悉的方式,以监听、模拟、照相、复印等手段获取他人的商业秘密。利诱是指以给予某种利益为引诱获取商业秘密的行为手段。胁迫是指采取给予他人现实的或是将来的、精神的或是肉体的威胁、强制,使他人不得不交出商业秘密的行为手段。其他不正当手段是指在以上三种列举之外的采用非法的手段获取商业秘密的行为手段,如利用电脑、电磁波、照相机、摄像机等,或利用暴力、侵占的方法等。

第二,滥用非法获取的商业秘密的行为,即披露、使用或者允许他人使用以前项手段获取的权利人的商业秘密。本项规定实际上是对前款规定的补充,因为行为人在非法获取商业秘密后,如果不经过披露、使用或允许他人使用是难以获得利益的。"披露"是指通过口头、书面或者其他方法,将商业秘密公之于众,使不该知道的人获知该秘密,从而使信息不再处于秘密的状态。但公开化的程度不影响对"披露"的认定,即无论实际披露的后果是一个人知道或是多数人知道,都构成"披露"。"使用"是指行为人出于不正当竞争或营利的目的,将商业秘密运用于生产、经营活动的行为。"允许他人使用"是指以不正当手段获取商业秘密的人,允许他人使用其非法获取的商业秘密的行为。

第三,滥用合法获取的商业秘密的行为,即违反约定或者违反权利人有关保守商业秘密的要求,披露、使用或者允许他人使用其所掌握的商业秘密。其与第二种情形的区别在于行为人所披露、使用或者允许他人使用的商业秘密是其合法获知而不是通过非法手段得到的。可能通过合法手段获知商业秘密的人可以是公司企业的内部人员,也可以是对公司、企业有监督、检查、调查和管理等权限的人员。

第四,以侵犯商业秘密论的行为,即明知或者应知前述三种行为,获取、使用或者披露他人的商业秘密。本款是一种间接侵犯商业秘密的行为。

本罪是结果犯,即上述行为要构成本罪必须给商业秘密权利人造成重大损失。根据《知识产权刑事司法解释》第7条第1款的规定,"重大损失"是指给商业秘密的权利人造成损失数额在50万元以上。

(3) 本罪的主体是一般主体,包括个人和单位。个人是指已满16周岁、具有刑事责任能力的自然人。

(4) 本罪的主观要件为故意,行为人明知自己的行为侵犯权利人的商业秘密,会给其造成重大损失,并且希望或者放任这种结果发生。《刑法》第219条第2款中的"应知"是推定行为人已经知道。行为人实施本罪,一般出于牟取非法利益的目的,但也有出于其他目的而实施的。

(二) 侵犯商业秘密罪的界限划分

1. 本罪的罪与非罪的界限

二者的区别主要是:一是行为方式或者类型不同。根据法律的规定,侵犯商业秘密罪包括三种严重的直接侵权行为和一种间接侵权行为,其他的侵权行为都不构成犯罪,只承担民事或行政、经济责任。二是主观要件不尽相同。对于直接侵犯商业秘密的犯罪行为,《刑法》规定只能由故意构成,如果行为人基于过失违反约定、披露其所掌握的权利人的商业秘密的,其行为只能构成一般侵权行为。三是对侵权行为所造成的损失程度要求不同。侵犯商业秘密的行为必须给权利人造成了重大损失,才能构成犯罪,如果行为给权利人造成的损失不大,则构成一般违法行为。

2. 本罪与他罪的界限

第一,实施本罪同时又触犯非法获取国家秘密罪、故意泄露国家秘密罪的,属于想象竞合犯,应从一重罪处断。第二,以盗窃、利诱、胁迫或者其他不正当手段获取他人商业秘密后又使用该商业秘密制造产品,假冒他人注册商标的,应以本罪和假冒注册商标罪实行数罪并罚。

(三) 侵犯商业秘密罪的刑事责任

根据《刑法》第219条、第220条的规定,犯本罪的,处3年以下有期徒刑或者拘役,并处或者单处罚金;造成特别严重后果的,处3年以上7年以下有期徒刑,并处罚金。单位犯本罪的,按照个人犯本罪认定标准的3倍认定犯罪和判处罚金,并对其直接负责的主管人员和其他直接责任人员,依照个人犯本罪的规定处罚。

第九节 扰乱市场秩序罪

一、损害商业信誉、商品声誉罪

（一）损害商业信誉、商品声誉罪的概念和构成

损害商业信誉、商品声誉罪，又称"商业诽谤罪"，是指捏造并散布虚伪事实，损害他人的商业信誉、商品声誉，给他人造成重大损失或者有其他严重情节的行为。本罪具有以下构成特征：

（1）本罪侵犯的法益为国家对市场秩序的管理秩序与他人的商业信誉或商品声誉。犯罪对象是他人的商业信誉或者商品声誉。本罪是选择性罪名，在司法实践中应根据具体情况选择适用或者并合适用。

（2）本罪的客观要件为捏造并散布虚伪事实，损害他人的商业信誉、商品声誉，给他人造成重大损失或者有其他严重情节的行为。首先，必须有捏造并散布虚伪事实，损害他人的商业信誉、商品声誉的行为。捏造，是指虚构、编造不符合真相或并不存在的事实；散布，是指使不特定人或多数人知悉或可能知悉行为人捏造的虚伪事实；虚伪事实，是指行为人捏造的具有贬低性、诋毁性的与他人商业信誉、商品声誉的真实情况不符合的虚假情况，这种虚假可以是全部虚假，也可以是部分虚假。其次，诽谤行为需给他人造成重大损失或者有其他严重情节，才能构成犯罪。①

（3）本罪的主体为一般主体，年满16周岁、具有刑事责任能力的自然人和任何单位均可构成。

（4）本罪的主观要件为故意，即行为人明知捏造并散布的是虚假事实，并且会损害他人的商业信誉、商品声誉，并且希望或者放任这种结果的发生。

（二）损害商业信誉、商品声誉罪的界限划分

1. 本罪与非罪的界限

判断行为人对他人的商业信誉、商品声誉的消极评价行为是否构成犯罪，要着重考虑以下方面：（1）行为人对他人的商业信誉、商品声誉的评价是否符合客观事实。如果行为人对他人商业信誉、商品声誉的评价是消极的，而且也会给他人造成重大损失，但这种消极评价与他人的商业行为或商业信誉相符合，此时，行为人的行为就是对他人商业行为或商品质量的客观、合理的评论，不得认定为犯罪。（2）行为人是否同时实施了捏造虚假事实和散布虚假事实的行为。本罪

---

① "重大损失"的标准，可参照2010年5月7日最高人民检察院、公安部《关于公安机关管辖的刑事案件立案追诉标准的规定（二）》第74条的规定执行。

在客观上要求行为人必须是捏造并散布虚假事实。因此,如果行为人仅仅捏造虚假事实但没散布该虚假事实,或者行为人散布的虚假事实并非其捏造,就不能认定为犯罪。(3)行为人的行为是否给他人造成重大损失或者是否具有其他严重情节。本罪在客观要件上的一个必要条件是行为给他人造成了重大损失或者具有其他严重情节,也即达到以下标准之一:给他人造成的经济损失数额在50万元以上的;或者虽未达到上述数额标准,但具有下列情形之一:一是严重妨害他人正常生产经营活动或者导致停产、破产的,二是造成恶劣影响的。行为人的行为达不到上述标准的,不构成犯罪。

2. 本罪与诽谤罪的界限

二者的客观要件都表现为捏造并散布了虚假事实,都对他人造成了损害,并且情节严重;主观上都是故意;主体都是一般主体。因此二者存在很多相似之处。但二者区别也很明显:(1)侵犯的法益不同。本罪侵犯的法益包括国家对市场秩序的管理秩序,也包括他人的商业信誉或商品声誉;诽谤罪侵犯的法益是他人的人格权、名誉权。(2)犯罪对象不同。本罪的对象是他人的商业信誉或者商品声誉;而诽谤罪的对象是被诽谤的个人。(3)主体不同。本罪的主体包括自然人和单位;而诽谤罪的主体仅限于自然人。(4)主观罪过的内容不同。本罪的罪过内容是故意损害他人的商业信誉、商品声誉;而诽谤罪的故意内容是损害他人的人格、名誉。[①]

3. 一罪与数罪的界限

根据最高人民法院、最高人民检察院《关于办理利用信息网络实施诽谤等刑事案件适用法律若干问题的解释》(以下简称《网络诽谤解释》)第9条的规定,行为人利用信息网络实施诽谤、寻衅滋事、敲诈勒索、非法经营犯罪,同时又构成《刑法》第221条规定的损害商业信誉、商品声誉罪的,依照处罚较重的规定定罪处罚。

(三)损害商业信誉、商品声誉罪的刑事责任

根据《刑法》第221、231条的规定,犯本罪的,处2年以下有期徒刑或者拘役,并处或者单处罚金。单位犯本罪的,对单位判处罚金,并对直接负责的主管人员和其他直接责任人员,依照上述规定处罚。

二、虚假广告罪

(一)虚假广告罪的概念和构成

虚假广告罪,是指广告主、广告经营者、广告发布者违反国家规定,利用广告对商品或者服务作虚假宣传,情节严重的行为。

[①] 参见李希慧主编:《刑法各论》,武汉大学出版社2009年版,第195页。

本罪的构成特征如下：

（1）本罪所侵犯的法益包括国家对广告的管理秩序和正常公平的市场竞争秩序以及消费者的合法权益。

（2）本罪的客观要件为利用广告对商品或者服务作虚假宣传,情节严重的行为。其行为方式是利用广告对商品或者服务作虚假宣传。

第一,行为人违反了国家规定,主要违反了我国《广告法》《反不正当竞争法》以及国家有关广告管理的行政法规。

第二,行为人实施了利用广告对其商品或者服务进行虚假宣传的行为。所谓"利用广告对商品或者服务作虚假宣传",是指所利用的广告中具有虚假的内容,对商品的性能、质量、用途、价格、有效期限、产地、生产者、售后服务、附带赠品的允诺等以及对服务的内容形式、质量、价格、允诺等作不符合事实真相的宣传,以假充真,以无冒有。

第三,本罪属情节犯,情节严重才能构成犯罪。对于"情节严重"的标准,可参见《公安机关管辖案件立案标准（二）》第75条的规定。

（3）本罪的主体为特殊主体,即广告主、广告经营者和广告发布者,包括自然人和单位。所谓广告主,是指为推销商品或者提供服务,自主或者委托他人设计、制作、发布广告的法人、其他经济组织或者个人。所谓广告经营者,是指受委托提供广告设计、制作、代理服务的法人、其他经济组织或者个人。所谓广告发布者,是指为广告主或者广告主委托的广告经营者发布广告的法人或者其他经济组织。

（4）本罪的主观要件只能为故意,不能由过失构成。即明知利用广告对商品或者服务作虚假宣传的行为会扰乱市场秩序,损害消费者的权益,并希望或者放任这种结果的发生。但是,不同主体的故意类型是不同的。就广告主而言,其实施虚假广告的行为是为了实现谋取非法利益的目的。所以,广告主的主观罪过形式只能是直接故意。对广告经营者与广告发布者来说,既可以是直接故意也可以是间接故意。两者既可以出于谋取非法利益的目的,希望危害结果发生,又可以采取听之任之的态度,放任危害结果的发生。

（二）虚假广告罪的界限划分

1. 虚假广告罪与非罪的界限

（1）虚假广告罪是情节犯,只有情节严重的,才能构成犯罪。

（2）本罪的主体是特殊主体,广告主、广告经营者和广告发布者这三者都是法定概念,因而对不符合其法定概念的主体,不能以本罪论处。

（3）合理区分虚假广告与合理夸张广告。

2. 虚假广告罪与诈骗罪的界限

二罪的主客观要件有诸多相似,其主要区别在于,诈骗罪是无中生有,即通过虚构事实或者隐瞒事实真相,欺骗被害人,以非法占有被害人的财物,行为人在广告中所宣称的商品或者服务是根本不存在的;而虚假广告罪则是通过广告对真实存在的商品或者服务进行虚假宣传,夸大产品的效能,欺骗和误导消费者,目的是为了推销商品。

(三)虚假广告罪的刑事责任

根据《刑法》第222、231条的规定,犯本罪的,处2年以下有期徒刑或者拘役,并处或者单处罚金。单位犯本罪的,对单位判处罚金,并对其直接负责的主管人员和其他直接责任人员,依照上述规定处罚。

三、串通投标罪

(一)串通投标罪的概念和构成

串通投标罪,是指投标人相互串通投标报价,损害招标人或者其他投标人利益,以及投标人与招标人串通投标,损害国家、集体、公民的合法利益,情节严重的行为。

本罪具有以下构成特征:

(1)串通投标罪侵害的法益包括正常的招标投标市场秩序和国家、集体、公民的合法权益。

(2)本罪的客观要件为投标人相互串通投标报价,损害招标人或者其他投标人利益,以及投标人与招标人串通投标,损害国家、集体、公民的合法利益,情节严重的行为。本罪分为两种类型:一是投标人相互串通投标报价,损害招标人或者其他投标人的利益,并且情节严重的行为;二是投标人与招标人串通投标,损害国家、集体、公民的合法权益。所谓"串通投标报价",是指两个以上的投标人在投标的过程中,相互串通,暗中商定抬高或压低投标报价的行为。所谓"串通投标"指投标人与招标人私下串通,事先根据招标底价确定投标报价、中标价格的行为。所谓"情节严重",根据《公安机关管辖案件立案标准(二)》第76条的规定,包括下列情形:损害招标人、投标人或者国家、集体、公民的合法利益,造成直接经济损失数额在50万元以上的;违法所得数额在10万元以上的;中标项目金额在200万元以上的;采取威胁、欺骗或者贿赂等非法手段的;虽未达到上述数额标准,但两年内因串通投标,受过行政处罚2次以上,又串通投标的;其他情节严重的情形。

(3)本罪的主体为特殊主体,仅限招标人和投标人。根据《刑法》第223、231条的规定,此处的招标人和投标人既可以是自然人,也可以是单位,单位犯本罪的,实行两罚制,即对单位判处罚金,对其直接负责的主管人员和其他直接责任人员追究相应的刑事责任。同时,本罪的主体为数人,即2人以上方可构成串通;对于涉及串通投标行为的招标代理机构、评标委员会,其与参与串通行为的招标人、投标人构成共同犯罪的,也可成为本罪的主体。

(4) 本罪的主观要件为直接故意。即使为了防止过分竞争而串通的,原则上也成立本罪。①

(二) 串通投标罪的界限划分

1. 串通投标罪与非罪的界限

串通投标罪系情节犯,即只有情节严重的串通投标行为,损害招标人或者其他投标人利益的才能构成本罪;如果情节不严重,即使实施了串通投标行为,对招标人或者其他投标人的利益造成一定损害,也不能以本罪论处,而只能通过追究行为人的行政责任和民事责任予以处理。

2. 串通拍卖行为是否可以构成本罪

在实务中,一些人常常将招投标与竞价拍卖混为一谈,导致误以为串通拍卖行为是串通投标行为的一种表现形式,甚至认为一些串通拍卖行为可以构成串通投标罪。其实不然,串通投标行为与串通拍卖行为存在很大的区别:一是两者受调整的法律不同。串通投标行为受《招标投标法》调整,而串通拍卖行为由《拍卖法》调整。二是两者侵犯的具体法益不同。串通投标行为侵犯的是招投标市场公平竞争的秩序和招投标活动有关当事人的合法权益及国家、集体、公民的合法权益。而串通拍卖行为侵犯的是正常的拍卖市场竞争秩序和拍卖活动有关当事人的合法权益,其显然不符合刑法关于串通投标罪保护法益的要求。三是两者的社会危害程度不同。虽然不能否认某些串通拍卖行为与串通投标行为具有相当的社会危害性,但拍卖不同于招投标之处是拍卖标的设有保留价,如果竞买人的最高报价没有达到拍卖标的的保留价,则拍卖行为无效。②

(三) 串通投标罪的刑事责任

根据《刑法》第 223、231 条的规定,犯本罪的,处 3 年以下有期徒刑或者拘役,并处或者单处罚金。单位犯本罪的,对单位判处罚金,并对其直接负责的主管人员和其他直接责任人员,依照上述规定处罚。

四、合同诈骗罪

(一) 合同诈骗罪的概念和构成

合同诈骗罪,是指以非法占有为目的,在签订、履行合同过程中,采取虚构事实、隐瞒真相的方法,骗取对方当事人财物,数额较大的行为。

合同诈骗罪是诈骗罪的一种特殊形式,《刑法》规定本罪,是为了保护市场秩序与对方当事人的财产。因为合同是市场经济活动的重要手段,利用经济合

---

① 参见张明楷:《刑法学》(第 4 版),法律出版社 2011 年版,第 627 页。
② 周益民:《串通投标罪研究》,载《经济与法》2010 年第 5 期。

同诈骗对方当事人财物的行为,使人们对合同这种手段失去信赖,从而侵犯了市场秩序。与此同时,利用合同诈骗的行为,也侵犯了对方当事人的财产。①

本罪具有以下构成特征:

(1) 本罪侵犯的法益是国家对经济合同的管理秩序和公司财产所有权。本罪的对象是公司财物。

(2) 本罪的客观要件为在签订、履行合同过程中,以虚构事实、隐瞒真相的方法,骗取对方当事人财物,数额较大的行为。

第一,本罪行为发生在合同的签订、履行过程中,这是本罪成立的特定时间条件。"签订合同",是指订约当事人之间就合同条款进行协商,双方意思表示一致而达成协议。"履行合同",是指在合同生效后,合同当事人按照合同规定的条款履行自己的义务。行为人在签订、履行合同的过程中骗取对方当事人的财物,是构成本罪的前提条件。如果行为不是发生在这一过程中,就不能构成本罪。

第二,行为人采取的方法为虚构事实、隐瞒真相来骗取对方当事人财物。其所采取的欺骗行为,包括如下五种行为手段:一是以虚构的单位或冒用他人名义签订合同的行为,即行为人杜撰客观上本不存在的单位,或未经许可,擅自用其他单位、个人的名义签订合同,从而骗取财物。二是以伪造、变造、作废的票据或者其他虚假的产权证明作担保的行为。合同的担保,是促使合同债务人履行其债务,保障合同债权人的债权得以实现的法律措施。票据,指《票据法》所规定的汇票、本票和支票。其他产权证明,指金融票据之外的用于证明行为人对某项动产或者不动产具有所有权的各种有效证明文件,如提货单、仓单、房屋所有权证明等。三是没有实际履行能力,以先履行小额合同或者部分履行合同方法,诱骗对方当事人继续签订和履行合同的行为。"没有实际履行能力"指没有履行大额合同或者全部合同的能力。四是收受对方当事人给付的货物、货款、预付款或者担保财产后逃匿的行为。收受当事人给付的货物、货款、预付款或者担保财产,无论是逃往别处还是在原地藏匿,均不影响本罪的成立。五是以其他方法骗取对方当事人财物的行为。

第三,诈骗对方当事人财物必须数额较大。《公安机关管辖案件立案标准(二)》第76条规定,以非法占有为目的,在签订、履行合同过程中,骗取对方当事人财物,数额在2万元以上的,应予立案追诉。

(3) 本罪的主体是一般主体,即凡已满16周岁、具有刑事责任能力的自然人和任何单位。

(4) 本罪的主观要件为直接故意,且具有非法占有他人财物的目的。如果

---

① 参见张明楷:《刑法学》(第4版),法律出版社2011年版,第627页。

行为人没有这种目的,就不构成本罪。非法占有目的既可以存在于签订合同时,也可以存在于履行合同的过程中,但产生非法占有目的后并未实施诈骗行为的,不能成立合同诈骗罪。①

(二) 合同诈骗罪的界限划分

1. 合同诈骗与合同纠纷的界限

合同纠纷与合同诈骗都是合同制度的伴生物。要区分二者,关键在于是否具有非法占有对方当事人财物的目的。在判断行为人主观上是否具有非法占有目的时,首先考察的是行为人是否采取了《刑法》所规定的欺骗手段。凡是使用刑法所规定的欺骗手段的,原则上应认定为具有非法占有目的。其次,综合考虑其他情节,主要应从以下几点考察:(1) 行为人在签订合同时有无履约能力;(2) 行为人在签订和履行合同过程中有无诈骗行为;(3) 行为人在签订合同后有无履行合同的实际行动;(4) 行为人在违约后是否愿意承担责任;(5) 行为人未履行合同的原因。

2. 诈骗劳务能否成立合同诈骗罪

劳务能否成为合同诈骗罪的对象,存在争议。劳务是指不以实物形式而以劳动形式为他人提供某种效用的活动。② 本书认为,劳务是一种行为,是一种财产性利益,但并不同于"公私财物",而合同诈骗罪的犯罪对象是公私财物,因此,劳务不能成为合同诈骗罪的犯罪对象,被诈骗劳务的受害人可以通过民事诉讼解决纷争。如果把劳务也作为合同诈骗罪的对象,有悖于罪刑法定原则、违反立法本意。

3. 合同诈骗罪与普通诈骗罪的界限

区分二者不能简单地以有无合同为标准。合同诈骗罪中的"合同"不限于书面合同,也包括口头合同,但就合同内容而言,宜限于经济合同,即合同的文字内容是通过市场行为获得利润,这是由本罪的性质决定的。基于同样的理由,至少对方当事人应是从事经营活动的市场主体,否则也难以认定为合同诈骗罪。

4. 合同诈骗罪与金融诈骗罪的界限

二者都属于诈骗犯罪的范畴,主观上都具有非法占有他人财物的目的,客观上都实施了骗取他人财物的行为。二者的区别有:(1) 侵犯主要法益不同。本罪侵犯的是市场交易秩序,而金融诈骗罪主要侵犯的是金融管理秩序。(2) 犯罪对象不同。本罪侵犯的是各种财物,包括货款、货物等,而金融诈骗罪的对象

---

① 参见张明楷:《刑法学》(第4版),法律出版社2011年版,第627页。
② 参见中国社会科学院语言研究所词典编辑室编:《现代汉语词典》(第5版),商务印书馆2005年版,第816页。

是货币、资金及有价证券等。(3)客观要件的表现不同。本罪发生在签订、履行合同的过程中,利用经济合同而诈骗对方当事人的财物,而金融诈骗罪则发生在信贷、使用票据、保险等金融相关业务活动的过程。①

5. 合同诈骗罪罪数形态的认定

对于在合同诈骗罪的实施过程中,犯罪行为人采取的其他欺诈手段独立成罪的,属于牵连犯,从一重处罚。对于法条竞合的情形,包容竞合关系适用法律的原则是特殊法优于普通法,交叉竞合关系采取从一重适用原则。

(三)合同诈骗罪的刑事责任

根据《刑法》第224、231条的规定,犯本罪的,处3年以下有期徒刑或者拘役,并处或者单处罚金;数额巨大或者有其他严重情节的,处3年以上10年以下有期徒刑,并处罚金;数额特别巨大或者有其他特别严重情节的,处10年以上有期徒刑或者无期徒刑,并处罚金或没收财产。单位犯本罪的,对单位判处罚金,并对其直接负责的主管人员和其他直接责任人员,依照上述规定处罚。

五、组织、领导传销活动罪

(一)组织、领导传销活动罪的概念和构成

组织、领导传销活动罪是《刑法修正案(七)》新增设的犯罪,是指组织、领导以推销商品、提供服务等经营活动为名,要求参加者以缴纳费用或者购买商品、服务等方式获得加入资格,并按照一定顺序组成层级,直接或者间接以发展人员的数量作为计酬或者返利依据,引诱、胁迫参加者继续发展他人参加,骗取财物,扰乱社会经济秩序的传销活动的行为。

本罪的构成如下:

(1)本罪侵犯的法益既包括国家正常的市场经济秩序和社会管理秩序,也包括财产所有权。

(2)本罪所谓的"传销活动",具有五个特征:一是指以推销商品、提供服务等经营活动为名;二是要求参加者以缴纳费用或者购买商品、服务等方式获得加入资格;三是加入者按照一定顺序组成层级,这种所谓顺序是以联络发展关系来排列的;四是直接或者间接以发展人员的数量作为计酬或者返利依据,引诱、胁迫参加者继续发展他人参加;五是骗取财物,扰乱经济社会秩序。

本罪的行为方式是"组织、领导",所谓"组织"是指通过策划、指挥、招揽、引诱、拉拢、胁迫、安排、调配等行为倡导、发起传销活动的行为。所谓"领导"是指在传销活动中处于统帅、支配地位的人对传销活动进行策划、决策、指挥、协调等

---

① 赵秉志主编:《当代刑法学》,中国政法大学出版社2009年版,第551页。

活动。因此,仅"参加",则不构成本罪。①

(3) 本罪的主体是一般主体,但仅限于传销活动的组织者和领导者,单位也能构成本罪。所谓组织者、领导者,是指在传销活动中起组织、领导作用的发起人、决策人、操纵人,以及在传销活动中担负策划、指挥、布置、协调等重要职责,或者在传销活动实施中起到关键作用的人员。② 以单位名义实施组织、领导传销活动犯罪的,对于受单位指派,仅从事劳务性工作的人员,一般不予追究刑事责任。

根据有关司法解释,涉嫌组织、领导的传销活动人员在30人以上且层级在三级以上的,对组织者、领导者,应予立案追诉。

(4) 本罪的主观要件为故意,过失不构成本罪,并且行为人主观上有通过传销活动骗取财物、非法集资或者其他方面的目的。

(二) 组织、领导传销活动罪的界限划分

1. 罪与非罪的界限

根据《办理传销活动意见》第5条的规定,传销活动的组织者或者领导者通过发展人员,要求传销活动的被发展人员发展其他人员加入,形成上下线关系,并以下线的销售业绩为依据计算和给付上线报酬,牟取非法利益的,是"团队计酬"式传销活动。以销售商品为目的、以销售业绩为计酬依据的单纯的"团队计酬"式传销活动,不作为犯罪处理。形式上采取"团队计酬"方式,但实质上属于"以发展人员的数量作为计酬或者返利依据"的传销活动,应当依照《刑法》第224条之一的规定,以组织、领导传销活动罪定罪处罚。

2. 关于传销组织层级及人数的认定问题

根据《办理传销活动意见》第1条的规定,以推销商品、提供服务等经营活动为名,要求参加者以缴纳费用或者购买商品、服务等方式获得加入资格,并按照一定顺序组成层级,直接或者间接以发展人员的数量作为计酬或者返利依据,引诱、胁迫参加者继续发展他人参加,骗取财物,扰乱经济社会秩序的传销组织,其组织内部参与传销活动人员在30人以上且层级在三级以上的,应当对组织者、领导者追究刑事责任。组织、领导多个传销组织,单个或者多个组织中的层

---

① 仅"参加"传销活动的,根据最高人民法院《关于情节严重的传销或者变相传销行为如何定性问题的批复》的规定,构成非法经营罪。参见赵秉志主编:《刑法新教程》(第3版),人民大学出版社2009年版,第510页。

② 根据2013年最高人民法院、最高人民检察院、公安部《关于办理组织领导传销活动刑事案件适用法律若干问题的意见》(以下简称《办理传销活动意见》)第2条的规定,下列人员可以认定为传销活动的组织者、领导者:(1) 在传销活动中起发起、策划、操纵作用的人员;(2) 在传销活动中承担管理、协调等职责的人员;(3) 在传销活动中承担宣传、培训等职责的人员;(4) 曾因组织、领导传销活动受过刑事处罚,或者1年以内因组织、领导传销活动受过行政处罚,又直接或者间接发展参与传销活动人员在15人以上且层级在三级以上的人员;(5) 其他对传销活动的实施、传销组织的建立、扩大等起关键作用的人员。

级已达三级以上的,可将在各个组织中发展的人数合并计算。组织者、领导者形式上脱离原传销组织后,继续从原传销组织获取报酬或者返利的,原传销组织在其脱离后发展人员的层级数和人数,应当计算为其发展的层级数和人数。

3. 关于罪名的适用问题

根据《办理传销活动意见》第6条的规定,以非法占有为目的,组织、领导传销活动,同时构成组织、领导传销活动罪和集资诈骗罪的,依照处罚较重的规定定罪处罚。犯组织、领导传销活动罪,并实施故意伤害、非法拘禁、敲诈勒索、妨害公务、聚众扰乱社会秩序、聚众冲击国家机关、聚众扰乱公共场所秩序、交通秩序等行为,构成犯罪的,依照数量并罚的规定处罚。

(三)组织、领导传销活动罪的刑事责任

《刑法》第224条之一、第231条规定,犯本罪的,处5年以下有期徒刑或者拘役,并处罚金;情节严重的,处5年以上有期徒刑,并处罚金。单位犯本罪的,对单位判处罚金,并对其直接负责的主管人员和其他直接责任人员,依照上述规定处罚。①

六、非法经营罪

(一)非法经营罪的概念和构成

非法经营罪,是指违反国家规定,从事非法经营活动,扰乱市场秩序,情节严重的行为。本罪的构成特征如下:

(1)本罪侵犯的法益是市场交易的正常秩序。本罪的犯罪对象是未经许可经营的专营、专卖物品或者其他限制买卖的货物、物品、外汇和进出口许可证、进出口原产地证明以及其他法律、法规规定的经营许可证或者批准文件。

(2)本罪在客观上表现为违反国家规定,从事非法经营活动,扰乱市场秩序,情节严重的行为,其中包含三个必须同时具备的要素:

第一,违反国家规定。本罪所违反的国家规定,是国家有关工商管理法律、法规的规定。国家通过制定、实施各种工商管理法律、法规,实现对市场秩序的管理,保障市场的健康有序地运行。

第二,从事非法经营活动,扰乱市场秩序。其具体方式包括:未经许可经营法律、行政法规规定的专营、专卖物品或者其他限制买卖的物品,例如军工产品、

---

① 根据《办理传销活动意见》第4条的规定,对符合本《意见》第1条第1款规定的传销组织的组织者、领导者,具有下列情形之一的,应当认定为《刑法》第224条之一规定的"情节严重":(1)组织、领导的参与传销活动人员累计达120人以上的;(2)直接或者间接收取参与传销活动人员缴纳的传销资金数额累计达250万元以上的;(3)曾因组织、领导传销活动受过刑事处罚,或者1年以内因组织、领导传销活动受过行政处罚,又直接或者间接发展参与传销活动人员累计达60人以上的;(4)造成参与传销活动人员精神失常、自杀等严重后果的;(5)造成其他严重后果或者恶劣社会影响的。

火药产品、天然金刚石、麻醉药品、卷烟等;买卖进出口许可证、进出口原产地证明以及其他法律、行政法规规定的经营许可证或批准文件;未经国家有关主管部门批准非法经营证券、期货、保险业务的,或者非法从事资金支付结算业务的;其他严重扰乱市场秩序的非法经营行为。

第三,情节严重。本案中的"情节严重"的内容比较复杂,不同的非法经营行为方式,其情节严重的情形也不一样。《公安机关管辖案件立案标准(二)》第79条分别对不同的行为方式规定了不同的应诉标准,具体内容参见该规定。

另外,根据《网络诽谤解释》第7条的规定,违反国家规定,以营利为目的,通过信息网络有偿提供删除信息服务,或者明知是虚假信息,通过信息网络有偿提供发布信息等服务,扰乱市场秩序,具有下列情形之一的,属于非法经营行为"情节严重",依照《刑法》第225条第4项的规定,以非法经营罪定罪处罚:个人非法经营数额在5万元以上,或者违法所得数额在2万元以上的;单位非法经营数额在15万元以上,或者违法所得数额在5万元以上的。实施前款规定的行为,数额达到前款规定的数额5倍以上的,应当认定为《刑法》第225条规定的"情节特别严重"。

(3) 本罪的主体为一般主体,个人和单位均可以成为本罪的主体。

(4) 本罪的主观要件为直接故意,通常具有获取非法利润的目的。

(二) 非法经营罪的界限划分

1. 本罪与非罪的界限

非法经营行为是否构成犯罪,关键在于非法经营行为是否情节严重,这是立法对非法经营行为罪与非罪的区分在量上的界定。据此,即使行为人实施了非法经营的行为,但情节尚未达到严重的程度时不能认定为非法经营罪。

2. 生产、销售伪劣产品罪与非法经营罪的界限

非法经营罪主要是涉及特殊行业经营许可方面的犯罪,如烟酒、金融等行业。国家对这些特殊行业实行许可制度,违反这种许可制度情节严重的,就构成非法经营罪。所以,是否构成非法经营罪,与行为人经营的产品质量无关。而生产、销售伪劣产品罪则是涉及产品质量方面的犯罪,行为人的行为是否构成生产、销售伪劣产品罪,亦与行业许可制度无关。如果行为人生产、销售伪劣的专营、专卖产品且该产品的生产、销售并未得到国家行政部门的经营许可,那么,行为人的一个行为就可能会同时触犯生产、销售伪劣产品罪和非法经营罪,属于想象竞合犯。① 因此,根据《伪劣商品案件的解释》第10条的规定,实施生产、销售伪劣商品犯罪,同时构成非法经营等其他犯罪的,依照处罚较重的规定定罪处罚。

---

① 也有学者认为是法条竞合犯。参见于逸生:《刑法常见易混罪名比较研究》,黑龙江人民出版社2003年版,第171页。

3. 本罪与他罪的界限

本罪的认定所要注意的是本罪罪状中第4项①规定的"其他严重扰乱市场秩序的非法经营行为"的认定。对于该罪状的认定，容易与其他相关犯罪相互混淆。根据现有相关立法、司法解释，大致归纳为以下几个方面：

（1）非法经营外汇的行为。

非法经营外汇的行为，涉及本罪与骗购外汇罪。非法经营外汇行为构成本罪的情况，根据相关立法、司法解释可分为三种：第一，场外非法买卖外汇。详见1998年全国人大常委会《关于惩治骗购外汇、逃汇和非法买卖外汇犯罪的决定》第4条和最高人民法院《关于审理骗购外汇、非法买卖外汇刑事案件具体应用法律若干问题的解释》（以下简称《关于外汇刑事案件的解释》）第3条的规定。第二，单位为他人骗购外汇。详见最高人民法院《关于外汇刑事案件的解释》第4条的规定。第三，居间介绍骗购外汇。详见最高人民法院《关于外汇刑事案件的解释》第4条的规定。

（2）非法经营出版物的行为。

按本罪定罪的非法经营出版物行为，根据有关司法解释可以分为两种：第一，经营非法出版物的行为。② 第二，非法从事出版物的经营。③

（3）擅自经营国际电信业务行为。

根据最高人民法院《关于审理扰乱电信市场管理秩序案件具体应用法律若干问题的解释》和最高人民检察院《关于非法经营国际或港澳台地区电信业务行为法律适用问题的批复》的规定，违反国家规定，采取租用国际专线、私设转接设备或者其他方法，擅自经营国际电信业务或者涉港澳台电信业务进行营利活动，扰乱电信市场管理秩序，情节严重的，依照本罪定罪处罚。

根据上述《关于审理扰乱电信市场管理秩序案件具体应用法律若干问题的解释》第5条的规定，违反国家规定，擅自设置、使用无线电台（站），或者擅自占用频率，非法经营国际电信业务或者涉港澳台电信业务进行营利活动，同时构成本罪和《刑法》第288条规定的扰乱无线电通讯管理秩序罪的，属于想象竞合犯，依照两罪中处罚较重的规定定罪处罚。

（4）非法提供信息服务。

根据《网络诽谤解释》第7条的规定，违反国家规定，以营利为目的，通过信息网络有偿提供删除信息服务，或者明知是虚假信息，通过信息网络有偿提供发

---

① 本项在1997年修订的《刑法》中属于第3项，《刑法修正案》将其改为现在的第4项。《刑法修正案》前的相关司法解释中涉及本条的第3项，均指现在的第4项。
② 详见1998年最高人民法院《关于审理非法出版物刑事案件具体应用法律若干问题的解释》（以下简称《关于非法出版物案件的解释》）第11条的规定。
③ 详见最高人民法院《关于非法出版物案件的解释》第15条的规定。

布信息等服务,扰乱市场秩序,情节严重的,以非法经营罪定罪处罚。

(5) 非法经营食盐行为。

根据最高人民检察院《关于办理非法经营食盐刑事案件具体应用法律若干问题的解释》的规定,违反国家有关盐业管理规定,非法生产、储运、销售食盐,扰乱市场秩序,情节严重的,应当依照《刑法》第 225 条的规定,以本罪追究刑事责任。具体定罪量刑情节,详见该司法解释。

(6) 非法经营饲料添加药品或饲料行为。

根据最高人民法院、最高人民检察院《关于办理非法生产、销售、使用禁止在饲料和动物饮用水中使用的药品等刑事案件具体应用法律若干问题的解释》的规定,非法经营饲料添加药品或饲料行为,构成本罪,但使用该等药品或饲料动物饮用水养殖供人食用的动物,或者销售该类药品或饲料养殖的供人食用的动物及其制品的行为,则构成生产、销售有毒、有害食品罪。具体内容详见该司法解释。

(7) 预防、控制灾害期间非法经营行为。

2003 年最高人民法院、最高人民检察院《关于办理妨害预防、控制突发传染病疫情等灾害的刑事案件具体应用法律若干问题的解释》第 6 条规定,违反国家在预防、控制突发传染病疫情等灾害期间有关市场经营、价格管理等规定,哄抬物价、牟取暴利,严重扰乱市场秩序,违法所得数额较大或者有其他严重情节的,依照本罪定罪,依法从重处罚。

(8) 非法经营烟草制品行为。

根据 2010 年最高人民法院、最高人民检察院《关于办理非法生产、销售烟草专卖品等刑事案件具体应用法律若干问题的解释》(以下简称《关于非法生产、销售烟草专卖品的解释》)第 1 条第 5 款的规定,未经烟草专卖行政主管部门许可,无生产许可证、批发许可证、零售许可证,而生产、批发、零售烟草制品的,依照本罪定罪处罚。无论个人还是单位实施的涉烟非法经营罪,都适用统一的定罪量刑标准。

(9) 非法经营淫秽色情网站行为。

2004 年最高人民法院、最高人民检察院、公安部《关于依法开展打击淫秽色情网站专项行动有关工作的通知》第 2 条规定,对于违反国家规定,擅自设立互联网上网服务营业场所,或者擅自从事互联网上网服务经营活动,情节严重,构成犯罪的,以本罪追究刑事责任。

(10) 擅自发行、销售彩票行为。

2005 年最高人民法院、最高人民检察院《关于办理赌博刑事案件具体应用法律若干问题的解释》第 6 条规定,未经国家批准擅自发行、销售彩票,构成犯罪的,依照本罪定罪处罚。

(11) 生产、销售赌博机行为。

2014 年最高人民法院、最高人民检察院、公安部《关于办理利用赌博机开设赌场案件适用法律若干问题的意见》第 4 条规定,以提供给他人开设赌场为目的,违反国家规定,非法生产、销售具有退币、退分、退钢珠等赌博功能的电子游戏设施设备或者其专用软件,情节严重的,以本罪定罪处罚。

(12) 非法采挖、买卖麻黄草、麻黄碱类复方制剂等行为。

2013 年最高人民法院、最高人民检察院、公安部、农业部、食品药品监管总局《关于进一步加强麻黄草管理严厉打击非法买卖麻黄草等违法犯罪活动的通知》第 3 条第 4 款规定,违反国家规定采挖、销售、收购麻黄草,没有证据证明以制造毒品或者走私、非法买卖制毒物品为目的,依照《刑法》第 225 条的规定构成犯罪的,以本罪定罪处罚。

2012 年最高人民法院、最高人民检察院、公安部《关于办理走私、非法买卖麻黄碱类复方制剂等刑事案件适用法律若干问题的意见》第 1 条第 4 款规定,非法买卖麻黄碱类复方制剂或者运输、携带、寄递麻黄碱类复方制剂进出境,没有证据证明系用于制造毒品或者走私、非法买卖制毒物品,或者未达到走私制毒物品罪、非法买卖制毒物品罪的定罪数量标准,构成非法经营、走私普通货物、物品罪等其他犯罪的,依法定罪处罚。

(13) 生产、销售国家禁止用于食品生产、销售的非食品原料以及私设生猪屠宰厂(场)行为。

2013 年最高人民法院、最高人民检察院《关于办理危害食品安全刑事案件适用法律若干问题的解释》第 11、12 条的规定,以提供给他人生产、销售食品为目的,违反国家规定,生产、销售国家禁止用于食品生产、销售的非食品原料,情节严重的,以本罪定罪处罚。违反国家规定,生产、销售国家禁止生产、销售、使用的农药、兽药,饲料、饲料添加剂,或者饲料原料、饲料添加剂原料,情节严重的,也以本罪定罪处罚。实施上述行为,同时又构成生产、销售伪劣产品罪,生产、销售伪劣农药、兽药罪等其他犯罪的,依照处罚较重的规定定罪处罚。

违反国家规定,私设生猪屠宰厂(场),从事生猪屠宰、销售等经营活动,情节严重的,依照本罪定罪处罚。实施前述行为,同时又构成生产、销售不符合安全标准的食品罪,生产、销售有毒、有害食品罪等其他犯罪的,依照处罚较重的规定定罪处罚。

(三) 非法经营罪的刑事责任

根据《刑法》第 225、231 条的规定,犯本罪的,处 5 年以下有期徒刑或者拘役,并处或者单处违法所得 1 倍以上 5 倍以下罚金;情节特别严重的,处 5 年以上有期徒刑,并处违法所得 1 倍以上 5 倍以下罚金或者没收财产。单位犯本罪的,对单位判处罚金,并对其直接负责的主管人员和其他直接责任人员,依照上述规定处罚。

七、强迫交易罪

（一）强迫交易罪的概念和构成

强迫交易罪，是指以暴力、威胁手段强买强卖商品、强迫他人提供服务或者强迫他人接受服务、强迫他人参与或者退出投标、拍卖、强迫他人转让或者收购公司、企业的股份、债券或者其他资产、强迫他人参与或者退出特定的经营活动，情节严重的行为。本罪具有以下构成特征：

（1）本罪所侵害的法益既包括公平自由竞争的市场秩序，也包括被强迫交易人的合法权益。

（2）本罪的客观要件必须同时具备行为方式、行为内容、严重情节这三个条件。本罪的行为方式必须是以暴力、威胁为手段，其行为内容表现为以下五种情形：

第一，强买强卖商品。这是指在商品交易中违反法律、法规和商品交易规则，不顾交易对方是否同意，以暴力、威胁手段强行买进或者强行卖出的行为。

第二，强迫他人提供或者接受服务。这是指行为人在享受服务消费时，不遵守公平自愿的原则，不顾提供服务方是否同意，以暴力、威胁手段强迫他人提供或者接受服务的行为。强迫他人接受服务，主要指餐饮业、旅游业、娱乐业、美容服务业、维修业等服务性质的行业在营业中，违反法律、法规和商业道德及公平自愿的原则，不顾消费者是否同意，以暴力、威胁的手段强迫消费者接受其服务的行为。[①]

第三，强迫他人参与或者退出投标、拍卖。这是指在一些工程竞标、拍卖等活动中，使用暴力或者威胁手段，强迫参与竞标的参与者退出投标、拍卖活动。

第四，强迫他人转让或者收购公司、企业的股份、债券或者其他资产。这是指为了获得不正当利益，以暴力、威胁手段，强迫他人在不符合市场价值规律和不利于出让人的情况下转让公司、企业的股份、债券或者其他资产，自己从中获取不法利益，而使他人利益受损。

第五，强迫他人参与或者退出特定的经营活动。"特定的经营活动"指在不法分子指定的经营活动范围内，由于屈从于暴力、威胁手段，在没有选择的情况下，所从事或者退出经营活动的情况。

本条规定的"情节特别严重"，主要是指采用的强迫交易手段特别恶劣、非法牟利数额特别巨大、造成特别严重后果等情形。应当注意的是，如果行为人在

[①] 根据2014年最高人民检察院《关于强迫借贷行为适用法律问题的批复》的规定，以暴力、胁迫手段强迫他人借贷，也属于"强迫他人提供或者接受服务"，情节严重的，以强迫交易罪追究刑事责任。

使用暴力过程中造成被害人重伤、死亡的,同时构成故意伤害罪等其他犯罪的,依照处罚较重的规定定罪处罚。

(3) 本罪的主体为一般主体,包括个人和单位。

(4) 本罪的主观要件为直接故意,间接故意与过失不构成本罪。

(二) 强迫交易罪的刑事责任

根据《刑法》第226、231条的规定,犯本罪的,处3年以下有期徒刑或者拘役,并处或者单处罚金;情节特别严重的,处3年以上7年以下有期徒刑,并处罚金。单位犯本罪的,对单位判处罚金,并对其直接负责的主管人员和其他直接责任人员,依照上述规定处罚。

八、伪造、倒卖伪造的有价票证罪

伪造、倒卖伪造的有价票证罪,是指伪造或者倒卖伪造的车票、船票、邮票或者其他有价票证,数额较大的行为。本罪的构成如下:

本罪侵犯的法益是国家对有价票证的管理秩序。犯罪对象是车票、船票、邮票或者其他有价票证。这里的其他有价票证,包括飞机票、货票、油票等。根据高人民检察院法律政策研究室《关于非法制作、出售、使用IC电话卡行为如何适用法律问题的答复》的规定,IC电话卡也可以成为本罪的犯罪对象。本罪的行为方式是伪造或者倒卖伪造的有价票证。这里的伪造,一般认为是不同于变造的。但2000年12月5日最高人民法院《关于对变造、倒卖变造邮票行为如何适用法律问题的解释》规定:"对变造或者倒卖变造的邮票数额较大的,应当依照《刑法》第227条第1款的规定,定罪处罚。"这实际上是对伪造作了扩张解释。因此,对于邮票来说,不论是伪造还是变造的,都应以本罪论处。本罪的主体为一般主体,包括个人和单位。本罪的主观要件为直接故意,间接故意与过失不构成本罪。

根据《刑法》第227条第1款、231条的规定,犯本罪的,处2年以下有期徒刑、拘役或者管制,并处或者单处票证价额的1倍以上5倍以下罚金;数额巨大的,处2年以上7年以下有期徒刑,并处票证价额的1倍以上5倍以下罚金。单位犯本罪的,对单位判处罚金,并对其直接负责的主管人员和其他直接责任人员,依照上述规定处罚。

九、倒卖车票、船票罪

倒卖车票、船票罪,是指以谋取非法利益为目的,倒卖车票、船票,情节严重的行为。

本罪侵犯的法益是国家对车票、船票的管理秩序。本罪的犯罪对象是车票、船票。所谓车票,是指旅客凭其乘坐各种陆上从事旅客运输的公共交通工具的有价票证,如火车票、公共汽车票、长途汽车票等。坐席、卧铺签字号及订购车票凭证亦属本条所称车票性质。所谓船票,则是指凭其乘坐水上从事旅客交通运输的公共交通工具的有价票证。本罪的客观要件为倒卖车票、船票,情节严重的行为。所谓倒卖,是指购买车票、船票后加价卖出或者为了卖出而购买车票、船票。本罪的本质在于其目的是否通过加价卖出而获得,至于其目的是否实现则不影响其性质的认定。本罪属情节犯,倒卖车票、船票的行为必须达到情节严重的程度才能构成其罪。根据最高人民法院《关于审理倒卖车票刑事案件有关问题的解释》和《公安机关管辖案件立案标准(一)》第30条的规定,倒卖车票、船票或者倒卖车票坐席、卧铺签字号以及订购车票、船票凭证,涉嫌下列情形之一的,应予立案追诉:(1)票面数额累计5000元以上的;(2)非法获利累计2000元以上的;(3)其他情节严重的情形。对于情节严重的标准,可以参照的规定执行。对于铁路职工倒卖车票或者与其他人员勾结倒卖车票;组织倒卖车票的首要分子;曾因倒卖车票受过治安处罚两次以上或者被劳动教养一次以上,两年内又倒卖车票,构成倒卖车票罪的,依法从重处罚。本罪的主体为一般主体,自然人和任何单位均可构成。本罪的主观要件为直接故意,间接故意与过失不构成本罪。

根据《刑法》第227条第1款和第231条的规定,犯本罪的,处3年以下有期徒刑、拘役或者管制,并处或者单处票证价额1倍以上5倍以下罚金。单位犯本罪的,对单位判处罚金,并对其直接负责的主管人员和其他直接责任人员,依照上述规定处罚。

十、非法转让、倒卖土地使用权罪

非法转让、倒卖土地使用权罪,是指以牟利为目的,违反土地管理法规,非法转让、倒卖土地使用权,情节严重的行为。本罪侵犯的法益是国家对土地使用权转让的管理秩序。本罪的主观要件只能为直接故意,并具有牟利的目的。

根据《刑法》第228、231条的规定,犯本罪的,处3年以下有期徒刑或者拘役,并处或者单处非法转让、倒卖土地使用权价额5%以上20%以下罚金;情节特别严重的,处3年以上7年以下有期徒刑,并处非法转让、倒卖土地使用权价额5%以上20%以下罚金。单位犯本罪的,对单位判处罚金,并对其直接负责的主管人员和其他直接责任人员,依照上述规定处罚。

十一、提供虚假证明文件罪

提供虚假证明文件罪,是指承担资产评估、验资、验证、会计、审计、法律服务等职责的中介组织的人员故意提供虚假证明文件,情节严重的行为。

本罪侵犯的法益是国家对中介组织及其中介活动的监管秩序。所谓证明文件,是指资产评估报告、验资证明、验证证明、审计报告等中介证明。所谓虚假的证明文件,是指上述证明文件的内容不符合事实。提供虚假证明文件的行为,必须情节严重才构成犯罪。① 本罪的主体是特殊主体,即承担资产评估、验资、验证、会计、审计、法律服务等职责的中介组织的人员,单位也可以构成本罪。本罪的主观要件必须出于故意,即明知自己所提供的是虚假的证明文件,而仍然实施该行为,过失不能构成本罪。

根据《刑法》第229条第1、2款、231条的规定,犯本罪的,处5年以下有期徒刑或者拘役,并处罚金。索取他人财物或者非法收受他人财物,犯本罪的,处5年以上10年以下有期徒刑,并处罚金。单位犯本罪的,对单位判处罚金,并对其直接负责的主管人员和其他直接责任人员,依照上述规定处罚。

十二、出具证明文件重大失实罪

出具证明文件重大失实罪,是指承担资产评估、验资、验证、会计、审计、法律服务等职责的中介组织的人员严重不负责任,出具的证明文件有重大失实,造成严重后果的行为。

本罪侵犯的法益是国家对中介组织及其中介活动的监管秩序。本罪的客观要件为严重不负责任,出具的证明文件有重大失实,造成严重后果的行为。严重不负责任,既可以表现为该为而根本不为,也可以表现为草率应付,不认真作为。重大失实,则是指文件内容与实际情况存在重大出入,与事实不符,可以是全部内容失实,也可以是重要内容失实等。最后,必须造成了严重后果。② 本罪的主体是特殊主体,即承担资产评估、验资、验证、会计、审计、法律服务等职责的中介组织的人员,单位也可以构成本罪。本罪的主观要件为过失,即行为人本应当严格履行自己的职责,认真评估、审查、检验相关的证明文件,但是行为人由于疏忽大意或者过于自信而没有做到,从而导致了损害结果的发生。

根据《刑法》第229条第3款、231条的规定,犯本罪的,处3年以下有期徒刑或者拘役,并处或者单处罚金。单位犯本罪的,对单位判处罚金,并对其直接负责的主管人员和其他直接责任人员,依照上述规定处罚。

十三、逃避商检罪

逃避商检罪,是指违反进出口商品检验法的规定,逃避商品检验,将必须经商检机构检验的进口商品未报经检验而擅自销售、使用,或者将必须经商检机构

---

① "情节严重"的标准,可参照2010年5月7日最高人民检察院、公安部《关于公安机关管辖的刑事案件立案追诉标准的规定(二)》第81条的规定。
② "严重后果"的标准,可参照2010年5月7日最高人民检察院、公安部《关于公安机关管辖的刑事案件立案追诉标准的规定(二)》第82条的规定。

检验的出口商品未报经检验合格而擅自出口,情节严重的行为。

本罪侵犯的法益是国家对进出口商品的管理秩序。本罪的行为方式包括两种:一种是将必须经商检机构检验的进口商品未报经检验而擅自销售、使用;另一种是将必须经商检机构检验的出口商品未报经检验合格而擅自出口。而且,必须是情节严重的逃避商检行为,才能构成本罪。[①] 本罪的主体是特殊主体,只能是对进出口商品负有报检责任的单位或者自然人。本罪的主观要件为故意。

《刑法》第230、231条规定,犯本罪的,处3年以下有期徒刑或者拘役,并处或者单处罚金。单位犯本罪的,对单位判处罚金,并对其直接负责的主管人员和其他直接责任人员,依照上述规定处罚。

[①] "情节严重"的标准,具体参见2010年5月7日最高人民检察院、公安部《关于公安机关管辖的刑事案件立案追诉标准的规定(二)》第83条的规定。

第六章 妨害社会管理秩序罪

第一节 妨害社会管理秩序罪概说

一、妨害社会管理秩序罪的概念和构成

(一) 妨害社会管理秩序罪的概念

妨害社会管理秩序罪,是指对于正常的社会管理秩序造成妨害,并应当受到刑罚处罚的行为。作为一种类罪名,妨害社会管理秩序罪所侵害的法益具有多元性,既包括个人法益,也包括社会法益,还包括国家法益。从侵害方式来看,既包括实害类型,也包括危险类型。因此,妨害社会管理秩序罪的同类客体很难用某种或某类具体的法益进行概括,立法者就采用了抽象但覆盖范围较大的社会管理秩序作为同类客体。社会管理秩序本身不是一个严格的法益类型,只是多种法益类型的综合和抽象。易言之,社会管理秩序实际上是立法者所期待或预设的一种社会运行状态,这种状态具有维护社会管理、控制的功能,同时具有拟制性和模糊性的特征。所谓拟制性,是指立法者所期待的社会管理秩序的纯粹有序状态并不存在于现实之中,也不能够通过经验和观察进行验证,只是一种基于想象的拟制。所谓模糊性,是指社会管理秩序的具体内涵极其宽泛,这就导致其外延也不确实具体。那么,要具体描述或界定何种社会管理秩序受到何种程度的侵害,则往往具有含混和模糊的特征。① 因此,社会管理秩序在形式上可能可以包容本章罪名,但基于其拟制性和模糊性的特征,实际上在个罪的界定中往往不具有指导和限定的功能。从这个意义上说,社会管理秩序只是形式上的法益,妨害社会管理秩序罪中的具体法益需要从各个罪名中进行推导和论证。

(二) 妨害社会管理秩序罪的构成

(1) 妨害社会管理秩序罪形式上的侵害法益为社会管理秩序,其具体法益则与具体罪名相关。如走私、贩卖、运输、制造毒品罪的侵害法益为人民健康,属于社会法益。强迫他人吸毒罪的侵害法益则为个人的自由和健康,属于个人法益。在宏观上,社会管理秩序与社会的稳定有关,是一种实现社会稳定所预

---

① 包罗万象的妨害社会管理秩序罪也可能是立法技术上的考虑,立法者可能是把一些法益侵害不太清晰、明确的犯罪类型,在不太适合归入其他章节的情况下,将其全部归入妨害社会管理秩序罪之中,用宏大、宽泛的社会管理秩序作为最上位的法益归属。

期的社会运行状态和模式,而良性的社会运行状态和模式又取决于国家日常管理的有效性。因此,社会管理秩序实际上是国家日常管理秩序的抽象化状态。

(2)妨害社会管理秩序罪的行为方式既包括作为方式,也包括不作为方式,侵害法益的方式既包括危险方式,也包括实害方式。在以危险犯形式存在的妨害社会管理秩序罪中,既有抽象危险犯,如走私、贩卖、运输、制造毒品罪,也有具体危险犯,如投放虚假危险物质罪等。

(3)妨害社会管理秩序罪的主观要件一般是故意,但有个别犯罪是过失,如医疗事故罪。还有个别犯罪需要具有特定的目的才能成立犯罪,如赌博罪需要具有营利目的。

(4)妨害社会管理秩序罪一般为一般主体,即年满16周岁的自然人,但部分犯罪也可以由单位构成。另外,也有个别犯罪可以由14周岁以上的自然人构成,如贩卖毒品罪。还有部分犯罪的主体需要具备特定的身份才可以构成,如医疗事故罪需要具备行医资质的人员。

二、妨害社会管理秩序罪的种类

根据我国《刑法》的规定,妨害社会管理秩序罪可具体分为九类:(1)扰乱公共秩序罪;(2)妨害司法罪;(3)妨害国(边)境罪;(4)妨害文物管理罪;(5)危害公共卫生罪;(6)破坏环境资源保护罪;(7)走私、贩卖、运输、制造毒品罪;(8)组织、强迫、引诱、容留、介绍卖淫罪;(9)制作、贩卖、传播淫秽物品罪。

第二节 扰乱公共秩序罪

一、妨害公务罪

(一)妨害公务罪的概念和构成

1. 妨害公务罪的概念

妨害公务罪,是指以暴力、威胁方法阻碍国家机关工作人员依法执行职务,或者故意阻碍国家安全机关、公安机关依法执行国家安全工作任务,虽未使用暴力、威胁但造成严重后果的行为。

2. 妨害公务罪的犯罪构成

(1)妨害公务罪侵害的法益为国家职能,国家职能是通过国家机关工作人员的公务行为来实现的。因此,保障公职人员的公务行为的顺利实施,也就是保障了国家职能的充分发挥。从更深层的角度来看,在民主法治状态,国家职能的定位就在于保障公民的自由和发展。因此,保障公务活动的实施是一种国家法益,其保护必要性来源于公务活动的顺利开展对于公民自由和发展的基础性作用。

(2) 妨害公务罪的行为对象为国家机关工作人员,包括在立法机关、行政机关、司法机关中从事公务的人员。根据 2000 年最高人民检察院《关于以暴力、威胁方法阻碍事业编制人员依法执行行政执法职务是否可对侵害人以妨害公务罪论处的批复》的规定,对于以暴力、威胁方法阻碍国有事业单位人员依照法律、行政法规的规定执行行政执法职务的,或者以暴力、威胁方法阻碍国家机关中受委托从事行政执法活动的事业编制人员执行行政执法职务的,也可以以妨害公务罪定性。这就说明,我国刑法中对妨害公务罪的行为对象的理解是实质解释,侧重其依法执行公务的资格,而不局限于公务员形式上的身份本身。因此,在中国共产党的各级机关和中国人民政治协商会议的各级机关中从事公务的人员也可以成为妨害公务罪的行为对象。

(3) 妨害公务罪的成立,必须是指向正在执行公务的国家机关工作人员。那么,如何界定国家机关工作人员正在执行公务呢?一般而言,公务是指法定的属于国家机关工作人员职权范围内的事务。

首先,被妨害的公务应当具有合法性,才符合法规范的目的。公务的合法性可以从三个方面进行判断:其一,国家机关工作人员应当具有抽象的职务权限。所谓抽象的职务权限,是指法律或行政法规对国家机关工作人员职务范围的规定。如检察人员所实施的对于乱扔垃圾行为的行政处罚行为就超越了抽象的职务权限。其二,国家机关工作人员应当有具体的职务权限。也就是说,即使在抽象的职务权限之内,国家机关工作人员还要在具体的场合具有具体的职务权限,才可能说具有公务的合法性。如明明不存在将某人作为现行犯进行逮捕或刑事拘留的场合,警察所实施的拘留或逮捕行为就不能视为合法的公务行为。其三,国家机关工作人员在具有抽象的职务权限和具体职务权限的情况下,还应当履行必要的程序要件才能成立合法的公务行为。所谓必要的程序要件,是指执行公务时必须遵循的重要程序,而对于一般的程序未遵守仍然可以确定合法公务的存在。因为,出于保护公务和保护人权的平衡,程序上的一般瑕疵未必是对人权的过度侵害,该公务可以认为仍具有刑法保护的必要性。① 例如,人民警察对于犯罪嫌疑人的讯问应当遵守有两人以上在场的程序性规定,但是,只有一名警察在场进行讯问的场合,被询问人暴力妨害讯问的行为仍然可以视为妨害公务。因为,一名还是两名警察在场的程序性规定更多地是影响证据的证明力,并不足以对于讯问这种公务本身的合法性产生颠覆性的影响。

---

① 〔日〕山口厚:《刑法各论》,王昭武译,中国人民大学出版社 2011 年版,第 635—636 页。

其次，公务是否合法的具体判断标准应当依据社会一般人的标准。① 具体而言，应当以行为当时的情况为判断的基础事实，以社会一般人的观念为判断标准，看社会一般人处于行为当时能够认识到的情况之中时，是否对于公务的合法性具有认识。因为，依据公务人员行为时自己的认识作为判断标准，就可能意味着违法公务行为几乎不存在。另外，如果交由法院在事后进行客观的判断，则不利于保护公民基于社会一般观念的可预期性。

最后，公务必须处于正在执行之时。所谓公务正在执行，是指国家机关工作人员已经开始执行公务，但尚未执行结束，正在执行公务是妨害公务罪的时间限制。如果行为人针对国家机关工作人员实施的暴力和威胁行为是发生在公务执行完毕之后，则不能够成立妨害公务罪。

（4）我国《刑法》明确规定，妨害行为通常是指暴力和威胁行为，只有在阻碍国家安全机关工作人员或公安机关工作人员执行国家安全工作任务时，才不限于暴力和威胁行为。暴力，是指对于正在执行公务的人员使用有形力，阻碍其执行公务的场合。威胁，是指告知执行公务的人员即将或未来会使用暴力，或其他可能使公务人员产生精神上恐惧的行为方式。我国有学者认为，妨害公务罪是抽象危险犯，不需要具有现实的阻碍公务执行的结果，也不需要达到导致公务员身体伤害的程度。② 但是，应当把妨害公务罪理解为具体危险犯更为妥当。一方面，妨害公务行为不需要对于公务的执行造成现实的阻碍，另一方面，妨害公务行为也不能作形式上的理解，而应当把其理解为可能导致公务的执行受到阻碍，或者说，从行为人的行为方式和具体场景来看，该行为方式具有足以导致公务受阻的危险，这样可以有效排除滥用妨害公务罪压制个体自由的可能。

（5）妨害公务罪的故意为行为人认识到自己以暴力和威胁的方式阻碍正在依法执行公务的国家机关工作人员，并有可能导致公务的执行受阻。值得思考的问题是，行为人对于国家机关工作人员公务行为的合法性产生错误认识，是否阻却故意？

在外国刑法理论中，关于公务行为合法性的认识错误的处理，存在三种学说。法律错误说认为，行为人对于公务行为合法性的错误属于法律错误，不阻却故意，仍然构成妨害公务罪。事实错误说认为，违法性本属于构成要件要素，因而属于事实的认识错误，应当阻却故意。二分说则认为，应当区别对待作为合法

---

① 关于公务违法性的具体判断标准存在主观说、客观说、折中说之争。主观说认为，如果公务人员自身真实相信自己在执行公务则为合法行为。客观说认为，应当由法院以裁判时或行为时所认识到的事实为依据进行判断。折中说认为，应当以行为时社会一般人的观念作为判断标准。参见〔日〕西田典之：《日本刑法各论》，王昭武、刘明祥译，法律出版社2013年版，第437页。

② 周光权：《刑法各论讲义》，清华大学出版社2003年版，第374页。

性基础的前提事实和违法性评价,只有对作为合法性基础的前提产生认识错误才阻却故意,对于违法性评价本身产生的错误认识不阻却故意。① 比较上述三种学说,应当说二分说更具合理性,但是二分说也有值得修正之处。因为,作为公务行为合法性基础的前提事实属于事实的认识错误,可以阻却故意是妥当的。另外,即使是对合法性基础的前提事实没有认识错误的场合,如果行为人出于认识能力或无知等原因,不可能对于公务行为可能是合法行为产生认识的话,就意味着其缺乏违法性认识的可能性,也有阻却故意的可能。当然,如果说在社会一般人看来,行为人在具体情境下是具有违法性认识的可能性,或者说是可以认识到公务行为具有合法性的话,就不能够阻却故意,应当成立妨害公务罪。

(二) 妨害公务罪的界限划分

1. 罪与非罪的界限

妨害公务罪的成立,除了在形式上符合妨害公务罪的构成要件之外,还应当在实质上具有严重的法益侵害程度。因此,轻微的妨害公务行为并不具有严重侵害法益的性质,不成立妨害公务罪。同样,行为人如果存在暴力和威胁行为,但是这种暴力和威胁行为在具体场景下并不可能导致公务受阻,也不能够成立妨害公务罪。如执法人员正在依法进行拆迁,行为人跟在挖掘机后用拳头敲击挖掘机的行为,表面上看是暴力行为,但是相对于利用挖掘机实施的拆迁行为,并不具有阻碍拆迁进行的可能性。另外,行为人使用暴力、威胁方法阻碍国家机关工作人员的违法行使职权的行为也不成立妨害公务罪。

2. 此罪与彼罪的界限

行为人使用暴力、威胁的方法妨害公务,导致公务人员重伤或死亡的情形,则属于想象的竞合,应当择一重罪处罚。另外,当《刑法》有特殊规定的时候,按照特殊规定处理。如我国《刑法》第157条第2款规定:"以暴力、威胁方法抗拒缉私的,以走私罪和本法第277条规定的阻碍国家机关工作人员依法执行职务罪,依照数罪并罚的规定处罚。"这就意味着在妨害缉私人员执行公务的场合,应当数罪并罚。再如我国《刑法》第318条和第321条规定,对于以暴力、威胁方法抗拒检查的,不适用妨害公务罪的规定,而直接适用《刑法》第318条和第321条所规定的法定刑处理。

(三) 妨害公务罪的刑事责任

《刑法》第277条规定,犯本罪的,处3年以下的有期徒刑、拘役、管制或者罚金。

---

① 〔日〕西田典之:《日本刑法各论》,王昭武、刘明祥译,法律出版社2013年版,第438页。

二、煽动暴力抗拒法律实施罪

煽动暴力抗拒法律实施罪,是指行为人煽动群众暴力抗拒国家法律、行政法规实施的行为。本罪侵害的法益为国家法律、行政法规的顺利实施的秩序。法律和行政法规的实施,是国家对社会实施管理和服务的基本形式,也是实现国家职能的基本手段,煽动群众暴力抗拒法律、行政法规的实施,就可能使国家的职能无法有效发挥。因此,刑法出于保护国家职能的需要,对于煽动群众暴力抗拒法律实施的行为进行惩罚。

煽动暴力抗拒法律实施罪的客观要件为煽动群众暴力抗拒法律、行政法规实施的行为。具体而言,首先,行为人要实施煽动行为。所谓煽动行为,是指用语言或文字使他人产生犯罪意图或强化犯罪意图的行为。煽动与教唆具有相似性,但是煽动也包括对不特定多数人的犯意诱发或强化。其次,行为人煽动的对象是群众。所谓群众,是指不特定的多数人。最后,行为人煽动群众的内容是暴力抗拒法律实施。亦即是说,要成立本罪,行为人需要鼓动、诱使群众采取暴力的方法对抗法律的实施,而不包括和平的手段抗拒法律的实施。比如,煽动群众不主动缴纳税收或煽动群众拒绝缴纳罚款,只要其没有煽动群众采取暴力手段对抗法律实施,就不属于本罪。

煽动暴力抗拒法律实施罪属于抽象危险犯,不仅不需要对于国家的职能和法律的实施造成现实的侵害,也不需要行为人的煽动行为使被煽动者产生了暴力抗拒法律实施的意图或行为,只要行为人具有煽动群众暴力抗拒法律实施的行为,就产生了立法者所关心的抽象危险,就成立本罪。

根据《刑法》第278条的规定,犯本罪的,处3年以下有期徒刑、拘役、管制或者剥夺政治权利;造成严重后果的,处3年以上7年以下有期徒刑。

三、招摇撞骗罪

(一)招摇撞骗罪的概念和构成

招摇撞骗罪,是指为了谋取非法利益而假冒国家机关工作人员进行招摇撞骗的行为。

招摇撞骗罪侵害的法益为国民对于国家机关的信赖。[①] 国家机关通过其职能的发挥而具有了公信力,而这种公信力的存在有助于减少行政管理和法律实施的成本,提高国家权力运行的效率。招摇撞骗行为则是借助国家机关工作人员抽象的公信力牟取不法利益,可能导致国民对国家机关的信赖被削弱。

招摇撞骗罪的客观要件为行为人冒充国家机关工作人员招摇撞骗。所谓冒

---

① 张明楷:《刑法学》(第4版),法律出版社2011年版,第920页。

充,是指不具有真实的国家机关工作人员身份而进行假冒的行为。具体而言,冒充国家机关工作人员主要包括三种形式:第一,非国家机关工作人员冒充国家机关工作人员;第二,此部门的国家机关工作人员冒充彼部门的国家机关工作人员;第三,下级国家机关工作人员冒充上级国家机关工作人员。所谓招摇撞骗,是指以假冒的国家机关工作人员身份进行炫耀、欺诈。在界定招摇撞骗行为时,应当明确的是,不追求任何非法利益的假冒行为不应当作为招摇撞骗行为,同样,为实现合法利益的假冒行为也不应当作为招摇撞骗行为处理。

招摇撞骗罪的主观要件为故意,即行为人对于自己假冒国家机关工作人员进行招摇撞骗具有认识和意欲。另外,招摇撞骗罪的主体为一般主体,即年满16周岁的具有刑事责任能力的自然人。

(二)招摇撞骗罪的界限划分

招摇撞骗罪与诈骗罪在形式上具有一定的相似性,但是二者之间存在本质的不同:(1)侵犯的法益不同。招摇撞骗罪侵害的法益为国民对国家机关的信赖,诈骗罪侵犯的是他人对财物的占有。(2)行为方式不同。招摇撞骗罪的行为方式仅限于冒充国家机关工作人员,诈骗罪则可以是任何虚构事实、隐瞒真相的手段。(3)主观要件不同。招摇撞骗罪主观上不需要以非法占有为目的,诈骗罪则需要以非法占有为目的。

值得思考的是,行为人冒充国家机关工作人员骗取他人财物的行为应当如何定性?有观点认为属于招摇撞骗罪与诈骗罪的法条竞合,应当适用法条竞合的处罚原则进行处罚。[1] 但另有观点则指出,诈骗罪的条文"本法另有规定的,依照规定"意味着在诈骗行为符合其他条文规定的犯罪时,应当按照其他条文处。但是,诈骗罪的法定刑高于招摇撞骗罪,冒充国家机关工作人员诈骗巨额财物的情形,如果按照招摇撞骗罪处罚则会导致罪刑不均衡。因此,应当把这种情形认定为招摇撞骗罪与诈骗罪的想象竞合,择一重罪处罚。[2] 还有一种观点认为,应当按照牵连犯的原则择一重罪处罚。[3] 比较上述三种观点,第三种观点更为妥当。因为,招摇撞骗罪并不以牟取现实的经济利益为成立要件,只要行为人主观上意图牟取非法利益而实施招摇撞骗行为,就可以成立犯罪。因此,行为人基于谋取他人财物的意图实施了招摇撞骗行为,就成立了招摇撞骗罪。而这种招摇撞骗行为使他人陷入了错误的认识并作出了错误的财产处分则属于诈骗罪的范畴。那么,招摇撞骗行为与诈骗行为就属于手段和目的的关系,因此属于牵连犯,应当择一重罪处罚。

---

[1] 高铭暄、马克昌:《刑法学》,北京大学出版社、高等教育出版社2011年版,第531页。
[2] 张明楷:《刑法学》(第4版),法律出版社2011年版,第921页。
[3] 马克昌:《刑法》,高等教育出版社2007年版,第497页。

（三）招摇撞骗罪的刑事责任

根据《刑法》第 279 条的规定,犯本罪的,处 3 年以下有期徒刑、拘役、管制或者剥夺政治权利;情节严重的,处 3 年以上 10 年以下有期徒刑。冒充人民警察招摇撞骗的,从重处罚。

四、伪造、变造、买卖国家机关公文、证件、印章罪

伪造、变造、买卖国家机关公文、证件、印章罪,是指行为人实施的伪造、变造、买卖国家机关公文、证件、印章的行为。

本罪侵害的法益为公文、证件、印章的公共信用。作为证明权利、义务关系及一定法律事实的承载物,公文、证件、印章具有很高的证明价值。因此,在一般情况下,社会生活中人们都会信赖文书的证明价值,而不需要对于文书的真实性进行认真确认。因此,伪造文书等行为实际上所侵害的法益就是文书所具有的证据功能,该证据功能会因为文书的内容虚假而受到侵害。① 申言之,国家机关的公文、证件、印章所具有的证明功能和证据功能实际上支撑了公文的公共信用,而公文的公共信用则可以促进社会交往的便利性和效益性。那么,虚假的公文就有可能损害公文的公共信用,进而阻碍社会管理、社会服务的便利性和效益性。所以,刑法有必要在保护公文的公共信用的规范目的指导下惩罚伪造、变造、买卖国家机关公文、证件、印章的行为。

本罪的行为对象为国家机关的公文、证件和印章。公文,是指以国家机关名义制作的,具有可视性和可读性的文字或其他符号表现的一定意思或内容的文件。具体而言,公文具有三个特征:其一,公文的公共性。公文是国家机关履行公共管理职能过程中承载意思或内容的文件,不属于私人信函或私人文书,而必须具有公共性的特征。因此,即使是国家机关工作人员使用公文的特定纸张,用公文的形式表达私人意思或内容的文书,也不属于公文。其二,公文具有持续存在性。公文区别于语言,其应当附着于一定的媒介,如纸张等,并能够在一定期间内长期存在。其三,公文具有观念性。所谓公文的观念性,是指公文应当表达一定的思想、内容或观念。因此,形式全备但内容空白的文件不属于公文。证件,是指由国家机关颁发的记载一定权利、许可等事项的凭证,如边境证、准生证等。证件的成立,通常需要形式上的齐备和内容上的齐备。如最高人民检察院研究室在《关于买卖尚未加盖印章的空白〈边境证〉行为如何适用法律问题的答复》中规定,对买卖尚未加盖印章的空白《边境证》的行为,一般不以买卖国家机关证件罪追究刑事责任。这就意味着,司法解释认为,空白《边境证》在形式上缺乏印章,在内容上缺乏意思,不应当视为国家机关的证件。印章,是指表示国

---

① 〔日〕西田典之:《日本刑法各论》,王昭武、刘明祥译,法律出版社 2013 年版,第 365 页。

家机关名称的印形和印影。

本罪的行为方式为伪造、变造、买卖行为。伪造，包括有形伪造和无形伪造。有形伪造是指无制作权限的行为人以国家机关名义制作文书、证件、印章，无形伪造是指行为人虽然具有制作权限，但是其滥用制作权限制作的内容虚假的文书、证件、印章。变造，是指行为人对于合法有效的公文、证件、印章进行变更的行为，包括无变更权限的人实施变更的情形以及有变更权限的人实施内容虚假的变更的情形。买卖，是指购入或出售国家机关公文、证件、印章的行为。买卖的成立，不以获取利润为要件，但需要存在现实的交易行为。因此，低于成本价卖出国家机关公文、证件、印章的行为仍然属于买卖行为。

本罪的主观要件为故意，要求行为人对于其实施的伪造、变造、买卖国家机关公文、证件、印章行为具有认识。

根据《刑法》第280条的规定，犯本罪的，处3年以下有期徒刑、拘役、管制或者剥夺政治权利；情节严重的，处3年以上10年以下有期徒刑。

五、盗窃、抢夺、毁灭国家机关公文、证件、印章罪

盗窃、抢夺、毁灭国家机关公文、证件、印章罪，是指盗窃、抢夺或者毁灭国家机关公文、证件、印章的行为。

本罪侵害的法益为国家机关公文等的信用和财产的占有。盗窃、抢夺、毁灭国家机关公文、证件、印章的行为，一方面是基于公文、证件、印章的证明作用而对国家机关公文、证件、印章的公共信用造成了侵害；另一方面，国家机关的公文、证件、印章也属于财物的范畴，同时也对国家机关的财物造成了侵害。本罪的行为对象为国家机关的公文、证件、印章。本罪的行为方式为盗窃、抢夺、毁灭。所谓盗窃，是指使用平和的手段取得他人对于国家机关公文、证件、印章的占有。所谓抢夺，是指乘人不备夺取他人对于国家机关公文、证件、印章的占有。所谓毁灭，是指使用物理的或其他非物理的手段使国家机关公文、证件、印章丧失用途。本罪的主观要件为故意，即需要行为人对于盗窃、抢夺、毁灭国家机关公文、证件、印章的行为具有容认。而且，对于盗窃和抢夺行为而言，还需要行为人主观上具有非法占有的目的。另外，《刑法》第375条规定了特殊的犯罪构成，意味着盗窃、抢夺武装部队的公文、证件、印章的行为，应当按照特殊优于一般的原则，适用《刑法》第375条的规定定罪量刑。但是，对于毁损武装部队的公文、证件、印章的行为，因为没有特殊法条的规定，仍然构成本罪。

根据《刑法》第280条的规定，犯本罪的，处3年以下有期徒刑、拘役、管制或者剥夺政治权利；情节严重的，处3年以上10年以下有期徒刑。

六、伪造公司、企业、事业单位、人民团体印章罪

伪造公司、企业、事业单位、人民团体印章罪,是指行为人实施的伪造公司、企业、事业单位、人民团体印章的行为。

本罪侵害的法益为非国家机关的机构和组织的公共信用。对于公司、企业、事业单位、人民团体而言,其印章可作为该机构或组织参与市场活动、服务活动、公益活动的身份证明,如公司、企业在订立合同、委托授权时往往需要签署印章以强化合同和委托书的公信力。因此,对于伪造公司、企业、事业单位、人民团体印章的行为,就具有发动刑罚进行规制的必要性。本罪的行为对象为公司、企业、事业单位、人民团体的印章。就公司和企业而言,无论其属于国有性质还是私有性质,都应当同等保护。本罪的行为方式是伪造,包括有形伪造和无形伪造。本罪的主观要件为故意,即行为人对伪造公司、企业、事业单位、人民团体的印章存在认识的心态。

2001 年最高人民法院和最高人民检察院《关于办理伪造、贩卖伪造的高等学校学历、学位证明刑事案件如何适用法律问题的解释》规定:"对于伪造高等院校印章制作学历、学位证明的行为,应当依照《刑法》第 280 条第 2 款的规定,以伪造事业单位印章罪定罪处罚。明知是伪造高等院校印章制作的学历、学位证明而贩卖的,以伪造事业单位印章罪的共犯论处。"

根据《刑法》第 280 条的规定,犯本罪的,处 3 年以下有期徒刑、拘役、管制或者剥夺政治权利。

七、伪造、变造居民身份证罪

伪造、变造居民身份证罪,是指伪造、变造居民身份证的行为。

本罪侵害的法益为居民身份证的公共信用。居民身份证是一种特殊的由国家机关颁发的证件,其证明身份的作用非常重要。因此,伪造、变造居民身份证的行为会对居民身份证这种与公民生活密切相关的证件的证明作用造成损害。本罪的行为对象为居民身份证,行为方式为伪造和变造。伪造行为是指没有制作权限的人制作出形式上和真实居民身份证相似的证件的行为,以及有制作权限的人制作内容不真实的居民身份证的行为。变造行为是指行为人更改居民身份证的行为。本罪的主观要件为故意,即行为人对于伪造、变造居民身份证的行为具有认识。

对于明知是伪造的居民身份证而购买的行为,应当成立买卖国家机关证件罪。有观点认为,《刑法》第 280 条第 3 款既然已经将居民身份证从第 1 款中的国家机关证件中独立出来,仅规定惩罚伪造和变造居民身份证的行为,就意味着立法者并不打算惩罚买卖居民身份证的行为。因此,不能将买卖居民身份证的

行为按照《刑法》第 280 条第 1 款规定的买卖国家机关证件罪论处,否则有违立法精神。① 但是,上述观点对于立法精神的推定未必是妥当的。从本质上来说,居民身份证属于国家机关证件是没有争议的。而且,与其他国家机关证件相比,居民身份证并不属于不够重要的证件,立法者单独设置伪造、变造居民身份证罪更多是一种提示性或强调性的意义,而不是认为居民身份证与其他国家机关证件相比,可以在惩罚上宽缓。那么,在承认居民身份证也属于国家机关证件的同时,从犯罪构成上看,买卖居民身份证的行为就符合了买卖国家机关证件罪的犯罪构成,应当以买卖国家机关证件罪定罪量刑。

根据《刑法》第 280 条的规定,犯本罪的,应当处 3 年以下有期徒刑、拘役、管制或者剥夺政治权利;情节严重的,处 3 年以上 7 年以下有期徒刑。所谓情节严重,一般是指多次或大量伪造或变造居民身份证,伪造的居民身份证造成严重社会影响等情形。有观点认为,伪造、变造居民身份证罪与伪造、变造国家机关证件罪是法条竞合关系,一般情况下应当按照特殊优于一般的原则适用伪造、变造居民身份证罪处理。但是,当行为人具有伪造、变造居民身份证的数量极大或者以伪造、变造身份证为业等严重情节,可以突破特殊优于一般的原则,转而适用重法优于轻法的原则,按照伪造、变造国家机关证件罪定罪处罚。因为,伪造、变造居民身份证罪的法定刑最高为 7 年,而伪造、变造国家机关证件罪的最高法定刑为 10 年。② 但是,这种观点有违背罪刑法定原则之嫌,因为伪造、变造居民身份证罪是独立的犯罪构成,立法者也针对此构成设置了法定刑,就应当严格按照该罪的构成和法定刑适用刑法,而不能够追求实质上的平等牺牲罪刑法定原则所捍卫的形式上的安定性。

八、非法生产、买卖警用装备罪

非法生产、买卖警用装备罪,是指非法生产、买卖人民警察制式服装、车辆号牌等专用标志、警械,情节严重的行为。

本罪侵害的法益为警用装备的证明作用。专用的警用装备是为了表明身份,便利执行公务而设置的,如果行为人非法生产、买卖警用装备,则可能损害警用装备的证明作用,进而损害警察机关的公信力。本罪的行为对象为警用装备,即是指人民警察的制式服装、车辆号牌等专用标志、警械等。所谓制式服装,是指统一设计、制作并有别于其他服装的专用服装。所谓车辆号牌,是指便于管理而制作的标明车辆归属、类型、排列顺序等的牌照。专用标志,是指警衔标志。警械,是指人民警察按照规定装备的警棍、催泪弹、高压水枪、特种防暴枪、手铐、

---

① 张明楷:《刑法学》(第 4 版),法律出版社 2011 年版,第 925 页。
② 周光权:《刑法各论讲义》,清华大学出版社 2003 年版,第 380 页。

脚镣、警绳等警用器械。① 本罪的行为方式为非法生产和买卖行为。也即是说，没有合法依据或授权，生产、买卖人民警察制式服装、车辆号牌的行为。具体而言，非法生产，是指无法定资格生产或虽有法定资格生产，却不按照规定和约定的规格、数量等生产的行为。本罪的主观要件为故意。即行为人明知自己不具有合法生产、买卖警用装备的资格或许可，仍然实施非法生产、买卖警用装备的行为。本罪为情节犯，除了具有非法生产、买卖警用装备行为之外，还需要达到情节严重的程度才能成立犯罪。

根据《刑法》第 281 条的规定，犯本罪的，处 3 年以下有期徒刑、拘役或者管制，并处或者单处罚金。单位犯本罪的，对单位处罚金，并对直接负责的主管人员和其他直接责任人员，处 3 年以下有期徒刑、拘役或者管制，并处或者单处罚金。

九、非法获取国家秘密罪

非法获取国家秘密罪，是指以窃取、刺探、收买方法，非法获取国家秘密的行为。

非法获取国家秘密罪侵害的法益为国家安全和利益。因为，国家秘密的内容应当限定于一定范围，如果超出特定范围则可能导致国家安全和利益处于一种不稳定状态。那么，通过非法途径获取国家秘密就产生了国家秘密失控的危险，这就是刑法处罚非法获取国家秘密的依据。本罪的行为对象为国家秘密。所谓国家秘密，是指根据我国《保密法》的规定，关系到国家安全和利益，在一定时间内仅限于一定范围的人员知悉的事项，可分为绝密、机密、秘密三个等级。本罪的行为方式为非法获取行为。非法获取，是指窃取、刺探或收买行为。本罪的主观要件为故意，行为人明知所窃取、刺探、收买的为国家秘密是成立故意的前提。如果行为人以为不是国家秘密而窃取的行为，就不能构成非法获取国家秘密罪。

根据《刑法》第 282 条第 1 款的规定，犯本罪的，处 3 年以下有期徒刑、拘役、管制或者剥夺政治权利；情节严重的，处 3 年以上 7 年以下有期徒刑。

十、非法持有国家绝密、机密文件、资料、物品罪

非法持有国家绝密、机密文件、资料、物品罪，是指非法持有国家绝密、机密的文件、资料或者其他物品，拒不说明来源与用途的行为。

非法持有国家绝密、机密文件、资料、物品罪侵害的法益与非法获取国家秘密罪一样，都是国家安全与利益。只不过，从侵害的迫近性来看，非法持有行为与非法获取行为相比，对法益侵害的危险程度较小。因此，《刑法》对非法持有

---

① 周光权：《刑法各论讲义》，清华大学出版社 2003 年版，第 380—381 页。

国家绝密、机密文件、资料、物品规定的法定刑轻于非法获取国家秘密罪。本罪的行为对象为国家绝密、机密文件、资料、物品。因此，行为人如果持有的是秘密级的文件、资料、物品，并不构成本罪。另外，本罪除了要求行为人非法持有之外，还需要行为人拒不说明来源和用途才成立。如果行为人能够说明来源和用途，不成立本罪，但有成立其他犯罪的可能性。比如，行为人使用窃取的方式获取国家绝密、机密文件、资料、物品的，可以成立非法获取国家秘密罪。当然，如果行为人所说明的来源和用途属实，且不构成其他犯罪，则不以犯罪论处。本罪的主观要件为故意。

根据《刑法》第282条第2款的规定，犯本罪的，处3年以下有期徒刑、拘役或者管制。

十一、非法生产、销售专用间谍器材罪

非法生产、销售专用间谍器材罪，是指非法生产、销售窃听、窃照等专用间谍器材的行为。

本罪侵害的法益为国家安全和利益。专用的间谍器材对于窃取、获取国家重要的情报、信息具有重要作用，需要将专用的间谍器材的生产、流通渠道进行控制，使其处于国家规制的范围之内。而非法生产、销售间谍器材的行为，则产生了间谍器材无序流通的可能性，这种无序流通的可能性就创设了一种对于国家安全和利益的抽象危险，需要刑法进行规制。本罪的行为对象为专用间谍器材，包括：暗藏式窃听、窃照器材；突发式收发报机、一次性密码本、密写工具；用于获取情报的电子监听、截收器材；其他专用间谍器材。本罪的行为方式为非法生产和销售行为。值得注意的是，销售行为不同于买卖行为，只是指出售的行为，不包括购买的行为。本罪的主观要件为故意，即明知是专用的间谍器材，还进行生产和销售的心态。

根据《刑法》第283条的规定，犯本罪的，处3年以下有期徒刑、拘役或者管制。

十二、非法使用窃听、窃照专用器材罪

非法使用窃听、窃照专用器材罪，是指使用窃听、窃照器材，非法窃取他人隐私，造成严重后果的行为。

本罪侵害的法益为他人的隐私权。他人的隐私权属于个人法益，立法者基于窃听、窃照器材对个人隐私权侵犯方式的高度危险性进行刑事规制。有观点认为，本罪是侵害社会法益的犯罪。一方面，由于窃听、窃照器材本身只能由法定的组织、个人经法定程序许可后才能使用，非法使用行为违反了国家对专用器材的管理制度。另一方面，使用专用器材行为本身具有隐秘性，可能造成不特定

或者多数人的人权受到侵犯,由此带来社会的不安定。因此,非法使用窃听、窃照专用器材罪属于侵害社会法益的犯罪。① 但是,上述观点并不妥当。因为刑法并未规定持有型的窃听、窃照专用器材犯罪,也就意味着单纯的持有窃听、窃照专用器材并没有直接侵害法益。只不过,窃听、窃照专用器材用于窃取他人隐私时,更容易对他人隐私的造成侵犯。从这个意义上说,非法使用窃听、窃照器材罪的设置,其重点在于对高度危险性的侵害隐私方式的规制,其侵害法益仍然是隐私权。

本罪的行为对象为窃听、窃照专用器材。所谓窃听、窃照专用器材,是指国家管制的用于窃听和窃照的器材。本罪的行为方式为使用窃听、窃照专用器材,窃取他人隐私的行为。本罪为情节犯,需要造成严重后果才成立犯罪。易言之,并非所有使用窃听、窃照专用器材窃取他人隐私的行为都成立本罪,而只有造成了严重的后果的情形才成立。严重后果的认定可以考虑窃取隐私的对象、隐私的传播范围、隐私窃取的次数等因素。

根据《刑法》第284条的规定,犯本罪的,处2年以下有期徒刑、拘役或者管制。

十三、非法侵入计算机信息系统罪

非法侵入计算机信息系统罪,是指违反国家规定,侵入国家事务、国防建设、尖端科学技术领域的计算机信息系统的行为。

非法侵入计算机信息系统罪侵害的法益为国家安全和利益。作为承载国家事务、国防建设和尖端科学技术领域的计算机信息系统而言,其安全和保密程度可能影响国家事务、国防建设的安全和尖端科学技术领域的研究进展,进而对国家安全和国家利益造成威胁。非法侵入国家事务、国防建设、尖端科学技术领域的计算机信息系统的行为往往使国家安全和国家利益处于危险状态,当然,这种危险只是基于一般经验意义上的拟制危险,不需要具有现实的、具体的危险出现。

本罪的行为对象为国家事务、国防建设、尖端科学技术领域的计算机信息系统。那么,行为人侵入的计算机系统不属于国家事务、国防建设、尖端科学技术领域,就不构成本罪。本罪的行为方式为侵入行为。所谓侵入行为,是以黑客工具或其他破解手段,在未获得授权或许可的情况下登录或进入计算机系统的行为。因此,即使行为人进入上述领域的计算机系统,但没有使用黑客工具或破解手段等侵入方式时,也不应当认定为本罪。本罪的主观要件为故意。即是指行为人明知为国家事务、国防建设、尖端科学技术领域的计算机信息系统而侵入的

---

① 周光权:《刑法各论讲义》,清华大学出版社2003年版,第384页。

心态。值得思考的是,行为人过失进入国家事务、国防建设、尖端科学技术领域的计算机信息系统后,在认识到真实情况后没有立即退出而继续浏览的行为是否成立本罪?易言之,侵入行为是否存在不作为的形式?从罪刑法定原则的角度来看,侵入应当是一种积极的进入方式,不应当包括不作为形式。当然,上述情形中,行为人的浏览或其他行为可能构成其他犯罪,如非法获取计算机系统数据、非法控制计算机信息系统罪等。

根据我国《刑法》第 285 条的规定,犯本罪的,处 3 年以下有期徒刑或者拘役。

十四、非法获取计算机信息系统数据、非法控制计算机信息系统罪

非法获取计算机信息系统数据、非法控制计算机信息系统罪,是指违反国家规定,进入国家事务、国防建设、尖端科学技术领域以外的计算机信息系统,获取计算机信息系统中存储、处理或者传输的数据,或者对计算机信息系统进行非法控制,情节严重的行为。

本罪侵犯的法益为计算机信息系统所有者或控制者对数据和系统的财产权利。具体而言,计算机信息系统中存储、处理或传输的数据可能表现为合法控制人的使用权等知识产权,计算机信息系统本身也可能属于其所有人或占有人的所有权或占有权。本罪的行为对象为计算机信息系统以及数据,具体包括国家事务、国防建设、尖端科学技术领域以外的计算机信息系统及其存储、处理或传输的数据。本罪的行为方式为获取计算机信息系统中存储、处理或传输的数据和控制计算机信息系统。本罪的主观要件为故意。

根据我国《刑法》第 285 条的规定,犯本罪的,处 3 年以下有期徒刑或者拘役,并处或单处罚金;情节特别严重的,处 3 年以上 7 年以下有期徒刑,并处罚金。

十五、提供侵入、非法控制计算机信息系统程序、工具罪

提供侵入、非法控制计算机信息系统程序、工具罪,是指提供用于侵入、非法控制计算机信息系统的程序、工具,或者明知他人实施侵入、非法控制计算机信息系统的违法犯罪行为而为其提供程序、工具,情节严重的行为。本罪的侵害法益为计算机信息系统所有者或控制者对数据和系统的财产权利。提供专门用于侵入和非法控制计算机信息系统的程序和工具给他人,实际上是一种帮助他人侵入计算机信息系统的行为,为侵入和控制行为的实现提供了便利,是一种对计算机信息系统所有者或控制者对数据和系统的财产权利的抽象危险行为。本罪的行为对象为用于侵入、非法控制计算机信息系统的程序、工具。本罪的行为方式为提供,既包括有偿提供,也包括无偿提供。本罪的主观要件为故意。

根据《刑法》第 285 条的规定,犯本罪的,处 3 年以下有期徒刑或者拘役,并处或单处罚金;情节特别严重的,处 3 年以上 7 年以下有期徒刑,并处罚金。

十六、破坏计算机信息系统罪

破坏计算机信息系统罪,是指违反国家规定,对计算机信息系统功能进行删除、修改、增加、干扰,造成计算机信息系统不能正常运行,对计算机信息系统中存储、处理或者传输的数据和应用程序进行删除、修改、增加的操作,或者故意制作、传播计算机病毒等破坏性程序,影响计算机系统正常运行,后果严重的行为。

本罪侵害的法益为计算机系统所有者或管理者的财产权益。本罪的行为对象为计算机信息系统、计算机信息系统中的数据和应用程序。本罪的行为方式为破坏计算机信息系统或者其数据和应用程序的行为。具体的行为方式包括:对计算机信息系统功能进行删除、修改、增加、干扰,造成计算机信息系统不能正常运行;对计算机信息系统中存储、处理或者传输的数据和应用程序进行删除、修改、增加的操作,或者故意制作、传播计算机病毒等破坏性程序,影响计算机系统正常运行。另外,行为人的行为方式需要以违反国家规定为前提,且造成严重后果。这就说明,本罪并非是危险犯,而是实害犯。易言之,行为人对于计算机信息系统的功能或其数据和应用程序造成了实际损害是成立本罪的前提。本罪的主观要件为故意,即行为人认识到自己的行为会破坏计算机信息系统的正常运行,还希望或放任这种结果的发生。

根据我国《刑法》第 286 条的规定,犯本罪的,处 5 年以下有期徒刑或者拘役;后果特别严重的,处 5 年以上有期徒刑。

十七、扰乱无线电通讯管理秩序罪

扰乱无线电通讯管理秩序罪,是指违反国家规定,擅自设置、使用无线电台(站),或者擅自占用频率,经责令停止使用后拒不停用,干扰无线电通讯正常进行,造成严重后果的行为。

本罪侵害的法益为无线电通讯的正常秩序。无线电通讯的正常运行,是国家和社会稳定的重要支撑,也是信息有序传播的重要保证。因此,行为人扰乱无线电通讯的正常运行,可能会诱发社会的不稳定,进而影响到社会公共安全和国家利益。本罪的行为方式为擅自设置、使用无线电台(站)行为,擅自占用频率行为。但是,要成立本罪,除了具有上述行为之外,还需要行为人在受到停止使用的责令后拒不停止使用的不作为方式,以及造成严重后果的情节。本罪的主观要件为故意,即行为人明知自己所设置、使用的无线电台或者占用的频率违反国家规定,且被责令停止使用后,仍然希望或放任上述扰乱行为的发生。

最高人民法院《关于审理扰乱电信市场管理秩序案件具体应用法律若干问

题的解释》第5条规定,违反国家规定,擅自设置、使用无线电台(站),或者擅自占用频率,非法经营国际电信业务或者涉港澳台电信业务进行营利活动,同时构成非法经营罪和刑法第288条规定的扰乱无线电通讯管理秩序罪的,依照处罚较重的规定定罪处罚。2007年最高人民法院《关于审理危害军事通信刑事案件具体应用法律若干问题的解释》第6条第4款规定,违反国家规定,擅自设置、使用无线电台、站,或者擅自占用频率,经责令停止使用后拒不停止使用,干扰无线电通讯正常进行,构成犯罪的,依照《刑法》第288条的规定定罪处罚;造成军事通信中断或者严重障碍,同时构成《刑法》第288条、第369条第1款规定的犯罪的,依照处罚较重的规定定罪处罚。

根据《刑法》第288条的规定,犯本罪的,处3年以下有期徒刑、拘役或者管制,并处或单处罚金。单位犯本罪的,对单位处罚金,并对直接负责的主管人员和其他直接责任人员,处3年以下有期徒刑、拘役或者管制,并处或单处罚金。

十八、聚众扰乱社会秩序罪

聚众扰乱社会秩序罪,是指聚众扰乱社会秩序,情节严重,致使工作、生产、营业和教学、科研无法进行,造成严重损失的行为。

本罪侵害的法益为社会秩序,即国家机关、企事业单位、人民团体的工作、生产、营业和教学、科研活动的正常开展。国家机关、企事业单位、人民团体的工作、生产、营业和教学、科研活动无法正常开展,则可能使国家的社会管理和社会服务职能陷于停顿,进而可能对社会不特定多数人的利益造成危险。本罪的行为方式为聚众扰乱社会秩序行为。具体而言,聚众是前提条件,扰乱社会秩序是后果条件。也就是说,行为人聚集多人对于工作、生产、营业、教学、科研造成了严重阻碍,如堵塞工作和生产场所,在教学和科研场所哄闹等。但是,作为聚众扰乱社会秩序罪中的聚众扰乱行为,必须使工作、生产、营业和教学、科研无法进行才能够成立。因此,情节轻微的聚众扰乱社会秩序行为,如果没有对工作、生产、营业和教学、科研活动的开展产生阻断性的影响,就不能说是成立本罪的行为方式。本罪的行为对象为正在从事工作、生产、营业、教学、科研活动的机关、单位或部门。如果上述单位在处于休假或停工状态,没有进行工作、生产、营业、教学、科研活动,则不能够成立本罪。本罪的主观要件为故意,即行为人对于自己所实施的聚众扰乱行为具有认识,且对于其行为可能导致工作、生产、营业和教学、科研活动无法开展也具有认识。

根据《刑法》第290条的规定,犯本罪的,对首要分子处3年以上7年以下有期徒刑;对于其他积极参加的人员,处3年以下有期徒刑、拘役、管制或者剥夺政治权利。

十九、聚众冲击国家机关罪

聚众冲击国家机关罪,是指聚众冲击国家机关,致使国家机关工作无法进行,造成严重损失的行为。

本罪侵害的法益为国家机关的职能。国家机关是行使国家权力的重要机构,也是实现国家功能的重要载体。当行为人聚众冲击国家机关,则可能使国家机关无法正常履行职能,进而影响到国家职能的实现。本罪的行为对象为国家机关,既包括立法机关、行政机关、司法机关,也包括中国共产党的各级机关和人民团体等。本罪的行为方式为聚众冲击行为。所谓聚众,是指组织、聚集、鼓动、纠集多人的行为。所谓冲击,是指使用暴力进入、围攻国家机关。尽管本罪的行为方式包括暴力方式,但不一定需要指向具体的人,还可以指向国家机关的建筑设施等。如果行为人并未使用任何暴力指向国家机关,则不构成本罪。如纠集多人静坐于国家机关门口的行为就不属于本罪。本罪的主观要件为故意,即行为人明知自己所实施的聚众冲击国家机关行为会造成国家机关工作无法进行,还希望或放任这种结果的发生。

根据《刑法》第290条第2款的规定,犯本罪的,对于首要分子,处5年以上10年以下有期徒刑;对于其他积极参与的人员,处5年以下有期徒刑、拘役、管制或者剥夺政治权利。

二十、聚众扰乱公共场所秩序、交通秩序罪

聚众扰乱公共场所秩序、交通秩序罪,是指聚众扰乱车站、码头、民用航空站、商场、公园、影剧院、展览会、运动场或者其他公共场所秩序,聚众堵塞交通或者破坏交通秩序,抗拒、阻碍国家治安管理人员依法执行职务,情节严重的行为。

本罪侵害的法益为公共场所秩序和交通秩序。所谓公共场所秩序,是指不特定多数人可以自由进出的区域处于有序的状态。所谓交通秩序,是指道路上交通参与者有序通行的状态。本罪的行为方式为聚众扰乱行为。具体包括三种形式:第一种为聚众扰乱车站、码头、民用航空站、商场、公园、影剧院、展览会、运动场或者其他公共场所秩序的行为。聚众是指聚集、组织多人的行为,扰乱是指哄闹、堵塞等可能影响公共场所秩序的行为。第二种为聚众堵塞交通或者破坏交通秩序的行为。第三种为抗拒、阻碍国家治安管理人员依法执行职务的行为。第三种行为,是指在公共场所秩序、交通秩序受到扰乱时,抗拒、阻碍国家治安管理人员依法执行职务的行为。易言之,即使行为人本未参与聚众扰乱公共场所秩序或交通秩序,但是在国家治安管理人员执行职务时,进行抗拒或阻碍也成立本罪。此外,第一种和第二种行为方式需要有聚众行为方可以成立,而第三种行为方式则不需要以聚众为成立条件,单个行为人的抗拒和阻碍也可以成立本罪。

最后，上述三种行为方式都应该达到情节严重的程度方成立本罪。

根据我国《刑法》第291条的规定，犯本罪的，对首要分子处5年以下有期徒刑、拘役或者管制。

二十一、投放虚假危险物质罪

投放虚假危险物质罪，是指投放虚假的爆炸性、毒害性、放射性、传染病病原体等物质，严重扰乱社会秩序的行为。

本罪侵害的法益为公共安全，但在侵害方式上区别于投放真实的危险物质。投放真实的危险物质对于不特定多数人的生命、健康是一种现实、迫切的危险，投放虚假的危险物质对于不特定多数人的生命、健康、财产是一种潜在、抽象的危险。具体而言，尽管从经验上看虚假危险物质不可能直接产生致人死伤的实害，但是可能使不特定多数人处于紧张和恐惧之中，诱发社会秩序失控，而社会秩序失控则会产生公共安全的危险。本罪的行为对象为虚假的爆炸性、毒害性、放射性、传染病病原体等物质。易言之，行为人投放的物质并不具有危险性。因此，本罪行为对象中的虚假性是指实质危险意义上的虚假性，并不是名称等形式上的虚假性。本罪的行为方式为投放行为。所谓投放行为，就是指放置于不特定多数人可能获取、使用的场所。如果行为人是将虚假危险物质放置于特定区域，如个人住所、一般人不能进入的封闭场所等，则不属于投放行为。本罪的主观要件为故意。亦即是说，行为人必须对投放的物质不具有事实上的危险性具有认识。

本罪在认定上要区分与投放危险物质罪的界限。二者的主要区别在于：（1）侵犯的法益不同。投放危险物质罪侵犯的法益为公共安全，而本罪侵犯的法益是社会公共秩序；（2）所投放物质的属性不同。投放危险物质罪在客观上所投放的物质必须是具有毒害性、放射性、传染病病原体等严重危险性的物质，这些物质本身就具有极大的杀伤力和破坏力；本罪所投放的是虚假的、不具有爆炸性、毒害性、放射性、传染病病原体等危险属性的物质，这些物质实际并无危害性。（3）故意的内容完全不同。投放危险物质罪是以危害公共安全为故意的内容，而本罪则是以扰乱社会公共秩序为故意的内容。

根据《刑法》第291条的规定，犯本罪的，处5年以下有期徒刑、拘役或者管制，造成严重后果的，处5年以上有期徒刑。

二十二、编造、故意传播虚假恐怖信息罪

编造、故意传播虚假恐怖信息罪，是指编造爆炸威胁、生化威胁、放射威胁等恐怖信息，或者明知是编造的恐怖信息而故意传播，严重扰乱社会秩序的行为。

本罪侵害的法益为公共安全。尽管虚假的恐怖信息本身并不具有直接的危

险性,但是,对于社会一般人而言,并无从知晓恐怖信息为真实的还是虚假的,在某种程度上仍然会产生恐惧,进而对正常的生活状态造成负面的影响,并可能衍生出基于恐怖信息而导致的对于公共安全的抽象危险,如交通混乱的危险、生产秩序的失控。申言之,编造、传播虚假恐怖信息对于社会公众的人身安全确实蕴含着一定的危险,而这种危险也正是刑罚规制的正当依据。本罪的行为对象为虚假的恐怖信息。① 实施编造、传播虚假恐怖信息的行为,须严重扰乱社会秩序方可构成犯罪。② 从形式层面来看,行为人所编造或传播的信息必须具有恐怖信息的形式或名称。从实质层面看,行为人所编造或传播的信息内容必须具有造成社会秩序混乱的可能性。也即是说,行为人所编造或传播的信息内容具有使社会一般人信以为真的可能性,不然不至于产生可能的社会秩序混乱。本罪的行为方式为编造和传播。所谓编造,是指以假充真、无中生有捏造虚假恐怖信息。所谓传播,是指散布恐怖信息,使恐怖信息可能为不特定多数人知晓。本罪的主观要件为故意,即行为人明知是虚假的恐怖信息而进行编造或传播的心态。

值得思考的是,行为人单纯的编造行为,如果处于不为人知或不可能为人知晓的状态,是否能够成立本罪? 有观点认为,编造虚假恐怖信息不要求公然实施。③ 另有观点则认为,对于编造行为,不应当进行形式的理解,而应当进行实质的判断。如果行为人只有单纯的编造行为,尚不足以成立本罪。如行为人在个人电脑或笔记本上书写"某大型商场将于某年某月某日晚8时发生特大爆炸"的文字,就不可能成立编造虚假恐怖信息罪。但是,如果行为人编造恐怖信息后向特定或少数人传播时,可以成立编造虚假恐怖信息罪。只有行为人向不特定或多数人传达虚假恐怖信息才有成立传播虚假恐怖信息罪的可能。④ 从本罪的侵害法益来看,无论是编造行为,还是传播行为,都应当是对公共安全具有危险性的行为。那么,判断何种编造行为能够成立本罪,则不取决于编造行为是否关联传播行为,而取决于该编造行为发生的具体场合是否具备了让不特定多数人知晓的可能性。如果行为人实施了单纯的编造行为,但是在公众可能知晓的场合进行编造,即使事实上无人知晓也有成立编造虚假恐怖信息罪的余地。

---

① 根据《恐怖信息解释》第1条的规定,编造恐怖信息,传播或者放任传播,严重扰乱社会秩序的,依照《刑法》第291条之一的规定,应认定为编造虚假恐怖信息罪;明知是他人编造的恐怖信息而故意传播,严重扰乱社会秩序的,依照《刑法》第291条之一的规定,应认定为故意传播虚假恐怖信息罪。
② 根据《恐怖信息解释》第2条的规定,"严重扰乱社会秩序"是指:(1)致使机场、车站、码头、商场、影剧院、运动场馆等人员密集场所秩序混乱,或者采取紧急疏散措施的;(2)影响航空器、列车、船舶等大型客运交通工具正常运行的;(3)致使国家机关、学校、医院、厂矿企业等单位的工作、生产、经营、教学、科研等活动中断的;(4)造成行政村或者社区居民生活秩序严重混乱的;(5)致使公安、武警、消防、卫生检疫等职能部门采取紧急应对措施的;(6)其他严重扰乱社会秩序的。
③ 周光权:《刑法各论讲义》,清华大学出版社2003年版,第384页。
④ 张明楷:《刑法学》(第4版),法律出版社2011年版,第932页。

反之,即使行为人将其捏造的恐怖信息向特定的人传播,但是从具体情况来看,该特定的人不具有进一步散布的可能性,行为人也不应当认定为编造虚假恐怖信息罪。

根据《刑法》第291条的规定,犯本罪的,处5年以下有期徒刑、拘役或者管制;造成严重后果的,处5年以上有期徒刑。根据《恐怖信息解释》第4条的规定,"造成严重后果"是指下列情形:(1)造成3人以上轻伤或者1人以上重伤的;(2)造成直接经济损失50万元以上的;(3)造成县级以上区域范围居民生活秩序严重混乱的;(4)妨碍国家重大活动进行的;(5)造成其他严重后果的。

二十三、聚众斗殴罪

（一）聚众斗殴罪的概念和构成

聚众斗殴罪,是指聚集多人斗殴的行为。

聚众斗殴罪侵害的法益为公共安全。纠集多人进行斗殴行为,就存在斗殴行为导致公共安全受到侵害的危险性,这种危险一般指向多个个体的健康。本罪的行为方式为聚众斗殴行为。所谓聚众,是指组织、聚集、鼓动、纠集多人的行为。所谓斗殴,是指双方使用暴力攻击对方的行为。具体而言,聚众斗殴行为属于对合行为,即需要存在双方相互攻击的对合行为。就聚众而言,不需要双方均纠集多人,只要一方纠集多人,另一方哪怕只有一人的场合,也有成立聚众斗殴的余地。本罪的主观要件为故意,即行为人必须对于聚众行为和斗殴行为的存在具有认识。

（二）聚众斗殴罪的界限划分

聚众斗殴罪与故意伤害罪、故意杀人罪、聚众扰乱社会秩序罪之间存在一定的关联性,但也存在明显的区别。

首先,聚众斗殴罪与故意伤害罪、故意杀人罪的根本区别在于:聚众斗殴罪的行为人缺乏伤害或杀人的故意,且没有导致伤害或杀人的危害后果。但是,刑法规定,聚众斗殴致人重伤或死亡的,构成故意杀人罪、故意伤害罪。这就意味着,立法者在此情形中,把故意伤害的伤害故意和故意杀人的杀人故意扩张至暴行的故意或者说斗殴的故意。严格意义上来说,伤害故意和杀人故意并不包含单纯斗殴的故意,为了严厉惩罚和司法便利的需要,将其作为故意伤害罪和故意杀人罪进行惩罚可能背责任主义的原则。我国有学者对此指出,基于聚众斗殴的特殊性,根据责任主义原则,只应当对直接造成死亡的斗殴者和首要分子认定为故意杀人罪,对其他参与者不宜认定为故意杀人罪。在不能查明死因的情况下,也不宜将所有的斗殴者均认定为故意杀人罪,而仅应当对首要分子以故意杀人罪论处,否则可能违背刑法的谦抑性原则。①

其次,聚众斗殴罪与聚众扰乱社会秩序罪的区别在于:其一,行为方式不同。聚众斗殴罪的行为方式表现为聚众斗殴的行为,而聚众扰乱社会秩序罪的行为方式则表现为聚众扰乱秩序的行为。从外延上看,聚众扰乱社会秩序的行为包括一切可能扰乱社会秩序的行为,外延远远大于聚众斗殴行为。其二,指向的对象不同。聚众斗殴行为所指向的对象为参与斗殴的人员,而聚众扰乱社会秩序的行为所指向的对象则比较宽泛,既可能是不特定多数人,也可能是机关或单位。

(三) 聚众斗殴罪的刑事责任

根据《刑法》第292条的规定,犯本罪的,对首要分子和积极参与者处3年以下有期徒刑、拘役或者管制。当具有下列情形之一时,对首要分子和积极参与者处3年以上10年以下有期徒刑:多次聚众斗殴的;聚众斗殴人数多,规模大,社会影响恶劣的;在公共场所或者交通要道聚众斗殴,造成社会秩序严重混乱;持械聚众斗殴的。

二十四、寻衅滋事罪

(一) 寻衅滋事罪的概念和构成

寻衅滋事罪,是指行为人寻衅滋事,破坏社会秩序的行为。

本罪侵害的法益为社会秩序。但是,本罪的行为构成比较多元,不同的行为构成所指向的侵害法益不尽相同。如随意殴打他人,情节恶劣行为的构成模式所侵害的法益就为他人的健康;强拿硬要或者任意损毁、占用公私财物的行为所侵害的法益则为他人对财产的占有或所有。

本罪的行为方式包括四种类型:

(1) 随意殴打他人,情节恶劣的。所谓随意,是指行为人缺乏一般人能够理解或预期的原因所实施的殴打行为;所谓殴打,是指使用暴力攻击他人身体的行为。一般而言,暴力需要表现为有形力,且足以使他人的身体产生痛苦。如果行为人使用无形的精神折磨等手段,即使使被害人产生了身体的痛苦,也不属于殴打行为。②

---

① 张明楷:《刑法学》(第4版),法律出版社2011年版,第934页。
② 根据最高人民法院、最高人民检察院《关于办理寻衅滋事刑事案件适用法律若干问题的解释》(以下简称《寻衅滋事解释》)第2条的规定,随意殴打他人,情节恶劣是指:(1) 致1人以上轻伤或者2人以上轻微伤的;(2) 引起他人精神失常、自杀等严重后果的;(3) 多次随意殴打他人的;(4) 持凶器随意殴打他人的;(5) 随意殴打精神病人、残疾人、流浪乞讨人员、老年人、孕妇、未成年人,造成恶劣社会影响的;(6) 在公共场所随意殴打他人,造成公共场所秩序严重混乱的;(7) 其他情节恶劣的等情形。

(2) 追逐、拦截、辱骂、恐吓他人，情节恶劣[①]的。追逐，是指公然跟随或驱逐他人的行为；拦截，是指阻止他人离开某个场所的行为；辱骂，是指用语言攻击他人的人格或名誉的行为；恐吓，是指告知对方即将对对方的利益产生损害的行为。

(3). 强拿硬要或者任意损毁、占用公私财物，情节严重[②]的。强拿硬要，是指违背他人意志取得他人财物的行为。任意损毁、占用公私财物，是指没有任何依据和原因损毁他人或占用他人财物的行为。

(4) 在公共场所起哄闹事，造成公共秩序严重混乱。所谓公共场所，是指不特定多数人可以自由进出的区域或场所；起哄闹事，是指行为人采用语言、文字等方式，吸引或集聚他人，使公共场所陷于混乱的行为。根据《寻衅滋事解释》第5条的规定，在车站、码头、机场、医院、商场、公园、影剧院、展览会、运动场或者其他公共场所起哄闹事，应当根据公共场所的性质、公共活动的重要程度、公共场所的人数、起哄闹事的时间、公共场所受影响的范围与程度等因素，综合判断是否"造成公共场所秩序严重混乱"。

本罪的主观要件为故意，其动机和目的不属于犯罪成立的构成要件要素。寻衅滋事罪中的行为人在主观上只是对于殴打具有故意，对于可能造成他人伤害的结果则未必具有认识。行为人为寻求刺激、发泄情绪、逞强耍横等，无事生非，实施上述行为之一的，应当认定为"寻衅滋事"。行为人因日常生活中的偶发矛盾纠纷，借故生非，实施上述行为的，应当认定为"寻衅滋事"，但矛盾系由被害人故意引发或者被害人对矛盾激化负有主要责任的除外。行为人因婚恋、家庭、邻里、债务等纠纷，实施殴打、辱骂、恐吓他人或者损毁、占用他人财物等行为的，一般不认定为"寻衅滋事"，但经有关部门批评制止或者处理处罚后，继续实施前述行为，破坏社会秩序的除外。

(二) 寻衅滋事罪的界限划分

在寻衅滋事罪的行为方式中，强拿硬要行为与敲诈勒索行为具有相似性，甚

[①] 在追逐、拦截、辱骂、恐吓他人的场合，根据《寻衅滋事解释》第3条的规定，情节恶劣一般是指：(1) 多次追逐、拦截、辱骂、恐吓他人，造成恶劣社会影响的；(2) 持凶器追逐、拦截、辱骂、恐吓他人的；(3) 追逐、拦截、辱骂、恐吓精神病人、残疾人、流浪乞讨人员、老年人、孕妇、未成年人，造成恶劣社会影响的；(4) 引起他人精神失常、自杀等严重后果的；(5) 严重影响他人的工作、生活、生产、经营的；(6) 其他情节恶劣的情形。根据《网络诽谤解释》第5条的规定，利用信息网络辱骂、恐吓他人，情节恶劣，破坏社会秩序的，依照《刑法》第293条第1款第2项的规定，以寻衅滋事罪定罪处罚。编造虚假信息，或者明知是编造的虚假信息，在信息网络上散布，或者组织、指使人员在信息网络上散布，起哄闹事，造成公共秩序严重混乱的，依照《刑法》第293条第1款第(四)项的规定，以寻衅滋事罪定罪处罚。

[②] 所谓情节严重，根据《寻衅滋事解释》第4条的规定，一般包括：(1) 强拿硬要公私财物价值1000元以上，或者任意损毁、占用公私财物价值2000元以上的；(2) 多次强拿硬要或者任意损毁、占用公私财物，造成恶劣社会影响的；(3) 强拿硬要或者任意损毁、占用精神病人、残疾人、流浪乞讨人员、老年人、孕妇、未成年人的财物，造成恶劣社会影响的；(4) 引起他人精神失常、自杀等严重后果的；(5) 严重影响他人的工作、生活、生产、经营的；(6) 其他情节严重的情形。

至与抢劫行为和抢夺行为也可能存在交叉和重合。如果一个强拿硬要行为已达到压制被害人反抗的程度,则应当以抢劫罪定性。如果行为人是乘人不备,公然夺取他人财物,则以抢夺罪定性。如果行为人虽然有暴力或胁迫行为,但是其暴力或胁迫行为并不足以压制被害人反抗,也不可能压制被害人反抗,则不能够以抢劫罪定罪。有疑问的是,敲诈勒索行为中的胁迫行为往往也不可能压制受害人反抗,在不足以压制被害人反抗的程度上与寻衅滋事罪的强拿硬要行为具有相似性。那么,应当如何区别采取强拿硬要方式实施的寻衅滋事罪和敲诈勒索罪?一般而言,在寻衅滋事罪中,行为人强拿硬要的目的不局限于非法占有他人财物,可以是暂时使用等目的。在敲诈勒索罪中,行为人强拿硬要的目的为非法占有目的。如果行为人基于非法占有目的强拿硬要他人财物,可以认为是法条竞合,择一重罪处罚。

(三) 寻衅滋事罪的刑事责任

根据《刑法》第 293 条的规定,犯本罪的,处 5 年以下有期徒刑、拘役或者管制。纠集他人多次实施寻衅滋事行为,严重破坏社会秩序的,处 5 年以上 10 年以下有期徒刑,可并处罚金;纠集他人 3 次以上实施寻衅滋事犯罪,未经处理的,应当依照本款规定处罚。实施寻衅滋事行为,同时符合寻衅滋事罪和故意杀人罪、故意伤害罪、故意毁坏财物罪、敲诈勒索罪、抢夺罪、抢劫罪等罪的构成要件的,依照处罚较重的犯罪定罪处罚。行为人认罪、悔罪,积极赔偿被害人损失或者取得被害人谅解的,可以从轻处罚;犯罪情节轻微的,可以不起诉或者免予刑事处罚。

二十五、组织、领导、参加黑社会性质组织罪

(一) 组织、领导、参加黑社会性质的组织罪的概念和特征

组织、领导、参加黑社会性质的组织罪,是指组织、领导或者参加以暴力、威胁或者其他手段,有组织地进行违法犯罪活动,称霸一方,为非作恶,欺压、残害群众,严重破坏经济、社会生活秩序的黑社会性质的组织的行为。本罪具有如下构成特征:

(1) 本罪侵害的法益为经济、社会生活秩序。黑社会性质的组织对社会秩序和公众安全构成极大威胁。黑社会性质的组织犯罪的形式多种多样,如贩卖毒品、走私武器、暴力杀人、组织卖淫、腐蚀官员等等,使城乡失去安全,严重扰乱正常的经济秩序和社会生活秩序。

(2) 本罪的客观要件表现为实施了组织、领导、参加黑社会性质组织的行为。组织是指倡导、发起、策划、安排、建立黑社会性质组织,领导是指在黑社会性质组织中处于领导地位,对该组织的活动进行策划、决策、指挥、协调,参加是指加入黑社会性质组织成为其成员,并参加黑社会组织的各种活动。本罪的犯

罪对象是黑社会性质组织,即行为人为了实施其违法犯罪的目的,为首发起、纠集和组织有共同目的人,建立起来的组织。① 本罪是行为犯,只要实施了组织、领导和积极参加黑社会性质的组织的行为即构成犯罪。同时,本罪亦属选择性罪名,只要实施了组织、领导、积极参加的行为之一的,即构成本罪。组织黑社会性质的组织的,定组织黑社会性质的组织罪;领导黑社会性质的组织的,定领导黑社会性质的组织罪;积极参加黑社会性质的组织的,定参加黑社会性质的组织罪。

(3) 本罪的主体为一般主体,即达到刑事责任年龄具有刑事责任能力的自然人,也可以包括单位。

(4) 本罪的主观要件必须为明确的故意,即明知是黑社会性质的组织而积极参加;明知是黑社会性质的组织而组织、领导;如果行为人不知是黑社会性质组织而参加,事后退出的,不构成本罪。但是如果参加时不知,参加后明知仍不退出的,则应构成本罪。

(二) 组织、领导、参加黑社会性质的组织罪的界限划分

1. 应当注意区分罪与非罪的界限

根据最高人民法院《关于审理黑社会性质组织犯罪的案件具体应用法律若干问题的解释》第3条第2款的规定,对于参加黑社会性质的组织,没有实施其他违法犯罪活动的,或者受蒙蔽、胁迫参加黑社会性质的组织,情节轻微如参加黑社会性质的组织后虽有不良行为或者一般性的违法活动但危害不大的,可以不作为犯罪处理。

2. 注意把握本罪的既遂与未遂

本罪为行为犯,只要实施完毕了组织、领导参加黑社会性质组织之一的行为,即构成本罪且为既遂。如果组织、领导、参加行为尚未实施完毕,应当认定为未遂。

3. 应当正确区分黑社会性质组织与其他非法组织的界限

(1) 黑社会性质组织与恐怖组织的界限。恐怖活动组织与黑社会性质组织有相似之处,即二者都具有暴力性,其行为均危及到人民群众的生命、财产安全。但恐怖活动组织一般带有的政治目所实施的暴力活动可以是针对国家或政治组织的领导人,也可以是针对不特定的广大群众或者通过毁损公共设施、公共财产来达到其恐怖活动的目的;而黑社会性质组织主要是以掠夺经济利益为目的,

---

① 黑社会性质组织应当同时具备以下特征:(1) 形成较稳定的犯罪组织,人数较多,有明确的组织者、领导者,骨干成员基本固定;(2) 有组织地通过违法犯罪活动或者其他手段获取经济利益,具有一定的经济实力,以支持该组织的活动;(3) 以暴力、威胁或者其他手段,有组织地多次进行违法犯罪活动,为非作恶,欺压、残害群众;(4) 通过实施违法犯罪活动,或者利用国家工作人员的包庇或者纵容,称霸一方,在一定区域或者行业内,形成非法控制或者重大影响,严重破坏经济、社会生活秩序。

一般不带有反对一个国家或者政治组织的政治目的,这是二者最主要区别。

(2)黑社会性质组织与邪教组织的界限。邪教组织,是指冒用宗教、气功或者其他名义建立,神化首要分子,利用制造、散布迷信邪说等手段蛊惑、蒙骗他人,发展、控制成员,危害社会的非法组织。黑社会性质组织与邪教组织的区别主要有:① 组织发展成员的手段与对象不同。黑社会性质组织发展成员的方法多种多样,但一般不会隐瞒其真实目的,即使首先采用了欺骗手段,后来最终也会让加入者知道真相,其对象是为了谋取非法经济利益或者寻求"保护"的各种意志弱的人,成员的身份层次通常较低;邪教组织则是采取迷信邪说、灌输荒唐信仰等欺骗手段蛊惑、诱骗他人,不会向信徒说明首要分子的真实意图,对象因此多为受骗上当不明真相的人,信徒身份复杂。② 犯罪手段不同。黑社会性质组织基于其目的,肆意进行各种各样的违法犯罪活动,如走私、贩毒、非法经营、强迫交易、开设赌场、经营色情场所,以及杀人、伤害、绑架、聚众斗殴、寻衅滋事,等等,趋利性、暴力性、物质性明显;而邪教组织进行的违法犯罪活动多为传播封建迷信,攻击国家法律、法规。③ 组织影响的范围不同。黑社会性质组织不仅控制、影响其成员,而且对其所在地区、行业产生强迫的非法控制和重要影响,具有一定的势力范围;而邪教组织主要控制、影响信徒,对外界社会一般不会产生强迫的非法控制力。

4. 本罪一罪与数罪的界限

行为人只要实施了组织、领导或者参加黑社会性质组织的行为,即可构成本罪,而不要求具体实施其他某种犯罪行为。如果组织、领导或者参加黑社会性质组织的同时,又实施其他诸如杀人、伤害、强奸、抢劫、敲诈勒索、聚众斗殴、寻衅滋事等犯罪行为的,按照《刑法》第294条第3款的规定,应以本罪与其他所实施的具体犯罪进行并罚。

(三)组织、领导、参加黑社会性质组织罪的刑事责任

依据《刑法》第294条的规定,对于组织、领导黑社会性质组织的行为人,处7年以上有期徒刑,并处没收财产。对于积极参加黑社会性质组织的行为人,处3年以上7年以下有期徒刑,可并处罚金。对于其他参加黑社会性质组织的行为人,处3年以下有期徒刑、拘役、管制或者剥夺政治权利,可并处罚金。如果组织、领导、参加黑社会性质的行为人,又实施了其他犯罪的,则应当按照组织、领导、参加黑社会性质组织罪和其他犯罪数罪并罚。

二十六、入境发展黑社会性质组织罪

入境发展黑社会性质组织罪,是指境外黑社会组织的人员到我国境内发展组织成员的行为。

本罪侵害的法益为公共安全。本罪的行为方式为入境发展黑社会组织。具

体而言,入境是指进入我国境内,但不包括我国港、澳、台地区。如果进入我国港、澳、台地区发展黑社会组织,按照当地的法律进行规制。所谓发展黑社会组织,是指吸收相关人员成为该黑社会组织成员的行为,包括招募人员等方式。根据最高人民法院《关于审理黑社会性质组织犯罪的案件具体应用法律若干问题的解释》的规定,对黑社会组织成员进行内部调整行为,也可以视为发展组织成员。本罪的主体为特殊主体,即必须为境外黑社会组织的人员。所谓境外黑社会组织的人员,是指外国的或我国港、澳、台地区的黑社会组织人员。

根据《刑法》第294条的规定,犯本罪的,处3年以上10年以下有期徒刑。如果行为人成立本罪之外,还成立其他犯罪的,数罪并罚。

二十七、包庇、纵容黑社会性质组织罪

包庇、纵容黑社会性质组织罪,是指国家机关工作人员包庇黑社会性质的组织,或纵容黑社会性质的组织进行违法犯罪活动的行为。

本罪侵害的法益为国家机关工作人员职务的正当性。国家机关工作人员作为国家权力的执行者,是保障国家正确执行职能的前提。因此,国家机关工作人员包庇、纵容黑社会性质组织的行为会削弱国家机关工作人员职务的正当性,进而可能对国家职能的正确发挥造成危险。本罪的行为方式包括两种类型:第一种类型为包庇黑社会性质组织。所谓包庇,是指国家机关工作人员利用其身份或职务形成的便利或影响,帮助黑社会性质组织躲避惩罚、减轻罪责等的行为。第二种类型为纵容黑社会性质组织进行违法犯罪的行为。

根据《刑法》第294条的规定,犯本罪的,处5年以下有期徒刑;情节严重的,处5年以上有期徒刑。如果行为人成立本罪之外,还成立其他犯罪的,数罪并罚。

二十八、传授犯罪方法罪

(一)传授犯罪方法罪的概念和构成

传授犯罪方法罪,是指使用各种手段向他人传授犯罪方法的行为。

本罪侵害的法益与所传授的具体犯罪方法相关。如果行为人所传授的犯罪方法是侵害人身权利的犯罪,则此时的传授犯罪方法罪所侵害的法益就为人身权利。如果行为人所传授的犯罪方法是指向财产权利的犯罪,则侵害法益就为财产利益。同样,行为人传授他人实施危害国家安全或社会利益的犯罪方法,则侵害了国家安全或社会利益。本罪的行为方式为传授犯罪方法。所谓传授犯罪方法,是指行为人利用语言、文字、肢体动作等方式向他人传授犯罪方法。被传授者既包括特定个体,也包括不特定的多数人。但是,在判断传授犯罪方法的成立时,应当综合考虑传授方式和传授对象的组合能否产生使被传授者认识或了

解犯罪方法的可能性,而不能纯粹做形式上的理解。如对一个10岁的孩子单独口头传授集资诈骗的犯罪方法,就很难使被传授者具有真正了解和认识集资诈骗的犯罪方法的可能性。因为,集资诈骗这样的经济犯罪,对于缺乏正常辨认和控制能力的孩子而言,兼之其社会阅历和经验的匮乏,是不可能真正了解和认识集资诈骗犯罪方法的,自然也不可能会对不特定多数人的财产产生危险。所谓犯罪方法,一般而言应当限定于传授犯罪预备行为和实行行为的具体实施过程。

本罪的主观要件为故意,即行为人要对自己所传授的犯罪方法具有认识,且还应当认识到被传授者可能了解或接受其所传授的犯罪方法。因此,明知被传授人不可能了解或接受其所传授的犯罪方法的场合,不成立本罪。在被传授人没有认识和接受能力的场合,是不可能产生对于犯罪方法所关联的犯罪可能侵害法益的任何危险的,行为人也很难说具有罪责。

(二) 传授犯罪方法罪的界限划分

传授犯罪方法罪与教唆犯具有相似性,但也存在不同,具体而言,其区别主要表现为:(1)侵害法益的方式不同。传授犯罪方法与教唆犯罪在具体场合的侵害法益类型可能相同,但是其侵害法益的方式不相同。如传授他人实施杀人行为的方法与教唆他人实施杀人行为,其侵害法益均为他人的生命权。但是传授他人杀人方法的行为对于他人生命的侵害是一种抽象、潜在的危险,而教唆他人杀人的场合往往表现为一种对他人生命的具体危险。(2)行为方式不同。传授犯罪方法的行为所针对的既可能是特定人,也可能是不特定人,且手段和方法更具多样性,只要能够使被传授者具有了解传授内容可能性的方法和手段就可以成立传授犯罪方法。对于教唆犯罪而言,其教唆对象仅限于特定个体,且教唆内容为诱使他人产生具体、特定犯罪的犯意,从教唆手段上看,必须具有使特定的被教唆人产生犯罪意图的可能性。(3)故意不同。传授犯罪方法罪的故意不要求行为人认识到被传授人可能因此产生犯罪意图,只需要认识到被传授人可能了解其传授的内容即可。而教唆犯罪中,行为人必须要对被教唆者可能基于教唆产生犯罪意图具有认识和积极追求的心态。(4)处罚方式不同。传授犯罪方法罪是独立的犯罪构成,即使被传授人实施了行为人所传授的犯罪方法所指向的犯罪,传授者和被传授者也不成立共同犯罪,仍然成立两个不同的单独犯罪。教唆犯罪中,无论被教唆人是否实施被教唆的犯罪,教唆者都应当按照其所教唆的犯罪定罪处罚。

对于同一对象既实施传授犯罪方法的行为,又实施教唆行为,且传授的犯罪方法和教唆的犯罪内容相同的场合,如何处理?有论者认为,应当在原则上择一重罪处罚。如果行为人分别对不同的对象实施教唆行为与传授犯罪方法,或者向同一对象教唆此罪而传授彼罪的方法,则应当按照所教唆的犯罪和传授犯方法罪数罪并罚。① 上述观点中关于例外情形数罪并罚的认识是妥当的,但是对于同一对象既实施传授犯罪方法又教唆相同犯罪的情形的处罚方式的认识则有待商榷。因为,对于同一对象,教唆其实施特定的犯罪是可以吸收实施该特定犯罪的具体方法的传授行为的,就不存在数行为择一重罪处罚的问题,而应当直接以教唆犯定罪处罚。

(三)传授犯罪方法罪的刑事责任

根据《刑法》第 295 条的规定,犯本罪的,处 5 年以下有期徒刑、拘役或者管制。情节严重的,处 5 年以上 10 年以下有期徒刑;情节特别严重的,处 10 年以上有期徒刑或者无期徒刑。

二十九、非法集会、游行、示威罪

非法集会、游行、示威罪,是指未依据法律规定或在申请未获批准的情况下,举行集会、游行、示威的行为,或者申请已获批准,但未按照主管机关许可的起止时间、地点、路线进行集会、游行、示威,且不服从解散的命令的行为。

本罪侵害的法益为国家秩序。国家对于集会、游行、示威行为有着严格的管制,超越国家管制的集会、游行、示威行为是对国家秩序的破坏和违反。本罪的行为方式具体包括两种情形:第一种情形为,事先没有获得批准,就违反国家法律规定举行集会、游行、示威的行为,且不服从解散命令,严重破坏社会秩序的行为。第二种情形为,事先虽已获得批准,但是未按照主管机关许可的起止时间、地点、路线进行,且拒不服从解散命令,严重破坏社会秩序的行为。申言之,作为本罪的行为方式,不仅需要有事先未经批准或超越批准的集会、游行、示威行为,还需要存在拒不服从解散命令的不作为以及严重破坏社会秩序的情节。也就是说,如果违反规定集会、游行、示威,在接到解散命令后立即解散,就不成立本罪。同样,即使存在违反规定的集会、游行、示威,也拒不服从解散命令,但是因为集会、游行、示威的规模和路线等具体情形决定了不至于严重破坏社会秩序,也不应当成立本罪。本罪的主观要件为故意,既需要对违反规定或超越许可的集会、游行、示威行为具有认识,还需要认识到解散命令的存在且不予执行。否则,即使是集会、游行、示威的负责人,明知其所进行的集会、游行、示威未经许可或超越许可,只要没有认识到主管机关已发出解散命令,均不能成立本罪。本罪的主体为集会、游行、示威的负责人和直接责任人员,其他参与人员即使参加非法组织的集会、游行、示威,也不成立本罪。

根据《刑法》第 296 条的规定,犯本罪的,处 5 年以下有期徒刑、拘役、管制或者剥夺政治权利。

---

① 张明楷:《刑法学》(第 4 版),法律出版社 2011 年版,第 944 页。

三十、非法携带武器、管制刀具、爆炸物参加集会、游行、示威罪

非法携带武器、管制刀具、爆炸物参加集会、游行、示威罪,是指携带武器、管制刀具、爆炸物参加集会、游行、示威的行为。

本罪侵害的法益为国家秩序和公共安全。一方面,行为人未经批准参加集会、游行、示威,对于国家秩序造成了抽象的危险;另一方面,行为人携带武器、管制刀具、爆炸物参加人数众多、集中的集会、游行、示威,还对不特定或者多数人的生命、健康、财产具有抽象的危险。当然,如果行为人所参与的集会、游行、示威是经过批准的,就只侵犯了公共安全。本罪的行为方式为携带武器、管制刀具、爆炸物参加集会、游行、示威的行为,包括携带行为与参加行为。也即是说,行为人必须同时具有携带行为和参加行为。至于行为人所参加的集会、游行、示威是否经过批准,不影响本罪的成立。具体而言,携带是指随身持有的行为。武器是指具有直接杀伤性的枪支、弹药等物品;管制刀具是指国家规定限定人员使用或持有的刀具,如匕首、弹簧刀等;爆炸物是指具有爆炸性、能够杀伤他人的危险物品。本罪的主观要件为故意,行为人需要对其携带武器、管制刀具、爆炸物的事实具有认识,同时也需要对其携带上述物品参加集会、游行、示威的事实具有认识。

根据《刑法》第297条的规定,犯本罪的,处3年以下有期徒刑、拘役、管制或者剥夺政治权利。

三十一、破坏集会、游行、示威罪

破坏集会、游行、示威罪,是指扰乱、冲击或者以其他方法破坏依法举行的集会、游行、示威,造成公共秩序混乱的行为。

本罪侵害的法益为公民的政治权利和国家秩序。合法的集会、游行、示威,不仅是公民的基本政治权利,也是国家秩序的重要组成部分。行为人扰乱、冲击或者以其他方法破坏依法举行的集会、游行、示威,对于公民的政治权利造成了侵害,也产生了对于国家秩序的潜在危险。本罪的行为方式为扰乱、冲击或其他针对集会、游行、示威的破坏行为。具体而言,就是可能影响、中断集会、游行、示威的行为。本罪的主观要件为故意,即行为人要对自己的破坏行为可能导致依法举行的集会、游行、示威造成损害具有认识。

根据《刑法》第298条的规定,犯本罪的,处5年以下有期徒刑、拘役、管制或者剥夺政治权利。

三十二、侮辱国旗、国徽罪

侮辱国旗、国徽罪,是指在公共场合以焚烧、毁损、涂划、玷污、践踏等方式侮

辱我国国旗、国徽的行为。

本罪侵害的法益为国家秩序。具体而言,中华人民共和国国旗、国徽是国家荣誉和国家尊严的象征,对这种象征的侮辱行为,可能降低国家作为一个实体存在的荣誉感和尊严感。本罪的行为方式为以焚烧、毁损、涂划、玷污、践踏等方式侮辱我国国旗、国徽的行为。焚烧,是指纵火烧毁国旗、国徽的行为;毁损,是指撕毁、砸毁或者以其他破坏方法毁损国旗、国徽的行为;涂划,是指使用油漆、颜色或者其他染料等有色物在国旗、国徽上涂划的行为;玷污,是指用唾沫、粪便等玷污国旗、国徽的行为;践踏,是指将国旗、国徽在脚下踩踏的行为。[①] 本罪的行为对象为中华人民共和国国旗和国徽,而且必须是现实的国旗,不包括卡通的国旗或网络中虚拟的国旗。本罪的主观要件为故意。本罪必须具有场所条件才能够成立,即必须发生在公共场合。之所以要求侮辱国旗国徽行为需要发生在公共场合,一方面是出于限制惩罚范围的考虑,另一方面只有在公共场合才可能诱发社会公众对于国家荣誉感的评价降低。

根据《刑法》第299条的规定,犯本罪的,处3年以下有期徒刑、拘役、管制或者剥夺政治权利。

三十三、组织、利用会道门、邪教组织、利用迷信破坏法律实施罪

组织、利用会道门、邪教组织、利用迷信破坏法律实施罪,是指组织、利用会道门、邪教组织,或利用迷信破坏我国法律实施的行为。

本罪侵害的法益为国家秩序,具体是指国家法律实施的确定性和有效性。本罪的行为方式可分为两种类型:第一种为组织和利用会道门、邪教组织破坏法律实施的行为;第二种为利用迷信破坏国家法律实施的行为。会道门,是指一贯道、九宫道、先天道、后天道等封建迷信组织;邪教组织,是指假冒宗教、气功等名义,神化首要分子,利用迷信手段蛊惑、蒙骗他人,发展、控制成员的组织。迷信,是指缺乏事实和科学根据的观念和仪式等。关于破坏法律实施的情形,一般而言,包括:聚众围攻、冲击国家机关、企业事业单位,扰乱国家机关、企业事业单位的工作、生产、经营、教学和科研秩序的;非法举行集会、游行、示威、煽动、欺骗、组织其成员或其他人聚众围攻、冲击、强占、哄闹公共场所及宗教活动场所,扰乱社会秩序的;抗拒有关部门取缔或者已经被有关部门取缔,又恢复或者另行建立邪教组织,或者继续进行邪教活动的;煽动、欺骗、组织其成员或者其他人不履行法定义务,情节严重的;出版、印刷、复制、发行宣扬邪教内容出版物,以及印刷邪

[①] 舒代钧:《浅谈侮辱国旗、国徽罪》,载《湘潭大学学报(社会科学版)》1994年第2期。

教组织标识的;其他破坏国家法律、行政法规实施的。① 本罪的主观要件为故意,即行为人要对组织、利用会道门、邪教组织、利用迷信破坏法律实施的行为具有认识。

根据《刑法》第 300 条的规定,犯本罪的,处 3 年以上 7 年以下有期徒刑;情节特别严重的,处 7 年以上有期徒刑。

三十四、组织、利用会道门、邪教组织、利用迷信致人死亡罪

组织、利用会道门、邪教组织、利用迷信致人死亡罪,是指组织、利用会道门、邪教组织、利用迷信活动,致他人死亡的行为。

本罪侵害的法益为他人的生命。本罪的行为方式为组织、利用会道门、邪教组织、利用迷信活动蒙骗他人并致他人死亡的行为。本罪的主观要件为过失,即行为人对于致死他人的结果发生的可能性应当具有认识而没有认识,或者已经具有预见但轻信能够避免。本罪与故意杀人罪的区别在于是否具有存在杀人的故意与杀人的实行行为。在本罪中,行为人的行为一般并非杀人的实行行为,而是组织、利用会道门、邪教组织的行为或利用迷信的行为,从一般社会经验上看并不具有致人死亡的可能性,且行为人在主观要件对于他人死亡的结果缺乏故意。如果行为人组织、利用会道门、邪教组织,利用迷信,对于特定个体进行教唆自杀或帮助自杀,则构成故意杀人罪。

根据《刑法》第 300 条的规定,犯本罪的,处 3 年以上 7 年以下有期徒刑;情节特别严重的,处 7 年以上有期徒刑。

三十五、聚众淫乱罪

聚众淫乱罪,是指聚集多人进行集体淫乱活动的行为。

本罪侵害的法益为社会风尚中的善良性风尚和性道德。社会善良性风尚是人类社会通过长期的发展、演变而逐渐形成的为全社会主流文化所公认的性道德习惯和风俗,是一种健康向上的、能促进人类社会走向完美的社会规范。② 本

---

① 参见最高人民法院、最高人民检察院《关于办理组织和利用邪教组织犯罪案件具体应用法律若干问题的解释》的规定。
② 蒋小燕:《淫秽物品犯罪研究》,中国人民公安大学出版社 2005 年版,第 7 页。但是,性道德和性风俗是否是刑法值得保护的法益,还有进一步商榷的必要。因为,法益概念的本质就是要确定一种犯罪成立的正当化界限,其目的在于限缩肆意扩张的刑罚权,以防止过于专横的刑法干预。在这个意义上,成为法益的利益应该是个体利益或与个体利益具有密切关系的实质性的超个人利益,而不能为纯粹的道德目标或空泛的道德叙事。因为,性道德或性风俗只是一种道德范畴,而单纯违反性道德或性风俗的行为不应该属于刑法的调整范畴,刑法的发动必须以特定的法益受到实际损害或威胁为前提。详细的论述可参见高巍:《网络裸聊不应认定为犯罪——与"'网络裸聊'入罪之法律分析"一文商榷》,载《法学》2007年第 9 期。

罪的行为方式为聚众淫乱行为。聚众,是指聚集三人以上;淫乱,是指性行为及其他与性欲刺激或满足有关的行为。值得注意的是,淫乱行为必须具有现实性,虚拟的性行为等不能够成立淫乱行为,如网络虚拟的性行为等。因为,一般语义上的淫乱、性行为等范畴是指一种现实的行为,通过某种图像或语音进行的以性行为为指向的裸聊行为定性为淫乱行为,并不妥当。本罪的主观要件为故意。

根据《刑法》第301条的规定,犯本罪的,对首要分子或多次参加者处5年以下有期徒刑、拘役或者管制。

三十六、引诱未成年人聚众淫乱罪

引诱未成年人聚众淫乱罪,是指引诱未成年人参与聚众淫乱活动的行为。

本罪侵害的法益为未成年人的身心健康。未成年人是一个特殊的权利主体,其不具有独立自主参与社会生活的行为能力和责任能力,兼之其心智尚未健全,人格发展尚未定型,具有很强的易塑性和易受影响性,如果使未成年人暴露或参与淫乱活动,不利于未成年人形成健康的人格。因此,从这个意义上,国家有义务保护未成年人免受色情活动的影响,因为这种影响对于未成年人具有伤害性,其伤害的法益为未成年人的健康,这种健康更多体现为健全人格的形成。从这个意义上说,未成年人也不具有表达自由的完全权利,因为其不具有健全和理性的辨别和控制能力,必须在国家、社会、家庭的监督保护之下。① 本罪的行为方式为引诱未成年人参与聚众淫乱活动的行为,既包括唆使、引导未成年人参加聚众淫乱活动,也包括唆使、引导未成年人观看聚众淫乱活动的行为。本罪的主观要件为故意。

根据《刑法》第301条的规定,犯本罪的,处5年以下有期徒刑、拘役或者管制,并从重处罚。

三十七、盗窃、侮辱尸体罪

盗窃、侮辱尸体罪,是指盗窃或侮辱尸体全部或者部分的行为。

本罪侵害的法益为善良风俗或信仰情感的维护。盗窃、侮辱尸体的行为,不同于一般的盗窃财物行为,也不同于侮辱活体的行为。严格意义上讲,尸体在社会一般理念中被认为是人格权的部分延续,也是善良风俗或信仰情感的对象。本罪的行为对象为尸体,尸体既可以是完整的尸体,也可以是残缺的尸体。但

---

① 高巍:《网络裸聊不应认定为犯罪——与"'网络裸聊'入罪之法律分析"一文商榷》,载《法学》2007年第9期。

是,独立的尸体器官不能成为本罪的行为对象。① 同理,骨灰不属于尸体。本罪的行为方式为盗窃、侮辱尸体行为。所谓盗窃尸体,是指行为人将尸体从他人的占有状态转移为自己或第三人占有的行为;所谓侮辱尸体,是指行为人使用足以使一般人对尸体虔敬情感受伤的方式凌辱尸体。本罪的主观要件为故意,即行为人对于盗窃或侮辱尸体的行为和事实具有认识。

根据《刑法》第302条的规定,犯本罪的,处3年以下有期徒刑、拘役或者管制。

三十八、赌博罪

(一) 赌博罪的概念和构成

赌博罪,是指以营利为目的,聚众赌博或者以赌博为业的行为。

本罪侵害的法益为社会的善良风俗。本罪的行为方式为以营利为目的的聚众赌博或以赌博为业的行为。具体而言,赌博罪的行为方式可区分为两种类型:第一种类型为以营利为目的的聚众赌博行为,即行为人为了获取利益,组织、聚集多人参与赌博的行为。赌博,是以偶然的输赢决定财物的归属的行为。偶然的输赢,既可以是将来的因素,也可以是现在或过去的因素。第二种类型为以赌博为业的行为。该行为方式为常习犯,也即是说,行为人把赌博获取利益作为日常职业的行为。本罪的主观要件为故意,且应当具有营利目的。

(二) 赌博罪的界限划分

赌博罪与一般的赌博行为都表现为赌博方式,但是在具体行为方式等方面也存在区别。其一,赌博罪的行为方式仅限于聚众赌博和以赌博为业,而日常的赌博行为可能出于娱乐或消磨时间的动机,或者不存在组织行为。其二,赌博罪的情节需要达到比较严重的程度才能成立,而一般赌博行为则不具备严重情节。② 其三,赌博罪必须具有营利目的,一般赌博行为则不需要具有营利目的。

(三) 赌博罪的刑事责任

根据《刑法》第303条的规定,犯本罪的,处3年以下有期徒刑、拘役或者管制,并处罚金。

---

① 如有论者认为:"因此,从司法实务部门的角度出发,我认为不宜将盗窃死者器官的行为认定为盗窃尸体罪。理由是:(1) 违反罪刑法定原则,盗窃尸体罪中的"尸体"是否包含"器官",法无明文规定,司法实践中不宜作扩大解释;(2) 很难具体把握盗窃死者器官的严重程度,实际操作困难。只盗取尸体的一个组成部分,在司法中是否认定为盗窃尸体罪,应结合行为人主观恶性、行为手段、盗窃尸体部位、面积以及行为后果等方面综合考虑。如果盗窃了接近全部的尸体或情节严重的,应在自由裁量的范围内,认定构成盗窃尸体罪;如果情节较轻,则不宜按盗窃尸体罪追究刑事责任。"参见梁平等:《盗取死者器官非法移植应如何定性》,载《人民检察》2009年第16期。

② 根据最高人民法院、最高人民检察院《关于办理赌博刑事案件具体应用法律若干问题的解释》的规定,"聚众赌博"必须达到以下情节方能成立:组织3人以上赌博,抽头渔利数额累计达到5000元以上的;组织3人以上赌博,赌资数额累计达到5万元以上的;组织3人以上赌博,参赌人数累计达到20人以上的;组织中华人民共和国公民10人以上赴境外赌博,从中收取回扣、介绍费的。

三十九、开设赌场罪

开设赌场罪,是指开设专门用于他人赌博的场所或机构的行为。

本罪侵害的法益为社会的善良风俗。本罪的行为方式为开设或经营赌场。赌场,既可以是现实形态的固定场所,也可以是虚拟的临时场所。也就是说,通过互联网络建立网站进行赌博的行为,也可以属于开设赌场行为。① 本罪的主观要件为故意,但不需要具有营利目的。

根据《刑法》第 303 条的规定,犯本罪的,处 3 年以下有期徒刑、拘役或者管制,并处罚金;情节严重的,处 3 年以上 10 年以下有期徒刑,并处罚金。

四十、故意延误投递邮件罪

故意延误投递邮件罪,是指邮政工作人员严重不负责任,故意延误投递邮件,致使公共财产、国家和人民利益遭受重大损失的行为。

本罪侵害的法益为公共利益。本罪的行为对象为邮件。此处所指的邮件,既包括信函,也包括包裹等。作为本罪行为对象的邮件,必须是现实存在的邮件,不包括电子邮件。本罪的行为方式为故意延误投递邮件的行为。本罪的主观要件为故意,即行为人明知其所延误投递的邮件是应当及时投递的邮件,而希望或放任延误投递。本罪的主体为特殊主体,即只有邮政工作人员才能构成本罪。

根据《刑法》第 304 条的规定,犯本罪的,处 2 年以下有期徒刑或者拘役。

第三节 妨害司法罪

一、伪证罪

(一)伪证罪的概念和构成

伪证罪,是指在刑事诉讼中,证人、鉴定人、记录人、翻译人对与案件有重要关

---

① 最高人民法院、最高人民检察院、公安部《关于办理网络赌博犯罪案件适用法律若干问题的意见》第 1 条规定:"利用互联网、移动通讯终端等传输赌博视频、数据,组织赌博活动,具有下列情形之一的,属于刑法第 303 条第 2 款规定的'开设赌场'行为:(一)建立赌博网站并接受投注的;(二)建立赌博网站并提供给他人组织赌博的;(三)为赌博网站担任代理并接受投注的;(四)参与赌博网站利润分成的。"最高人民法院、最高人民检察院、公安部《关于办理利用赌博机开设赌场案件适用法律若干问题的意见》规定,设置具有退币、退分、退钢珠等赌博功能的电子游戏设施设备,并以现金、有价证券等贵重款物作为奖品,或者以回购奖品方式给予他人现金、有价证券等贵重款物(以下简称设置赌博机)组织赌博活动的,也应当认定为"开设赌场"行为。明知他人利用赌博机开设赌场,具有下列情形之一的,以开设赌场罪的共犯论处:(一)提供赌博机、资金、场地、技术支持、资金结算服务的;(二)受雇参与赌场经营管理并分成的;(三)为开设赌场者组织客源,收取回扣、手续费的;(四)参与赌场管理并领取高额固定工资的;(五)提供其他直接帮助的。

系的情节,故意作虚假的证明、鉴定、记录、翻译,意图陷害他人或者隐匿罪证的行为。本罪侵害的法益是司法机关正常的刑事诉讼司法活动。本罪的构成要件是:

(1) 本罪的客观要件表现为行为人在刑事诉讼中,对与案件有重要关系的情节,实施了伪证行为。

第一,行为人必须实施了伪证行为。行为人必须作了虚假的证明、鉴定、记录、翻译。"虚假"一般包括两种情况:一是无中生有,捏造或者夸大事实以陷人入罪;二是将有说无,掩盖或者缩小事实以开脱罪责。但是,单纯保持沉默而不陈述的行为,不成立伪证罪。关于"虚假"的含义,国外刑法理论有主观说、客观说与折衷说之间的对立。主观说认为,证人应当原封不动地陈述自己的记忆与实际体验,对证人证言的真实性与可靠性的判断则是法官的任务。因此,按照自己的记忆与实际体验陈述的,即使与客观事实不相符合,也不是虚假的;反之,不按照自己的记忆与实际体验陈述的,即使与客观事实不相符合,也是虚假的。客观说认为,只有陈述内容与客观事实不相符合的,才是虚假的。折衷说认为,不按照自己的记忆与实际体验陈述,且该陈述与客观事实不相符合时,才成立伪证罪。① 我们认为,伪证罪是因为危害了司法机关正常的刑事诉讼司法活动才受到处罚的犯罪。虚假应是违反证人的记忆与实际体验且不符合客观事实的陈述,如果违反证人的记忆与实际体验但符合客观事实,就不可能妨害司法活动,不成立伪证罪;如果符合证人的记忆与实际体验但与客观事实不相符合,则行为人没有伪证罪的故意,也不成立伪证罪,因此折中说妥当。

第二,行为人必须是对与案件有重要关系的情节作虚假的证明、鉴定、记录、翻译。这里的案件只限于刑事案件,在民事案件中作伪证的,不成立本罪。所谓"与案件有重要关系的情节",是指相对案件结论有影响的情节,如对是否构成犯罪、犯罪的性质、罪行的轻重、量刑的轻重等具有重要关系的情节。伪证行为只要足以影响案件结论即可,不要求实际上影响了案件结论。

第三,行为人必须在刑事诉讼中作虚假的证明、鉴定、记录、翻译。即在立案侦查后、审判终结前的过程中作伪证。在诉讼前作假证明包庇犯罪人的,成立包庇罪;在诉讼前作虚假告发,意图使他人受刑事追究的,成立诬告陷害罪。

(2) 本罪的主体是特殊主体,即只能由参加刑事诉讼的证人、鉴定人、记录人、翻译人构成。

(3) 本罪的主观要件为故意,且行为人具有陷害他人或者隐匿罪证的意图。

(二) 伪证罪的界限划分

1. 本罪与非罪的界限

关于本罪与非罪的界限,主要应划清"伪证"和"误证"的界限。区分这两者

---

① 参见张明楷:《刑法学》(第4版),法律出版社2011年版,第951—952页。

的关键在于查明行为人是否故意作伪证和有无陷害他人或者隐匿罪证的意图。如果行为人是因记忆错误而证词失实,或者鉴定人、记录人、翻译人因业务水平低或因粗心大意导致鉴定、记录、翻译出错的,就不能认定构成犯罪。

2. 本罪与诬告陷害罪的界限

诬告陷害罪,是指捏造犯罪事实陷害他人,意图使他人受刑事追究,情节严重的行为。两罪在客观上都有虚假陈述的行为,主观上都有陷害他人的目的,其界限在于:(1) 侵害的法益不同。本罪侵害的法益是司法机关正常的刑事诉讼司法活动,而诬告陷害罪侵害的法益是他人的人身权利。(2) 客观要件的表现不同。其一,犯罪行为的表现形式不同。诬告陷害罪捏造的是整个犯罪事实,而伪证罪只是在与案件有重要关系的情节上作虚假陈述,包括虚假的证明、鉴定、记录、翻译。其二,犯罪发生的时间不同。本罪发生在刑事诉讼过程中,而诬告陷害罪则是在刑事诉讼开始以前。其三,犯罪行为所针对的对象不同。本罪行为针对的对象是进入刑事诉讼程序的犯罪嫌疑人,而诬告陷害罪所针对的对象则不一定是进入刑事诉讼程序的人。(3) 犯罪主体不同。本罪的主体是特殊主体,只限于刑事诉讼中的证人、鉴定人、记录人、翻译人,而诬告陷害罪的主体则是一般主体。(4) 犯罪意图有所不同。本罪行为人的犯罪意图既可能是陷害无罪之人,也可能是包庇有罪的人,而诬告陷害罪的主观意图只能是陷害他人。

(三)伪证罪的刑事责任

根据《刑法》第 305 条的规定,犯本罪的,处 3 年以下有期徒刑或者拘役;情节严重的,处 3 年以上 7 年以下有期徒刑。

二、辩护人、诉讼代理人毁灭证据、伪造证据、妨害作证罪

辩护人、诉讼代理人毁灭证据、伪造证据、妨害作证罪,是指在刑事诉讼中,辩护人、诉讼代理人毁灭、伪造证据,帮助当事人毁灭、伪造证据,威胁、引诱证人违背事实改变证言或者作伪证的行为。本罪侵害的法益是司法机关正常的刑事诉讼活动。本罪的客观要件为在刑事诉讼中,行为人实施了毁灭、伪造证据,帮助当事人毁灭、伪造证据,威胁、引诱证人违背事实改变证言或者作伪证的行为。本罪的主体为特殊主体,只能由刑事诉讼中的辩护人、诉讼代理人构成,其他人不构成此罪。本罪的主观要件为故意。根据《刑法》第 306 条第 2 款的规定,辩护人、诉讼代理人提供、出示、引用的证人证言或者其他证据失实,不是有意伪造的,不属于伪造证据。

根据《刑法》第 306 条第 1 款的规定,犯本罪的,处 3 年以下有期徒刑或者拘役;情节严重的,处 3 年以上 7 年以下有期徒刑。

三、妨害作证罪

妨害作证罪,是指以暴力、威胁、贿买等方法阻止证人作证或者指使他人作伪证的行为。本罪侵害的法益是司法活动的客观真实性。本罪的客观要件为行为人实施了以暴力、威胁、贿买等方法阻止证人作证或者指使他人作伪证的行为。所谓"阻止证人作证",是指阻止证人就其所了解的案件情况向司法机关作口头或者书面陈述。所谓"指使他人作伪证",是指唆使、指示他人作违背事实的证言,提交违背事实的鉴定结论,指使翻译人、记录人作虚假翻译、记录等等。本罪的主体为一般主体。本罪的主观要件为故意。

根据《刑法》第307条第1款和第3款的规定,犯本罪的,处3年以下有期徒刑或者拘役;情节严重的,处3年以上7年以下有期徒刑。司法工作人员犯本罪的,从重处罚。

四、帮助毁灭、伪造证据罪

帮助毁灭、伪造证据罪,是指帮助当事人毁灭、伪造证据,情节严重的行为。本罪侵害的法益是司法机关的正常活动。本罪的客观要件为行为人实施了帮助当事人毁灭、伪造证据的行为。行为人毁灭、伪造的是他人作为当事人的案件的证据。毁灭、伪造自己是当事人的案件的证据的,因为缺乏期待可能性,而没有被《刑法》规定为犯罪。行为内容为帮助当事人毁灭、伪造证据。本罪的主体为一般主体。本罪的主观要件为故意。

根据《刑法》第307条第2款和第3款的规定,犯本罪的,处3年以下有期徒刑或者拘役。司法工作人员犯本罪的,从重处罚。

五、打击报复证人罪

打击报复证人罪,是指故意对证人进行打击报复的行为。本罪侵害的法益是证人依法作证的权利。本罪的客观要件为行为人实施了对证人进行打击报复的行为。由于本罪是妨害司法的犯罪,而且是抽象的危险犯,故打击报复证人的时间没有限制。例如,罪犯在出狱后打击报复以前的证人的,也成立本罪。因为该行为会影响其他证人作证,进而会妨害司法活动。本罪的主体为一般主体。本罪的主观要件为故意。

根据《刑法》第308条的规定,犯本罪的,处3年以下有期徒刑或者拘役;情节严重的,处3年以上7年以下有期徒刑。

六、扰乱法庭秩序罪

扰乱法庭秩序罪,是指聚众哄闹、冲击法庭,或者殴打司法工作人员,严重扰乱法庭秩序的行为。本罪侵害的法益是法院审理案件的正常秩序。本罪的客观要件为行为人实施了严重扰乱法庭秩序的行为。扰乱法庭秩序的行为方式有两种：其一是聚众哄闹、冲击法庭，其二是殴打司法工作人员。本罪的主体为一般主体。本罪的主观要件为故意。

根据《刑法》第309条的规定，犯本罪的，处3年以下有期徒刑、拘役、管制或者罚金。

七、窝藏、包庇罪

（一）窝藏、包庇罪的概念和构成

窝藏、包庇罪，是指明知是犯罪的人而为其提供隐藏的处所、财物，帮助其逃匿或者作假证明包庇的行为。本罪侵害的法益是司法机关刑事诉讼的正常活动。本罪的构成要件是：

（1）本罪的客观要件为行为人实施了窝藏或包庇犯罪人的行为。

第一，行为对象是"犯罪的人"。所谓"犯罪的人"，是指真正实施了犯罪的人或因实施犯罪行为而被作为犯罪嫌疑人列为立案侦查对象的人或因实施犯罪行为而将被作为犯罪嫌疑人列为立案侦查对象的人。

第二，行为内容为窝藏、包庇犯罪的人。所谓窝藏、包庇犯罪的人，包括两类行为：一是为犯罪的人提供隐藏处所、财物，帮助其逃匿，如提供交通工具帮助其逃跑等。二是为犯罪的人作假证明以掩盖其犯罪事实。本罪属于选择性罪名，只要实施窝藏和包庇之任一行为的，即可构成。根据《刑法》第362条的规定，旅馆业、饮食服务业、文化娱乐业、出租汽车业等单位的人员，在公安机关查处卖淫、嫖娼活动时，为违法犯罪分子通风报信，情节严重的，以本罪论处。

（2）本罪的主体为一般主体。

（3）本罪的主观要件为故意，即明知是犯罪的人而实施窝藏、包庇行为。明知，是指认识到自己窝藏、包庇的是犯罪的人。在开始实施窝藏、包庇行为时明知是犯罪的人，当然成立本罪；在开始实施窝藏、包庇行为时不明知是犯罪的人，但发现对方是犯罪的人后仍继续实施窝藏、包庇行为的，也成立本罪。

（二）窝藏、包庇罪的认定

1. 包庇罪与伪证罪的界限

二者主要区别是：(1)客观要件的表现不同。其一，本罪发生的时间没有限制；而伪证罪必须发生在刑事诉讼中。其二，本罪是通过使犯罪人逃匿或者采取其他庇护方法，使其逃避刑事制裁；伪证罪掩盖的是与案件有重要关系的犯罪情节。其三，窝藏、包庇的对象既可以是犯罪嫌疑人、被告人，也可以是受有罪宣告的犯罪人；而伪证罪所包庇的对象只能是犯罪嫌疑人、被告人。(2)犯罪主体不同。本罪的主体是一般主体。伪证罪的主体则是特殊主体，即刑事诉讼中的证人、鉴定人、记录人、翻译人。(3)犯罪主观要件不同。本罪的故意内容是意图使犯罪的人逃避法律制裁;而伪证罪中行为人的故意内容既可以是隐匿罪证从而使犯罪的人逃避法律制裁的意图,也可以是为了陷害他人使无罪者受到刑事追究的意图。

2. 窝藏、包庇罪与事前有通谋的共同犯罪的界限。

窝藏、包庇行为是在被窝藏、包庇的人犯罪后实施的,其犯罪故意也是在他人犯罪后产生的,即只有在与犯罪的人没有事前通谋的情况下,实施窝藏、包庇行为的,才成立本罪。如果行为人事前与犯罪的人通谋,商定待犯罪的人实行犯罪后予以窝藏、包庇的,则成立共同犯罪。因此,《刑法》第310条第2款规定,犯窝藏、包庇罪,事前通谋的,以共同犯罪论处。在这种情况下,即使共同犯罪所犯之罪的法定刑低于窝藏、包庇罪的法定刑,也应以共同犯罪论处。

(三)窝藏、包庇罪的刑事责任

根据《刑法》第310条第1款的规定,犯本罪的,处3年以下有期徒刑、拘役或者管制;情节严重的,处3年以上10年以下有期徒刑。

八、拒绝提供间谍犯罪证据罪

拒绝提供间谍犯罪证据罪,是指明知他人有间谍犯罪行为,在国家安全机关向其调查有关情况、收集有关证据时,拒绝提供,情节严重的行为。本罪侵害的法益是国家安全机关打击与防范间谍犯罪的正常活动。本罪的客观要件为行为人实施了拒绝向国家安全机关提供间谍犯罪证据的行为,具体包含以下三层含义:其一,向行为人调查的调查者须是国家安全机关;其二,时间是特定的,即行为须发生在国家安全机关向其调查有关情况、收集有关证据之时;其三,行为方式是"拒绝提供"。本罪属于情节犯,情节严重的,才构成犯罪。本罪的主体为一般主体。本罪的主观要件为故意。

根据《刑法》第311条的规定,犯本罪的,处3年以下有期徒刑、拘役或者管制。

九、掩饰、隐瞒犯罪所得及其收益罪

(一)掩饰、隐瞒犯罪所得及其收益罪的概念和构成

掩饰、隐瞒犯罪所得及其收益罪,是指行为人明知是犯罪所得及其产生的收益而予以窝藏、转移、收购、代为销售或者以其他方法掩饰、隐瞒的行为。本罪侵害的法益是司法机关的正常活动。本罪的构成要件是:

(1)本罪的客观要件为行为人实施了窝藏、转移、收购、销售或者以其他方法掩饰、隐瞒犯罪所得及其产生的收益的行为。

第一,行为对象是犯罪所得及其产生的收益。所谓"犯罪所得",是指犯罪

所得的赃物,即通过犯罪行为所获得的财物。所谓"犯罪所得产生的收益",是指利用犯罪所得的赃物获得的利益,如贿赂存入银行后所获得的利息等。

第二,行为人实施了窝藏、转移、收购、销售等掩饰、隐瞒赃物的行为。所谓"窝藏",是指行为人为犯罪分子藏匿赃物;所谓"转移",是指行为人把犯罪分子犯罪所得赃物由A地运往B地,由B地运往C地等;所谓"收购",是指行为人购买犯罪分子犯罪所得的赃物;所谓"销售",是指行为人为犯罪分子将犯罪所得的赃物卖出。所谓"以其他方法掩饰、隐瞒",是指采用窝藏、转移、收购、代为销售以外的方法掩盖犯罪所得及其产生的收益的行为。本罪属选择性罪名,只要行为人实施了上述行为之一的,便成立本罪。

(2) 本罪的主体既可以是自然人,也可以单位。

(3) 本罪的主观要件为故意,即明知是犯罪所得及其产生的收益而予以窝藏、转移、收购、代为销售或者以其他方法掩饰、隐瞒,否则不构成本罪。[①]

(二) 掩饰、隐瞒犯罪所得及其收益罪的认定

1. 掩饰、隐瞒犯罪所得及其收益罪与其他犯罪的共同犯罪的界限

在其他犯罪的共同犯罪的场合,可能有的共同犯罪人专门负责赃物的窝藏、转移、收购、销售或者以其他方法掩饰、隐瞒。二者区别的关键在于:共同犯罪中负责窝藏、转移、收购、销售或者以其他方法掩饰、隐瞒的人与其他共同犯罪人有共谋,只是分工不同而已;而本罪的行为人虽然明知自己窝藏、转移、收购、销售或者以其他方法掩饰、隐瞒的是犯罪所得及其产生的收益,但没有与其他犯罪人事前通谋。

2. 掩饰、隐瞒犯罪所得及其收益罪与洗钱罪的界限

本罪与洗钱罪既有联系,也有区别。洗钱罪只限于掩饰、隐瞒毒品犯罪、黑社会性质的组织犯罪、恐怖活动犯罪、走私犯罪、贪污贿赂犯罪、破坏金融管理秩序犯罪、金融诈骗犯罪的所得及其产生的收益的来源和性质的行为,而本罪则包括对除洗钱罪的上游犯罪以外的一切犯罪所得及其产生收益的掩饰与隐瞒行为。洗钱罪包括各种掩饰、隐瞒犯罪所得及其收益的来源和性质的行为,而本罪是对犯罪所得及其产生的收益本身的掩饰与隐瞒。

(三) 掩饰、隐瞒犯罪所得及其收益罪的刑事责任

根据《刑法》第312条的规定,犯本罪的,处3年以下有期徒刑、拘役或者管制,并处或单处罚金;情节严重的,处3年以上7年以下有期徒刑,并处罚金。单位犯前款罪的,对单位判处罚金,并对其直接负责的主管人员和其他直接责任人

[①] 2014年全国人大常委会《关于〈中华人民共和国刑法〉第341条、第312条的解释》规定,知道或者应当知道是《刑法》第341条第2款规定的非法狩猎的野生动物而购买的,属于本罪规定的明知是犯罪所得而收购的行为。

员,依照前款的规定处罚。

十、拒不执行判决、裁定罪

拒不执行判决、裁定罪,是指对人民法院的判决、裁定有能力执行而拒不执行,情节严重的行为。

本罪侵害的法益是国家的审判管理活动。本罪的对象是判决、裁定。根据2002年全国人大常委会《关于〈中华人民共和国刑法〉第313条的解释》的规定,所谓"人民法院的判决、裁定",是指人民法院依法做出的具有执行内容并已发生法律效力的判决、裁定;既包括刑事判决与裁定,也包括民事、经济、行政等方面的判决与裁定。人民法院为依法执行支付令、生效的调解书、仲裁裁决、公证债权文书等所作的裁定属于该条规定的裁定。本罪的客观要件为行为人实施了拒不执行判决、裁定的行为,具体包含以下三层含义:其一,行为人拒不执行的是人民法院发生法律效力的判决、裁定。其二,行为人有能力执行而拒不执行。根据最高人民法院《关于审理拒不执行判决、裁定案件具体应用法律若干问题的解释》第2条的规定,对人民法院发生法律效力的判决、裁定"有能力执行",是指根据查实的证据证明,负有执行人民法院判决、裁定义务的人有可供执行的财产或者具有履行特定行为义务的能力。其三,行为人的行为属于情节严重。根据上述立法解释的规定,下列情形属于《刑法》第313条规定的"有能力执行而拒不执行,情节严重"的情形:(1)被执行人隐藏、转移、故意毁损财产或者无偿转让财产、以明显不合理的低价转让财产,致使判决、裁定无法执行的;(2)担保人或者被执行人隐藏、转移、故意毁损或者转让已向人民法院提供担保的财产,致使判决、裁定无法执行的;(3)协助执行义务人接到人民法院协助执行通知书后,拒不协助执行,致使判决、裁定无法执行的;(4)被执行人、担保人、协助执行义务人与国家机关工作人员通谋,利用国家机关工作人员的职权妨害执行,致使判决、裁定无法执行的;(5)其他有能力执行而拒不执行,情节严重的情形。国家机关工作人员有上述第4项行为的,以拒不执行判决、裁定罪的共犯追究刑事责任。国家机关工作人员收受贿赂或者滥用职权,有上述第4项行为的,同时又构成《刑法》第385条、第397条规定之罪的,依照处罚较重的规定定罪处罚。本罪的主体为一般主体。本罪的主观要件为故意。

根据《刑法》第313条的规定,犯本罪的,处3年以下有期徒刑、拘役或者罚金。

十一、非法处置查封、扣押、冻结的财产罪

非法处置查封、扣押、冻结的财产罪,是指隐藏、转移、变卖、故意毁损已被司法机关查封、扣押、冻结的财产,情节严重的行为。本罪侵害的法益是国家审判

机关的正常活动。本罪的客观要件为行为人实施了隐藏、转移、变卖、毁损已被司法机关查封、扣押、冻结的财产的行为。本罪的主体为一般主体。本罪的主观要件为故意。

根据《刑法》第 314 条的规定,犯本罪的,处 3 年以下有期徒刑、拘役或者罚金。

十二、破坏监管秩序罪

破坏监管秩序罪,是指依法被关押的罪犯,故意破坏监管秩序,情节严重的行为。本罪侵害的法益是监所管理秩序。本罪的客观要件为行为人实施了破坏监管秩序的行为。其具体表现为以下四种情形:(1) 殴打监管人员的;(2) 组织其他被监管人破坏监管秩序的;(3) 聚众闹事、扰乱正常监管秩序的;(4) 殴打、体罚或者指使他人殴打、体罚其他被监管人的。本罪的主体为一般主体。本罪的主观要件为故意。

根据《刑法》第 315 条的规定,犯本罪的,处 3 年以下有期徒刑。

十三、脱逃罪

(一) 脱逃罪的概念和构成

脱逃罪,是指依法被关押的犯罪分子、被告人、犯罪嫌疑人从羁押、监管场所脱逃的行为。本罪侵害的法益是国家司法机关对罪犯、被告人、犯罪嫌疑人的正常监管秩序。被关押的犯罪分子脱离监管机关的控制而逃走,逃避司法机关剥夺其人身自由的刑事强制措施,使刑事诉讼活动无法进一步开展,使人民法院对其所判处的刑罚无法继续执行,破坏了司法机关正常的监管秩序。本罪的构成要件是:

(1) 本罪的客观要件为行为人实施了脱逃行为。所谓"脱逃",是指脱离监管机关实力支配的行为,其具体表现为逃离关押场所。脱逃的方式没有限制,如乘监管人员疏忽而逃离关押场所,乘外出劳动逃离关押场所,对监管人员使用暴力、威胁手段而逃离关押场所,打破门窗或毁损械具后逃离关押场所,等等。受到监狱(包括劳改农场等监管机构)奖励,节假日获准回家的罪犯,故意不在规定时间返回监狱,采取逃往外地等方式逃避入狱的,也应以脱逃罪论处。

(2) 本罪的主体是特殊主体,即依法被关押的罪犯、被告人和犯罪嫌疑人。

(3) 本罪的主观要件为故意,即明知自己的脱逃行为会发生侵害国家司法机关监管秩序的结果,并且希望或者放任这种结果的发生。由于某种特殊原因,暂时离开关押场所,特殊原因消失后立即回到关押场所的,一般不宜认定为脱逃罪。但是,这并不意味着成立本罪要求行为人永久性地或长期逃避监管;出于一时逃避劳动改造而脱逃的,原则上也成立本罪。例如,在劳改农场服刑的罪犯,为了在某段艰苦时间逃避执行机关的监管,逃离半个月后又回到该劳改农场的,应认定为脱逃罪。

(二) 脱逃罪的认定

1. 一罪和数罪的问题

主要是指对行为人在实施脱逃行为的过程中同时又伤害或杀人的情况的认定。行为人在脱逃时,如果对监管人员使用了暴力,其暴力程度造成轻伤的,仍应对行为人定脱逃罪,如果行为人的暴力手段造成了监管人员重伤甚至死亡的,应作为本罪与故意伤害罪、故意杀人罪的牵连犯,从一重处断。

2. 正确区分脱逃罪的既遂与未遂

关于脱逃罪的既遂与未遂的区分标准,我国刑法理论有两种观点。一种观点认为,本罪的既遂与未遂,应以行为人是否从被关押的处所逃出为准;另一种观点认为,本罪的既遂与未遂,应以行为人是否逃出了监管人员的控制范围为准,已逃出的,是既遂,未逃出的是未遂。[①] 我们认为,行为摆脱了监管机关与监管人员的实力支配(控制)时,就是脱逃罪的既遂。脱逃罪的本质是脱离监管机关的实力支配,脱逃罪行为人的主观目的也在于摆脱监管机关与监管人员的实力支配,因此,摆脱了监管机关与监管人员的实力支配时,就应认定为既遂。

(三) 脱逃罪的刑事责任

根据《刑法》第316条第1款的规定,犯本罪的,处5年以下有期徒刑或者拘役。

十四、劫夺被押解人员罪

劫夺被押解人员罪,是指劫夺押解途中的罪犯、被告人、犯罪嫌疑人的行为。本罪侵害的法益是司法机关的正常监管秩序。本罪的客观要件为行为人实施了劫夺押解途中的罪犯、被告人、犯罪嫌疑人的行为。所谓"劫夺",是指使罪犯、被告人、犯罪嫌疑人脱离监管人员的实力支配,而将其置于自己或第三者的实力支配内或者使其逃匿;劫夺行为既可以采用对押解人进行暴力、威胁方法,也可以不使用暴力、威胁方法,如乘押解人不注意而迅速夺取被押解人。行为人所劫夺的必须是押解途中的罪犯、被告人、犯罪嫌疑人。被劫夺者与劫夺者通谋的,被劫夺者成立脱逃罪,否则不成立犯罪。本罪的主体为一般主体。本罪的主观要件为故意。

根据《刑法》第316条第2款的规定,犯本罪的,处3年以上7年以下有期徒

[①] 参见马克昌等主编:《刑法学全书》,上海科学技术文献出版社1993年版,第372页。

刑;情节严重的,处 7 年以上有期徒刑。

十五、组织越狱罪

组织越狱罪,是指依法被关押的罪犯、犯罪嫌疑人、被告人,有组织进行越狱的行为。本罪侵害的法益是国家监所管理秩序。本罪的客观要件为行为人实施了有组织越狱的行为。其具体表现为以下两种情形:一是组织越狱;二是参加有组织的越狱。本罪的主体为特殊主体,即依法被关押的罪犯、犯罪嫌疑人、被告人。本罪的主观要件为故意。

根据《刑法》第 317 条第 1 款的规定,犯本罪的,对首要分子和积极参加的,处 5 年以上有期徒刑,其他参加的,处 5 年以下有期徒刑或者拘役。

十六、暴动越狱罪

暴动越狱罪,是指依法被关押的罪犯、犯罪嫌疑人、被告人,在首要分子组织、策划、指挥下,采用暴动方式,有组织地脱逃的行为。本罪侵害的法益是国家监所管理秩序。本罪的客观要件为行为人实施了暴动越狱的行为。所谓"暴动",是指多人大规模的集体暴力行为。本罪的主体为特殊主体,即依法被关押的罪犯、犯罪嫌疑人、被告人。本罪的主观要件为故意。

根据《刑法》第 317 条第 2 款的规定,犯本罪的,对首要分子和积极参加的,处 10 年以上有期徒刑或者无期徒刑;情节特别严重的,处死刑;其他参加的,处 3 年以上 10 年以下有期徒刑。

十七、聚众持械劫狱罪

聚众持械劫狱罪,是指聚集多人持械劫夺被关押的罪犯、犯罪嫌疑人、被告人的行为。本罪侵害的法益是国家监所管理秩序。本罪的客观要件为行为人实施了聚众持械劫夺在押的罪犯、犯罪嫌疑人、被告人的行为。所谓"持械",是指对监管人员等使用凶器,而不是指单纯地携带凶器。所谓"劫狱",是指将狱中的罪犯、犯罪嫌疑人、被告人转移为自己或第三者的实力支配下或使其逃匿。其中,"狱"应不限于狭义的监狱,还应包括看守所等依法关押罪犯、犯罪嫌疑人、被告人的场所。本罪的主体为特殊主体,即依法被关押的罪犯、犯罪嫌疑人、被告人。本罪的主观要件为故意。

根据《刑法》第 317 条第 2 款的规定,犯本罪的,对首要分子和积极参加的,处 10 年以上有期徒刑或者无期徒刑;情节特别严重的,处死刑;其他参加的,处 3 年以上 10 年以下有期徒刑。

第四节 妨害国(边)境管理罪

一、组织他人偷越国(边)境罪

(一) 组织他人偷越国(边)境罪的概念和特征

组织他人偷越国(边)境罪,是指违反国(边)境管理法规,组织他人偷越国(边)境的行为。本罪侵害的法益是国家对出入国(边)境的管理制度。本罪的客观要件为行为人实施了非法组织他人偷越国(边)境的行为。所谓"组织",是指策划指挥、劝说动员、串连拉拢他人偷越国(边)境。2012年最高人民法院、最高人民检察院《关于办理妨害国(边)境管理刑事案件应用法律若干问题的解释》(以下简称《妨害国(边)境罪解释》)第1条规定,"组织他人偷越国(边)境"是指领导、策划、指挥他人偷越国(边)境或者在首要分子指挥下,实施拉拢、引诱、介绍他人偷越国(边)境等的行为。组织者既可以只是组织他人偷越国(边)境而自己并不偷越,也可以组织他人与自己共同偷越国(边)境。本罪的主体必须是已满16周岁,具有辨认、控制能力的自然人,既可以是一人组织,也可以多人共同组织。本罪的主观要件为故意。

(二) 组织他人偷越国(边)境罪的界限划分

1. 认定本罪应当注意一罪与数罪的界限

根据《妨害国(边)境罪解释》第8条的规定,实施组织他人偷越国(边)境犯罪,同时构成骗取出境证件罪、提供伪造、变造的出入境证件罪、出售出入境证件罪、运送他人偷越国(边)境罪的,依照处罚较重的规定定罪处罚。根据《刑法》第318条第2款的规定,在组织他人偷越国(边)境的过程中,对被组织人有杀害、伤害、强奸、拐卖等犯罪行为,或者对检查人员有杀害、伤害等犯罪行为的,依照数罪并罚的规定处罚。

2. 应当注意组织偷越国(边)境罪既遂与未遂的界限

根据《妨害国(边)境罪解释》第1条第3款的规定,以组织他人偷越国(边)境为目的,招募、拉拢、引诱、介绍、培训偷越国(边)境人员,策划、安排偷越国(边)境行为,在他人偷越国(边)境之前或者偷越国(边)境过程中被查获的,应当以组织他人偷越国(边)境罪(未遂)论处;具有《刑法》第318条第1款规定的情形之一的,应当在相应的法定刑幅度基础上,结合未遂犯的处罚原则量刑。

(三) 组织他人偷越国(边)境罪的刑事责任

根据《刑法》第318条的规定,犯本罪的,处2年以上7年以下有期徒刑,并处罚金;有下列情形之一的,处7年以上有期徒刑或者无期徒刑,并处罚金或者没收财产:(1)组织他人偷越国(边)境集团的首要分子;(2)多次组织他人偷越国(边)境或者组织他人偷越国(边)境人数众多的;(3)造成被组织人重伤、死亡的;(4)剥夺或者限制被组织人人身自由的;(5)以暴力、威胁方法抗拒检查的;(6)违法所得数额巨大的;(7)有其他特别严重情节的。根据《刑法》第318条第2款的规定,在犯本罪的过程中,对被组织人有杀害、伤害、强奸、拐卖等犯罪行为,或者对检查人员有杀害、伤害等犯罪行为的,依照数罪并罚的规定处罚。

根据《妨害国(边)境罪解释》第1条第2款的规定,"人数众多"是指组织、运送他人偷越国(边)境人数在10人以上。"违法所得数额巨大"是指违法所得数额在20万元以上的。

二、骗取出境证件罪

骗取出境证件罪,是指自然人或者单位以劳务输出、经贸往来或者其他名义,弄虚作假、骗取护照、签证等出境证件,为组织他人偷越国(边)境使用的行为。本罪侵害的法益是国家的出境管理秩序。本罪的客观要件为行为人实施了以劳务输出、经贸往来或者其他名义,弄虚作假、骗取护照、签证等出境证件,为组织他人偷越国(边)境使用的骗取出境证件的行为。根据《妨害国(边)境罪解释》第2条的规定,为组织他人偷越国(边)境,编造出境事由、身份信息或者相关的境外关系证明的,应当认定为《刑法》第319条第1款规定的"弄虚作假"。"出境证件"包括护照或者代替护照使用的国际旅行证件,中华人民共和国海员证,中华人民共和国出入境通行证,中华人民共和国旅行证,中国公民往来香港、澳门、台湾地区证件,边境地区出入境通行证,签证、签注,出国(境)证明、名单,以及其他出境时需要查验的资料。本罪的主体是一般主体,单位也可以成为本罪的主体。本罪的主观要件为故意。

根据《刑法》第319条的规定,犯本罪的,处3年以下有期徒刑,并处罚金;情节严重的,处3年以上10年以下有期徒刑,并处罚金。根据《妨害国(边)境罪解释》第2条第3款的规定,"情节严重"是指:(1)骗取出境证件5份以上;(2)非法收取办证费30万元以上的;(3)明知是国家规定的不准出境的人员而为其骗取出境证件的;其他情节严重的情形。单位犯本罪的,对单位判处罚金,并对其直接负责的主管人员和其他直接责任人员,依照上述规定处罚。

三、提供伪造、变造的出入境证件罪

提供伪造、变造的出入境证件罪,是指违反国家出入国(边)境管理法规,为他人提供伪造、变造的出入境证件的行为。本罪侵害的法益是国家的出入境管理秩序。本罪的客观要件为行为人实施了为他人提供伪造、变造的出入境证件的行为。其中,"提供"既可以是有偿的,也可以是无偿的。根据《妨害国(边)境罪解释》第3条的规定,"出入境证件"包括护照或者代替护照使用的国际旅行

证件,中华人民共和国海员证,中华人民共和国出入境通行证,中华人民共和国旅行证,中国公民往来香港、澳门、台湾地区证件,边境地区出入境通行证,签证、签注,出国(境)证明、名单,以及其他出境时需要查验的资料以及其他入境时需要查验的资料。本罪的主体是一般主体。本罪的主观要件为故意。行为人伪造出入境证件后又提供给他人的,原则上应从一重罪处罚。

根据《刑法》第320条的规定,犯本罪的,处5年以下有期徒刑,并处罚金;情节严重的,处5年以上有期徒刑,并处罚金。根据《妨害国(边)境罪解释》第3条第2款的规定,具有下列情形之一的,属于"情节严重":(1)为他人提供伪造、变造的出入境证件或者出售出入境证件5份以上的;(2)非法收取费用30万元以上的;(3)明知是国家规定的不准出入境的人员而为其提供伪造、变造的出入境证件或者向其出售出入境证件的;(4)其他情节严重的情形。

四、出售出入境证件罪

出售出入境证件罪,是指向他人出售护照、签证等出入境证件的行为。本罪侵害的法益是国家的出入境管理秩序。本罪的客观要件为行为人实施了向他人出售护照、签证等出入境证件的行为。"出售"则是指有偿转让。本罪的主体是一般主体。本罪的主观要件为故意。出售出入境证件的行为,可能同时触犯买卖国家机关证件罪,对此,应认定为想象竞合犯,从一重罪论处。

根据《刑法》第320条的规定,犯本罪的,处5年以下有期徒刑,并处罚金;情节严重的,处5年以上有期徒刑,并处罚金。

五、运送他人偷越国(边)境罪

运送他人偷越国(边)境罪,是指违反国家边境管理规定,运送他人偷越国(边)境的行为。本罪侵害的法益是国家国(边)境管理秩序。本罪的客观要件为行为人实施了非法运送他人偷越国(边)境的行为。所谓"运送",是指利用交通工具等运载他人偷越国(边)境,或者徒步带领他人通过隐蔽的路线出入国(边)境。本罪的主体是一般主体。本罪的主观要件为故意。

犯运送他人偷越国(边)境罪,对被运送人有杀害、伤害、强奸、拐卖等犯罪行为,或者对检查人员有杀害、伤害等犯罪行为的,依照数罪并罚的规定处罚。

根据《刑法》第321条的规定,犯本罪的,处5年以下有期徒刑、拘役或者管制,并处罚金;有下列情形之一的,处5年以上10年以下有期徒刑,并处罚金:(1)多次实施运送行为或者运送人数众多的;(2)所使用的船只、车辆等交通工具不具备必要的安全条件,足以造成严重后果的;(3)违法所得数额巨大的;(4)有其他特别严重情节的。在运送他人偷越国(边)境中造成被运送人重伤、死亡,或者以暴力、威胁方法抗拒检查的,处7年以上有期徒刑,并处罚金。根据《妨害国(边)境罪解释》第3条第2款的规定,运送他人偷越国(边)境人数在10人以上的,应当认定为刑法第321条第1款第(一)项规定的"人数众多";违法所得数额在20万元以上的,应当认定为《刑法》第321条第1款第(三)项规定的"违法所得数额巨大"。

六、偷越国(边)境罪

偷越国(边)境罪,是指违反国(边)境管理法规,偷越国(边)境,情节严重的行为。本罪侵害的法益是国家的出入国(边)境管理秩序。本罪的客观要件为行为人实施了偷越国(边)境的行为。① 偷越行为情节严重的,才成立本罪。② 本罪的主体是一般主体,既可以是中国公民,也可以是外国公司。本罪的主观要件为故意。

走私犯偷越国(边)境的,按走私罪处理,不另认定为本罪;国家机关工作人员或者掌握国家秘密的国家工作人员偷越国边(境)叛逃的,以叛逃罪论处,也不另认定为本罪。根据《妨害国(边)境罪解释》第7条的规定,以单位名义或者单位形式组织他人偷越国(边)境、为他人提供伪造、变造的出入境证件或者运送他人偷越国(边)境的,应当依照《刑法》第318条、第320条、条321条的规定追究直接负责的主管人员和其他直接责任人员的刑事责任。

根据《刑法》第322条的规定,犯偷越国(边)境罪的,处1年以下有期徒刑、拘役或者管制,并处罚金。

七、破坏界碑、界桩罪

破坏界碑、界桩罪,是指故意破坏国(边)境的界碑、界桩的行为。本罪侵害的法益是国家对国(边)境界碑、界桩的管理制度。本罪的客观要件为行为人实施了破坏界碑、界桩的行为。破坏,是指使国家边境的界碑、界桩丧失或者减少其应有功能的一切行为,如拆除、损坏、移动、掩埋、盗窃等。本罪的主体是一般

---

① 根据《妨害国(边)境罪解释》第6条第2款的规定,具有下列情形之一的,应当认定为《刑法》第6章第3节规定的"偷越国(边)境"行为:(1)没有出入境证件出入国(边)境或者逃避接受边防检查的;(2)使用伪造、变造、无效的出入境证件出入国(边)的;(3)使用他人出入境证件出入国(边)的;(4)使用以虚假的出入境事由、隐瞒真实身份、冒用他人身份证件等方式骗取的出入境证件出入国(边)境的;(5)采用其他方式非法出入国(边)境的。

② 根据《妨害国(边)境罪解释》第5条第2款的规定,偷越国(边)境,具有下列情形之一的,应当认定为《刑法》第322条规定的"情节严重":(1)在境外实施损害国家利益行为的;(2)偷越国(边)境3次以上或者3人以上结伙偷越国(边)境的;(3)拉拢、引诱他人一起偷越国(边)境的;(4)勾结境外组织、人员偷越国(边)境的;(5)因偷越国(边)境被行政处罚后1年内又偷越国(边)境的;(6)其他情节严重的情形。

主体。本罪的主观要件为故意,过失破坏国家边境的界碑、界桩的,不构成犯罪。盗窃界碑、界桩的行为同时构成盗窃罪的,从一重罪论处。

根据《刑法》第 323 条的规定,犯本罪的,处 3 年以下有期徒刑或者拘役。

八、破坏永久性测量标志罪

破坏永久性测量标志罪,是指故意破坏永久性测量标志的行为。本罪侵害的法益是国家对永久性测量标志的管理制度。本罪的客观要件为行为人实施了破坏永久性测量标志的行为。本罪的主体是一般主体。本罪的主观要件为故意。

根据《刑法》第 323 条的规定,犯本罪的,处 3 年以下有期徒刑或者拘役。

第五节 妨害文物管理罪

一、故意损毁文物罪

故意损毁文物罪,是指故意损毁国家保护的珍贵文物或者被确定为全国重点文物保护单位、省级文物保护单位的文物的行为。本罪侵害的法益是国家的文物管理秩序。犯罪对象必须是国家保护的珍贵文物或者被确定为全国重点文物保护单位、省级文物保护单位的文物。根据《文物保护法》第 2 条的规定,文物是指具有历史、艺术、科学价值的遗址或者遗物:(1) 具有历史、艺术、科学价值的古文化遗址、古墓葬、古建筑、石窟寺和石刻、壁画;(2) 与重大历史事件、革命运动或者著名人物有关的以及具有重要纪念意义、教育意义或者史料价值的近代现代重要史迹、实物、代表性建筑;(3) 历史上各时代珍贵的艺术品、工艺美术品;(4) 历史上各时代重要的文献资料以及具有历史、艺术、科学价值的手稿和图书资料等;(5) 反映历史上各时代、各民族社会制度、社会生产、社会生活的代表性实物。根据有关立法解释的规定,具有科学价值的古脊椎动物化石、古人类化石也是本罪侵害的对象。[①] 本罪的客观要件为行为人实施了故意损毁国家珍贵文物的行为。所谓"损毁",是指损坏、毁坏、破坏文物以及其他使文物的历史、艺术、科学、史料、经济价值或纪念意义、教育意义丧失或者减少的行为。本罪的主体是一般主体。本罪的主观要件为故意,即明知自己的行为会发生损毁

---

① 参见 2005 年全国人民代表大会常务委员会《关于〈中华人民共和国刑法〉有关文物的规定适用于具有科学价值的古脊椎动物化石、古人类化石的解释》的规定。全国人民代表大会常务委员会根据司法实践中遇到的情况,讨论了关于走私、盗窃、损毁、倒卖或者非法转让具有科学价值的古脊椎动物化石、古人类化石的行为适用刑法有关规定的问题,解释如下:刑法有关文物的规定,适用于具有科学价值的古脊椎动物化石、古人类化石。

文物的危害结果,并且希望或者放任这种结果发生。

根据《刑法》第 324 条第 1 款的规定,犯本罪的,处 3 年以下有期徒刑或者拘役,并处或者单处罚金;情节严重的,处 3 年以上 10 年以下有期徒刑,并处罚金。

二、故意损毁名胜古迹罪

故意损毁名胜古迹罪,是指故意损毁国家保护的名胜古迹,情节严重的行为。本罪侵害的法益是国家对名胜古迹的管理秩序。犯罪对象是国家保护的名胜古迹。所谓"国家保护的名胜古迹",是指受国家保护的具有重大历史、艺术、科学价值的风景区或者与名人事迹、历史大事有关,值得后人登临凭吊的地点、遗址和建筑。本罪的客观要件为行为人实施了损毁国家保护的名胜古迹的行为。所谓"损毁",是指导致名胜古迹丧失或减少其历史、艺术、科学、游览等价值的一切行为。本罪的主体是一般主体。本罪的主观要件为故意。

根据《刑法》第 324 条第 2 款的规定,犯本罪的,处 5 年以下有期徒刑或者拘役,并处或者单处罚金。

三、过失损毁文物罪

过失损毁文物罪,是指过失损毁国家保护的珍贵文物或者被确定为全国重点文物保护单位、省级文物保护单位的文物,造成严重后果的行为。本罪侵害的法益是国家的文物管理秩序。犯罪对象必须是国家保护的珍贵文物或者被确定为全国重点文物保护单位、省级文物保护单位的文物。本罪的客观要件为行为人因过失实施了损毁珍贵文物的行为。本罪为结果犯,以造成严重后果为构成要件。本罪的主体是一般主体。本罪的主观要件为过失。

根据《刑法》第 324 条第 3 款的规定,犯本罪的,处 3 年以下有期徒刑或者拘役。

四、非法向外国人出售、赠送珍贵文物罪

非法向外国人出售、赠送珍贵文物罪,是指违反国家文物保护法规,将收藏的国家禁止出口的珍贵文物私自出售或私自赠送给外国人的行为。本罪侵害的法益是国家对珍贵文物的处置管理秩序。其犯罪对象是收藏的国家禁止出口的珍贵文物。其中的收藏,包括单位或个人合法的收藏与非法的收藏。本罪的客观要件为行为人实施了非法向外国人出售、赠送珍贵文物的两种行为之一。出售,是有偿转让行为;赠送,为无偿转让行为。外国人,包括具有外国国籍的人与无国籍人。本罪的主体是一般主体,包括自然人与单位。本罪的主观要件为故意。

根据《刑法》第 325 条的规定,犯本罪的,处 5 年以下有期徒刑或者拘役,可以并处罚金;单位犯本罪的,对单位判处罚金,并对其直接负责的主管人员和其他直接责任人员,依照上述规定处罚。

五、倒卖文物罪

倒卖文物罪,是指以牟利为目的,倒卖国家禁止经营的文物,情节严重的行为。本罪侵害的法益是国家的文物管理秩序。其犯罪对象是国家禁止经营的文物。所谓"禁止经营的文物",是指受国家法律保护的并由国家有关主管部门核定公布的属于禁止经营的文物。本罪的客观要件为行为人实施了倒卖国家禁止经营文物的行为。本罪的主体是一般主体,包括自然人与单位。本罪的主观要件为故意,且行为人具有牟利的目的。

根据《刑法》第 326 条的规定,犯本罪的,处 5 年以下有期徒刑或者拘役,并处罚金;情节特别严重的,处 5 年以上 10 年以下有期徒刑,并处罚金。单位犯本罪的,对单位判处罚金,并对其直接负责的主管人员和其他直接责任人员,依照上述规定处罚。

六、非法出售、私赠文物藏品罪

非法出售、私赠文物藏品罪,是指国有博物馆、图书馆等单位,违反文物保护法规,将国家保护的文物藏品出售或者私自赠送给非国有单位或者个人的行为。本罪侵害的法益是国家文物保护管理秩序和国有文物藏品的所有权。其犯罪对象具有特定性,即必须是国有馆藏文物,至于行为人非法出售、私赠的文物是否属于珍贵文物,并不影响本罪的成立。本罪的客观要件为行为人实施了非法出售、赠送馆藏文物的行为。本罪的主体为特殊主体,只限于国有博物馆、图书馆等单位。本罪的主观要件为故意,即明知是本单位收藏的文物,而故意出售或私自赠送给非国有单位和个人。

根据《刑法》第 327 条规定,犯本罪的,对单位判处罚金,并对其直接负责的主管人员和其他直接责任人员,处 3 年以下有期徒刑或者拘役。

七、盗掘古文化遗址、古墓葬罪

盗掘古文化遗址、古墓葬罪,是指盗掘具有历史、艺术、科学价值的古文化遗址、古墓葬的行为。本罪侵害的法益是国家对古文化遗址、古墓葬的管理制度以及国家对古文化遗址、古墓葬的所有权。其犯罪对象为具有历史、艺术、科学价值的古文化遗址、古墓葬,即清代和清代以前的具有历史、艺术、科学价值的古文化遗址、古墓葬以及辛亥革命以后与著名历史事件有关的遗址、名人墓葬、纪念地。其中古文化遗址包括石窟、地下城、古建筑等。古墓葬包括历代皇帝及其嫔妃陵墓、历史上著名人物和革命烈士墓地等。本罪的客观要件为行为人违反文物保护法律、法规实施了盗掘具有历史、艺术、科学价值的古文化遗址、古墓葬的行为。所谓"盗掘",是指对古文化遗址、古墓葬进行非法的窃取、挖掘、拆卸的行为。盗掘既可以是秘密进行,也可以是公开进行,既可以是单个人挖掘,也可以是结伙甚至聚众挖掘。本罪属行为犯,只要行为人实施了盗掘古文化遗址、古墓葬的行为,不论其是否实际盗掘到文物,都构成本罪。本罪的主体是一般主体。本罪的主观要件为故意。

根据《刑法》第 328 条第 1 款的规定,犯本罪的,处 3 年以上 10 年以下有期徒刑,并处罚金;情节较轻的,处 3 年以下有期徒刑、拘役或者管制,并处罚金;有下列情形之一的,处 10 年以上有期徒刑或者无期徒刑,并处罚金或者没收财产:(1)盗掘确定为全国重点文物保护单位和省级文物保护单位的古文化遗址、古墓葬的;(2)盗掘古文化遗址、古墓葬集团的首要分子;(3)多次盗掘古文化遗址、古墓葬的;(4)盗掘古文化遗址、古墓葬,并盗窃珍贵文物或者造成珍贵文物严重破坏的。

八、盗掘古人类化石、古脊椎动物化石罪

盗掘古人类化石、古脊椎动物化石罪,是指盗掘国家保护的具有科学价值的古人类化石和古脊椎动物化石的行为。本罪侵害的法益是国家文物保护管理制度和国家对古人类化石、古脊椎动物化石的所有权。其犯罪对象是古人类化石、古脊椎动物化石。本罪的客观要件为行为人实施了盗掘具有科学价值的古人类化石、古脊椎动物化石的行为。本罪的主体是一般主体。本罪的主观要件为故意。

根据《刑法》第 328 条第 2 款的规定,犯本罪的,处 3 年以上 10 年以下有期徒刑,并处罚金;情节较轻的,处 3 年以下有期徒刑、拘役或者管制,并处罚金;有下列情形之一的,处 10 年以上有期徒刑或者无期徒刑,并处罚金或者没收财产:(1)盗掘确定为全国重点文物保护单位和省级文物保护单位的古人类化石、古脊椎动物化石的;(2)盗掘古人类化石、古脊椎动物化石集团的首要分子;(3)多次盗掘古人类化石、古脊椎动物化石的;(4)盗掘古人类化石、古脊椎动物化石,并盗窃珍贵化石或者造成珍贵化石严重破坏的。

九、抢夺、窃取国有档案罪

抢夺、窃取国有档案罪,是指抢夺、窃取国有档案的行为。本罪侵害的法益是国家的档案管理制度和档案的国家所有权。其犯罪对象是国有档案。根据《档案法》第 2 条的规定,所谓国有档案,是指机关、团体、事业单位和其他组织、政党以及国家领导人和其他国家工作人员在公务活动中形成的对国家和社会具

有保存价值的各种文字、图表、声像等不同形式的历史记录。对属于集体或个人所有的档案，如果为国家收购或征购，或者为原所有人出售、捐赠给国家的，也应视为国家所有的档案。本罪的客观要件为行为人实施了抢夺、窃取国有档案的行为。本罪的主体是一般主体。本罪的主观要件为故意。

对于我国刑法没有明确规定如何处理的抢劫国有档案行为，有的学者主张对此应按抢夺国有档案罪定罪处罚。① 有的学者则主张，根据抢劫国有档案的行为方式、后果以及国有档案本身的价值来分别定性处理。② 也有学者主张，一般情形下的抢劫国有档案行为，应认定为本罪；如果所抢劫的档案属于财物，则是本罪与抢劫罪的想象竞合犯，从一重罪论处。③ 另有学者主张，应当以抢劫罪直接处罚该行为。④ 本书认为，第一种主张显然有违罪刑法定原则，抢劫毕竟不等于抢夺，抢夺并不当然包含抢劫定义，否则刑法就没有必要分别规定抢劫罪、抢夺罪两个罪名。如果将抢劫国有档案类推解释为抢夺国有档案，显然不符合我国已取消类推解释制度的立法精神。而第二种主张分别定性的处理方式，显然会导致同一性质的行为分别处理，而有可能会导致刑罚处罚上的不公平。至于第三种主张也有些似是而非：首先，无论如何，抢劫行为比抢夺行为社会危害性大，如果处以相同的刑罚，就会违背罪责刑相适应原则，而造成事实上的司法不公；其次，国有档案属于国家所有，这种所有也是一种包括有形财产和无形财产的财产权，并不需要再讨论其财物属性。因此，本书赞同第四种主张，主张对抢劫国有档案行为应以抢劫罪直接定罪处罚。首先，抢劫国有档案侵犯了国家对国有档案的所有权；其次，抢劫罪是一种行为犯，成立该罪并不要求抢劫数量，因而即使对国有档案无法估价定量，也不影响对抢劫国有档案的抢劫定性。

根据《刑法》第329条第1款、第3款的规定，犯本罪的，处5年以下有期徒刑或者拘役。犯本罪又构成《刑法》规定的其他犯罪的，依照处罚较重的规定定罪处罚。例如，如果盗窃属于国家秘密的国家档案，则行为触犯了窃取国有档案罪与非法获取国家秘密罪，应从一重罪论处。

十、擅自出卖、转让国有档案罪

擅自出卖、转让国有档案罪，是指违反档案法的有关规定，擅自出卖、转让国家所有的档案，情节严重的行为。本罪侵害的法益是国家的档案管理制度和档

---

① 叶峰主编：《刑法新罪名通论》，中国检察出版社1997年版，第259页。
② 郭立新、黄明儒主编：《刑法分则适用典型疑难问题适用与指导》，中国法制出版社2012年版，第481页。
③ 张明楷：《刑法学》（第4版），法律出版社2011年版，第984页。
④ 黎宏：《刑法学》，法律出版社2012年版，条852页。

案的国家所有权。其犯罪对象是国有档案。本罪的客观要件为行为人实施了擅自出卖、转让国有档案的行为。本罪的主体是一般主体。本罪的主观要件为故意。

根据《刑法》第329条第2款、第3款的规定,犯本罪的,处3年以下有期徒刑或者拘役。犯本罪又构成其他犯罪的,依照处罚较重的规定定罪处罚。

第六节 危害公共卫生罪

一、妨害传染病防治罪

妨害传染病防治罪,是指违反传染病防治法的规定,引起甲类传染病传播或者有传播严重危险的行为。本罪侵害的法益是国家关于传染病防治的管理制度。本罪的客观要件为行为人违反传染病防治法的规定,实施了以下四种行为之一,引起甲类传染病传播或者有传播严重危险:(1)供水单位供应的饮用水不符合国家规定的卫生标准的;(2)拒绝按照卫生防疫机构提出的卫生要求,对传染病病原体污染的污水、污物、粪便进行消毒处理的;(3)准许或者纵容传染病病人、病原携带者和疑似传染病病人从事国务院卫生行政部门规定禁止从事的易使该传染病扩散的工作的;(4)拒绝执行卫生防疫机构依照传染病防治法提出的预防、控制措施的。本罪中的"甲类传染病",是指鼠疫、霍乱;"按甲类管理的传染病",是指乙类传染病中传染性非典型肺炎、炭疽中的肺炭疽、人感染高致病性禽流感以及国务院卫生行政部门根据需要报经国务院批准公布实施的其他需要按甲类管理的乙类传染病和突发原因不明的传染病。① 本罪的主体是一般主体,包括自然人与单位。本罪的主观要件为过失。

根据《刑法》第330条的规定,犯本罪的,处3年以下有期徒刑或者拘役;后果特别严重的,处3年以上7年以下有期徒刑。单位犯本罪的,对单位判处罚金,并对其直接负责的主管人员和其他直接责任人员,依照上述规定处罚。

二、传染病菌种、毒种扩散罪

传染病菌种、毒种扩散罪,是指从事实验、保藏、携带、运输传染病菌种、毒种的人员,违反国务院卫生行政部门的有关规定,造成传染病菌种、毒种扩散,严重后果的行为。本罪侵害的法益是国家关于传染病菌种、毒种实验、保藏、携带、运输的管理秩序。本罪的客观要件为行为人违反国务院卫生行政部门的有关规

---

① 参见2008年6月25日最高人民检察院、公安部《关于公安机关管辖的刑事案件立案追诉标准的规定(一)》第49条。

定,实施了造成传染病菌种、毒种扩散,严重后果的行为。首先,行为人的行为违反了国务院卫生行政部门的有关规定,这是构成本罪的前提。其次,行为发生在实验、保藏、携带、运输传染病菌种、毒种过程中。再次,行为造成了传染病菌种、毒种的扩散。最后,行为产生了严重的后果。本罪的主体是特殊主体,即从事实验、保藏、携带、运输传染病菌种、毒种的人员。本罪的主观要件为过失。

根据《刑法》第331条的规定,犯本罪的,处3年以下有期徒刑或者拘役;后果特别严重的,处3年以上7年以下有期徒刑。

三、妨害国境卫生检疫罪

妨害国境卫生检疫罪,是指违反国境卫生检疫规定,引起检疫传染病传播或者有引起检疫传染病传播严重危险的行为。本罪侵害的法益是国家的国境卫生检疫秩序。本罪的客观要件为行为人实施了违反国境卫生检疫规定,引起检疫传染病传播或者有引起检疫传染病传播严重危险的行为。首先,行为人的行为违反了国境卫生检疫规定。下列两种行为属于违反国境卫生检疫法的行为:(1)逃避检疫,向国境卫生检疫机关隐瞒真实情况的;(2)入境的人员未经国境卫生检疫机关许可,擅自上下交通工具,或者装卸行李、货物、邮包等物品,不听劝阻的。[①] 其次,行为人的行为引起了检疫传染病传播或者有引起检疫传染病传播严重危险。所谓"检疫传染病",是指鼠疫、霍乱、黄热病以及国务院确定和公布的其他传染病。[②] 本罪的主体是一般主体,包括自然人与单位。本罪的主观要件为过失。

根据《刑法》第332条的规定,犯本罪的,处3年以下有期徒刑或者拘役,并处或者单处罚金。单位犯本罪的,对单位判处罚金,并对其直接负责的主管人员和其他直接责任人员,依照上述规定处罚。

四、非法组织卖血罪

非法组织卖血罪,是指违反国家有关规定,组织他人出卖血液的行为。本罪侵害的法益是国家血液采集、供应的管理秩序和公民的身体健康与生命安全。本罪的客观要件为行为人实施了非法组织卖血的行为。所谓"非法",是指违反国家《献血法》《采供血机构和血液管理办法》等法律、法规,擅自组织他人出卖血液。所谓"组织",是指通过策划、动员、拉拢、联络等方式使不特定人或者多

[①] 参见《中华人民共和国国境卫生检疫法》第20条。
[②] 参见最高人民检察院、公安部《关于公安机关管辖的刑事案件立案追诉标准的规定(一)》第51条。

数人出卖血液的行为。劝诱特定个人出卖血液的,不成立本罪。根据相关司法解释的规定,具有下列情形之一的为非法组织出卖血液的行为:组织卖血3人次以上的;组织卖血非法获利2000元以上的;组织未成年人卖血的;被组织卖血的人的血液含有艾滋病病毒、乙型肝炎病毒、丙型肝炎病毒、梅毒螺旋体等病原微生物的;其他非法组织卖血应予追究刑事责任的情形。① 本罪的主体是一般主体。本罪的主观要件为故意。

根据《刑法》第333条的规定,犯本罪的,处5年以下有期徒刑,并处罚金。犯本罪对他人造成伤害的,以故意伤害罪定罪处罚。

五、强迫卖血罪

强迫卖血罪,是指以暴力、威胁方法,强迫他人出卖血液的行为。本罪侵害的法益是国家血液采集、供应的管理秩序和公民的身体健康与生命安全。本罪的客观要件为行为人实施了以暴力、威胁方法,强迫他人出卖血液的行为。本罪的主体是一般主体。本罪的主观要件为故意。

根据《刑法》第333条的规定,犯本罪的,处5年以上10年以下有期徒刑,并处罚金。犯本罪对他人造成伤害的,以故意伤害罪定罪处罚。

六、非法采集、供应血液、制作、供应血液制品罪

非法采集、供应血液、制作、供应血液制品罪,是指非法采集、供应血液或者制作、供应血液制品,不符合国家规定的标准,足以危害人体健康的行为。本罪侵害的法益是国家对血液采集、供应和血液制品的制作、供应的管理秩序和公民的身体健康与生命安全。本罪的客观要件为行为人实施了非法采集、供应血液或者制作、供应血液制品,不符合国家规定的标准,足以危害人体健康的行为。所谓"非法采集、供应血液或者制作、供应血液制品",是指未经国家主管部门批准或者超过批准的业务范围,采集、供应血液或者制作、供应血液制品。所谓"血液",是指全血、成分血和特殊血液成分。所谓"血液制品",是指各种人血浆蛋白制品。根据相关司法解释的规定,具有下列情形之一的应认定为"不符合国家规定的标准,足以危害人体健康":采集、供应的血液含有艾滋病病毒、乙型肝炎病毒、丙型肝炎病毒、梅毒螺旋体等病原微生物的;制作、供应的血液制品含有艾滋病病毒、乙型肝炎病毒、丙型肝炎病毒、梅毒螺旋体等病原微生物,或者将含有上述病原微生物的血液用于制作血液制品的;使用不符合国家规定的药品、诊断试剂、卫生器材,或者重复使用一次性采血器材采集血液,造成传染病传播

---

① 参见最高人民检察院、公安部《关于公安机关管辖的刑事案件立案追诉标准的规定(一)》第52条。

危险的;违反规定对献血者、供血浆者超量、频繁采集血液、血浆,足以危害人体健康的;其他不符合国家有关采集、供应血液或者制作、供应血液制品的规定,足以危害人体健康或者对人体健康造成严重危害的情形。① 本罪的主体是一般主体。本罪的主观要件为故意。

根据《刑法》第334条第1款的规定,犯本罪的,处5年以下有期徒刑或者拘役,并处罚金;对人体健康造成严重危害的,处5年以上10年以下有期徒刑,并处罚金;造成特定严重后果的,处10年以上有期徒刑或者无期徒刑,并处罚金或者没收财产。

七、采集、供应血液、制作、供应血液制品事故罪

采集、供应血液、制作、供应血液制品事故罪,是指经国家主管部门批准采集、供应血液或者制作、供应血液制品的部门,不依照规定进行检测或者违背其他操作规定,造成危害他人身体健康后果的行为。本罪侵害的法益是国家对血液采集、供应和血液制品的制作、供应的管理秩序和公民的身体健康与生命安全。本罪的客观要件为行为人在采集、供应血液或者制作、供应血液制品的工作中实施了不依照规定进行检测或者违背其他操作规定,造成危害他人身体健康后果的行为。根据相关司法解释的规定,具有下列情形之一的应认定为"不依照规定进行检测或者违背其他操作规定":血站未用两个企业生产的试剂对艾滋病病毒抗体、乙型肝炎病毒表面抗原、丙型肝炎病毒抗体、梅毒抗体进行两次检测的;单采血浆站不依照规定对艾滋病病毒抗体、乙型肝炎病毒表面抗原、丙型肝炎病毒抗体、梅毒抗体进行检测的;血液制品生产企业在投料生产前未用主管部门批准和检定合格的试剂进行复检的;血站、单采血浆站和血液制品生产企业使用的诊断试剂没有生产单位名称、生产批准文号或者经检定不合格的;采供血机构在采集检验样本、采集血液和成分血分离时,使用没有生产单位名称、生产批准文号或者超过有效期的一次性注射器等采血器材的;不依照国家规定的标准和要求包装、储存、运输血液、原料血浆的;对国家规定检测项目结果呈阳性的血液未及时按照规定予以清除的;不具备相应资格的医务人员进行采血、检验操作的;对献血者、供血浆者超量、频繁采集血液、血浆的;采供血机构采集血液、血浆前,未对献血者或者供血浆者进行身份识别,采集冒名顶替者、健康检查不合格者血液、血浆的;血站擅自采集原料血浆,单采血浆站擅自采集临床用血或者向医疗机构供应原料血浆的;重复使用一次性采血器材的;其他不依照规定进行检测或者违背操作规定的。所谓"造成危害他人身体健康后果",是指具有下

---

① 参见最高人民检察院、公安部《关于公安机关管辖的刑事案件立案追诉标准的规定(一)》第54条。

列情形之一:造成献血者、供血浆者、受血者感染艾滋病病毒、乙型肝炎病毒、丙型肝炎病毒、梅毒螺旋体或者其他经血液传播的病原微生物的;造成献血者、供血浆者、受血者重度贫血、造血功能障碍或者其他器官组织损伤导致功能障碍等身体严重危害的;其他造成危害他人身体健康后果的情形。① 本罪的主体是经国家主管部门批准采集、供应血液或者制作、供应血液制品的部门。所谓"经国家主管部门批准采集、供应血液或者制作、供应血液制品的部门",是指经国家主管部门批准的采供血机构和血液制品生产经营单位。采供血机构包括血液中心、中心血站、脐带血造血干细胞库和国家卫生行政主管部门根据医学发展需要批准、设置的其他类型血库、单采血浆站。② 本罪的主观要件为过失。

根据《刑法》第334条第2款的规定,犯本罪的,对单位判处罚金,并对其直接负责的主管人员和其他直接责任人员,处5年以下有期徒刑或者拘役。

八、医疗事故罪

(一)医疗事故罪的概念和构成

医疗事故罪,是指医务人员由于严重不负责任,造成就诊人死亡或者严重损害就诊人身体健康的行为。本罪侵害的法益是国家对医务工作的管理秩序和就诊人的生命健康权。

(1)本罪的客观要件为行为人由于严重不负责任实施了造成就诊人死亡或者严重损害就诊人身体健康的行为。首先,行为人严重不负责任,在医疗的各个环节中违反医疗规章制度,不履行或者不正确履行医疗护理等职责。所谓"严重不负责任"是指具有下列情形之一:擅离职守的;无正当理由拒绝对危急就诊人实行必要的医疗救治的;未经批准擅自开展试验性治疗的;严重违反查对、复核制度的;使用未经批准使用的药品、消毒药剂、医疗器械的;严重违反国家法律法规及有明确规定的诊疗技术规范、常规的;其他严重不负责任的情形。③ 其次,行为造成了就诊人死亡或者严重损害就诊人身体健康。所谓"严重损害就诊人身体健康",是指造成就诊人严重残疾、重伤、感染艾滋病、病毒性肝炎等难以治愈的疾病或者其他严重损害就诊人身体健康的后果。④ 最后,行为人严重不负责任的行为与上述特定危害结果之间必须存在因果关系。如果就诊人死亡或身体严重受损的后果不是由医务人员的严重不负责任行为所导致的,不能认

---

① 参见最高人民检察院、公安部《关于公安机关管辖的刑事案件立案追诉标准的规定(一)》第55条。
② 同上。
③ 参见最高人民检察院、公安部《关于公安机关管辖的刑事案件立案追诉标准的规定(一)》第56条。
④ 同上。

为是犯罪。

（2）主体是特殊主体，即医务人员。所谓"医务人员"，是指经过医药院校教育，或经各级机构培训后，经考核合格，并经过卫生行政机关批准，取得行医资格，从事医疗实践工作的各类医务人员。包括医疗防疫人员（如中医、西医、卫生防疫、寄生虫防治、地方病防治、职业病防治和妇幼保健人员）、药剂人员、护理人员和其他专业技术人员（如检验、理疗、病理、口腔、同位素、放射、营养技术等专业人员）。这里的医务人员既包括全民所有制和集体所有制医疗单位的医务人员，也包括一切具有合法行医执照的个体开业者。①

（3）本罪的主观要件为过失，包括疏忽大意的过失与过于自信的过失。疏忽大意的过失一般表现为在医疗事故的发生中，行为人根据其相应职称和岗位责任制要求对自己的行为可能造成危害就诊人的结果具有预见可能性。过于自信的过失一般表现为行为人虽然预见到自己的行为可能造成危害就诊人的结果，但轻信凭借自己的技术、经验或有利的客观条件能够避免，因而导致了判断上和行为上的失误，导致医疗事故的发生。

（二）医疗事故罪的界限划分

1. 本罪与非罪的界限

在认定医疗事故罪时应正确区分本罪与医疗意外事故的界限。所谓医疗意外事故，是指由于医务人员不能预见或者不可抗拒的原因而导致就诊人死亡或者严重损害就诊人身体健康的事故。在这种情况下，由于医务人员主观上没有过失，故不能认定为本罪。下列情形不属于医疗事故：在紧急情况下为抢救垂危患者生命而采取紧急医学措施造成不良后果的；在医疗活动中由于患者病情异常或者患者体质特殊而发生医疗意外的；在现有医学科学技术条件下，发生无法预料或者不能防范的不良后果的；无过错输血感染造成不良后果的；因患方原因延误诊疗导致不良后果的；因不可抗力造成不良后果的。②

此外，还应正确区分本罪与一般医疗事故的界限。所谓一般医疗事故，是指医务人员虽然有不负责任的行为，也造成了一定的结果，但没有造成《刑法》所规定的致人死亡或严重损害人身健康的情况。一般医疗事故因为不符合医疗事故罪的结果要件，故不成立犯罪。

2. 本罪与重大责任事故罪的界限

重大责任事故罪，是指在生产、作业中违反有关安全管理的规定，因而发生重大伤亡事故或者造成其他严重后果的行为。二者都属于责任事故，都是过失行为，都有人身伤亡的发生。二者的界限：第一，侵害的法益不同。本罪侵害的

---

① 高铭暄、马克昌主编：《刑法学》，北京大学出版社、高等教育出版社2011年版，第575页。
② 参见国务院《医疗事故处理条例》第33条。

法益是国家对医务工作的管理秩序和就诊人的生命健康权,而重大责任事故罪侵害的法益是公共安全。第二,客观要件不同。本罪的客观要件为行为人由于严重不负责任实施了造成就诊人死亡或者严重损害就诊人身体健康的行为,而重大责任事故罪则表现为在生产、作业中违反有关安全管理的规定,因而发生重大伤亡事故或者造成其他严重后果的行为。第三,危害结果不同。本罪的危害结果仅限于就诊人死亡或者就诊人身体健康受到严重损害,而重大责任事故罪的危害结果除了包括重大人身伤亡,还包括重大财产损失或其他严重后果。第四,犯罪主体不同。本罪的主体限于医务人员,而重大责任事故罪的主体则为一般主体。

(三)医疗事故罪的刑事责任

根据《刑法》第335条的规定,犯本罪的,处3年以下有期徒刑或者拘役。

九、非法行医罪

非法行医罪,是指未取得医生执业资格的人非法行医,情节严重的行为。本罪侵害的法益是国家对医务工作的管理秩序和就诊人的生命健康权。本罪的客观要件为未取得医生执业资格的人实施了非法行医,情节严重的行为。所谓"未取得医生执业资格的人非法行医",是指具有下列情形之一:未取得或者以非法手段取得医师资格从事医疗活动的;个人未取得《医疗机构执业许可证》开办医疗机构的;被依法吊销医师执业证书期间从事医疗活动的;未取得乡村医生执业证书,从事乡村医疗活动的;家庭接生员实施家庭接生以外的医疗活动的。所谓"情节严重",是指具有下列情形之一:造成就诊人轻度残疾、器官组织损伤导致一般功能障碍,或者中度以上残疾、器官组织损伤导致严重功能障碍,或者死亡的;造成甲类传染病传播、流行或者有传播、流行危险的;使用假药、劣药或不符合国家规定标准的卫生材料、医疗器械,足以严重危害人体健康的;非法行医被卫生行政部门行政处罚两次以后,再次非法行医的;其他情节严重的情形。[①] 本罪的主体是未取得医生执业资格的人。本罪的主观要件为故意,即行为人明知自己未取得医生执业资格却非法行医。

根据《刑法》第336条第1款的规定,犯本罪的,处3年以下有期徒刑、拘役或者管制,并处或者单处罚金;严重损害就诊人身体健康的,处3年以上10年以下有期徒刑,并处罚金;造成就诊人死亡的,处10年以上有期徒刑,并处罚金。

---

① 参见最高人民检察院、公安部《关于公安机关管辖的刑事案件立案追诉标准的规定(一)》第57条。

十、非法进行节育手术罪

非法进行节育手术罪,是指未取得医生执业资格的人擅自为他人进行节育复通手术、假节育手术、终止妊娠手术或者摘除宫内节育器,情节严重的行为。本罪侵害的法益是国家计划生育秩序和就诊人的身体健康、生命安全。本罪的客观要件为未取得医生执业资格的人实施了擅自为他人进行节育手术,情节严重的行为。所谓"情节严重",是指具有下列情形之一:造成就诊人轻伤、重伤、死亡或者感染艾滋病、病毒性肝炎等难以治愈的疾病的;非法进行节育复通手术、假节育手术、终止妊娠手术或者摘取宫内节育器五人次以上的;致使他人超计划生育的;非法进行选择性别的终止妊娠手术的;非法获利累计5000元以上的;其他情节严重的情形。① 本罪的主体是未取得医生执业资格的人。本罪的主观要件为故意。

根据《刑法》第336条第2款的规定,犯本罪的,处3年以下有期徒刑、拘役或者管制,并处或者单处罚金;严重损害就诊人身体健康的,处3年以上10年以下有期徒刑,并处罚金;造成就诊人死亡的,处10年以上有期徒刑,并处罚金。

十一、逃避动植物防疫、检疫罪

逃避动植物检疫罪,是指违反有关动植物防疫、检疫的国家规定,引起重大动植物疫情的或者有引起重大动植物疫情危险,情节严重的行为。本罪侵害的法益是国家对动植物的防疫、检疫秩序。本罪的客观要件为行为人实施了违反有关动植物防疫、检疫的国家规定,引起重大动植物疫情的或者有重大动植物疫情危险,情节严重的行为。所谓"引起重大动植物疫情",是指具有下列情形之一:造成国家规定的《进境动物一、二类传染病、寄生虫病名录》中所列的动物疫病传入或者对农、牧、渔业生产以及人体健康、公共安全造成严重危害的其他动物疫病在国内暴发流行的;造成国家规定的《进境植物检疫性有害生物名录》中所列的有害生物传入或者对农、林业生产、生态环境以及人体健康有严重危害的其他有害生物在国内传播扩散的。② 所谓"引起重大动植物疫情危险,情节严重",是指有引起上述重大动植物疫情的高度危险的情形。本罪的主体是一般主体,既可以是自然人,也可以是单位。本罪的主

---

① 参见最高人民检察院、公安部《关于公安机关管辖的刑事案件立案追诉标准的规定(一)》第58条。

② 参见最高人民检察院、公安部《关于公安机关管辖的刑事案件立案追诉标准的规定(一)》第59条。

观要件为过失。

根据《刑法》第337条的规定,犯本罪的,处3年以下有期徒刑或者拘役,并处或者单处罚金。单位犯本罪的,对单位判处罚金,并对其直接负责的主管人员和其他直接责任人员,依照上述规定处罚。

第七节 破坏环境资源保护罪

一、污染环境罪

(一)污染环境罪的概念和构成

污染环境罪,是指违反国家规定,排放、倾倒或者处置有放射性的废物、含传染病病原体的废物、有毒物质或者其他有害物质,严重污染环境的行为。本罪的构成要件如下:

(1)本罪侵害的法益是国家环境保护秩序。

(2)本罪的客观要件为行为人违反国家规定,排放、倾倒或者处置有放射性的废物、含传染病病原体的废物、有毒物质或者其他有害物质,严重污染环境的行为。具体包括以下三个方面要素:

其一是违反国家环境保护的规定,即违反《大气污染防治法》《固体废物污染环境防治法》《水污染防治法》《海洋环境保护法》和《环境保护法》等法律以及国务院颁布的相关实施细则。

其二是实施了排放、倾倒或者处置有放射性的废物、含传染病病原体的废物、有毒物质或者其他有害物质的行为。所谓"放射性的废物",是指放射性核素含量超过国家规定限值的固体、液体和气体废弃物。所谓"含传染病病原体的废物",是指含有传染病病菌的污水、粪便等废弃物。所谓"有毒物质",根据最高人民法院、最高人民检察院《关于办理环境污染刑事案件适用法律若干问题的解释》(以下简称《污染环境罪解释》)第10条的规定,主要是指以下物质:危险废物,包括列入国家危险废物名录的废物,以及根据国家规定的危险废物鉴别标准和鉴别方法认定的具有危险特性的废物;剧毒化学品、列入重点环境管理危险化学品名录的化学品,以及含有上述化学品的物质;含有铅、汞、镉、铬等重金属的物质;《关于持久性有机污染物的斯德哥尔摩公约》附件所列物质;其他具有毒性,可能污染环境的物质。所谓"其他有害物质",是指除有放射性的废物、含传染病病原体的废物、有毒物质以外的对环境和人体健康有害的物质。

其三是严重污染环境①。

(3) 本罪的主体是一般主体,既可以是自然人,也可以是单位。

(4) 本罪的主观要件为过失,即行为人应当预见自己排放、倾倒或者处置有害物质的行为可能造成环境严重污染的后果,因为疏忽大意而没有预见,或者已经预见而轻信能够避免。根据《污染环境罪解释》第7条的规定,行为人明知他人无经营许可证或者超出经营许可范围,向其提供或者委托其收集、贮存、利用、处置危险废物,严重污染环境的,以污染环境罪的共同犯罪论处。

(二) 污染环境罪的界限划分

1. 污染环境罪与过失投放危险物质罪的界限

过失投放危险物质罪是指过失投放危险物质,致人重伤、死亡或者使公私财产遭受重大损失的行为。由于过失投放危险物质的行为有时也会引起环境污染的严重后果,因此它与污染环境罪有一定的相似之处。但两罪有以下区别:(1) 侵害的法益不同。本罪侵害的法益是国家环境保护秩序,而过失投放危险物质罪侵害的法益是公共安全。(2) 客观表现不同。污染环境罪表现为违反国家规定向环境中排放、倾倒或者处置有放射性的废物、含传染病病原体的废物、有毒物质或者其他有害物质,本罪的成立要求发生严重污染环境的后果,是否出现致人重伤、死亡或者使公私财产遭受重大损失的后果不影响本罪的成立;而过失投放危险物质罪是将毒害性、放射性、传染病病原体等物质投入供不特定人或多数人饮食的食物或饮料中,或者投入供人、畜等使用的河流、池塘、水井等公共水源中或者置于不特定人或多数人通行的公共场所。本罪的成立要求发生致人重伤、死亡或者使公私财产遭受重大损失的后果。另外,污染环境罪中行为人向环境中排放的是其在生产或加工环节所产生的废物,只是这些废物中含有放射性物质、传染病病原体、有毒物质或者其他有害物质,而过失投放危险物质罪则无此要求。(3) 主体范围不同。污染环境罪的主体包括自然人和单位;而过失

---

① 所谓"严重污染环境",根据《污染环境罪解释》第1条的规定,是指下列情形之一:(1) 在饮用水水源一级保护区、自然保护区核心区排放、倾倒、处置有放射性的废物、含传染病病原体的废物、有毒物质的;(2) 非法排放、倾倒、处置危险废物3吨以上的;(3) 非法排放含重金属、持久性有机污染物等严重危害环境、损害人体健康的污染物超过国家污染物排放标准或者省、自治区、直辖市人民政府根据法律授权制定的污染物排放标准3倍以上的;(4) 私设暗管或者利用渗井、渗坑、裂隙、溶洞等排放、倾倒、处置有放射性的废物、含传染病病原体的废物、有毒物质的;(5) 2年内曾因违反国家规定,排放、倾倒、处置有放射性的废物、含传染病病原体的废物、有毒物质受过2次以上行政处罚,又实施前列行为的;(6) 致使乡镇以上集中式饮用水水源取水中断12小时以上的;(7) 致使基本农田、防护林地、特种用途林地5亩以上,其他农用地10亩以上,其他土地20亩以上基本功能丧失或者遭受永久性破坏的;(8) 致使森林或者其他林木死亡50立方米以上,或者幼树死亡2500株以上的;(9) 致使公私财产损失30万元以上的;(10) 致使疏散、转移群众5000人以上的;(11) 致使30人以上中毒的;(12) 致使3人以上轻伤、轻度残疾或者器官组织损伤导致一般功能障碍的;(13) 致使1人以上重伤、中度残疾或者器官组织损伤导致严重功能障碍的;(14) 其他严重污染环境的情形。

投放危险物质罪的主体是自然人。

2. 污染环境罪与危险物品肇事罪的界限

危险物品肇事罪,是指违反爆炸性、易燃性、放射性、毒害性、腐蚀性物品的管理规定,在生产、存储、运输、使用中发生重大事故,造成严重后果的行为。由于危险物品一旦发生爆炸、燃烧或泄漏等重大事故往往容易导致严重污染环境的后果,两罪有一定的相似之处。但两罪有以下区别:(1)侵害的法益不同。本罪侵害的法益是国家环境保护秩序,而危险物品肇事罪侵害的法益是公共安全。(2)客观表现不同。危险物品肇事罪中行为人的行为必须发生在生产、存储、运输、使用危险物品的过程中;而污染环境罪则无此要求。(3)主体范围不同。污染环境罪的主体包括自然人和单位,而危险物品肇事罪的主体是自然人。

3. 一罪与数罪的界限

根据《污染环境罪解释》第3条的规定,违反国家规定,排放、倾倒、处置含有毒害性、放射性、传染病病原体等物质的污染物,同时构成污染环境罪、非法处置进口的固体废物罪、投放危险物质罪等犯罪的,依照处罚较重的犯罪定罪处罚。

(三)污染环境罪的刑事责任

根据《刑法》第338条和第346条的规定,犯本罪的,处3年以下有期徒刑或者拘役,并处或者单处罚金。后果特别严重的,处3年以上7年以下有期徒刑,并处罚金。单位犯本罪的,对单位判处罚金,并对其直接负责的主管人员和其他直接责任人员,依照上述规定处罚。至于"后果特别严重""酌情从重或从宽处罚"的情形,可参见《污染环境罪解释》第3—5条。

二、非法处置进口的固体废物罪

非法处置进口的固体废物罪,是指违反国家规定,故意将境外的固体废物进境倾倒、堆放、处置的行为。本罪侵害的法益是国家对固体废物进口利用的污染防治管理秩序。所谓"固体废物",是指在生产、生活和其他活动中产生的丧失原有利用价值或者虽未丧失利用价值但被抛弃或者放弃的固态、半固态和置于容器中的气态的物品、物质以及法律、行政法规规定纳入固体废物管理的物品、物质。[①] 本罪的客观要件为行为人实施了违反国家规定将境外的固体废物进境倾倒、堆放、处置的行为。所谓"违反国家规定",主要是指违反了我国《固体废物污染环境防治法》及其相关法律的规定,如该法第24条规定:"禁止中华人民共和国境外的固体废物进境倾倒、堆放、处置。"所谓"倾倒",是指通过各种运载

---

① 参见我国《固体废物污染环境防治法》第88条。

工具或以其他方式随意倾卸境外固体废物。所谓"堆放",是指将境外固体废物随意堆存于我国境内的某一场所。所谓"处置",是指将固体废物焚烧和用其他改变固体废物的物理、化学、生物特性的方法,达到减少已产生的固体废物数量、缩小固体废物体积、减少或者消除其危险成份的活动,或者将固体废物最终置于符合环境保护规定要求的填埋场的活动。① 本罪的主体是一般主体,既可以是自然人,也可以是单位。本罪的主观要件为故意。

根据《刑法》第 339 条第 1 款和第 346 条的规定,犯本罪的,处 5 年以下有期徒刑或者拘役,并处罚金;造成重大污染事故,致使公私财产遭受重大损失或者严重危害人体健康的,处 5 年以上 10 年以下有期徒刑,并处罚金;后果特别严重②的,处 10 年以上有期徒刑,并处罚金。单位犯本罪的,对单位判处罚金,并对其直接负责的主管人员和其他直接责任人员,依照上述规定处罚。③

三、擅自进口固体废物罪

擅自进口固体废物罪,是指未经国务院有关主管部门许可,擅自进口固体废物用作原料,造成重大环境污染事故,致使公私财产遭受重大损失或者严重危害人体健康的行为。本罪侵害的法益是国家对固体废物进口利用的污染防治管理秩序。本罪的客观要件为行为人未经国务院有关主管部门许可,擅自进口固体废物用作原料,造成重大环境污染事故,致使公私财产遭受重大损失或者严重危害人体健康的行为。④ 如果行为人以利用原料为名,进口不能用作原料的固体废物,则成立走私废物罪。具有下列情形之一的,属于"公私财产遭受重大损失":致使公私财产损失 30 万元以上的;致使基本农田、防护林地、特种用途林地 5 亩以上,其他农用地 10 亩以上,其他土地 20 亩以上基本功能丧失或者遭受永久性破坏的;致使森林或者其他林木死亡 50 立方米以上,或者幼树死亡 2500 株以上的;以及其他致使公私财产遭受重大损失的情形。具有下列情形之一的,属于"严重危害人体健康":致使 1 人以上死亡、3 人以上重伤、10 人以上轻伤,或者 1 人以上重伤并且 5 人以上轻伤的;致使传染病发生、流行或者人员中毒达

---

① 参见我国《固体废物污染环境防治法》第 88 条。
② 认定标准参见污染环境罪。
③ 根据《污染环境罪解释》第 3 条的规定,"造成重大污染事故,致使公私财产遭受重大损失或者严重危害人体健康"是指下列情形之一:(1) 致使乡镇以上集中式饮用水水源取水中断 12 小时以上的;(2) 致使基本农田、防护林地、特种用途林地 5 亩以上,其他农用地 10 亩以上,其他土地 20 亩以上基本功能丧失或者遭受永久性破坏的;(3) 致使森林或者其他林木死亡 50 立方米以上,或者幼树死亡 2500 株以上的;(4) 致使公私财产损失 30 万元以上的;(5) 致使疏散、转移群众 5000 人以上的;(6) 致使 30 人以上中毒的;(7) 致使 3 人以上轻伤、轻度残疾或者器官组织损伤导致一般功能障碍的;(8) 致使 1 人以上重伤、中度残疾或者器官组织损伤导致严重功能障碍的。
④ 认定标准参见非法处置进口的固体废物罪。

到《国家突发公共卫生事件应急预案》中突发公共卫生事件分级Ⅲ级以上情形,严重危害人体健康的;其他严重危害人体健康的情形。本罪的主体是一般主体,既可以是自然人,也可以是单位。本罪的主观要件为故意。

根据《刑法》第339条第2款和第346条的规定,犯本罪的,处5年以下有期徒刑或者拘役,并处罚金;后果特别严重的,处5年以上10年以下有期徒刑,并处罚金。① 单位犯本罪的,对单位判处罚金,并对其直接负责的主管人员和其他直接责任人员,依照上述规定处罚。

四、非法捕捞水产品罪

非法捕捞水产品罪,是指违反水产资源保护法规,在禁渔区、禁渔期或者使用禁用的工具、方法捕捞水产品,情节严重的行为。本罪侵害的法益是国家保护水产资源的管理秩序。本罪的客观要件为违反水产资源保护法规,在禁渔区、禁渔期或者使用禁用的工具、方法捕捞水产品,情节严重的行为。具体包括以下四种情形:一是在禁渔区捕捞水产品。所谓"禁渔区",是指对某些主要鱼虾蟹贝藻类以及其他主要水生生物产卵场、索饵场、越冬场和洄游通道,划定禁止全部作业或者部分作业的一定区域。二是在禁渔期捕捞水产品。所谓"禁渔期",是指根据上述主要水生生物幼体出现的不同盛期,划定禁止全部作业或者部分作业的一定期限。三是使用禁用的工具捕捞水产品。所谓"禁用的工具",是指禁止使用超过国家按不同捕捞对象所分别规定的最小网眼尺寸的渔具或其他禁止使用的渔具。四是使用禁用的方法。所谓"禁用的方法",是指禁止使用损害水产资源正常繁殖、生长的方法,如炸鱼、毒鱼、滥用电力捕捞等。实施上述行为之一的,即可构成本罪;同时实施上述行为的,也只成立一罪。但如果使用炸鱼、毒鱼等危险方法捕捞水产品,危害公共安全的,应以危害公共安全的犯罪论处。依据相关的司法解释,具有下列情形之一的属于"情节严重":在内陆水域非法捕捞水产品500公斤以上或者价值5000元以上的,或者在海洋水域非法捕捞水产品2000公斤以上或者价值4万元以上的;非法捕捞有重要经济价值的水生动物苗种、怀卵亲体或者在水产种质资源保护区内捕捞水产品,在内陆水域50公斤以上或者价值500元以上,或者在海洋水域200公斤以上或者价值2000元以上的;在禁渔区内使用禁用的工具或者禁用的方法捕捞的;在禁渔期内使用禁用的工具或者禁用的方法捕捞的;在公海使用禁用渔具从事捕捞作业,造成严重影响的;其他情节严重的情形。② 本罪的主体是一般主体,既可以是自然人,也可以

---

① 具体的量刑标准参见最高人民检察院、最高人民法院《关于审理环境污染刑事案件适用法律若干问题的解释》第1—5条。

② 参见最高人民检察院、公安部《关于公安机关管辖的刑事案件立案追诉标准的规定(一)》第63条。

是单位。本罪的主观要件为故意。

根据《刑法》第340条和第346条的规定,犯本罪的,处3年以下有期徒刑、拘役、管制或者罚金。单位犯本罪的,对单位判处罚金,并对其直接负责的主管人员和其他直接责任人员,依照上述规定处罚。

五、非法猎捕、杀害珍贵、濒危野生动物罪

非法猎捕、杀害珍贵、濒危野生动物罪,是指非法猎捕、杀害国家重点保护的珍贵、濒危野生动物的行为。本罪侵害的法益是国家珍贵、濒危野生动物保护秩序。本罪的客观要件为行为人实施了非法猎捕、杀害国家重点保护的珍贵、濒危野生动物的行为。行为的对象为国家重点保护的珍贵、濒危野生动物。"珍贵、濒危野生动物",包括列入国家重点保护野生动物名录的国家一、二级保护野生动物、列入《濒危野生动植物种国际贸易公约》附录一、附录二的野生动物以及驯养繁殖的上述物种。① 本罪的主体是一般主体,既可以是自然人,也可以是单位。本罪的主观要件为故意。

使用爆炸、投放危险物质、设置电网等危险方法破坏野生动物资源,构成非法猎捕、杀害珍贵、濒危野生动物罪,同时构成《刑法》第114条或者第115条规定之罪的,依照处罚较重的规定定罪处罚。② 以暴力、威胁方法抗拒查处,构成其他犯罪的,依照数罪并罚的规定处罚。③

根据《刑法》第341条第1款和第346条的规定,犯本罪的,处5年以下有期徒刑或者拘役,并处罚金。情节严重的,处5年以上10年以下有期徒刑,并处罚金;情节特别严重的,处10年以上有期徒刑,并处罚金或者没收财产。④ 单位犯本罪的,对单位判处罚金,并对其直接负责的主管人员和其他直接责任人员,依

---

① 参见最高人民法院《关于审理破坏野生动物资源刑事案件具体应用法律若干问题的解释》第1条。

② 参见最高人民法院《关于审理破坏野生动物资源刑事案件具体应用法律若干问题的解释》第7条。

③ 参见最高人民法院《关于审理破坏野生动物资源刑事案件具体应用法律若干问题的解释》第8条。

④ 最高人民法院《关于审理破坏野生动物资源刑事案件具体应用法律若干问题的解释》第3条规定,非法猎捕、杀害、收购、运输、出售珍贵、濒危野生动物具有下列情形之一的,属于"情节严重":(1)达到本解释附表所列相应数量标准的;(2)非法猎捕、杀害、收购、运输、出售不同种类的珍贵、濒危野生动物,其中两种以上分别达到附表所列"情节严重"数量标准一半以上的。非法猎捕、杀害、收购、运输、出售珍贵、濒危野生动物具有下列情形之一的,属于"情节特别严重":(1)达到本解释附表所列相应数量标准的;(2)非法猎捕、杀害、收购、运输、出售不同种类的珍贵、濒危野生动物,其中两种以上分别达到附表所列"情节特别严重"数量标准一半以上的。第4条规定,非法猎捕、杀害、收购、运输、出售珍贵、濒危野生动物构成犯罪,具有下列情形之一的,可以认定为"情节严重";非法猎捕、杀害、收购、运输、出售珍贵、濒危野生动物符合本解释第3条第1款的规定,并具有下列情形之一的,可以认定为"情节特别严重":(1)犯罪集团的首要分子;(2)严重影响对野生动物的科研、养殖等工作顺利进行的;(3)以武装掩护方法实施犯罪的;(4)使用特种车、军用车等交通工具实施犯罪的;(5)造成其他重大损失的。

照上述规定处罚。

六、非法收购、运输、出售珍贵、濒危野生动物、珍贵、濒危野生动物制品罪

非法收购、运输、出售珍贵、濒危野生动物、珍贵、濒危野生动物制品罪,是指非法收购、运输、出售国家重点保护的珍贵、濒危野生动物及其制品的行为。本罪侵害的法益是国家珍贵、濒危野生动物保护秩序。本罪的客观要件为非法收购、运输、出售国家重点保护的珍贵、濒危野生动物及其制品的行为。根据相关的司法解释,"收购",包括以营利、自用等为目的的购买行为;"运输",包括采用携带、邮寄、利用他人、使用交通工具等方法进行运送的行为;"出售",包括出卖和以营利为目的的加工利用行为。① 行为的对象是国家重点保护的珍贵、濒危野生动物和珍贵、濒危野生动物制品。本罪的主体是一般主体,既可以是自然人,也可以是单位。本罪的主观要件为故意。② 以暴力、威胁方法抗拒查处,构成其他犯罪的,依照数罪并罚的规定处罚。③

根据《刑法》第341条第1款和第346条的规定,犯本罪的,处5以下有期徒刑或者拘役,并处罚金;情节严重的,处5以上10年以下有期徒刑,并处罚金;情节特别严重的,处10年以上有期徒刑,并处罚金或者没收财产。④ 单位犯本罪的,对单位判处罚金,并对其直接负责的主管人员和其他直接责任人员,依照上述规定处罚。

七、非法狩猎罪

非法狩猎罪,是指违反狩猎法规,在禁猎区、禁猎期或者使用禁用的工具、方法进行狩猎,破坏野生动物资源,情节严重的行为。本罪侵害的法益是国家对野生动物的保护秩序。本罪的客观要件为违反狩猎法规,在禁猎区、禁猎期或者使用禁用的工具、方法进行狩猎,破坏野生动物资源,情节严重的行为。所谓"禁猎区",是指国家对适宜野生动物生息繁衍或者资源贫乏、破坏比较严重的地

---

① 参见最高人民检察院、公安部《关于公安机关管辖的刑事案件立案追诉标准的规定(一)》第65条。

② 2014年全国人大常委会《关于〈中华人民共和国刑法〉第341条、第312条的解释》规定,知道或者应当知道是《刑法》第341条第2款规定的非法狩猎的野生动物而购买的,属于本罪规定的明知是犯罪所得而收购的行为。

③ 参见最高人民法院《关于审理破坏野生动物资源刑事案件具体应用法律若干问题的解释》第8条。

④ 最高人民法院《关于审理破坏野生动物资源刑事案件具体应用法律若干问题的解释》第5条规定,非法收购、运输、出售珍贵、濒危野生动物制品具有下列情形之一的,属于"情节严重":(1)价值在10万元以上的;(2)非法获利5万元以上的;(3)具有其他严重情节的。非法收购、运输、出售珍贵、濒危野生动物制品具有下列情形之一的,属于"情节特别严重":(1)价值在20万元以上的;(2)非法获利10万元以上的;(3)具有其他特别严重情节的。

区,划定禁止狩猎的地区。所谓"禁猎期",是指国家根据野生动物的繁殖或者肉食、皮毛、药材的成熟季节,分别规定的禁止狩猎的期间。所谓"禁用的工具",是指足以破坏野生动物资源,危害人兽安全的工具。所谓"禁用的方法",是指禁止使用的足以损害野生动物正常繁殖和生长的方法。根据相关的司法解释,具有下列情形之一的属于"情节严重":非法狩猎野生动物 20 只以上的;在禁猎区内使用禁用的工具或者禁用的方法狩猎的;在禁猎期内使用禁用的工具或者禁用的方法狩猎的;其他情节严重的情形。① 行为的对象为珍贵、濒危野生动物以外的其他野生动物。本罪的主体是一般主体,既可以是自然人,也可以是单位。本罪的主观要件为故意。

使用爆炸、投毒、设置电网等危险方法破坏野生动物资源,构成非法狩猎罪,同时构成《刑法》第 114 条或者第 115 条规定之罪的,依照处罚较重的规定定罪处罚。② 以暴力、威胁方法抗拒查处,构成其他犯罪的,依照数罪并罚的规定处罚。③

根据《刑法》第 341 条第 2 款和第 346 条的规定,犯本罪的,处 3 以下有期徒刑、拘役、管制或者罚金。单位犯本罪的,对单位判处罚金,并对其直接负责的主管人员和其他直接责任人员,依照上述规定处罚。

八、非法占用农用地罪

非法占用农用地罪,是指违反土地管理法规,非法占用耕地、林地等农用地,改变被占用土地用途,数量较大,造成耕地、林地等农用地大量毁坏的行为。本罪侵害的法益是国家土地管理秩序。本罪的客观要件为违反土地管理法规,非法占用耕地、林地等农用地,改变被占用土地用途,数量较大,造成耕地、林地等农用地大量毁坏的行为。根据相关的立法解释,所谓"违反土地管理法规",是指违反《土地管理法》《森林法》《草原法》等法律以及有关行政法规中关于土地管理的规定。④ 根据相关的司法解释的规定,所谓"数量较大",是指非法占用基本农田 5 亩以上或者基本农田以外的耕地 10 亩以上的;非法占用防护林地或者特种用途林地数量单种或者合计 5 亩以上的;非法占用其他林地 10 亩以上的;非法占用防护林地、特种用途林地或者其他林地,其中一项数量达到相应规定的

---

① 参见最高人民检察院、公安部《关于公安机关管辖的刑事案件立案追诉标准的规定(一)》第 66 条。
② 参见最高人民法院《关于审理破坏野生动物资源刑事案件具体应用法律若干问题的解释》第 7 条。
③ 参见最高人民法院《关于审理破坏野生动物资源刑事案件具体应用法律若干问题的解释》第 8 条。
④ 参见全国人民代表大会常务委员会《关于〈中华人民共和国刑法〉第 228 条、第 342 条、第 410 条的解释》。

数量标准的50%以上,且两项数量合计达到该项规定的数量标准的;非法占用其他农用地数量较大的情形。根据最高人民法院《关于审理破坏草原资源刑事案件应用法律若干问题的解释》(以下简称《破坏草原案件解释》)第2条的规定,是指非法占用草原,改变被占用草原用途,数量在20亩以上的,或者曾因非法占用草原受过行政处罚,在3年内又非法占用草原,改变被占用草原用途,数量在10亩以上的。所谓"造成耕地大量毁坏",是指违反土地管理法规,非法占用耕地建窑、建坟、建房、挖沙、采石、采矿、取土、堆放固体废弃物或者进行其他非农业建设,造成耕地种植条件严重毁坏或者严重污染,被毁坏耕地数量达到以上规定的。所谓"造成林地大量毁坏",是指违反土地管理法规,非法占用林地,改变被占用林地用途,在非法占用的林地上实施建窑、建坟、建房、挖沙、采石、采矿、取土、种植农作物、堆放或者排泄废弃物等行为或者进行其他非林业生产、建设,造成林地的原有植被或者林业种植条件严重毁坏或者严重污染,被毁坏林地数量达到以上规定的。[①] 根据《破坏草原案件解释》第2条的规定,非法占用草原,改变被占用草原用途,数量较大,具有下列情形之一的,应当认定为《刑法》第342条规定的"造成耕地、林地等农用地大量毁坏":(1)开垦草原种植粮食作物、经济作物、林木的;(2)在草原上建窑、建房、修路、挖砂、采石、采矿、取土、剥取草皮的;(3)在草原上堆放或者排放废弃物,造成草原的原有植被严重毁坏或者严重污染的;(4)违反草原保护、建设、利用规划种植牧草和饲料作物,造成草原沙化或者水土严重流失的;(5)其他造成草原严重毁坏的情形。行为的对象是农用地。本罪的主体是一般主体,既可以是自然人,也可以是单位。本罪的主观要件为故意。

根据《刑法》第342条和第346条的规定,犯本罪的,处5年以下有期徒刑或者拘役,并处或者单处罚金。单位犯本罪的,对单位判处罚金,并对其直接负责的主管人员和其他直接责任人员,依照上述规定处罚。

九、非法采矿罪

非法采矿罪,是指违反矿产资源法的规定,未取得采矿许可证擅自采矿,擅自进入国家规划矿区、对国民经济具有重要价值的矿区和他人矿区范围采矿,或者擅自开采国家规定实行保护性开采的特定矿种,情节严重的行为。本罪侵害的法益是国家的矿产资源保护秩序。本罪的客观要件为违反矿产资源法的规定,未取得采矿许可证擅自采矿,擅自进入国家规划矿区、对国民经济具有重要

---

① 参见最高人民检察院、公安部《关于公安机关管辖的刑事案件立案追诉标准的规定(一)》第67条。

价值的矿区和他人矿区范围采矿,或者擅自开采国家规定实行保护性开采的特定矿种,情节严重的行为。根据相关的司法解释的规定,"未取得采矿许可证擅自采矿"主要包括以下几种情形:无采矿许可证开采矿产资源的;采矿许可证被注销、吊销后继续开采矿产资源的;超越采矿许可证规定的矿区范围开采矿产资源的;未按采矿许可证规定的矿种开采矿产资源的(共生、伴生矿种除外)其他未取得采矿许可证开采矿产资源的情形。在采矿许可证被依法暂扣期间擅自采的,视为"未取得采矿许可证擅自采矿"。① 本罪的主体是一般主体,既可以是自然人,也可以是单位。本罪的主观要件为故意。

违反矿产资源法的规定,非法采矿,造成重大伤亡事故或者其他严重后果,同时构成本罪和《刑法》第134条或者第135条规定的犯罪的,依照数罪并罚的规定处罚。② 未取得采矿许可证擅自采矿,擅自进入国家规划矿区、对国民经济具有重要价值的矿区和他人矿区范围采矿的行为,符合盗窃罪的犯罪构成的,宜从一重罪论处。

根据《刑法》第343条第1款和第346条的规定,犯本罪的,处3年以下有期徒刑、拘役或者管制,并处或者单处罚金;情节特别严重的,处3年以上7年以下有期徒刑,并处罚金。单位犯本罪的,对单位判处罚金,并对其直接负责的主管人员和其他直接责任人员,依照上述规定处罚。

十、破坏性采矿罪

破坏性采矿罪,是指违反矿产资源法的规定,采取破坏性的方法开采矿产资源,造成矿产资源严重破坏的行为。本罪侵害的法益是国家的矿产资源保护秩序。本罪的客观要件为违反矿产资源法的规定,采取破坏性的方法开采矿产资源,造成矿产资源严重破坏的行为。所谓"采取破坏性的开采方法开采矿产资源",是指行为人违反地质矿产主管部门审查批准的矿产资源开发利用方案开采矿产资源,并造成矿产资源严重破坏的行为。违反矿产资源法的规定,采取破坏性的开采方法开采矿产资源,造成矿产资源严重破坏,价值在30万至50万元以上的,属于"造成矿产资源严重破坏"。③ 本罪的主体是一般主体,既可以是自然人,也可以是单位。本罪的主观要件为故意。

违反矿产资源法的规定,采取破坏性的开采方法开采矿产资源,造成重大伤

---

① 参见最高人民法院、最高人民检察院《关于办理危害矿山生产安全刑事案件具体应用法律若干问题的解释》第8条。
② 同上注。
③ 参见最高人民检察院、公安部《关于公安机关管辖的刑事案件立案追诉标准的规定(一)》第69条。

亡事故或者其他严重后果,同时构成本罪和《刑法》第 134 条或者第 135 条规定的犯罪的,依照数罪并罚的规定处罚。①

根据《刑法》第 343 条第 2 款和第 346 条的规定,犯本罪的,处 5 年以下有期徒刑或者拘役,并处罚金。单位犯本罪的,对单位判处罚金,并对其直接负责的主管人员和其他直接责任人员,依照上述规定处罚。

十一、非法采伐、毁坏国家重点保护植物罪

非法采伐、毁坏国家重点保护植物罪,是指违反国家规定,非法采伐、毁坏珍贵树木或者国家重点保护的其他植物的行为。本罪侵害的法益是国家对重点植物的保护秩序。本罪的客观要件为违反国家规定,非法采伐、毁坏珍贵树木或者国家重点保护的其他植物的行为。非法采伐,是指违反国家规定,擅自砍伐或采集珍贵树木或国家重点保护的植物;非法毁坏,是指违反国家规定,造成珍贵树木、保护植物死亡或者影响其正常生长的一切行为。行为的对象是珍贵树木或者国家重点保护的其他植物。根据相关的司法解释,这里的"珍贵树木或者国家重点保护的其他植物",包括由省级以上林业主管部门或者其他部门确定的具有重大历史纪念意义、科学研究价值或者年代久远的古树名木,国家禁止、限制出口的珍贵树木以及列入《国家重点保护野生植物名录》的树木或者其他植物。本罪的主体是一般主体,既可以是自然人,也可以是单位。本罪的主观要件为故意。

根据《刑法》第 344 条和第 346 条的规定,犯本罪的,处 3 年以下有期徒刑、拘役或者管制,并处罚金;情节严重的,处 3 年以上 7 年以下有期徒刑,并处罚金。单位犯本罪的,对单位判处罚金,并对其直接负责的主管人员和其他直接责任人员,依照上述规定处罚。

十二、非法收购、运输、加工、出售国家重点保护植物、国家重点保护植物制品罪

非法收购、运输、加工、出售国家重点保护植物、国家重点保护植物制品罪,是指违反国家规定,非法收购、运输、加工、出售珍贵树木或者国家重点保护的其他植物及其制品的行为。本罪侵害的法益是国家对重点植物及其制品的保护秩序。本罪的客观要件为违反国家规定,非法收购、运输、加工、出售珍贵树木或者国家重点保护的其他植物及其制品的行为。行为的对象为珍贵树木或者国家重点保护的其他植物及其制品,但不包括已经自然死亡的珍贵树木或者国家重点

---

① 参见最高人民法院、最高人民检察院《关于办理危害矿山生产安全刑事案件具体应用法律若干问题的解释》第 8 条。

保护的其他植物及其制品。本罪的主体是一般主体,既可以是自然人,也可以是单位。本罪的主观要件为故意。

根据《刑法》第 344 条和第 346 条的规定,犯本罪的,处 3 年以下有期徒刑、拘役或者管制,并处罚金;情节严重的,处 3 年以上 7 年以下有期徒刑,并处罚金。单位犯本罪的,对单位判处罚金,并对其直接负责的主管人员和其他直接责任人员,依照上述规定处罚。

十三、盗伐林木罪

盗伐林木罪,是指盗伐森林或者其他林木,数量较大的行为。本罪侵害的法益是国家林业管理秩序和国家、集体或公民对林木的所有权。本罪的客观要件为滥伐森林或者其他林木,数量较大的行为。行为的犯罪对象是森林或者其他林木。根据相关的司法解释,以非法占有为目的,具有下列情形之一的,属于"盗伐森林或者其他林木":擅自砍伐国家、集体、他人所有或者他人承包经营管理的森林或者其他林木的;擅自砍伐本单位或者本人承包经营管理的森林或者其他林木的;在林木采伐许可证规定的地点以外采伐国家、集体、他人所有或者他人承包经营管理的森林或者其他林木的。"数量较大"是指盗伐 2 至 5 立方米以上或者盗伐幼树 100 至 200 株以上。① 本罪的主体是一般主体,既可以是自然人,也可以是单位。本罪的主观要件为故意。

盗伐珍贵树木,同时触犯《刑法》第 344 条、第 345 条规定的,依照处罚较重的规定定罪处罚。②

根据《刑法》第 345 条第 1 款、第 4 款和第 346 条的规定,犯本罪的,处 3 年以下有期徒刑、拘役或者管制,并处或者单处罚金;数量巨大的,处 3 年以上 7 年以下有期徒刑,并处罚金;数量特别巨大的,处 7 年以上有期徒刑,并处罚金。盗伐林木"数量巨大",以 20 至 50 立方米或者幼树 1000 至 2000 株为起点;盗伐林木"数量特别巨大",以 100 至 200 立方米或者幼树 5000 至 10000 株为起点。③盗伐国家级自然保护区内的森林或者其他林木的,从重处罚。单位犯本罪的,对单位判处罚金,并对其直接负责的主管人员和其他直接责任人员,依照上述规定处罚。

十四、滥伐林木罪

滥伐林木罪,是指违反森林法的规定,滥伐森林或者其他林木,数量较大的

---

① 参见最高人民检察院、公安部《关于公安机关管辖的刑事案件立案追诉标准的规定(一)》第 72 条。
② 参见最高人民法院《关于审理破坏森林资源刑事案件具体应用法律若干问题的解释》第 8 条。
③ 参见最高人民法院《关于审理破坏森林资源刑事案件具体应用法律若干问题的解释》第 4 条。

行为。本罪侵害的法益是国家的森林资源保护秩序。本罪的客观要件为滥伐森林或者其他林木,数量较大的行为。行为的对象是森林或者其他林木。根据相关司法解释的规定,下列行为属于滥伐林木:(1)未经林业行政主管部门及法律规定的其他主管部门批准并核发林木采伐许可证,或者虽持有林木采伐许可证,但违反林木采伐许可证规定的时间、数量、树种或者方式,任意采伐本单位所有或者本人所有的森林或者其他林木的;(2)超过林木采伐许可证规定的数量采伐他人所有的森林或者其他林木的。违反森林法的规定,在林木采伐许可证规定的地点以外,采伐本单位或者本人所有的森林或者其他林木的,除农村居民采伐自留地和房前屋后个人所有的零星林木以外,属于上述"未经林业行政主管部门及法律规定的其他主管部门批准并核发林木采伐许可证"规定的情形。林木权属争议一方在林木权属确权之前,擅自砍伐森林或者其他林木的,属于上述"滥伐森林或者其他林木"。滥伐林木的数量,应在伐区调查设计允许的误差额以上计算。这里的"数量较大"是指滥伐10至20立方米以上或者滥伐幼树500至1000株以上。① 本罪的主体是一般主体,既可以是自然人,也可以是单位。本罪的主观要件为故意。

滥伐珍贵树木,同时触犯《刑法》第344条、第345条规定的,依照处罚较重的规定定罪处罚。②

根据《刑法》第345条第2款、第4款和第346条的规定,犯本罪的,处3年以下有期徒刑、拘役或者管制,并处或者单处罚金;数量巨大的,处3年以上7年以下有期徒刑,并处罚金。这里的"数量巨大"以50至100立方米或者幼树2500至5000株为起点。③ 滥伐国家级自然保护区内的森林或者其他林木的,从重处罚。单位犯本罪的,对单位判处罚金,并对其直接负责的主管人员和其他直接责任人员,依照上述规定处罚。

十五、非法收购盗伐、滥伐的林木罪

非法收购、运输盗伐、滥伐的林木罪,是指自然人或者单位非法收购、运输明知是盗伐、滥伐的林木,情节严重的行为。本罪所侵害的法益是国家的森林资源保护秩序。本罪的客观要件为非法收购、运输明知是盗伐、滥伐的林木,情节严重的行为。这里的"情节严重"主要是指非法收购盗伐、滥伐的林木20立方米以上或者幼树1000株以上的;非法收购盗伐、滥伐的珍贵树木2立方米以上或

---

① 参见最高人民检察院、公安部《关于公安机关管辖的刑事案件立案追诉标准的规定(一)》第73条。
② 参见最高人民法院《关于审理破坏森林资源刑事案件具体应用法律若干问题的解释》第8条。
③ 参见最高人民法院《关于审理破坏森林资源刑事案件具体应用法律若干问题的解释》第6条。

者5株以上的;其他情节严重的情形。① 本罪的主体是一般主体,既可以是自然人,也可以是单位。本罪的主观要件为故意。"非法收购、运输明知是盗伐、滥伐"中的"明知",是指知道或者应当知道。具有下列情形之一的,可以视为应当知道,但是有证据证明确属被蒙骗的除外:(1) 在非法的木材交易场所或者销售单位收购木材的;(2) 收购以明显低于市场价格出售的木材的;(3) 收购违反规定出售的木材的。②

根据《刑法》第345条第3款和第346条的规定,犯本罪的,处3年以下有期徒刑、拘役或者管制,并处或者单处罚金;情节特别严重的,处3年以上7年以下有期徒刑,并处罚金。这里的"情节特别严重",是指非法收购盗伐、滥伐的林木100立方米以上或者幼树5000株以上的;非法收购盗伐、滥伐的珍贵树木5立方米以上或者10株以上的;其他情节特别严重的情形。③ 单位犯本罪的,对单位判处罚金,并对其直接负责的主管人员和其他直接责任人员,依照上述规定处罚。

第八节 走私、贩卖、运输、制造毒品罪

一、走私、贩卖、运输、制造毒品罪

(一) 走私、贩卖、运输、制造毒品罪的概念和构成

走私、贩卖、运输、制造毒品罪,是指违反国家规定,走私、贩卖、运输、制造毒品的行为。

长期以来,我国刑法理论通说认为,走私、贩卖、运输、制造毒品罪侵害的法益为国家对毒品的管制。④ 不难看出,这是一种形式上对于走私、贩卖、运输、制造毒品行为本质的认识,即认为走私、贩卖、运输、制造毒品行为之所以为犯罪,在于其违反了国家的禁止性规范,因为国家明令禁止毒品的走私、贩卖、运输、制造行为。一种行为形式上的不法并不能揭示该行为的犯罪本质,犯罪本质的命题本身就是要探究形式不法后面的根源或实质。犯罪的本质命题的提出本就是

---

① 参见最高人民法院《关于审理破坏森林资源刑事案件具体应用法律若干问题的解释》第11条。
② 参见最高人民法院《关于审理破坏森林资源刑事案件具体应用法律若干问题的解释》第10条。
③ 参见最高人民法院《关于审理破坏森林资源刑事案件具体应用法律若干问题的解释》第11条。
④ 像这样界定犯罪客体的话,在方法上具有的意义极为有限。由此种方法类推,当然可以把杀人罪的犯罪客体界定为国家对杀人行为的管制这样貌似合乎逻辑但无任何意义的结论。因为国家也允许一些情况下的杀人行为,如执行死刑等。同样,国家也允许一些情况下的贩卖毒品行为,如国家低价向上瘾者提供美沙酮作为海洛因替代品。再比如可以将盗窃罪的犯罪客体归结为国家对财产的管制或对国家对财产转移的管制,而财产的合法转移和取得方式一般由民法规定。像这样的界定,可以说是没有意义的,更不能真正揭示一种犯罪的法益侵害实质。参见高巍:《贩卖毒品罪研究》,中国人民公安大学出版社2007年版,第51页。

为了确立一种界限和标准,使刑法的干涉性能局限在一定的范围内,保障个人的自由及安定感。而采用"侵害管制说"这样的缺乏界限的标准,显然不能充分发挥犯罪本质的限制刑罚权的功能。"因为刑法禁止走私、贩卖、运输、制造毒品,所以走私、贩卖、运输、制造毒品是犯罪"这样的表述颠倒了犯罪本质论说的顺序。论说的逻辑顺序应该是上述行为具有何种的危害性,所以需要国家予以惩罚,然后国家再以立法的形式将其构成与刑罚固定下来。①

从走私、贩卖、运输、制造毒品的实质危险来看,本罪的侵害法益为人民健康。人民健康不同于具体的单个毒品吸食者的健康,而具有突出的公众性。所谓公众性,即不特定或者多数人。人民健康作为一种社会法益,着眼于抽象的一般的健康。具体而言,"不特定"是指"犯罪行为可能侵犯的对象和可能造成的结果事先无法确定,行为人对此既无法具体预料也难以实际控制,行为的危险或行为造成的危害结果可能随时扩大或增加";"多数人"则指"难以用具体数字表述,行为使较多的人感受到生命、健康、财产受到威胁时……"②正因为走私、贩卖、运输、制造毒品罪所侵害的是不特定或者多数人的健康,所以不可以由吸食者自我承诺放弃而排除犯罪性,从而能够有效克服将毒品犯罪本质限定于对特定个体健康的伤害所致的理论困境。申言之,人民健康所具有的公众性既源于个人健康的集合,又不依赖于单个特定个体的具体健康状况,是一个超越个人健康的特殊范畴。

走私、贩卖、运输、制造毒品罪侵害法益的方式为抽象危险。走私、贩卖、运输、制造毒品行为本身已具有了一定的危险性,既是使毒品进入了购买者或更接近购买者或消费者的支配范围,增加了他人使用毒品的可能性,同时也增加了他人健康受到毒品伤害的风险。只不过这种使他人健康受到损害的危险是一种立法者依据经验的拟制和概括而已,而这恰恰说明了该种行为抽象危险的性质。立法者拟制这种危险是基于以下认识:首先,走私、贩卖、运输、制造毒品行为人一般对于毒品的毒害性质有比较明确的认识,尤其在现代信息社会,这个结论作为一般性的推论应该是合理的。其次,走私、贩卖、运输、制造毒品行为人一般也明知购买者购买的目的是用于吸食。那么,走私、贩卖、运输、制造毒品行为的核心表现——毒品更加迫近消费者就已经使购买者或最终使用者处于一种比未交付前更接近健康受损的危险状态,而拟制这种迫近消费者的危险,既可以有效避免毒品进入购买者或最终使用者的支配范围,也可以获得征表健康受损危险的外在行为的支撑。所以说,这样一种危险拟制的路径似乎是可以

---

① 高巍:《贩卖毒品罪研究》,中国人民公安大学出版社2007年版,第52页。
② 张明楷:《刑法分则的解释原理》,中国人民大学出版社2004年版,第143页。

证成的。①

走私、贩卖、运输、制造毒品罪的行为方式为走私、贩卖、运输、制造毒品的行为。具体而言，可区分为四种行为类型：走私毒品行为、贩卖毒品行为、运输毒品行为、制造毒品行为。

走私毒品行为，是指明知是毒品而非法将其运输、携带、寄递毒品出入国（边）境的行为。直接向走私人非法收购走私进口的毒品，或者在内海、领海、界河、界湖运输、收购、贩卖毒品的，也应视为走私毒品行为。申言之，走私毒品的实质就在于实现了毒品从境外流入我国或从我国流出境外的移动。从法益侵害的角度来看，毒品从境外流入我国的行为与毒品从我国流出境外相比，其对于人民健康的侵害性更加现实和明显。当然，向境外输出毒品并不是对于我国人民健康不具有抽象的危险。因为，即使是输出毒品，也存在毒品位移和扩散至我国公民可接近范围的可能。只不过这种可能性从一般经验来看，要远远小于输入毒品的行为。

根据2012年最高人民检察院、公安部《关于公安机关管辖的刑事案件立案追诉标准的规定（三）》（以下简称《刑事案件立案标准（三）》）第1条第3款的规定，贩卖毒品行为，是指明知是毒品而非法销售或者以贩卖为目的而非法收买的行为。贩卖毒品行为的实质在于毒品占有的有偿转移。就人民健康的被侵害方式和程度而言，无论是有偿转让毒品，还是无偿转让毒品，对于人民健康的危险程度并无不同。但是，从罪刑法定原则的角度来看，无偿转让毒品很难纳入贩卖毒品行为的可能含义之内，就不能进行实质解释将其解释为贩卖毒品行为。②当然，低价出售毒品的行为不同于无偿转让毒品，属于贩卖毒品行为。同样，以毒品交换其他财物的行为也属于贩卖毒品行为。但值得注意的是，按照上述司法解释，具有贩卖目的而购买毒品的行为也成为了贩卖毒品的实行行为，实际上是不正确地扩大了贩卖毒品行为的边界，而存在不妥：第一，通常情况下，买入通常是贩卖的组成部分，买入与卖出的递进或联合关系才是"贩卖"的典型方式，单纯的买入行为等同于"贩卖"似乎是超出了普通人的想象，前者一般为贩卖行为的对向行为或前提行为。在日常生活中，也几乎不会有人用"贩卖"来表述买入的含义。为了贩卖而购买毒品的行为可以成立贩卖毒品行为的预备行为，但

---

① 高巍：《贩卖毒品罪研究》，中国人民公安大学出版社2007年版，第83页。

② 在我国现行社会文化中，普通大众对于贩卖毒品的罪恶性受到媒体的渲染而集中于其牟利的动机，这使社会大众接受赠与毒品也属于贩卖毒品的结论有可能超出了其预测可能性。而在社会主义法治的初级阶段，贩卖行为与赠与行为在实质上的等同性让位于预测可能性更能有效保护法的安定性。那么，从一般的语言习惯上来看，贩卖毒品行为的可能含义中很难包含赠与毒品行为，虽然在法益保护的实质层面上，二者并无不同。所以说，将贩卖毒品行为在立法上修订为"提供毒品行为"能解决赠与毒品归属问题，既能够与罪刑法定原则相协调，也可以更加有效保护法益。参见高巍：《中国禁毒三十年——以刑事规制为主线》，法律出版社2011年版，第155页。

是一种行为的预备行为不能等同或归属于该种行为。在日常表达中,不能将一种行为可能的准备行为也等同于该行为。正如杀人罪中对于杀人行为的界定并不包括为了杀人而购买刀具的预备行为。从语言逻辑上,这种解释也是没有依据的。"A 行为的预备行为 B 是 A 行为"这种表述自然存在问题。第二,我国台湾地区和内地使用相同的汉语,从台湾地区的立法和解释来看,对于贩卖毒品的解释并未包括为了贩卖而购买的行为,而是在 1998 年修订的"毒品危害防治条例"中规定了"意图贩卖而持有毒品"的行为,以"加重持有毒品罪"处罚。实际上,为贩卖而购买毒品的行为在台湾地区是作为一种持有毒品的行为来惩罚,因为单纯购买也包含有持有行为,但肯定无法从语义上把购买等同于贩卖。①

运输毒品行为,是指明知是毒品而采用携带、寄递、托运、利用他人或者使用交通工具等方法在我国领域内非法运送毒品的行为。运输毒品行为方式的本质在于使毒品实现了空间位置的变动。正因为毒品通过行为人的行为实现了空间位置的移动,在一般意义上使毒品处于流通状态,更迫近于毒品使用者可获取的状态,产生了抽象的侵害人民健康的危险,所以要被作为犯罪行为进行规制。具体而言,运输毒品的行为方式具有以下两个特征:其一,毒品在行为人支配下实现了空间位置的移动。毒品从其生产、制造到使用者的使用很多时候存在空间上的距离,往往需要经过运输、贩卖等过程才可能实现。而空间上的移动并非仅是一种物理学意义上的位移,而是法规范视野下的自起点到目的地的一个连续的过程。因为,侵害人民健康的危险,作为一种抽象的危险,从社会经验上来看,运输毒品的完成是指从起点到目的地的连续位移。从其他法律部门关于运输的规定来看,也可印证这种说法。在民事法律的运输合同中,运输应当是合同约定的始运地到目的地的一个过程,而非单个位移的片段。进一步而言,假定起运即视为运输的完成,则应当在形态上认定为既遂。那么,刚刚起运与运输到目的地在刑法上都评价为运输毒品罪既遂,这既无法体现罪刑均衡原则,也是对法益原则的违背。试想,将毒品起运与将毒品运至目的地两种行为,对人民健康这种法益侵害的危险并非处于相同程度,而把不同程度法益侵害的行为方式在犯罪成立时进行相同评价,很明显抛弃了法益原则的界限功能和个别化功能。其二,毒品的移动从始至终在我国领域之内。这是运输毒品行为与走私毒品行为的重要区别。②

制造毒品行为,是指非法利用毒品原植物直接提炼或者用化学方法加工、配制毒品,或者以改变毒品成分和效用为目的,用混合等物理方法加工、配制毒品

---

① 高巍:《中国禁毒三十年——以刑事规制为主线》,法律出版社 2011 年版,第 152 页。
② 高巍:《略论运输毒品罪几个问题》,载《云南大学学报(法学版)》2009 年第 5 期。

的行为。从规范目的来看,制造毒品行为的实质在于实现了毒品从无到有的转变,或实现了从此种毒品向彼种毒品的转变,产生了原本没有的对于法益的抽象危险或提升了抽象危险的程度。因此,无论是物理方法,还是化学方法,只要该行为实现了毒品危险的创设或提高,就应当视为制造毒品行为。那么,分装毒品、稀释毒品、不改变成分和效用的混合毒品行为等并没有创设或增加毒品的危害程度,不应当解释为制造毒品行为。首先,就分装毒品而言,分装行为既不可能产生出新的毒品,也不可能对毒品的性质、种类、作用机理有任何改变,还不会影响到毒品的物理样态,明显不属于制造毒品行为。其次,就稀释毒品而言,任何形式的稀释毒品行为都不是制造毒品行为。因为,行为人在生产、制造毒品的过程中,为方便吸食者吸食毒品而将毒品稀释成为配剂的行为,只是一种生产、制造行为的附随行为或事后不可罚的行为,不能等同于制造的实行行为。申言之,行为人在制造毒品的过程中,稀释行为的存在与否已经不影响制造毒品行为的性质和形态。同样,进入到贩卖毒品领域中为便于贩卖而进行的稀释只能评价为贩卖毒品行为的预备行为,不能评价为制造毒品行为,否则就违背了法的统一性原则。最后,就不改变成分和效用的混合毒品行为而言,因为其成分和效用并未改变,只是一种物理组合的变化,其有害性没有增加,不能够归属于制造毒品行为。但是,当毒品的混合行为导致了同等数量、同等纯度的毒品产生了对健康更大的危险性,则可以将该种混合行为解释为制造毒品行为。如摇头丸的合成行为就属于制造毒品行为。因为摇头丸是基于苯丙胺等物质的混合而形成的毒品,其在相同的纯度和相同的毒品数量的情况下,产生了与苯丙胺不同的健康危险,即精神上的致幻作用导致的精神障碍,产生了刑法所关心的法益危险的增加,所以就可以解释为制造毒品行为。另外,为了便于隐蔽运输、销售、使用、欺骗购买者,或者为了增重,对毒品掺杂使假,添加或者去除其他非毒品物质,不属于制造毒品的行为。《关于进一步加强麻黄草管理严厉打击非法买卖麻黄草等违法犯罪活动的通知》规定,以制造毒品为目的,采挖、收购麻黄草的,以制造毒品罪定罪处罚。《关于办理走私、非法买卖麻黄碱类复方制剂等刑事案件适用法律若干问题的意见》规定,以加工、提炼制毒物品制造毒品为目的,购买麻黄碱类复方制剂,或者运输、携带、寄递麻黄碱类复方制剂进出境的,以及以制造毒品为目的,利用麻黄碱类复方制剂加工、提炼制毒物品的,均以制造毒品罪定罪处罚。

走私、贩卖、运输、制造毒品罪的行为对象为毒品。所谓毒品,是指直接作用于人的中枢神经系统,使之兴奋或抑制,导致精神快感或幻觉、重复使用后普遍能产生较强依赖性并对身体或心理造成损害的并为法律所明确规定之物质。毒品具有三个特征:法定性、依赖性、毒害性。其中,依赖性是毒害性的基础,毒害性又和依赖性构成法定性的基础。法定性为毒品的形式特征,意味着确定某种物质属于毒品必须由法律予以规定。依赖性是指毒品使用者对于毒品的心理依赖和身体依赖。毒害性是指毒品对于个体身体和心理的伤害。毒品的毒害性通常表现在毒品使用后生理或心理机能的紊乱。毒品本身具有改变人体正常结构和组织的性质,一般通过血液循环吸收和传导进而造成使用者体内慢性中毒,最终导致体力衰弱等症状。

走私、贩卖、运输、制造毒品罪的主观要件为故意。即行为人必须认识到自己所走私、贩卖、运输、制造的物品为毒品。具体而言,行为人主观上明知的内容包括走私、贩卖、运输、制造行为及其行为对象为毒品。明知他人制造毒品,向其提供麻黄草或者提供运输、储存麻黄草等帮助的;明知他人利用麻黄碱类制毒物品制造毒品,向其提供麻黄碱类复方制剂,为其利用麻黄碱类复方制剂加工、提炼制毒物品,或者为其获取、利用麻黄碱类复方制剂提供其他帮助的,均以制造毒品罪的共犯论处。但是,在具体判定行为人对于毒品的"明知"时,有两个问题需要注意:

其一,是否需要具有毒品种类的"明知"?我国理论界一般认为,本罪只需要行为人认识到是毒品,不要求行为人认识到毒品的名称、化学成分、效用等具体性质。[①] 但是,该观点有待商榷。第一,作为事实概念的"毒品"的认识不能脱离种类等具体物质属性而独立存在并具有可认识性。从认识的过程来看,缺乏任何具体特性的毒品的认识只能是一种抽象甚至是模糊的意象。无法想象,行为人既不了解所持有物质的具体名称、种类,又不了解该物质的化学成分、效用,何以知道其为毒品?毒品就是因为其具有依赖性和戒断症状方成其为某类物质的泛称。第二,毒品种类的不同不仅可能与不同的犯罪相关,也通常与不同的法定刑配置相关。在"明知"的内容中剥离毒品的种类,容易导致对于行为人责任认定的失衡。第三,毒品作为海洛因等具体物质的上位类概念,是一个规范的构成要件要素。对于其的认识则必须要求认识到之所以刑法规范予以规制所涉及的具体事实,在这里,具体事实则就是毒品的具体种类。因为,海洛因、鸦片等概念一般都是作为记述的构成要件要素,是作为具体事实而存在的。所以说,毒品具体种类作为表象毒品规范属性的具体事实中的最上阶类型,是折射毒品规范性意义的最低限度的事实认识要求。

其二,对于毒品的"明知"如何认定?2008年12月1日最高人民法院印发的关于毒品犯罪法律适用的《大连会议纪要》指出,走私、贩卖、运输毒品主观故意中的"明知",是指行为人知道或者应当知道所实施的是走私、贩卖、运输毒品行为。亦即是说,对于毒品的"明知"可区分为确知和推定知道,并列举了10种

[①] 张明楷:《刑法学》(第4版),法律出版社2011年版,第1009页。

可以推定行为人明知的情形。① 前述《刑事案件立案追诉标准（三）》第1条第8款和第9款基本是重申了这一规定，并对不同行为的"明知"做了一些细化。② 但是，"明知"的推定实际上是一种证明标准，存在错误认定和推定的风险。因此，在适用上述《大连会议纪要》所列举的情形进行"明知"推定时，必须持审慎态度。具体而言，在对"明知"存在怀疑或犹豫的地方，即使这种怀疑或犹豫导致错误认定"明知"的可能性很小，也要以人权保障为原则，审慎对待这种错误的可能性，把伴随怀疑和犹豫引导出的结论认定为"不明知"。例如，《大连会议纪要》中规定的第八种可以推定"明知"的情形中，行为人故意绕开检查站点的行为只是提供了一种行为人可能逃避检查的可能性，从一般经验上，这种可能性是存在的，但是是否达到了"排除合理怀疑"的程度，则不无疑问。特别是可能适用死刑的案件中，其证明的标准是否可以因为"严打"和"禁毒"的需要降低到"很大可能性"的程度。从根本上说，这种证明标准的降低可能与我国过于宏大

---

① 2008年《大连会议纪要》指出："毒品犯罪中，判断被告人对涉案毒品是否明知，不能仅凭被告人供述，而应当依据被告人实施毒品犯罪行为的过程、方式、毒品被查获时的情形等证据，结合被告人的年龄、阅历、智力等情况，进行综合分析判断。具有下列情形之一，被告人不能做出合理解释的，可以认定其"明知"是毒品，但有证据证明确属被蒙骗的除外：(1) 执法人员在口岸、机场、车站、港口和其他检查站点检查时，要求行为人申报为他人携带的物品和其他疑似毒品物，并告知其法律责任，而行为人未如实申报，在其携带的物品中查获毒品的；(2) 以伪报、藏匿、伪装等蒙蔽手段，逃避海关、边防等检查，在其携带、运输、邮寄的物品中查获毒品的；(3) 执法人员检查时，有逃跑、丢弃携带物品或者逃避、抗拒检查等行为，在其携带或者丢弃的物品中查获毒品的；(4) 体内或者贴身隐秘处藏匿毒品的；(5) 为获取不同寻常的高额、不等值报酬为他人携带、运输物品，从中查获毒品的；(6) 采用高度隐蔽的方式携带、运输物品，从中查获毒品的；(7) 采用高度隐蔽的方式交接物品，明显违背合法物品惯常交接方式，从中查获毒品的；(8) 行程路线故意绕开检查站点，在其携带、运输的物品中查获毒品的；(9) 以虚假身份或者地址办理托运手续，在其托运的物品中查获毒品的；(10) 有其他证据足以认定行为人应当知道的。"

② 《刑事案件立案追诉标准（三）》第1条第8款规定，走私、贩卖、运输毒品主观故意中的"明知"，是指行为人知道或者应当知道所实施的是走私、贩卖、运输毒品行为。具有下列情形之一，结合行为人的供述和其他证据综合审查判断，可以认定其"应当知道"，但有证据证明确属被蒙骗的除外：(1) 执法人员在口岸、机场、车站、港口、邮局和其他检查站点检查时，要求行为人申报携带、运输、寄递的物品和其他疑似毒品物，并告知其法律责任，而行为人未如实申报，在其携带、运输、寄递的物品中查获毒品的；(2) 以伪报、藏匿、伪装等蒙蔽手段逃避海关、边防等检查，在其携带、运输、寄递的物品中查获毒品的；(3) 执法人员检查时，有逃跑、丢弃携带物品或者逃避、抗拒检查等行为，在其携带、藏匿或者丢弃的物品中查获毒品的；(4) 体内或者贴身隐秘处藏匿毒品的；(5) 为获取不同寻常的高额或者不等值的报酬为他人携带、运输、寄递、收取物品，从中查获毒品的；(6) 采用高度隐蔽的方式携带、运输物品，从中查获毒品的；(7) 采用高度隐蔽的方式交接物品，明显违背合法物品惯常交接方式，从中查获毒品的；(8) 行程路线故意绕开检查站点，在其携带、运输的物品中查获毒品的；(9) 以虚假身份、地址或者其他虚假方式办理托运、寄递手续，在托运、寄递的物品中查获毒品的；(10) 有其他证据足以证明行为人应当知道的。第9款规定，制造毒品主观故意中的"明知"，是指行为人知道或者应当知道所实施的是制造毒品行为。有下列情形之一，结合行为人的供述和其他证据综合审查判断，可以认定其"应当知道"，但有证据证明确属被蒙骗的除外：(1) 购置了专门用于制造毒品的设备、工具、制毒物品或者配制方案的；(2) 为获取不同寻常的高额或者不等值的报酬为他人制造物品，经检验是毒品的；(3) 在偏远、隐蔽场所制造，或者采取对制造设备进行伪装等方式制造物品，经检验是毒品的；(4) 制造人员在执法人员检查时，有逃跑、抗拒检查等行为，在现场查获制造出的物品，经检验是毒品的；(5) 有其他证据足以证明行为人应当知道的。

的禁毒叙事有关。当情绪化的宏大叙事掩盖了审慎的法益证成,证明标准更容易趋于根据常识和可能性进行有罪推定,而忽视严格证明标准的权利保障功能。①

本罪的主体为自然人。其中,贩卖毒品罪的主体为年满14周岁的自然人,走私、运输、制造毒品罪的主体为年满16周岁的自然人。

（二）走私、贩卖、运输、制造毒品罪的界限划分

1. 走私、贩卖、运输、制造假毒品的定性

在本罪中,行为人必须对于毒品具有认识。那么,行为人如果认识到是真毒品而实际上是假毒品的情形,则成立未遂。如果行为人明知是假毒品而进行走私、贩卖、运输的行为,不成立走私、贩卖、运输毒品罪,即使事后鉴定为真毒品。但是,如果行为人明知是假毒品,谎称其为"真毒品"进行贩卖,并存在非法占有他人财物的目的,则构成诈骗罪。

2. 走私、贩卖、运输、制造毒品罪罪与非罪的界限

我国《刑法》第347条规定,走私、贩卖、运输、制造毒品,无论数量多少,都应当追究刑事责任,予以刑事处罚。但这样的规定并不必然意味着微量的毒品走私、贩卖、运输、制造行为都构成犯罪。因为,我国《刑法》第13条的"但书"规定对于刑法分则具有指导作用,刑法分则条文应当受到刑法总则的限制。因此,走私、贩卖、运输、制造毒品的数量极少,情节极轻的行为,不应当成立犯罪。

3. 走私、贩卖、运输、制造毒品罪与其他犯罪的界限

如果行为人明知其走私的为毒品,则构成走私毒品罪。如果行为人既走私毒品又走私其他货物的,构成走私罪与走私毒品罪,实行数罪并罚。如果行为人走私进出境的物品为制毒物品的,既不构成走私罪,也不构成走私毒品罪,而构成走私制毒物品罪。

4. 走私、贩卖、运输、制造毒品罪的既、未遂认定

走私毒品罪成立既遂一般以毒品进出境的事实为标准。换言之,当行为人携带毒品从境外进入我国境内或从我国境内进入境外,就视为走私毒品的既遂。制造毒品罪的既遂标准一般为是否制造出现实的毒品。如果新的毒品被实际制出,则成立制造毒品罪的既遂。如果因为技术等原因未能制造成功,则成立未遂。

贩卖毒品罪的既遂标准为毒品的交付。在我国司法实践中,长期以来把毒品进入交易环节作为贩卖毒品罪既遂的标准,既不考虑毒品是否被行为人售出获利,也不考虑毒品是否已经交付。上述做法是基于严厉打击毒品犯罪的需要,不符合贩卖毒品罪的实行行为构造。因为从贩卖毒品罪的构成要件来看,贩卖

---

① 高巍:《中国禁毒三十年——以刑事规制为主线》,法律出版社2011年版,第172页。

毒品行为在本质上是一种转移毒品占有的行为,且这种转移占有或交付行为才产生了毒品迫近吸毒者的抽象危险。因此,从法益保护的角度,把齐备贩卖毒品罪的构成要件解释为必须达到实际的毒品转让或交付是符合刑法规制贩卖毒品罪的规范目的的。如果只是进入交易现场,并未有毒品的转移占有,这种对人民健康的抽象危险如何创设?因为毒品的占有并未发生变化,其客观危险并未增加。此外,从一般人的法感情来看,行为人只是进入交易现场,正在商议如何交易,就已经算作贩卖既遂,这有悖于社会大众的法感情,也有悖于刑法的安定性。从解释学的角度来看,也是对"贩卖"这个语词做出的超出一般人预期的解释,不仅不符合"贩卖"的一般语义,也不符合社会大众的一般预期。因此,把贩卖毒品的既遂理解为交付或转移占有,是符合语言习惯和法益保护原则的,是一种冷静、理性对待毒品犯罪的常识的回归。①

运输毒品罪的既遂应当以行为人将毒品运至其预期的终点作为既遂标准。在我国的司法实践中,一般是以毒品的起运作为标准,这种过度提前的既遂标准可能与司法机关严打毒品犯罪的重刑主义思想有关,也与过度迷信死刑对毒品犯罪的威慑力有关。具体而言,运输毒品的本质在于,毒品在行为人的支配下实现了空间位置的移动。毒品从其生产、制造到使用者的使用通常存在空间上的距离,往往需要经过运输、贩卖等过程方可能实现。而空间上的移动并非仅是一种物理学意义上的位移,而是法规范视野下的自起点到目的地的一个连续的过程。因为,侵害人民健康的危险,作为一种抽象的危险,从社会经验上来看,运输毒品的完成需要从起点到目的地的连续位移。因此,应当以是否运输到目的地作为运输毒品罪既遂的标准。

(三)走私、贩卖、运输、制造毒品罪的刑事责任

根据我国《刑法》第347条的规定,犯本罪的,处3年以下有期徒刑、拘役或者管制,并处罚金,情节严重的,处3年以上7年以下有期徒刑,并处罚金;走私、贩卖、运输、制造鸦片200克以上不满1000克、海洛因或甲基苯丙胺10克以上不满50克或者其他毒品数量较大的,处7年以上有期徒刑,并处罚金;具有下列情形之一的,处15年有期徒刑、无期徒刑或者死刑,并处没收财产:(1)走私、贩卖、运输、制造鸦片1000克以上、海洛因或甲基苯丙胺50克以上或者其他毒品数量大的;(2)走私、贩卖、运输、制造毒品集团的首要分子;(3)武装掩护走私、贩卖、运输、制造毒品的;(4)以暴力抗拒检查、拘留、逮捕,情节严重的;(5)参与有组织的国际贩毒活动的。

另外,利用、教唆未成年人走私、贩卖、运输、制造毒品或者向未成年人出售

---

① 高巍:《中国禁毒三十年——以刑事规制为主线》,法律出版社2011年版,第203—204页。

毒品的,从重处罚。因走私、贩卖、运输、制造、非法持有毒品罪被判过刑,又犯走私、贩卖、运输、制造毒品罪的,从重处罚。

二、非法持有毒品罪

（一）非法持有毒品罪的概念和构成

非法持有毒品罪,是指明知是毒品而持有的行为。

本罪侵害的法益为人民健康,因为持有毒品事实的存在意味着该毒品对于潜在的消费者的身体健康存在危险。本罪的行为对象为毒品,本罪的行为方式为持有毒品行为。所谓非法持有,是指违反国家法律和国家主管部门的规定,占有、携带、藏有或者以其他方式持有毒品的行为。具体而言,持有既包括事实上的支配和控制,也包括观念上的支配和控制。持有毒品行为的认定与行为人是否具有物理上的控制无关,也与行为人是否对于毒品具有占有或所有的状态无关。另外,持有可以是行为人单独持有,也可以是行为人委托他人持有,还可以是共同持有。还有,持有应当表现为一段时间的控制和支配。本罪的主观要件为故意,即行为人明知为毒品而进行持有。"明知"的具体认定参照前述罪名中的讨论。

（二）非法持有毒品罪的界限划分

在实践中,非法持有毒品的行为往往表现为其他毒品犯罪的组成部分。如走私、贩卖、运输、制造毒品行为都可能包含持有毒品行为,在此种情形下,就不单独构成非法持有毒品罪,而直接以行为人所实施的其他毒品犯罪行为定性。因为,走私、贩卖、运输、制造毒品行为本身就包含着持有毒品行为,或者说,持有毒品行为是走私、贩卖、运输、制造毒品实行行为的组成部分。

值得注意的是,非法持有毒品罪与运输毒品罪之间的关联性更为紧密。持有行为不仅可以表现为静止的持有,也可以表现为运动中的持有。那么,运动中的持有毒品行为和运输毒品行为之间的界限就需要厘定。一般而言,当行为人持有毒品是为了自己吸食的便利而使毒品处于运动或位移状态,即使数量较大也只成立非法持有毒品罪。当行为人使毒品处于位移或运动状态的目的并非是自己吸食,而是基于其他目的,则应当构成运输毒品罪。另外,在盗窃、抢夺、诈骗、抢劫毒品的行为中,也会存在持有毒品的行为,不能够认为既成立盗窃、抢夺、诈骗、抢劫罪,又成立非法持有毒品罪,实行数罪并罚,只应当以盗窃、抢夺、诈骗、抢劫罪处罚。

（三）非法持有毒品罪的刑事责任

根据我国《刑法》第348条的规定,非法持有鸦片200克以上不满1000克、海洛因或甲基苯丙胺10克以上不满50克或者其他毒品数量较大的,处3年以下有期徒刑、拘役或者管制,并处罚金;情节严重的,处3年以上7年以下有期徒刑,并处罚金。非法持有鸦片1000克以上、海洛因或甲基苯丙胺50克以上或者其他毒品数量大的,处7年以上有期徒刑或者无期徒刑,并处罚金。

三、包庇毒品犯罪分子罪

包庇毒品犯罪分子罪,是指包庇走私、贩卖、运输、制造毒品的犯罪分子的行为。本罪侵害的法益为刑事司法职能。本罪的行为对象为走私、贩卖、运输、制造毒品的犯罪分子。所谓走私、贩卖、运输、制造毒品的犯罪分子,是指实施走私、贩卖、运输、制造毒品行为的行为人。至于实施上述行为的行为人是否具有责任能力,是否达到法定的责任年龄,不影响包庇毒品犯罪分子罪的成立。同样,被包庇的走私、贩卖、运输、制造毒品的犯罪分子所实施的犯罪是否完成,是否达到既遂标准,也不影响包庇毒品犯罪分子罪的成立。本罪的行为方式为包庇行为。所谓包庇行为,是指行为人向司法机关作虚假证明以掩盖实施走私、贩卖、运输、制造毒品行为的行为人的犯罪事实的行为。本罪的主观要件为故意,即行为人明知其包庇的人为走私、贩卖、运输、制造毒品的行为人,还向司法机关作虚假证明。

根据我国《刑法》第349条的规定,犯本罪的,处3年以下有期徒刑、拘役或者管制;情节严重的,处3年以上10年以下有期徒刑。

四、窝藏、转移、隐瞒毒品、毒赃罪

窝藏、转移、隐瞒毒品、毒赃罪,是指行为人明知他人为毒品犯罪分子,还为其窝藏、转移、隐瞒毒品或毒赃的行为。本罪侵害的法益为司法机关的职能。本罪的行为对象为毒品和毒赃。所谓毒赃,是指毒品犯罪所得的财物。亦即是说,必须是犯罪分子通过毒品犯罪所获得的财物才能够视为毒赃。如果毒品犯罪分子实施其他犯罪所得的财物,即使是在毒品犯罪过程中被发现且被行为人窝藏的,不构成本罪。同样,从其他途径获取的财物,打算用于实施毒品犯罪,也不属于毒品犯罪所得的财物。如行为人卖掉股票筹集现金准备去购买毒品,在去往购买地的途中交由他人窝藏或转移,也不构成本罪。本罪的行为方式为窝藏、转移、隐瞒毒品、毒赃行为。所谓窝藏,是指隐藏毒品或毒赃于隐蔽场所以逃避司法机关调查的行为。所谓转移,是指为了帮助毒品犯罪分子逃避司法机关调查而将毒品或毒赃由一地转移至另一地的行为。所谓隐瞒,是指行为人在明知毒品或毒赃去向的情况下,有意向司法机关隐瞒事实的行为。本罪的主观要件为故意。如果行为人在事前与毒品犯罪分子就窝藏、转移、隐瞒毒品、毒赃存在共谋,则不成立本罪,而与毒品犯罪分子成立其他毒品犯罪的共

同犯罪。

根据我国《刑法》第349条的规定,犯本罪的,处3年以下有期徒刑、拘役或者管制;情节严重的,处3年以上10年以下有期徒刑。

五、走私制毒物品罪

走私制毒物品罪,是指行为人非法运输、携带制毒物品进出我国国(边)境的行为。本罪侵害的法益为人民健康,与其他毒品犯罪相比,走私制毒物品罪对于人民健康的危险更为基础,距离人民健康的实害更为遥远。但是,从一般经验上看,制毒物品对于毒品的制造不可或缺,其蕴含着毒品从无到有的危险,这也是刑法进行规制的依据。当然,这种危险对于人民健康更为抽象和遥远,因此,刑法规制该种行为所设置的法定刑并未达到其他毒品犯罪的程度。本罪的行为对象为制毒物品。所谓制毒物品,是指醋酸酐、乙醚、三氯甲烷等用于制造毒品的原料或配剂。本罪的行为方式为走私行为,具体而言,就是指行为人携带制毒物品进出我国国(边)境的行为。[①] 本罪的主观要件为故意,即行为人明知[②]为制毒物品而进行走私。

根据我国《刑法》第350条的规定,犯本罪的,处3年以下有期徒刑、拘役或者管制,并处罚金;数量大的,处3年以上10年以下有期徒刑,并处罚金。单位也可成立本罪。

六、非法买卖制毒物品罪

非法买卖制毒物品罪,是指行为人买卖制毒物品的行为。本罪侵害的法益为人民健康。本罪的行为对象为制毒物品。本罪的行为方式为买卖行为。具体

[①] 《关于进一步加强麻黄草管理严厉打击非法买卖麻黄草等违法犯罪活动的通知》规定,以提取麻黄碱类制毒物品后进行走私为目的,采挖、收购麻黄草,涉案麻黄草所含的麻黄碱类制毒物品达到相应定罪数量标准的,以走私制毒物品罪定罪处罚。《关于办理走私、非法买卖麻黄碱类复方制剂等刑事案件适用法律若干问题的意见》规定,以加工、提炼制毒物品为目的,运输、携带、寄递麻黄碱类复方制剂进出境的;将麻黄碱类复方制剂拆除包装、改变形态后进行走私,或者明知是已拆除包装、改变形态的麻黄碱类复方制剂而进行走私的;以走私为目的,利用麻黄碱类复方制剂加工、提炼制毒物品的,均以走私制毒物品罪定罪处罚。

[②] 所谓"明知",根据《刑事案件立案追诉标准(三)》第5条第4款的规定,实施走私制毒物品行为,有下列情形之一,且查获了易制毒化学品,结合行为人的供述和其他证据综合审查判断,可以认定其"明知"是制毒物品而走私或者非法买卖,但有证据证明确属被蒙骗的除外:(1)改变产品形状、包装或者使用虚假标签、商标等产品标志的;(2)以藏匿、夹带、伪装或者其他隐蔽方式运输、携带易制毒化学品逃避检查的;(3)抗拒检查或者在检查时丢弃货物逃跑的;(4)以伪报、藏匿、伪装等蒙蔽手段逃避海关、边防等检查的;(5)选择不设海关或者边防检查站的路段绕行出入境的;(6)以虚假身份、地址或者其他虚假方式办理托运、寄递手续的;(7)以其他方法隐瞒真相,逃避对易制毒化学品依法监管的。

而言,买卖制毒物品行为,是指行为人在我国境内购买或销售制毒物品的行为。① 本罪的主观要件为故意,即行为人明知为制毒物品而进行买卖。明知他人走私、非法买卖制毒物品,向其提供麻黄草或者提供运输、储存麻黄草等帮助的;明知他人走私或者非法买卖麻黄碱类制毒物品,向其提供麻黄碱类复方制剂,为其利用麻黄碱类复方制剂加工、提炼制毒物品,或者为其获取、利用麻黄碱类复方制剂提供其他帮助的,分别以走私制毒物品罪、非法买卖制毒物品罪的共犯论处。

根据我国《刑法》第 350 条的规定,犯本罪的,处 3 年以下有期徒刑、拘役或者管制,并处罚金;数量大的,处 3 年以上 10 年以下有期徒刑,并处罚金。单位也可成立本罪。

七、非法种植毒品原植物罪

非法种植毒品原植物罪,是指种植罂粟、大麻等毒品原植物的行为。本罪侵害的法益为人民健康。本罪的行为对象为罂粟、大麻等毒品原植物。本罪的行为方式为种植行为。所谓种植,是指播种、育苗、移栽、插苗、施肥、灌溉、割取津液或者收取种子等行为。本罪的主观要件为故意,即行为人需要明知其所种植的植物为毒品原植物。构成本罪需要达到一定数额或者其他情形的程度,具体指下列情形:种植罂粟 500 株以上不满 3000 株或者其他毒品原植物数量较大的;经公安机关处理后又种植的;抗拒铲除的。所谓"经公安机关处理后又种植的",是指行为人种植毒品原植物已被公安机关行政处罚又种植的情形。所谓抗拒铲除,是指抗拒国家机关实施或主导的铲除行为。

根据我国《刑法》第 351 条的规定,犯本罪的,处 5 年以下有期徒刑、拘役或者管制,并处罚金;非法种植罂粟 3000 株以上或其他毒品原植物数量大的,处 5 年以上有期徒刑,并处罚金或者没收财产。非法种植毒品原植物的株数一般应

---

① 具体而言,根据《刑事案件立案追诉标准(三)》第 6 条第 3 款的规定,违反国家规定,实施下列行为之一的,认定为非法买卖制毒物品行为:(1)未经许可或者备案,擅自购买、销售易制毒化学品的;(2)超出许可证明或者备案证明的品种、数量范围购买、销售易制毒化学品的;(3)使用他人的或者伪造、变造、失效的许可证明或者备案证明购买、销售易制毒化学品的;(4)经营单位违反规定,向无购买许可证明、备案证明的单位、个人销售易制毒化学品的,或者明知购买者使用他人的或者伪造、变造、失效的许可证明或者备案证明,向其销售易制毒化学品的;(5)以其他方式非法买卖易制毒化学品的。《关于进一步加强麻黄草管理严厉打击非法买卖麻黄草等违法犯罪活动的通知》规定,以提取麻黄碱类制毒物品后进行非法贩卖为目的,采挖、收购麻黄草,涉案麻黄草所含的麻黄碱类制毒物品达到相应定罪数量标准的,以非法买卖制毒物品罪定罪处罚。《关于办理走私、非法买卖麻黄碱类复方制剂等刑事案件适用法律若干问题的意见》规定,以加工、提炼制毒物品为目的,购买麻黄碱类复方制剂;将麻黄碱类复方制剂拆除包装、改变形态后进行非法买卖,或者明知是已拆除包装、改变形态的麻黄碱类复方制剂而非法买卖的;以非法买卖为目的,利用麻黄碱类复方制剂加工、提炼制毒物品的,均以非法买卖制毒物品罪定罪处罚。

以实际查获的数量为准。因种植面积较大,难以逐株清点数目的,可以抽样测算每平方米平均株数后按实际种植面积测算出种植总株数。

八、非法买卖、运输、携带、持有毒品原植物种子、幼苗罪

非法买卖、运输、携带、持有毒品原植物种子、幼苗罪,是指行为人买卖、运输、携带、持有毒品原植物种子、幼苗的行为。本罪侵害的法益为人民健康。本罪的行为对象为毒品原植物种子、幼苗。需要指出的是,构成本罪的行为对象必须是具有可能种植并成活的毒品原植物种子、幼苗。本罪的行为方式为买卖、运输、携带、持有行为。本罪的主观要件为故意。

根据我国《刑法》第352条的规定,犯本罪的,处3年以下有期徒刑、拘役或者管制,并处或单处罚金。

九、引诱、教唆、欺骗他人吸毒罪

引诱、教唆、欺骗他人吸毒罪,是指引诱、教唆、欺骗他人使用毒品的行为。本罪侵害的法益为公民的健康。吸毒行为是一种自伤行为,引诱、教唆、欺骗他人吸毒实际上是一种教唆或帮助自伤的行为。吸毒行为尽管不成立犯罪,但是立法者认为帮助、教唆他人通过吸毒的方式自伤具有可罚性。本罪的行为方式为引诱、教唆、欺骗他人使用毒品的行为。所谓引诱,是指诱使他人产生吸毒愿望的行为。所谓教唆,是指通过语言或其他方式,使他人的吸毒意愿得以产生或强化。所谓欺骗,是指通过虚构事实或隐瞒真相,使他人陷入错误认识而吸食毒品的行为。本罪的主观要件为故意。

根据我国《刑法》第353条的规定,犯本罪的,处3年以下有期徒刑、拘役或者管制,并处罚金;情节严重的,处3年以上7年以下有期徒刑,并处罚金。

十、强迫他人吸毒罪

强迫他人吸毒罪,是指使用暴力、胁迫或其他手段,迫使他人吸食毒品的行为。本罪侵害的法益为公民的健康和自由。本罪的行为对象为他人,不论他人是否为吸毒者。本罪的行为方式为强迫行为,即暴力、胁迫或者其他手段,强迫程度需要达到足以压制他人反抗的程度。本罪的主观要件为故意。如果行为人强迫他人吸毒的行为造成了他人伤害的结果,则构成强迫他人吸毒罪与故意伤害罪的竞合,择一重罪处罚。

根据我国《刑法》第353条的规定,犯本罪的,处3年以上10年以下有期徒刑,并处罚金。强迫未成年人吸毒的,从重处罚。

十一、容留他人吸毒罪

容留他人吸毒罪,是指容留他人吸食毒品的行为。本罪侵害的法益为他人的健康。本罪的行为方式为容留他人吸毒的行为。所谓容留,是指允许他人在自己所控制或管理的住所或场所吸食、注射毒品的行为。本罪的主观要件为故意。

根据我国《刑法》第354条的规定,犯本罪的,处3年以下有期徒刑、拘役或者管制,并处罚金。

十二、非法提供麻醉药品、精神药品罪

非法提供麻醉药品、精神药品罪,是指从事生产、运输、管理、使用国家管制的麻醉药品、精神药品的单位和人员,非法向吸毒人员提供麻醉药品、精神药品的行为。本罪侵害的法益为人民健康。本罪的行为方式为非法向吸毒人员提供麻醉药品、精神药品的行为。此处的提供,既可以是有对价的买卖行为,也可以是赠与行为,不以有偿性和牟利性为要件。本罪的主体为特殊主体。只有依法从事生产、运输、管理、使用国家管制的麻醉药品、精神药品的单位和人员才能构成本罪。本罪的主观要件为故意。根据《刑事案件立案追诉标准(三)》第12条第2款的规定,依法从事生产、运输、管理、使用国家管制的麻醉药品、精神药品的人员或者单位,违反国家规定,向走私、贩卖毒品的犯罪分子提供国家规定管制的能够使人形成瘾癖的麻醉药品、精神药品的,或者以牟利为目的,向吸食、注射毒品的人提供国家规定管制的能够使人形成瘾癖的麻醉药品、精神药品的,以走私、贩卖毒品罪定性处理。

根据我国《刑法》第355条的规定,犯本罪的,处3年以下有期徒刑或者拘役,并处罚金;情节严重的,处3年以上7年以下有期徒刑,并处罚金。

第九节 组织、强迫、引诱、容留、介绍卖淫罪

一、组织卖淫罪

(一)组织卖淫罪的概念和构成

组织卖淫罪,是指以招募、雇佣、引诱、容留等方法,组织他人卖淫的行为。本罪侵害的法益为社会的善良风俗。本罪的行为方式为以招募、雇佣、引诱、容留等方法,组织他人卖淫的行为。招募,是指向特定人或不特定人发出参与卖淫行为的邀请。具体而言,招募可以公开进行,也可以秘密进行,可以针对特定个体进行邀请,也可以针对不特定多数人进行普遍邀请。雇佣,是指行为人与参与卖淫的人员之间就卖淫所得、抽成等内容进行约定后产生的事实上的一种雇佣

者和被雇佣者的关系。引诱,是指诱发他人产生卖淫的决意或强化他人卖淫决意的行为。容留,是指为他人卖淫活动提供固定或不固定场所的行为。卖淫,是指以财物为对价,为他人提供性交服务或其他性服务的行为。我国有学者认为,女性向女性、男性向男性实施口交、肛交等类似性行为的行为,也属于卖淫。①该观点值得商榷。对于卖淫行为边界的确定,应当以不违背社会一般人的可预期性为原则。从社会一般观念来看,卖淫通常是指异性之间以支付对价为条件的性行为,而性行为则一般指性交行为。如果把卖淫行为的本质扩大至任何能够满足性需要或性刺激的行为,则会使公民的可预期性无法满足。因此,卖淫行为应当限定于异性之间的存在交易的性交行为。本罪的主观要件为故意,不需要具有营利目的。

根据我国《刑法》第358条的规定,犯本罪的,处5年以上10年以下有期徒刑,并处罚金;情节严重的,处10年以上有期徒刑或者无期徒刑,并处罚金或者没收财产;情节特别严重的,处无期徒刑或者死刑,并处没收财产。根据前引《关于依法惩治性侵害未成年人犯罪的意见》第26条第2款的规定,对未成年人负有特殊职责的人员、与未成年人有共同家庭生活关系的人员、国家工作人员,实施组织未成年人卖淫等性侵害犯罪的,依法从严惩处。

二、强迫卖淫罪

强迫卖淫罪,是指使用暴力、胁迫等方法迫使他人卖淫的行为。

本罪侵害的法益为社会的善良风俗以及他人的自由。因为迫使他人卖淫的行为一方面对社会的善良风俗具有侵害,另一方面也对被迫使者的人身自由和性的自主决定权造成了侵害。本罪的行为方式为强迫卖淫行为。所谓强迫,是指使用暴力、胁迫或其他方法,并达到足以压制被害者反抗的程度。本罪的主观要件为故意。

强迫卖淫罪与强奸罪都表现为使用暴力、胁迫的手段迫使他人发生性行为,二者在手段上的相似性使得二者的界限并不容易界定。具体而言,强迫卖淫罪与强奸罪的区别主要表现在以下几个方面:其一,强迫卖淫罪的强迫内容是强迫他人在此时此地卖淫,包括被强迫人对卖淫本身没有异议,只是对卖淫时间、地点的指定有异议的情形,也包括被强迫人不愿意卖淫而行为人迫使其卖淫的情形;强奸罪中的受害人对于发生性行为本身均缺乏自愿。其二,强迫卖淫罪中的暴力和胁迫的程度是指足以达到使他人卖淫的程度,而强奸罪中的暴力和胁迫程度是指足以使他人无法反抗、不能反抗的接受性交的程度。其三,强迫卖淫罪中的故意认识内容不需要行为人认识到受害人对性行为的发生缺乏自愿,而强

---

① 张明楷:《刑法学》(第4版),法律出版社2011年版,第1021页。

奸罪中的行为人在主观上必须认识到受害人是不情愿发生性行为的。

但是,当受害人不愿意发生性行为时,行为人强迫其向他人提供性服务的行为,究竟构成强奸罪还是强迫卖淫罪?因为在上述情形中,行为人明知受害人并不愿意发生性行为,且客观上受害人确实不愿意发生性行为,行为人使用暴力、胁迫迫使受害人与他人发生性行为,这就存在定罪上的困难。具体而言,如果接受性服务的人明知受害人是基于他人的强迫而缺乏自愿发生的性行为,则接受性服务的人和强迫他人卖淫的人构成强奸罪的共同犯罪。如果接受性服务的人不知晓受害人缺乏自愿的事实而与受害人发生性行为的,接受性服务的人不构成强奸罪,但迫使受害人卖淫的行为人构成强迫卖淫罪。另外,如果行为人强迫受害人在不自愿的情况下为自己提供性服务并支付对价,则应当构成强奸罪。

根据我国《刑法》第358条的规定,犯本罪的,处5年以上10年以下有期徒刑,并处罚金。如果具有下列情形,处10年以上有期徒刑或者无期徒刑,并处罚金或者没收财产:(1)强迫不满14周岁的幼女卖淫的;(2)强迫多人卖淫或者多次强迫他人卖淫的;(3)强奸后迫使卖淫的;(4)造成被强迫卖淫的人重伤、死亡或者其他严重后果的。如果具有上述四种情形之一,且情节特别严重的,处无期徒刑或者死刑。根据前引《关于依法惩治性侵害未成年人犯罪的意见》第26条第2款的规定,对未成年人负有特殊职责的人员、与未成年人有共同家庭生活关系的人员、国家工作人员,实施强迫未成年人卖淫等性侵害犯罪的,依法从严惩处。

三、协助组织卖淫罪

协助组织卖淫罪,是指协助他人组织卖淫的行为。本罪侵害的法益为社会的善良风俗。本罪的行为方式为协助他人组织卖淫的行为。协助他人组织卖淫的行为,原本属于组织卖淫行为的帮助行为,但是《刑法》将其单独规定为实行行为,可能有加大惩罚力度的考虑。具体而言,协助他人组织卖淫的行为是指在组织卖淫行为的各个环节为组织卖淫行为的便利实施提供有形或无形帮助的行为。值得注意的是,协助他人组织卖淫行为不包括组织卖淫行为的实行行为。如果行为人的积极参与已成为组织卖淫行为的一部分,则不再属于协助组织卖淫行为,而属于组织卖淫行为。本罪的主观要件为故意,即行为人必须认识到他人正在实施组织卖淫行为而给予帮助或协助。

根据我国《刑法》第358条的规定,犯本罪的,处5年以下有期徒刑,并处罚金;情节严重的,处5年以上10年以下有期徒刑,并处罚金。旅馆业、饮食业、文化娱乐业、出租汽车业等单位的主要负责人,利用本单位的条件,协助他人组织卖淫的,按照协助组织卖淫罪从重处罚。

四、引诱、容留、介绍卖淫罪

引诱、容留、介绍卖淫罪,是指引诱、容留、介绍他人卖淫的行为。本罪侵害的法益为社会的善良风俗。本罪的行为方式为引诱、容留、介绍他人卖淫的行为。引诱,是指诱发他人产生卖淫的决意或强化他人卖淫决意的行为。一般而言,引诱行为往往承诺一定的物质利益或非物质利益给被引诱者,至于该利益是否真实存在不影响引诱行为的认定。引诱行为的具体方式可表现为语言、文字、图画、举动等,但是必须在性质上有诱发他人卖淫决意的可能。容留,是指为他人卖淫活动提供固定或不固定场所的行为。提供场所既包括住宅、居所等固定的场所,也包括汽车、船舶等不固定的场所。介绍,是指在卖淫者和嫖娼者之间提供中介、促成交易的行为。介绍的方式既包括双向介绍,也包括单向介绍。双向介绍是指联系和帮助嫖娼者与卖淫者之间认识和达成一致的行为。单向介绍是指单纯向某一方提供卖淫信息,由被介绍者自行接洽的行为。本罪的主观要件为故意。如果组织卖淫的行为人对于其所组织的卖淫人员也存在引诱、容留、介绍卖淫的行为,则只构成组织卖淫罪,不属于数罪。因为组织卖淫行为本身就包括引诱、容留、介绍等行为方式。

根据我国《刑法》第359条的规定,犯本罪的,处5年以下有期徒刑、拘役或者管制,并处罚金;情节严重的,处5年以上有期徒刑。旅馆业、饮食业、文化娱乐业、出租汽车业等单位的主要负责人,利用本单位的条件,引诱、容留、介绍他人卖淫的,按照引诱、容留、介绍卖淫罪从重处罚。根据前引《关于依法惩治性侵害未成年人犯罪的意见》第26条第2款的规定,对未成年人负有特殊职责的人员、与未成年人有共同家庭生活关系的人员、国家工作人员,实施引诱、容留、介绍未成年人卖淫等性侵害犯罪的,依法从严惩处。

五、引诱幼女卖淫罪

引诱幼女卖淫罪,是指引诱不满14周岁的幼女卖淫的行为。本罪侵害的法益为社会的善良风俗和幼女的身心健康。本罪的行为方式为引诱不满14周岁的幼女卖淫的行为。只要行为人实施了引诱幼女卖淫的行为,即使幼女并未从事卖淫活动,行为人也构成本罪。本罪的主观要件为故意,即行为人明知是幼女而引诱其卖淫。

根据我国《刑法》第359条的规定,犯本罪的,处5年以上有期徒刑,并处罚金。根据前引《关于依法惩治性侵害未成年人犯罪的意见》第26条第2款的规定,对未成年人负有特殊职责的人员、与未成年人有共同家庭生活关系的人员、国家工作人员,实施引诱未成年人卖淫等性侵害犯罪的,依法从严惩处。

六、传播性病罪

传播性病罪,是指明知自己患有梅毒、淋病等严重性病而从事卖淫或嫖娼活动的行为。

本罪侵害的法益为公共健康。因为卖淫、嫖娼行为所针对的对象一般是不特定的多数个体,具有公共性。如果行为人在患有梅毒、淋病等严重性病时还从事卖淫或嫖娼活动,则使梅毒、淋病等严重性病可以通过性交行为传播至不特定多数人,从而引起不特定多数人感染严重性病的危险。

本罪的行为方式为卖淫或嫖娼行为。卖淫和嫖娼行为具有传播性病的较大危险性。一方面是因为嫖娼和卖淫行为主要以性交行为为手段,而性交行为则是传播性病的重要途径;另一方面是因为嫖娼和卖淫行为所针对的对象是不特定的多数人,对于公共健康可能造成重大危险。这就是立法者将严重性病患者的卖淫、嫖娼行为拟制为对公共健康具有抽象危险的根据。尽管从具体个案中来看,在行为人严格采取安全防范措施的情形中,可能不存在对于公众健康的具体危险,也不能否定抽象危险的存在。从这个意义上说,本罪是抽象危险犯,不需要在具体的个案中进行现实的、具体的危险判断,只要具有法律规定的行为就可认定为危险的存在。那么,卖淫、嫖娼行为是否导致了他人感染性病的结果也不属于本罪的构成要件要素。即使事后调查,所有与行为人有过卖淫或嫖娼交易的对象均没有感染性病,也不影响本罪的成立。

本罪的主体为患有梅毒、淋病等严重性病的自然人。除了《刑法》明确列举的梅毒和淋病两种性病之外,其他严重性病的范围应当如何确定则成为需要思考的问题。一般而言,根据保护法益相当的原则,其他严重性病应当是在传染性、传染方式和对身体的危害性方面与梅毒、淋病相当的性病。原卫生部发布的《性病防治管理办法》(2013年1月1日施行)第2条规定了8种性病:淋病、梅毒、艾滋病、软下疳、性病性淋巴肉芽肿、非淋菌性尿道炎、尖锐湿疣、生殖器疱疹。根据该规定可以认定,上述8种性病都属于严重性病。但是,值得思考的是,艾滋病在危害程度上远远高于其他性病,且尚无治愈手段,如果行为人明知自己患有艾滋病还卖淫、嫖娼的,成立本罪还是成立其他犯罪?艾滋病作为一种致死率极高的严重传染病,对于人体健康具有严重的危险。如果行为人明知自己患有艾滋病还在卖淫嫖娼过程中采取无保护措施的性交行为,放任传播艾滋病给特定个体的行为,可以以故意伤害罪定性。如果受害人未能感染艾滋病,则成立故意伤害罪未遂。

本罪的主观要件为故意,即行为人需要认识到自己患有严重性病且从事卖淫嫖娼活动。如果行为人对于自己患有严重性病的事实缺乏认识,即使其确实患有严重性病且卖淫或嫖娼,也不成立本罪。当然,行为人对于自己患有严重性病的认识程度不需要达到性病种类和性病严重性的认识程度。换言之,只要行为人认识到自己可能感染性病而进行卖淫嫖娼就符合了本罪的故意要求,不需要其必须明知性病的严重程度和具体种类。另外,行为人不需要对卖淫、嫖娼行为可能传播性病给他人具有认识。在"明知"的司法认定上,具备下列情形之一的,可以认定为明知:(1)有证据证明行为人曾到医院就医,被诊断为患有严重性病;(2)根据本人的知识和经验,能够知道自己患有严重性病的;(3)通过其他方法能够证明被告人是明知的。

根据我国《刑法》第360条的规定,犯本罪的,处5年以下有期徒刑、拘役或者管制,并处罚金。

七、嫖宿幼女罪

嫖宿幼女罪,是指嫖宿不满14周岁的幼女的行为。本罪侵害的法益为幼女的身心健康。本罪的行为方式为嫖宿行为。所谓嫖宿行为,是指以金钱或其他财物为对价,取得幼女的同意后与幼女发生性关系的行为。如果幼女并未实施卖淫行为,行为人骗取幼女同意而与幼女发生性关系的,构成强奸罪。本罪的主观要件为故意,即认识到嫖宿的对象可能是幼女,包括明知嫖宿对象为幼女,也包括认识到嫖宿对象可能是幼女,但不包括应当知道嫖宿对象为幼女的情形。因为应当知道,但行为人确实不知道是幼女的情形属于过失。根据前引《关于依法惩治性侵害未成年人犯罪的意见》第20条的规定,以金钱财物等方式引诱幼女与自己发生性关系的;知道或者应当知道幼女被他人强迫卖淫而仍与其发生性关系的,均以强奸罪论处,而不能按照本罪来处理。

根据我国《刑法》第360条的规定,犯本罪的,处5年以上有期徒刑,并处罚金。

第十节 制作、贩卖、传播淫秽物品罪

一、制作、复制、出版、贩卖、传播淫秽物品牟利罪

(一)制作、复制、出版、贩卖、传播淫秽物品牟利罪的概念和构成

制作、复制、出版、贩卖、传播淫秽物品牟利罪,是指以牟利为目的,制作、复制、出版、贩卖、传播淫秽物品的行为。

本罪侵害的法益为未成年人的健康与公共安宁。首先,对于接触淫秽物品的未成年人而言,未成年人是一个特殊的权利主体,其不具有独立自主参与社会生活的行为能力和责任能力,而且其心智尚未健全,人格发展尚未定型,具有很强的易塑性和易受影响性,如果使未成年人暴露于色情文化中,不利于未成年人

形成健康的人格。因此,从这个意义上,国家有义务保护未成年人免受色情文学的影响,因为这种影响对于未成年人具有伤害性,其侵害的法益为未成年人的健康,这种健康更多地体现为健全人格的形成。从这个意义上说,未成年人也不具有表达自由的完全权利,因为其不具有健全和理性的辨别和控制能力,必须在国家、社会、家庭的监督保护之下。正是基于保护未成年人免受色情文化侵害的目的,防止未成年人在身心发育尚不健全的情况下遭受色情文化的伤害,国家有义务制定禁止性规范以限制色情作品、色情表演进入未成年人可获得的空间或领域。这种限制并非是一种对于性道德或性风尚的保护,而是一种着眼于未成年人健康的刑法规范。另外,对于接触淫秽物品的成年人而言,当淫秽物品倘若进入公共场合,则有可能影响到不想阅读或观看者的感情。同样,这里就出现了一种具体的法益——不想看的人的感情,属于一般性的公共安宁的范畴。

本罪的行为对象为淫秽物品。所谓淫秽物品,根据我国《刑法》第367条第1款的规定,是指具体描绘性行为或者露骨宣扬色情的诲淫性的书刊、影片、录像带、录音带、图片及其他淫秽物品。2004年最高人民法院、最高人民检察院《关于办理利用互联网、移动通讯终端、声讯台制作、复制、出版、贩卖、传播淫秽电子信息刑事案件具体应用法律若干法律问题的解释》第9条第1款补充规定:"刑法第367条第1款规定的'其他淫秽物品',包括具体描绘性行为或者露骨宣扬色情的诲淫性的视频文件、音频文件、电子刊物、图片、文章、短信息等互联网、移动通讯终端电子信息和声讯台语音信息。"具体而言,关于淫秽物品的界定,可以从两个方面展开:

(1) 淫秽性的界定。一般而言,淫秽性具有三个特点:一为刺激或引发性欲;二为伤害正常人的性的羞耻心;三为违反善良的性的道义观念。① 但是,正常人的性的羞耻心与善良的性的道义观念都具有时代性和历史性,很难说存在客观不变的标准。因此,淫秽性的判断,应当以现时代的一般人的社会通念作为标准。问题在于,科学和文艺作品中部分存在的淫秽性描写,能否认定为该作品具有淫秽性,在国内外刑法理论中争议颇大。第一种学说认为,即使有部分露骨的描写,如果从作品整体上来看可以抵消该淫秽性时,该作品就不具有淫秽性。第二种学说认为,是否具有淫秽性的判断,应当从该作品或文书的传播、贩卖、广告等的方式和作为目标对象的读者群的关系上进行判断。第三种学说认为,应当根据作品创作者写作、出版的动机和意图的角度进行判断。第四种学说认为,应当将淫秽作品侵害的法益和科学、艺术作品所具有的利益

---

① 〔日〕大谷实:《刑法讲义各论(新版第2版)》,黎宏译,中国人民大学出版社2008年版,第472页。

进行权衡和比较进行判断。① 从保护科学自由、表达自由与规制淫秽作品的必要性之间的平衡来看,应当向科学自由和表达自由倾斜。当科学作品和文艺作品中的淫秽性部分是作品所必需的,则应当否定该作品的淫秽性。也即是说,上述各种观点中第四种观点更为妥当。

(2) 物品的界定。淫秽物品需要表现为一定的形式或载体。文字、书籍、音像作品等很明显属于淫秽物品,争议不大。但是,虚拟网络中瞬间存在的即时图像是否具有物品性则有待研究。如网络裸聊中的实时图像能否认定为淫秽物品? 物品通常是与人相对的一个范畴,把作为主体的人通过某种方式进行记录,如录音、录像、描述之后的物质载体自然是一种物品。但是,网络裸聊过程中,很难说存在一种记载色情内容的物质载体。倘若网络裸聊参与者在观看对方的裸体时,将其复制于电脑硬盘或软盘等物理工具上,这个复制的视频则成为物品。② 问题是裸聊参加者通过网络和摄像头进行的即时图像交流本身,其物质载体究竟是什么? 这个问题比较模糊。倘若把公安机关通过技术手段拍摄或记载的裸聊图像作为行为人所传播的淫秽物品的话,明显不尽合理。因为公安机关的拍摄或复制行为本身就是一种制作行为,正是通过公安机关的制作行为,才产生了一种含有色情内容的物质载体,也才成为一种淫秽物品。所以说,从某种意义上讲,纯粹的网络裸聊过程中并没有一种客观存在的淫秽物品,自然不能以传播淫秽物品定性。设想一下,虚拟空间中的裸体聊天行为,如果认为他人看到的东西是一种淫秽物品的话,为何在现实生活中看到的裸体表演就不是一种淫秽物品? 从刑法解释的角度,把通过即时通讯工具看到的他人裸体图像当作一种物品,与物品这一概念的一般含义并不相符,有类推解释之嫌。③

本罪的行为方式为制作、复制、出版、贩卖、传播行为。所谓制作,是指通过生产、录制、编写、剪辑等方式使淫秽物品得以产生的行为。所谓复制,是指通过复印、仿制等方式对已经存在的淫秽物品进行重复制作的行为。复制行为与制作行为的区别在于复制是对已经存在的物品进行数量上的增加,而制作则是创造成原本不存在的物品。出版,是指行为人复制作品后向社会公众发行的行为。我国有学者认为,构成出版淫秽物品的行为方式的主体必须是合法的出版单位,如出版社、杂志社、音像制品单位等。其他不具有出版资格的单位或者个人,无论是否是盗用出版单位的名义还是通过书号买卖等方式借用出版单位名义的,

---

① 〔日〕大谷实:《刑法讲义各论(新版第2版)》,黎宏译,中国人民大学出版社2008年版,第473页。
② 也有学者认为,把储存有淫秽图像数据的电脑硬盘作为淫秽物品的观点并不妥当。因为作为有体物的计算机及其组成部分自身是不具有任何淫秽性的物,那么,将之作为淫秽物品是极不自然并且过于诡辩的解释。参见〔日〕曾根威彦:《刑法学基础》,黎宏译,法律出版社2005年版,第23页。
③ 高巍:《网络裸聊不应认定为犯罪——与"'网络裸聊'入罪之法律分析"一文商榷》,载《法学》2007年第9期。

都不是出版,而是制作行为。① 该观点并不妥当。刑法规制出版淫秽作品的重点在于出版方式,而非出版的合法资格。正是因为出版使淫秽作品具有了进入公众视野的可能性,才产生了侵犯公众安宁的可能性,也才使该行为具有了惩罚的必要。因此,对于出版的界定,应当进行实质的、功能的解释,即把出版理解为大量复制作品向公众发行的行为。没有合法出版资质的行为人如果实施了大量复制淫秽作品并向公众发行的行为,也成立本罪中的出版。贩卖,是指有偿卖出淫秽作品的行为,不需要同时具备买进和卖出两个环节。传播,是指通过出租、出借、上传等方式使淫秽作品进入特定个体或不特定多数人可以获取、浏览、阅读、下载、使用的状态。

本罪的主观要件为故意,且需要行为人具有牟利目的。具体而言,行为人对于其所制作、复制、出版、贩卖、传播的对象为淫秽物品必须具有认识。这里的认识既可以是明确知道,也可以是可能知道。但是,不要求行为人对于淫秽物品的认识程度达到法律意义上的认识程度,只需要达到可能与性刺激相关的意义的程度即可。另外,行为人制作、复制、出版、贩卖、传播淫秽物品必须是为了获取利润而实施,但是该牟利目的是否实现不影响本罪的成立。

(二)制作、复制、出版、贩卖、传播淫秽物品牟利罪的界限划分

制作、复制、出版、贩卖、传播淫秽物品牟利罪与走私淫秽物品罪的界限在于:其一,前者所发生的场合在我国境内,后者发生的场合则需要跨越国(边)境;其二,前者需要具有牟利目的,后者则不需要具有牟利目的。如果行为人携带、运输淫秽物品跨越国(边)境后进入我国境内,继续进行制作、复制、出版、贩卖、传播的行为,则成立制作、复制、出版、贩卖、传播淫秽物品牟利罪与走私淫秽物品罪的数罪,应当实行并罚。

成立制作、复制、出版、贩卖、传播淫秽物品牟利罪需要具备一定的数量和情节标准,并非所有制作、复制、出版、贩卖、传播淫秽物品牟利行为的都成立本罪。构成本罪的具体数额标准,可以参见1998年最高人民法院《关于审理非法出版物刑事案件具体应用法律若干问题的解释》,2004年最高人民法院、最高人民检察院颁发的《关于办理利用互联网、移动通讯终端、声讯台制作、复制、出版、贩卖、传播淫秽电子信息刑事案件具体应用法律若干问题的解释》以及2010年最高人民法院、最高人民检察院颁发的《关于办理利用互联网、移动通讯终端、声讯台制作、复制、出版、贩卖、传播淫秽电子信息刑事案件具体应用法律若干问题的解释(二)》等司法解释的相关规定,这些司法解释详细规定了制作、复制、出版、贩卖、传播淫秽影碟、软件、录像带,淫秽音碟、录音带,淫秽扑克、书刊、画册,淫秽照片、画片,淫秽电影、表演、动画等视频文件,淫秽音频文件,淫秽电子刊

---

① 王作富:《刑法分则实务研究》(下),中国方正出版社2003年版,第1864页。

物、图片、文章、短信息、淫秽电子信息,以及传播人数、范围与违法所得要求。

（三）制作、复制、出版、贩卖、传播淫秽物品牟利罪的刑事责任

根据我国《刑法》第363条的规定,犯本罪的,处3年以下有期徒刑、拘役或者管制,并处罚金;情节严重的,处3年以上10年以下有期徒刑,并处罚金;情节特别严重的,处10年以上有期徒刑或无期徒刑,并处罚金或者没收财产。单位也可成立本罪。

二、为他人提供书号出版淫秽书刊罪

为他人提供书号出版淫秽书刊罪,是指为他人提供书号,供他人出版淫秽书刊的行为。本罪侵害的法益为未成年人的健康与公共安宁。本罪的行为对象为书号。所谓书号,是指书号、刊号、版号等出版许可。本罪的行为方式为为他人提供书号出版淫秽书刊的行为。具体而言,本罪的行为方式包括两个方面的要件:其一,行为人将出版社的书号有偿或者无偿提供给他人使用;其二,他人利用该书号出版了淫秽书刊。换言之,必须存在他人利用该书号出版淫秽书刊的事实才能成立本罪。本罪的主观要件为过失,即行为人对于自己提供给他人的书号可能被用于出版淫秽书刊应当具有认识,但基于疏忽大意而没有认识。

根据我国《刑法》第363条的规定,犯本罪的,处3年以下有期徒刑、拘役或者管制,并处或者单处罚金。单位也可成立本罪。

三、传播淫秽物品罪

传播淫秽物品罪,是指传播淫秽物品,情节严重的行为。本罪侵害的法益为未成年人的健康与公共安宁。本罪的行为对象为淫秽物品。本罪的行为方式为传播。所谓传播,是指通过出租、出借、上传等方式使淫秽物品进入特定个体或不特定多数人可以获取、浏览、阅读、下载、使用的状态。本罪的主观要件为故意,但不需要行为人具有牟利目的。

根据我国《刑法》第364条的规定,犯本罪的,处2年以下有期徒刑、拘役或者管制。向未满18周岁的未成年人传播淫秽物品的,从重处罚。

四、组织播放淫秽音像制品罪

组织播放淫秽音像制品罪,是指聚集多人播放淫秽音像制品的行为。本罪侵害的法益为未成年人的健康与公共安宁。本罪的行为对象为淫秽音像制品。所谓音像制品,是指摄制或贮存在一定物体上,由声音或者一系列有伴音或无伴音的画面组成,并且借助适当装置放映、播放的制品。包括电影、录像、幻灯片、

激光视盘、激光唱盘、录音带等。① 淫秽音像制品,就是指内容具有淫秽性的音像制品。组织,是指聚集多人参与的行为;播放,是指把音像制品的内容展示给多人观看、浏览的行为。因此,行为人自己播放供自己观看的行为,因不具有组织性不构成本罪。本罪的主观要件为故意,即,行为人必须认识到自己在聚集多人播放淫秽音像制品。如果行为人未能认识到所播放的音像制品为淫秽音像制品,则不构成本罪。另外,本罪在主观上不需要具有牟利目的。如果行为人组织播放淫秽音像制品是为了获取利润,则构成传播淫秽物品牟利罪。②

根据我国《刑法》第 364 条的规定,犯本罪的,处 3 年以下有期徒刑、拘役或者管制,并处罚金;情节严重的,处 3 年以上 10 年以下有期徒刑,并处罚金。制作、复制淫秽的电影、录像等音像制品并组织播放的,从重处罚。向不满 18 周岁的未成年人播放淫秽音像制品的,从重处罚。单位也可成立本罪。

五、组织淫秽表演罪

组织淫秽表演罪,是指组织进行淫秽表演的行为。本罪侵害的法益为未成年人的健康与公共安宁。本罪的行为方式为组织淫秽表演的行为。所谓淫秽表演,是指通过身体动作或其他方式展示具体性行为或色情内容的行为。组织,是指策划、聚集多人从事淫秽表演的行为。一般而言,组织淫秽表演包括人和人之间的表演,也包括单个人的表演,还包括人和动物之间的表演,但不宜包括动物之间的表演。因为动物之间的表演很难说具有一般社会观念上的淫秽性。本罪的主观要件为故意,不需要具有牟利目的。

根据我国《刑法》第 365 条的规定,犯本罪的,处 3 年以下有期徒刑、拘役或者管制,并处罚金;情节严重的,处 3 年以上 10 年以下有期徒刑,并处罚金。单位构成本罪的,对单位判处罚金,对于直接负责的主管人员和其他直接责任人员处 3 年以下有期徒刑、拘役或者管制,并处罚金;情节严重的,处 3 年以上 10 年以下有期徒刑,并处罚金。

---

① 张明楷:《刑法学》(第 4 版),法律出版社 2011 年版,第 1021 页。
② 我国有学者认为,牟利目的的判断应当以成本与收益之间的关系作为标准,亦即是说,行为人在组织播放淫秽音像制品的过程中,仅向参与人收取基本成本费用的,不能认定为以牟利为目的,因为行为人收费只是为了弥补自己的支出。如果行为人的收费超过了基本成本的,就可以认定为以牟利为目的。参见王作富:《刑法分则实务研究》(下),中国方正出版社 2003 年版,第 1889—1890 页。

第四篇　侵犯国家法益的犯罪

第七章　危害国家安全罪

第一节　危害国家安全罪概说

一、危害国家安全罪的概念与构成

危害国家安全罪是指危害国家主权、领土完整和安全，分裂国家、颠覆人民民主专政的政权和推翻社会主义制度的行为。本类犯罪的构成特征如下：

（1）危害国家安全罪侵犯的法益是中华人民共和国的国家安全，即是指国家的独立、国家的团结统一、国家的领土完整和安全、国家政权、基本制度以及国家的其他根本利益的安全。国家主权、领土完整及其安全，是国家生存和发展的最重要基础和最根本保证，是国家至高无上的最大利益。因此，危害国家安全犯罪也是侵害国家法益中最严重的犯罪。

（2）危害国家安全罪客观要件表现为实施了危害中华人民共和国国家安全的行为，包括境外机构、组织、个人实施或指使、资助他人实施的，或者境内组织、机构、个人或与境外机构、组织、个人相勾结实施的危害中华人民共和国国家安全的行为。危害国家安全罪的成立在客观上并不要求有实际的物质性危害结果，行为人只要实施了《刑法》所规定的各种危害国家主权、破坏国家的领土完整和安全、分裂国家、颠覆国家政权，或者侵害国家的其他基本利益，危害中华人民共和国国家安全的行为，就成立犯罪。但是，如果只有危害国家安全的思想，而并没有危害国家安全的行为，就不构成危害国家安全罪。

（3）危害国家安全罪的主体只能是自然人，不包括单位。对于大多数危害国家安全罪来说，不论是中国公民、外国公民或无国籍人，只要具有刑事责任能力且年满16周岁，都可以成为犯罪主体。但也有少数危害国家安全罪，其主体范围有较为严格的限制。如背叛国家罪、资敌罪、投敌叛变罪的主体只限于中国公民；叛逃罪的主体只能是中国公民中的国家机关工作人员或者掌握国家秘密的国家工作人员。

（4）危害国家安全罪在主观要件为故意，即行为人明知自己的行为会发生危害国家安全的结果，并且希望或者放任这种结果发生。危害国家安全罪中的大多数犯罪只能由直接故意构成,如背叛国家罪、分裂国家罪、武装暴乱罪、颠覆国家政权罪等;但煽动分裂国家罪、煽动颠覆国家政权罪、为境外窃取、刺探、收买、非法提供国家秘密、情报罪,既可由直接故意构成,也可由间接故意构成。

二、危害国家安全罪的种类

根据刑法分则第一章第102条至第113条的规定,危害国家安全罪包括以下几类犯罪共12个罪名:一是背叛、叛乱、叛变、叛逃的犯罪,这类罪包括背叛国家罪、武装叛乱、暴乱罪、投敌叛变罪、叛逃罪四个罪名;二是颠覆、分裂国家的犯罪,这类罪包括分裂国家罪、煽动分裂国家罪、颠覆国家政权罪、煽动颠覆国家政权罪四个罪名;三是间谍、资敌的犯罪,这类罪包括资助危害国家安全犯罪活动罪,为境外窃取、刺探、收买、非法提供国家秘密、情报罪,间谍罪,资敌罪四个罪名。

第二节 背叛、叛乱、叛变、叛逃的犯罪

本节将所有"叛"型犯罪进行归纳分析。"叛"本意是指违背自己方面的利益而投身到利益相对方去,因此,成立传统意义上的"叛"需要具备两个条件:一是行为人投身到利益相对方去了,行为人实际上已是在为利益相对方工作;二是行为人投身到利益相对方去是违背自己方面利益的,行为人为利益相对方所做的工作已经危害到了自己方面的利益。但是,成立刑法意义上的"叛"并不一定需要完全具备以上条件。

我国《刑法》规定的"叛"型犯罪包括有背叛、叛乱、叛变和叛逃四种。

一、背叛国家罪

背叛国家罪是指勾结外国,或者与境外机构、组织、个人相勾结,危害中华人民共和国的主权、领土完整和安全的行为。

本罪所侵犯的法益是中华人民共和国的主权、领土完整和安全。

本罪的客观要件为行为人实施了勾结外国,或者与境外机构、组织、个人相勾结,危害中华人民共和国的主权、领土完整和安全的行为。构成本罪需具有双重行为。首先,行为人具有勾结行为。勾结的对象既包括外国,也包括境外机构、组织或个人。根据我国《国家安全法》的规定,"境外"是指中华人民共和国领域以外或者领域以内中华人民共和国政府尚未实施行政管辖的地域。境外并不等于自然的国土疆界之外,而是也包括一国领域以内尚未实施行政管辖的部分,包括尚未回到祖国怀抱的台湾地区、1997年7月1日以前的香港地区和1999年12月31日以前的澳门地区。境外机构、组织,是指回归之前的台湾、香

港、澳门等地区和外国的机构、组织及其在中华人民共和国境内设立的分支(代表)机构和分支组织。如外国的政府、军队以及其他国家机关在中国境内设置的机构、社团以及其他企事业组织,也包括外国驻华使、领馆、办事处,以及商社、新闻机构等。境外个人,是指居住在外国和回归之前的台湾、香港、澳门等地区的人,以及居住在中华人民共和国境内不具有中华人民共和国国籍的人。这里所说的居住,不论取得永久居住权或长期居住权,还是短期居住,都应视为居住。如果行为人与香港、澳门、台湾地区的机构、组织或个人相勾结,危害中华人民共和国主权、领土完整和安全,也成立背叛国家罪。"勾结"是指与利益相对方秘密联络,具体联络方式没有限制。其次,行为人实施了危害中华人民共和国主权、领土完整和安全的行为。既包括就危害国家主权、领土完整和安全事项与利益相对方共同密谋策划或通谋,也包括与利益相对方相勾结,直接实施危害国家主权、领土完整与安全的行为。

本罪的主体是已满16周岁、具有辨认和控制能力的中国公民。本罪的主观要件为故意,即行为人明知自己的行为会导致危害中华人民共和国国家主权、领土完整和安全的结果发生,依然希望或者放任这种结果发生。

根据《刑法》第102条和第113条的规定,犯本罪的,处无期徒刑或者10年以上有期徒刑,对国家和人民危害特别严重、情节特别恶劣的,可以判处死刑。另外,犯本罪的,应当附加剥夺政治权利,可以并处没收财产。

二、武装叛乱、暴乱罪

(一) 武装叛乱、暴乱罪的概念和构成

武装叛乱、暴乱罪,是指组织、策划、实施武装叛乱或者武装暴乱的行为。

(1) 本罪侵犯的法益是国家安全,即人民民主专政的政权和社会主义制度。

(2) 本罪在客观上表现为两种形式:一是组织、策划、实施武装叛乱、武装暴乱的行为。组织,是指为武装叛乱、暴乱而安排分散的人使之具有一定的系统性和整体性;策划,是指为武装叛乱、暴乱而暗中密谋、筹划,实际上是处于一种犯罪预备状态;实施,是指已经着手实施武装叛乱、暴乱活动。二是策动、胁迫、勾引、收买国家机关工作人员、武装部队人员、人民警察、民兵进行武装叛乱或者武装暴乱的行为。这里的策动,是策划、鼓动国家机关工作人员、武装部队人员、人民警察、民兵实施武装叛乱或者武装暴乱行为;胁迫,是指威胁、强迫或者控制他人参与犯罪活动;勾引,是指利用名利、地位、色情等手段,引诱国家机关工作人员、武装部队人员、人民警察、民兵实施武装叛乱或者武装暴乱的行为。收买,是指用金钱、物质或其他利益笼络人心,使国家机关工作人员、武装部队人员、人民警察、民兵实施武装叛乱或者武装暴乱行为。

本罪中所指的武装叛乱,是指行为人使用枪炮或其他军事武器、装备等武装形式,以投靠或意图投靠境外的组织或敌对势力而公开进行反叛国家和政府的行为。本罪中所指的武装暴乱,是指行为人采取武装形式如携带或使用枪炮或其他武器进行杀人放火、破坏道路桥梁、抢劫档案、军火或其他设施、物资,破坏社会秩序等,与国家进行对抗的行为。

本罪是行为犯,只要有组织、策划、实施武装叛乱、暴乱的行为,不论是否得逞,是否造成严重后果均构成犯罪。

(3)本罪的主体是为一般主体,既可以是中国人,也可以是外国人、无国籍人。凡达到法定刑事责任年龄,且具有刑事责任能力的自然人均能构成本罪。

(4)本罪的主观要件为直接故意,且具有危害国家安全的目的。

(二)武装叛乱、暴乱罪的界限划分

武装叛乱与武装暴乱的区别主要是,行为人是否以境外组织或境外敌对势力为背景。武装叛乱是投靠或意图投靠境外组织或境外敌对势力,具有叛变或投奔境外的性质;而武装暴乱只是发生在境内直接同国家和政府对抗,而没有投靠境外的意图或联系。

(三)武装叛乱、暴乱罪的刑事责任

根据《刑法》第104条和第113条的规定,犯本罪的,对首要分子或者罪行重大的,处无期徒刑或者10年以上有期徒刑;对积极参加的,处3年以上10年以下有期徒刑;对其他参加的,处3年以下有期徒刑、拘役、管制或者剥夺政治权利。对国家和人民危害特别严重、情节特别恶劣的,可以判处死刑。与境外机构、组织、个人相勾结实施武装叛乱罪或武装暴乱罪的,从重处罚。策动、胁迫、勾引、收买国家机关工作人员、武装部队人员、人民警察、民兵进行武装叛乱或者武装暴乱的,从重处罚。另外,犯本罪的,可以并处没收财产。

三、投敌叛变罪

投敌叛变罪是指中华人民共和国公民投奔敌人从事危害国家安全的活动,或者在被捕、被俘后投降敌人从事危害国家安全活动的行为。

本罪侵犯的法益是人民民主专政的政权和社会主义制度。本罪的客观要件为实施投敌叛变的行为。投敌就是投奔敌国、敌方或者在被捕、被俘后投降敌人、背叛国家。行为具体表现为:一是投奔到境外的敌对国家及其控制区;二是投奔国内的敌对方面;三是通过与境外敌对国家或敌方联络,成为敌方助手,实际上已背叛国家;四是在战争状态下投奔或投靠已进入境内的敌方,或者被捕、被俘后投降敌人。投敌的目的是为了进行危害国家安全的活动。本罪的主体为一般主体,且只能是达到法定刑事责任年龄、具有刑事责任能力的中国公民。外国公民不能构成本罪。外国人策动或帮助中国公民投敌叛变的,应以投敌叛变罪的共犯论处。本罪的主观要件为故意。

根据《刑法》第 108 条和第 113 条的规定,犯本罪的,处 3 年以上 10 年以下有期徒刑;情节严重的或者带领武装部队、人民警察、民兵投敌叛变的,处无期徒刑或者 10 年以上有期徒刑。对国家和人民危害特别严重、情节特别恶劣的,可以判处死刑。另外,犯本罪的,应当附加剥夺政治权利,可以并处没收财产。

四、叛逃罪

(一) 叛逃罪的概念和构成

叛逃罪是指国家机关工作人员或者掌握了国家秘密的其他国家工作人员,在履行公务期间,擅离岗位,叛逃境外或者在境外叛逃的行为。

本罪的客观要件为在履行公务期间,擅离岗位,叛逃境外或者在境外叛逃。擅离岗位是指违反规定私自离开岗位的行为;叛逃境外是指在境内执行公务期间,由境内逃到境外的行为;在境外叛逃是指在境外执行公务期间,擅自不归国,投靠境外的机构、组织的行为。本罪的主体是国家机关工作人员,以及掌握国家秘密的国家工作人员。本罪的主观要件为故意。

(二) 叛逃罪的界限划分

主要是要注意本罪和投敌叛变罪的区分。投敌叛变罪、叛逃罪都具有背叛祖国的性质,但是二者存在本质的区别,主要表现在:第一,犯罪主体不同。本罪只能是国家机关工作人员以及掌握国家秘密的国家工作人员;而投敌叛变罪的主体是中国公民。第二,客观要件不同。本罪表现为在履行公务期间,叛逃境外或者在境外叛逃的行为;而投敌叛变罪则表现为投奔敌人营垒或者投降敌人的行为。二者区别的关键是本罪只是叛逃到境外,却不是投靠敌人;而投敌叛变罪则主要是投靠敌人,并有变节行为,却不一定是投奔境外的敌人。

(三) 叛逃罪的刑事责任

根据《刑法》第 109 条和第 113 条的规定,犯本罪的,处 5 年以下有期徒刑、拘役、管制或者剥夺政治权利;情节严重的,处 5 年以上 10 年以下有期徒刑;掌握国家秘密的国家工作人员犯本罪的,从重处罚。另外,犯本罪的,应当附加剥夺政治权利,可以并处没收财产。

第三节 颠覆、分裂国家的犯罪

一、分裂国家罪

(一) 分裂国家罪的概念和构成

所谓分裂国家罪,是指组织、策划、实施分裂国家、破坏国家统一的行为。

（1）本罪侵犯的法益是人民民主专政的政权和社会主义制度。

（2）本罪的客观要件为组织、策划、实施分裂国家、破坏国家统一的行为。所谓分裂国家，是指破坏多民族国家的统一，其表现形式主要有两种：一是挑拨民族关系，制造民族动乱，搞民族分裂，破坏各民族的团结和国家的统一；二是搞地方割据，另立伪政府，抗拒中央的领导，破坏国家的统一。分裂国家的手段多种多样，不论此种行为是否造成危害结果，只要行为人具有组织、策划、实施分裂国家、破坏国家统一活动的行为，就构成犯罪。组织和利用邪教组织，组织、策划、实施分裂国家、破坏国家统一的，成立本罪。

（3）本罪的主体是一般主体，凡达到法定刑事责任年龄、具有刑事责任能力的自然人均可成为本罪的主体。但在实践中，本罪一般为那些在中央和地方窃据党、政、军高位的野心家、阴谋家和反动的民族主义者所实施。

（4）本罪的主观要件为故意，既可以是直接故意，也可以是间接故意。

（二）分裂国家罪的界限划分

应当清楚区分分裂国家罪与背叛国家罪的不同。首先，本罪不要求将勾结外国或者与境外的机构、组织、个人相勾结作为要件；而背叛国家罪则必须以勾结外国或者与境外的机构、组织、个人相勾结作为成立要件。其次，在犯罪的行为表现方式和内容上，本罪是通过将中华人民共和国的一部分领土分离出去，脱离中央政府的领导，制造地方"独立"的割据局面而危害国家的领土完整；而背叛国家罪则是通过勾结外国，或者与境外的机构、组织、个人相勾结，以对国家主权、领土完整和安全的侵害而危害国家安全。

（三）分裂国家罪的刑事责任

根据《刑法》第103条和第113条的规定，犯本罪的，对首要分子或者罪行重大的，处无期徒刑或者10年以上有期徒刑；对于积极参加的，处3年以上10年以下有期徒刑；对其他参加的，处3年以下有期徒刑、拘役、管制或者剥夺政治权利。对国家和人民危害特别严重、情节特别恶劣的，可以判处死刑。另外，本罪可以并处没收财产。

二、煽动分裂国家罪

煽动分裂国家罪，是指煽惑、挑动群众分裂国家、破坏国家统一的行为。

本罪的客观要件为煽惑、挑动群众分裂国家、破坏国家统一的行为。煽动是指行为人以语言、文字、图像等方式对他人进行鼓吹、煽惑、挑动，意图使他人接受或相信所煽动的内容或去实行所煽动的分裂国家行为。煽动的对象，可以是一人或众人。煽动的方式多种多样，可以是发表言论、散布文字、制作、传播音像制品等。

要注意将煽动分裂国家罪和分裂国家罪的教唆犯区分开来。一是两者犯罪对象要求不同。本罪是对于不特定人或多数人进行煽动,而分裂国家罪的教唆犯的教唆行为必须是对特定人。本罪中被煽动者有无刑事责任能力并不影响本罪的成立,而教唆无责任能力人分裂国家的,构成分裂国家罪的间接正犯而非教唆犯。二是犯罪手段不同。本罪一般采用张贴、散布标语、传单或编辑反动刊物、投寄反动文章、发表反动演说等方式,往往具有公开性、公然性;而教唆犯一般采用劝诱、怂恿、激将等方式,一般是不公开的,其影响局限在特定范围。三是行为性质不同。本罪既可以是煽动无分裂国家犯罪意图的人,使其产生犯罪决意,也可以是刺激、助长已产生分裂国家犯罪意图的人的犯罪决意;而教唆犯以被教唆者原无犯罪意思,由教唆者之教唆开始挑起犯意实施犯罪行为为其本质。最高人民法院《关于审理非法出版物刑事案件具体应用法律若干问题的解释》第1条规定,明知出版物中载有煽动分裂国家、破坏国家统一或者煽动颠覆国家政权、推翻社会主义制度的内容,而予以出版、印刷、复制、发行、传播的,以煽动分裂国家罪或者煽动颠覆国家政权罪定罪处罚。

根据《刑法》第103条第2款、第106条和第113条的规定,犯本罪的,处5年以下有期徒刑、拘役、管制或者剥夺政治权利;首要分子或者罪行重大的,处5年以上有期徒刑。与境外机构、组织、个人相勾结实行煽动分裂国家罪的,从重处罚。另外,犯本罪的,应当附加剥夺政治权利,可以并处没收财产。

三、颠覆国家政权罪

颠覆国家政权罪,是指组织、策划、实施颠覆国家政权、推翻社会主义制度的行为。这里的颠覆,是指以非法手段推翻或篡夺国家政权,包括我国各级权力机关、司法机关、军事机关、中央和地方人民政府在内的整个政权。本罪属行为犯,本罪的构成,不要求有颠覆政府的实际危害结果,行为人只要进行了组织、策划、实施颠覆国家政权、推翻社会主义制度的行为,不管其是否得逞,不影响颠覆国家政权罪的成立。

根据《刑法》第105条第1款、第106条和第113条的规定,犯本罪的,对首要分子或者罪行重大的,处无期徒刑或者10年以上有期徒刑;对积极参加的,处3年以上10年以下有期徒刑;对其他参加的,处3年以下有期徒刑、拘役、管制或者剥夺政治权利。与境外机构、组织、个人相勾结实行颠覆国家政权罪的,从重处罚。另外,犯本罪的,可以并处没收财产。

四、煽动颠覆国家政权罪

煽动颠覆国家政权罪,是指以造谣、诽谤或者其他方式煽动颠覆国家政权、推翻社会主义制度的行为。本罪的客观要件为以造谣、诽谤或者其他方式煽动颠覆国家政权、推翻社会主义制度的行为。本罪的主体为一般主体,凡达到法定刑事责任年龄、具有刑事责任能力的自然人,均可构成本罪。本罪的主观要件为故意。

根据《刑法》第105条第2款、第106条和第113条的规定,犯本罪的,处5年以下有期徒刑、拘役、管制或者剥夺政治权利;首要分子或者罪行重大的,处5年以上有期徒刑。与境外机构、组织、个人相勾结实行本罪的,从重处罚。另外,犯本罪的,可以并处没收财产。

第三节 间谍、资敌的犯罪

一、资助危害国家安全犯罪活动罪

资助危害国家安全活动罪,是指境内外机构、组织或个人资助境内组织或者个人实施背叛国家罪、分裂国家罪和煽动分裂国家罪、武装叛乱、暴乱罪、颠覆国家政权罪和煽动颠覆国家政权罪的行为。

本罪行为只限于资助。这里的资助,是指向实施危害国家安全犯罪的组织或者个人提供资金、通讯器材、交通工具或者其他物品。这里的危害国家安全犯罪活动,是指《刑法》规定的背叛国家罪、分裂国家罪、煽动分裂国家罪、武装叛乱、暴乱罪、颠覆国家政权罪、煽动颠覆国家政权罪。本罪的资助对象即被资助人,只能是境内的实施上述几种犯罪行为的机构、组织或个人。本罪的主体为一般主体,凡达到刑事责任年龄、具备刑事责任能力的人均可成为本罪的主体。本罪的主观要件为故意,即明知境内组织或者个人实施危害国家安全的行为,但仍给予资助。如果不知境内组织或个人从事危害国家安全活动给予资助,不构成本罪。

根据《刑法》第107条和第113条的规定,犯本罪的,处5年以下有期徒刑、拘役、管制或者剥夺政治权利;情节严重的,处5年以上有期徒刑。另外,犯本罪的,可以并处没收财产。

二、间谍罪

(一)间谍罪的概念和构成

间谍罪,是指参加间谍组织或者接受间谍组织及其代理人的任务,或者为敌人指示轰击目标,危害国家安全的行为。

(1)本罪所侵害的法益是中华人民共和国的国家安全,即人民民主专政的国家政权和社会主义制度。

(2)本罪在客观上表现为三种危害国家安全的行为:

第一,参加间谍组织,成为间谍组织的成员。间谍组织是指外国政府建立的旨在策反我国公职人员,向我国国家机构和各种组织进行渗透、窃取、刺探、收买、非法提供国家秘密和情报,进行颠覆和破坏活动的组织。参加间谍组织,其形式可包括行为人履行一定的加入手续(如挑选、登记、专门训练等),或者在非常情况下虽未按常规正式加入,但事实上已作为该间谍组织的成员进行活动。

第二,接受间谍组织及其代理人的任务。我国《国家安全法实施细则》规定,间谍组织的代理人,是指受间谍组织或者其成员的指使、委托、资助,进行或者授意、指使他人进行危害中华人民共和国国家安全活动的人。间谍组织的代理人,既可以是自然人,也可以是法人。间谍组织代理人由中华人民共和国国家安全部确认。接受间谍组织及其代理人的任务,是指行为人受间谍组织及其代理人的命令、派遣、指使、委托为间谍组织服务,进行危害中华人民共和国国家安全的活动。间谍组织分派任务的形式是多种多样的,既有直接在我国境内秘密设立活动网点,直接派遣,又有大量通过境外其他机构如公司、记者站、商会等在境内设立分支机构或办事处,安插或委托具有合法身份的人作为其代理人进行活动。接受间谍组织代理人的任务,虽不是直接从间谍组织处受领任务,实际上与接受间谍组织的任务毫无两样。参加间谍组织或者接受间谍组织及其代理人的任务的,行为人只要实施了接受间谍组织或者代理人任务的行为,便满足了间谍罪的构成要件,至于行为人是否着手该任务的实施以及是否完成该任务,都对间谍罪的既遂没有影响。

第三,为敌人指示轰击目标。它是指为敌人提供关系到我国安全的重大设施、建设项目、城市等目标的行为。行为方式是在战时为交战敌对国或敌方用画图、文字、使用信号、标记等手段向敌人明示所要轰击的我方目标。这里所谓的"敌人",不是指国内暗藏的个别敌对分子,而是指军事侵略我国的敌国和武装力量。行为人无需是间谍组织成员,也无需是已经接受了间谍组织及其代理人的任务,只要实施了为敌人指示轰击目标的行为,就成立间谍罪既遂。

(3)本罪的主体为一般主体,凡达到刑事责任年龄、具有刑事责任能力的自然人,均可构成。

(4)本罪的主观要件为故意,其故意的内容表现为行为人明知是间谍组织而参加,或者明知是间谍组织及其代理人的任务而予以接受,或者明知是敌人而为其指示轰击目标。

(二)间谍罪的界限划分

首先,应当区分间谍罪与非罪行为。

区分的关键在于看行为人的主观要件。如果行为人明知是间谍组织,或者明知是间谍组织及其代理人的任务而参加或者予以接受,故意为敌人指示轰击目标的,则成立间谍罪。但是,如果行为人是被胁迫或因受骗而进入间谍组织而且没有实施危害国家安全行为,或者是在间谍组织中从事一般勤务工作而并不知道该组织为间谍组织的,不能认定为间谍罪。

其次,应当注意间谍罪和叛逃罪的区分。

叛逃罪的主体是国家机关工作人员以及掌握了国家秘密的其他国家工作人员,而本罪的主体是一般主体。如果行为人犯叛逃罪后参加间谍组织或者接受间谍组织的任务的,应当以叛逃罪和间谍罪数罪并罚。

(三) 间谍罪的刑事责任

根据《刑法》第56条、第110条和第113条的规定,犯本罪的,处10年以上有期徒刑或者无期徒刑;情节较轻的,处3年以上10年以下有期徒刑。对国家和人民危害特别严重、情节特别恶劣的,可以判处死刑。另外,犯本罪的,应当剥夺政治权利,可以并处没收财产。

三、为境外窃取、刺探、收买、非法提供国家秘密、情报罪

(一) 为境外窃取、刺探、收买、非法提供国家秘密、情报罪的概念和构成

为境外窃取、刺探、收买、非法提供国家秘密、情报罪,是指为境外的机构、组织、人员窃取、刺探、收买、非法提供国家秘密或情报的行为。

(1) 本罪侵害的法益是中华人民共和国的国家安全,即人民民主专政的政权和社会主义制度。保守国家秘密是我国《宪法》规定的公民的一项基本权利和义务。我国《国家国安全法》第19条和第20条规定,任何公民和组织都应当保守所知悉的国家安全工作的国家秘密,任何个人和组织都不得非法持有属于国家秘密的文件、资料和其他物品。

(2) 本罪在客观上表现为为境外机构、组织人员、窃取、刺探、收买、非法提供国家秘密或者情报的行为。窃取,是指使用秘密手段盗窃属于国家秘密或者情报的资料或物品的行为。刺探,是指通过各种渠道、使用各种手段,非法探知国家秘密或者情报资料的行为。收买,是指用金钱、色情和其他物质利益等手段向掌握国家秘密或者情报的人员获取国家秘密、情报资料或者物品的行为。非法提供,是指国家秘密持有者或知悉者非法出卖、交付、告知其他不应知悉该项国家秘密或者情报的人的行为。国家秘密是指关系国家的安全和利益,依照法定程序确定,在一定时间内只限一定范围的人员知悉的事项。它是包括国家事务的重大决策、国防建设和武装力量活动、外交和外事活动、国民经济和社会发展、科学技术、维护国家安全活动和追究刑事犯罪活动方面以及其他经国家保密工作部门确定应当保守的国家秘密事项。符合我国《保守国家秘密法》第2条

规定的政党中的秘密事项,也应属于国家秘密。① 情报是指除国家秘密以外的涉及国家政治、经济、军事、科技等方面尚未公开或不宜公开泄露的影响国家安全和利益的情况和材料。不公开的单位内部情况、正常的情报信息交流,不应理解为这里的情报。

只要行为人实施有窃取、刺探、收买、非法提供四种行为其中之一的,就构成犯罪。

(3) 主体为一般主体,凡达到刑事责任年龄具备刑事责任能力的中国公民均可构成,外国人、无国籍人不构成本罪。

(4) 本罪的主观要件为故意,即明知是国家秘密或情报而却为境外机构、组织或个人窃取、刺探、收买或者非法提供。

(二) 为境外窃取、刺探、收买、非法提供国家秘密、情报罪的界限划分

要注意本罪与间谍罪的区分。首先,就主观要件而言,明知对方是间谍组织而为其窃取、刺探、收买、非法提供国家秘密、情报的,成立间谍罪。其次,就客观要件而言,本罪仅限于实施窃取、刺探、收买、非法提供国家秘密、情报,而间谍罪除此之外,还有参加间谍组织,为敌人指示轰击目标或接受间谍组织及其代理人的其他任务。

(三) 为境外窃取、刺探、收买、非法提供国家秘密、情报罪的刑事责任

根据《刑法》第111条和第113条的规定,犯本罪的,处5年以上10年以下有期徒刑;情节特别严重②的,处10年以上有期徒刑或者无期徒刑;情节较轻的,处5年以下有期徒刑、拘役、管制或者剥夺政治权利。对国家和人民危害特别严重、情节特别恶劣的,可以判处死刑。另外,犯本罪的,可以并处没收财产。

---

① 国家秘密的密级分为"绝密""机密""秘密"三级:"绝密"是最重要的国家秘密,泄露会使国家的安全和利益遭受特别严重的损害;"机密"是重要的国家秘密,泄露会使国家的安全和利益遭受严重的损害;"秘密"是一般的国家秘密,泄露会使国家的安全和利益遭受损害。国家秘密及其密级的具体范围,由国家保密工作部门分别会同外交、公安、国家安全和其他中央有关机关确定。国防方面的国家秘密及其密级的具体范围,由中央军事委员会规定。关于国家秘密及其密级的具体范围的规定,应当在有关范围内公布。各级国家机关、单位对所产生的国家秘密事项,应当按照国家秘密及其密级具体范围的规定确定密级。对是否属于国家秘密和属于何种密级不明确的事项,由国家保密工作部门,省、自治区、直辖市的保密工作部门,省、自治区政府所在地的市和经国务院批准的较大的市的保密工作部门或者国家保密工作部门审定的机关确定。在确定密级前,产生该事项的机关、单位应当按照拟定的密级,先行采取保密措施。对绝密级的国家秘密文件、资料和其他物品,必须采取以下保密措施:(1)非经原确定密级的机关、单位或者其上级批准,不得复制和摘抄;(2)收发、传递和外出携带,由指定人员担任,并采取必要的安全措施;(3)在设备完善的保险装置中保存。经批准复制、摘抄的绝密级的国家秘密文件、资料和其他物品,依照相关规定采取保密措施。

② "情节特别严重"的标准,可以参见2001年最高人民法院《关于审理为境外窃取、刺探、收买、非法提供国家秘密、情报案件具体应用法律若干问题的解释》第2条的规定。

四、资敌罪

资敌罪,是指战时供给敌人武器装备、军用物资资敌的行为。

资敌罪的客观要件为向敌人提供武器装备或者军用物资的行为。所谓战时,根据《刑法》第451条的规定,是指国家宣布进入战争状态、部队受领作战任务或者遭敌突然袭击时。根据《宪法》的规定,决定战时与否的职权,由全国人民代表大会常务委员会行使;决定武装力量是否处于战时状态的职权,由中华人民共和国中央军事委员会行使。这里所说的"敌人",是指国内外带有军事性质的危害国家安全的武装力量。武器装备,是指直接用于实施和保障作战行动的武器、武器系统和军事技术器材。武器是直接用于杀伤敌人有生力量和破坏敌人作战设施的器械,包括兵器、枪械、火炮、火箭、导弹、弹药、爆破器材、坦克和其他装甲战斗车辆、作战飞机、战斗舰艇、鱼雷、水雷、核武器等。武器系统包括杀伤手段、投掷或运载工具、指挥器材。军事技术器材,通常包括通信指挥器材、侦察探测器材、雷达、电子对抗装备、情报处理设备、军用电子计算机、野战工程机械、渡河器材、气象保障器材、军用车辆、伪装器材等。军用物资指除武器装备外供军队作战训练、施工科研、后勤保障等方面所使用的物资,如油料、药品、建材、器材、被装、车辆等。提供非用于军事的物资,不构成资敌罪。为敌人提供上述军用物资的方式是多种多样的,无论是有偿的或是无偿的,或者为向敌人提供而购买、携带、运输,均可构成资敌罪。资敌罪的主体为一般主体,凡达到刑事责任年龄、具备刑事责任能力的中国公民均可构成资敌罪。但构成资敌罪主体的只能是我国公民,外国人、无国籍人不能成为资敌罪主体。资敌罪的主观要件为故意。

根据《刑法》第56条、第112条和113条的规定,犯本罪的,处10年以上有期徒刑或者无期徒刑;情节较轻的,处3年以上10年以下有期徒刑。另外,犯本罪的,应当剥夺政治权利,可以并处没收财产。

第八章 危害国防利益罪

第一节 危害国防利益罪概说

一、危害国防利益罪的概念和构成

危害国防利益罪,是指违反国防管理法规,故意或过失危害国防利益的行为。本类犯罪的构成特征如下:

(1) 危害国防利益罪侵犯的法益是我国的国防利益。国防利益,是指为防备和抵抗外来侵略,制止武装颠覆,保卫国家的主权、统一、领土完整和国家安全所进行的军事活动,以及与军事有关的政治、经济、外交、科技、教育等方面活动的利益。它包括国防资产、国防建设方面的利益、国防管理秩序、武装力量建设、作战和军事行动方面的利益等。危害国防利益罪侵害的对象包括:武装部队、军人、军用武器装备、军事设施、军事通信、军事禁区和军事管理区、兵员、部队的公文、证件、印章、武装部队专用标志等。

(2) 危害国防利益罪的客观要件表现为违反国防法律、法规,故意或过失危害国防利益的行为。一般而言,危害国防利益的行为包括妨害军队作战和军事行动、破坏国防建设、危害国防管理秩序和拒绝或逃避履行国防义务这几种形式。危害国防利益的行为,既可以是以作为方式实行,也可以是以不作为方式实行。一些犯罪无论是战时还是非战时都可以构成,但另一些犯罪其构成时间只能限于战时。所谓战时,是指国家宣布进入战争状态、部队受领作战任务或者遭敌突然袭击时;部队执行戒严任务或者处置突发性暴力事件时,以战时论。

(3) 危害国防利益罪的主体多为一般主体,但也有一些犯罪的主体要求是特殊主体,如战时拒绝、逃避征召、军事训练罪的主体仅限于预备役人员。危害国防利益罪一般是由自然人完成,但也有一些既可由自然人实施,也可由单位实施,如故意提供不合格武器装备、军事设施罪、非法生产、买卖军用标志罪;另还有一个犯罪只能由单位实施,即战时拒绝、故意延误军事订货罪。

(4) 危害国防利益罪的主观要件一般出于故意,只有过失提供不合格武器装备、军事设施罪的主观要件是过失。

二、危害国防利益罪的种类

危害国防利益罪根据犯罪发生的时间可以分为:

（1）平时危害国防利益罪。即战时和非战时都能构成的危害国防利益罪。包括阻碍军人执行职务罪，阻碍军事行动罪，破坏武器装备、军事设施、军事通信罪，故意提供不合格武器装备、军事设施罪，过失提供不合格武器装备、军事设施罪，聚众冲击军事禁区罪，聚众扰乱军事管理区秩序罪，冒充军人招摇撞骗罪，煽动军人逃离部队罪，雇用逃离部队军人罪，接送不合格兵员罪，伪造、变造、买卖武装部队公文、证件、印章罪，盗窃、抢夺武装部队公文、证件、印章罪，非法生产、买卖军用标志罪。

（2）战时危害国防利益罪。即只有战时才能构成的危害国防利益罪。包括战时拒绝、逃避征召、军事训练罪，战时拒绝、逃避服役罪，战时故意提供虚假敌情罪、战时拒绝、故意延误军事订货罪、战时拒绝军事征用罪。

第二节 平时危害国防利益的犯罪

一、阻碍军人执行职务罪

本罪是指非军职人员以暴力、威胁方法，妨碍、阻挠军人依法执行职务的行为。

本罪对象是正在执行职务的军人，包括中国人民解放军的现役军官、文职干部、士兵及具有军籍的学员、中国人民武装警察部队的现役警官、文职干部、士兵及具有军籍的学员；执行军事任务的预备役人员和其他人员，以军人论。预备役人员是指编入民兵组织或者经过登记服预备役的公民，其他人员是指在军队和武警部队的机关、部队、院校、医院、基地、仓库等队列单位和事业单位工作的正式职员、工人，以及临时征用或者受委托执行军事任务的地方人员。

本罪的客观要件为行为人采用暴力或威胁手段，阻碍军人依法执行职务。暴力是指行为人对依法执行职务的军人的身体实施打击或者强制。威胁是指行为人以暴力相要挟，实行精神强制、心理压制，使军人产生心理恐惧，不能或者无法履行职责、执行任务。阻碍是指行为人设置障碍，使军人不能正常地行使自己的职权，履行自己的职责，完成军事任务。阻碍的结果是导致军人被迫停止、放弃自己正在执行或需要执行的任务，或者被迫变更依法应当执行或从事职务的内容。依法执行职务是指依照军队条令、条例、规章制度以及上级决议、指示、命令所赋予军人的各项任务的活动。军人的职务行为必须要具有合法性，如果阻碍的是军人的不合法行为，则不能构成本罪。

本罪的主体为一般主体，凡达到刑事责任年龄、具备刑事责任能力的自然人均可成为本罪的主体。本罪的主观要件为故意。

本罪与妨害公务罪的区别主要在于侵害法益不同。阻碍军人执行职务罪侵害的法益是军职任务的正常执行活动,侵害的对象是军人;而妨害公务罪侵害的法益是社会管理秩序,侵害的对象是国家工作人员。

根据《刑法》第 368 条第 1 款的规定,犯本罪的,处 3 年以下有期徒刑、拘役、管制或者罚金。

二、阻碍军事行动罪

阻碍军事行动罪,是指故意阻挠武装部队的军事行动,造成严重后果的行为。

本罪侵犯的对象是武装部队的军事行动。根据我国《国防法》第 22 条的规定,我国的武装部队包括解放军部队、武装警察部队或民兵组织。军事行动,是指为达到一定政治目的而有组织地使用武装力量的活动。本罪的客观要件为阻碍军事行动,造成严重后果的行为。严重后果包括以下情形:造成军事演习不能按期完成而导致重大影响;造成重大经济损失;贻误战机;造成战役、战斗失利;造成人员伤亡或非战斗减员;造成武器装备严重损坏或大量损坏而无法形成战斗力等。虽有阻碍军事行动的行为,但没有造成实质损害或虽有实质损害但并非严重损害,就不能以本罪论处。

本罪的主体为一般主体,凡达到刑事责任年龄、具备刑事责任能力的自然人均可构成。本罪的主观要件为故意。

根据《刑法》第 368 条第 2 款的规定,犯本罪的,处 5 年以下有期徒刑或者拘役。

三、破坏武器装备、军事设施、军事通信罪

破坏武器装备、军事设施、军事通信罪,是指故意破坏武器装备、军事设施、军事通信的行为。

本罪的客观要件为破坏武器装备、军事设施、军事通信的行为。武器装备是指武装部队用于实施和保障作战行动的武器、武器系统和军事技术器材。军事设施是指国家直接用于军事目的的建筑、场地和设备。军事通信,是指武装部队为实施指挥或者武器控制而运用各种通信手段进行的信息传递活动。行为人以各种方法使武器装备、军事设施、军事通信全部或部分不能正常使用,故意实施损毁军事通信线路、设备,破坏军事通信计算机信息系统,干扰、侵占军事通信电磁频谱等行为的,也属于本罪行为。

本罪的主体是一般主体,凡达到刑事责任年龄、具备刑事责任能力的自然人均可构成。建设、施工单位直接负责的主管人员、施工管理人员,明知是军事通信线路、设备而指使、强令、纵容他人予以损毁的,或者不听管护人员劝阻,指使、强令纵容他人违章作业,造成军事通信线路、设备损毁的,以本罪定罪处罚。本

罪的主观要件为故意。

另外,还需要注意以下问题:(1)破坏损坏军事通信,并造成公用电信设施损毁,危害公共安全,同时构成本罪和破坏广播电视设施、公用电信设施罪的,依照处罚较重的规定定罪处罚。(2)盗窃军事通信线路、设备,不构成盗窃罪,但破坏军事通信的,依照本罪的规定定罪处罚;同时构成破坏广播电视设施、公用电信设施罪、盗窃罪和本罪规定的犯罪的,依照处罚较重的规定定罪处罚。(3)违反国家规定,侵入国防建设、尖端科学技术领域的军事通信计算机信息系统,尚未对军事通信造成破坏的,依照非法侵入计算机信息系统罪定罪处罚;对军事通信造成破坏,同时构成本罪、非法侵入计算机信息系统罪、破坏计算机信息系统罪的,依照处罚较重的规定定罪处罚。(4)违反国家规定,擅自设置、使用无线电台、站,或者擅自占用频率,经责令停止使用后拒不停止使用,干扰无线电通讯正常进行,构成犯罪的,依照扰乱无线电通讯管理秩序罪定罪处罚;造成军事通信中断或者严重障碍,同时构成本罪与扰乱无线电通讯管理秩序罪的,依照处罚较重的规定定罪处罚。

根据《刑法》第369条的规定,犯本罪的,处3年以下有期徒刑、拘役或者管制;破坏重要武器装备、军事设施、军事通信的,处3年以上10年以下有期徒刑;情节特别严重的,处10年以上有期徒刑、无期徒刑或者死刑。所谓"情节特别严重",是指:(1)造成重要军事通信中断或者严重障碍,严重影响部队完成作战任务或者致使部队在作战中遭受损失的;(2)造成部队执行抢险救灾、军事演习或者处置突发性事件等任务的通信中断或者严重障碍,并因此贻误部队行动,致使死亡3人以上、重伤10人以上或者财产损失100万元以上的;(3)破坏重要军事通信3次以上的;(4)其他情节特别严重的情形。战时犯本罪的,从重处罚。

四、过失损坏武器装备、军事设施、军事通信罪

过失损坏武器装备、军事设施、军事通信罪,是指过失损坏武器装备、军事设施、军事通信,造成严重后果的行为。所谓"严重后果",一般是指造成武器装备、军事设施或军事通信中断、严重障碍或者失去使用价值;造成重大财产损失或人员伤亡;严重影响军事行动等。建设、施工单位直接负责的主管人员、施工管理人员,忽视军事通信线路、设备保护标志,指使、纵容他人违章作业,致使军事通信线路、设备损毁,构成犯罪的,以本罪定罪处罚。本罪的主观要件为过失。

根据《刑法》第369条的规定,犯本罪的,处3年以下有期徒刑或者拘役;造成特别严重后果的,处3年以上7年以下有期徒刑;所谓"造成特别严重后果",是指:(1)造成重要军事通信中断或者严重障碍,严重影响部队完成作战任务或者致使部队在作战中遭受损失的;(2)造成部队执行抢险救灾、军事演习或者处置突发性事件等任务的通信中断或者严重障碍,并因此贻误部队行动,致使死亡3人以上、重伤10人以上或者财产损失100万元以上的;(3)其他后果特别严重的情形。战时犯本罪的,从重处罚。

五、故意提供不合格武器装备、军事设施罪

故意提供不合格武器装备、军事设施罪,是指明知是不合格的武器装备、军事设施而提供给武装部队的行为。

本罪的犯罪对象是不合格的武器装备、军事设施。不合格的武器装备和军事设施,是指武器装备、军事设施不符合安全使用标准。具体安全使用标准由国务院和中央军委作出规定。本罪的客观要件为明知是不合格的武器装备、军事设施而提供给武装部队的行为。首先,要有提供的行为。提供是指在科研、设计、勘查、测量、建设、施工、制造、修筑、修理、验收、采购、销售以及到部队使用全过程中某一环节出于故意而导致了不合格武器装备、军事设施的交付使用。既可以是有偿的,如被征购,也可以是无偿的,如捐助。其次,所提供的必须是不合格的武器装备或军事设施。所谓不合格,是指所提供的武器装备、军事设施不符合规定的质量标准,如使用不合格的原料生产、制造武器装备或军事设施;不合格的内容包括外形、内部结构、坚固耐用程度等不符合各项技术、数量指标。最后,必须是向武装部队提供。虽有提供行为但不是提供给武装部队,也不能构成本罪。

本罪的主体为特殊主体,即只有武器装备、军事设施的生产者和销售者才能构成本罪。国家对武器装备、军事设施的生产和销售有严格的规定,并非任何个人与企业都可以任意成为武器装备、军事设施的生产者和销售者。根据第370条第3款规定,单位亦可成为本罪的主体。本罪的主观要件为故意。

根据《刑法》第370条第1款、第3款的规定,犯本罪的,处5年以下有期徒刑或者拘役;情节严重的,处5年以上10年以下有期徒刑;情节特别严重的,处10年以上有期徒刑、无期徒刑或者死刑。单位犯本罪的,对单位判处罚金,并对其直接负责的主管人员和其他直接责任人员,依照自然人犯本罪的规定处罚。"情节严重"主要包括:为谋取私利而提供不合格武器装备、军事设施;提供重要的武器装备和军事设施不合格;战时提供不合格武器装备、军事设施;因提供不合格武器装备、军事设施影响部队完成重要任务或者造成严重后果等情形。"情节特别严重"包括:战时提供重要的武器装备和军事设施不合格;因提供不合格武器装备、军事设施致使战斗、战役遭受重大损失;严重影响部队完成重要任务或者造成特别严重后果等情形。

六、过失提供不合格武器装备、军事设施罪

过失提供不合格武器装备、军事设施罪,是指过失将不合格的武器装备、军事设施提供给武装部队,造成严重后果的行为。严重后果,是指造成装备、设施严重毁损,经济损失严重的;酿成人员伤亡的责任事故的;严重影响部队完成任务的等。本罪的主观要件为过失。

根据《刑法》第370条第2款的规定,犯本罪的,处3年以下有期徒刑或者拘役;造成特别严重后果的,处3年以上7年以下有期徒刑。造成特别严重后果,是指造成多人重伤、死亡的;严重影响部队完成重要作战任务的;造成重大经济损失的;直接造成战斗、战役失利,我军损失惨重等情形。

七、聚众冲击军事禁区罪

聚众冲击军事禁区罪,是指聚众冲击军事禁区,严重扰乱军事禁区秩序的行为。

本罪的客观要件为聚众冲击军事禁区,严重扰乱军事禁区秩序的行为。军事禁区是指国家根据军事设施的性质、作用、安全保密的需求和使用效能的特殊要求,依法划定一定范围内采取特殊措施,进行重点保护的区域,包括陆域、水域和空域。我国《军事设施保护法》第15条规定:"禁止陆地、水域军事禁区管理单位以外的人员、车辆、船舶进入禁区,禁止对禁区进行摄影、摄像、录音、勘察、测量、描绘和记述,经军区级以上军事机关批准的除外。"聚众冲击军事禁区中的"聚众"是指纠集多人,"冲击"是指使用交通工具或徒步强行闯入军事禁区。严重扰乱军事禁区秩序是指冲击行为使军事指挥机关无法指挥;军事单位的人员、车辆、船只、舰艇无法通过,飞机无法起降;作战、训练、戒严、抢险救灾、战备、科研、教学等正常工作无法进行等。另外,只有严重扰乱军事禁区秩序的行为才构成犯罪。所谓严重扰乱军事禁区秩序,一般是指使军事禁区的公共财物遭受严重损失;军事活动和科研受到妨害而无法进行;军事禁区受到破坏,导致严重经济损失等情形。

本罪的主体为一般主体,但法律规定只追究聚众冲击军事禁区中首要分子和其他积极参加人员的刑事责任。首要分子是指在聚众冲击军事禁区中起组织、策划、指挥作用的犯罪分子。这种首要分子和其他积极参加的人既可以是非军人,也可以是军人。

本罪的主观要件为故意,即行为人明知是军事禁区而冲击或者明知聚众冲击军事禁区会造成危害后果,却希望或者放任这种结果发生。

根据《刑法》第371条第1款的规定,犯本罪的,对首要分子处5年以上10年以下有期徒刑。其他积极参加的处5年以下有期徒刑、拘役、管制或者剥夺政

治权利。

八、聚众扰乱军事管理区秩序罪

聚众扰乱军事管理区秩序罪,是指聚众扰乱军事管理区秩序,情节严重,致使军事管理区工作无法进行,造成严重损害的行为。

本罪的客观要件为聚众扰乱军事管理区正常秩序,情节严重,致使军事管理区工作无法进行,造成严重损失的行为。军事管理区,是指国家根据军事设施的性质、作用、安全保密的需要和使用效能的要求而划定的采取比较严格保护措施的一定区域。军事管理区具体由国务院和中央军事委员会确定,或者由军区根据国务院和中央军事委员会的规定确定。我国《军事设施保护法》第19条规定:"军事管理区管理单位以外的人员、车辆、船舶进入军事管理区,必须经过军事管理区管理单位许可。"聚众扰乱军事管理区正常秩序中的"扰乱"是指冲击、哄闹军事管理区域,使该区域出现混乱不安之局面,致使工作无法正常进行。所谓"情节严重",主要是指战时聚众扰乱军事管理区秩序的;长时间或者多次实施扰乱行为的;使用暴力或者采取其他恶劣手段的;纠集人数多、规模较大的等。所谓"致使军事管理区工作无法进行",主要是指造成军事指挥机关无法指挥,军事单位的人员、车辆、舰艇无法通过,飞机无法升降,作战、训练、戒严、战备、教学、科研、生产、抗洪、抢险、救灾等军事管理区的工作无法开展等。所谓"造成严重损失",主要是指导致军事秘密泄露的;致人伤亡的;造成严重经济损失或者严重政治影响的等。本罪不仅要有聚众扰乱的行为,而且还必须属于情节严重并致军事管理区工作无法进行,造成严重损失的才能构成犯罪。

根据《刑法》第371条第2款的规定,犯本罪的,对首要分子,处3年以上7年以下有期徒刑;其他积极参加的,处3年以下有期徒刑、拘役、管制或者剥夺政治权利。首要分子是指在聚众扰乱军事管理区秩序犯罪活动中起组织、策划、指挥作用的犯罪分子;积极参加的是指主动参加扰乱军事管理区秩序犯罪活动的,在实施犯罪过程中起了重要作用或者有其他犯罪行为的等。

九、冒充军人招摇撞骗罪

冒充军人招摇撞骗罪,是指假冒军人的身份或职称进行诈骗的行为。

本罪的客观要件为行为人假冒军人的身份或职称,进行诈骗的行为。首先,行为人必须具有冒充军人的行为。如果行为人冒充的是非军人,如高干子弟、烈士子弟等进行招摇撞骗活动的,则不能构成本罪。冒充军人,既可以是冒充士兵,也可以是冒充军官;既可以是冒充中华人民共和国解放军部队的军人,也可以是冒充中华人民共和国武装警察部队中的军人。但是,行为人冒充的对象仅限于中国人民解放军和中国人民武装警察部队的现役军人,不包括执行军事任务的预备役人员和其他人员。冒充军人有两种形式,一是非军人冒充军人,如身着军服,或者携带、使用军官证、士兵证、文职干部证,或者自称是某军事机关、部队、院校、医院或者科研单位的军官、士兵、学员等;二是此种军人冒充彼种军人。其次,行为人必须具有招摇撞骗的行为。诈骗的对象是多种多样的,如打着军人招牌以与他人开办企业、签订合同、招兵、招工、招干等形式诈骗他人钱财;冒充军人骗取组织、单位信任,捞取政治资本,如荣誉、职务等;冒充军人身份骗取他人爱情,与之结婚甚至玩弄妇女等。必须要同时具备冒充行为和诈骗行为,才符合招摇撞骗的客观要求,如果行为人是出于虚荣心冒充军人的身份或职称,但并未借此实施骗取非法利益的行为则不构成本罪。

本罪的主体为一般主体,本罪的主观要件为故意,其犯罪目的是为了谋取非法利益。这里所说的非法利益,不单指物质利益,也包括各种非物质利益,例如,骗取爱情、玩弄异性等。

冒充军人招摇撞骗罪和诈骗罪是有区别的。首先,侵害法益不同。冒充军人招摇撞骗侵犯的法益主要是武装力量的威信及其正常活动,而诈骗罪侵犯的法益仅限于公私财产权利。其次,行为手段不同。冒充军人招摇撞骗罪的手段只限于冒充军人的身份或职称进行诈骗,诈骗罪的手段并无此限制。再次,犯罪主观目的有所不同。冒充军人招摇撞骗罪的犯罪目的既可以是图财,也可以是追求其他非法利益,而诈骗罪的目的是图财。

根据《刑法》第 372 条的规定,犯本罪的,处 3 年以下有期徒刑、拘役、管制或者剥夺政治权利;情节严重的,处 3 年以上 10 年以下有期徒刑。

十、煽动军人逃离部队罪

煽动军人逃离部队罪,是指唆使、鼓动服役的军职人员脱离部队,情节严重的行为。煽动军人逃离部队,是指用口头语言、书面文字,如面谈、发表演说、寄送宣传材料、散发标语传单,鼓动正在服役的军人擅自逃离部队,或者虽经批准而逾期不归。煽动,是指采用口头语言、书面文字、图像资料等方式对不特定军人进行鼓动、唆使、挑拨、劝说、请求、宣传、利诱,意图使其按自己的意图擅自离开部队。煽动的对象是不特定军人,如果唆使特定军人逃离部队,则应认定为《刑法》第 435 条规定的逃离部队罪的教唆犯。煽动的内容则是使军人逃离部队。所谓"使军人逃离部队",是指使被煽动之人未经批准擅自离开自己所在的部队,不要再继续服役,或者虽经批准,离队后拒不归队,逃避兵役义务,包括不经请假就私自离开部队,工作调动中离开原单位后不到新单位报到,病愈出院、完成出差任务、休假期满后不回部队等。煽动军人逃离部队的行为,必须情节严重,才构成犯罪。情节严重主要是指战时煽动军人逃离部队的;煽动指挥人员、作战部队人员或者负有其他重要职责的人员逃离部队的;多次煽动或者煽动多人逃离部队的;因煽动军人逃离部队影响部队完成重要任务的;煽动军人逃离部队后予以窝藏的;煽动军人逃离部队进行其他违法活动等情形。

根据《刑法》第 373 条的规定,犯本罪的,处 3 年以下有期徒刑、拘役或者管制。

十一、雇用逃离部队军人罪

雇用逃离部队军人罪,是指明知是逃离部队的军人而将其雇用,情节严重的行为。

本罪的客观要件为雇用逃离部队的军人,情节严重的行为。所谓雇用,是指以货币、物品或者其他利益有偿聘请他人为自己劳动。这种雇佣关系既可以是长期的,又可以是短期的;既可以发生在战时,又可以发生在平时。另外,雇用逃离部队军人的行为,必须达到情节严重的程度才构成犯罪。所谓"情节严重",主要是指战时雇用逃离部队军人的;雇用多名逃避部队军人的;长期或者多次雇用逃离部队军人的;雇用逃离部队的指挥人员或者其他负有重要职责的军人的;因雇用逃离部队军人经教育后拒不改正的;因雇用逃离部队军人影响部队完成重要任务的;雇用逃离部队军人进行其他违法活动等情形。

本罪的主观要件为故意,即明知是逃离部队的军人而仍决意雇用。如果不知是军人或者虽然知道是军人但不知道是逃离部队的军人,如误认为是退役、转业军人或被开除军籍的军人等,就不能构成本罪。

根据《刑法》第 373 条的规定,犯本罪的,处 3 年以下有期徒刑、拘役或者管制。

十二、接送不合格兵员罪

接送不合格兵员罪,是指在工作中徇私舞弊,接送不合格兵员,情节严重的行为。

本罪的客观要件为在征兵工作中徇私舞弊,接送不合格兵员,情节严重的行为。所谓征兵,即兵员征集,是指按照《兵役法》的规定,征集应征公民到军队服兵役。兵员征集,其过程体现为兵役登记、检查身份、政治审查、接送兵员等各个环节,在以上任何一个环节徇私舞弊,接送不合格兵员的,都可构成本罪。徇私舞弊是指谋求私利、因徇私情,在征兵工作中弄虚作假,使不合格的应征人员被征集成为军人。不合格兵员是指不符合法律规定的应征条件的兵员,具体包括以下情形:具有严重生理缺陷、残疾或患有严重疾病,身体达不到应征入伍的要求;被依法剥夺政治权利或被判处刑罚的刑满释放人员,政治条件不符合要求;年龄或文化程度不符合规定。接送不合格兵员的行为,必须达到情节严重才构成本罪。情节严重是指以下情形:徇私舞弊,谋取应征人员及其亲属的金钱、财物,数额较大的;因谋取私利,而造成多个不合格兵员入伍的;徇私舞弊,情节恶劣,使征集的不合格兵员在部队造成不良影响的;在征兵过程中,徇私舞弊,屡教不改;战时因渎职行为而征集不合格兵员,影响部队军事行动的等。

本罪的主体是特殊主体,即必须是负有征兵职责的征兵工作人员。本罪的主观要件为故意,即行为人明知自己的徇私舞弊行为会导致接送不合格兵员的后果,而对这种后果的发生持希望或者放任的态度。

根据《刑法》第374条的规定,犯本罪的,处3年以下有期徒刑、拘役或者管制;造成特别严重后果的,处3年以上7年以下有期徒刑。造成特别严重后果是指因违法渎职造成大量不合格兵员进入部队的;征集的不合格兵员在部队违法犯罪或酿成重大恶性案件或政治事故的;征集的不合格兵员严重影响部队建设或作战训练等重大任务完成的等。

十三、伪造、变造、买卖武装部队公文、证件、印章罪

伪造、变造、买卖武装部队公文、证件、印章罪,是指伪造、变造、买卖武装部队的公文、证件、印章的行为。伪造是指无权制作者制造假的武装部队公文、证件、印章。摹仿有权签发公文、电函的负责人的手迹,制作假军用公文、电函的,也以伪造公文论。有制作权的人在其职务范围内,制作公文、证件、印章,即使该公文、证件、印章的内容违反法律与政策的规定,也应视为武装部队的公文、证件、印章,而不是伪造的公文、证件、印章。变造是指对原来有效的公文证件印章用涂改、擦消、填充内容等手段非法改换的行为。买卖是指以牟利为目的,将军用公文、证件、印章出让给他人的行为。公文一般是指以武装部队的军事组织机构名义制作的,用以联系事务、指导工作、处理问题的书面文件,如文件、公函、指示、命令、通告、通知、决议、决定、规定、报告、批复、信函、电文、介绍信、公告、通报、议案、请示、会议纪要等。此外,某些以负责人名义代表单位签发的文件,也属于公文。证件一般是指有权制作的武装部队的军事组织、机构单位颁发的,用以证明身份和权利义务关系或其他有关事实的凭证,如军官证、士兵证、文职干部证、出入证、军人通行证、军人驾驶证、介绍信、军事企业营业执照、转业证、退伍证、军队院校学员的学员证、学生证、学历、学位证书等。印章一般是指武装部队的军事组织、机构单位刻制的以文字与图记表明主体同一性的公章或专用章。

根据《刑法》第375条第1款的规定,犯本罪的,处3年以下有期徒刑、拘役、管制或者剥夺政治权利;情节严重的,处3年以上10年以下有期徒刑。情节严重,一般是指多次或大量伪造、变造、买卖公文、证件、印章的;因妨害公文、证件、印章的犯罪行为而严重损害武装部队的名誉或给其造成重大损失的等情形。

十四、盗窃、抢夺武装部队公文、证件、印章罪

盗窃、抢夺武装部队公文、证件、印章罪,是指盗窃或抢夺武装部队公文、证件、印章的行为。盗窃即指秘密窃取,是行为人采取自认为不被公文、证件、印章的保管者、使用人、所有人所知晓的方法暗中将公文、证件、印章取走的行为。抢夺一般是指乘人不备,公然夺取,但这里的抢夺是当着公文、证件、印章所有人、保管者、使用者的面而公然夺取公文、证件、印章的行为,既可以是乘人不备,也可以是当着他人的面公然夺取,如在保管人患病、中轻度醉酒减弱防护能力但神志清醒已有防备的情况下公然夺取。也就是说,这里的抢夺武装部队公文、证件、印章罪也能够涵盖抢劫武装部队公文、证件、印章的行为在内。公然夺取的对象必须是武装部队的公文、证件、印章,如果不是公文、证件、印章,或者虽是公文、证件、印章,但却不是武装部队的公文、证件、印章,不能构成本罪。本罪的主观要件为故意,即明知是武装部队的公文、证件及印章而仍决意盗窃或抢夺。

根据《刑法》第375条第1款的规定,犯盗窃、抢夺武装部队公文、证件、印章罪的,处3年以下有期徒刑、拘役、管制或者剥夺政治权利;情节严重的,处3年以上10年以下有期徒刑。情节严重是指战时盗窃、抢夺武装部队公文、证件、印章的;盗窃、抢夺武装部队重要公文、证件、印章的;盗窃、抢夺武装部队公文、证件、印章数量较大的;盗窃、抢夺武装部队的公文、证件、印章成为他人犯罪条件的;因盗窃、抢夺武装部队公文、证件、印章严重损害武装部队声誉的;引起军政、军民、警民纠纷的,造成重大经济损失或者其他严重后果等情形。

十五、非法生产、买卖武装部队制式服装罪

非法生产、买卖武装部队制式服装罪,是指非法生产、买卖武装部队制式服装,情节严重的行为。

本罪侵犯的法益是武装部队制式服装的管理秩序。本罪的客观要件为非法生产、买卖武装部队制式服装,情节严重的行为。非法生产、买卖行为主要包括以下两种情况:第一,未经许可、未获批准、未得委托擅自生产、交易武装部队的制式服装;第二,超过规定数量生产、买卖军用标志。构成本罪,除有非法生产、买卖武装部队制式服装的行为外,尚需该行为已达到了情节严重的程度。情节严重是指非法生产买卖武装部队制式服装数量较大的,影响部队执行作战、戒严等军事任务的,严重损害武装部队形象等情形。

本罪的主体为一般主体,既可以是自然人,也可以是单位。本罪的主观要件为故意。

根据《刑法》第375条第2款和第4款的规定,自然人犯本罪的,处3年以下有期徒刑、拘役或者管制,并处或者单处罚金。单位犯本罪的,对单位判处罚金,

并对其直接负责的主管人员和其他直接责任人员,按自然人犯本罪的规定处罚。

十六、伪造、盗窃、买卖、非法提供、非法使用武装部队专用标志罪

伪造、盗窃、买卖或者非法提供、非法使用武装部队专用标志罪是指伪造、盗窃、买卖或者非法提供、使用武装部队车辆号牌等专用标志,情节严重的行为。构成本罪,除有非法生产、买卖武装部队制式服装的行为外,尚需该行为已达到了情节严重的程度。所谓情节严重,一般是指伪造、盗窃、买卖或者非法提供军用标志数量较大的;多次非法使用军用标志的;影响部队执行作战、戒严等军事任务的;严重损害武装部队形象等情形。本罪的主体为一般主体,既可以是自然人,也可以是单位。本罪的主观要件为故意。

根据《刑法》第375条第3款和第4款的规定,犯本罪的,处3年以下有期徒刑、拘役或者管制,并处或者单处罚金;情节特别严重的,处3年以上7年以下有期徒刑,并处罚金。单位犯本罪的,对单位判处罚金,并对其直接负责的主管人员和其他直接责任人员,按自然人犯本罪的规定处罚。

第三节 战时危害国防利益的犯罪

一、战时拒绝、逃避征召、军事训练罪

战时拒绝、逃避征召、军事训练罪,是指预备役人员在战时拒绝、逃避征召或者拒绝、逃避军事训练,情节严重的行为。

本罪的客观要件为在战时拒绝、逃避征召或拒绝、逃避军事训练,情节严重的行为。首先,拒绝、逃避征召、军事训练的行为必须发生在战时。所谓战时,根据《刑法》第451条的规定,是指国家宣布进入战争状态、部队受领作战任务或者遭敌突然袭击时;部队执行戒严任务或者处置突发性暴力事件时,以战时论。我国《宪法》规定,决定战时与否的职权由全国人民代表大会常务委员会行使;决定武装力量是否处于战时状态的职权由中华人民共和国中央军事委员会行使。若该行为发生在平时而非战时则不构成本罪。其次,行为人必须具有拒绝、逃避征召、军事训练的行为。征召是指兵役机关依法向预备役人员发出通知,要求其按规定的时间和地点报到,准备转服现役的活动。军事训练是指军事理论教育和作战能力训练的活动。拒绝征召、军事训练是指接到征召、军事训练通知后,拒不报到或者拒不参加军事训练。逃避征召、军事训练是指利用谎报年龄、自伤身体、假装病残、外出藏匿、找人顶替等方法,以躲避征召、军事训练。最后,拒绝、逃避征召、军事训练的行为必须达到了情节严重的程度。情节严重是指多次拒绝、逃避征召、军事训练;组织、煽动他人拒绝、逃避征召或军事训练;以暴力、威胁的方法拒绝征召、携带武器逃避军事训练等情形。

本罪的主体为特殊主体,只有预备役人员才能构成,非预备役人员不构成本罪。预备役人员是指军队外服兵役的人员,包括编入民兵组织或者经过登记服预备役的人员。预备役人员包括预备役军官和预备役士兵。预备役军官包括退出现役转为预备役的军官,确定服军官预备役的退出现役的士兵、高等院校毕业生、专职人武干部、民兵干部、非军事部门的干部和专业技术人员;预备役士兵包括编入基干民兵组织的人员,经过预备役登记的28岁以下退出现役的士兵和经过预备役登记的28岁以下的专业技术人员,编入普通民兵组织的人员和经过预备役登记的29岁至35岁退出现役的士兵,以及其他符合服士兵预备役条件的男性公民。本罪的主观要件为故意,即明知在战时,且为国家的征召或者军事训练而仍故意拒绝或逃避。

根据《刑法》第376条第1款的规定,犯本罪的,处3年以下有期徒刑或者拘役。

二、战时拒绝、逃避服役罪

战时拒绝、逃避服役罪,是指公民战时拒绝、逃避服役,情节严重的行为。首先,拒绝、逃避服兵役的行为必须发生在战时。其次,行为人必须具有拒绝、逃避服兵役的行为。拒绝服役,是指拒不接受服兵役。逃避服役,是指利用谎报年龄、自伤身体、假装病残、外出藏匿、找人顶替等方法,以逃避服兵役。最后,行为必须达到了情节严重的程度。情节严重是指多次拒绝、逃避服兵役;组织、煽动他人拒绝、逃避兵役;以暴力、威胁的方法拒绝服兵役等情形。

根据《刑法》第376条第2款的规定,犯本罪的,处2年以下有期徒刑或者拘役。

三、战时故意提供虚假敌情罪

战时故意提供虚假敌情罪,是指战时故意向武装部队提供虚假敌情,造成严重后果的行为。首先,提供虚假敌情的行为必须发生在战时。不在战时而在平时,即使有向武装部队提供虚假敌情的行为,也不能以本罪论处。其次,行为人必须有提供虚假敌情的行为。提供是指采取书面或口头的形式,将虚假的敌情告知武装部队。既可以是主动提供,也可以是武装部队向其询问时而予以提供。敌情是指敌方的所有信息情报。凡属于与敌人军事行动相关,能影响我军对敌方军事行动的正确判断,可能产生错误认识或采取错误行动的各种情况,如敌军的车辆调度、物资采供、新闻管制、装备情况、所处地理位置等有关军事、政治、经济、地理、科学技术方面的情况,都属于敌情。虚假敌情是指不符合真实情况的敌方情况。最后,必须造成严重后果。造成严重后果是指因提供虚假敌情而扰乱了部队作战部署,干扰了部队军事行动,破坏了指挥人员作战计划和安排的等情形。

根据《刑法》第377条的规定,犯本罪的,处3年以上10年以下有期徒刑;造成特别严重后果的,处10年以上有期徒刑或者无期徒刑。造成特别严重后果是指因故意提供虚假敌情导致作战部署作重大调整的;造成我方人员重大伤亡的;造成特别重要的或者多件重要的武器装备、军用物资和多处重要军事设施毁损的;致战斗、战役失利等情形。

四、战时造谣扰乱军心罪

战时造谣扰乱军心罪,是指战时制造谣言,扰乱军心的行为。首先,造谣扰乱军心的行为必须发生在战时。不在战时而在平时,即使有造谣扰乱军心的行为,也不能以本罪论处。其次,行为人必须有造谣惑众的行为。所谓"造谣惑众",是指编造、捏造根本不存在的事实或者故意歪曲夸大事实真相而在军中散布的行为。最后,行为人的行为必须达到了扰乱军心的程度。所谓"扰乱军心",是指使军人受到迷惑、蒙骗,不知事实真相而产生怯战、厌战、恐怖情绪,搅乱军人心理,使其心神不宁,斗志涣散,严重影响部队命令、行动的执行。虽有造谣惑众的行为,但不足以扰乱军心的,则不能构成本罪。本罪的主观要件为直接故意,即行为人明知自己制造谣言的行为会产生扰乱军心的结果,依然追求这种结果的发生。

根据《刑法》第378条的规定,犯本罪的,处3年以下有期徒刑、拘役或者管制;情节严重的,处3年以上10年以下有期徒刑。

五、战时窝藏逃离部队军人罪

战时窝藏逃离部队军人罪,是指战时明知是逃离部队的军人而为其提供隐蔽处所、财物,情节严重的行为。首先,窝藏逃离部队军人的行为必须发生在战时。如果不是发生在战时而在平时,即使有窝藏逃离部队军人的行为,也不能以本罪论处。其次,行为人必须有窝藏逃离部队军人的行为。窝藏是指帮助逃离部队的军人进行隐藏,以使其逃避法律的制裁。提供隐蔽处所是指将逃离部队的军人隐蔽起来,以逃避军队和有关部门查找。提供财物是指为逃离部队的军人提供物质帮助,以使其进一步逃跑或隐藏。所谓"逃离部队的军人",既可以是逃离部队后构成逃离部队罪的军人,也可以是逃离部队后犯有他罪的军人,还可以是逃离部队尚未构成逃离部队罪亦没有其他罪行的军人。最后,战时窝藏逃离部队军人的行为必须达到情节严重的程度。情节严重是指资助部队指挥人员或者其他负有重要职责的人员,如机要、保密人员;资助人数多的;资助时间长,次数多,数额大,屡教不改的;提供虚假情况,或为逃兵通风报信,使其逃脱的;拒绝认错,态度恶劣,且不改悔,以致贻误寻找时机,导致逃兵被俘、死亡等严重后果等情形。

根据《刑法》第379条的规定,犯本罪的,处3年以下有期徒刑或者拘役。

六、战时拒绝、故意延误军事订货罪

战时拒绝、故意延误军事订货罪,是指战时拒绝或者故意延误军事订货,情节严重的行为。首先,拒绝、故意延误军事订货的行为必须发生在战时。如果不是发生在战时而是平时,即使有拒绝、故意延误军事订货的行为,也不能以本罪论处。其次,行为人必须有无正当理由拒绝、故意延误军事订货的行为。军事订货是指部队根据国防安全利益的需要,依照有关法律的规定,与行为人意欲达成或者已经达成的生产、供给某种国防建设物品的合同行为。这一军事订货的行为,其对象就是本罪的主体应当从事生产、供给的对象,也称军事订货。军事订货,既包括军事卫星、航空器、坦克、火炮、汽车、装甲车等武器装备的订货,又包括供应军队作战、训练、施工、科研、后勤、医疗保障等军用物资的订货,还包括用于军事目的诸如各种建筑物、场地、设备等军事设施的订货等。总之,一切用于军事需要生产、制造、承建、修配、运输、贮存的物品,包括动产与不动产,都可属于军事订货的范畴。① 拒绝是指拒不接受部队向其要求的军事订货,即不愿意从事军事订货的科研、设计、生产、供给、修配、运输、承建等活动。延误是指虽然接受了军事订货,但却延期耽误,不按时交货,表现为消极的不作为。正当理由是指客观存在的自己不具备完成军事订货条件的各种理由,如技术过不了关、人手确实不够、遇有自然灾害、发生意外事故致使停工停产等。最后,拒绝、故意延误军事订货的行为必须达到了情节严重的程度。情节严重是指多次拒绝或延误的;拒绝、延误大量军事订货的;因其行为造成诸如贻误战机,影响重大军事任务完成,致使战斗、战役失利,造成较大伤亡等后果等情形。本罪的主体为特殊主体,仅限于单位。本罪的主观要件为故意。

根据《刑法》第380条的规定,犯本罪的,对单位判处罚金,并对其直接负责的主管人员和其他直接责任人员,处5年以下有期徒刑或者拘役;造成严重后果的,处5年以上有期徒刑。造成严重后果是指因拒绝、故意延误军事订货、致使战斗、战役失利的;严重影响部队重大军事行动的;造成人员重大伤亡或者重要武器装备、军用物资、军事设施毁损等情形。

---

① 军事订货是国防经济中体现商品经济和期货特点的一种军品交换方式。军事订货与其他民品订货一样,具有先成交后生产的特点,一般适用于大批量或价值量高的军品。采取订货方式,买方可以取得稳定的货源,卖方有可靠的销路,有利于加强军品生产、流通和军工企业经营的市场性、经济性、计划性。军事订货是事先通过签订合同或协议达成的交易,这种合同或协议的内容一般包括军品数量、质量、完成时限、交货与付款方式、价格等,具有约束买卖双方权利和义务的法律效力。

七、战时拒绝军事征用罪

战时拒绝军事征用罪,是指在战时拒绝军事征用,情节严重的行为。首先,拒绝军事征用的行为必须发生在战时。如果不是发生在战时而在平时,即使有拒绝军事征用的行为,也不能以本罪论处。其次,行为人必须有拒绝军事征用的行为。军事征用是指在战争或类似战争等紧急情况下,出于军事需要而依法有偿使用武装部队以外的其他任何单位,包括机关、团体、党派、企事业单位以及个人的财物及其劳动力,包括房屋、场所、机器、设施、交通工具、粮草、药品、衣服等一切急需物品以及公民个人的劳动力。军事征用一般是由执行作战任务或者其他类似任务的武装部队的指挥人员决定。县级以上人民政府,根据有关法律、法规的规定,也可决定进行军事征用。军事征用不是无偿征用,而是有偿的。可以是当场补偿,当场不能补偿的,也可以是事后补偿。当场无法给予补偿的,执行军事征用的单位应当给被征用人当场开具征用证明,在以后有可能时再行补偿。拒绝是指拒不接受军事征用。只有战时拒绝军事征用且情节严重的,才可构成本罪。最后,拒绝军事征用的行为必须达到了情节严重的程度。情节严重是指多次拒绝征用的;煽动多人拒绝征用重要急需物品的;因其行为延误战机的;造成作战失利的;影响军事任务完成的;造成严重伤亡后果的等。

根据《刑法》第381条的规定,犯本罪的,处3年以下有期徒刑或者拘役。

第九章 贪污贿赂罪

第一节 贪污贿赂罪概说

一、贪污贿赂罪的概念和构成

贪污贿赂罪,是指国家工作人员利用职务之便,贪污、挪用公共财物,收受贿赂,不履行法定义务,私分国有资产,侵害职务廉洁性的行为。本类犯罪的构成特征如下:

(1) 贪污贿赂罪侵害的主要法益是国家工作人员职务的廉洁性。国家的廉政建设制度是以恪尽职守、廉洁奉公、吏治清明、反对腐败为主要内容的。贪污贿赂罪不仅严重地侵犯了公共财产的所有权,而且严重地侵蚀了国家机构的机体,损害了党政机构在人民心目中的形象,妨害了国家的廉政建设制度。贪污贿赂行为所指向的犯罪对象是财物。

(2) 本类犯罪的客观要件为行为人利用职务上的便利实施侵害国家机关、国有公司、企业、事业单位、人民团体的正常活动或者致使国家、社会利益遭受重大损失的行为。贪污贿赂罪是利用职务之便实施的犯罪。贪污贿赂罪一般表现为作为形式,少数行为也可以表现为不作为,如国家工作人员隐瞒境外存款不申报、拒不说明巨额财产的来源等。

(3) 本类犯罪的主体,绝大多数是特殊主体,如贪污罪、受贿罪、挪用公款罪、巨额财产来源不明罪和隐瞒境外存款罪,必须由国家工作人员构成。根据《刑法》第93条的规定,国家工作人员包括:国家机关中从事公务的人员;国有公司、企业、事业单位、人民团体中从事公务的人员;国家机关、国有公司、企业、事业单位委派到非国有公司、企业、事业单位、社会团体从事公务的人员;其他依照法律从事公务的人员,即依照法律规定选举或者任命产生,从事某项公共事务管理的人员。但是,行贿罪、介绍贿赂罪等少数犯罪,由一般主体构成。另外,单位受贿罪、私分国有资产罪和私分罚没财物罪,则只能由国有单位构成。

(4) 贪污贿赂罪只能由直接故意构成,即行为人明知自己的行为会损害国家工作人员职务的廉洁性,并且希望或放任这种结果发生。过失不能构成本类犯罪。

二、贪污贿赂罪的种类

根据《刑法》分则第8章的规定,贪污贿赂罪共有13个具体罪名。这13个犯罪可分为两类,一类是贪污犯罪,其罪名包括贪污罪、挪用公款罪、巨额财产来源不明罪、隐瞒境外存款罪、私分国有资产罪、私分罚没财产罪;另一类是贿赂犯罪,其罪名包括受贿罪、单位受贿罪、利用影响力受贿罪、行贿罪、对单位行贿罪、介绍贿赂罪、单位行贿罪。

第二节 贪污犯罪

一、贪污罪

(一)贪污罪的概念和构成

贪污罪,是指国家工作人员和受国家机关、国有公司、企业、事业单位、人民团体委托管理、经营国有财产的人员,利用职务上的便利,侵吞、窃取、骗取财物的行为。

(1)本罪侵犯的法益是复杂法益,既侵犯了国家工作人员职务活动的廉洁性,又侵犯了财产的所有权。其中,主要法益是国家工作人员职务活动的廉洁性。

本罪的对象是财产,包括公有财产和非公有财产。由于行为人主体身份的不同,贪污犯罪行为所侵犯的财产有公共财产和非公共财产之区别。其具体情况包括:第一,国家工作人员犯本罪的,一般侵犯的是公共财产;第二,如果是受国家机关、国有公司、企业、事业单位、人民团体委托管理、经营国有财产的人员利用职务上的便利实施本罪的,其犯罪对象则仅限于公共财产中的国有财物;第三,国有公司、企业或者其他国有单位委派到非国有公司、企业以及其他单位从事公务的人员侵占本单位财物的,应当以贪污罪论处,其犯罪对象则可能是既非国有财物,亦非纯粹公共财物,而是包含国有财物、集体所有财物和私人所有财物共同组成的混合所有制的财物,如中外合资企业的财物。

根据《刑法》第91条的规定,公共财产包括:国有财产;劳动群众集体所有的财产;用于扶贫和其他公益事业的社会捐助或者专项基金的财产;在国家机关、国有公司、企业、集体企业和人民团体管理、使用或者运输中的私人财产,这类财产也以公共财产论。

(2)本罪的客观要件为利用职务之便,侵吞、窃取、骗取或者以其他手段非法占有财物的行为。

利用职务上的便利是指行为人利用其职责范围内主管、经手、管理财产的职权所形成的便利条件,假借执行职务的形式非法占有财物。这里的主管是指具有调拨、转移、使用或者以其他方式支配公共财产的职权,例如厂长、经理等具有的一定范围内支配企业内部公共财产的权力。经手是指具有领取、支出等经办财物流转事务的权限;管理是指具有监守或保管公共财物的职权,例如会计员、出纳员、保管员等具有监守和保管公共财物的职权。

本罪中的侵吞是指行为人将自己管理或经手的财物非法转归自己或他人所有的行为。窃取是指行为人利用职务之便,采取秘密窃取的方式,将自己管理的财物非法占有的行为。骗取是指行为人利用职务之便,采取虚构事实或隐瞒真相的方法,非法占有公共财物的行为。其他方法是指除了侵吞、盗窃、骗取之外,其他非法占有公共财物的方法。

另外,根据《刑法》第183条的规定,国有保险公司工作人员和国有保险公司委派到非国有保险公司从事公务的人员,利用职务上的便利,故意编造未曾发生的保险事故进行虚假理赔,骗取保险金归自己所有的,以本罪论处。根据刑法第394条的规定,国家工作人员在国内公务活动或对外交往中接受礼物,依照国家规定应当交公而不交公,数额较大的,以本罪论处。

本罪行为人一般是以作为形式完成犯罪,但有些情况也有可能表现为不作为形式,如《刑法》第394条规定的国家工作人员在国内公务活动或者对外交往中接受礼物,依照国家规定应当交公而不交公的贪污行为,就表现为不作为方式。

(3) 贪污罪的主体是国家工作人员或者受委托管理、经营国有财产的人员。因此,贪污罪的主体包括以下两类人员:一是国家工作人员,二是受委托管理、经营国有财产的人员。

根据《刑法》第93条的规定,国家工作人员,是指在国家机关中从事公务的人员。国有公司、企业、事业单位、人民团体中从事公务的人员和国家机关、国有公司、企业、事业单位委派到非国有公司、企业、事业单位、社会团体从事公务的人员,以及其他依照法律从事公务的人员,以国家工作人员论。可见,我国刑法中的国家工作人员又可以分为以下四类:

第一类是国家机关工作人员。国家机关工作人员是指各级国家权力机关、行政机关、审判机关、检察机关和军事机关中从事公务的人员。根据有关规定,参照国家公务员法进行管理的人员,应当以国家机关工作人员论。例如,根据中央和国务院有关规定,参照国家公务员法管理的各级党委、政协机关中从事公务的人员,应视为国家机关工作人员。此外,根据2002年全国人大常委会《关于渎职罪主体、适用问题的解释》的规定,以下人员也视为国家机关工作人员:在依照法律、法规规定行使职权的组织中从事公务的人员,或者在受国家机关委托代表国家机关行使职权的组织中从事公务的人员,或者虽未列入国家机关人员编制,但在国家机关行使中行使职权的人员。

第二类是国有公司、企业、事业单位、人民团体中从事公务的人员。这里的国有公司,是指依照《公司法》成立,财产全部归国家所有的公司。国有资本控股及参股的股份有限公司不属于国有公司。国有企业,是指财产全部归国家所有,从事生产、经营活动的营利性的非公司化经济组织。国有事业单位,是指受国家机关领导,财产属于国家所有的非生产、经营性单位,包括国有医院、科研机构、体育、广播电视、新闻出版等单位。人民团体,是指由国家组织成立的、财产属于国家所有的各种群众性组织,包括乡级以上工会、共青团、妇联等组织。

第三类是国家机关、国有公司、企业、事业单位委派到非国有公司、企业、事业单位、社会团体从事公务的人员。这里的委派是指受有关国有单位委任而派往非国有单位从事公务。被委派的人员,在被委派以前可以是国家工作人员,也可以是非国家工作人员。不论被委派以前具有何种身份,只要被有关国有单位委派到非国有单位从事公务,就应视为国家工作人员。

第四类是其他依照法律从事公务的人员。这类人员的特征是,在一定条件下代表国家行使国家管理职能。2000年全国人大常委会《关于〈中华人民共和国刑法〉解释》第93条第2款的规定:村民委员会等村基层组织人员协助人民政府从事下列行政管理工作,属于《刑法》第93条第2款规定的其他依照法律从事公务的人员:救灾、抢险、防汛、优抚、扶贫、移民、救济款物的管理;社会捐助公益事业款物的管理;国有土地的经营和管理;土地征用补偿费用的管理;代征、代缴税款;有关计划生育、户籍、征兵工作;协助人民政府从事的其他行政管理工作。

除上述立法解释确定的人员以外,其他依照法律从事公务的人员,还包括:依法履行职责的各级人民代表大会代表;依法履行职责的各级人民政协委员;依法履行审判职责的人民陪审员;协助乡镇人民政府、街道办事处从事行政管理工作的村民委员会、居民委员会等农村和城市基层组织人员;其他由法律授权从事公务的人员。

受委托管理、经营国有财产的人员是指受国家机关、国有公司、企业、事业单位、人民团体委托管理、经营国有财产的人员。这些人员主要是指以承包、租赁等方式,管理、经营国有公司、企业,或者其中的某个部门等,以承包人、租赁人的身份等,在承包、租赁合同约定的时间、权限范围内,管理、经营国有财产的人员。应当指出,受委托从事公务人员与受委派从事公务人员是有所不同的,受委托人员,不仅在被委托前不是国家工作人员,在被委托后也不是国家工作人员。因为委托是平等主体之间的一种民事法律关系。而受委派人员,无论在被委派前是否国家工作人员,在被委派后就被视为国家工作人员,因为委派是一种行政法律关系,委派单位与被委派人员之间存在行政上的隶属关系。

(4) 本罪的主观要件为直接故意,即行为人明知自己利用职务之便所实施的行为会发生非法占有财物的结果,并且希望这种结果的发生。本罪还具有非法占有公共财物的目的。

(二) 贪污罪的界限划分

1. 本罪与非罪的界限

根据《刑法》第 383 条第 1 款第 4 项的规定,个人贪污数额不满 5000 元,情节较重的,处 2 年以下有期徒刑或者拘役;情节较轻的,由其所在单位或者上级主管机关酌情给予行政处分。这一规定表明,构成贪污罪的数额起点原则上为 5000 元。如果非法占有的财物数额没有达到 5000 元,但是情节较重的,如多次贪污屡教不改,贪污救灾、救济、扶贫、防汛、防疫、移民款、募捐款物、赃款赃物、罚没款物、暂扣款物以及贪污手段恶劣、毁灭证据、转移赃物或者贪污公共财物用于非法活动等情形,即使非法占有财物的数额不满 5000 元,也应当以贪污罪论处。

如果非法占有的财物数额不满 5000 元,并且情节较轻,则不构成贪污罪,而只能按一般贪污行为由其所在的单位或者上级主管机关酌情给予行政处分。因此,划清贪污罪与非罪的界限,不仅应当看非法占有财物的数额是否达到了 5000 元,而且还要考察案件的其他情节。

2. 本罪与他罪的界限

(1) 本罪与职务侵占罪的界限。本罪与职务侵占罪存在诸多相同之处,如二者的犯罪主体都是特殊主体,二者在客观上都表现为利用职务上的便利非法占有单位财物的行为,二者的手段是相似的,二者的罪过形式相同。本罪与职务侵占罪的区分主要在于犯罪主体不同。本罪的主体是国家工作人员以及受国家机关、国有公司、企业、事业单位、人民团体委托管理、经营国有财产的人员,而职务侵占罪的犯罪主体只能是非国有公司、企业或者其他单位的人员。当然,二者侵害的法益也由此有所不同。本罪侵害的法益是复杂法益,即,既侵犯了国家工作人员职务行为的廉洁性,同时又侵犯了财物所有权;而职务侵占罪侵害的法益是简单法益,即只侵犯公司、企业或者其他单位的财产所有权。最后,二者的犯罪对象不尽相同。本罪的对象一般是公共财物,而职务侵占罪的对象则一般是非公共财物。

(2) 本罪与盗窃罪、诈骗罪、侵占罪的界限。本罪是通过窃取、骗取、侵吞等行为方式完成的,这与盗窃罪、诈骗罪、侵占罪的行为方式存在竞合之处。但是,本罪与上述三种犯罪毕竟是不同性质的犯罪,其具体区别表现在以下几点:一是犯罪主体不同。本罪的主体是特殊主体,即国家工作人员和受国家机关、国有公司、企业、事业单位、人民团体委托管理、经营国有财产的人员,而盗窃罪、诈骗罪、侵占罪的主体则是一般主体。二是犯罪客观要件不同。本罪的客观要件以利用职务上的便利为前提，而盗窃罪、诈骗罪、侵占罪则不是以利用职务便利为前提条件完成犯罪的。三是侵犯的法益和对象不同。本罪的法益是复杂法益，既侵犯国家工作人员的职务廉洁性，也侵犯财产所有权，而盗窃罪、诈骗罪、侵占罪的客体是简单法益，即只侵犯财产所有权。

(三) 贪污罪的刑事责任

根据《刑法》第383条的规定，犯贪污罪的，根据情节轻重，分别按以下量刑幅度进行处罚：

个人贪污数额在10万元以上的，处10年以上有期徒刑或者无期徒刑，可以并处没收财产；其中情节特别严重的，处死刑，并处没收财产。实践中一般认为情节特别严重是指以下情形：贪污数额特别巨大，至少是数百万元的；贪污集团的首要分子；贪污救灾、救济、抢险、防汛、优抚、扶贫等特定款物，造成恶劣社会影响的；因贪污犯罪行为造成严重后果的等。

个人贪污数额在5万元以上不满10万元的，处5年以上有期徒刑，可以并处没收财产；其中情节特别严重的，处无期徒刑，并处没收财产。

个人贪污数额在5000元以上不满5万元的，处1年以上7年以下有期徒刑；其中情节严重的，处7年以上10年以下有期徒刑。个人贪污数额在5000元以上不满1万元，犯罪后有悔改表现、积极退赃的，可以减轻处罚或者免予刑事处罚，由其所在单位或者上级主管部门给予行政处分。实践中一般认为情节严重是指贪污数额接近5万元，且贪污数额大部分被挥霍的；为掩盖罪行而毁灭证据或者嫁祸他人造成一定社会影响的；因贪污造成其他较为严重社会后果的等。

个人贪污数额不满5000元，情节较重的，处2年以下有期徒刑或者拘役；情节较轻的，由其所在单位或者上级主管部门酌情给予行政处分。实践中一般认为情节较重是指个人贪污数额接近5000元，且具有下列情形之一：贪污手段恶劣；贪污特定款物且造成一定社会影响；贪污累犯；因贪污造成其他较为严重的社会后果的等。实践中一般认为情节较轻是指个人贪污数额显然较少的；因家庭特殊困难而贪污的；具有自首、立功表现的等。

对多次贪污未经处理的，按照累计贪污数额处罚。多次贪污未经处理一般是指贪污行为未被发现或虽已被发现，但未给予刑事处罚，也没有给予行政纪律处分。累计贪污数额应按本法有关追诉时效的规定执行。在追诉时效期限内的贪污数额应累计计算，已过追诉时效期限的贪污数额不予计算。

对二人以上共同贪污的，按照个人所得数额及其在犯罪中的作用，分别处罚：(1) 对贪污集团的首要分子，按照集团贪污的总数额处罚；(2) 对其他共同贪污犯罪中的主犯，情节严重的，按照共同贪污的总数额处罚；(3) 对于共同贪污尚未分赃的案件，处罚时应根据犯罪分子在共同贪污犯罪中的地位、作用，并参照贪污总数额和共犯成员间的平均数额,确定犯罪分子个人应承担的刑事责任;(4)对于共同贪污个人所得数额虽未达到5000元但共同贪污数额超过5000元的,主要责任者都应给予处罚,其中情节较轻的,由其所在单位或者上级主管机关酌情给予行政处分。

二、挪用公款罪

（一）挪用公款罪的概念和构成

挪用公款罪,是指国家工作人员利用职务上的便利,挪用公款归个人使用,进行非法活动,或者挪用公款数额较大、进行营利活动,或者挪用公款数额较大、超过3个月未还的行为。

(1)本罪法益是复杂法益,既侵害了国家工作人员职务活动的廉洁性,又侵害了公款的所有权。本罪只是暂时侵犯了公款所有权中的占有权、使用权、收益权和处分权。

本罪的犯罪对象是公款,即国家、集体所有的货币、资金、用于扶贫和其他公益事业的社会捐助或者专项基金的货币、资金以及由国家机关、国有公司、企业、集体企业和人民团体管理、使用或者运输中私人所有的货币。根据有关司法解释的规定,挪用国库券的行为,也构成挪用公款罪。挪用公物一般不构成本罪。但是,如果挪用用于救灾、抢险、防汛、优抚、扶贫、移民、救济的公款或物资归个人使用的,则应按挪用公款罪从重处罚。

(2)本罪的客观要件为利用职务便利,挪用公款归个人使用的行为。行为人的行为必须同时具备两方面条件:一是利用了职务便利;二是挪用了公款归个人使用。挪用公款归个人使用是指:将公款供本人、亲友或者其他自然人使用的;以个人名义将公款供其他单位使用的;个人决定以单位名义将公款供其他单位使用,谋取个人利益的。

挪用公款归个人使用构成挪用公款罪的,可分为三种情况:一是挪用公款归个人使用,进行非法活动的;二是挪用公款数额较大,进行营利活动的;三是挪用公款数额较大、超过3个月未还的。根据《刑法》的规定,这三种情形构成犯罪的标准有所不同:

第一,挪用公款归个人使用,进行非法活动。即挪用公款归个人使用,进行违法犯罪活动。司法解释规定,这种情况下,以挪用公款500元至1万元为构成犯罪的起点。

第二,挪用公款数额较大,进行营利活动。挪用公款数额较大的起点为1万元至3万元。营利活动是指国家法律、法规允许的谋利活动,如存入银行收取利息、用于集资、购买国债、开办公司等。这种情形构成挪用公款罪,要求挪用公款数额较大,但不受挪用时间超过3个月未还的限制,未超过3个月即已归还,也构成犯罪。

第三，挪用公款数额较大、超过3个月未还。这种情形一般是指挪用公款用于非法活动、营利活动以外的其他合法事项，如个人消费、建造住房等。此种挪用行为构成挪用公款罪必须同时具备挪用数额较大、挪用时间（从挪用之日至案发之日）超过3个月未还两个条件。挪用公款数额较大的起点为1万元至3万元。多次挪用公款不还的，挪用公款数额累计计算；多次挪用公款，并以后次挪用的公款归还前次挪用的公款的，挪用公款数额以案发时尚未归还的实际数额认定。

(3) 本罪的主体是特殊主体，即只能由国家工作人员构成。受国家机关、国有公司、企业、事业单位、人民团体委托管理、经营国有财产的人员不能构成本罪。

(4) 本罪的主观要件为故意，行为人明知是公款而挪作个人使用，其目的在于暂时非法取得公款的使用权，并打算日后归还，而不是非法占有公款。如果行为人有永久取得公款所有权的目的，则不构成本罪。

(二) 挪用公款罪的界限划分

1. 挪用公款罪与合法借款的界限

区分的关键在于行为人是否利用职务上的便利，是否履行了合法的借款手续。如果行为人利用职务上的便利，未履行必要的借款手续，私自将公款挪作个人使用的，则构成挪用公款罪。如果行为人根据财务制度，经过领导批准，履行了必要的借款手续后借用公款的，则是合法借款。

2. 挪用公款罪与贪污罪的界限

本罪与贪污罪都是国家工作人员利用职务上便利实施的犯罪，都侵犯了国家工作人员职务活动的廉洁性和财产所有权。两者的区别主要在于：(1) 侵害的法益有区别。本罪只是暂时侵犯公款的所有权，而贪污罪则是永久侵犯财物的所有权。(2) 客观要件不同。本罪表现为利用职务上的便利，挪用公款归个人使用，进行非法活动，或者挪用公款数额较大、进行营利活动，或者挪用公款数额较大、超过3个月未还的行为；而贪污罪则表现为利用职务上的便利，以侵吞、窃取、骗取或者其他手段非法占有财物，至于如何使用对定罪没有影响。(3) 主体范围不完全相同。本罪的主体只限于国家工作人员；而贪污罪的主体除国家工作人员外，还包括受国家机关、国有公司、企业、事业单位、人民团体委托管理、经营国有财产的人员。(4) 犯罪目的不同。本罪的犯罪目的是暂时挪用公款归个人使用，行为人具有归还的意图；而贪污罪的犯罪目的则是永久非法占有财物。

但是，挪用公款罪在一定条件下也可以向贪污罪转化。如果行为人携带挪用的公款潜逃的、挪用公款后客观上具备退还的能力而拒不退还的，应以贪污罪论处，而不是定挪用公款罪。

3. 挪用公款罪与挪用资金罪的界限

本罪与挪用资金罪都是利用职务上的便利,挪用单位的货币资金归个人使用的行为,而且都打算日后归还。二者区别主要在于:本罪的主体是国家工作人员,而挪用资金罪的主体则是公司、企业或者其他单位中除国家工作人员以外的其他工作人员。

4. 挪用公款罪与挪用特定款物罪的界限

本罪与挪用特定款物罪在客观要件都具有挪用行为,主观要件都具有暂时使用款物的意图,犯罪对象上也存在交叉之处。二罪的主要区别在于:(1)挪用用途不同。挪用公款罪的挪用是归个人使用,其本质在于公款私用;而挪用特定款物罪的挪用是公用,即挪作他用,其本质是违反了专款、专物专用制度。(2)主体范围不同。挪用公款罪的主体是国家工作人员,而挪用特定款物罪的主体是管理、支配、经手特定款物的直接责任人员,既可能是国家工作人员,也可能不是国家工作人员。(3)定罪量刑标准不同。挪用公款罪以挪用数额大小作为定罪量刑的标准;而挪用特定款物罪则是以情节严重,致使国家和人民利益遭受重大损害作为定罪量刑的标准。

5. 单位决定将公款给个人使用行为的认定

经单位领导集体研究决定将公款给个人使用,或者单位负责人为了单位的利益,决定将公款给个人使用的,不以挪用公款罪定罪处罚。构成其他犯罪的,依照《刑法》的有关规定定罪处罚。

6. 国有单位领导向其主管的具有法人资格的下级单位借公款归个人使用行为的认定

国有单位领导利用职务上的便利指令具有法人资格的下级单位将公款供个人使用的,属于挪用公款行为,构成犯罪的,应以挪用公款罪定罪处罚。

7. 挪用有价证券、金融凭证用于质押行为性质的认定

挪用金融凭证、有价证券用于质押,使公款处于风险之中,与挪用公款为他人提供担保没有实质的区别,符合《刑法》关于挪用公款罪规定的,以挪用公款罪定罪处罚,挪用公款数额以实际或者可能承担的风险数额认定。

8. 挪用公款归还个人欠款行为性质的认定

挪用公款归还个人欠款的,应当根据产生欠款的原因,分别认定属于挪用公款的何种情形。归还个人进行非法活动或者进行营利活动产生的欠款,应当认定为挪用公款进行非法活动或者进行营利活动。

9. 挪用公款后尚未投入实际使用的行为性质的认定

挪用公款后尚未投入实际使用的,只要同时具备数额较大和超过3个月未还的构成要件,应当认定为挪用公款罪,但可以酌情从轻处罚。

(三) 挪用公款罪的刑事责任

根据《刑法》第384条的规定，犯本罪的，分别处以下刑罚：

挪用公款数额较大的，处5年以下有期徒刑或者拘役。数额较大，在挪用公款归个人使用进行非法活动的情况下，是指挪用公款5000元至1万元以上；在其他挪用公款犯罪情况下，是指挪用公款1万元至3万元以上。

挪用公款情节严重的，处5年以上有期徒刑。情节严重是指挪用公款数额巨大，或者数额虽未达到巨大，但挪用公款手段恶劣；多次挪用公款；因挪用公款严重影响生产、经营，造成严重损失等情形。挪用公款5万元至10万元以上的，属于挪用公款归个人使用进行非法活动的"情节严重"的情形之一。挪用公款数额巨大，是指挪用公款15万元至20万元以上。

挪用公款数额巨大不退还的，处10年以上有期徒刑或者无期徒刑。不退还是指因客观原因在一审宣判前不能退还。如果挪用正在生息或者需要支付利息的公款归个人使用，数额较大，超过3个月，但在案发前已全部归还本金的，可以从轻处罚或者免除处罚，给国家、集体造成的利息损失应予追缴。挪用公款数额巨大，超过3个月，案发前全部归还的，可以酌情从轻处罚。在具体认定挪用数额时，应当以挪用公款的实际数额为标准，行为人因为挪用公款所得到的非法利益，不能计入挪用公款的数额之内。挪用用于救灾、抢险、防汛、优抚、扶贫、移民、救济款物归个人使用的，从重处罚。

三、巨额财产来源不明罪

（一）巨额财产来源不明罪的概念和构成

巨额财产来源不明罪，是指国家工作人员的财产、支出明显超过合法收入，差额巨大，本人不能说明其来源合法的行为。

（1）本罪侵害的法益是复杂法益，既侵害了国家工作人员职务行为的廉洁性，又侵害了公私财物的所有权。

（2）本罪的客观要件为国家工作人员的财产、支出明显超过合法收入，且差额巨大，本人不能说明其来源合法。

首先，行为人拥有的财产或者支出明显超过合法收入，而且差额巨大。这里的财产，是指行为人实际拥有的财产，既包括行为人的住房、交通工具、存款、股票等，也包括名义上属于别人而实质上是行为人的财产。这里的支出，是指行为人已经对外支付的款物，包括赠与他人的款物。合法收入，是指按法律规定应属于行为人合法占有的财产，如工资、奖金、继承的遗产、接受馈赠、捐助等。根据1999年最高人民检察院《关于人民检察院直接受理立案侦查案件立案标准的规定（试行）》的规定，巨额财产来源不明罪的数额巨大，是指数额在30万元以上。

其次，行为人不能说明其拥有的财产或支出与合法收入之间巨大差额的原因及其合法性。不能说明包括以下情况:行为人拒不说明财产来源;行为人无法说明财产的具体来源;行为人所说的财产来源经司法机关查证并不属实;行为人所说的财产来源因线索不具体等原因,司法机关无法查实,但能排除存在来源合法的可能性和合理性的。不能说明来源合法的差额部分的财产被推定为"非法所得"①。

(3) 本罪的主体是特殊主体,即国家工作人员。

(4) 本罪在主观上是故意,即行为人明知财产不合法而故意占有,案发后又故意拒不说明财产的真正来源,或者有意编造财产来源的合法途径。

(二) 巨额财产来源不明罪的界限划分

要注意本罪与贪污罪、受贿罪的界分。本罪与贪污罪和受贿罪有着密切的联系,很多巨额财产来源不明就是没有被查明证实的贪污罪和受贿罪。本罪与贪污罪、受贿罪的区别主要体现在:(1) 财产来源要求不同。巨额财产来源不明罪只要求行为人拥有超过合法收入的巨额财产,而且行为人不能说明、司法机关又不能查明其来源的即可。至于财产的实际来源则在所不问,行为人拥有的来源不明的巨额财产既可能来自于贪污、受贿,也可能是来自于走私、贩毒、盗窃、诈骗等行为,这些都不影响成立巨额财产来源不明罪。(2) 主体范围不同。贪污罪和受贿罪的犯罪主体的范围要比巨额财产来源不明罪广,除国家机关工作人员,还包括国有公司、企业、事业单位其他经手管理公共财产的人员和其他依法从事公务的人员。

(三) 巨额财产来源不明罪的刑事责任

根据《刑法》第395条第1款的规定,犯本罪的,处5年以下有期徒刑或者拘役;差额特别巨大的,处5年以上10年以下有期徒刑。财产的差额部分予以追缴。

四、隐瞒境外存款罪

隐瞒境外存款罪,是指国家工作人员对自己数额较大的境外存款,应当依照国家规定申报而隐瞒不报的行为。

本罪的犯罪对象是境外存款。境外存款是指在我国国(边)境以外的国家和地区(包括香港、澳门、台湾地区)存入金融机构的人民币、外币、各种有价证

---

① 国家工作人员的合法收入是计算非法所得的基础。国家工作人员的合法收入,应当包括国家工作人员的工资、奖金、国家发放的各种补贴、本人的其他劳动收入、亲友的馈赠和依法继承的财产。非法所得数额应以国家工作人员的财产或者支出与其合法收入的差额部分计算。计算非法所得时,应将合法收入部分扣除,只计算差额部分。如果行为人能够说明财产的来源是合法的,并经查证属实的,应作为本人的合法收入;如果行为人不能说明财产的来源是合法的,则应减去其合法收入的差额部分,即视为非法所得,其行为构成巨额财产来源不明罪。

券、支付凭证、贵重金属及其制品等。值得注意的是,这里的存款不仅仅是指外汇,也应包括人民币,因为人民币在越来越多的国家可以自由存取和兑换。这里的境外存款,不论国家工作人员在境外的工作报酬、继承遗产或接受赠与,还是违法犯罪所得;也不论是本人亲自存在境外,还是托人辗转存于境外,都是境外存款。

本罪的客观要件为国家工作人员在境外依照国家规定应当申报而隐瞒不报,数额较大的行为。依照国家规定,国家工作人员申报其在境外的存款,是一种法定义务。行为人负有申报境外存款的法定义务而不履行义务,才构成本罪;如果没有向国家申报境外存款的义务,则不构成犯罪。因此,本罪是纯正不作为犯,隐瞒境外存款罪在客观要件表现为不作为,只能由不作为构成。数额较大是指隐瞒境外存款折合人民币数额在30万元以上。

本罪的主体是特殊主体,即只能由国家工作人员构成。本罪在主观上是故意,即行为人明知自己的境外存款应当申报而故意隐瞒不报。

根据《刑法》第395条第2款的规定,犯本罪的,处2年以下有期徒刑、拘役或者管制。情节较轻的,由其所在单位或者上级主管机关酌情给予行政处分。情节较轻是指在境外存款数额较小,案发后主动坦白交代、认罪,态度好等情节。

五、私分国有资产罪

(一)私分国有资产罪的概念和构成

私分国有资产罪,是指国家机关、国有公司、企业、事业单位、人民团体,违反国家规定,以单位名义将国有资产集体私分给个人,数额较大的行为。

(1)本罪侵害的法益是复杂法益,既侵害了国家工作人员职务行为的廉洁性,又侵害了国家对国有资产享有的所有权。本罪的犯罪对象是国有资产。所谓国有资产,即是指国家所有的财产,它是国家以各种形式投资及收益、接受馈赠形成的,或者凭借国家权力取得的,或者依据法律认定的各种类型的财产和财产权利,具体包括经营性国有资产、资源性国有资产和行政事业性国有资产等。

(2)本罪的客观要件为违反国家规定,将国有资产以单位名义集体私分给个人,数额较大的行为。违反国家规定是指违反了国家法律、法令、政策、文件、会议、指示、通知中关于严禁私分或变相私分国有资产的有关规定。以单位名义是指由单位领导班子集体决策或者由单位负责人决定并由直接责任人员经手实施,公开或半公开地以单位分红、单位发奖金、单位下发的节日慰问金等名义所进行的活动。如果不是以单位名义集体私分,而只是几个负责人暗中私分,不构成本罪而构成贪污罪。构成本罪必须达到数额较大的程度。数额较大以10万元为起点,它以集体私分国有资产的总额合并计算。

（3）本罪的主体是特殊主体，只能由国家机关、国有公司、企业、事业单位、人民团体构成。

（4）本罪的主观要件为故意，即明知是国有资产，而故意以单位名义集体予以私分，希望或者放任侵犯国有资产所有权的危害结果发生。

（二）私分国有资产罪的界限划分

必须注意本罪与贪污罪之间的界限。二者在犯罪对象、犯罪客体、主观要件具有相似之处，但是，二者也存在明显区别：（1）犯罪对象不完全相同。私分国有资产罪的犯罪对象只限于国有资产，贪污罪的犯罪对象不但包括公共财物，也包括某些非公共财物。（2）犯罪方式不同。私分国有资产罪是以单位名义实施的，而贪污罪则是利用职务上的便利，秘密地、不公开地非法占有公共财物。（3）犯罪主体不同。私分国有资产罪的主体是国家机关、国有公司、企业、事业单位、人民团体，而贪污罪的主体是自然人。

（三）私分国有资产罪的刑事责任

根据《刑法》第396条第1款的规定，犯本罪的，对其直接负责的主管人员和其他直接责任人员，处3年以下有期徒刑或拘役，并处或者单处罚金；数额巨大的，处3年以上7年以下有期徒刑，并处罚金。

六、私分罚没财物罪

私分罚没财物罪，是指司法机关、行政执法机关违反国家规定，将应当上缴国家的罚没财物，以单位名义集体私分给个人，数额较大的行为。

本罪的犯罪对象是司法机关、行政执法机关罚没的财物，主要包括：司法机关、行政执法机关没收、追缴的违法所得，包括赃款、赃物及其犯罪工具等；行政执法机关依据相关法律、法规，对公民、法人、社会组织的行政罚款；法律、法规授权的机构依据有关的法律、法规，对违背有关行政法律、法规的公民、法人、社会组织的罚款。本罪的客观要件表现为司法机关、行政执法机关违反国家规定，将应当上缴国库的罚没财物以单位的名义集体私分给个人，数额较大的行为。数额较大是指集体私分罚没财物累计数额在10万元以上。

本罪的主体是特殊主体，只有司法机关和行政执法机关才能构成。本罪的主观要件为故意，即上述单位明知罚没财物应当如数上缴国库，但仍以单位名义集体私分给个人的行为。

根据《刑法》第396条第2款的规定，犯本罪的，对单位直接负责的主管人员和其他直接责任人员，处3年以下有期徒刑，并处或者单处罚金；数额巨大的，处3年以上7年以下有期徒刑，并处罚金。

第三节 贿赂犯罪

一、受贿罪

(一) 受贿罪的概念和构成

受贿罪是指国家工作人员利用职务上的便利,索取他人财物的,或者非法收受他人财物,为他人谋取利益的行为。

(1) 本罪所侵害的法益是国家工作人员职务活动的廉洁性。本罪的犯罪对象一般是财物。2008年最高人民法院、最高人民检察院《关于办理商业贿赂刑事案件适用法律若干问题的意见》规定:商业贿赂中的财物,既包括金钱和实物,也包括可以用金钱计算数额的财产性利益,如提供房屋装修、含有金额的会员卡、代币卡(券)、旅游费用等。具体数额以实际支付的资费为准。所以受贿罪的犯罪对象包括金钱、实物和可以用金钱计算数额的财产性利益。

(2) 本罪在客观上表现为四种行为形式:一是行为人利用职务上的便利,索取他人财物的行为;二是非法收受他人财物为他人谋取利益的行为;三是在经济往来中违反国家规定收受各种名义的回扣、手续费归个人所有的行为;四是利用本人职权或者地位形成的便利条件,通过其他国家工作人员职务上的行为,为请托人谋取不正当利益,索取或者收受请托人财物的行为。

从客观要件看,要构成受贿罪必须符合以下条件:

第一,行为人利用了职务上的便利。利用职务上的便利,既包括利用本人职务上主管、负责、承办某项公共事务的职权,也包括利用职务上有隶属、制约关系的其他国家工作人员的职权。利用本人职权或者地位形成的便利条件,是指行为人与被其利用的国家工作人员之间在职务上虽然没有隶属、制约关系,但是行为人利用了本人职权或者地位产生的影响和一定的工作联系。

第二,行为人实施了下列行为之一:

一是索取他人财物的行为。学界有称之为"索贿"。索贿行为既可以是明示的,也可以是暗示的;既可以是本人直接索取,也可以是通过他人间接索取。行为人索取他人财物的,不论是否有为他人谋取利益的目的或行为,均可构成受贿罪。

二是非法收受他人财物,为他人谋取利益的行为。非法收受他人财物,是指行贿人主动向行为人行贿时,行为人不予拒绝而是接受。非法收受他人财物的,必须同时具备为他人谋取利益的要件,才能构成受贿罪。不论为他人谋取的利益是否正当,为他人谋取的利益是否实现,都不影响受贿罪的认定。行为人明知他人有具体请托事项而收受其财物的,应视为承诺为他人谋取利益。

三是在经济往来中违反国家规定收受各种名义的回扣、手续费归个人所有的行为。学界有称之为"经济受贿"。回扣是指在商品交易中,卖方从收取的价款中扣出一部分回送给买方或者委托代理人(经办人)。经济往来中是指合同的签订、履行或者其他形式的经济活动以及各种对外经济活动,包括生产、经营的各种活动,如国家的经济管理活动,也包括国家工作人员参与的直接的经济交往活动。违反国家规定是指违反全国人民代表大会及其常务委员会制定的法律和通过的决议,国务院发布的行政法规、规定、决定和命令等。如果行为没有违反国家规定,就不能认定为本罪。同时,行为人收受回扣、手续费必须归个人所有才能认定为本罪,如行为人将回扣、手续费上交的,就不能以本罪论处。

四是利用本人职权或者地位形成的便利条件,通过其他国家工作人员职务上的行为,为请托人谋取不正当利益的行为。学界一般称之为"斡旋受贿"或者"间接受贿"。在这种受贿形式中,行为人与被其利用的国家工作人员之间在职务上虽然没有隶属、制约关系,但是行为人利用了本人职权或者地位产生的影响和一定的工作联系。谋取不正当利益是指谋取违反法律、法规、国家政策和国务院各部门规章规定的利益,以及谋取违反法律、法规、国家政策和国务院各部门规章规定的帮助或者方便条件。如果为请托人谋取的是正当利益,则不构成犯罪。

(3)本罪的主体为特殊主体,即国家工作人员。

(4)本罪的主观要件为故意。不同受贿行为形式,其主观故意的内容也有所区别。第一,,索贿和收受他人财物、为他人谋取利益的直接故意,表现为明知索取或收受他人财物是以自己的职务便利和以为他人谋取利益为条件,并违反职务廉洁性要求,而故意索取或非法收受他人财物。第二,经济受贿的故意,表现为明知对方为经济往来对象,明知在经济往来中收受他人财物违反国家规定,而故意收受他人各种名义的回扣、手续费并归个人所有。第三,斡旋受贿的故意,表现为明知索取或收受请托人财物,是以自己本人的职权或者地位的便利和为请托人谋取不正当利益为条件,而故意通过其他国家工作人员职务上的行为,间接地为请托人谋取不正当利益,并索取或者收受请托人的财物。

(二)受贿罪的界限划分

1. 几种特殊情况的认定

(1)关于以交易形式收受贿赂问题。

国家工作人员利用职务上的便利为请托人谋取利益,以下列交易形式收受请托人财物的,以受贿论处:一是以明显低于市场的价格向请托人购买房屋、汽车等物品的;二是以明显高于市场的价格向请托人出售房屋、汽车等物品的;三是以其他交易形式非法收受请托人财物的。受贿数额按照交易时当地市场价格与实际支付价格的差额计算。前面所列市场价格包括商品经营者事先设定的不针对特定人的最低优惠价格。根据商品经营者事先设定的各种优惠交易条件，以优惠价格购买商品的，不属于受贿。

(2) 关于收受干股问题。

干股是指未出资而获得的股份。国家工作人员利用职务上的便利为请托人谋取利益，收受请托人提供的干股的，以受贿论处。进行了股权转让登记，或者相关证据证明股份发生了实际转让的，受贿数额按转让行为时的股份价值计算，所分红利按受贿孳息处理。股份未实际转让，以股份分红名义获取利益的，实际获利数额应当认定为受贿数额。

(3) 关于以开办公司等合作投资名义收受贿赂问题。

国家工作人员利用职务上的便利为请托人谋取利益，由请托人出资，"合作"开办公司或者进行其他"合作"投资的，以受贿论处。受贿数额为请托人给国家工作人员的出资额。国家工作人员利用职务上的便利为请托人谋取利益，以合作开办公司或者其他合作投资的名义获取"利润"，没有实际出资和参与管理、经营的，以受贿论处。

(4) 关于以委托请托人投资证券、期货或者其他委托理财的名义收受贿赂问题。

国家工作人员利用职务上的便利为请托人谋取利益，以委托请托人投资证券、期货或者其他委托理财的名义，未实际出资而获取"收益"，或者虽然实际出资，但获取的"收益"明显高于出资应得收益的，以受贿论处。受贿数额，前一情形，以"收益"额计算；后一情形，以"收益"额与出资应得收益额的差额计算。

(5) 关于以赌博形式收受贿赂的认定问题。

国家工作人员利用职务上的便利为请托人谋取利益，通过赌博方式收受请托人财物的，构成受贿罪。实践中应注意区分贿赂与赌博活动、娱乐活动的界限。具体认定时，主要应当结合以下因素进行判断：一是赌博的背景、场合、时间、次数；二是赌资来源；三是其他赌博参与者有无事先通谋；四是输赢钱物的具体情况和金额大小。

(6) 关于特定关系人"挂名"领取薪酬问题。

国家工作人员利用职务上的便利为请托人谋取利益，要求或者接受请托人以给特定关系人安排工作为名，使特定关系人不实际工作却获取所谓薪酬的，以受贿论处。

(7) 关于由特定关系人收受贿赂问题。

国家工作人员利用职务上的便利为请托人谋取利益，授意请托人以多种形式，将有关财物给予特定关系人的，以受贿论处。特定关系人与国家工作人员通谋，共同实施前款行为的，对特定关系人以受贿罪的共犯论处。特定关系人以外的其他人与国家工作人员通谋,由国家工作人员利用职务上的便利为请托人谋取利益,收受请托人财物后双方共同占有的,以受贿罪的共犯论处。

(8) 关于收受贿赂物品未办理权属变更问题。

国家工作人员利用职务上的便利为请托人谋取利益,收受请托人房屋、汽车等物品,未变更权属登记或者借用他人名义办理权属变更登记的,不影响受贿的认定。认定以房屋、汽车等物品为对象的受贿,应注意与借用的区分。具体认定时,除双方交代或者书面协议之外,主要应当结合以下因素进行判断:一是有无借用的合理事由;二是是否实际使用;三是借用时间的长短;四是有无归还的条件;五是有无归还的意思表示及行为。

(9) 关于收受财物后退还或者上交问题。

国家工作人员收受请托人财物后及时退还或者上交的,不是受贿。国家工作人员受贿后,因自身或者与其受贿有关联的人、事被查处,为掩饰犯罪而退还或者上交的,不影响认定受贿罪。

(10) 关于在职时为请托人谋利,离职后收受财物问题。

国家工作人员利用职务上的便利为请托人谋取利益之前或者之后,约定在其离职后收受请托人财物,并在离职后收受的,以受贿论处。国家工作人员利用职务上的便利为请托人谋取利益,离职前后连续收受请托人财物的,离职前后收受部分均应计入受贿数额。

2. 罪与非罪的界限

(1) 本罪与正当馈赠等合法行为的界限。本罪的实质在于权钱交易,这是区分本罪与接受馈赠的关键。接受礼物是正常的礼尚往来,与行为人的职务因素无关,而本罪是以权谋私。若送礼或受礼双方不是基于亲情、友情等真实感情而是基于权钱交易,即使是以拜年、祝寿等名目收送的,实质上也属于受贿行为。

(2) 是否构成本罪还需看数额和情节。是否达到了应受刑罚处罚的程度,根据《刑法》相关规定,受贿数额在5000元以上,或者虽然不满5000元但情节较重的,才能构成犯罪;受贿数额不满5000元且情节较轻的,属于一般受贿行为,不按本罪定罪处罚。

3. 本罪与其他犯罪的界限

(1) 本罪与非国家工作人员受贿罪的界限。本罪与非国家工作人员受贿罪的关键区别是犯罪主体。受贿罪的主体是国家工作人员,而非国家工作人员受贿罪的主体是公司、企业或者其他单位的工作人员,不属于国家工作人员。另外,本罪与非国家工作人员受贿罪在客观要件的要求有差异。受贿罪中行为人索取贿赂的情形不要求为他人谋取利益即可成立犯罪,而要成立非国家工作人员受贿罪,行为人在索取他人财物的同时,还必须有为他人谋取利益的要求。

(2) 本罪与贪污罪的界限。本罪与贪污罪的区别表现在以下几个方面:一是犯罪主体的范围不同。受贿罪的主体是国家工作人员,贪污罪的主体是国家工作人员或者受国家机关、国有公司、企业、事业单位、人民团体委托管理、经营国有财产的人员。二是客观要件的行为表现形式不同。贪污罪表现为利用自己主管、经手、管理公共财物的职务便利实施的侵吞、窃取、骗取或者以其他手段非法占有财物的行为,受贿罪是利用职务之便索取他人财物,或者收受他人财物,为他人谋取利益的行为。

(三)受贿罪的刑事责任

根据《刑法》第386条、第383条的规定,对于受贿罪,应当根据受贿所得数额及其他情节,分别处罚:(1)个人受贿数额在10万元以上的,处10年以上有期徒刑或者无期徒刑,可以并处没收财产;情节特别严重的,处死刑,并处没收财产。(2)个人受贿数额在5万元以上不满10万元的,处5年以上有期徒刑,可以并处没收财产;情节特别严重的,处无期徒刑,并处没收财产。(3)个人受贿5000元以上不满5万元的,处1年以上7年以下有期徒刑;情节严重的,处7年以上10年以下有期徒刑。个人受贿数额在5000元以上不满1万元,犯罪后有悔改表现、积极退赃的,可以减轻或者免予刑事处罚,由其所在单位或者上级主管机关给予行政处分。(4)个人受贿数额不满5000元,情节较重的,处2年以下有期徒刑或者拘役;情节较轻的,由其所在单位或者上级主管机关酌情给予行政处分。此外,对多次受贿未经处理的,按照累计受贿数额处罚。索贿的从重处罚。

二、单位受贿罪

单位受贿罪,是国家机关、国有公司、企业、事业单位、人民团体,索取、非法收受他人财物,为他人谋取利益,情节严重,或者在经济往来中,在账外暗中收受各种名义的回扣、手续费的行为。

本罪所谓情节严重,一般包括两种情况:(1)单位受贿数额在10万元以上的;(2)单位受贿数额不满10万元,但具有下列情形之一的:故意刁难、要挟有关单位、个人,造成恶劣影响的;强行索取财物的;致使国家或者社会利益遭受重大损失的。

本罪的主体为特殊主体,只能由国有单位构成,包括国家机关、国有公司、企业、事业单位、人民团体。集体经济组织、中外合资企业、中外合作企业、外商独资企业和私营企业,不能成为单位受贿罪的主体。根据最高人民检察院法律政策研究室《关于国有单位的内设机构能否构成单位受贿罪主体问题的答复》的规定,国有单位的内设机构利用其行使职权的便利,索取、非法收受他人财物并归该内设机构所有或者支配,为他人谋取利益,情节严重的,以单位受贿罪追究刑事责任。上述内设机构在经济往来中,在账外暗中收受各种名义的回扣、手续费的,以受贿论。

根据《刑法》第387条的规定,犯本罪的,对单位判处罚金,并对其直接负责的主管人员和其他直接责任人员,处5年以下有期徒刑或者拘役。

三、利用影响力受贿罪

利用影响力受贿罪是指国家工作人员的近亲属或者其他与该国家工作人员关系密切的人,通过该国家工作人员职务上的行为,或者利用该国家工作人员职权或者地位形成的便利条件,通过其他国家工作人员职务上的行为,为请托人谋取不正当利益,索取请托人财物或者收受请托人财物,数额较大或者有其他较重情节的行为。离职的国家工作人员或者其近亲属、关系密切的人利用该离职的国家工作人员原职权或者地位形成的便利条件,通过其他国家工作人员职务上的行为,为请托人谋取不正当利益,索取请托人财物或者收受请托人财物,数额较大或者有其他较重情节的行为,也以利用影响力受贿罪论处。

本罪的客观要件表现为两种情况:一是国家工作人员的近亲属、关系密切的人通过国家工作人员职务上的行为,或者利用该国家工作人员职权或地位形成的便利条件,通过其他国家工作人员职务上的行为,为请托人谋取不正当利益,而索取请托人财物或收受请托人财物,数额较大或者有其他较重情节的行为;二是离职的国家工作人员或者其近亲属、关系密切的人利用该离职的国家工作人员原职权或者地位形成的便利条件,通过其他国家工作人员职务上的行为,为请托人谋取不正当利益,索取请托人财物或者收受请托人财物,数额较大或者有其他较重情节的行为。

本罪的主体为特殊主体,即国家工作人员的近亲属、关系密切的人,或者离职的国家工作人员或者其近亲属、关系密切的人。本罪的主观要件为故意。

根据《刑法》第388条之一的规定,犯本罪的,处3年以下有期徒刑或者拘役,并处罚金;数额巨大或者有其他严重情节的,处3年以上7年以下有期徒刑,并处罚金;数额特别巨大或者有其他特别严重情节的,处7年以上有期徒刑,并处罚金或者没收财产。

四、行贿罪

行贿罪,是指为谋取不正当利益,给国家工作人员以财物的行为。

本罪的客观要件表现为行为人给予国家工作人员以财物的行为。行贿分为两种情形:一是行为人主动给予受贿人以财物。在这种情况下,无论行为人意图谋取的不正当利益是否实现,均不影响行贿罪的成立。二是行为人因国家工作人员索要而被动给予其财物。在这种情况下,如果行为人是因被国家工作人员勒索而被迫交付财物,只有在行为人获得不正当利益的情况下,才能构成行贿罪。所谓不正当利益,根据2013年最高人民法院、最高人民检察院《关于办理行贿刑事案件具体应用法律若干问题的解释》(以下简称《行贿案件解释》)第12条的规定,是指行贿人谋取的利益违反法律、法规、规章、政策规定,或者要求国家工作人员违反法律、法规、规章、政策、行业规范的规定,为自己提供帮助或者方便条件。违背公平、公正原则,在经济、组织人事管理等活动中,谋取竞争优势的,应当认定为"谋取不正当利益"。如果没有获得不正当利益的,不是行贿。此外,为谋取不正当利益,在经济往来中,违反国家规定,给予国家工作人员以财物,数额较大的,或者违反国家规定,给予国家工作人员以各种名义的回扣、手续费的,也应以行贿论处。对此,学界也有称之为"经济行贿罪"。

本罪的主体是一般主体。本罪的主观要件表现为故意,并且具有谋取不正当利益的犯罪目的。

根据《刑法》第390条的规定,犯本罪的,处5年以下有期徒刑或者拘役;因行贿谋取不正当利益,情节严重的,或者使国家利益遭受重大损失的,处5年以上10年以下有期徒刑;情节特别严重的,处10年以上有期徒刑或者无期徒刑,可以并处没收财产。行贿人在被追诉前主动交代行贿行为的,可以减轻处罚或者免除处罚。

根据《行贿案件解释》规定,为谋取不正当利益,向国家工作人员行贿,数额在1万元以上的,应当追究刑事责任。因行贿谋取不正当利益,具有下列情形之一的,应当认定为"情节严重":(1)行贿数额在20万元以上不满100万元的;(2)行贿数额在10万元以上不满20万元,并且有下列情形之一的:① 向3人以上行贿的;② 将违法所得用于行贿的;③ 为实施违法犯罪活动,向负有食品、药品、安全生产、环境保护等监督管理职责的国家工作人员行贿,严重危害民生、侵犯公众生命财产安全的;④ 向行政执法机关、司法机关的国家工作人员行贿,影响行政执法和司法公正的;(3)其他情节严重的情形。因行贿谋取不正当利益,造成直接经济损失数额在100万元以上的,应当认定为"使国家利益遭受重大损失"。因行贿谋取不正当利益,具有下列情形之一的,应当认定为"情节特别严重":(1)行贿数额在100万元以上的;(2)行贿数额在50万元以上不满100万元,并具有下列情形之一的:① 向3人以上行贿的;② 将违法所得用于行贿的;③ 为实施违法犯罪活动,向负有食品、药品、安全生产、环境保护等监督管理职责的国家工作人员行贿,严重危害民生、侵犯公众生命财产安全的;④ 向行政执法机关、司法机关的国家工作人员行贿,影响行政执法和司法公正的;(3)造成直接经济损失数额在500万元以上的;(4)其他情节特别严重的情形。"被追诉前"是指检察机关对行贿人的行贿行为刑事立案前。

多次行贿未经处理的,按照累计行贿数额处罚。

五、对单位行贿罪

对单位行贿罪,是指为谋取不正当利益,给予国家机关、国有公司、企业、事业单位、人民团体以财物,或者在经济往来中,违反国家规定,给予上述单位各种名义的回扣、手续费的行为。

本罪的客观要件有两种具体表现形式:一是给予国家机关、国有公司、企业、事业单位、人民团体以财物。二是在经济往来中,违反国家规定,给予国家机关、国有公司、企业、事业单位、人民团体各种名义的回扣、手续费。

本罪的主体是一般主体,主观要件表现为故意,并且具有谋取不正当利益的犯罪目的。

根据《刑法》第391条的规定,犯本罪的,处3年以下有期徒刑或拘役。单位犯本罪的,对单位判处罚金,对其直接负责的主管人员和其他直接责任人员,依上述规定处罚。

六、单位行贿罪

单位行贿罪,是指单位为谋取不正当利益而行贿,违反国家规定,给予国家工作人员以回扣、手续费,情节严重的行为。

本罪的客观要件表现为单位给予国家工作人员以财物,数额较大的,或者违反国家规定,给予国家工作人员以回扣、手续费,情节严重的行为。数额较大、情节严重一般是指以下情况:(1)单位行贿数额在20万元以上的;(2)单位为谋取不正当利益而行贿,数额在10万元以上不满20万元,但具有下列情形之一的:为谋取非法利益而行贿的;向3人以上行贿的;向党政领导、司法工作人员、行政执法人员行贿的;致使国家或者社会利益遭受重大损失的。

单位行贿罪的主体是单位,包括公司、企业、事业单位、机关、团体。与单位受贿罪不同,并不仅仅局限于国有公司、企业、事业单位、机关、团体,还包括集体所有制企业、中外合作企业、有限公司、外资公司、私营公司等。

根据《刑法》第393条的规定,犯本罪的,对单位判处罚金,并对单位直接负责的主管人员和其他直接责任人员,处5年以下有期徒刑或拘役,因行贿取得的违法所得归个人所有的,依照《刑法》第389条、第390条规定的行贿罪定罪量刑。

七、介绍贿赂罪

介绍贿赂罪是指向国家工作人员介绍贿赂,情节严重的行为。

本罪的客观要件表现为行为人在行贿人和受贿人之间实施沟通、撮合,促使行贿与受贿得以实现的行为,即,为行贿受贿双方牵线搭桥,促使双方相识相通、代为联络,甚至传递贿赂物品,帮助双方完成行贿受贿。如果只是口头表明引见,并没有具体实施撮合行为,或者已经使行贿、受贿双方见面,由于某种原因,贿赂行为未进行的,均不能构成介绍贿赂罪。介绍贿赂行为,只有情节严重的才构成犯罪。情节严重一般是指:(1)介绍个人向国家工作人员行贿,数额在2万元以上的;介绍单位向国家工作人员行贿,数额在20万元以上的;(2)尽管介绍贿赂数额不满上述标准,但具有下列情形之一的:为使行贿人获取非法利益而介绍贿赂的;3次以上或者为3人以上介绍贿赂的;向党政领导、司法工作人员、行政执法人员介绍贿赂的;致使国家或者社会利益遭受重大损失的。

介绍贿赂罪容易与行贿罪、受贿罪的共犯相混淆,两者之间的区别主要在于:如果行为人仅仅是在行贿、受贿双方之间沟通、撮合,而没有其他更多的行为,则应将该行为认定为介绍贿赂,但居中介绍之后有帮助转交或者帮助接受甚至共同分享该财物,则超出了介绍贿赂的范围,而应当视为行贿或者受贿的帮助犯,而以受贿罪、行贿罪的共犯处理。

介绍贿赂罪与斡旋型受贿罪也存在容易混淆之处,两者之间的区别主要在于:一是斡旋受贿是以行为人居间介绍之后,收受请托人的财物为必要条件,而介绍贿赂罪则不需要这一条件;二是主体要件不同。斡旋受贿的主体必须是国家工作人员,并且与受贿人之间存在职务或者地位上的制约关系,同时也利用了本人的这种职权或者地位上的制约关系;而介绍贿赂罪的主体是一般主体,任何人都可以构成本罪,即使是具有国家工作人员的身份,与受贿人之间也没有任何职务或者地位上的制约关系。

根据《刑法》第392条的规定,犯本罪的,处3年以下有期徒刑或拘役。介绍贿赂人在被追诉前主动交代介绍贿赂行为的,可以减轻处罚或者免除处罚。

第十章 渎 职 罪

第一节 渎职罪概说

一、渎职罪的概念和构成

渎职罪,是指国家机关工作人员在公务活动过程中利用职务上的便利,滥用职权、玩忽职守、徇私舞弊,妨害国家机关的正常管理活动,致使公共财产、国家和人民利益遭受重大损失的行为。本类犯罪具有如下构成特征:

(1) 本类犯罪侵犯的法益是国家机关的正常管理活动。所谓国家机关的正常管理活动,是指各级国家机关依法行使国家管理职权的正常活动。由于国家机关的正常管理活动是由国家机关工作人员来实施的,其滥用职权、玩忽职守、徇私舞弊的行为,不仅使国家机关的正常管理活动遭受严重侵害,使国家机关的形象和威信受到损害,而且将严重损害国家和人民的利益。

(2) 本类犯罪的客观要件表现为行为人在公务活动过程中实施了滥用职权、玩忽职守、徇私舞弊的行为,妨害了国家机关的正常管理活动,致使公共财产、国家和人民利益遭受重大损失。本类犯罪主要表现为滥用职权、玩忽职守、徇私舞弊三种行为方式。滥用职权,是指超越职权,违法决定、处理其无权决定、处理的事项,或者违反规定处理其权限范围内的公务,主要表现为超越职权和玩弄职权两种方式。玩忽职守,是指国家机关工作人员疏于职守、不按规程或规章行使管理职权。徇私舞弊,是指国家机关工作人员徇个人之私而违反规章制度,从中弄虚作假。应注意的是,本类罪中多数犯罪,必须以给公共财产、国家和人民利益遭受重大损失为构成要件,即滥用职权、玩忽职守、徇私舞弊的行为只有在给公共财产、国家和人民利益遭受重大损失的前提下,才构成犯罪。本类罪在行为表现上既可以是作为,如徇私枉法罪,也可以是不作为,如失职造成珍贵文物损毁、流失罪。但无论是作为还是不作为,都必须是在公务活动过程中实施的;如果行为人的行为不是在从事公务活动过程中实施的,与公务活动无关,那么不能构成本类犯罪。

(3) 本类犯罪的主体,除个别犯罪(如泄露国家秘密罪)外,均为特殊主体,即国家机关工作人员。根据《刑法》第93条、2002年全国人大常委会《关于〈中华人民共和国刑法〉第九章渎职罪主体适用问题的解释》及有关司法解释的规定,构成渎职罪的犯罪主体包括:第一,国家机关工作人员。国家机关工作人员,是指在国家立法、行政、司法、军事等部门中从事公务的人员,但不包括在国有公司、企业中从事公务的人员。第二,依法或者受委托行使国家行政管理职权的公司、企业、事业单位的工作人员。①

(4) 大多数本类犯罪的罪过形式表现为故意,少数犯罪的罪过形式为过失。

在本章中,有12个条文使用了"徇私舞弊"一词,第399条还使用了"徇私""徇情"概念,其中除《刑法》第397条第2款将"徇私舞弊"规定为法定刑升格的条件外,剩下的11个关于"徇私舞弊"的条文都是将其作为基本罪状来规定的。因此,正确理解"徇私舞弊"的概念及其在这些犯罪中的地位与作用,直接关系到罪与非罪、此罪与彼罪、一罪与数罪的判断。

"徇私舞弊"包括"徇私"和"舞弊"两部分。对于"徇私"的理解,理论界主要有两种观点。一种观点认为,徇私仅指徇个人私情、私利,即徇一己之私;私情、私利与单位利益相对应,徇单位之私不能理解为徇私,其原因在于:第一,从文义解释的角度界定,徇私应指徇个人私情、私利。第二,从体系解释的角度出发,徇私不包括徇单位之私。例如,若将徇私解释为包括徇单位之私,那么,《刑法》第169条规定的徇私舞弊低价折股、出售国有资产罪,在逻辑上便无法说通。第三,为了单位利益实施的渎职行为可以适用其他罪名(如滥用职权罪等)。② 另一种观点认为,徇私不仅包括徇个人之私,而且包括徇单位、集体之私,其原因在于:第一,从渎职罪的法益考虑,国家机关工作人员无论是徇个人之

---

① 根据2013年最高人民法院、最高人民检察院《关于办理渎职刑事案件适用法律若干问题的解释(一)》(以下简称《渎职案件解释(一)》)第7条的规定,依法或者受委托行使国家行政管理职权的公司、企业、事业单位的工作人员,在行使行政管理职权时滥用职权或者玩忽职守,构成犯罪的,应当依照全国人大常委会《关于〈中华人民共和国刑法〉第九章渎职罪主体适用问题的解释》的规定,适用渎职罪的规定追究刑事责任。依法或者受委托行使国家行政管理职权的公司、企业、事业单位的工作人员大体包括:(1)在依照法律、法规规定行使国家行政管理职权的组织中从事公务的人员,如地方烟草专卖局等;(2)在受国家机关委托代表国家机关行使职权的组织中从事公务的人员;(3)虽未列入国家机关人员编制但在国家机关中从事公务的人员;(4)根据2003年最高人民法院《全国法院关于审理经济犯罪案件工作座谈会会议纪要》的规定,在乡(镇)以上中国共产党、人民政协机关中从事公务的人员,司法实践中也应当视为国家机关工作人员;(5)根据2000年最高人民检察院《关于镇财政所所长是否适用国家机关工作人员的批复》的规定,属行政执法事业单位的镇财政所中按国家机关在编干部管理的工作人员,是国家机关工作人员;(6)根据2000年最高人民检察院《关于合同制民警能否成为玩忽职守罪主体问题的批复》的规定,合同制民警在依法执行公务期间,属于其他依照法律从事公务的人员,应以国家机关工作人员论;(7)根据2000年最高人民检察院《关于属工人编制的乡(镇)工商所所长能否依照《刑法》第397条的规定追究刑事责任问题的批复》的规定,经人事部门任命,但为工人编制的乡(镇)工商所所长,依法履行工商行政管理职责时,属其他依照法律从事公务的人员,应以国家机关工作人员论;(8)根据2002年最高人民检察院《关于企业事业单位的公安机构在机构改革过程中其工作人员能否构成渎职侵权犯罪主体问题的批复》的规定,企业、事业单位的公安机构在机构改革过程中虽未列入公安机关建制,其工作人员在行使侦查职责时,实施渎职侵权行为的,可以成为渎职侵权犯罪的行为主体。应当指出的是,以上几类人员只有在依法实施或者代表国家机关行使职权时,有渎职行为并构成犯罪的,才应当按渎职罪追究刑事责任,如果不是在依法实施或者代表国家机关行使职权时,不构成本类罪。

② 牛克乾、阎芳:《试论徇私枉法罪中"徇私"的理解与认定》,载《政治与法律》2003年第3期。

私,还是徇单位、集体之私实施渎职行为,都侵害了国家机关公务的合法、公正、有效执行以及国民对此的信赖。第二,徇单位、集体之私并不使行为在责任要件层面的非难可能性减少。第三,刑法分则条文将"徇私"规定为要件,是为了将国家机关工作人员因为法律素质、政策水平、技术能力不高而出现差错的情形排除在渎职罪之外;而徇单位、集体之私实施渎职行为的,显然不是由于法律素质、政策水平、技术能力不高的缘故。第四,"公"与"私"总是相对的,在以"徇私"为要件的犯罪中,国家机关工作人员正当履行职责所实现的利益、刑法所保护的法益就是"公";非处于实现"公"的利益与保护"公"的法益的意图,便应评价为"私"。① 本书认为后一种观点是合理的,这也得到有关司法解释的支持。如最高人民检察院《关于人民检察院直接受理立案侦查案件立案标准的规定》明确规定,直接负责的主管人员和其他直接责任人员为牟取本单位的私利而不移交刑事案件,情节严重的,应予立案。该规定表明"徇私"应当包括"牟取单位或小集体不正当利益"。因此,"徇私"不仅包括徇个人私情、私利,还包括徇单位之私、徇集体之私。

对于"舞弊"的理解,理论上没有太多争议,一般是指弄虚作假、玩弄职权的行为。在本章中,有些条文中的舞弊只是渎职行为的同位语,渎职行为本身就是舞弊行为的表现,并不需要在渎职行为之外有另外的舞弊行为。如《刑法》第403条规定,国家有关主管部门的国家机关工作人员,"滥用职权,对不符合法律规定条件的公司设立、登记申请或者股票、债券发行、上市申请,予以批准或者登记",这些行为本身就是舞弊行为,行为人构成本罪只要有此行为即可,并不需要在此之外再要求行为人有其他舞弊行为。另外,本章中另有一些条文并没有规定具体的渎职行为,在这种情况下,舞弊行为成为了具体的渎职行为本身。如《刑法》第418条规定:"国家机关工作人员在招收公务员、学生工作中徇私舞弊,情节严重的,处3年以下有期徒刑或者拘役。"这里的舞弊就是本罪的渎职行为本身,即明知不合格而招收,或者故意不招收应招收的合格的人员等。

对于徇私舞弊在本类罪中的地位与作用,理论界争议较大。有观点认为,徇私舞弊型渎职犯罪的核心在于滥用特定职权,不正确履行其职责,至于行为人是否有"徇私舞弊",与不正确履行职责并无必然联系,而且实践中往往难以查证,如果将徇私舞弊作为构成犯罪的法定要件,将不当地缩小处罚范围,放纵了渎职犯罪。因此,不应将徇私舞弊作为此类犯罪的构成要件。本书认为,在本章中,除《刑法》第397条第2款将徇私舞弊规定为法定刑升格的条件外,剩下的11个关于"徇私舞弊"的条文都是将其作为基本罪状来规定的,由此不难看出,徇私舞弊属于构成要件要素是确定无疑的。正如有学者所言,即使将"徇私"、"舞

---

① 张明楷:《刑法学》(第4版),法律出版社2011年版,第1090页。

弊"作为构成要件要素的合理性存在疑问,但是,解释者既不能直接宣布其为多余的要素,也不能直接删除该要素,充其量只能"将多余的解释掉",即通过解释途径对该构成要件要素作缓和的要求,从而得出符合刑法目的的解释结论。①

舞弊是指弄虚作假、玩弄职权的行为,因此,"舞弊"属于客观的构成要件要素是毫无意义的。但"徇私"是主观要素还是客观要素?理论上有以下不同观点:第一种观点认为,徇私属于犯罪动机;第二种观点认为,徇私是客观的构成要件要素;第三种观点认为,徇私既是客观的构成要件要素,也是主观的构成要件要素;第四种观点认为,徇私是犯罪目的。本书赞同第一种观点。本书认为,如果把"徇私"作为客观的构成要件要素,要求构成此类犯罪必须有牟取私情、私利的客观行为,那么对那些主观上具有徇私动机但客观上没有牟取私情、私利行为的行为人,无法追究其刑事责任,这不符合立法者的立法目的。而如果认同"徇私"是主观目的,那么,对于舞弊行为已经完毕而徇私目的未得逞的此类犯罪则应当认定为犯罪未遂,这样必然会导致打击不力。因此,只有将徇私认定为犯罪动机才是比较合适的。

二、认定渎职罪应当注意的问题

《渎职案件解释(一)》对渎职犯罪认定中的罪与非罪、此罪与彼罪、共同犯罪等问题进行了详细的解释,主要涉及以下问题:

(1)一罪与数罪的界限。第3条规定,国家机关工作人员实施渎职犯罪并收受贿赂,同时构成受贿罪的,除刑法另有规定外,以渎职犯罪和受贿罪数罪并罚。第4条规定,国家机关工作人员实施渎职行为,放纵他人犯罪或者帮助他人逃避刑事处罚,构成犯罪的,依照渎职罪的规定定罪处罚。国家机关工作人员与他人共谋,利用其职务行为帮助他人实施其他犯罪行为,同时构成渎职犯罪和共谋实施的其他犯罪共犯的,依照处罚较重的规定定罪处罚。国家机关工作人员与他人共谋,既利用其职务行为帮助他人实施其他犯罪,又以非职务行为与他人共同实施该其他犯罪行为,同时构成渎职犯罪和其他犯罪的共犯的,依照数罪并罚的规定定罪处罚。

(2)注意本章罪"经济损失"的把握。第8条规定,"经济损失"是指渎职犯罪或者与渎职犯罪相关联的犯罪立案时已经实际造成的财产损失,包括为挽回渎职犯罪所造成损失而支付的各种开支、费用等。立案后至提起公诉前持续发生的经济损失,应一并计入渎职犯罪造成的经济损失。债务人经法定程序被宣告破产,债务人潜逃、去向不明,或者因行为人的责任超过诉讼时效等,致使债权已经无法实现的,无法实现的债权部分应当认定为渎职犯罪的经济损失。渎职

---

① 张明楷:《刑法学》(第4版),法律出版社2011年版,第1089页。

犯罪或者与渎职犯罪相关联的犯罪立案后,犯罪分子及其亲友自行挽回的经济损失,司法机关或者犯罪分子所在单位及其上级主管部门挽回的经济损失,或者因客观原因减少的经济损失,不予扣减,但可以作为酌定从轻处罚的情节。

(3)注意本章罪追诉时效的计算。第6条规定,以危害结果为条件的渎职犯罪的追诉期限,从危害结果发生之日起计算;有数个危害结果的,从最后一个危害结果发生之日起计算。

三、渎职罪的种类

根据不同的标准,渎职罪可以划分为不同的类型。本书根据犯罪主体的不同身份,将渎职罪分为如下三类:

(1)一般国家机关工作人员的渎职犯罪。包括:滥用职权罪,玩忽职守罪,故意泄露国家秘密罪,过失泄露国家秘密罪,国家机关工作人员签订、履行合同失职被骗罪,非法批准征用、占用土地罪,非法低价出让国有土地使用权罪,招收公务员、学生徇私舞弊罪,失职造成珍贵文物毁损、流失罪。

(2)司法工作人员的渎职犯罪。包括:徇私枉法罪,民事、行政枉法裁判罪,执行判决、裁定失职罪,执行判决、裁定滥用职权罪,枉法仲裁罪,私放在押人员罪,失职致使在押人员脱逃罪,徇私舞弊减刑、假释、暂予监外执行罪。

(3)特定机关工作人员的渎职犯罪。包括:徇私舞弊不移交刑事案件罪,滥用管理公司、证券职权罪,徇私舞弊不征、少征税款罪,徇私舞弊发售发票、抵扣税款、出口退税罪,违法提供出口退税凭证罪,违法发放林木采伐许可证罪,环境监管失职罪,食品监管渎职罪,传染病防治失职罪,放纵走私罪,商检徇私舞弊罪,商检失职罪,动植物检疫徇私舞弊罪,动植物检疫失职罪,放纵制售伪劣商品犯罪行为罪,办理偷越国(边)境人员出入境证件罪,放行偷越国(边)境人员罪,不解救被拐卖、绑架的妇女、儿童罪,阻碍解救被拐卖、绑架的妇女、儿童罪,帮助犯罪分子逃避处罚罪。

第二节 一般国家机关工作人员的渎职犯罪

一、滥用职权罪

(一)滥用职权罪的概念和构成

滥用职权罪,是指国家机关工作人员超越职权,违法决定、处理其无权决定、处理的事项,或者违反规定处理其权限范围内的公务,致使公共财产、国家和人民利益遭受重大损失的行为。本罪具有以下构成特征:

(1)本罪在客观上表现为滥用职权,致使公共财产、国家和人民利益遭受重大损失的行为。行为人具有一定的职权是构成本罪的前提,如果行为人不具有某种职权,就不可能存在滥用职权的问题。理解本罪的客观要件,应把握好以下两个要素:

其一,行为人实施了滥用职权的行为。所谓滥用职权,是指超越职权,违法决定、处理其无权决定、处理的事项,或者违反规定处理其权限范围内的公务。首先,滥用职权应是滥用国家机关工作人员的一般职务权限,如果行为人实施的行为与其一般的职务权限没有任何关系,则不属于滥用职权。其次,行为人或者是以不当目的实施职务行为或者是以不法方法实施职务行为;在出于不当目的实施职务行为的情况下,即使从行为的方法上看没有超越职权,也属于滥用职权。最后,滥用职权的行为违反了职务行为的宗旨,或者说与其职务行为的宗旨相违背。本罪的行为方式既可以是作为,也可以是不作为。主要表现为以下几种情况:一是超越职权,擅自决定或处理没有具体决定、处理权限的事项;二是玩弄职权,随心所欲地对事项做出决定或者处理;三是故意不履行应当履行的职责,或者说任意放弃职责;四是以权谋私、假公济私,不正确地履行职责。

其二,本罪为结果犯,即必须致使公共财产、国家和人民利益遭受重大损失的,才构成犯罪。根据《渎职案件解释(一)》第1条的规定,国家机关工作人员滥用职权或者玩忽职守,具有下列情形之一的,应当认定为"致使公共财产、国家和人民利益遭受重大损失":造成死亡1人以上,或者重伤3人以上,或者轻伤9人以上,或者重伤2人、轻伤3人以上,或者重伤1人、轻伤6人以上的;造成经济损失30万元以上的;造成恶劣社会影响的;其他致使公共财产、国家和人民利益遭受重大损失的情形。

(2)本罪的主体是特殊主体,即国家机关工作人员,国家机关工作人员以外的其他任何人员,都不能单独成为本罪的主体。

(3)本罪的主观要件为故意,即行为人明知自己滥用职权的行为会给公共财产、国家和人民利益造成重大损失,而希望或放任这一结果的发生。实践中,本罪绝大多数出自间接故意,但也可能有直接故意的存在,过失不构成本罪。

(二)滥用职权罪的界限划分

认定本罪,应注意以下几个问题:

1. 本罪与非罪的界限

认定本罪,应当首先把一般的滥用职权行为与滥用职权犯罪区别开来。根据《刑法》第397条的规定,成立滥用职权罪,首先必须有滥用职权的行为,如果行为人没有滥用职权,完全是在具体的职权范围内按规定处理事项,则不能认定为滥用职权罪。其次,构成本罪,必须致使公共财产、国家和人民利益遭受了重大损失。也就是说,是否致使公共财产、国家和人民利益遭受了重大损失是划分滥用职权罪与一般的滥用职权违法行为的界限。如果行为人有滥用职权行为,但仅仅造成了一般损失,不能以犯罪论处,只能按照一般违法行为对行为人进行相应的行政、党纪处分;如果致使公共财产、国家和人民利益遭受了重大损失,则应按本罪论处。

2. 本罪与《刑法》另有规定的滥用职权犯罪的关系

本罪仅是对国家机关工作人员滥用职权犯罪的一个概括的规定,只适用于那些《刑法》分则没有明确规定的国家机关工作人员因滥用职权构成犯罪的情况,而在《刑法》中,还有其他的一些滥用职权的犯罪行为,如徇私枉法罪、执行判决、裁定滥用职权罪等。由此不难看出,规定本罪的第397条属于普通法条,其他滥用职权性质的犯罪则是特殊法条,如果出现竞合的关系,则按照特殊规定优于一般规定的原则处理。正因如此,《刑法》第397条后半段规定:本法另有规定的,依照规定。如《刑法》第410条规定了国家机关工作人员徇私舞弊,违反土地管理法规,滥用职权,非法批准征用、占用土地或者非法低价出让国有土地使用权,情节严重的行为的,就不能以本罪处理,而应依照《刑法》第410条的规定以非法批准征用、占用土地罪和非法低价出让国有土地使用权罪论处。

另外,根据《渎职案件解释(一)》第2条的规定,国家机关工作人员实施滥用职权犯罪行为,触犯刑法分则第九章第398条至第419条规定的,依照该规定定罪处罚。国家机关工作人员滥用职权,因不具备徇私舞弊等情形,不符合刑法分则第九章第398条至第419条的规定,但依法构成第397条规定的犯罪的,以滥用职权罪定罪处罚。

(三) 滥用职权罪的刑事责任

根据《刑法》第397条第1款的规定,犯本罪的,处3年以下有期徒刑或者拘役;情节特别严重的,处3年以上7年以下有期徒刑。根据《刑法》第397条第2款的规定,犯本罪且徇私舞弊的,处5年以下有期徒刑或者拘役;情节特别严重的,处5年以上10年以下有期徒刑。所谓"情节特别严重",一般是指致使公共财产、国家和人民利益遭受的损失特别严重等。根据《渎职案件解释(一)》第2条的规定,是指下列情形之一:(1) 造成伤亡达到前款第(一)项规定人数3倍以上的;(2) 造成经济损失150万元以上的;(3) 造成前款规定的损失后果,不报、迟报、谎报或者授意、指使、强令他人不报、迟报、谎报事故情况,致使损失后果持续、扩大或者抢救工作延误的;(4) 造成特别恶劣社会影响的;(5) 其他特别严重的情节。

二、玩忽职守罪

(一) 玩忽职守罪的概念和构成

玩忽职守罪,是指国家机关工作人员严重不负责任,不履行或者不认真履行

职责,致使公共财产、国家和人民利益遭受重大损失的行为。本罪具有如下构成特征:

(1) 本罪的客观要件为行为人玩忽职守,致使公共财产、国家和人民利益遭受重大损失的行为。理解本罪的客观要件,应把握好以下两个要素:

其一,行为人实施了玩忽职守的行为。所谓玩忽职守,是指行为人严重不负责任,不履行或者不认真履行公职。玩忽职守的行为方式多种多样,主要表现为如下几种情形:不履行职责,即行为人有能力且有条件履行自己的职责而不履行或者不正确履行;擅离职守,即行为人在执行职务期间,违背其职责义务而擅自离开自己工作岗位的行为;未尽职责,即行为人虽然实施了一定的履行职责的行为,但未完全履行职责的情况。

其二,本罪为结果犯,必须致使公共财产、国家和人民利益遭受重大损失。这里的"致使公共财产、国家和人民利益遭受重大损失"的标准参见滥用职权罪。

(2) 本罪的主体是特殊主体,即国家机关工作人员。国家机关工作人员以外的其他任何人员,都不能单独成为本罪的主体。另外,根据《渎职案件解释(一)》第2条的规定,国家机关工作人员实施玩忽职守犯罪行为,触犯刑法分则第九章第398条至第419条规定的,依照该规定定罪处罚。国家机关工作人员玩忽职守,因不具备徇私舞弊等情形,不符合刑法分则第九章第398条至第419条的规定,但依法构成第397条规定的犯罪的,以玩忽职守罪定罪处罚。

(3) 本罪的主观要件只能为过失。虽然行为人玩忽职守的行为通常是故意的,但构成本罪的主观罪过只能是过失,即行为人应当预见自己不履行或者不正确履行其职责的行为会导致公共财产、国家和人民利益遭受重大损失,但因为疏忽大意而没有预见或者已经预见但轻信能够避免的心理态度。

(二) 玩忽职守罪的界限划分

认定本罪,应注意以下四个问题:

1. 本罪与非罪的界限

本罪与一般玩忽职守行为的界限。"致使公共财产、国家和人民利益遭受重大损失"是本罪成立的必备要件,因此,是否造成了公共财产、国家和人民利益的重大损失,是区分本罪与一般玩忽职守行为的界限。如果玩忽职守行为没有造成损失,或者虽然造成了损失,但损失尚未达到重大程度的,那就属于一般玩忽职守行为,不能以本罪追究行为人的刑事责任,而只能依照有关政策和法律的规定,给予行为人党纪、行政处分。

2. 本罪与滥用职权罪的界限

本罪与滥用职权罪在犯罪主体、侵犯的法益、犯罪结果等方面具有相同性。两者的区别主要在于:(1) 主观要件不同。本罪的主观要件为过失;而滥用职权罪的主观要件则为故意。(2)客观上的行为形式不同。本罪的客观要件主要表现为,行为人对工作严重不负责任,不履行或者不正确履行职责,致使公共财产、国家和人民利益遭受重大损失的行为,主要的行为方式是不作为;而滥用职权罪的客观要件则表现为,行为人实施了滥用职权或者超越职权,致使公共财产、国家和人民利益遭受重大损失的行为,主要的行为方式是作为。

3. 本罪与《刑法》另有规定的玩忽职守犯罪的界限

本罪仅是对国家机关工作人员玩忽职守犯罪的一个概括的规定,只适用于那些《刑法》分则没有明确规定的国家机关工作人员因玩忽职守构成犯罪的情况。而在《刑法》中,还有其他一些滥用职权的犯罪行为,如失职致使在押人员脱逃罪、环境监管失职罪等。这些法条与规定玩忽职守罪的法条形成法条竞合,应按特殊规定优于一般规定的原则处理。如《刑法》第408条规定了负有环境保护监督管理职责的国家机关工作人员严重不负责任,导致发生重大环境污染事故,致使公私财产遭受重大损失或者造成人身伤亡的严重后果的行为的,就不能以本罪处理,而应依照《刑法》第408条规定的环境监管失职罪论处。

4. 本罪与有关重大责任事故罪的界限

本罪与有关重大责任事故罪的区别主要表现在:(1)侵犯的法益不同。本罪是对国家机关的正常管理活动的侵犯,属于渎职罪的范畴;而重大责任事故罪则是对生产、作业安全的侵犯,属于公共安全范畴。(2)犯罪客观要件的表现形式不同。本罪的客观要件表现为,行为人对工作严重不负责任,不履行或者不正确履行职责,致使公共财产、国家和人民利益遭受重大损失的行为,该行为只能发生在国家机关工作人员的管理活动过程中;而重大责任事故罪的客观要件则表现为,由于不服管理、违反规章制度,或者强令工人违章冒险作业,因而发生重大伤亡事故或者造成其他严重后果的行为,该行为只能发生在生产、作业过程之中。(3)犯罪主体不同。本罪的主体是国家机关工作人员;而重大责任事故罪的主体则是工厂、矿山、林场、建筑企业或者其他企业、事业单位的职工。

(三)玩忽职守罪的刑事责任

根据《刑法》第397条第1款的规定,犯本罪的,处3年以下有期徒刑或者拘役;情节特别严重的,处3年以上7年以下有期徒刑。根据《刑法》第397条第2款的规定,犯本罪且徇私舞弊的,处5年以下有期徒刑或者拘役;情节特别严重的,处5年以上10年以下有期徒刑。"情节特别严重"的标准参见滥用职权罪。

三、故意泄露国家秘密罪

(一)故意泄露国家秘密罪的概念和构成

故意泄露国家秘密罪,是指国家机关工作人员和非国家机关工作人员违反

保守国家秘密法的规定,故意泄露国家秘密,情节严重的行为。本罪具有如下构成特征:

(1) 本罪侵犯的对象是国家秘密。根据我国《保守国家秘密法》第2条的规定,国家秘密,是指关系到国家的安全和利益,依照法定程序确定,在一定时间内只限定一定范围的人员知悉的事项。涉及国家事务的重大决策、国防建设和武装力量活动、外交及外事活动、国民经济和社会发展、科学技术、国家安全及司法、政党活动等各个方面。国家秘密分为"绝密""机密""秘密"三个密级。

(2) 本罪的客观要件表现为违反包括保守秘密法的规定,泄露国家秘密,情节严重的行为。具体来讲,本罪在客观上包括下列三个要素:第一,违反国家保守秘密法律、法规的规定。我国现行的保守国家秘密的法律、法规包括《宪法》《保守国家秘密法》及其实施办法、《国家秘密技术出口审查暂行规定》《科学技术保密规定》等。第二,泄露国家秘密。泄露,是指违反保守国家秘密法律、法规的规定,使国家秘密被不应当知悉者知悉,以及使国家秘密超出了限定的接触范围,而不能证明未被不应知悉者知悉。泄露的方式没有限制,既可以是口头的也可以是书面的,既可以是提供秘密文件让他人阅读也可以是非法复制或窃取后送给单位或个人,甚至是在网络上披露国家秘密的内容,等等。第三,泄露国家秘密情节严重①。

(3) 本罪的主体主要是国家机关工作人员,但非国家机关工作人员也可以成为本罪的主体,凡是知悉或者了解国家秘密的非国家机关工作人员都可以构成本罪的主体。

(4) 本罪的主观要件只能为故意。故意泄露国家秘密的动机是多种多样的,有的是为了出卖获利,有的是为了炫耀,以显示自己消息灵通等,但动机如何,不影响本罪的构成。但是,如果行为人出于危害国家安全的目的而泄露国家秘密的,应以为境外窃取、刺探、收买、非法提供国家秘密罪论处。

(二) 故意泄露国家秘密罪的界限划分

认定本罪,应注意以下几个问题:

1. 本罪与非罪的界限

《刑法》第398条规定,只有情节严重的故意泄露国家秘密的行为,才构成犯罪。因此,区分本罪与非罪行为的界限关键是看泄密的情节是否严重。如果

---

① 所谓"情节严重",根据《渎职犯罪立案标准》的规定,是指具有下列七种情形之一:泄露绝密级国家秘密1项(件)以上的;泄露机密级国家秘密2项(件)以上的;泄露秘密级国家秘密3项以上的;向非境外机构、组织、人员泄漏国家秘密,造成或者可能造成危害社会稳定、经济发展、国防安全或其他严重后果的;通过口头、书面或者网络等方式向公众散布、传播国家秘密的;利用职权指使或者强迫他人违反国家保守秘密法的规定泄露国家秘密的;以牟取私利为目的泄露国家秘密的;其他情节严重的情形。

故意泄露国家秘密行为的情节尚未达到严重程度,属于一般的违法、违纪行为,对行为人可以给予党纪,行政处分,但不能追究行为人的刑事责任。

2. 本罪与为境外窃取、刺探、收买、非法提供国家秘密、情报罪的界限

两者的区别主要在于:(1)侵犯的法益不同。前者是对国家秘密正常管理活动的侵犯,属于渎职罪的范畴;而后者是对国家安全和利益的侵犯,属于危害国家安全罪的范畴。(2)犯罪对象不完全相同。前者的对象是涉及国家安全和利益的国家秘密;而后者的对象除了国家秘密外,还包括不属于国家秘密的情报。(3)犯罪的行为表现不同。前者在客观上表现为,违反国家保密法律、法规,将自己了解和掌握的国家秘密泄露给他人的行为,其行为的主要特征是泄露国家秘密;而后者在客观上则表现为,为境外的机构、组织、人员窃取、刺探、收买、非法提供国家秘密的行为,其法定行为方式是窃取、刺探、收买、非法提供,行为对象为特定的境外的机构、组织、人员。(4)构成犯罪的情节要求不同。前者要求泄露国家秘密的情节严重才能构成犯罪;而后者则在构成犯罪上没有情节的要求。(5)犯罪主体不同。前者的主体主要是国家机关工作人员;而后者的主体则为一般主体。(6)犯罪的主观要件不同。前者可以是直接故意,也可以是间接故意;而后者则只能是直接故意。

3. 本罪与侵犯商业秘密罪的界限

两者的区别主要表现在:(1)犯罪侵犯的法益不同。前者是对国家秘密正常管理活动的侵犯;而后者是对权利人商业秘密的专用权的侵犯。(2)犯罪对象不同。前者的犯罪对象是国家秘密;而后者的犯罪对象则是商业秘密,即不为公众所知悉,能为权利人带来经济利益,具有实用性并经权利人采取保密措施的技术信息和经营信息。(3)犯罪客观要件的表现形式不同。前者的客观要件表现为泄露国家秘密的行为;而后者不完全是泄露或披露,而且包括以盗窃、利诱、胁迫或其他不正当手段获取权利人的商业秘密的行为等。(4)犯罪主体不同。前者的犯罪主体只能是自然人,主要是国家机关工作人员;而后者的犯罪主体则既可以是自然人,也可以是单位。如果国家机关工作人员违反国家保守秘密法的规定,披露属于国家秘密的商业秘密,则是一行为触犯数罪名即想象竞合的情况,应按从一重罪处断的原则处理。

4. 本罪与非法获取国家秘密罪的界限

两者的区别主要表现在:(1)犯罪主体不同。前者的犯罪主体主要是国家机关工作人员,而后者的犯罪主体则可以是具有刑事责任能力的任何人。(2)客观要件表现不同。前者在客观上表现为"泄漏"国家秘密,而后者则表现为"窃取、刺探、收买"国家秘密或"非法持有属于国家秘密、机密的文件、资料或者其他物品,拒不说明来源与用途"。如果行为人出于泄露国家秘密的罪过心理,先非法获取国家秘密而又实施泄露国家秘密行为的,成立吸收犯,从一重罪

处断。

（三）故意泄露国家秘密罪的刑事责任

根据《刑法》第398条的规定，犯本罪的，处3年以下有期徒刑或者拘役；情节特别严重的，处3年以上7年以下有期徒刑。非国家工作人员犯本罪的，依照上述规定酌情处罚。

四、过失泄露国家秘密罪

过失泄露国家秘密罪，是指国家机关工作人员或者非国家机关工作人员违反保守国家秘密法，过失泄露国家秘密，情节严重的行为。本罪构成要件除主观要件为过失、"情节严重"[①]的标准不同外，其他构成要件与故意泄漏国家秘密罪相同。

根据《刑法》第398条的规定，犯本罪的，处3年以下有期徒刑或者拘役；情节特别严重的，处3年以上7年以下有期徒刑。非国家机关工作人员犯前款罪的，依照上述规定酌情处罚。

五、国家机关工作人员签订、履行合同失职被骗罪

国家机关工作人员签订、履行合同失职被骗罪，是指国家机关工作人员在签订、履行合同过程中，因严重不负责任而被诈骗，致使国家利益遭受重大损失的行为。本罪的客观方面表现为在签订、履行合同过程中，因严重不负责任而被诈骗，致使国家利益遭受重大损失。具体应注意以下几点：（1）行为发生在签订、履行合同过程中。（2）因严重不负责任而被诈骗。"严重不负责任"，是指行为人在签订、履行合同过程中不履行或者不认真履行职责。（3）致使国家利益遭受重大损失。根据《渎职犯罪立案标准》的规定，"重大损失"，是指具有下列情形之一：造成直接经济损失30万元以上，或者直接经济损失不满30万元，但间接经济损失150万元以上的；其他致使国家利益遭受重大损失的情形。本罪的主体为特殊主体，即只有国家机关工作人员才能成为本罪的主体。本罪的主观要件为过失，即行为人应当预见自己严重不负责任可能发生被诈骗致使国家利益遭受重大损失的结果，由于疏忽大意而没有预见，或者已经预见而轻信能够避免，以致发生这种结果的主观心理状态。

根据《刑法》第406条的规定，犯本罪的，处3年以下有期徒刑或者拘役；致

[①] 根据《渎职犯罪立案标准》的规定，"情节严重"，是指具有下列情形之一：(1)泄露绝密级国家秘密1项（件）以上的；(2)泄露机密级国家秘密3项（件）以上的；(3)泄露秘密级国家秘密4项以上的；(4)违反保密规定，将涉及国家秘密的计算机或者计算机信息系统与互联网相连接，泄漏国家秘密的；(5)泄漏国家秘密或者遗失国家秘密载体，隐瞒不报、不如实提供有关情况或者不采取补救措施的；(6)其他情节严重的情形。非国家机关工作人员的立案标准参照上述标准执行。

使国家利益遭受特别重大损失的,处3年以上7年以下有期徒刑。

六、非法批准征用、占用土地罪

非法批准征用、占用土地罪,是指国家机关工作人员徇私舞弊,违反土地管理法规,滥用职权,非法批准征用、占用土地,情节严重①的行为。根据2001年全国人大常委会《〈关于中华人民共和国刑法〉第228条、第342条、第410条的解释》的规定,"违反土地管理法规",是指违反《土地管理法》《森林法》《草原法》等法律以及有关行政法规中关于土地管理的规定。

本罪的主体是特殊主体,即国家机关工作人员,主要是具有土地审批权限的国家土地管理、城市规划等机关的工作人员。本罪的主观要件为故意。

根据《刑法》第410条的规定,犯本罪的,处3年以下有期徒刑或者拘役;致使国家或者集体利益遭受特别重大损失②的,处3年以上7年以下有期徒刑。

七、非法低价出让国有土地使用权罪

非法低价出让国有土地使用权罪,是指国家机关工作人员徇私舞弊,违反土

---

① 根据2000年最高人民法院《关于审理破坏土地资源刑事案件具体应用法律若干问题的解释》第4条、第9条,2005年最高人民法院《关于审理破坏林地资源刑事案件具体应用法律若干问题的解释》第2条以及《渎职犯罪立案标准》的相关规定,情节严重,是指具有下列情形之一:(1)非法批准征用、占用基本农田10亩以上的;(2)非法批准征用、占用基本农田以外的耕地30亩以上的;(3)非法批准征用、占用其他土地50亩以上的;(4)虽未达到上述数量标准,但造成有关单位、个人直接经济损失30万元以上,或者造成耕地大量毁坏或者植被遭到严重破坏的;(5)非法批准征用、占用土地,影响群众生产、生活,引起纠纷,造成恶劣影响或者其他严重后果的;(6)非法批准征用、占用防护林地、特种用途林地分别或者合计10亩以上的;(7)非法批准征用、占用其他林地20亩以上的;(8)非法批准征用、占用林地造成直接经济损失30万元以上,或者造成防护林地、特种用途林地分别或者合计5亩以上或者其他林地10亩以上毁坏的;(9)其他情节严重的情形。根据《破坏草原案件解释》第3条的规定,国家机关工作人员徇私舞弊,违反《草原法》等土地管理法律、法规,具有下列情形之一的,应当认定为《刑法》第410条规定的"情节严重":(1)非法批准征收、征用、占用草原40亩以上的;(2)非法批准征收、征用、占用草原,造成20亩以上草原被毁坏的;(3)非法批准征收、征用、占用草原,造成直接经济损失30万元以上,或者具有其他恶劣情节的。多次实施本解释规定的行为依法应当追诉的,或者1年内多次实施本解释规定的行为未经处理的,按照累计的数量、数额处罚。

② 所谓"特别重大损失"的规定,根据有关司法解释的规定,一般是指具有下列情形之一:(1)非法批准征用、占用基本农田、防护林地、特种用途林地数量分别或者合计达到20亩以上的;(2)非法批准征用、占用基本农田以外的耕地或者其他林地数量达到40亩以上;(3)非法批准征用、占用农田、林地造成直接经济损失数额达到60万元以上,或者造成基本农田、防护林地、特种用途林地数量分别或者合计达到10亩以上或者基本农田以外的耕地或者其他林地数量达到20亩以上毁坏。根据《破坏草原案件解释》第3条的规定,国家机关工作人员徇私舞弊,违反《草原法》等土地管理法规,具有下列情形之一,应当认定为《刑法》第410条规定的"致使国家或者集体利益遭受特别重大损失":(1)非法批准征收、征用、占用草原80亩以上的;(2)非法批准征收、征用、占用草原,造成40亩以上草原被毁坏的;(3)非法批准征收、征用、占用草原,造成直接经济损失60万元以上,或者具有其他特别恶劣情节的。

地管理法规,滥用职权,非法低价出让国有土地使用权,情节严重①的行为。这里的"土地管理法规"是指违反《土地管理法》《森林法》《草原法》等法律以及有关行政法规中关于土地管理的规定。本罪的主体是国家机关工作人员。本罪的主观要件为故意,并且必须出于徇私的动机。

根据《刑法》第410条的规定,犯本罪的,处3年以下有期徒刑或者拘役,致使国家或集体利益遭受特别重大损失的②,处3年以上7年以下有期徒刑。

八、招收公务员、学生徇私舞弊罪

招收公务员、学生徇私舞弊罪是指国家机关工作人员在招收公务员、学生工作中徇私舞弊,情节严重的行为。本罪的客观方面表现为在招收公务员、学生工作中徇私舞弊,情节严重的行为。首先要求行为人在招收公务员、学生工作中有徇私舞弊的行为。其次要求情节严重③。本罪的主体为国家机关工作人员,主要是从事招收公务员和招生工作的国家机关工作人员。本罪的主观要件为故意。

根据《刑法》第418条的规定,犯本罪的,处3年以下有期徒刑或者拘役。

九、失职造成珍贵文物毁损、流失罪

失职造成珍贵文物损毁、流失罪,是指国家机关工作人员严重不负责任,造成珍贵文物损毁或者流失,后果严重④的行为。本罪的客观方面表现为严重不

---

① 根据《渎职犯罪立案标准》的规定,"情节严重",是指具有下列情形之一:(1)非法低价出让国有土地30亩以上,并且出让价额低于国家规定的最低价额标准的60%的;(2)造成国有土地资产流失价额30万元以上的;(3)非法低价出让国有土地使用权,影响群众生产、生活,引起纠纷,造成恶劣影响或者其他严重后果的;(4)非法低价出让林地合计30亩以上,并且出让价额低于国家规定的最低价额标准的60%的;(5)造成国有资产流失30万元以上的;(6)其他情节严重的情形。非法出让草原土地使用权情节严重的标准参见非法批准征用、占用土地罪。

② 根据有关司法解释的规定,致使国家或者集体利益遭受特别重大损失的,是指具有下列情形之一:(1)非法低价出让国有土地使用权面积在60亩以上,并且出让价额低于国家规定的最低价额标准40%的;(2)造成国有土地资产流失价额在50万元以上的。(3)非法低价出让国有林地使用权,造成国有资产流失价额达到60万元以上的。非法低价出让草原土地使用权,"致使国家或者集体利益遭受特别重大损失"的标准参见非法批准征用、占用土地罪。

③ 根据《渎职犯罪立案标准》的规定,"情节严重",是指具有下列情形之一:(1)徇私舞弊,利用职务便利,伪造、变造人事、户口档案、考试成绩或者其他影响招收工作的有关资料,或者明知是伪造、变造的上述材料而予以认可的;(2)徇私舞弊,利用职务便利,帮助5名以上考生作弊的;(3)徇私舞弊招收不合格的公务员、学生3人次以上的;(4)因徇私舞弊招收不合格的公务员、学生,导致被排挤的合格人员或者其近亲属自杀、自残造成重伤、死亡,或者精神失常的;(5)因徇私舞弊招收公务员、学生,导致该项招收工作重新进行的;(6)其他情节严重的情形。

④ 根据《渎职犯罪立案标准》的规定,"后果严重",是指具有下列情形之一:(1)导致国家一、二、三级珍贵文物损毁或者流失的;(2)导致全国重点文物保护单位或者省、自治区、直辖市级文物保护单位损毁的;(3)其他后果严重的情形。

负责任,造成珍贵文物损毁或者流失,后果严重的行为。严重不负责任,是指不履行法律规定和其职务要求的文物保护、管理职责,或者在履行职务中敷衍塞责,草率应付,不尽职责。所谓损毁,即损坏和毁灭,既包括使珍贵文物部分破损,使其丧失部分价值,即造成原有价值的减少。所谓流失,是指被盗、遗失而下落不明或者流落至国外、境外等。本罪的主体是国家机关工作人员,一般是各级文化行政管理部门主管文物的工作人员。本罪的主观要件为过失。

根据《刑法》第419条的规定,犯本罪的,处3年以下有期徒刑或者拘役。

第三节 司法工作人员的渎职犯罪

一、徇私枉法罪

(一)徇私枉法罪的概念和构成

徇私枉法罪,是指司法工作人员徇私枉法、徇情枉法,对明知是无罪的人而使他受追诉,对明知是有罪的人而故意包庇不使他受追诉,或者在刑事审判活动中故意违背事实和法律作枉法裁判的行为。本罪的构成要件如下:

(1)本罪的客观要件表现为司法工作人员徇私枉法、徇情枉法的行为。具体包括三种情形:一是对明知是无罪的人而使他受追诉。所谓无罪的人,是指没有实施任何违法行为的人或者虽然实施了违法行为但不构成犯罪的人。所谓追诉,是指以追究刑事责任为目的进行的立案、侦查、起诉、审判活动,只要对无罪的人实施其中之一的活动,即视为追诉。二是对明知是有罪的人而故意包庇不使他受追诉。三是在刑事审判活动中故意违背事实和法律作枉法裁判,即根据事实,被告人无罪或罪轻的,而违背法律规定判其有罪或罪重,或根据事实,被告人有罪或罪重的,而违背法律规定判其无罪或罪轻。本罪的存在范围并不仅限于刑事诉讼的某个阶段或环节,而是包括侦查、起诉、审判、执行整个刑事诉讼过程。至于本罪的方法则多种多样,行为人自己或指使他人搜集、伪造虚假的证据材料,或篡改、毁灭足以证实事实真相的证据材料,或歪曲事实、或曲解法律,或玩弄诉讼程序等,但方法如何,不影响本罪的构成。

(2)本罪的主体为特殊主体,即只能是司法工作人员。司法工作人员,是指有侦查、检察、审判、监管职责的工作人员。非司法工作人员不能单独成为本罪的主体,但可以成为本罪的共犯。

(3)本罪的主观要件只能为故意,并具有徇私、徇情的动机,过失造成对有罪者作无罪判决,或者重罪轻判等,不能以犯罪论处。

(二)徇私枉法罪的界限划分

认定本罪,应注意以下几个问题:

1. 本罪与非罪的界限

司法实践中要注意区分本罪与非罪行为的界限。区分的关键在于行为是否具备本罪的构成要件、行为人主观上是否具有徇私枉法的故意,如果是过失、业务水平低或者严重不负责等原因,导致案件没有查清,或者把握事实不准,造成误捕、误诉、误判的,不能以本罪论处。

2. 本罪与诬告陷害罪的界限

本罪中的"使无罪的人受追诉"特征与诬告陷害罪中的"使无罪的人受到刑事追究"特征具有相似之处,两者的区别主要表现在:(1)侵犯的法益不同。本罪是对司法机关的正常活动和司法公正的侵犯,而诬告陷害罪是对公民的人身权利的侵犯。(2)客观要件表现不同。本罪的客观要件表现为司法工作人员利用职务上的便利对明知是无罪的人而使他受追诉,对明知是有罪的人而故意包庇使其不受追诉,或者在刑事审判活动中故意违背事实和法律作枉法裁判的行为,而诬告陷害罪的客观要件表现为捏造犯罪事实诬陷他人,向国家机关或者有关单位告发,意图使他人受到刑事追究的行为。(3)主体不同。本罪的主体是特殊主体,仅限于司法工作人员,而诬告陷害罪的犯罪主体是一般主体,可以是达到刑事责任年龄、具备刑事责任能力的任何人。

3. 本罪与伪证罪的界限

两罪的主体都是特殊主体,主观上都以陷害或者包庇为目的,都发生在刑事诉讼过程中。两者的主要区别在于:(1)侵犯的法益不同。前者是对司法机关的正常活动和司法公正的侵犯,属于渎职罪的范畴,而后者既侵犯了司法机关的正常活动和司法公正,又侵犯了公民的人身权利,属于妨害社会管理秩序罪的范畴。(2)犯罪的客观要件表现不同。前者的客观要件表现为司法工作人员利用职务上的便利对明知是无罪的人而使他受追诉,对明知是有罪的人而故意包庇使其不受追诉,或者在刑事审判活动中故意违背事实和法律作枉法裁判的行为,而后者的客观要件则表现为在刑事诉讼中,证人、鉴定人、记录人、翻译人对与案件有重要关系的情节,故意作虚假证明、鉴定、记录、翻译,意图陷害他人或者隐匿罪证的行为。(3)犯罪主体不同。前者的主体是司法工作人员,而后者的主体则是证人、鉴定人、记录人、翻译人。

(三)徇私枉法罪的刑事责任

根据《刑法》第399条第1款、第3款的规定,犯本罪的,处5年以下有期徒刑或者拘役;情节严重的,处5年以上10以下有期徒刑;情节特别严重的,处10年以上有期徒刑。司法工作人员贪赃枉法,犯有本罪行为的,同时又构成受贿罪的,依照处罚较重的犯罪定罪处罚。

二、民事、行政枉法裁判罪

（一）民事、行政枉法裁判罪的概念和构成

民事、行政枉法裁判罪，是指审判人员在民事、行政审判活动中，故意违背事实和法律作枉法裁判，情节严重的行为。本罪的构成要件如下：

（1）本罪的客观要件表现为在民事、行政审判活动中，故意违背事实和法律作枉法裁判，情节严重的行为。具体包括三方面内容：第一，行为发生在民事、行政审判活动中。民事审判，是指按照《民事诉讼法》进行的审判活动，包括经济审判、海事审判。行政审判，是指按照《行政诉讼法》进行的审判活动。第二，违背事实和法律作枉法裁判。违背事实和法律作枉法裁判，是指不依据已有证据所证明的案件事实和不按应适用的法律规定或者曲解有关法律规定的含义来进行裁判。第三，违背事实和法律作枉法裁判，情节严重①。

（2）本罪的主体是特殊主体，即在民事、行政审判活动中行使审判职责的人员，包括案件的具体承办人员和相关分管、主管人员。

（3）本罪的主观要件为故意，即行为人明知判决或者裁定违背了案件的事实真相或者法律根据，而仍然做出判决和裁定。

（二）民事、行政枉法裁判罪的界限划分

1. 本罪与徇私枉法罪的界限

两罪相同之处表现在：两罪的主体都是特殊主体；两罪的主观罪过形式都是故意，且都具有徇私的动机；两罪在客观上都实施了枉法裁判的行为。两者的区别主要表现在以下几方面：(1) 两者侵犯的法益不尽相同。本罪是对民事、行政审判的正常活动与民事、行政审判的公正性的侵犯，而徇私枉法罪是对刑事诉讼的正常活动和刑事司法公正性的侵犯。(2) 客观要件表现不尽相同。本罪只能发生在人民法院的审判活动中，而徇私枉法罪则既可能发生在人民法院的审判活动中，也可能发生在立案、侦查、预审、起诉阶段。(3) 行为所指对象不同。本罪针对民事、行政诉讼的当事人，后者则针对一般公民和刑事案件的犯罪嫌疑人和被告人。(4) 主体不同。本罪的主体只能是审判机关的工作人员，而徇私枉法罪的主体可以是审判人员，也可以是公安机关、国家安全机关、检察机关的工

---

① 根据《渎职犯罪立案标准》的规定，"情节严重"，是指具有下列情形之一：(1) 枉法裁判，致使当事人或者其近亲属自杀、自残造成重伤、死亡，或者精神失常的；(2) 枉法裁判，造成个人财产直接经济损失 10 万元以上，或者直接经济损失不满 10 万元，但间接经济损失 50 万元以上的；(3) 枉法裁判，造成法人或者其他组织财产直接经济损失 20 万元以上，或者直接经济损失不满 20 万元，但间接经济损失 100 万元以上的；(4) 伪造、变造有关材料、证据，制造假案枉法裁判的；(5) 串通当事人制造伪证，毁灭证据或者篡改庭审笔录而枉法裁判的；(6) 徇私情、私利，明知是伪造、变造的证据予以采信，或者故意对应当采信的证据不予采信，或者故意违反法定程序，或者故意错误适用法律而枉法裁判的；(7) 其他情节严重的情形。

作人员。

2. 本罪的罪数问题

《刑法》第399条第4款规定,"司法人员收受贿赂,有前三款行为的,同时又构成本法第385条规定之罪的,按照处罚较重的规定定罪处罚。"依此规定,如果犯本罪的行为人收受他人财物不够受贿罪立案标准的,仅按本罪处理;如果同时达到或者超过受贿立案标准的,则属于一行为触犯数罪名的情况,应按从一重罪处理原则进行定罪处罚。

(三)民事、行政枉法裁判罪的刑事责任

根据《刑法》第399条第2款的规定,犯本罪的,处5年以下有期徒刑或者拘役;情节特别严重的,处5年以上10年以下有期徒刑。

三、执行判决、裁定失职罪

执行判决、裁定失职罪,是指司法机关工作人员在执行判决、裁定活动中,严重不负责任,不依法采取诉讼保全措施、不履行法定执行职责,或者违法采取保全措施、强制执行措施,致使当事人或者他人的利益遭受重大损失[①]的行为。本罪的主体是特殊主体,即司法工作人员,主要是人民法院从事执行的工作人员。本罪的主观要件为过失。

根据《刑法》第399条第3款的规定,犯本罪的,处5年以下有期徒刑或者拘役;致使当事人或者他人的利益遭受特别重大损失的,处5年以上10年以下有期徒刑。

四、执行判决、裁定滥用职权罪

执行判决、裁定滥用职权罪,是指司法机关工作人员在执行判决、裁定时,滥用职权,不依法采取诉讼保全措施,不履行法定执行职责,或者违法采取诉讼保全措施、强制执行措施,致使当事人或者他人的利益遭受重大损失[②]的行为。本

[①] 根据《渎职犯罪立案标准》的规定,"致使当事人或者他人的利益遭受重大损失",是指具有下列情形之一:(1)致使当事人或者其近亲属自杀、自残造成重伤、死亡,或者精神失常的;(2)造成个人财产直接经济损失15万元以上,或者直接经济损失不满15万元,但间接经济损失75万元以上的;(3)造成法人或者其他组织财产直接经济损失30万元以上,或者直接经济损失不满30万元,但间接经济损失150万元以上的;(3)造成公司、企业等单位停业、停产1年以上,或者破产的;(5)其他致使当事人或者其他人的利益遭受重大损失的情形。

[②] 根据《渎职犯罪立案标准》的规定,"致使当事人或者他人的利益遭受重大损失",是指具有下列情形之一:(1)致使当事人或者其近亲属自杀、自残造成重伤、死亡,或者精神失常的;(2)造成个人财产直接经济损失10万元以上,或者直接经济损失不满10万元,但间接经济损失50万元以上的;(3)造成法人或者其他组织财产直接经济损失20万元以上,或者直接经济损失不满20万元,但间接经济损失100万元以上的;(4)造成公司、企业等单位停业、停产6个月以上,或者破产的;(5)其他致使当事人或者其他人的利益遭受重大损失的情形。

罪的主体是特殊主体,即司法工作人员,主要是指人民法院从事执行的工作人员。本罪的主观要件为故意。

根据《刑法》第399条第3款的规定,犯本罪的,处5年以下有期徒刑或者拘役;致使当事人或者他人的利益遭受特别重大损失的,处5年以上10年以下有期徒刑。

五、枉法仲裁罪

枉法仲裁罪,是指依法承担仲裁职责的人员,在仲裁活动中故意违背事实和法律做出枉法裁决,情节严重的行为。枉法仲裁主要表现为:违反法定程序进行仲裁;故意错误适用法律或者曲解法律、规避法律进行仲裁;明知是伪造的证据却据此做出裁决结论;故意隐瞒足以影响公正裁决的证据而做出裁决的等情形。本罪的主体是特殊主体,即依法承担仲裁职责的人员,即依据法律、行政法规和部门规章的规定承担仲裁职责的人员。本罪的主观要件为故意。

根据《刑法》第399条之一的规定,犯本罪的,处3年以下有期徒刑或者拘役;情节特别严重的,处3年以上7年以下有期徒刑。

六、私放在押人员罪

(一)私放在押人员罪的概念和构成

私放在押人员罪,是指司法工作人员私放在押的犯罪嫌疑人、被告人或者罪犯的行为。本罪具有如下的构成特征:

(1)本罪的客观要件表现为行为人私放在押的犯罪嫌疑人、被告人或者罪犯的行为。所谓"私放",是指行为人利用职务上的便利,非法将在押的犯罪嫌疑人、被告人或者罪犯放走。其表现形式主要是表现为作为,但也可以表现为不作为。如行为人已经发现被关押人员正在逃离羁押场所或者在押解途中逃脱,而不加以制止,最终使其逃离羁押或者押解。根据《渎职犯罪立案标准》的规定,具有下列情形之一的,应予立案:第一,私自将在押的犯罪嫌疑人、被告人、罪犯放走,或者授意、指使、强迫他人将在押的犯罪嫌疑人、被告人、罪犯放走的;第二,伪造、变造有关法律文书、证明材料,以使在押的犯罪嫌疑人、被告人、罪犯逃跑或者被释放的;第三,为私放在押的犯罪嫌疑人、被告人、罪犯,故意向其通风报信、提供条件,致使该在押的犯罪嫌疑人、被告人、罪犯脱逃的;第四,其他私放在押的犯罪嫌疑人、被告人、罪犯应予追究刑事责任的情形。

(2)本罪的主体是特殊主体,即司法工作人员,是指公安机关、国家安全机关、检察机关、审判机关、狱政管理机关等机关中的工作人员。具体来讲,主要是对在押的犯罪嫌疑人、被告人或者罪犯负有监管职责的司法工作人员。

(3)本罪的主观要件为故意,即行为明知在押的是犯罪嫌疑人、被告人或者罪犯而有意将其释放,过失不构成本罪。

(二) 私放在押人员罪的界限划分

1. 本罪与脱逃罪的界限

成立本罪要求司法工作人员利用监管或押解罪犯的职务之便,如果行为人民没有利用监管或押解罪犯的职务之便,帮助在押人员脱逃或者逃离羁押状态的,应认定为脱逃罪。

2. 私放在押人员罪与徇私枉法罪的界限

两罪在实质上都是为了包庇罪犯,都侵犯了司法机关的正常活动,在客观上又都利用了职务上的便利条件,主体主要都是司法工作人员。两者的区别在于:(1) 客观要件表现不同。本罪中的司法工作人员主要是利用监管或押解罪犯的职务之便,非法将罪犯私自放走;而徇私枉法罪的行为在客观上则是利用立案、侦查、预审、起诉和审判的合法权力,徇私枉法,对明知是有罪的人,作出不予立案、起诉的决定或者无罪判决、裁定,包庇罪犯。(2) 主体要件的职责权限不同。本罪的主体主要是对在押的犯罪嫌疑人、被告人或者罪犯负有监管、押解职责的司法工作人员;而徇私枉法罪的主体,则主要是对刑事案件有立案、侦查、预审、起诉或审判权的司法工作人员。

(三) 私放在押人员罪的刑事责任

根据《刑法》第 400 条第 1 款的规定,犯本罪的,处 5 年以下有期徒刑或者拘役;情节严重的,处 3 年以上 10 年以下有期徒刑;情节特别严重的,处 10 年以上有期徒刑。

七、失职致使在押人员脱逃罪

失职致使在押人员脱逃罪,是指司法机关工作人员严重不负责任,致使在押的犯罪嫌疑人、被告人、罪犯脱逃,造成严重后果的行为。所谓脱逃,是指从羁押场所、改造场所或者押解途中逃走。所谓"造成严重后果",根据《渎职犯罪立案标准》的规定,是指具有下列情形之一:(1) 致使依法可能判处或者已经判处 10 年以上有期徒刑、无期徒刑、死刑的犯罪嫌疑人、被告人、罪犯脱逃的;(2) 致使犯罪嫌疑人、被告人、罪犯脱逃 3 人次以上的;(3) 犯罪嫌疑人、被告人、罪犯脱逃以后,打击报复报案人、控告人、举报人、被害人、证人和司法工作人员等,或者继续犯罪的;(4) 其他致使在押的犯罪嫌疑人、被告人、罪犯脱逃,造成严重后果的情形。本罪的主体是特殊主体,即司法工作人员。2000 年最高人民法院《关于未被公安机关正式录用的人员、狱医能否成为构成失职致使在押人员脱逃罪主体问题批复》规定,对于未被公安机关正式录用,受委托履行监管职责的人员,由于严重不负责任,致使在押人员脱逃,造成严重后果的,应当依照本罪定罪处罚。不负监管职责的狱医,不构成失职致使在押人员脱逃罪的主体。但是受委派承担了监管职责的狱医,由于严重不负责任,致使在押人员脱逃,造成严重后果的,应当依照本罪定罪处罚。本罪的主观要件为过失。

根据《刑法》第 400 条第 2 款的规定,犯本罪的,处 3 年以下有期徒刑或者拘役;造成特别严重后果的,处 3 年以上 10 年以下有期徒刑。

八、徇私舞弊减刑、假释、暂予监外执行罪

徇私舞弊减刑、假释、暂予监外执行罪,是指司法工作人员徇私舞弊,对不符合减刑、假释、暂予监外执行条件的罪犯予以减刑、假释、暂予监外执行的行为。根据《渎职犯罪立案标准》的规定,具有下列情形之一的,应予立案:(1) 刑罚执行机关的工作人员对不符合减刑、假释、暂予监外执行条件的罪犯,捏造事实,伪造材料,违法报请减刑、假释、暂予监外执行的;(2) 审判人员对不符合减刑、假释、暂予监外执行条件的罪犯,徇私舞弊,违法裁定减刑、假释或者违法决定暂予监外执行的;(3) 监狱管理机关、公安机关的工作人员对不符合暂予监外执行条件的罪犯,徇私舞弊,违法批准暂予监外执行的;(4) 不具有报请、裁定、决定或者批准减刑、假释、暂予监外执行权的司法工作人员利用职务上的便利,伪造有关材料,导致不符合减刑、假释、暂予监外执行条件的罪犯被减刑、假释、暂予监外执行的;(5) 其他徇私舞弊减刑、假释、暂予监外执行应予追究刑事责任的情形。本罪的主体是特殊主体,即司法工作人员。本罪的主观要件为故意。

根据《刑法》第 401 条第 2 款的规定,犯本罪的,处 3 年以下有期徒刑或者拘役;情节严重的,处 3 年以上 7 年以下有期徒刑。

第四节 特定机关工作人员的渎职犯罪

一、徇私舞弊不移交刑事案件罪

徇私舞弊不移交刑事案件罪,是指行政执法人员徇私舞弊,对依法应当移交司法机关追究刑事责任的不移交,情节严重①的行为。行政执法人员首先必须是利用职务之便进行的。所谓利用职务之便,是指利用职权或者与职务有关的便利条件。依法应当移交司法机关追究刑事责任的不移交,是指行政执法人员

---

① 根据《渎职犯罪立案标准》的规定,"情节严重",是指具有下列情形之一:(1) 对依法可能判处 3 年以上有期徒刑、无期徒刑、死刑的犯罪案件不移交的;(2) 不移交刑事案件涉及 3 人次以上的;(3) 司法机关提出意见后,无正当理由仍然不予移交的;(4) 以罚代刑,放纵犯罪嫌疑人,致使犯罪嫌疑人继续进行违法犯罪活动的;(5) 行政执法部门主管领导阻止移交的;(6) 隐瞒、毁灭证据,伪造材料,改变刑事案件性质的;(7) 直接负责的主管人员和其他直接责任人员为牟取本单位私利而不移交刑事案件,情节严重的;(8) 其他情节严重的情形。

在履行职责的过程中,明知违法行为已经构成犯罪,应当移送司法机关追究刑事责任而不移送,或者以行政处罚代替刑事处罚。本罪的主体是行政执法人员,即在公安、工商、税务、海关、检疫等行政机关中依法行使行政职权的国家工作人员。本罪的主观要件为故意,并且具有徇私的动机。

根据《刑法》第402条的规定,犯本罪的,处3年以下有期徒刑或者拘役;造成严重后果的,处3年以上7年以下有期徒刑。

二、滥用管理公司、证券职权罪

滥用管理公司、证券职权罪,是指国家有关主管部门的国家机关工作人员,徇私舞弊,滥用职权,对不符合法律规定条件的公司设立、登记申请或者股票、债券发行、上市申请,予以批准或者登记,致使公共财产、国家和人民利益遭受重大损失①的行为。本罪的主体是国家公司、证券有关主管部门的国家机关工作人员。本罪的主观要件为故意。

根据《刑法》第403条的规定,犯本罪的,处5年以下有期徒刑或者拘役。

三、徇私舞弊不征、少征税款罪

徇私舞弊不征、少征税款罪,是指税务机关的工作人员徇私舞弊,不征、少征税款,致使国家税收遭受重大损失的行为。所谓徇私舞弊,是指行为人因为徇私情、私利而在税收征管中弄虚作假。"致使国家税收遭受重大损失",根据《渎职犯罪立案标准》的规定,是指具有下列情形之一:(1)徇私舞弊不征、少征应征税款,致使国家税收损失累计达10万元以上的;(2)上级主管部门工作人员指使税务机关工作人员徇私舞弊不征、少征应征税款,致使国家税收损失累计达10万元以上的;(3)徇私舞弊不征、少征应征税款不满10万元,但具有索取或者收受贿赂或者其他恶劣情节的;(4)其他致使国家税收遭受重大损失的情形。本罪的主体是特殊主体,即税务机关工作人员。本罪的主观要件为故意。

根据《刑法》第404条的规定,犯本罪的,处5年以下有期徒刑或者拘役;造

---

① 根据《渎职犯罪立案标准》的规定,"重大损失",是指具有下列情形之一:(1)造成直接经济损失50万元以上的;(2)工商行政管理部门的工作人员对不符合法律规定条件的公司设立、登记申请,违法予以批准、登记,严重扰乱市场秩序的;(3)金融证券管理机构的工作人员对不符合法律规定条件的股票、债券发行、上市申请,违法予以批准,严重损害公众利益,或者严重扰乱金融秩序的;(4)工商行政管理部门、金融证券管理机构的工作人员对不符合法律规定条件的公司设立、登记申请或者股票、债券发行、上市申请违法予以批准或者登记,致使犯罪行为得逞的;(5)上级部门、当地政府直接负责的主管人员强令登记机关及其工作人员,对不符合法律规定条件的公司设立、登记申请或者股票、债券发行、上市申请予以批准或者登记,致使公共财产、国家和人民利益遭受重大损失的;(6)其他致使公共财产、国家和人民利益遭受重大损失的情形。

成特别重大损失的,处 5 年以上有期徒刑。

四、徇私舞弊发售发票、抵扣税款、出口退税罪

徇私舞弊发售发票、抵扣税款、出口退税罪,是指税务机关的工作人员违反法律、行政法规的规定,在办理发售发票、抵扣税款、出口退税工作中,徇私舞弊,致使国家利益遭受重大损失的行为。"致使国家利益遭受重大损失",根据《渎职犯罪立案标准》的规定,是指具有下列情形之一:(1)徇私舞弊,致使国家税收损失累计达 10 万元以上的;(2)徇私舞弊,致使国家税收损失累计不满 10 万元,但发售增值税专用发票 25 份以上或者其他发票 50 份以上或者增值税专用发票与其他发票合计 50 份以上,或者具有索取、收受贿赂或者其他恶劣情节的;(3)其他致使国家利益遭受重大损失的情形。本罪的主体是税务机关工作人员。本罪的主观要件为故意。

根据《刑法》第 405 条的规定,犯本罪的,处 5 年以下有期徒刑或者拘役;致使国家利益遭受特别重大损失的,处 5 年以上有期徒刑。

五、违法提供出口退税凭证罪

违法提供出口退税凭证罪,是指税务机关以外的其他国家机关的工作人员违反国家规定,在提供出口货物报关单、出口收汇核销单等出口退税凭证的工作中,徇私舞弊,致使国家利益遭受重大损失的行为。"致使国家利益遭受重大损失",根据《渎职犯罪立案标准》的规定,是指具有下列情形之一:(1)徇私舞弊,致使国家税收损失累计达 10 万元以上的;(2)徇私舞弊,致使国家税收损失累计不满 10 万元,但具有索取、收受贿赂或者其他恶劣情节的;(3)其他致使国家利益遭受重大损失的情形。本罪的主体是税务机关以外的国家机关工作人员,通常是指负有办理出口货物报关单、出口收汇核销单等出口退税凭证责任的行政机关工作人员,如海关、检验检疫、外汇管理工作人员等。本罪的主观要件为故意。

根据《刑法》第 405 条的规定,犯本罪的,处 5 年以下有期徒刑或者拘役;致使国家利益遭受特别重大损失的,处 5 年以上有期徒刑。

六、违法发放林木采伐许可证罪

违法发放林木采伐许可证罪,是指林业主管部门的工作人员违反森林法的规定,超过批准的年采伐限额发放采伐许可证或者违反规定滥发林木采伐许可证,情节严重,致使森林遭受严重破坏的行为。本罪的客观要件要同时具备三个要素:首先,行为人必须有违反森林法规定的行为;其次,行为必须具有超过批准

的年采伐限额发放林木采伐许可证或者违反规定滥发林木采伐许可证①的行为;最后,必须情节严重,致使森林遭受严重破坏。② 本罪的主体是特殊主体,即林业主管部门的工作人员。本罪的主观要件为故意。

根据《刑法》第407条的规定,犯本罪的,处3年以下有期徒刑或者拘役。

七、环境监管失职罪

环境监管失职罪,是指负有环境保护监督管理职责的国家机关工作人员严重不负责任,导致发生重大环境污染事故,致使公私财产遭受重大损失或者造成人身伤亡的严重后果的行为。首先,行为人客观上必须有严重不负责任的行为;其次,严重不负责任的行为必须导致重大环境污染事故的发生,致使公私财产遭受重大损失或者造成人身伤亡的严重后果③;最后,严重不负责任行为与造成的重大损失结果之间,必须具有刑法上的因果关系。本罪的主体是特殊主体,即负有环境保护监督管理职责的国家机关工作人员。本罪的主观要件为过失,即行为人应当预见自己的严重不负责任的行为可能会发生重大环境污染事故,致使公私财产遭受重大损失或者造成人身伤亡的严重后果,却由于疏忽大意而没有预见或者虽然已经预见但却轻信能够避免的心理态度。

根据《刑法》第408条的规定,犯本罪的,处3年以下有期徒刑或者拘役。

八、食品监管渎职罪

食品监管渎职罪,是指负有食品安全监督管理职责的国家机关工作人员,滥用职权或者玩忽职守,导致发生重大食品安全事故或者造成其他严重后果的行为。首先,行为人有滥用职权或者玩忽职守行为。然而,滥用职权行为的主观罪

---

① 根据2007年最高人民检察院《关于对林业主管部门工作人员在发放林木采伐许可证之外滥用职权玩忽职守致使森林遭受严重破坏的行为适用法律问题的批复》的规定,以违法发放林木采伐许可证之外的其他方式滥用职权或者玩忽职守,致使森林遭受严重破坏的,依照《刑法》第397条的规定,以滥用职权罪或者玩忽职守罪追究刑事责任。

② 根据《渎职犯罪立案标准》的规定,"情节严重,致使森林遭受严重破坏",是指具有下列情形之一:(1)发放林木采伐许可证允许采伐数量累计超过批准的年采伐限额,导致林木被超限额采伐10立方米以上的;(2)滥发林木采伐许可证,导致林木被滥伐20立方米以上,或者导致幼树被滥伐1000株以上的;(3)滥发林木采伐许可证,导致防护林、特种用途林被滥伐5立方米以上,或者幼树被滥伐200株以上的;(4)滥发林木采伐许可证,导致珍贵树木或者国家重点保护的其他林木被滥伐的;(5)滥发林木采伐许可证,导致国家禁止采伐的林木被采伐的;(6)其他情节严重,致使森林遭受严重破坏的情形。

③ 根据《污染环境罪解释》第1条和第2条的规定,"公私财产遭受重大损失或者造成人身伤亡的严重后果",是指具有下列情形之一:(1)致使乡镇以上集中式饮用水水源取水中断12小时以上的;(2)致使基本农田、防护林地、特种用途林地5亩以上,其他农用地10亩以上,其他土地20亩以上基本功能丧失或者遭受永久性破坏的;(3)致使森林或者其他林木死亡50立方米以上,或者幼树死亡2500株以上的;(4)致使公私财产损失30万元以上的;(5)致使疏散、转移群众5000人以上的;(6)致使30人以上中毒的;(7)致使3人以上轻伤、轻度残疾或者器官组织损伤导致一般功能障碍的;(8)致使1人以上重伤、中度残疾或者器官组织损伤导致严重功能障碍的。

过是故意,玩忽职守行为的主观罪过是过失,而司法解释却将这两个行为确定为一个罪名,对此,有学者认为明显不当①。本书认为这种观点具有合理性,而主张应将本条所规定的犯罪确定为"食品监管滥用职权罪"和"食品监管玩忽职守罪"。其次,本罪为结果犯,必须要求导致发生重大食品安全事故或者造成其他严重后果。本罪的主体是负有食品安全监督管理职责的国家机关工作人员。

根据《刑法》第408条之一的规定,犯本罪的,处5年以下有期徒刑或者拘役;造成特别严重后果的,处5年以上10年以下有期徒刑。徇私舞弊犯前款罪的,从重处罚。

九、传染病防治失职罪

传染病防治失职罪,是指从事传染病防治的政府卫生行政部门的工作人员严重不负责任,导致传染病传播或者流行,情节严重②的行为。本罪的主体是特殊主体,即从事传染病防治的政府卫生行政部门的工作人员。本罪的主观要件为过失。

根据《刑法》第409条的规定,犯本罪的,处3年以下有期徒刑或者拘役。

十、放纵走私罪

放纵走私罪是指海关工作人员徇私舞弊,放纵走私,情节严重③的行为。本罪的客观方面表现为徇私舞弊,放纵走私,情节严重的行为。本罪的主体是特殊主体,即国家海关工作人员。本罪的主观要件为故意。

根据《刑法》第411条的规定,犯本罪的,处5年以下有期徒刑或者拘役;情节特别严重的,处5年以上有期徒刑。

---

① 张明楷:《刑法学》(第4版),法律出版社2011版,第1113页。
② 根据《渎职犯罪立案标准》的规定,"情节严重",是指具有下列情形之一:(1)导致甲类传染病传播的;(2)导致乙类、丙类传染病流行的;(3)因传染病传播或者流行,造成人员重伤或者死亡的;(4)因传染病传播或者流行,严重影响正常的生产、生活秩序的;(5)在国家对突发传染病疫情等灾害采取预防、控制措施后,对发生突发传染病疫情等灾害的地区或者突发传染病病人、病原携带者、疑似突发传染病病人,未按照预防、控制突发传染病疫情等灾害工作规范的要求做好防疫、检疫、隔离、防护、救治等工作,或者采取的预防、控制措施不当,造成传染范围扩大或者疫情、灾情加重的;(6)在国家对突发传染病疫情等灾害采取预防、控制措施后,隐瞒、缓报、谎报或者授意、指使、强令他人隐瞒、缓报、谎报疫情、灾情,造成传染范围扩大或者疫情、灾情加重的;(7)在国家对突发传染病疫情等灾害采取预防、控制措施后,拒不执行突发传染病疫情等灾害应急处理指挥机构的决定、命令,造成传染范围扩大或者疫情、灾情加重的;(8)其他情节严重的情形。
③ 根据《渎职犯罪立案标准》的规定,"情节严重",是指具有下列情形之一:(1)放纵走私犯罪的;(2)因放纵走私致使国家应收税额损失累计达10万元以上的;(3)放纵走私行为3起次以上的;(4)放纵走私行为,具有索取或者收受贿赂情节的;(5)其他情节严重的情形。

十一、商检徇私舞弊罪

商检徇私舞弊罪,是指国家商检部门、商检机构的工作人员徇私舞弊,故意伪造检验结果的行为。徇私舞弊,伪造检验结果,是指行为人为图私利、徇私情,违背事实,作黑白颠倒的商检结果或者出具虚假的商品检验证单的行为,如对不合格的商品作检验合格的结果,对合格的商品作检验不合格的结果;为出具检验证书更换检验标的物;或者直接篡改检验证书;等等。本罪是行为犯,只要行为人实施了伪造检验结果的行为,就已经侵犯了国家的进出口商检管理秩序,构成犯罪既遂。根据《渎职犯罪立案标准》的规定,具有下列情形之一的应予立案:(1)采取伪造、变造的手段对报检的商品的单证、印章、标志、封识、质量认证标志等作虚假的证明或者出具不真实的证明结论的;(2)将送检的合格商品检验为不合格,或者将不合格商品检验为合格的;(3)对明知是不合格的商品,不检验而出具合格检验结果的;(4)其他伪造检验结果应予追究刑事责任的情形。本罪的主体是特殊主体,即国家商检部门、商检机构的工作人员。本罪的主观要件为故意。

根据《刑法》第412条第1款的规定,犯本罪的,处5年以下有期徒刑或者拘役;造成严重后果的,处5年以上10年以下有期徒刑。

十二、商检失职罪

商检失职罪,是指国家商检部门、商检机构的工作人员严重不负责任,对应当检验的物品不检验,或者延误检验出证、错误出证,导致国家利益遭受重大损失的行为。根据《渎职犯罪立案标准》的规定,具有下列情形之一的应予立案:(1)致使不合格的食品、药品、医疗器械等商品出入境,严重危害生命健康的;(2)造成个人财产直接经济损失15万元以上,或者直接经济损失不满15万元,但间接经济损失75万元以上的;(3)造成公共财产、法人或者其他组织财产直接经济损失30万元以上,或者直接经济损失不满30万元,但间接经济损失150万元以上的;(4)未经检验,出具合格检验结果,致使国家禁止进口的固体废物、液态废物和气态废物等进入境内的;(5)不检验或者延误检验出证、错误出证,引起国际经济贸易纠纷,严重影响国家对外经贸关系,或者严重损害国家声誉的;(6)其他致使国家利益遭受重大损失的情形。本罪的主体是特殊主体,即国家商检部门、商检机构的工作人员。本罪的主观要件为过失。

根据《刑法》第412条第2款的规定,犯本罪的,处3年以下有期徒刑或者拘役。

十三、动植物检疫徇私舞弊罪

动植物检疫徇私舞弊罪,指动植物检疫机关检疫人员徇私舞弊,伪造检疫结果的行为。根据《渎职犯罪立案标准》的规定,具有下列情形之一的应予立案:(1)采取伪造、变造的手段对检疫的单证、印章、标志、封识等作虚假的证明或者出具不真实的结论的;(2)将送检的合格动植物检疫为不合格,或者将不合格动植物检疫为合格的;(3)对明知是不合格的动植物,不检疫而出具合格检疫结果的;(4)其他伪造检疫结果应予追究刑事责任的情形。本罪的主体是动植物检疫机关的检疫人员。本罪的主观要件为故意,并有徇私的动机。

根据《刑法》第413条第1款的规定,犯本罪的,处5年以下有期徒刑或者拘役;造成严重后果的,处5年以上10年以下有期徒刑。

十四、动植物检疫失职罪

动植物检疫失职罪,是指动植物检疫机关的检疫人员严重不负责任,对应当检疫的物品不检疫,或者延误检疫出证、错误出证,致使国家遭受重大损失①的行为。本罪的主体是动植物检疫机关的检疫人员。本罪的主观要件为过失。

根据《刑法》第413条第2款的规定,犯本罪的,处3年以下有期徒刑或者拘役。

十五、放纵制售伪劣商品犯罪行为罪

放纵制售伪劣商品犯罪行为罪,是指对生产、销售伪劣商品犯罪行为负有追究责任的国家机关工作人员,徇私舞弊,不履行法律规定的追究职责,情节严重②的行为。首先,行为人对生产、销售伪劣商品犯罪行为负有追究责任。其次,行为人违背职责,徇私舞弊,不履行职责。最后,不履行职责达到情节严重②的程

---

① 根据《渎职犯罪立案标准》的规定,"致使国家遭受重大损失",是指具有下列情形之一:(1)导致疫情发生,造成人员重伤或者死亡的;(2)导致重大疫情发生、传播或者流行的;(3)造成个人财产直接经济损失15万元以上,或者直接经济损失不满15万元,但间接经济损失75万元以上的;(4)造成公共财产或者法人、其他组织财产直接经济损失30万元以上,或者直接经济损失不满30万元,但间接经济损失150万元以上的;(5)不检疫或者延误检疫出证、错误出证,引起国际经济贸易纠纷,严重影响国家对外经贸关系,或者严重损害国家声誉的;(6)其他致使国家利益遭受重大损失的情形。

② 2001年最高人民法院、最高人民检察院《关于办理生产、销售伪劣商品刑事案件若干问题的解释》第8条规定,情节严重,是指具有下列情形之一:(1)放纵生产、销售假药或者有毒有害食品犯罪行为的;(2)放纵依法可能判处2年有期徒刑以上刑罚的生产、销售、伪劣商品犯罪行为的;(3)对3个以上有生产、销售伪劣商品犯罪行为的单位或者个人不履行追究职责的;(4)致使国家和人民利益遭受重大损失或者造成恶劣影响的。根据《渎职犯罪立案标准》的规定,"情节严重",是指具有下列情形之一:(1)放纵生产、销售假药或者有毒、有害食品犯罪行为的;(2)放纵生产、销售伪劣农药、兽药、化肥、种子犯罪行为的;(3)放纵依法可能判处3年有期徒刑以上刑罚的生产、销售伪劣商品犯罪行为的;(4)对生产、销售伪劣商品犯罪行为不履行追究职责,致使生产、销售伪劣商品犯罪行为得以继续的;(5)3次以上不履行追究职责,或者对3个以上有生产、销售伪劣商品犯罪行为的单位或者个人不履行追究职责的;(6)其他情节严重的情形。

度。本罪的主体是特殊主体,即对生产、销售伪劣商品犯罪行为负有追究责任的国家机关工作人员。本罪的主观要件为故意。

根据《刑法》第414条的规定,犯本罪的,处5年以下有期徒刑或者拘役。

十六、办理偷越国(边)境人员出入境证件罪

办理偷越国(边)境人员出入境证件罪,是指负责办理护照、签证以及其他出入境证件的国家机关工作人员,对明知是企图偷越国(边)境的人员,予以办理出入境证件的行为。本罪的主体是负责办理护照、签证以及其他出入境证件的国家机关工作人员。本罪的主观要件为故意,即明知是企图偷越国(边)境的人员而予以办理出入境证件。

根据《刑法》第415条的规定,犯本罪的,处3年以下有期徒刑或者拘役;情节严重的,处3年以上7年以下有期徒刑。

十七、放行偷越国(边)境人员罪

放行偷越国(边)境人员罪是指边防、海关等国家机关工作人员,对明知是偷越国(边)境的人员,予以放行的行为。本罪的主体是边防、海关等国家机关工作人员。本罪的主观要件为故意。

根据《刑法》第415条的规定,犯本罪的,处3年以下有期徒刑或者拘役;情节严重的,处3年以上7年以下有期徒刑。

十八、不解救被拐卖、绑架的妇女、儿童罪

不解救被拐卖、绑架妇女、儿童罪,是指对被拐卖、绑架的妇女、儿童负有解救职责的国家机关工作人员接到被拐卖、绑架的妇女、儿童及其家属的解救要求或者接到其他人的举报,而对被拐卖、绑架的妇女、儿童不进行解救,造成严重后果的行为。首先,行为人已经接到被拐卖、绑架的妇女、儿童及其家属的解救要求或者接到其他人的举报;其次,有不履行解救职责的行为;最后,不解救造成了严重后果[①]。本罪的主体是特殊主体,即负有解救被拐卖、绑架的妇女、儿童职责的国家机关工作人员。本罪的主观要件表现为故意,过失不构成本罪。

根据《刑法》第416条第1款的规定,犯本罪的,处5年以下有期徒刑或者拘役。

---

① 根据《渎职犯罪立案标准》的规定,"造成严重后果",是指具有下列情形之一:(1)导致被拐卖、绑架的妇女、儿童或者其家属重伤、死亡或者精神失常的;(2)导致被拐卖、绑架的妇女、儿童被转移、隐匿、转卖,不能及时进行解救的;(3)对被拐卖、绑架的妇女、儿童不进行解救3人次以上的;(4)对被拐卖、绑架的妇女、儿童不进行解救,造成恶劣社会影响的;(5)其他造成严重后果的情形。

十九、阻碍解救被拐卖、绑架的妇女、儿童罪

阻碍解救被拐卖、绑架妇女、儿童罪,是指负有解救职责的国家机关工作人员,利用职务阻碍解救被拐卖、绑架的妇女、儿童的行为。根据《渎职犯罪立案标准》的规定,具有下列情形之一的,应予立案:(1)利用职权,禁止、阻止或者妨碍有关部门、人员解救被拐卖、绑架的妇女、儿童的;(2)利用职务上的便利,向拐卖、绑架者或者收买者通风报信,妨碍解救工作正常进行的;(3)其他利用职务阻碍解救被拐卖、绑架的妇女、儿童应予追究刑事责任的情形。本罪的主体是特殊主体,即负有解救职责的国家机关工作人员。本罪的主观要件为故意。

根据《刑法》第416条第2款的规定,犯本罪的,处2年以上7年以下有期徒刑;情节较轻的,处2年以下有期徒刑或者拘役。

二十、帮助犯罪分子逃避处罚罪

帮助犯罪分子逃避处罚罪,是指有查禁犯罪活动职责的国家机关工作人员,向犯罪分子通风报信、提供便利,帮助犯罪分子逃避处罚的行为。所谓通风报信,是指向犯罪分子泄露、提供有关部门查禁犯罪活动的时间、地点、人员、方案、计划、部署等。既可以是当面告诉,也可以通过电话、电报、传真、书信等方式告知,还可以通过第三人转告。所谓提供便利条件,是指除通风报信以外的各种各样的帮助犯罪分子逃避处罚的行为。应当注意的是,"通风报信、提供便利"只是法条列举的帮助犯罪分子逃避处罚的通常行为,是对客观行为的例示性规定,而不是对客观行为的限制性规定。以"通风报信、提供便利"以外的方法,帮助犯罪分子逃避处罚的,也成立本罪。根据《渎职犯罪立案标准》的规定,具有下列情形之一的,应予立案:(1)向犯罪分子泄漏有关部门查禁犯罪活动的部署、人员、措施、时间、地点等情况的;(2)向犯罪分子提供钱物、交通工具、通讯设备、隐藏处所等便利条件的;(3)向犯罪分子泄漏案情的;(3)帮助、示意犯罪分子隐匿、毁灭、伪造证据,或者串供、翻供的;(4)其他帮助犯罪分子逃避处罚应予追究刑事责任的情形。本罪的主体是有查禁犯罪活动职责的国家机关工作人员。本罪的主观要件为故意,并且行为人具有帮助犯罪分子逃避处罚的目的。

根据《刑法》第417条的规定,犯本罪的,处3年以下有期徒刑或者拘役;情节严重的,处3年以上10年以下有期徒刑。

第十一章 军人违反职责罪

第一节 军人违反职责罪概说

一、军人违反职责罪的概念和构成

根据《刑法》第420条的规定,军人违反职责罪,是指军人违反职责,危害国家军事利益,依照法律应当受刑罚处罚的行为。本类犯罪具有如下构成特征:

(1) 本类犯罪侵犯的法益是国家的军事利益。所谓军事利益,是指国家的军事设施、军事装备、国防建设、武装斗争、军事后勤供给、军事技术研究等方面的利益。军事利益是直接关系着国家安危和人民幸福的利益,是国家最基本的利益;如果国家的军事利益受到侵害,就是国家本身受到威胁,则根本无法实现国家和人民的其他利益,所以,应当受到国家法律的保护。

(2) 本类犯罪的客观要件表现为行为人实施了违反军人职责、危害国家军事利益的行为。所谓违反军人职责,是指违反国家法律、法规,军事法规、军事规章所规定的军人职责,包括军人的共同职责,士兵、军官和首长的一般职责,各类主管人员和其他从事专门工作的军人的专业职责等。这些职责有些是针对每个军人的、普遍性的职责,如我国《兵役法》第7条规定:"现役军人必须遵守军队的命令和条例,忠于职守,随时为保卫祖国而战斗。"有些是针对特定种类的军人作出的具体的规定,如《战斗条令》《舰艇条令》《飞行条令》等。所谓危害国家军事利益,是指行为人违反军人职责的行为导致对国家军事利益的侵害。军人违反职责的行为,既可以表现为作为,也可以表现为不作为,前者如逃离部队罪、阻碍执行职务罪,后者如遗弃伤员罪、玩忽职守罪,也有的犯罪既可以由作为构成,也可以由不作为构成,如战时违抗作战命令罪、逃避、拒绝军事义务罪。法定的时间、地点是本类犯罪中某些犯罪构成的必要客观条件,如"战时"、"在战场上"、"临阵"是某些犯罪构成必须具备的因素。

(3) 本类犯罪的主体为特殊主体,即军人。具体而言,包括下列三类:第一,中国人民解放军和中国人民武装警察部队现役军人,包括中国人民解放军的现役军官、文职干部、士兵及具有军籍的学员和中国人民武装警察部队的现役警官、文职干部、士兵及具有军籍的学员。中国人民武装警察部队是我国武装力量的一部分,也采取兵役制,武警部队的官兵在服役期间享有军籍,履行军职。现役军人从公民被兵役机关正式批准入伍之日起,至其为部队批准退役、退休、离休或被除名、开除之日为止。在军人服役期间犯军职罪而在退役、离役之后才发现的,在没有超过追诉时效的情况下,仍应按本类犯罪处理。第二,战时预备役人员,是指执行军事任务的预备役人员。根据《兵役法》的规定,预备役人员在战时拒绝、逃避征召或者军事训练,情节严重的,也可成为本类犯罪的主体。第三,其他军内在编职工,主要是指执行军事任务的其他军内人员。

（4）本类犯罪的主观要件主要为故意,少数犯罪可以由过失构成,有些犯罪还要求特定的目的,如战时自伤罪,必须以逃避作战义务为目的。

二、与军人违反职责罪相关的战时缓刑制度

（一）战时缓刑制度的概念和条件

根据《刑法》第449条的规定,战时缓刑是指在战时,对被判处3年以下有期徒刑没有现实危险宣告缓刑的犯罪军人,允许其戴罪立功,确有立功表现时,可以撤销原判刑罚,不以犯罪论处的制度。适用战时缓刑制度必须符合以下几个条件：

（1）时间条件。战时缓刑适用的时间必须是在战时。在和平时期或非战时条件下,不能适用战时缓刑。所谓战时,依据《刑法》第451条的规定,是指国家宣布进入战争状态、部队受领作战任务或者遭敌突然袭击时;此时,部队执行戒严任务或者处置突发性暴力事件时,以战时论。

（2）对象条件。战时缓刑适用的对象只能是被判处3年以下有期徒刑的犯罪军人。不是犯罪的军人,或者虽是犯罪的军人,但被判处的刑罚为3年以上有期徒刑,均不能适用战时缓刑。至于战时缓刑是否适用于被判处拘役的犯罪军人,从立法精神来看应认为是可以的。此外,构成累犯的犯罪军人能否适用战时缓刑,法律未作明确规定。但是,根据《刑法》第74条的规定,"对于累犯,不适用缓刑"的立法精神,应当认为构成累犯的犯罪军人不能适用战时缓刑。

（3）实质条件。战时缓刑适用的实质条件是,在战争条件下宣告缓刑没有现实危险,这是战时缓刑最重要的适用条件。也就是说,被判处3年以下有期徒刑的犯罪军人,若被判断确认为适用缓刑具有现实危险,也不能宣告缓刑。因为战时缓刑的适用,是将犯罪军人继续留在部队,并在战时状态下执行军事任务,若宣告缓刑具有现实的危险,则会在战时状态下严重危害国家的军事利益,其后果不堪设想。至于如何确定是否有现实危险,则应根据犯罪军人所犯罪行的性质、情节、危害程度,以及犯罪军人的悔罪表现和一贯表现,作出综合评价之后加以确认。

（二）战时缓刑的法律后果

被宣告战时缓刑的犯罪军人,在缓刑期间确有立功表现的,可以撤销原判刑

罚,不以犯罪论处,这就是战时缓刑的法律后果,这也是战时缓刑与一般缓刑的根本区别之所在。一般缓刑,如果缓刑考验期间不具备缓刑撤销条件,则原判刑罚不再执行,而原判所认定的犯罪仍然存在。而在战时缓刑的情况下,如果确有立功表现,则不仅原判刑罚不再执行,而且不以犯罪论处,即原判认定的犯罪也不复存在。由此可见,战时缓刑的法律后果更为宽大,以作为对戴罪立功的犯罪军人的一种奖励。

三、军人违反职责罪的种类

从《刑法》第420至451条,其中有28个条文规定了31种具体罪名。根据军人违反职责罪所侵犯的国家军事利益的不同方面进行分类,可将军人违反职责罪分为如下几类:

(1)危害作战利益的犯罪。具体包括战时违抗命令罪,隐瞒、谎报军情罪、拒传、假传军令罪,投降罪,战时临阵脱逃罪,违令作战消极罪,拒不解救友邻部队罪,战时造谣惑众罪,战时自伤罪。

(2)违反部队管理秩序的犯罪。具体包括擅离、玩忽军事职守罪,阻碍执行军事职务罪,指使部属违反职责罪,军人叛逃罪,逃离部队罪,私放俘虏罪。

(3)危害军事秘密的犯罪。具体包括非法获取军事秘密罪,为境外窃取、刺探、收买、非法提供军事秘密罪,故意泄露军事秘密罪,过失泄露军事秘密罪。

(4)危害部队物资保障的犯罪。具体包括武器装备肇事罪,擅自改变武器装备编配用途罪,盗窃、抢夺武器装备、军用物资罪,非法出卖、转让武器装备罪,遗弃武器装备罪,遗失武器装备罪,擅自出卖、转让军队房地产罪。

(5)侵犯他人人身、财产权利的犯罪。具体包括虐待部属罪,遗弃伤病军人罪,战时拒不救治伤病军人罪,战时残害居民、掠夺居民财物罪,虐待俘虏罪。

第二节 危害作战利益的犯罪

一、战时违抗命令罪

战时违抗命令罪,是指军人在战时违背或者抗拒执行上级命令,对作战造成危害的行为。首先,违抗命令的行为必须发生在"战时"。所谓"战时",根据《刑法》第451条的规定,是指国家宣布进入战争状态、部队受领作战任务或者遭敌突然袭击时。其次,必须有违抗命令的行为。所谓违抗命令,是指主观上出于故意,客观上违背、抗拒首长、上级职权范围内的命令,包括拒绝接受命令、拒不执行命令,或者不按照命令的具体要求行动等。违抗命令的行为可以是作为,如进行与上级命令相悖的行动;也可以是不作为,如拒不执行救助伤员的命令等。最后,必须对作战造成危害,如扰乱作战部属、贻误了战机、使部队造成较大损失等情形。根据2013年最高人民检察院、解放军总政治部《军人违反职责罪案件立案标准的规定》(以下简称《军人犯罪立案标准》)第1条的规定,战时涉嫌下列情形之一的,应予立案:(1)扰乱作战部署或者贻误战机的;(2)造成作战任务不能完成或者迟缓完成的;(3)造成我方人员死亡1人以上,或者重伤2人以上,或者轻伤3人以上的;(4)造成武器装备、军事设施、军用物资损毁,直接影响作战任务完成的;(5)对作战造成其他危害的。本罪的主体是特殊主体,即现役军人、战时预备役人员以及其他军内在编职工。本罪的主观要件为故意,即明知是上级的命令,而故意拒不执行。战时违抗命令罪是指战时违抗命令,对作战造成危害的行为。

根据《刑法》第421条的规定,犯本罪的,处3年以上10年以下有期徒刑;致使战斗、战役遭受重大损失的,处10年以上有期徒刑、无期徒刑或者死刑。

二、隐瞒、谎报军情罪

隐瞒、谎报军情罪,是指军人故意隐瞒、谎报军情,对作战造成危害的行为。隐瞒是指掩盖事实真相,将按规定应该向上级报告的军情隐而不报的行为,是一种不作为的行为方式。谎报军情是指违背客观事实,向上级报告编造或者篡改的军情的行为,是一种作为的行为方式。隐瞒军情和谎报军情既可以单独实施,也可以结合在一起实施。本罪为结果犯,隐瞒军情或者谎报军情只有在对作战造成危害的情况下才构成本罪,一般表现为由于隐瞒、谎报军情,导致军事机关或者首长作出错误决定,致使战斗失利、人员伤亡、敌人得以逃脱等。根据《军人犯罪立案标准》第2条的规定,涉嫌下列情形之一的,应予立案:(1)造成首长、上级决策失误的;(2)造成作战任务不能完成或者迟缓完成的;(3)造成我方人员死亡1人以上,或者重伤2人以上,或者轻伤3人以上的;(4)造成武器装备、军事设施、军用物资损毁,直接影响作战任务完成的;(5)对作战造成其他危害的。本罪的主体为军人,但主要是担负报告军事情况任务的通信、侦察、机要、监听、破译等人员;但在特殊情况下,其他军人也可以成为本罪的主体。本罪的主观要件表现为故意,即行为人明知自己隐瞒、谎报军情的行为将会对作战造成危害结果,却希望或者放任这种危害结果的发生,行为人的动机不影响本罪的成立。行为人因疏忽大意或者过于自信而谎报军情的,不构成本罪。

根据《刑法》第422条的规定,犯本罪的,处3年以上10年以下有期徒刑;致使战斗、战役遭受重大损失的,如造成我军人员重大伤亡,武器装备、军事设施和军用物资严重损失、战斗、战役失利等,处10年以上有期徒刑、无期徒刑或者死刑。

三、拒传、假传军令罪

拒传、假传军令罪,是指故意拒绝传递或者假传军令,对作战造成危害的行为。本罪的客观方面表现为拒绝传递或者假传军令,对作战造成危害的行为。拒绝传递军令,是指负有传递军令职责的军人,明知是军令而故意拒绝传递或者拖延传递,对作战造成危害的行为,是一种不作为的行为方式。假传军令,是指故意伪造、篡改军令,或者明知是伪造、篡改的军令而予以传达或者发布,对作战造成危害的行为,是一种作为的行为方式。本罪为结果犯,拒传、假传军令只有在对作战造成危害的情况下才构成本罪,表现为由于拒传、假传军令扰乱战斗部署,导致战斗失利、人员伤亡等。根据《军人犯罪立案标准》第2条的规定,涉嫌下列情形之一的,应予立案:(1)造成首长、上级决策失误的;(2)造成作战任务不能完成或者迟缓完成的;(3)造成我方人员死亡1人以上,或者重伤2人以上,或者轻伤3人以上的;(4)造成武器装备、军事设施、军用物资损毁,直接影响作战任务完成的;(5)对作战造成其他危害的。本罪的主体为特殊主体,即军人,而且主要是负有传递军令职责的军人,职责上没有传递军令义务的军人一般不构成本罪。本罪的主观要件为故意,即行为人明知是应该传递的命令而不传递或者明知是虚假的命令而有意传递将会对作战造成危害结果,却希望或者放任这种危害结果的发生,行为人的动机不影响本罪的成立。行为人因疏忽大意或者过于自信而谎报军情的,不构成本罪。

根据《刑法》第422条的规定,犯本罪的,处3年以上10年以下有期徒刑;致使战斗、战役遭受重大损失的,如造成我军人员重大伤亡,武器装备、军事设施和军用物资严重损失,战斗、战役失利等,处10年以上有期徒刑、无期徒刑或者死刑。

四、投降罪

投降罪,是指军人在战场上贪生怕死,自动放下武器投降敌人的行为。对于本罪侵犯的法益,有学者认为是军人的作战义务,有学者认为是军人参战秩序和国防安全秩序。本书认为,军人违背作战的义务是构成本罪的前提,在违背作战义务的前提下对军人参战秩序和国防安全秩序的损害则是关键,因此本书认为本罪侵犯的法益是军人参战秩序和国防安全秩序。本罪的客观要件表现为在战场上自动放下武器投降敌人的行为。在战场上,是指在敌我双方直接交战的区域,包括陆域、海域和空域。自动放下武器,在此应作广义的理解,是指行为人当时能够使用武器杀伤敌人、保护自己的情况下,有意不使用武器、放弃抵抗的行为,不能仅仅理解为抛弃武器。也就是说,凡可以使用武器进行抵抗而不抵抗的,都属于"自动放下武器"的范畴,包括自动抛弃武器、武器虽然持在手中但不反抗、将武器砸毁等。投降敌人,是指向战争或者武装冲突中的敌对一方投降。本罪的主体为特殊主体即军人,而且必须是具有使用武器打击敌人能力的参战的军职人员。本罪的主观要件为故意,即行为人明知自己放弃抵抗,向敌人投降的行为将会造成危害军人参战秩序和国防安全秩序的结果,却希望或者放任这种危害结果的发生,而且行为人一般具有畏惧战斗、贪生怕死的动机。

根据《刑法》第423条第1款的规定,犯本罪的,处3年以上10年以下有期徒刑;情节严重的,处10年以上有期徒刑或者无期徒刑。根据本条第2款的规定,投降后为敌人效劳的,处10年以上有期徒刑、无期徒刑或者死刑。所谓"投降后为敌人效劳",是指自动投降敌人后从事各种有利于敌人的活动,一般表现为向敌人提供我军重要军事秘密、积极为敌人出谋划策、煽动、勾引我军被俘人员叛变投敌、充当敌人向导等。如果投降后被迫为敌人从事劳役勤杂活动的,如挖工事、看守仓库等,不宜认定为敌人效劳。

五、战时临阵脱逃罪

战时临阵脱逃罪,是指军人在战斗中或者在接受作战任务后,贪生怕死、畏惧战斗而逃离部队或者战斗岗位的行为。所谓临阵脱逃,是指在战斗中或者在接受作战任务后,擅自离开战斗岗位,应该投入战斗而拒不履行战斗义务。本罪是行为犯,只要行为人临阵脱逃,即构成犯罪。本罪的主体是参战的军职人员,包括直接参加战斗的军职人员,也包括参战的非直接战斗的军职人员,如医护、通讯、后勤人员等。本罪的主观要件为故意,一般具有贪生怕死、畏惧战斗的动机,但具体的动机如何,不影响本罪的构成。

认定本罪,要区分本罪与逃离部队罪的界限。两罪的主要区别为:(1)主体不尽相同。本罪只能由参战的军职人员构成,而逃离部队罪的主体既可以是参战的军职人员,也可以是一般军职人员。(2)主观目的不同。本罪的主观目的是逃避履行战场职责,而逃离部队罪的目的通常是为了逃避服兵役。(3)犯罪的时间不同。本罪发生在战时或战斗状态下,而逃离部队罪可以发生在战时,也可以发生在平时。

本罪与投敌叛变罪的界限主要体现为:(1)犯罪主体不尽相同。本罪的主体只能是战时参战的军职人员,而投敌叛变罪的主体则可以是军内外人员。(2)主观目的不尽相同。本罪的主观目的是逃避履行战斗义务,而投敌叛变罪则具有危害国家安全的目的。(3)行为的表现方式不同。本罪行为表现为在战时贪生怕死、畏惧战斗而逃离部队或者战斗岗位,并非向敌人投奔,而投敌叛变罪则表现为投奔敌方或者在被捕、被俘后投降敌人,并进行危害国家安全的活动。

根据《刑法》第424条的规定,犯本罪的,处3年以下有期徒刑;情节严重的,处 3 年以上 10 以下有期徒刑;致使战斗、战役遭受重大损失的,处 10 年以上有期徒刑、无期徒刑或者死刑。所谓"情节严重",是指率众临阵脱逃、指挥人员等负有重要职责的人员在紧要关头或危急时刻脱逃的等。所谓"致使战斗、战役遭受重大损失的",是指行为人临阵脱逃,使部队战斗失利,人员伤亡惨重,或者给整个战斗、战役带来重大消极影响等情况。

六、违令作战消极罪

违令作战消极罪,是指军事指挥人员违抗命令,临阵畏缩,作战消极,造成严重后果的行为。违抗命令,临阵畏缩,作战消极,是指在作战中故意违背、抗拒执行首长、上级的命令,面临战斗任务而畏难怕险,怯战怠战,行动消极。根据《军人犯罪立案标准》第 9 条的规定,所谓造成严重后果,是指下列情形:(1)扰乱作战部署或者贻误战机的;(2)造成作战任务不能完成或者迟缓完成的;(3)造成我方人员死亡 1 人以上,或者重伤 2 人以上,或者轻伤 3 人以上的;(4)造成武器装备、军事设施、军用物资或者其他财产损毁,直接经济损失 20 万元以上,或者直接经济损失、间接经济损失合计 100 万元以上的;(5)造成其他严重后果的。本罪的主体为部队中的指挥人员,即在部队对作战、训练、施工、抢险、救灾等活动及日常行政管理实施组织领导的人员。

根据《刑法》第 428 条规定,犯本罪的,处 5 年以下有期徒刑,致使战斗、战役遭受重大损失或者有其他特别严重情节的,处 5 年以上有期徒刑。

七、拒不救援友邻部队罪

拒不救援友邻部队罪是指部队指挥人员在战场上,明知友邻部队面临被敌人包围、追击或者阵地将被攻陷等危急情况请求救援,能救援而不救援,致使友邻部队遭受重大损失的行为。能救援而不救援,是指根据当时自己部队(分队)所处的环境、作战能力及所担负的任务,有条件组织救援却没有组织救援。根据《军人犯罪立案标准》第 9 条的规定,涉嫌下列情形之一的,应予立案:(1)造成战斗失利的;(2)造成阵地失陷的;(3)造成突围严重受挫的;(4)造成我方人员死亡 3 人以上,或者重伤 10 人以上,或者轻伤 15 人以上的;(5)造成武器装备、军事设施、军用物资损毁,直接经济损失 100 万元以上的;(6)造成其他重大损失的。本罪的主体只能是部队的指挥人员,即具有战场指挥责任的军职干部(军官),普通士兵不能构成本罪。本罪的主观要件为故意,即明知友邻部队处境危急请求救援,能救援而不予救援。

根据《刑法》第 429 条的规定,犯本罪的,处 5 年以下有期徒刑。

八、战时造谣惑众罪

战时造谣惑众罪是指战时造谣惑众,动摇军心的行为。造谣惑众,动摇军心,是指战时在部队中公开或者私下用口头或者通过文字、图像、计算机网络或者其他途径,故意编造、散布谣言,煽动怯战、厌战或者恐怖情绪,蛊惑官兵,造成或者足以造成部队情绪恐慌、士气不振、军心涣散的行为。构成本罪必须在战时,在平时不构成本罪。本罪的主体是参加作战的军职人员。

根据《刑法》第433条第1款的规定,犯本罪的,处3年以下有期徒刑;情节严重的,处3年以上10年以下有期徒刑。第2款规定,勾结敌人造谣惑众,动摇军心的,处10年以上有期徒刑或者无期徒刑;情节特别严重的,可以判处死刑。

九、战时自伤罪

战时自伤罪,是指军职人员在战时故意自伤身体、逃避履行军事义务的行为。所谓自伤身体,是指有意识地伤害自己的身体的行为,既可以表现为行为人自己亲手伤害自己,也可以借其他人的故意或者过失行为伤害自己,但对于伤害的部位、程度和方法,法律没有限制规定,只要达到足以逃避军事义务的程度即可。逃避军事义务,是指逃避临战准备、作战行动、战场勤务和其他作战保障任务等与作战有关的义务。本罪的主体为特殊主体,即参加战斗的军人。本罪的主观要件为故意,并且有逃避军事义务的目的。

根据《刑法》第434条的规定,犯本罪的,处3年以下有期徒刑;情节严重的,处3年以上7年以下有期徒刑。

第三节 违反部队管理秩序的犯罪

一、擅离、玩忽军事职守罪

擅离、玩忽军事职守罪,是指部队指挥人员和值班、值勤人员擅自离开正在履行职责的岗位,或者在履行职责的岗位上,严重不负责任,不履行或者不正确履行职责,造成严重后果的行为。擅离职守是指行为人擅自离开正在履行职责的岗位。玩忽职守是指行为人在履行职责的岗位上,不履行或者不正确履行自己应尽的职责。擅离职守或者玩忽职守的行为构成本罪要求造成了严重后果,严重后果通常是指造成了重大军事利益的损失,如贻误战机的,造成人员伤亡的,造成武器装备、军事设施、军用物资或者其他财产严重毁损的等。本罪的主体为特殊主体,即军队中的指挥人员和值班、值勤人员。指挥人员,是指对部队或者部属负有组织、领导、管理职责的人员;专业主管人员在其业务管理范围内,视为指挥人员。值班人员,是指军队各单位、各部门为保持指挥或者履行职责不间断而设立的、负责处理本单位、本部门特定事务的人员。值勤人员,是指正在担任警卫、巡逻、观察、纠察、押运等勤务,或者作战勤务工作的人员。本罪的主观要件为过失。根据《军人犯罪立案标准》第6条的规定,所谓严重后果,是指:(1)造成重大任务不能完成或者迟缓完成的;(2)造成死亡1人以上,或者重伤3人以上,或者重伤2人、轻伤4人以上,或者重伤1人、轻伤7人以上,或者轻伤10人以上的;(3)造成枪支、手榴弹、爆炸装置或者子弹10发、雷管30枚、导火索或者导爆索30米、炸药1千克以上丢失、被盗,或者不满规定数量,但后果严重,或者造成其他重要武器装备、器材丢失、被盗的;(4)造成武器装备、军事设施、军用物资或者其他财产损毁,直接经济损失30万元以上,或者直接经济损失、间接经济损失合计150万元以上的;(5)造成其他严重后果等情形。

根据《刑法》第425条的规定,犯本罪的,处3年以下有期徒刑或者拘役;造成特别严重后果的,处3年以上7年以下有期徒刑。战时犯本罪的,处5年以上有期徒刑。

二、阻碍执行军事职务罪

阻碍执行军事职务罪,是指以暴力、威胁方法,阻碍军队指挥人员、值班人员、值勤人员执行职务的行为。本罪属于行为犯,只要行为实施了以暴力、威胁或其他方法阻碍执行职务的行为,就构成本罪。本罪的主体为军人。本罪的主观要件为故意。

根据《刑法》第426条的规定,犯本罪的,处5年以下有期徒刑或者拘役;情节严重的,处5年以上有期徒刑;或者有其他特别严重情节的,处无期徒刑或者死刑。战时从重处罚。

三、指使部属违反职责罪

指使部属违反职责罪,是指部队中的指挥人员滥用职权,指使部属进行违反职责的活动,造成严重后果的行为。滥用职权,是指超越职权范围行使职权,或者不正当地行使职权。指使部属进行违反职责的活动,是指指挥或者命令和自己具有部属关系的被领导者从事与其军职要求相违背的活动。构成本罪,必须要求造成严重后果。根据《军人犯罪立案标准》第8条的规定,所谓严重后果,是指:(1)造成重大任务不能完成或者迟缓完成的;(2)造成死亡1人以上,或者重伤2人以上,或者重伤1人、轻伤3人以上,或者轻伤5人以上的;(3)造成武器装备、军事设施、军用物资或者其他财产损毁,直接经济损失20万元以上,或者直接经济损失、间接经济损失合计100万元以上的;(4)造成其他严重后果的等情形。本罪的主体为部队中具有一定指挥、调动、命令一定数量军队或下属人员之权的军职干部,普通士兵不能成为本罪的主体。

根据《刑法》第 427 条的规定,犯本罪的,处 5 年以下有期徒刑或者拘役;情节特别严重的,处 5 年以上 10 年以下有期徒刑。

四、军人叛逃罪

军人叛逃罪,是指军职人员在履行公务期间,擅离岗位,叛逃境外或者在境外叛逃,危害国家军事利益的行为。根据《军人犯罪立案标准》第 11 条的规定,涉嫌下列情形之一的,应予立案:(1) 因反对国家政权和社会主义制度而出逃的;(2) 掌握、携带军事秘密出境后滞留不归的;(3) 申请政治避难的;(4) 公开发表叛国言论的;(5) 投靠境外反动机构或者组织的;(6) 出逃至交战对方区域的;(7) 进行其他危害国家军事利益活动的。本罪的主体为正在履行公务的军职人员。本罪的主观要件为故意,动机可以多种多样,但不影响本罪的成立。

认定本罪,应划清本罪与投敌叛变罪的界限。两者的区别主要表现在:(1) 主体不尽相同。本罪的主体只能是正在履行公务的军职人员,而投敌叛变罪的主体则可以是军内外人员。(2) 两者行为表现不同。本罪是行为人在履行公务期间,擅离岗位、叛逃境外或者在境外叛逃,但不一定是投奔敌方,而投敌叛变罪则是投奔敌方或者在被捕、被俘后投降敌人,并进行危害国家安全的活动。(3) 主观目的有所不同。本罪的主观目的是背叛军人职责,逃往或滞留国外、境外不归,而投敌叛变罪则具有危害国家安全的目的。

根据《刑法》第 430 条的规定,犯本罪的,处 5 年以下有期徒刑或者拘役;情节严重的,处 5 年以上有期徒刑。驾驶航空器、舰船叛逃的,或者有其他特别严重情节的,处 10 年以上有期徒刑、无期徒刑或者死刑。

五、逃离部队罪

逃离部队罪是指军人违反兵役法规,故意逃离部队,情节严重的行为。违反兵役法规,是指违反国防法、兵役法和军队条令、条例以及其他有关兵役方面的法律规定。逃离部队,是指未经批准擅自离开部队或者经批准外出逾期拒不归队。根据《军人犯罪立案标准》第 18 条的规定,所谓情节严重,是指:(1) 逃离部队持续时间达 3 个月以上或者 3 次以上或者累计时间达 6 个月以上的;(2) 担负重要职责的人员逃离部队的;(3) 策动 3 人以上或者胁迫他人逃离部队的;(4) 在执行重大任务期间逃离部队的;(5) 携带武器装备逃离部队的;(6) 有其他情节严重行为的。本罪的主体为现役军人。本罪的主观要件为故意,目的是逃避继续服兵役。

根据《刑法》第 435 条的规定,犯本罪的,处 3 年以下有期徒刑或拘役。战时犯本罪的,处 3 年以上 7 年以下有期徒刑。

六、私放俘虏罪

私放俘虏罪,是指军职人员违反军事纪律,私自释放俘虏的行为。所谓"俘虏",是指在战争或武装冲突部队被我方抓获的敌方的人员。所谓"私放",是指未经批准,擅自将俘虏放走。本罪的主体为特殊主体,主要是对俘虏有管理、看护责任的军官和执勤人员。本罪的主观要件为故意,即明知是俘虏而私自予以释放。私放俘虏的动机多种多样,不论出于何种动机,均构成私放俘虏罪。

根据《刑法》第447条的规定,犯本罪的,处5年以下有期徒刑;私放重要俘虏、私放俘虏多人或者有其他严重情节的,处5年以上有期徒刑。

第四节 危害军事秘密的犯罪

一、非法获取军事秘密罪

非法获取军事秘密罪,是指以窃取、刺探、收买方法,非法获取军事秘密的行为。所谓军事秘密,是关系国防安全和军事利益,依照规定的权限和程序确定,在一定时间内只限一定范围的人员知悉的事项。内容包括:(1)国防和武装力量建设规划及其实施情况;(2)军事部署,作战、训练以及处置突发事件等军事行动中需要控制知悉范围的事项;(3)军事情报及其来源,军事通信、信息对抗以及其他特种业务的手段、能力,密码以及有关资料;(4)武装力量的组织编制,部队的任务、实力、状态等情况中需要控制知悉范围的事项,特殊单位以及师级以下部队的番号;(5)国防动员计划及其实施情况;(6)武器装备的研制、生产、配备情况和补充、维修能力,特种军事装备的战术技术性能;(7)军事学术和国防科学技术研究的重要项目、成果及其应用情况中需要控制知悉范围的事项;(8)军队政治工作中不宜公开的事项;(9)国防费分配和使用的具体事项,军事物资的筹措、生产、供应和储备等情况中需要控制知悉范围的事项;(10)军事设施及其保护情况中不宜公开的事项;(11)对外军事交流与合作中不宜公开的事项;(12)其他需要保密的事项。所谓窃取,是指秘密偷取;所谓刺探,是指打听与收集;所谓收买,是指行为人以金钱或财物等物质利益换取。本罪的主观要件为故意,过失不构成本罪,并且目的与动机一般不影响本罪的成立,但如果为境外的机构、组织、人员实施上述行为,则构成其他犯罪。本罪的主体限于军职人员。

根据《刑法》第431条第1款的规定,犯本罪的,处5年以下有期徒刑;情节严重的,处5年以上10年以下有期徒刑;情节特别严重,处10年以上有期徒刑。

二、为境外窃取、刺探、收买、非法提供军事秘密罪

为境外窃取、刺探、收买、非法提供军事秘密罪,是指违反国家和军队的保密规定,为境外的机构、组织、人员窃取、刺探、收买、非法提供军事秘密的行为。窃取、刺探、收买、非法提供是本罪的四种行为方式,其中窃取、刺探、收买手段与非法获取军事秘密罪的行为手段一致,而非法提供是指行为人违反国家保守军事秘密的法规,将偷取、收集、收买或自己所掌握的国家军事秘密送给或者告知境外的机构、组织、人员。行为人只要实施其中之一,即可成立本罪。本罪的主体为军职人员。

根据《刑法》第431条第2款的规定,犯本罪的,处10年以上有期徒刑、无期徒刑或者死刑。

三、故意泄露军事秘密罪

故意泄露军事秘密罪,是指保守国家秘密法规,故意泄漏军事秘密,情节严重的行为。违反保守国家秘密法规,是指违反国家和军队的保密规定,即违反《保守国家秘密法》及其施行办法,中央军委制定的《中国人民解放军保密条例》,解放军各总部和各军、兵种制定的保密规章等。泄漏军事秘密,是指行为人违反保密法的规定,使军事秘密被不应当知悉者知悉,以及使军事秘密超出了限定的接触范围,而不能证明未被不应知悉者知悉。根据《军人犯罪立案标准》第14条的规定,所谓情节严重,是指:(1)泄露绝密级或者机密级军事秘密一项(件)以上的;(2)泄露秘密级军事秘密3项(件)以上的;(3)向公众散布、传播军事秘密的;(4)泄露军事秘密造成严重危害后果的;(5)利用职权指使或者强迫他人泄露军事秘密的;(6)负有特殊保密义务的人员泄密的;(7)以牟取私利为目的泄露军事秘密的;(8)执行重大任务时泄密的;(9)有其他情节严重行为的等情形。本罪的主体是军职人员。本罪的主观要件为故意,即行为人明知自己的行为违反保密法规,会造成泄露军事秘密的危害结果,却希望或者放任这种危害结果的发生。

根据《刑法》第432条的规定,犯本罪的,处5年以下有期徒刑或者拘役;情节特别严重的,处5年以上10年以下有期徒刑。根据本条第2款的规定,战时犯故意泄露军事秘密罪的,处5年以上10年以下有期徒刑;情节特别严重的,处10年以上有期徒刑或者无期徒刑。情节特别严重,是指泄露大量或者重要军事秘密的,因泄露军事秘密而造成特别严重后果等。

四、过失泄露军事秘密罪

过失泄露军事秘密罪,是指违反保守国家秘密法规,过失泄露军事秘密,情

节严重的行为,即违反国家和军队的保密规定,过失泄露军事秘密,致使军事秘密被不应知悉者知悉或者超出了限定的接触范围,情节严重的行为。根据《军人犯罪立案标准》第15条的规定,所谓情节严重,是指:(1)泄露绝密级军事秘密1项(件)以上的;(2)泄露机密级军事秘密3项(件)以上的;(3)泄露秘密级军事秘密4项(件)以上的;(4)负有特殊保密义务的人员泄密的;(5)泄露军事秘密或者遗失军事秘密载体,不按照规定报告,或者不如实提供有关情况,或者未及时采取补救措施的;(6)有其他情节严重行为的。本罪的主体是军职人员。本罪的主观要件为过失。

根据《刑法》第432条的规定,犯本罪的,处5年以下有期徒刑或者拘役;情节特别严重的,处5年以上10年以下有期徒刑。根据本条第2款的规定,战时犯过失泄露军事秘密罪的,处5年以上10年以下有期徒刑;情节特别严重的,处10年以上有期徒刑或者无期徒刑。

第五节　危害部队物资保障的犯罪

一、武器装备肇事罪

武器装备肇事罪,是指违反武器装备使用规定,情节严重,因而发生责任事故,致人重伤、死亡或者造成其他严重后果的行为。所谓"武器装备",是指实施和保障军事行动的武器、武器系统和军事技术器材的统称,如枪、炮、弹药、飞机、战舰和通讯、侦察、工程、防化等军事技术设备。所谓"武器装备使用规定",是指国家或军事主管部门制定的有关各种武器装备使用必须遵守的规程、制度、办法等。所谓"情节严重",是指故意违反武器装备使用规定,或者在使用过程中严重不负责任。需从作案动机、行为的手段等方面综合考虑。而根据《军人犯罪立案标准》第19条的规定,所谓发生重大责任事故,是指涉嫌下列情形之一:(1)影响重大任务完成的;(2)造成死亡1人以上,或者重伤2人以上,或者轻伤3人以上的;(3)造成武器装备、军事设施、军用物资或者其他财产损毁,直接经济损失30万元以上,或者直接经济损失、间接经济损失合计150万元以上的;(4)严重损害国家和军队声誉,造成恶劣影响的;(5)造成其他严重后果的。本罪的主体是军职人员,多为武器装备的使用、管理人员。本罪的主观要件为过失。行为人违反武器装备的使用规定可能是明知故犯,但对于发生责任事故,造成人员重大伤亡及其他严重后果则持过失的心理态度。

根据《刑法》第436条的规定,犯本罪的,处3年以下有期徒刑或者拘役;后果特别严重的,处3年以上7年以下有期徒刑。

二、擅自改变武器装备编配用途罪

擅自改变武器装备编配用途罪,是指违反武器装备管理规定,未经有权机关批准,擅自改变武器装备编配用途,造成严重后果的行为。根据《军人犯罪立案标准》第 20 条的规定,所谓严重后果,是指:(1)造成重大任务不能完成或者迟缓完成的;(2)造成死亡 1 人以上,或者重伤 3 人以上,或者重伤 2 人、轻伤 4 人以上,或者重伤 1 人、轻伤 7 人以上,或者轻伤 10 人以上的;(3)造成武器装备、军事设施、军用物资或者其他财产损毁,直接经济损失 30 万元以上,或者直接经济损失、间接经济损失合计 150 万元以上的;(4)造成其他严重后果的等情形。本罪的主体为军职人员,一般是指军职人员中武器装备的保管者、使用者、看护者。本罪的主观要件为过失。行为人擅自改变武器装备编配用途是明知故犯,但对行为所造成的严重结果则持过失的心理态度。

根据《刑法》第 437 条的规定,犯本罪的,处 3 年以下有期徒刑或者拘役;造成特别严重后果的,处 3 年以上 7 年以下有期徒刑。

三、盗窃、抢夺武器装备、军用物资罪

盗窃、抢夺武器装备、军事物资罪,是指军职人员以非法占有为目的,盗窃或者抢夺武器装备或者军事物资的行为。军用物资,是指除武器装备以外,供军事上使用的其他物资,如被装、粮秣、油料、建材、药材等。盗窃、抢夺的对象是部队在编的、正在使用的和储存备用的武器装备或者军用物资,不包括已确定退役报废的武器装备、军用物资,因为退役报废的武器装备、军用物资已不能直接形成部队的战斗力。如果盗窃、抢夺枪支、弹药、爆炸物的,则按盗窃、抢夺枪支、弹药、爆炸物罪论处。本罪的主体为军职人员。本罪的主观要件为故意,并具有非法占有的目的。

根据《刑法》第 438 条第 1 款的规定,犯本罪的,处 5 年以下有期徒刑或者拘役;情节严重的,处 5 年以上 10 年以下有期徒刑;情节特别严重的,处 10 年以上有期徒刑、无期徒刑或者死刑。

四、非法出卖、转让武器装备罪

非法出卖、转让武器装备罪,是指军职人员违反武器装备管理规定,出卖、转让军队武器装备的行为。出卖、转让,是指违反武器装备管理规定,未经有权机关批准,擅自用武器装备换取金钱、财物或者其他利益,或者将武器装备馈赠他人的行为。应当注意的是,行为人出卖、转让的军队武器装备应是本人合法管理或者执掌的。本罪的主体是对武器装备有合法管理或者执掌权力的军职人员。本罪的主观方面为故意,行为人一般具有牟利的目的。

根据《刑法》第439条的规定,犯本罪的,处3年以上10年以下有期徒刑;出卖、转让大量武器装备的,或者有其他特别严重情节的,处10年以上有期徒刑、无期徒刑或者死刑。

五、遗弃武器装备罪

遗弃武器装备罪,是指负有保管、使用武器装备义务的军人违抗命令,故意遗弃武器装备的行为。所谓"违抗命令",是指不遵守武器装备使用、保管、处置的有关规则和命令。遗弃是指抛弃或者随意处置管理;将应当置于不安全场所的武器装备妥善管理却不妥善管理,也应当视为遗弃。本罪的主体是军职人员,主要是武器装备的使用者、保管者、指挥者。本罪的主观要件为故意。

根据《刑法》第440条的规定,犯本罪的,处5年以下有期徒刑或者拘役;遗弃重要或者大量武器装备的,或者有其他严重情节的,处5年以上有期徒刑。

六、遗失武器装备罪

遗失武器装备罪,是指军职人员遗失武器装备,不及时报告或者有其他严重情节的行为。所谓"不及时报告",是指根据军队有关规定,丢失武器装备后在一定期限内不如实向上级报告,或者因其谎报行为致使上级领导误信武器装备没有丢失,而丧失追查、寻找的机会。其他严重情节,是指遗失武器装备严重影响重大任务完成的;给人民群众生命财产安全造成严重危害的;遗失的武器装备被敌人或者境外的机构、组织和人员或者国内恐怖组织和人员利用,造成严重后果或者恶劣影响的;遗失的武器装备数量多、价值高的;战时遗失的等。本罪的主体为军职人员,一般是武器装备的合法使用者。本罪的主观要件为过失。

根据《刑法》第441条的规定,犯本罪的,处3年以下有期徒刑或者拘役。

七、擅自出卖、转让军队房地产罪

擅自出卖、转让军队房地产罪,是指违反军队房地产管理和使用规定,未经有权机关批准,擅自出卖、转让军队房地产,情节严重的行为。军队房地产,是指依法由军队使用管理的土地及其地上地下用于营房保障的建筑物、构筑物、附属设施设备,以及其他附着物。根据《军人犯罪立案标准》第25条的规定,"情节严重",一般是指:(1)擅自出卖、转让军队房地产价值30万元以上的;(2)擅自出卖、转让军队房地产给境外的机构、组织、人员的;(3)擅自出卖、转让军队房地产严重影响部队正常战备、训练、工作、生活和完成军事任务的;(4)擅自出卖、转让军队房地产给军事设施安全造成严重危害的;(5)有其他情节严重行为的等情况。本罪的主体是军职人员,一般是部队中对转让、出卖军队房地产有决策权的具有一定军衔或者职务的领导人员。本罪的主观要件为故意。

根据《刑法》第442条的规定,犯本罪的,对直接责任人员处3年以下有期徒刑或者拘役;情节特别严重的,处3年以上10年以下有期徒刑。

第六节　侵犯他人人身、财产权利的犯罪

一、虐待部属罪

虐待部属罪,是指滥用职权,虐待部属,情节恶劣,致人重伤或者造成其他严重后果的行为。滥用职权,是指不法行使职务上的权限的行为。虐待部属,是指采取殴打、体罚、冻饿或者其他有损身心健康的手段,折磨、摧残部属的行为。情节恶劣,是指虐待手段残酷的;虐待3人以上的;虐待部属3次以上的;虐待伤病残部属的等。其他严重后果,是指部属不堪忍受虐待而自杀、自残,造成重伤或者精神失常的;诱发其他案件、事故的;导致部属1人逃离部队3次以上,或者2人以上逃离部队的;造成恶劣影响的等。本罪的主体是处于领导岗位的军职人员,一般军职人员不构成本罪。本罪的主观要件为故意,动机不影响本罪的成立。

根据《刑法》第443条的规定,犯本罪的,处5年以下有期徒刑或者拘役;致人死亡的,处5年以上有期徒刑。

二、遗弃伤病军人罪

遗弃伤病军人罪,是指军职人员在战场上故意遗弃我方伤病军人,情节恶劣的行为。本罪的犯罪对象是战场上的我方伤病军人。本罪的客观方面表现为在战场上遗弃我方伤病军人,情节恶劣的行为。所谓"在战场上遗弃我方伤病军人",是指行为人在战场上对我方伤病军人有救护职责而故意不予救护的行为。根据《军人犯罪立案标准》第27条的规定,"情节严重",一般是指:(1)为挟嫌报复而遗弃伤病军人的;(2)遗弃伤病军人3人以上的;(3)导致伤病军人死亡、失踪、被俘的;(4)有其他恶劣情节的等情形。本罪的主体为对我方伤病军人负有救助义务的直接责任人员,包括救护人员和指挥人员。本罪的主观要件为故意,既包括直接故意,也包括间接故意。

根据《刑法》第444条的规定,犯本罪的,对直接责任人员处5年以下有期徒刑。

三、战时拒不救治伤病军人罪

战时拒不救治伤病军人罪,是指战时在救护治疗职位上的军职人员,有条件救治而拒不救治危重伤病军人的行为。有条件救治而拒不救治,是指根据伤病

军人的伤情或者病情,结合救护人员的技术水平、医疗单位的医疗条件及当时的客观环境等因素,能够给予救治而拒绝抢救、治疗。本罪的主体为军职人员中具有救护、治疗职责的人员,如军医、护理人员等。本罪的主观要件为故意,即明知存在危重伤病军人,且有条件救治,却弃置不顾。

根据《刑法》第445条的规定,犯本罪的,处5年以下有期徒刑或者拘役;造成伤病军人重残、死亡或者有其他严重情节的,处5年以上10年以下有期徒刑。重残,一般是指二等以上的残废。其他严重情节包括拒不救治伤病军人多人或多次的、拒不救治伤病军人造成严重后果或恶劣影响的等。

四、战时残害居民、掠夺居民财物罪

战时残害居民、掠夺居民财物罪,是指战时在军事行动地区,残害无辜居民或者掠夺无辜居民财物的行为。所谓"军事行动地区",既包括我军作战区域,也包括我军宣布的戒严区域。所谓"无辜居民",是指对我军无任何敌对行动的战区居民群众。所谓"残害",是指对军事行动地区的无辜居民进行伤害、杀害、放火等残暴行为。所谓"掠夺",是指使用暴力、胁迫等手段抢劫、抢夺军事行动地区无辜居民的财物。本罪的主体为在军事行动地区实施军事行动的军职人员。本罪的主观要件为故意,即行为人明知残害无辜居民、掠夺无辜群众的行为,侵害了无辜居民的人身、财产权利,违反了我国法律、军纪,危害了我军作战利益,却故意加以实施。

根据《刑法》第446条的规定,犯本罪的,处5年以下有期徒刑;情节严重的,处5年以上10年以下有期徒刑;情节特别严重的,处10年以上有期徒刑、无期徒刑或者死刑。

五、虐待俘虏罪

虐待俘虏罪,是指虐待俘虏,情节恶劣的行为。"虐待"是指肉体上的摧残、精神上的折磨、生活上的非人道待遇的行为。根据《军人犯罪立案标准》第27条的规定,"情节恶劣"一般是指:(1)指挥人员虐待俘虏的;(2)虐待俘虏三人以上,或者虐待俘虏三次以上的;(3)虐待俘虏手段特别残忍的;(4)虐待伤病俘虏的;(5)导致俘虏自杀、逃跑等严重后果的;(6)造成恶劣影响的;(7)有其他恶劣情节的等情形。本罪的主体为军职人员,一般是管理战俘的人员。本罪的主观要件为故意,动机可能多种多样,但不影响本罪的成立。

根据《刑法》第448条的规定,犯本罪的,处3年以下有期徒刑。

后　记

由我主编的《刑法学》分为《刑法分论》与《刑法总论》两本书出版,完全是一个"意外"。从2010年9月北京大学出版社的编辑和我联系,希望我着手编写一本刑法学教材,到今天为止已过去三年多,书稿最终交付出版社。虽说心里有些忐忑,不过毕竟顺利完成了一项重要的工作任务。在书稿交付之后,毕苗苗和李昭编辑通过排版,发现整本书稿的文字量过多,不便于学生使用,建议我分为两本书出版。所以说,本书的产生完成是一个"意外"。当然,需要说明的是,这种将刑法学教科书分为总论与分论的形式并非没有意义。我国《刑法》修改往往主要集中于刑法分则部分,到目前为止,总则部分的修改还主要体现在《刑法修正案(八)》(即使这次唯一对刑法总则的修正,也有不少学者认为全国人大常委会的立法修改权不应该涉及刑法总则条文,而应该是全国人民代表大会行使刑事立法权的任务)中。因此,以后本书修订,如果不涉及观点的修正与内容的补充,而只是因为《刑法》的修正而需要重新调整内容,那主要的工作就是仅修订《刑法分论》了,不会因为《刑法分论》的修订而将《刑法总论》也重复印刷一次,以减少资源浪费,相应地也大大减轻了广大师生使用本教科书的负担。

这部刑法教科书是多位作者共同辛苦的结晶。作者既有来自中南大学、湖南大学、湘潭大学、中南林业科技大学、湖南工业大学、湖南商学院等湖南省各主要高校的刑法学中青年才俊,也有来自中国人民大学、云南大学、苏州大学等全国知名法学高校的几位已经崭露头角的刑法学学术骨干。由这群作者撰写本书,既体现了区域性刑法教学特色,也反映了全国刑法课程教学的普遍性,从而避免了教材编写内容过度地域化。需要指出的是,本书作者中多位中青年教师,都已获得法学博士学位,有的老师长期从事刑法学教学与研究工作,还有几位老师具有在海外学习与研究刑法学的学术经历。另外,为了能够与刑事司法实践相衔接、"接地气",还邀请了数位从事过刑事司法实务工作的老师参与本书的撰写。各位作者不同的学习和工作经历,为本书增添了不少亮点和特色,我相信出版这本凝聚了这群中青年刑法才俊心血的刑法教科书,一定会对当今刑法学教学与研究事业有所裨益。

本书的具体编写分工如下（按撰写章节先后为序）：
黄明儒（湘潭大学法学院教授、法学博士），撰写第1章；
付立庆（中国人民大学法学院副教授、法学博士），撰写第2章；
王昭武（苏州大学法学院副教授、法学博士），撰写第3章；
蒋兰香（中南林业科技大学法学院副院长，教授、法学博士），撰写第4章；
刘期湘（湖南商学院法学院教授、法学博士），撰写第5章第1—4和第9节；
彭辅顺（湖南大学法学院副教授、法学博士），撰写第5章第5—8节；
高　巍（云南大学法学院副院长，教授、法学博士），撰写第6章1、2、8、9、10节；
张永江（湘潭大学法学院副教授、法学博士），撰写第6章3、4、5、6、7节；
冷必元（湖南工业大学法学院院长助理，法学博士），撰写第7、8、9章；
王　奎（湘潭大学法学院副教授、法学博士），撰写第10、11章。

在此还需要说明的是，本书的编写大纲由主编拟订，然后征求各位作者并通过出版社审议同意后才确定，再交由各位作者按章节撰写。在各位作者完成撰稿后，由主编与副主编一起进行了统稿并由我最终定稿。为了尊重各位作者的写作风格，除非是格式规范统一的需要或者字数限制的要求，我在统稿过程中基本上没有大幅修改作者的基本观点与文字表达方式。然而，教科书的统稿是一项系统、复杂的浩大工程，由于编写水平有限，难以避免出现一些疏漏或者瑕疵。当然，就这些问题的出现，责任应该由我这个主编来承担，并恳请广大读者诸君不吝批评、指正。北京大学出版社法律事业部对本书的出版给予了大力支持，出版社的营销编辑张昕与责任编辑毕苗苗在本书的编辑和出版方面付出了辛勤的劳动，在此，一并致以诚挚的感谢！

黄明儒

2014年5月30日